JN313067

最新判例からみる
民事訴訟の実務

東京弁護士会
民事訴訟問題等特別委員会◆編

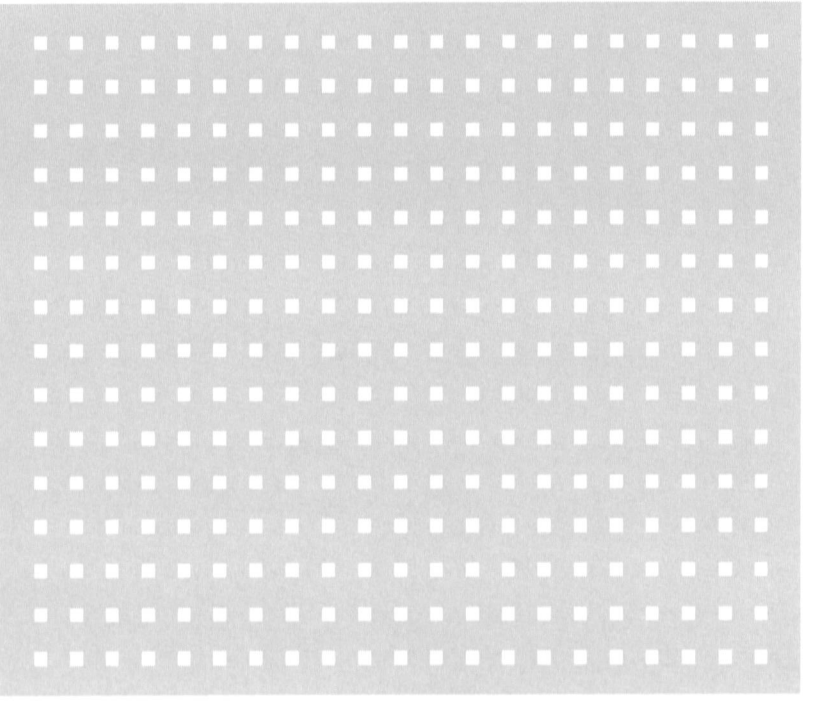

The Practice of Civil Procedure

青林書院

判例と実務雑感

　本書の読者として主に想定されているのが実務家諸賢であるとすれば，実務における判例の重要性等をあらためて説くのは，まさに釈迦に説法の類であろう。そこで，ここでは，最近のある判例に関連した雑感をいくつか記すにとどめたい。

　話題提供に用いる判例は，最決平20・5・8（家月60巻8号51頁）である。

　よく知られたものであり，また，その論評自体をするわけではないので，簡単に触れておけば，婚姻費用分担の家事審判の即時抗告審において，抗告人の相手方には抗告状および抗告理由書の写しの送達ないし送付がされず，即時抗告について知らされることがないまま，この者（即時抗告の相手方）に不利益に原決定が変更されたのに対して，特別抗告がされた事案である。特別抗告の理由として，抗告審において相手方に反論の機会が与えられなかったことが憲法32条に反すること等が主張されたが，法廷意見は次のように述べてこれを退けた。

　「憲法32条所定の裁判を受ける権利が性質上固有の司法作用の対象となるべき純然たる訴訟事件につき裁判所の判断を求めることができる権利をいうものであることは，当裁判所の判例の趣旨とするところである（最高裁昭和26年（ク）第109号同35年7月6日大法廷決定・民集14巻9号1657頁，最高裁昭和37年（ク）第243号同40年6月30日大法廷決定・民集19巻4号1114頁参照）。したがって，上記判例の趣旨に照らせば，本質的に非訟事件である婚姻費用の分担に関する処分の審判に対する抗告審において手続にかかわる機会を失う不利益は，同条所定の『裁判を受ける権利』とは直接の関係がないというべきであるから，」「憲法32条違反の主張には理由がない。」

　もっとも，法廷意見も，原審の扱いについては問題を指摘し，「原審においては十分な審理が尽くされていない疑いが強いし，そもそも本件において原々審の審判を即時抗告の相手方である抗告人に不利益なものに変更するのであれば，家事審判手続の特質を損なわない範囲でできる限り抗告人にも攻撃防御の機会を与えるべきであり，少なくとも実務上一般に行われているように即時抗

告の抗告状及び抗告理由書の写しを抗告人に送付するという配慮が必要であったというべきである。以上のとおり，原審の手続には問題があるといわざるを得ないが，この点は特別抗告の理由には当たらない」と述べている。

また，田原睦夫裁判官の補足意見は，憲法違反にはならないとしつつも，抗告審は「申立人の主張と相手方の主張とが対立していることが原審の記録から明らかなときには，即時抗告申立書の副本又は写しを相手方に送付する等，相手方に即時抗告の申立てがなされた事実を通知して，相手方に反論の機会を与えるべきであり，相手方にかかる機会を与えないまま原審判を相手方に不利益に変更した場合には，審理不尽の違法の謗りを免れ得ない」としている。

さらに，那須弘平裁判官の反対意見は，法廷意見が引用する判例は公開原則との関係を問題とするものであるし，非訟事件においても「憲法32条の審問請求権ないし手続保障の対象となるべき類型のものが存在することは否定しがたく，この点に関するかぎり」判例変更すべきである，としつつ，本件での「憲法32条違反の疑念」を「解消するためには，原審の手続につき裁判（決定）に影響を及ぼすべき法令の違反があったことを理由として，職権で原決定を破棄することが最低限必要である」としている。

本決定が扱った問題は，理論上も，おそらく実務上も重要であり，また，本稿執筆時点において法制審議会の非訟事件手続法・家事審判法部会で議論されているところでもあるが，内容的な論評はここでの目的ではない（本決定の評釈・解説として，山田文・速報判例解説〔法セ増刊〕3号（2008）153頁，塩崎勤・民事法情報267号（2008）81頁，川嶋四郎・法セ650号（2009）126頁，園田賢治・法政研究（九大）75巻3号（2008）115頁，宍戸常寿・別冊判例セレクト2008〔法教342号〕（2009）11頁，本間靖規・リマークス38号（2009）126頁，垣内秀介・重判解平成20年度〔ジュリ臨増1376号〕（2009）155頁がある。）。むしろ，判例と実務の関わりという観点から，思いをいたしたところを何点か述べて，責めを塞ぐこととしたい。

第1に，特別抗告代理人の立場からすると，本件は，依頼者の利益を擁護すべく，法廷意見が依拠した従来の判例の定式に挑み，反対意見まで生じさせながらも惜しくも敗れた事案ということになろう。おそらくは，弁護士が実際に扱う事案の中で，この種の挑戦が必要になるものは多くはないのであろうが，この種の挑戦があってこそ，判例・実務・理論の進展がもたらされるのであろ

う。

　第2に，本件では許可抗告の申立てはされていないようであり，この点についてどう考えるべきであろうか。法廷意見・田原補足意見・那須反対意見の述べるところからすると，抗告が許可されていれば，最高裁が原決定を破棄していた可能性もかなりありそうであり，代理人としては，依頼者の利益を擁護するためには，特別抗告に加えて許可抗告の申立てをもしておくべきであったとも考えられる。最高裁に憲法判断を強いるという意図も推測されており（垣内・前掲），本件での対応自体について論評するだけの材料は筆者も持ち合わせないものの，一般論として言えば，「第1」で触れた判例による法形成のための挑戦と依頼者の利益擁護との間には緊張関係を生じうるということであろうか（もっとも，ここで問題にした許可抗告ルートは，憲法レベルではないが，法律レベルでの判例による法形成に資するものでもある。）。

　第3に，あまりにも当然のことであるが，本決定で意見が分かれていることが示すように，それなりに確立した判例準則があるとしても，それを踏まえてどう考えるかは，理論的のみならず実務的にも難しい問題を提供しうる。本件から話がそれるが，一般論として，最高裁判例の意味するところを考えるに際しては，調査官解説が有益な手がかりとなりうるものの，そこで示される判例の意義等の理解はあくまでも個人としての見解であることも言うまでもない。そもそも，判例の読み方自体が一冊の本となりうる事柄である（たとえば，中野次雄編『判例とその読み方〔3訂版〕』（有斐閣，2009）参照）が，調査官の見解はもとより，裁判官の主観的な意図や評議の内容であっても，それがすなわち判例の客観的意義というわけでは必ずしもないであろう。

　第4に，さらに話がそれるが，判例の意義に関連して，筆者の所属大学の研究会で，訴訟事件における上告不受理決定の判例としての意義が少しだけ話題になったことがある。言うまでもなく，本件のような決定事件で最高裁への抗告の許可・不許可を判断するのは高裁である（民訴337条）のに対して，訴訟事件で上告受理・不受理を判断するのは最高裁である（民訴318条）が，「法令の解釈に関する重要な事項」の有無に着目する条文の文言（民訴318条1項）からすると，不受理決定は原判決を是認するものでは必ずしもないことになろう。これに対して，上告受理制度について当事者救済の側面を強調する方向（たと

えば，山本克己「最高裁判所による上告受理及び最高裁判所に対する許可抗告」ジュリ1098号（1996）83頁，高橋宏志「上告受理と当事者救済機能」井上治典先生追悼論文集『民事紛争と手続理論の現在』（法律文化社，2008）285頁）によるとすれば，受理・不受理の判断の裁量性の問題にも関係するが，不受理決定が一定範囲で原判決を是認する意義を持つことにもなりえそうである。とは言え，当為の問題をひとまずおいた現状認識の問題としては，最高裁には当事者救済に熱心な面があるものの，不受理決定が原判決を是認する意義を持つとまではやはり言えないように思われる。

　以上を要するに，本書が示そうとする，実務との関係における判例の意義や判例を踏まえた実務上の指針というものも，当然ながら，なかなかに難しい問題たりうるのであり，だからこそ本書が編まれたという面もあるのであろう。現場の第一線に立つ優れた弁護士達の共同作業の成果である本書が，実務（と理論）の進展に寄与することを期待したい。

　　平成22年4月

　　　　　　　　　　　　　　東京大学大学院法学政治学研究科教授

　　　　　　　　　　　　　　　　　　畑　　瑞　穂

はしがき

　平成10年1月1日に新民事訴訟法が施行され，平成20年で10年を経過した。
　新民事訴訟法施行10年の経過を機に，シンポジウムその他各所で，施行10年に伴う民事訴訟実務改善の状況が検証されている。
　東京弁護士会民事訴訟問題等特別委員会は，民事訴訟の運用並びに民事訴訟法の解釈等の調査，研究等の活動を行うとともに，民事訴訟等の実務改善，あるべき弁護士の訴訟活動等について調査，研究，提言等を行っており，平成10年1月1日の新民事訴訟法施行以降，新法施行に伴う民事訴訟実務の改善の状況について，継続して調査，研究等を行ってきた。
　そして，平成21年度は，新民事訴訟法施行10年の経過を機に，民事訴訟手続全般について施行後の判例を取り上げ，判例を通して，訴訟代理人の視点から現在の実務の運用とその問題点について検証することを試みた。
　その研究の成果として，本書『最新判例からみる民事訴訟の実務』をここに発刊させていただく。

　本書で取り上げた判例は，民事訴訟手続全体にわたり計71件にのぼる。新民事訴訟法施行後の判例を中心としているが，該当する判例がないものについては，3件，施行前の判例も取り上げた。最新の判例であることを重視して選択しており，中には実務上必ずしも重要でないものも含まれるが，解説の中で前提となる重要判例や関連する問題についての参考判例にふれることによって不足を補っている。
　本書では，各項目について，概説，判例，実務上の指針の順に記し，本書1冊で民事訴訟法全体の問題点を理解し得るよう構成した。
　概説部分は，可能な限り長文化することを避け，実務に必要な当該分野の基本的知識，および判例の理解に必要な事項を簡略に記載している。
　判例については，事案，判旨，解説の順に記し，事案では，必要に応じて図式を用いて，迅速に事案を理解し得るよう工夫した。解説については，学説の対立より，主として，現在の民事訴訟実務との関係における当該判例の意義を

記したものである。

　実務上の指針では，当該判例が実務に与える影響，また，実務上の留意点を記すことを試みた。

　さらに，本書では，平成22年の通常国会で審議されている国際裁判管轄に関する民事訴訟法の改正案についても言及し，判例についても直前の判例まで可能な限り触れるなどして最新の情報もフォローしている。

　本書は，東京弁護士会民事訴訟問題等特別委員会に所属する弁護士計38名の執筆により完成した。

　完成までには，月1回の定時の委員会では到底時間が足りるものではなく，何度も検討会を重ねたが，71件の判例を取り上げ，かつ，1年間という時間制限を設けたことからも，議論が十分ではないとの指摘があるかも知れない。そのような指摘があれば，謙虚に受け止め，我々，東京弁護士会民事訴訟問題等特別委員会としては，さらに研鑽に努める所存である。

　本書が，弁護士，その他の実務家や民事訴訟にかかわる読者に，判例を通して民事訴訟実務の理解を深めるという目的を達成し，これにより，日本の民事裁判実務の向上のために貢献できれば，何よりの幸せである。また，実務家だけでなく，実務家の視点から構成された判例集として，ロースクールの学生にも実務を知るうえでも十分に参考にしていただけるものと思う。

　最後に，構想の当初から数多くの貴重なご助言をいただいた株式会社青林書院の長島晴美さん，1年間にわたり膨大な資料の整理や検討会の開催準備に尽力いただいた東京弁護士会事務職の村山祥子さん，竹生真弥さんに心よりお礼を申し上げたい。

　平成22年4月

　　　　　　　　　　　東京弁護士会　　民事訴訟問題等特別委員会
　　　　　　　　　　　　　　　　　平成21年度委員長　木　下　直　樹

凡　例

1．用字・用語等
　本書の用字・用語は，原則として常用漢字，現代仮名づかいによったが，法令に基づく用法，および判例，文献等の引用文は原文どおりとした。

2．関係法令
　関係法令は，原則として平成22年4月1日現在のものによった。

3．本文の注記
　判例，文献の引用や補足，関連説明は，脚注を用いた。法令の引用，例示などは，本文中にカッコ書きで表した。

4．法令の引用表示
　本文解説中における法令条項は，原則としてフルネームで引用した。ただし，民事訴訟法は「民事訴訟法」または「民訴法」とした。
　カッコ内における法令条項のうち主要な法令名は，後掲の「主要法令略語表」によった。

5．判例の引用表示
　本文における判例で，判例集に登載されていないものは，原則として，事件番号を掲載した。
　脚注における判例の引用は，原則として次のように行った。その際に用いた略語は，後掲の「判例集等略語表」によった。
　　（例）　平成13年6月8日最高裁判所判決，最高裁判所民事判例集55巻4号727頁
　　　　　　→　最判平13・6・8民集55巻4号727頁
　　　　　　平成10年4月30日大阪高等裁判所決定，判例タイムズ998号259頁
　　　　　　→　大阪高決平10・4・30判タ998号259頁

6．文献の引用表示
　脚注中に引用した文献について，頻出する文献は略語を用いて引用し，その際用いた略語は，後掲の「主要文献略語表」によった。それ以外のものについては，著者（執筆者）および編者・監修者の姓名，『書名』（「論文名」），巻数または号数（掲載誌とその巻号または号），出版者，刊行年，引用（参照）頁を掲記した。
　主要な雑誌等は後掲の「主要雑誌等略語表」によった。

〔主要法令略語表〕

会社	会社法	製造物	製造物責任法
仮登記担保法	仮登記担保契約に関する法律	手形	手形法
		鉄営	鉄道営業法
行訴	行政事件訴訟法	特許	特許法
刑	刑法	破	破産法
刑訴	刑事訴訟法	犯罪被害者保護	犯罪被害者等の権利利益の保護を図るための刑事手続に付随する措置に関する法律
刑訴規	刑事訴訟規則		
憲	日本国憲法		
鉱業	鉱業法		
国賠	国家賠償法	不登	不動産登記法
個人情報	個人情報の保護に関する法律	弁護	弁護士法
戸籍	戸籍法	保険	保険法
裁	裁判所法	民	民法
自賠	自動車損害賠償保障法	民執	民事執行法
自治	地方自治法	民訴	民事訴訟法
商	商法	民訴規	民事訴訟規則
消費契約	消費者契約法	民訴費	民事訴訟費用等に関する法律
商標	商標法	郵便	郵便法
商登	商業登記法	労基	労働基準法
人訴	人事訴訟法		

〔判例集等略語表〕

大	大審院	裁集民	最高裁判所裁判集民事
最	最高裁判所	裁時	裁判所時報
最大	最高裁判所大法廷	高民集	高等裁判所民事判例集
高	高等裁判所	東高民時報	東京高等裁判所民事判決時報
地	地方裁判所	下民集	下級裁判所民事裁判例集
簡	簡易裁判所	行集	行政事件裁判例集
支	支部	家月	家庭裁判月報
判	判決	訟月	訟務月報
決	決定	交民集	交通事故民事裁判例集
命	命令	金判	金融・商事判例
民録	大審院民事判決録	金法	旬刊金融法務事情
法学	法学（東北大学法学会誌）	判時	判例時報
民集	大審院及び最高裁判所民事判例集	判自	判例地方自治
		判タ	判例タイムズ
刑集	大審院及び最高裁判所刑事判例集	労判	労働判例

〔主要文献略語表〕

伊藤・ →伊藤眞『民事訴訟法〔第3版4訂版〕』（有斐閣，2010）
上田・ →上田徹一郎『民事訴訟法〔第6版〕』（法学書院，2009）
梅本・ →梅本吉彦『民事訴訟法〔第4版〕』（信山社，2009）
河野・ →河野正憲『民事訴訟法』（有斐閣，2009）
新堂・ →新堂幸司『新民事訴訟法〔第4版〕』（弘文堂，2008）

新民訴一問一答・　→法務省民事局参事官室編『一問一答新民事訴訟法』（商事法務研究会，1996）
新民訴法大系(1)～(4)・　→三宅省三＝塩崎勤＝小林秀之編集代表『新民事訴訟法大系——理論と実務（第1巻～第4巻）』（青林書院，1997）
高橋(上)(下)・　→高橋宏志『重点講義民事訴訟法(上)』（有斐閣，2005），『重点講義民事訴訟法(下)〔補訂第2版〕』（有斐閣，2010）
中野ほか・　→中野貞一郎＝松浦馨＝鈴木正裕編『新民事訴訟法講義〔第2版補訂2版〕』（有斐閣，2008）
松本＝上野・　→松本博之＝上野泰男『民事訴訟法〔第5版〕』（弘文堂，2008）
門口・証拠法大系(1)～(5)〔執筆者〕・　→門口正人編集代表『民事証拠法大系(1)総論Ⅰ』（青林書院，2006），『民事証拠法大系(2)総論Ⅱ』（2004），『民事証拠法大系(3)各論Ⅰ人証』（2003），『民事証拠法大系(4)各論Ⅱ書証』（2003），『民事証拠法大系(5)各論Ⅲ鑑定・その他』（2005）
条解・　→兼子一＝松浦馨＝新堂幸司＝竹下守夫『条解民事訴訟法』（弘文堂，1986）
注釈(1)～(9)〔執筆者〕・　→新堂幸司＝小島武司編『注釈民事訴訟法(1)裁判所・当事者1』（有斐閣，1991），上田徹一郎＝井上治典編『注釈民事訴訟法(2)当事者2・訴訟費用』（有斐閣，1992），竹下守夫＝伊藤眞編『注釈民事訴訟法(3)口頭弁論』（有斐閣，1993），鈴木正裕＝青山善充編『注釈民事訴訟法(4)裁判』（有斐閣，1997），新堂幸司＝福永有利編『注釈民事訴訟法(5)訴え・弁論の準備』（有斐閣，1998），谷口安平＝福永有利編『注釈民事訴訟法(6)証拠1』（有斐閣，1995），吉村徳重＝小島武司編『注釈民事訴訟法(7)証拠2・簡易裁判所手続』（有斐閣，1995），鈴木正裕＝鈴木重勝編『注釈民事訴訟法(8)上訴』（有斐閣，1998），石川明＝高橋宏志編『注釈民事訴訟法(9)再審・督促手続・手形訴訟・判決の確定・執行停止』（有斐閣，1998）
注解ⅠⅡ〔執筆者〕・　→三宅省三＝塩崎勤＝小林秀之編集代表／塩崎勤編集『注解民事訴訟法Ⅰ通則・裁判所・当事者』（青林書院，2002），園尾隆司編集『注解民事訴訟法Ⅱ訴訟費用・訴訟手続』（青林書院，2000）
基本法コンメⅠ～Ⅲ・　→賀集唱＝松本博之＝加藤新太郎編『基本法コンメンタール民事訴訟法Ⅰ，Ⅱ，Ⅲ〔第3版〕』（別冊法学セミナー）（日本評論社，ⅠⅢ＝2008，Ⅱ＝2007）
コンメⅠ～Ⅲ・　→秋山幹男＝伊藤眞＝加藤新太郎＝高田裕成＝福田剛久＝山本和彦『コンメンタール民事訴訟法Ⅰ，Ⅱ〔第2版〕，Ⅲ』（日本評論社，ⅠⅡ＝2006，Ⅲ＝2008）
百選〔執筆者〕・　→伊藤眞＝高橋宏志＝高田裕成編『民事訴訟法判例百選〔第3版〕』（別冊ジュリスト169号）（有斐閣，2003）
百選ⅠⅡ〔執筆者〕・　→新堂幸司＝青山善充＝高田裕成編『民事訴訟法判例百選Ⅰ〔新法対応補正版〕』（別冊ジュリスト145号）（有斐閣，1998），『民事訴訟法判例百選Ⅱ〔新法対応補正版〕』（別冊ジュリスト146号）（有斐閣，1998）
争点〔執筆者〕・　→伊藤眞＝山本和彦編『民事訴訟法の争点』（ジュリスト増刊，新・法律学の争点シリーズ4）（2009）
争点〔初版〕〔執筆者〕・　→三ケ月章＝青山善充編『民事訴訟法の争点』（ジュリスト増刊，法律学の争点シリーズ5）（有斐閣，1979）
争点〔新版〕〔執筆者〕・　→三ケ月章＝青山善充編『民事訴訟法の争点』（ジュリスト増刊，法律学の争点シリーズ5）（有斐閣，1988）
争点〔第3版〕〔執筆者〕・　→青山善充＝伊藤眞編『民事訴訟法の争点』（ジュリスト増刊，法律学の争点シリーズ5）（有斐閣，1998）

凡 例

〔主要雑誌等略語表〕

NBL	NBL	曹時	法曹時報
金判	金融・商事判例	判時	判例時報
金法	旬刊金融法務事情	判タ	判例タイムズ
最判解民	最高裁判所判例解説民事篇	判評	判例評論（判例時報付録）
司研	司法研修所論集	法教	法学教室
自正	自由と正義	法協	法学協会雑誌
主判解	主要民事判例解説（臨時増刊判例タイムズ）	法セ	法学セミナー
		民商	民商法雑誌
重判解	重要判例解説（ジュリスト臨時増刊）	民情	民事法情報
		民訴	民事訴訟雑誌
ジュリ	ジュリスト	リマークス	私法判例リマークス（法律時報別冊）
訟月	訟務月報		
商事	旬刊商事法務		

編　者

東京弁護士会民事訴訟問題等特別委員会

執　筆　者

山浦　善樹	松森　　宏
吉野　　高	木下　直樹
山田　治男	小池　　豊
中村　雅麿	岡野谷知広
秋山　里絵	今井　知史
岩﨑　泰一	大坪　和敏
角川穂奈美	鎌田　博徳
川口　舞桂	木下　貴博
小坂　準記	小曽根久美
小松　紘士	榊原　洋平
阪口嘉奈子	坂本　正幸
佐々木俊夫	鈴木　　俊
髙木加奈子	辻河　哲爾
堤　　　禎	寺崎　　京
永島　賢也	楢崎　礼仁
濱口　博史	原　　雅宣
牧野　知彦	町田　健一
森田　芳玄	山岸　泰洋
横路　俊一	脇谷　英夫

最新判例からみる民事訴訟の実務 ■ 目　次

第1章　裁判所 ―― 1

Ⅰ　民事裁判権 ―― 1

1 概　説……1　　**2** 判　例……4

■判例1■　最高裁平成21年10月16日判決
（裁時1493号7頁・判タ1313号129頁）

解　説　　7/　　実務上の指針　　13

Ⅱ　管　轄 ―― 14

1 概　説……14　　**2** 判　例……15

■判例2■　大阪高裁平成10年4月30日決定
（判タ998号259頁）

解　説　　18/　　実務上の指針　　19

Ⅲ　裁判籍 ―― 21

1 概　説……21　　**2** 判　例……22

■判例3■　最高裁平成16年4月8日決定
（民集58巻4号825頁・判時1860号62頁・判タ1151号297頁）

解　説　　25/　　実務上の指針　　26

Ⅳ　国際裁判管轄 ―― 28

1 概　説……28　　**2** 判　例……31

■判例4■　最高裁平成13年6月8日判決
（民集55巻4号727頁・判時1756号55頁・判タ1066号206頁）

解　説　　35/　　実務上の指針　　37

Ⅴ　管轄違い ―― 39

1 概　説……39　　**2** 判　例……40

■判例 5 ■　最高裁平成20年 7 月18日決定
　　　　　　　　（民集62巻 7 号2013頁・判時2021号41頁・判タ1208号118頁）

　　　解　説　　43／　実務上の指針　　45

VI　管轄の合意 ―― 46

　1　概　説……46　　2　判　例……48

　　　■判例 6 ■　東京高裁平成16年 2 月 3 日決定
　　　　　　　　（判タ1152号283頁）

　　　解　説　　50／　実務上の指針　　52

VII　移　送 ―― 54

　1　概　説……54　　2　判　例……57

　　　■判例 7 ■　東京高裁平成15年 5 月22日決定
　　　　　　　　（判タ1136号256頁）

　　　解　説　　59／　実務上の指針　　61

VIII　訴えの提起前における証拠収集の処分等 ―― 62

　1　概　説……62　　2　実務上の指針……66

第 2 章　訴訟の当事者 ―― 69

I　当事者能力①――法人でない社団 ―― 69

　1　概　説……69　　2　判　例……71

　　　■判例 8 ■　最高裁平成14年 6 月 7 日判決
　　　　　　　　（民集56巻 5 号899頁・判時1789号68頁・判タ1095号105頁）

　　　解　説　　73／　実務上の指針　　76

II　当事者能力②――環境保護団体 ―― 80

　1　概　説……80　　2　判　例……82

　　　■判例 9 ■　東京高裁平成17年 5 月25日判決
　　　　　　　　（判時1908号136頁）

|　　　解　　説　　　84／　　実務上の指針　　　85

Ⅲ　訴訟上の代理人 ──────────────────── 89

1 概　　説……… 89　　　**2** 判　　例……… 91

■判例10■　最高裁平成15年12月16日判決
（民集57巻11号2265頁・判時1846号102頁・判タ1143号248頁）

|　　　解　　説　　　94／　　実務上の指針　　　95

Ⅳ　当事者適格 ──────────────────── 97

1 概　　説……… 97　　　**2** 判　　例……… 100

■判例11■　最高裁平成20年7月17日判決
（民集62巻7号1994頁・判時2019号22頁・判タ1279号115頁）

|　　　解　　説　　　103／　　実務上の指針　　　106

Ⅴ　共同訴訟 ──────────────────── 107

1 概　　説……… 107　　　**2** 判　　例……… 110

■判例12■　最高裁平成14年2月22日判決
（民集56巻2号348頁・判時1779号81頁・判タ1087号89頁）

|　　　解　　説　　　112／　　実務上の指針　　　115

Ⅵ　固有必要的共同訴訟 ─────────────── 117

1 概　　説……… 117　　　**2** 判　　例……… 119

■判例13■　最高裁平成16年7月6日判決
（民集58巻5号1319頁・判時1883号66頁・判タ1172号143頁・
家月57巻2号138頁・金法1743号42頁・金判1241号45頁）

|　　　解　　説　　　121／　　実務上の指針　　　123

Ⅶ　補助参加 ──────────────────── 124

1 概　　説……… 124　　　**2** 判　　例……… 129

■判例14■　最高裁平成15年1月24日決定
（裁時1332号3頁）

|　　　解　　説　　　131／　　実務上の指針　　　135

xvi 目次

■判例15■ 東京高裁平成20年4月30日決定
（判時2005号16頁・判タ1301号302頁）

解　説　139／　実務上の指針　140

■判例16■ 最高裁平成14年1月22日判決
（裁集民205号93頁・判時1776号67頁・判タ1085号194頁）

解　説　143／　実務上の指針　145

Ⅷ　独立当事者参加 ─────────────── 147

1　概　説………147　　2　判　例………150

■判例17■ 東京高裁平成13年5月30日判決
（判時1797号131頁・判タ1106号235頁）

解　説　152／　実務上の指針　156

■判例18■ 福岡高裁平成19年4月17日判決
（判タ1263号339頁）

解　説　159／　実務上の指針　162

■判例19■ 京都地裁平成19年8月29日判決
（判タ1273号302頁）

解　説　165／　実務上の指針　168

第3章　訴えの提起 ─────────────── 169

Ⅰ　訴権の濫用 ─────────────── 169

1　概　説………169　　2　判　例………171

■判例20■ 最高裁平成18年7月7日判決
（民集60巻6号2307頁・判時1966号58頁）

解　説　174

■判例21■ 東京高裁平成13年1月31日判決
（判タ1080号220頁）

解　説　178／　実務上の指針　179

Ⅱ　訴額の算定①──訴額算定の原則 ─────────────── 181

1 概　　説……*181*　　**2** 判　　例……*183*

■判例22■　東京高裁平成 5 年 3 月30日決定
（判タ857号267頁）

解　　説　　*186* ／　実務上の指針　　*189*

Ⅲ　訴額の算定②──併合請求における訴額の算定── *190*

1 概　　説……*190*　　**2** 判　　例……*192*

■判例23■　最高裁平成12年10月13日決定
（裁集民200号 1 頁・判時1731号 3 頁・判タ1049号216頁・金判1107号 7 頁）

解　　説　　*195* ／　実務上の指針　　*197*

Ⅳ　訴訟費用 *198*

1 概　　説……*198*　　**2** 判　　例……*200*

■判例24■　東京高裁平成18年11月24日決定
（判時1957号64頁）

解　　説　　*202* ／　実務上の指針　　*204*

Ⅴ　訴訟上の救助 *206*

1 概　　説……*206*　　**2** 判　　例……*210*

■判例25■　最高裁平成19年12月 4 日決定
（民集61巻 9 号3274頁・判時1994号34頁・判タ1261号161頁）

解　　説　　*211* ／　実務上の指針　　*214*

Ⅵ　送　　達 *215*

1 概　　説……*215*　　**2** 判　　例……*216*

■判例26■　最高裁平成19年 3 月20日決定
（民集61巻 2 号586頁・判時1971号125頁・判タ1242号127頁）

解　　説　　*218* ／　実務上の指針　　*221*

Ⅶ　確認の訴え *222*

1 概 説……222 **2** 判 例……224

■判例27■ 最高裁平成16年12月24日判決
（判時1890号46頁・判タ1176号139頁・金判1232号51頁）

解 説　227／　実務上の指針　229

■判例28■ 最高裁平成16年3月25日判決
（民集58巻3号753頁・判時1856号150頁・判タ1149号294頁）

解 説　231／　実務上の指針　233

Ⅷ 将来の給付の訴え ─── 234

1 概 説……234 **2** 判 例……235

■判例29■ 最高裁平成19年5月29日判決
（判時1978号7頁・判タ1248号117頁）

解 説　237／　実務上の指針　239

Ⅸ 請求の併合 ─── 242

1 概 説……242 **2** 判 例……246

■判例30■ 東京地裁平成18年10月24日判決
（判時1959号116頁・判タ1239号331頁）

解 説　247／　実務上の指針　248

Ⅹ 二重起訴の禁止 ─── 250

1 概 説……250 **2** 判 例……252

■判例31■ 最高裁平成18年4月14日判決
（民集60巻4号1497頁・判時1931号40頁・判タ1209号83頁）

解 説　254／　実務上の指針　255

Ⅺ 訴えの変更 ─── 256

1 概 説……256 **2** 判 例……259

■判例32■ 大阪地裁平成19年7月12日判決
（判タ1253号152頁）

解 説　262／　実務上の指針　265

XII 一部請求 ―― 266

1 概　説……266　　**2** 判　例……268

■判例33■ 高松高裁平成19年2月22日判決
（判時1960号40頁・判タ1235号199頁・交民集40巻1号13頁）

解　説　269／　実務上の指針　272

XIII 当事者照会 ―― 273

1 概　説……273　　**2** 実務上の指針……279

第4章　訴訟の審理 ―― 283

I 口頭弁論 ―― 283

1 概　説……283　　**2** 判　例……285

■判例34■ 東京高裁平成19年5月30日判決
（判時1993号22頁）

解　説　286／　実務上の指針　288

II 弁論主義 ―― 289

1 概　説……289　　**2** 判　例……291

■判例35■ 最高裁平成14年9月12日判決
（判時1801号72頁・判タ1106号81頁）

解　説　294／　実務上の指針　296

III 自　白 ―― 298

1 概　説……298　　**2** 判　例……300

■判例36■ 東京高裁平成元年10月31日判決
（判タ765号234頁）

解　説　301／　実務上の指針　303

IV 釈明権と訴訟代理人の役割 ―― 305

1 概　説……305　　**2** 判　例……307

■判例37■　最高裁平成17年7月14日判決
　　　　　　（判時1911号102頁・判タ1191号235頁）
　　解説　309／　実務上の指針　313

V　時機に後れた攻撃防御方法の却下 ——317
1　概　説……317　　**2**　判　例……319

■判例38■　知財高裁平成17年9月30日判決
　　　　　　（判時1904号47頁・判タ1188号191頁）
　　解説　321／　実務上の指針　322

VI　判決の効力①――一部請求の明示と既判力 ——325
1　概　説……325　　**2**　判　例……327

■判例39■　最高裁平成20年7月10日判決
　　　　　　（判時2020号71頁・判タ1280号121頁・金法1856号26頁）
　　解説　330／　実務上の指針　330

VII　判決の効力②――既判力の主観的範囲 ——332
1　概　説……332　　**2**　判　例……333

■判例40■　最高裁平成16年10月18日判決
　　　　　　（金法1743号40頁）
　　解説　335／　実務上の指針　336

VIII　判決の効力③――外国判決の効力 ——338
1　概　説……338　　**2**　判　例……339

■判例41■　最高裁平成9年7月11日判決
　　　　　　（民集51巻6号2530頁・判時1624号90頁・判タ958号93頁）
　　解説　341／　実務上の指針　342

IX　定期金賠償 ——344
1　概　説……344　　**2**　判　例……345

■判例42■　東京高裁平成15年7月29日決定
　　　　　　（判時1838号69頁）

X 訴訟の中断 ─── 351

1 概　説……351　**2** 判　例…………352

■判例43■　最高裁平成19年3月27日判決
（民集61巻2号711頁・判時1967号91頁・判タ1238号187頁）

解　説　355／　実務上の指針　358

XI 訴訟の承継 ─── 359

1 概　説……359　**2** 判　例…………360

■判例44■　最高裁平成16年2月24日判決
（判時1854号41頁・判タ1148号176頁）

解　説　362／　実務上の指針　364

第5章　証拠調べ ─── 365

I 証明責任（立証責任） ─── 365

1 概　説……365　**2** 判　例…………368

■判例45■　最高裁平成13年4月20日判決
（民集55巻3号682頁・判時1751号163頁・判タ1061号65頁）

解　説　369／　実務上の指針　372

■判例46■　最高裁平成18年6月1日判決
（民集60巻5号1887頁・判時1943号11頁・判タ1218号187頁）

解　説　377／　実務上の指針　384

■判例47■　最高裁平成19年4月17日判決
（民集61巻3号1026頁・判時1970号32頁・判タ1242号104頁）

解　説　388／　実務上の指針　390

■判例48■　最高裁平成19年7月6日判決
（民集61巻5号1955頁・判時1984号108頁・判タ1251号148頁）

解　説　394／　実務上の指針　396

II 調査嘱託 — 398

1 概説……398　　**2** 判例……400

■判例49■ 大阪高裁平成19年1月30日判決
（判時1962号78頁・金判1263号25頁・金法1799号56頁）

解説　403 ／ 実務上の指針　404

III 文書送付嘱託 — 406

1 概説……406　　**2** 判例……408

■判例50■ 大阪高裁平成19年2月20日判決
（判タ1263号301頁）

解説　410 ／ 実務上の指針　412

IV 証人尋問 — 414

1 概説……414　　**2** 判例……417

■判例51■ 最高裁平成18年10月3日決定
（民集60巻8号2647頁・判時1954号34頁・判タ1228号114頁）

解説　419 ／ 実務上の指針　423

V 当事者尋問 — 424

1 概説……424　　**2** 判例……426

■判例52■ 最高裁平成17年11月18日決定
（判時1920号38頁・判タ1200号153頁）

解説　427 ／ 実務上の指針　428

VI 文書提出命令 — 430

1 概説……430　　**2** 判例……434

■判例53■ 最高裁平成19年12月12日決定
（民集61巻9号3400頁・判時1995号82頁・判タ1261号155頁）

解説　436 ／ 実務上の指針　440

■判例54■ 最高裁平成18年2月17日決定
（民集60巻2号496頁・判時1930号96頁・判タ1208号85頁）

目　次　xxiii

　　　　解　説　　443／　　実務上の指針　　445

　　■判例55■　最高裁平成19年11月30日決定
　　　　（民集61巻 8 号3186頁・判時1991号72頁・判タ1258号111頁）

　　　　解　説　　448／　　実務上の指針　　449

　　■判例56■　最高裁平成13年 2 月22日決定
　　　　（判時1742号89頁・判タ1057号144頁・金判1117号 3 頁）

　　　　解　説　　454／　　実務上の指針　　457

　　■判例57■　最高裁平成17年 7 月22日決定
　　　　（民集59巻 6 号1888頁・判時1907号33頁・判タ1188号229頁）

　　　　解　説　　461／　　実務上の指針　　462

Ⅶ　検　証 ―――――――――――――――――――――― 463

　1　概　説…………463　　**2**　判　例…………465

　　■判例58■　東京高裁平成11年12月 3 日決定
　　　　（判タ1026号290頁）

　　　　解　説　　467／　　実務上の指針　　467

　　■判例59■　最高裁平成21年 1 月15日決定
　　　　（民集63巻 1 号46頁・判時2034号24頁・判タ1290号126頁）

　　　　解　説　　469／　　実務上の指針　　472

第 6 章　判　決 ―――――――――――――――――― 473

Ⅰ　経験則 ――――――――――――――――――――― 473

　1　概　説…………473　　**2**　判　例…………480

　　■判例60■　最高裁平成18年11月14日判決
　　　　（判時1956号77頁・判タ1230号88頁）

　　　　解　説　　482／　　実務上の指針　　483

Ⅱ　証拠法則 ―――――――――――――――――――― 486

　1　概　説…………486　　**2**　判　例…………488

■判例61■ 最高裁平成14年1月29日判決
（判時1778号49頁・判タ1086号102頁）

解　説　490／実務上の指針　492

Ⅲ　損害額の認定 ── 494

1 概　説……494　　**2** 判　例……499

■判例62■ 最高裁平成18年1月24日判決
（判時1926号65頁・判タ1205号153頁・金判1240号33頁）

解　説　501／実務上の指針　505

■判例63■ 最高裁平成20年6月10日判決
（裁集民228号181頁・判時2042号5頁）

解　説　508／実務上の指針　512

■判例64■ 東京地裁平成20年4月28日判決
（判タ1275号329頁）

解　説　515／実務上の指針　518

Ⅳ　裁判の脱漏 ── 520

1 概　説……520　　**2** 判　例……521

■判例65■ 東京高裁平成16年8月31日判決
（判時1903号21頁）

解　説　522／実務上の指針　524

Ⅴ　訴えの取下げ ── 525

1 概　説……525　　**2** 判　例……527

■判例66■ 津地裁平成12年9月7日判決
（判タ1080号226頁）

解　説　530／実務上の指針　531

Ⅵ　訴訟上の和解 ── 533

1 概　説……533　　**2** 判　例……534

- ■判例67■ 東京地裁平成15年1月21日判決
  （判時1828号59頁）
  - 解　説　536／実務上の指針　537

第7章　上訴・再審　539

Ⅰ　控　訴　539

1　概　説……539　　**2　判　例**……542

- ■判例68■ 最高裁平成16年6月3日判決
  （家月57巻1号123頁・判時1869号33頁・判タ1159号138頁）
  - 解　説　544／実務上の指針　546

Ⅱ　上　告　547

1　概　説……547　　**2　判　例**……549

- ■判例69■ 最高裁平成12年7月14日決定
  （判時1723号49頁・判タ1041号156頁・金判1103号8頁）
  - 解　説　551／実務上の指針　552

- ■判例70■ 最高裁平成19年1月16日判決
  （判時1959号29頁・判タ1233号167頁）
  - 解　説　554／実務上の指針　556

Ⅲ　再　審　558

1　概　説……558　　**2　判　例**……560

- ■判例71■ 最高裁平成19年3月20日決定
  （民集61巻2号586頁・判時1971号125頁・判タ1242号127頁）
  - 解　説　562／実務上の指針　564

事項索引　565
判例索引　567

第1章　裁判所

I　民事裁判権

1　概　説

(1)　民事裁判権の意義

「民事裁判権」とは，具体的事件を裁判によって処理する国家権力たる裁判権のうち，民事事件を処理する権能をいう。

この「民事裁判権」は，一国の裁判所によって行使される権限であり，その権限の限界を論ずるにあたっては，他国との関係や，裁判所以外の国家機関たる行政機関との関係等への考慮が必要となる。

なお，一国の裁判所組織の中で，個々の裁判所に対しどのように具体的な権限配分を行うかは「管轄権」の問題であり，ここにいう「民事裁判権」の問題とは異なる。

(2)　民事裁判権の限界

上記民事裁判権の限界については，当該事件が「法律上の争訟」にあたるか否か，国際裁判管轄を認めるべきか否かといった物的範囲に関する問題のほか，天皇や外国国家が民事裁判権に服するべきか否かという人的範囲に関する問題

がある。本節で紹介する〔判例1〕では，後者の民事裁判権の人的範囲が問題になった。

　外国国家に対する民事裁判権の限界については，国際慣習法上主権免除の原則，すなわち，外国国家は自らの行為または国有財産をめぐる争訟について，他国の裁判権に服することを免除されるという原則が存在する。この原則の適用範囲をどのように解釈すべきかというのがここでの問題である。

　主権免除の原則の適用範囲については，大きく分けて絶対免除主義と制限免除主義という2つの考え方の対立がある。

　絶対免除主義とは，外国国家は原則として当該法廷地国の裁判権に服さないという考え方であり，例外を条約等国家間の合意がある場合，提訴，応訴等により免除特権を放棄する場合，その他法廷地国に存在する不動産を目的とする権利関係に関する訴訟等に限定する考え方である。

　他方，制限免除主義とは，国家の活動を主権的行為と私法的ないし業務管理的な行為の2つに分け，主権免除を前者に限定するという考え方である。

(3)　主権免除についての国際的流れ

　主権免除の原則の適用範囲について国際的な流れは以下のように説明される。

　レッセフェール（自由放任主義）の考え方の下，国家の活動がほぼ主権的行為に限られていた19世紀のころまでは絶対免除主義が支配的であった。しかし，その後国家の活動範囲が拡大し，経済活動の分野へ積極的に介入するようになってくると，国家が私法上の契約を結ぶことも多くなり，これに伴い国内の裁判例において制限免除主義を採用する国が現われ始めた。

　第二次世界大戦後にはこの問題につき立法化，条約化の動きが見られるようになったが，ついに平成16年12月2日には，国際連合の総会において，制限免除主義を採用する「国及びその財産の裁判権からの免除に関する国連条約」（以下，「国連国家免除条約」という。）が採択された。

　この条約は，その第3部において，商業的取引（10条），雇用契約（11条）などの類型について，国家が裁判権免除を受けることのできない場面を具体的に定めている。なお，同条約は30か国の締結が発効の要件であるが，平成22年

11月30日現在7か国が締結するのみで，いまだ発効していない。わが国は平成19年1月11日，これに署名したが，その後，平成21年5月12日に衆議院で，同年6月10日に参議院で承認されている[注1]。

(4) わが国の判例の流れ

わが国の判例をみると，まず大判昭3・12・28（民集7巻12号1128頁）は厳格な絶対免除主義を採用していた。また，同判決は特定の事案における免除特権の放棄の意思表示は常に国家から国家に対してなされることを要するとして，その様式も厳格に解していた。

これに対し，最判平18・7・21（民集60巻6号2542頁・判タ1228号119頁）（以下，「平成18年最判」という。）は，「外国国家は，その私法的ないし業務管理的な行為については，我が国による民事裁判権の行使が当該外国国家の主権を侵害するおそれがあるなど特段の事情がない限り，我が国の民事裁判権から免除されない」と判示し，国家と私人との契約に関し，制限免除主義を採ることを明言した。また，免除特権放棄の意思表示の様式についても，私人との間の書面による契約に含まれた明文の規定があれば原則としてわが国の民事裁判権から免除されないとし，上記大審院判例を変更した。

しかし，平成18年最判も「私法的ないし業務管理的な行為」の内容について一義的に定義したり，網羅的に列挙したりはしておらず，その具体化は今後の事例の集積にゆだねられている。

(5) 立法的解決

なお，わが国では国連国家免除条約への署名後，国会での承認手続とは別に，同条約に準拠した国内法の整備が必要であるとして立法作業が進められ，平成21年4月17日には「外国等に対する我が国の民事裁判権に関する法律」（以下，

注1）　国連国家免除条約に関しては，以下を参照。
　　外務省Webサイト http://www.mofa.go.jp/mofaj/gaiko/treaty/shomei_23.html
　　国連Webサイト http://untreaty.un.org/ilc/guide/4_1.htm
　　国連国家免除条約草案の注釈
　　http://untreaty.un.org/ilc/texts/instruments/english/commentaries/4_1_1991.pdf

「対外国民事裁判権法」という。）が成立し，同法は平成22年４月１日から施行されている注2)。

2 判　例

判　例　1

最高裁平成21年10月16日判決
　掲　載　誌：裁時1493号７頁・判タ1313号129頁
　原　　　審：東京高判平19・10・４判時1997号155頁・労判955号83頁
　原々　審：東京地判平18・５・18（平成13年（ワ）第1230号ほか）
　　　　　　東京地中間判平17・９・29判時1907号152頁注3)

外国国家が労働者を解雇した事案に関し民事裁判権が免除されるとした原審の判断を破棄した事例（米国ジョージア州解雇事件）

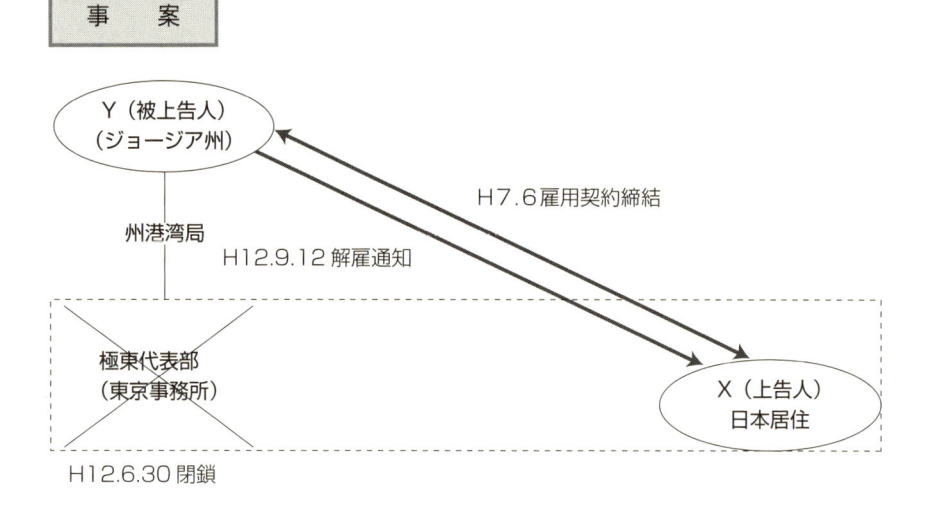

事　案

```
Y（被上告人）　　　　　　　　　　　　　　　　　
（ジョージア州）　　←──────────　
　│　　　　　　　　　H7.6雇用契約締結　
　│州港湾局　　　　　　　　　　　　　　　
　│　　H12.9.12解雇通知　　　　　　　　
┌─────────────────┐　
│　極東代表部　　　　　　　　　　　│　
│　（東京事務所）　　　　　　　　　│　→　X（上告人）
│　　　　　×　　　　　　　　　　　│　　　日本居住
└─────────────────┘　
H12.6.30閉鎖
```

注２)　対外国民事裁判権法の審議に関しては，法務省法制審議会主権免除法制部会 Web サイト http://www.moj.go.jp/SHINGI/shuken_index.html 参照。
注３)　髙杉直〔判批〕・ジュリ1311号（2006）215頁，平覚・重判解平成17年度〔ジュリ臨増1313号〕（2006）299頁。

アメリカ合衆国ジョージア州港湾局（以下，「州港湾局」という。）は，Y（ジョージア州〔被上告人〕）の州法により設立された一部局であるが，その目的は，米国および姉妹州の内外取引を育成・促進することなどである。

州港湾局は東京に極東代表部を設置し，事務所を設けていたが，その主要な業務は船舶会社や海運・港湾・流通関係業者等に対してYの港湾施設を宣伝し，その利用の促進を図ることであった。

平成7年6月，Yは日本居住のX（上告人）を，極東代表部に勤務する現地職員として，給与月額62万4205円とし，期間を定めず雇い入れた。なお，Xは州港湾局の企業年金の受給資格を得ることが可能であり，また，極東代表部にはわが国の厚生年金保険，健康保険，雇用保険および労働者災害補償保険が適用され，Yもそれらの保険料を負担していた。

Yは，平成11年12月，Xに対し，以下の通告をした。
① 緊縮財政により極東代表部を同12年6月30日に閉鎖すること。
② ただし，企業年金の期間要件を満たすため，Xが希望するのであれば，同年9月15日まで正職員として在籍することを許すこと。
③ その後は期間1年間の契約職員として勤務を継続するよう求めること。

Xは，上記通告に対し，平成12年9月16日以降の正職員としての雇用継続を申し出たが，拒絶された。

上記通告当時の職員は，極東代表部の代表者AおよびXの2名であったが，Aは通告後契約職員となり，同代表部に勤務する正職員はXのみとなった。

Yは，平成12年6月30日付けで極東代表部を閉鎖し，同年7月1日，新たに，別途Bとの間で州港湾局の通商代表業務を委託する契約を締結した。

Bは，代表部の名称を「州港湾局日本代表部」と変更し，業務を開始した。

Yは，平成12年9月12日，Bを通じて，Xに対し，Xを同月15日付けで解雇する旨記載した書面を交付した（以下，この書面の交付による解雇の意思表示を「本件解雇」という。）。

本件解雇の無効確認を求める本件訴訟の第1審は，平成17年9月29日中間判決において，本件雇用契約は性質上も目的上も私法的・業務管理的行為というべきであり，主権的行為に属するものではないから，Yは裁判権の免除を主張することができないと判示し，その後の平成18年5月18日，東京地裁は終局判決においてXの請求を認容した（判例集未登載）。

これに対し，原審（東京高判平19・10・4）は，本件訴訟は国連国家免除条約にいう「復職」を求める訴訟であるとし，わが国の裁判所が外国の州に対し「復職」を命ずることは，同州の主権的機能に不当に干渉することになるとして，Yの裁判権免除の主張を認め，Xの訴えを却下した。

これに対して，Xが上告したのが本件である。

判　旨

(1) アメリカの州が民事裁判権免除の対象となる「外国国家」といえるか

「外国国家は，その主権的行為については，我が国の民事裁判権から免除され得るところ，Y〔被上告人〕は，連邦国家である米国の州であって，主権的な権能を行使する権限を有するということができるから，外国国家と同様に，その主権的行為については我が国の民事裁判権から免除され得る。」

(2) 民事裁判権免除の範囲について

「しかし，その私法的ないし業務管理的な行為については，我が国による民事裁判権の行使がその主権的な権能を侵害するおそれがあるなど特段の事情がない限り，我が国の民事裁判権から免除されないと解するのが相当である（最高裁平成15年（受）第1231号同18年7月21日第二小法廷判決・民集60巻6号2542頁参照）。」

(3) 本件雇用関係の性質について

「X〔上告人〕は，極東代表部の代表者との間で口頭でのやり取りのみに基づき現地職員としてYに雇用されたものであり，勤務を継続することにより州港湾局の企業年金の受給資格を得ることが可能であるのみでなく，極東代表部には我が国の厚生年金保険，健康保険，雇用保険及び労働者災害補償保険が適用されていたというのであるから，本件雇用関係は，Yの公権力的な公務員法制の対象ではなく，私法的な契約関係に当たると認めるのが相当である。極東代表部の業務内容も，我が国においてYの港湾施設を宣伝し，その利用の促進を図ることであって，Yによる主権的な権能の行使と関係するものとはいえない。以上の事情を総合的に考慮すると，本件雇用関係は，私人間の雇用契約と異なる性質を持つものということはできず，私法的ないし業務管理的なものというべきである。

そして，本件解雇は，極東代表部を財政上の理由により閉鎖することに伴い，上記のような雇用契約上の地位にあったXを解雇するというものであり，私人間の雇用契約における経済的な理由による解雇と異なるところはなく，私法的ないし業務管理的な行為に当たるものというほかはない。」

(4) 外国国家の主権を害するおそれの有無について

「原審は，免除条約のうち雇用契約に関する11条の規定についての議論の過程では，個人と外国国家との雇用契約から生ずる訴訟については一般的には裁判権免除の対象とならないが，被用者の『採用，雇用の更新，復職』が訴訟の主題となる場合は，裁判権免除の対象となるとの立場がほぼ一貫して採用されてきており，国際慣習としてほぼ定着しているか，少なくとも国際連合加盟各国で共通の認識となっているものと解するのが相当であるとした上，Xが雇用契約上の権利を有する地位にあることの確認及び解雇後の賃金

の支払を求める本件請求も，同条2(c)の『復職』を主題とする訴訟に当たると解するほかはないと判示する。しかしながら，免除条約が平成16年12月に国際連合総会において採択されるまでに各国代表者の間で行われた議論においては，労働者が使用者である外国国家に対して金銭的救済を求めた場合に，外国国家は原則として裁判権から免除されないことが共通の認識となっていたところである（当裁判所に顕著な事実であり，その後成立した外国等に対する我が国の民事裁判権に関する法律9条1項，2項3号，4号もこのことを前提としている。）。原審の指摘する免除条約11条2(c)は，雇用関係を開始する場合に関する規定であり，そこにいう『裁判手続の対象となる事項が個人の復職に係るものである』とは，文字どおり個人をその職務に復帰させることに関するものであって，現実の就労を法的に強制するものではないＸの本件請求をこれに当たるものとみることはできない。解雇が無効であることを理由に，雇用契約上の権利を有する地位にあることの確認及び解雇後の賃金の支払を求める本件請求は，同条2(d)にいう『裁判手続の対象となる事項が個人の解雇又は雇用契約の終了に係るもの』に当たると解すべきであり，この場合は，『雇用主である国の元首，政府の長』等が，『当該裁判手続が当該国の安全保障上の利益を害し得るものであると認める場合』に限り裁判権の免除が認められているところである。

　さらに，原審は，本件解雇の『正当事由』の有無について判断するため州港湾局の事務所閉鎖の必要性やＹの事業政策，財政状況等について審理することは主権の侵害に当たると判示するが，免除条約においては，上記のとおり，解雇の場合は，政府の長等によって安全保障上の利益を害するおそれがあるものとされた場合に限って免除の対象とされるなど，裁判権免除を認めるに当たり厳格な要件が求められていることに徴しても，原審の指摘するような事情が主権を侵害する事由に当たるものとは認められない。」（破棄差戻し）

参照条文　民事訴訟法第1編第2章，国連国家免除条約11条，対外国民事裁判権法9条

解　説

(1) 概　要

　わが国の民事裁判権に服さない者を被告として民事訴訟が提起された場合，当該訴訟は不適法なものとして却下されることとなる（民訴140条）注4）。

1(5)で説明したとおり，外国国家等がわが国の民事裁判権に服すべき範囲については対外国民事裁判権法が成立したため，同法施行後に申し立てられる訴訟については，同法の解釈問題として解決されることとなる（同法附則2条）。

しかし，同法施行前に係属している事件については，国家間の法律関係を規律する国際法によりその限界が画される(注5)。上記問題については，いまだわが国に対し効力を有する明示的な合意たる条約が存在しないため，黙示的な合意たる国際慣習法の内容が検討されることとなる。

この点，平成18年最判は，「外国国家は私法的ないし業務管理的な行為についても法廷地国の民事裁判権から免除される旨の国際慣習法はもはや存在しない」と判示したうえで，私法的ないし業務管理的な行為については特段の事情がない限り民事裁判権に服することを免除されないとの規範を定立した。

「私法的ないし業務管理的な行為」の具体的な意義や「特段の事情」の内容については以後の事例の蓄積にゆだねられたが，本判決は平成18年最判を引用したうえで，具体的な判断を示したものである。

(2) 雇用関係の性質——私法的ないし業務管理的な行為にあたるか

(a) 本判決は，本件雇用関係につき，以下の点を指摘して，これを私法的ないし業務管理的なものであると判断した。すなわち，①Xが現地職員として雇用されたこと，②極東代表部には日本の社会保険が適用されていたこと，また③極東代表部の業務内容も，わが国においてYの港湾施設を宣伝し，その利用の促進を図ることにすぎなかったという点である。

(b) なお，「私法的ないし業務管理的な行為」にあたるか否かの判断基準については，私人によってもなしうる性質のものか否かで判断する行為性質基準説と，行為の目的が主権活動に関連しているか否かを判断基準とする行為目的基準説とがある。

この点，平成18年最判が「被上告人のこれらの行為は，その性質上，私人

注4） コンメⅢ・155頁。
注5） 注釈(1)〔道垣内弘人〕・93〜94頁は，国際法上の対人的制約に裁判所がさらに付加的制約を課すことについて，国民の代表でない裁判所が対外関係への配慮から訴訟法上の合理性を犠牲にして独自に考慮することは妥当でないとする。

でも行うことが可能な商業取引であるから，目的のいかんにかかわらず，私法的ないし業務管理的な行為に当たるというべきである」とした点を捉えて行為性質基準説を採ったものとする説もある[注6]。

しかし，上記判示はあてはめの部分におけるものであり，これが行為目的基準説的な考慮を不要としたものか，事件の対象となった準消費貸借契約という類型については目的を判断する必要がないとしたものか，その判断は明らかでない。

本判決の上記あてはめをみると，①，②の部分においては行為性質基準説的な検討をし，また③の部分においては行為目的基準説的な検討をしたものと解され，そうであるならば本判決は「私法的ないし業務管理的な行為」にあたるか否かの判断において，行為の性質のみならずその目的も併せて考慮する手法を採ったものといえる[注7]。

雇用契約の場合，その雇用目的いかんによっては直ちに主権的な行為に影響しかねないと解されるため，この要素の検討も必要となる。

(3) 主権的な権能の行使を侵害するおそれがある特段の事情の有無

原審は，①本件請求の主題は国連国家免除条約において主権免除が認められる「復職」に関するものであると解されること，②本件解雇の「正当事由」の有無を審理するためには，外国国家の主権的機能にかかわる点について審理せざるをえず，また救済を命ずると外国国家の主権的機能にかかわる裁量権に介入することになることを指摘し，外国国家の主権を侵害するおそれがあると判断し，裁判権の免除を認めた。

本判決は，これら2点をそれぞれ否定し，裁判権の免除を認めるべき，標記特段の事情はないとした。

(a) 上記①について

国連国家免除条約11条1項は，雇用契約については主権免除を排除する原

注6) 三木素子〔判解〕・ジュリ1342号（2007）177頁。なお，高桑昭〔判批〕・ジュリ1326号（2007）212頁は，「特段の事情」がある場合の例外を付した点を捉えて，平成18年最判が行為目的基準説的な限定を付したものであると指摘する。

注7) 本件原審も，雇用関係の性質のみならず，雇用の目的についても検討して，私法的・業務管理的行為にあたると認定している。

則を定め，同条2項がその例外（主権免除が認められる場合）を定めている。

本件で問題となるのは，この国連国家免除条約11条2項の次の2つの規定である。

(c)号　裁判手続の対象となる事項が個人の採用，雇用契約の更新又は復職に係るものである場合

(d)号　裁判手続の対象となる事項が個人の解雇又は雇用契約の終了に係るものであり，かつ，雇用主である国の元首，政府の長又は外務大臣が当該裁判手続が当該国の安全保障上の利益を害し得るものであると認める場合

原審は，まず，本件解雇に関する法律問題を金銭賠償の問題と復職[注8]の問題とに分け，後者については主権的機能にかかわるものであるとし，これに主権免除を認めることが国連加盟各国の間の共通認識であるとした[注9]。そのうえで，わが国の不当解雇に対する救済においては就労請求権がない[注10]とはいえ，雇用契約上の権利を有する地位にあることの確認および解雇後の賃金の支払を命じる形での救済は，雇用主たる外国国家の主権的機能に不当な干渉をされない利益という観点からは，「復職」と解するほかないとした。

これに対し，本判決は上記(c)号にいう「裁判手続の対象となる事項が個人

注8）「復職」（reinstatement）という概念については，英国労働法（Employment Rights Act 1996, http://www.opsi.gov.uk/acts/acts1996/ukpga_19960018_en_12）114条参照。
　　英国労働法114条1項は，「復職命令とは，使用者に対し，申立人をすべての点において解雇されなかったものと同様に取り扱うべきことを命ずることをいう。」と定める。

注9）1991年に起草された国連国家免除条約草案においては，現在の11条2項(d)号は存在せず，同項(c)号の注釈（http://untreaty.un.org/ilc/texts/instruments/english/commentaries/4_1_1991.pdf）において，不当解雇に関する補償金や損害賠償を求めることは認めながら，復職等については任命，解任における裁量権から主権免除を認めるとの説明をしている。しかし，その後2001年の時点で草案に(d)号が加筆され，不当解雇をめぐる紛争については，この規定により解決すべきこととされた。

注10）特約のある場合や特別の技能者である場合を除き，就労請求権が認められないというのが通説・判例である（菅野和夫『労働法〔第9版〕』（弘文堂，2010）79頁，読売新聞社事件〔東京高決昭33・8・2判夕83号74頁〕など参照）。

の……復職に係るものである場合」とは，文字どおり個人をその職務に復帰させることに関するものであると解し，就労請求を含まないXの請求はこれにあたらないとした[注11]。そのうえで，本件請求は上記(d)号にいう「裁判手続の対象となる事項が個人の解雇又は雇用契約の終了に係るもの」にあたるとし，この場合主権免除が認められるのは同号後段の要件がある場合に限るという点を指摘した。

(b) 上記②について

この点，原審は，本件解雇の正当事由を審理する過程および救済命令の執行に際し，外国国家の主権を侵害するおそれがあるとした。

これに対し本判決は，上記(d)号に言及し，解雇問題について裁判権免除を認めるには厳格な要件が求められていることからして，外国国家の主権を侵害するおそれはないものと判断した。

(c) 結　　論

以上から，本判決は，上記①，②を理由に本件請求を却下した原審の判断は誤りであるとした。

(4) 不当解雇に関する金銭請求と主権的な権能の行使を侵害するおそれとの関係について

(a) 主権免除が認められた場合の金銭請求について

本判決によれば，解雇問題においては，「雇用主である国の元首，政府の長」等が，「当該裁判手続が当該国の安全保障上の利益を害し得るものであると認める場合」という例外的な場合には，主権免除が認められることになる。

本件事案においては，上記例外事由が認められるようにはうかがえないが，仮にこれが認められた場合，解雇にかかわる金銭請求がどの範囲で認められるかという点が次の問題となる。すなわち，解雇期間中の賃金支払を認めるか，不当解雇に基づく損害賠償請求を認めるかという問題である。

[注11) 国連国家免除条約11条2項(c)号に対応する対外国民事裁判権法9条2項3号には「復職」との文言は規定されておらず，解雇については同4号により規律されることが明らかにされている（法制審議会主権免除法制部会第2回会議議事録（http://www.moj.go.jp/SHINGI/081010-1-1.pdf）4頁以下参照)。

この点，対外国民事裁判権法の立案にかかわった法制審議会主権免除法制部会において議論がされたが，解雇期間中の賃金支払を裁判所が命じると事実上外国国家に対し採用等を強制することになってしまうことが懸念されることから，損害賠償請求のみが，主権免除の対象から外されることとなった(注12)。

　この法制審議会における議論を前提に，上記例外事由が認められた場合を考えると，解雇に関する主権免除が認められたとしても，不当解雇に基づく損害賠償請求に関しては認められるということになる。

(b) **本件の帰結について**

　上記法制審議会で議論された懸念は対外国民事裁判権法施行前の事案である本件にもあてはまるように思われる。

　本判決は，Xの本件請求が「現実の就労を法的に強制するものではない」ことをもって，主権免除の及ぶ「復職」にあたらないものとした。

　しかし，就労させることまで求められないとしても，解雇以降の賃金支払を認めることになれば，事実上就労を強制することになりかねず，「復職」にあたらないとした趣旨に反することとなってしまう。原審の指摘する点もまさにその点であった。

　差戻審においては，これまで議論されていない解雇権濫用に関する議論がなされるものと思われるが，解雇の必要性等，解雇権濫用についていかなる判断がなされるのか，また解雇権濫用が再度認められた場合，原々審同様，雇用契約上の地位を確認し，平成12年9月16日から判決確定までの継続的な賃金支払を認めるのか，その後の履行はどのようになされるかという点が注目される。

注12) 法制審議会に提出されていた担当者試案においては，金銭請求はすべて認めるという甲案と，解雇期間中の賃金支払が実質的に外国国家に採用等を強制することになるとして，金銭的請求に関し損害賠償に限定する乙案が示されていた。この点，議論の結果，乙案の考えが採用されている（法制審議会主権免除法制部会第4回会議事録 (http://www.moj.go.jp/SHINGI/081121-1-1.pdf) 19頁以下参照）。

　同審議会では損害賠償請求を認める是非についても議論がなされたが（同第2回議事録8頁以下），国連国家免除条約草案の注釈その他においても不当解雇に関する損害賠償は認めるという議論があるとして，損害賠償請求は認めるということになった（国連国家免除条約草案の注釈 (http://untreaty.un.org/ilc/texts/instruments/english/commentaries/4_1_1991.pdf) 43頁参照）。

　なお，主権的行為に関しては最判平14・4・12判タ1092号107頁において，差止めのみならず，損害賠償についても裁判権免除が及ぶと判断している。

実務上の指針

　平成22年4月1日の対外国民事裁判権法の施行に伴い，今後の外国国家の雇用に関する問題については，同法により規律されることとなる。
　対外国民事裁判権法9条2項は以下のように規定する。

> 3号　当該個人の採用又は再雇用の契約の成否に関する訴え又は申立て（いずれも損害の賠償を求めるものを除く。）である場合
> 4号　解雇その他の労働契約の終了の効力に関する訴え又は申立て（いずれも損害の賠償を求めるものを除く。）であって，当該外国等の元首，政府の長又は外務大臣によって当該訴え又は申立てに係る裁判手続が当該外国等の安全保障上の利益を害するおそれがあるとされた場合

　このように対外国民事裁判権法9条2項3号は，国連国家免除条約11条2項(c)号と異なり，「復職」を含んでいない。したがって，今後不当解雇に関する問題はすべて対外国民事裁判権法9条2項4号により規律されることとなると解される。
　また，当該労働契約等により就労請求権が特別に認められる場合も，対外国民事裁判権法9条2項4号により規律されることとなる注13)。
　この場合，外国等により「安全保障上の利益を害するおそれがある」と主張された場合，この要件をどの範囲で認めるものとして解釈するかという点が問題となろう。
　かかるおそれが認められない場合は，外国国家側も解雇権濫用に関して，通常の使用者と同様の主張・立証が必要となる。

◆町田　健一◆

注13)　この場合，解釈によっては，条約との抵触が問題となりうるものと考える（野中俊彦＝中村睦男＝高橋和之＝高見勝利『憲法Ⅱ〔第4版〕』（有斐閣，2006）415頁）。

Ⅱ 管　轄

1　概　説

(1)　管轄の種類

　管轄とは，裁判権が存在することを前提として，裁判所間の事件分担に関する定めをいう。

　管轄は，いくつかの観点から分類することができる。①裁判権分配の基準という観点から職分管轄，事物管轄，土地管轄の分類が，②管轄の発生する根拠の違いにより，法定管轄，指定管轄，合意管轄，応訴管轄の分類が，③強制力の有無という観点から専属管轄と任意管轄の分類がある。

(2)　裁判権分配の基準という観点からの分類

　職分管轄とは，裁判権の作用をどの裁判所の分担とするかについての定めであり，以下の各定めがある。
① 　判決手続の判決裁判所と民事執行手続の執行裁判所（民執3条）
② 　審級管轄
③ 　人事訴訟第1審に関する家庭裁判所の職分管轄（裁31条の3第2項，人訴4条）
④ 　簡易裁判所の職分管轄，たとえば，少額訴訟（民訴368条），起訴前の和解（民訴275条）等

　事物管轄とは，第1審裁判所の簡易裁判所と地方裁判所の分担の定めであり，訴訟の目的の価額140万円を超えない請求は，簡易裁判所の管轄とし（裁33条1項1号），それ以外の請求は地方裁判所の管轄と定められている（裁24条1項1号）。

　土地管轄とは，ある事件について職分管轄および事物管轄をもつ管轄裁判所が，所在地を異にして複数存在する場合に，いずれの地の裁判所に管轄権を認

(3) 管轄の発生する根拠の違いによる分類

法定管轄とは，管轄の定まる根拠が法律の規定によるものをいう。

指定管轄とは，管轄が明確でない場合に直近上級裁判所が管轄を指定する（民訴10条）管轄である。

合意管轄とは，法定管轄と異なる当事者の合意により生じる管轄である（民訴11条）。

応訴管轄とは，被告の応訴により生じる管轄である（民訴12条）。

(4) 専属管轄・任意管轄

専属管轄とは，裁判の迅速等の公益的要求に基づき，ある事件を特定の裁判所の管轄のみに属するものとし，同一事件について，他の裁判所が管轄を有することを排除するような性質（合意管轄および応訴管轄は生じない〔民訴13条〕。）を有する管轄の定めをいう。

任意管轄とは，当事者の便宜および公平の観点から定められた法定管轄で，当事者の合意，応訴等によって，他の裁判所に新たに管轄権が生じることを妨げない管轄をいう。

2 判 例

判 例 2

大阪高裁平成10年4月30日決定
  掲 載 誌：判夕998号259頁
  原 審：神戸地決平10・3・31判夕998号263頁参照

解雇無効確認および未払給料請求事件につき，給与支払義務の履行地は原告（従業員）の住所地であるとして，原告の住所地を管轄する裁判所の土地管轄を認めた事例

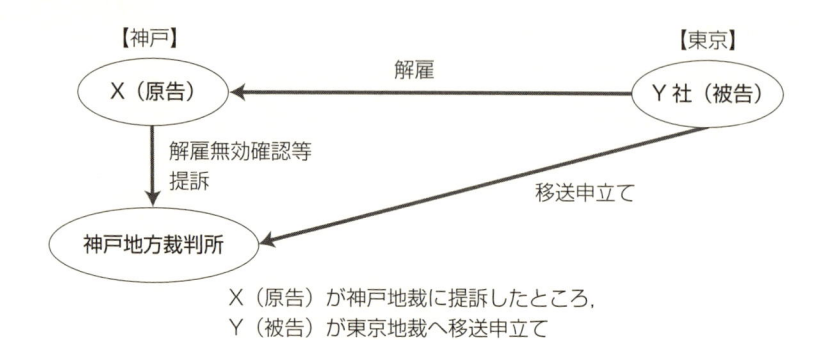

事　案

```
【神戸】                          【東京】
 X（原告） ←―― 解雇 ―― Y社（被告）
    │                         ╱
    │解雇無効確認等            ╱
    │提訴                 移送申立て
    ↓                   ╱
 神戸地方裁判所 ←――――
```

X（原告）が神戸地裁に提訴したところ，
Y（被告）が東京地裁へ移送申立て

(1) Y（被告）は，コンピュータ・ネットワーク機器を販売店に販売する業務を行う会社である。
(2) Yの本店所在地は，東京であり，商業登記簿上支店の登記はない。
(3) X（原告）はYから，「西日本営業部長」の肩書きを与えられ，神戸市の自宅内の一室を拠点として，顧客を訪問して，コンピュータ・ネットワーク機器販売の商談を行っていた。
(4) Xの給与支払の方法は，就業規則等には定めがなく，口座振込の方法で，X指定の預金口座（Xの住所地の近く）に振込み送金されていた。
(5) YがXを解雇したので，XはYに対し，解雇無効確認および未払給与支払請求の訴えを，神戸地裁に提起した。

原審の判断

(1) X（原告）は，土地管轄として，①Xが自宅を事務所として営業活動を行っていたことが，「事務所又は営業所」（民訴5条5号）にあたる，②Xが振込先として指定した預金口座が存在する場所が，給与支払の義務履行地にあたる（民訴5条1号）と主張した。
(2) これに対し，Y（被告）による東京地裁への移送申立てを受けて原審は，下記のとおり判示して，神戸市は，「事務所又は営業所」（民訴5条5号）の所在地でも，給与支払の義務履行地（民訴5条1号）でもないとして，神戸地裁の土地管轄権を否定し，Yの本店所在地を管轄する東京地裁への移送を決定した。
(3) 「事務所又は営業所」について
「『事務所又は営業所』とは，少なくとも業務の全部又は一部について独立して統括経営されている場所であることを要するものであり，単に業務の末端あるいは現業が行われているに過ぎない場合は，仮に独立して業務を行いうるような外

観を備えているからといって，直ちに同条〔民訴5条5号〕にいう事務所又は営業所ということはできないと解される。……その業務の内容は，被告の取引先との商談をしているに過ぎず，注文受諾の決裁権はYの本店にあるから，……Xの自宅において基本的業務行為であるコンピューター機器等の販売を独立して行う権限を有していないというべきである。……よって，Xの自宅は，Yの業務を独立して統括経営している場所ということはできず，『事務所又は営業所』には当たらない」。

(4) 給与支払の義務履行地について

「労働者の賃金支払義務地の履行場所は，まず，労働協約，就業規則等に定めがあればそれに従い，それがないときには，当事者間における履行場所についての黙示の合意，事実たる慣習の成否につき検討し，それらもないときに，はじめて民法484条の持参債務の原則の適用を考慮すべきである。……Yは，Xの給料を銀行振込の方法により支払っており，両者の間に右支払方法についての合意があるものと認めるべきである。ところで，銀行振込の方法を取った場合，債務者が払込手続を取ったのであれば，債権者への支払手続の確実性に欠けることはないから，債務者が銀行の支店等に送金手続をした時点で義務の履行が終了したものと解すべきである。

したがって，本件において，Xの給料の振込口座がある神戸市を義務履行地とすることはできない。」

決定要旨

下記のとおり判示して，給与支払の義務履行地（民訴5条1号）は，X〔原告〕の住所地であり，神戸地裁に管轄権があるとして，原決定を取り消した。

(1) 「事務所又は営業所」について

原決定を維持した。

(2) 給与支払の義務履行地について

義務履行地の裁判籍について「本件においては，……X〔抗告人〕の給料の支払方法については，労働協約，就業規則等に定めがなく，Y〔相手方〕は，Xに対し，いわゆる口座振込の方法，具体的には毎月25日にXの指定した同人の住所地に近いさくら銀行甲南支店のX名義の普通預金口座に振込送金する方法で支払っており，Yは，右送金手続を東京都に所在する東京三菱銀行の支店において行っていたものである。すなわち，本件においては，Yの本店所在地等にXが出向いて取立ての方法で給料を支払うことは予定されておらず，民法の原則のとおりにXの住所地で持参の方法で支払うことを予定しており，右口座振込の方法による支払は，右持参の方法による支払のためにとられているものと解される。」

「そうすると，給料支払義務の履行地は，Ｘの住所地であるというべきである。」

「すなわち，銀行振込は，義務履行のための一つの方法に過ぎず，本来の義務履行地はこれにより左右されるものではない。

したがって，本件においては，Ｘは，Ｙに対し，Ｙによる解雇が無効であるとして，解雇無効の確認および未払給料の支払を求めているところ，給料支払義務の履行地を管轄する裁判所は原審裁判所（神戸地方裁判所）であるから，原審裁判所に管轄があるというべきである。」（破棄自判，確定）

参照条文　民事訴訟法 5 条

解　　説

後掲 **参考判例** ①（千葉地佐倉支決昭54・5・30）では営業所において給与の支払がなされていた事案であるが，本件の給与の支払は，銀行振込の方法によっていた。原審は，「労働者の賃金支払義務地の履行場所は，……当事者間における履行場所についての黙示の合意……につき検討し，それらもないときに，はじめて民法484条の持参債務の原則を適用すべきである。……」との立場から銀行振込の方法を，当事者間における給与支払義務の履行場所についての黙示の合意として捉え，債務者が銀行の支店等に送金手続をした時点で，給与支払義務の履行が終了したものと捉えた。この結果，民法484条の持参債務の原則を適用すれば給与支払義務の履行地となるＸ（原告）の住所地は給与支払義務の履行地とはならなかった。

これに対し抗告審は，「民法の原則のとおりにＸ〔抗告人〕の住所地で持参の方法で支払うことを予定しており，右口座振込の方法による支払は，右持参の方法による支払のためにとられているものと解される」，「銀行振込は，義務履行のための一つの方法に過ぎず，本来の義務履行地はこれにより左右されるものではない。」との判示から明らかなように，銀行振込は，持参払いをするための一つの方法であり，持参払いの原則は変更されていないと捉えた。その結果，給与支払は銀行振込の方法によっていたが，Ｘ（原告）の住所地が給与支

払義務の履行地となり，Xの住所地を管轄する原審裁判所に管轄権があると判断した。

このように，給与支払を銀行振込の方法によっていたことを，どのように評価するかが，原審と抗告審の結論の違いにつながったものと思われる。

実務上の指針

弁護士としては，提訴する裁判所に出頭するために出張をしなければならないか否かは，極めて重要な関心事であり，その意味で，土地管轄については，実務上の大きな関心事である。

土地管轄の原則は，「訴えは，被告の普通裁判籍の所在地を管轄する裁判所の管轄に属する」（民訴4条1項）および「人の普通裁判籍は，住所により……定まる」（民訴4条2項）とあることから，被告の住所地を管轄する裁判所が管轄裁判所となる。この趣旨は，①原告のむやみな訴え提起により被告が損害を被るのを避けるため，また②当事者の公平の観点から訴える方が訴えられる者の関係地点に出向くことを妥当であるとしている点にあるとされている。

他方，民訴法5条1号が，財産権上の訴えは，義務履行地に提訴できると定めていること，金銭債務の弁済の場所は，民法484条後段により「債権者の現在の住所」であるというのが民法の原則であることから，金銭債務の履行を請求する事件においては，債権者である原告の住所地を管轄する裁判所に提訴することが可能となる。

債権者と債務者の住所地が土地管轄を異にする地域の場合，債務者である被告は，自己の住所地を管轄する裁判所ではない裁判所での応訴を余儀なくされる。このことは，上記の民訴法4条が定める原則を大幅に修正することになり，学説上批判がある[注1]。

しかし，本件抗告審決定は，給与振込において銀行振込の方法をとっている場合においても，民訴法5条1号の適用を制限せず，債権者の住所地において提訴することができることを確認したものであり，実務的な意義は大きいと思

注1) 伊藤・48頁。

われる。

> 参考判例

本件と同様に，給与支払義務の履行地が問題となった裁判例として，以下のものがある。
① 千葉地佐倉支決昭54・5・30労判325号41頁
東京都千代田区に主たる事務所を置くアメリカ法人に対する労働契約上の地位保全を求める仮処分命令事件において，労務の提供およびそれに対する給与の支払は，営業所においてなされていたと認定し，営業所の所在地を管轄する裁判所に管轄を認めた事例。
② 東京高決昭60・3・20東高民時報36巻3号40頁
退職金請求について，賃料の後払的性格を有するとしても，それは賃料債権のように雇用関係の存続を前提とするものではないから，その支払場所が，賃料債権の場合のように，双方に都合のよい使用者の営業所であると解すべき合理的理由はなく，またそのような事実たる慣習があるものとも認めがたく，その他これについて持参債務の原則を規定する民法484条，商法516条の適用を排除すべき理由を見出すことはできないとして，持参債務の原則によるとした事例。

◆吉 野 高◆

Ⅲ　裁　判　籍

1　概　　説

(1)　裁　判　籍

　通常，土地管轄は，事件が人的（当事者）または物的（訴訟物）に関係のある地点を基準として，その地点がどの裁判所の管轄区域内にあるかによって決定される。この土地管轄を定める原因となる地点を，裁判籍といい，次の区別がある。

(2)　人的裁判籍と物的裁判籍

　人的裁判籍は，当事者，ことに被告との関係から認められる裁判籍であり，属人的裁判籍ともいう。

　物的裁判籍は，訴訟の目的である訴訟物との関係から認められる裁判籍であり，属物的裁判籍ともいう。

(3)　普通裁判籍と特別裁判籍

　普通裁判籍は，特定の人に対する訴訟事件につき一般的かつ原則的に認められる裁判籍である（民訴4条）。

　特別裁判籍は，ある限定された種類または内容の事件についてだけ認められる裁判籍である（民訴5条～7条等）。さらに，特別裁判籍は，他の事件とは無関係に認められる独立裁判籍と，他の事件または手続と関連して認められる関連裁判籍（民訴7条・47条・146条等）とに分かれる。

(4)　民事訴訟法5条の趣旨

　民訴法5条は，土地管轄について，独立の特別裁判籍を定めたものである。本条で定められた裁判籍は，いずれも任意的なものであり，民訴法4条による

普通裁判籍と競合する。その場合は，原告の選択による。

(5) **不法行為地の裁判籍**（民訴5条9号）

　民訴法5条9号の裁判籍は，不法行為に関する訴えを不法行為地の裁判所で審理すれば，証拠調べが容易であり，多くの場合，被害者もその地に居住していることから審理も迅速に行われ，訴訟費用も少額で済むという事情を考慮し，審理の便宜および被害者が提訴するにあたっての便宜を図る趣旨で認められた物的・任意的・選択的な特別裁判籍である。

　「不法行為に関する訴え」とは，不法行為責任に基づく権利義務を目的とする訴えである。不法行為責任には，民法709条から724条までに規定される不法行為に関するものに限られず，その他の法律に規定する違法行為に基づく損害賠償の請求に関する訴えをも含む（国賠1条・2条，鉱業109条，郵便50条，鉄営11条ノ2，自賠3条，労基75条，製造物3条等）。

　「不法行為があった地」とは，不法行為を組成する要件事実の発生した土地をいう。したがって，実行行為の行われた土地と損害の発生した土地の双方を含む。

2　判　例

判　例　3

最高裁平成16年4月8日決定[注1]
　掲　載　誌：民集58巻4号825頁・判時1860号62頁・判タ1151号297頁
　原　　審：名古屋高決平15・9・8民集58巻4号833頁参照
　原々審：名古屋地決平15・7・24（平成15年（モ）第883号）

不正競争防止法3条1項に基づく不正競争による侵害の差止めを求める訴えおよび差止請求権の不存在確認を求める訴えは，いずれも民訴法5条9号所定の訴えに該当するとされた事例

注1）　森義之・最判解民平成16年度(上)241～251頁，加藤新太郎・主判解平成16年度〔臨増判タ1184号〕(2005) 186～187頁，大濱しのぶ・重判解平成16年度〔ジュリ臨増1291号〕(2005) 125～126頁。

事　案

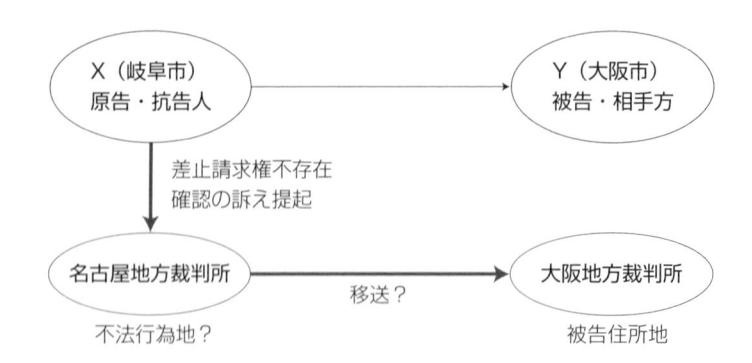

```
        X（岐阜市）　　　　　　　　　　Y（大阪市）
        原告・抗告人　──────────→　被告・相手方
             │
    差止請求権不存在
    確認の訴え提起
             │
             ↓
       名古屋地方裁判所　──移送？──→　大阪地方裁判所
          不法行為地？　　　　　　　　　　被告住所地
```

　岐阜市に住所地があるX会社（原告）は，工作機械と工具を接続する「ミーリングチャック」という製品（以下，「本件製品」という。）を販売，輸出している。
　大阪市に住所地があるY会社（被告）は，Xの行為が不正競争防止法2条1項1号所定の「不正競争」にあたると主張して問題とする構えを見せていた。
　そこで，Xは，Yに対し，Xが本件製品を販売または輸出をする行為は不正競争防止法2条1項1号所定の不正競争にあたらないことを理由として，YがXに対して本件製品の販売または輸出について不正競争防止法に基づく差止請求権を有しないことの確認を求める訴え（以下，「本件訴え」という。）を，名古屋地裁に提起した。
　Xは，Xが本件製品を名古屋港から輸出していることから，この地を管轄する名古屋地裁が，本件訴えにつき，民訴法5条9号により管轄権を有すると主張した。
　これに対し，Yは，本件訴えについて，当該規定の適用はなく，名古屋地裁は管轄権を有しない旨，仮に名古屋地裁が管轄権を有するとしても，訴訟の著しい遅滞を避け，または当事者の衡平を図るために移送する必要がある旨を主張して，本件訴えに係る訴訟を，民訴法16条1項または17条により，Yの住所地を管轄する大阪地裁へ移送することを求める申立てをした。

原審の判断

　原々審は，移送申立てを却下したので，Yが抗告したところ，原審は，以下のとおり判示し，原々決定を取り消し，本件訴えをYの住所地である大阪地裁に移送する旨の決定をした。
　「民事訴訟法5条9号にいう『不法行為に関する訴え』とは，不法行為に基づく権利義務を訴訟物とする訴えをいい，民法709条ないし724条に定める不法行

為に関するものに限られず，民法その他の法律の定める違法行為に基づく損害賠償の請求に関する訴えも含むものである。しかし，現行法上，不法行為の効果として現〔原〕状回復請求権または差止請求権が発生することが一般に承認されていると解することは困難であり，したがって，本件のような差止請求権についても，個別的な法律の規定に基づいて物権的請求権に準ずるものとして認められているにとどまると解するのが相当である。」

そこで，Xは許可抗告を申し立てた。

決定要旨

本決定は，以下のとおり判示し，原決定を破棄したうえ，民訴法17条による移送の可否等についてさらに審理を尽くさせるため，本件を原審に差し戻した。

「民訴法5条9号は，『不法行為に関する訴え』につき，当事者の立証の便宜等を考慮して，『不法行為があった地』を管轄する裁判所に訴えを提起することを認めている。同号の規定の趣旨等にかんがみると，この『不法行為に関する訴え』の意義については，民法所定の不法行為に基づく訴えに限られるものではなく，違法行為により権利利益を侵害され，又は侵害されるおそれがある者が提起する侵害の停止又は予防を求める差止請求に関する訴えをも含むものと解するのが相当である。

そして，不正競争防止法は，他人の商品等表示として需要者の間に広く認識されているものと同一又は類似の商品等表示を使用するなどして他人の商品又は営業と混同を生じさせる行為等の種々の類型の行為を『不正競争』として定義し（同法2条1項），この『不正競争』によって営業上の利益を侵害され，又は侵害されるおそれがある者は，その営業上の利益を侵害する者又は侵害するおそれがある者に対し，その侵害の停止又は予防を請求することができることを定めている（同法3条1項）。

民訴法5条9号の規定の上記意義に照らすと，不正競争防止法3条1項の規定に基づく不正競争による侵害の停止等の差止めを求める訴え及び差止請求権の不存在確認を求める訴えは，いずれも民訴法5条9号所定の訴えに該当するものというべきである。」（破棄差戻し）

参照条文

民事訴訟法5条9号，不正競争防止法3条1項

解　説

(1) 問題の所在

　民訴法5条9号の「不法行為に関する訴え」に，所有権，人格権，特許権等に基づく差止請求に関する訴えが含まれるかどうかについては，古くから争いがある。

　積極説は，民訴法5条9号の「不法行為に関する訴え」に差止請求に関する訴えが含まれるとする立場である(注2)。同説は，その理由として，①同号が「不法行為に関する訴え」と規定し，文言上，損害賠償請求に限定されていないこと，②同号の趣旨は，不法行為地を管轄する裁判所に訴え提起を認めることについて，不法行為地には不法行為に関する証拠が存するから審理の便宜に資すること，また不法行為地には被害者の住所地があることが多いことから被害者の迅速な被害の回復に資することが挙げられるところ，差止請求の訴えにも妥当すること，③特許権侵害等については差止仮処分などによる迅速な救済が要請されるところ，本案裁判所の管轄を被告の住所地に限定することは適切といえないことなどを挙げている。

　消極説は，民訴法5条9号の「不法行為に関する訴え」に差止請求に関する訴えが含まれないとする立場であり，その理由として，差止請求が所有権等の絶対権の作用であって，不法行為の効果として認められるものではないことを挙げている(注3)。

(2) 本決定の位置づけ

　本決定は，不正競争防止法3条1項に基づく差止請求に関して，同項に基づく不正競争による侵害の差止めを求める訴えおよび差止請求権の不存在確認を求める訴えは，いずれも民訴法5条9号所定の訴えに該当するとして，積極説を採ったものであり，最近の知的財産権に関する差止請求についての実務の扱いを是認したものといえる。

注2）　注解Ⅰ〔塩崎勤〕・112頁，梅本・60～61頁，基本法コンメⅠ・38頁。
注3）　条解・51頁。

なお，本件訴えは差止請求権不存在確認の訴えであるが，「不法行為に関する訴え」に，積極訴訟と同様に不存在確認のような消極訴訟が含まれることについては，先例がある[注4]。その理由としては，不法行為に関する訴訟について，その権利者に不法行為地における訴え提起を認める以上，義務者にも，同様に，その義務が存在しないことの確認を求める訴訟について，不法行為地における訴え提起が認められるべきであるとされる[注5]。

実務上の指針

不正競争防止法3条1項に基づく不正競争による侵害の差止めを求める訴えおよび差止請求権の不存在確認を求める訴えについて，不法行為地を管轄する裁判所にも管轄が認められることにより，訴えを提起する側は，訴えを提起する裁判所の選択肢が広がることになる。

すなわち，差止請求と損害賠償請求とを併合して訴えを提起する場合には，民訴法7条により，不法行為地を管轄する裁判所に管轄権が存在することになるが，本件訴えのように，差止めを求める訴えまたは差止請求権の不存在確認を求める訴えを単独で提起する場合には，不法行為地を管轄する裁判所にも管轄が認められるので，訴えを提起する裁判所の選択肢が広がることになる。とくに，差止めの仮処分については，不法行為地を管轄する裁判所が本案の管轄裁判所として認められることとなり，本決定による実務上の影響があるものといえる。

なお，平成15年の民訴法の改正により，特許権等に関する訴えについては，東京地裁または大阪地裁の専属管轄となり（民訴6条1項），意匠権等に関する訴えについては，東京地裁または大阪地裁にも訴えを提起することができることとなったが（民訴6条の2），この改正法の下でも本決定の意義は失われることはないとされる[注6]。

また，本決定の射程については，物権，人格権など排他的権利の侵害の差止

注4）　京都地決昭45・2・2判時605号84頁・判タ247号224頁・金判240号19頁。
注5）　森・前掲注1）245頁。
注6）　森・前掲注1）247頁。

請求に及ぶか否かという問題があるところ,「違法行為により権利利益を侵害され,又は侵害されるおそれがある者が提起する侵害の停止又は予防を求める差止請求に関する訴えをも含む」旨の判示からすれば,積極に解してよいとされる注7)。

◆堤　禎◆

注7) 加藤・前掲注1) 187頁。

Ⅳ 国際裁判管轄

1 概　説

(1) 意　義

　日本の裁判所における国際裁判管轄の問題は，平たくいえば，外国に関連のある事件について，事件の当事者および訴訟物から，日本の裁判所が裁判権を行使しうる範囲を画する問題である。通常，日本企業または日本人が，外国に関連のある事件について，日本の裁判所に救済を求めることのできる範囲，逆にいえば，外国企業または外国人が，日本での裁判に服する範囲として問題となる。

(2) 国際裁判管轄の規律

　国際裁判管轄について直接定める条約がある事項については，条約によって範囲が決定される（例：国際航空運送についてのある規則の統一に関する条約，油による汚染損害についての民事責任に関する国際条約[注1]）。もっとも，いかなる場合に自国の裁判権を行使するかについては，国によって考え方が大きく異なることもあって，日本も含めた国際裁判管轄一般についての条約の制定はされていない[注2]。

　また，有効な国際裁判管轄の合意があれば，これによることになろう。

　なお，平成22年3月現在，日本は，国際裁判管轄について法律を定めてい

注1）　第1回国際裁判管轄法制部会資料5（http://www.moj.go.jp/SHINGI/081017-1-7.pdf）。
注2）　ハーグ国際私法会議において，民商事事件についての様々な管轄原因と外国判決の承認執行について条約を作成する企図があったが，管轄合意に特化した条約の採択に至った点につき，詳細は，道垣内正人編著『ハーグ国際裁判管轄条約』（商事法務，2009）参照。ただし，同書において，日本における直接裁判管轄ルールにつき，「本来日本一国でできる問題であり，条約に期待することではなかろう」（17頁）と指摘されている。

ないが，平成22年3月2日，第174回通常国会に，民事訴訟法及び民事保全法の一部を改正する法律案（以下，「改正民訴法案」という。）が提出された。改正民訴法案においては「国際的な経済活動に伴う民事紛争の適正かつ迅速な解決を図るため，国際的な要素を有する財産権上の訴え及び保全命令事件に関して日本の裁判所が管轄権を有する場合等について定める必要がある」として，国際裁判管轄に関する規定を新設している。

(3) 最高裁判例

なお，以下の最高裁判例は，改正民訴法案の解釈にあたっても参考になるものと思われるので，紹介する。

(a) マレーシア航空事件（最判昭56・10・16民集35巻7号1224頁）

これは，マレーシア航空の飛行機がマレーシア国内で墜落し，死亡した日本人搭乗客の遺族が，マレーシア航空を相手に，契約上の債務不履行に基づき損害賠償請求訴訟を提起した事案である。

最高裁は，「よるべき条約も一般に承認された明確な国際法上の原則もいまだ確立していない現状のもとにおいては，当事者間の公平，裁判の適正・迅速を期するという理念により条理にしたがって決定するのが相当」としたうえ，この条理にかなう方法として，「わが民訴法の国内の土地管轄に関する規定，たとえば，被告の居所（民訴法2条），法人その他の団体の事務所又は営業所（同4条），義務履行地（同5条），被告の財産所在地（同8条），不法行為地（同15条），その他民訴法の規定する裁判籍のいずれかがわが国内にあるときは」「被告をわが国の裁判権に服させる」べきと判示した（ただし，カッコ内の条文番号は旧民訴法当時のもの）。

結論として，本判決は，被告である航空会社が日本に営業所を有する点を指摘し，国際裁判管轄を肯定している。

(b) 「特段の事情」により国際裁判管轄を否定した事例（最判平9・11・11民集51巻10号4055頁）

これは，ドイツから自動車等を輸入している日本法人が原告となり，ドイツに居住する日本人を被告として，ヨーロッパにおける自動車の買付けを委託し，買付資金として預託した金員の返還を請求した事案である。

最高裁は，上記マレーシア航空事件判決を基本的に前提としながら，「我が国の民訴法の規定する裁判籍のいずれかが我が国内にあるときは，原則として，我が国の裁判所に提起された訴訟事件につき，被告を我が国の裁判権に服させるのが相当」としつつ，「我が国で裁判を行うことが当事者間の公平，裁判の適正・迅速を期するという理念に反する特段の事情があると認められる場合には，我が国の国際裁判管轄を否定すべきである」と判示し，民訴法に規定する裁判籍のいずれかが日本にあっても，「特段の事情」により国際裁判管轄を否定する場合があることを認めた。

そして，委託契約がドイツ国内で締結されたこと，原告が被告にドイツ国内における種々の業務を委託することを目的とするものであり，同契約において日本国内の地を債務の履行場所とすることや準拠法を日本法とすることが明示的に合意されていたわけではないこと，被告が20年以上にわたりドイツ国内に生活，営業上の本拠を置いていたこと，被告の防御のための証拠方法もドイツ国内に集中していることなどを挙げ，さらに，原告はドイツから自動車等を輸入していた業者であることからドイツの裁判所に訴訟を提起させることが原告に過大な負担を課することになるともいえないとし，特段の事情を認めて，国際裁判管轄を否定した。

(c) **実務の動向**

改正民訴法案は，国際裁判管轄について明文を新設しており，改正民訴法案が成立し，施行された場合には，これによって国際裁判管轄の有無が判断されることになる。

なお，改正民訴法案においても，第3条の9として，「事案の性質，応訴による被告の負担の程度，証拠の所在地その他の事情を考慮して，日本の裁判所が審理及び裁判をすることが当事者間の衡平を害し，又は適正かつ迅速な審理の実現を妨げることとなる特別の事情があると認めるとき」は，訴えの全部また一部を却下できる旨規定している。

したがって，改正民訴法案による国際裁判管轄の規定の明文化後も，個別の事情を考慮して，「特段の事情」による調整をするという基本的な判断の枠組みに大きな変更はないものと予想される。

2　判　例

判　例　4

最高裁平成13年6月8日判決[注3]
掲　載　誌：民集55巻4号727頁・判時1756号55頁・判タ1066号206頁
原　　　審：東京高判平12・3・16民集55巻4号778頁参照
原　々　審：東京地判平11・1・28判時1681号147頁・判タ995号266頁・
　　　　　　民集55巻4号754頁参照

不法行為地の裁判籍に依拠してわが国の裁判所の国際裁判管轄を肯定するために証明すべき事項および民訴法の併合請求の裁判籍の規定に依拠してわが国の裁判所の国際裁判管轄を肯定するため証明の範囲・程度が問題となった事例

事　案

(1) X（原告，控訴人，上告人）は，日本の株式会社で，日本およびタイにおける本件著作物（ウルトラマンシリーズの映画）の著作権者である。
(2) Y（被告，被控訴人，被上告人）は，タイに居住するタイ人であり，日本に事務所等を設置しておらず，日本において営業活動もしていない。
(3) Xは，日本の株式会社であるA社に対して，日本および東南アジア各国における本件著作物の利用を許諾しており，本件著作物をA社のタイ等における子会社が利用している。
(4) Yは，Yが社長を務めるB社が，Xから日本を除くすべての国において，独占的に本件著作物についての配給権，制作権，複製権等の許諾を受けていると主張し，A社等に対して，平成9年4月，香港にある法律事務所を通じて，Yの独占的利用権を侵害する旨の警告書（以下，「本件警告書」という。）を送付し，本件警告書は，日本におけるA社等の事務所等に到達した。
(5) Yが社長を務めるB社が，Xから日本を除くすべての国において，独占的に本件著作物についての配給権，制作権，複製権等の許諾を受けている旨の契約書（以下，「本件契約書」という。）およびその旨を確認するXからの書簡が本件訴訟において証拠として提出されている。
(6) Xは，平成9年12月に，Yらを被告として，タイの裁判所に，Yは，本件

注3）　高橋宏志・国際私法判例百選〔新法対応補正版〕〔別冊ジュリ185号〕（2007）170頁。

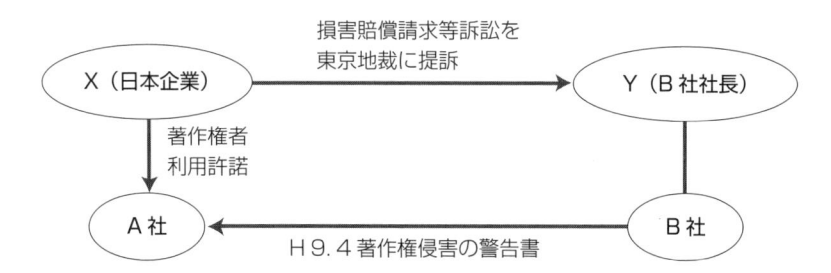

```
         損害賠償請求等訴訟を
         東京地裁に提訴
  X（日本企業） ─────────────→ Y（B社社長）
      │                                │
      │ 著作権者                        │
      │ 利用許諾                        │
      ↓                                │
    A社 ←───────────────────────── B社
         H9.4 著作権侵害の警告書
```

著作物についてタイにおける著作権を有しておらず，Xから利用の許諾も得ていない，本件契約書は，Yらが偽造したものであると主張し，本件著作物についてタイにおけるYらの著作権侵害行為の差止め等を求める訴えを提起し，同訴訟は刑事事件および刑事に関連する民事事件として同国裁判所に係属している。

(7) Xが，Yに対し，東京地裁に，以下の①〜⑥の請求（以下，①を「本件請求①」として，それぞれ同様に引用する。）する訴訟を提起した。
① XのYに対する，本件警告書の日本への送付行為によりXの業務が妨害されたことを理由とする不法行為に基づく損害賠償請求
② Yが日本において本件著作物についての著作権を有しないことの確認
③ 本件契約書が真正に成立したものでないことの確認
④ Xが本件著作物につきタイで著作権を有することの確認
⑤ Yが本件著作物の利用権を有しないことの確認
⑥ Yが，日本において，第三者に対し，本件著作物につきYが日本国外における独占的利用権者である旨を告げることなどの差止め

Yは，日本において事務所等を設置しておらず，営業活動も行っていないため，国際裁判管轄の有無が争点となった。具体的には，次の2点が問題となった。

争点① 不法行為地の土地管轄については，管轄原因を基礎づける事実が本案の請求原因事実と符合することから，いかなる事実につき，どの程度の証明を要するか

争点② 民訴法の併合請求の裁判籍の規定に依拠してわが国の裁判所の国際裁判管轄を肯定するための要件

> 原審の判断

原審は，争点①および②について，次のように述べて，Xの訴えを却下した。
(1) 争点①について
「我が国の裁判所に不法行為を根拠とする国際裁判管轄があるか否かを判断するためには，その前提として，不法行為の存在を認定しなければならないが，原告の主張のみによってこれを認めるべきではなく，管轄の決定に必要な範囲で一

応の証拠調べをし，不法行為の存在が一定程度以上の確かさをもって認められる事案に限って，不法行為に基づく国際裁判管轄を肯定するのが相当」とし，本件契約書が真正に成立したものと推定されることに加えて，本件書簡の記載内容等をも併せ考えると，YがXから本件著作物の独占的利用の許諾を受けていると一応認められ，「現段階における証拠による限り，Y〔被上告人〕の不法行為の存在を認めることはできず，むしろ不存在である見込みが大きい」として国際裁判管轄を否定した。

(2) 争点②について

本件請求②については，確認の利益を認めることができないとしたうえで，「訴えの却下を免れない本件請求②に基づき，その余の請求につき我が国に併合請求による国際裁判管轄を認めることは，不合理であって，許されない。」。

(3) 特段の事情について

「なお，仮に，本件請求のいずれかにつき我が国の国際裁判管轄を肯定できるとしても，X〔上告人〕は，本件について権利保護の法的手段が保障され，現にタイ訴訟において本件訴訟と同様の争点について争っているのであるから，日本国内に事務所等を設置しておらず，営業活動も行っていないYに対し，タイ訴訟とは別に，我が国の裁判所において本件訴訟に応訴することを強いることは，Yに著しく過大な負担を課すものであり，当事者間の公平，裁判の適正・迅速の理念に反するので，我が国の国際裁判管轄を否定すべき特段の事情がある。」。

判旨

(1) 争点①について

「我が国に住所等を有しない被告に対し提起された不法行為に基づく損害賠償請求訴訟につき，民訴法の不法行為地の裁判籍の規定（民訴法5条9号，本件については旧民訴法15条）に依拠して我が国の裁判所の国際裁判管轄を肯定するためには，原則として，被告が我が国においてした行為により原告の法益について損害が生じたとの客観的事実関係が証明されれば足りると解するのが相当である。」

「この事実関係が存在するなら，通常，被告を本案につき応訴させることに合理的な理由があり，国際社会における裁判機能の分配の観点からみても，我が国の裁判権の行使を正当とするに十分な法的関連があるということができるからである。」

「本件請求①については，Y〔被上告人〕が本件警告書を我が国内において宛先各社に到達させたことによりX〔上告人〕の業務が妨害されたとの客観的事実関係は明らかである。」

「よって，本件請求①について，我が国の裁判所の国際裁判管轄を肯定す

べきである。」

「原審は，不法行為に基づく損害賠償請求について国際裁判管轄を肯定するには，不法行為の存在が一応の証拠調べに基づく一定程度以上の確かさをもって証明されること（以下「一応の証明」という。）を要するとしたうえ，Yの上記行為について違法性阻却事由が一応認められるとして，本件請求①につき我が国に不法行為地の国際裁判管轄があることを否定した。これは，

　(ｱ)　民訴法の不法行為地の裁判籍の規定に依拠して国際裁判管轄を肯定するためには，何らかの方法で，違法性阻却事由等のないことを含め，不法行為の存在が認められる必要があることを前提とし，

　(ｲ)　その方法として，<u>原告の主張のみによって不法行為の存在を認めるのでは</u>，我が国との間に何らの法的関連が実在しない事件についてまで被告に我が国での応訴を強いる場合が生じ得ることになって，不当であり，

　(ｳ)　逆に，不法行為の存在について本案と同様の証明を要求するのでは，訴訟要件たる管轄の有無の判断が本案審理を行う論理的前提であるという訴訟制度の基本構造に反することになると理解した上，

　(ｴ)　この矛盾を解消するため，一応の証明によって不法行為の存在を認める方法を採ったものと解される。

しかしながら，この(ｲ)及び(ｳ)の理解は正当であるが，(ｱ)の前提が誤りであることは前記のとおりであるから，あえて(ｴ)のような方法を採るべき理由はない。また，<u>不法行為の存在又は不存在を一応の証明によって判断するというのでは，その証明の程度の基準が不明確であって，本来の証明に比し，裁判所間において判断の基準が区々となりやすく，当事者ことに外国にある被告がその結果を予測することも著しく困難となり，かえって不相当である。</u>」

(2)　争点②について

「ある管轄原因により我が国の裁判所の国際裁判管轄が肯定される請求の当事者間における他の請求につき，民訴法の併合請求の裁判籍の規定（民訴法7条本文，旧民訴法21条）に依拠して我が国の裁判所の国際裁判管轄を肯定するためには，<u>両請求間に密接な関係が認められることを要すると解する</u>のが相当である。」

「同一当事者間のある請求について我が国の裁判所の国際裁判管轄が肯定されるとしても，これと密接な関係のない請求を併合することは，国際社会における裁判機能の合理的な分配の観点からみて相当ではなく，また，これにより裁判が複雑長期化するおそれがあるからである。

　これを本件についてみると，本件請求③ないし⑥は，いずれも本件著作物の著作権の帰属ないしその独占的利用権の有無をめぐる紛争として，本件請求①及び②と<u>実質的に争点を同じくし，密接な関係がある</u>ということができる。よって，本件請求③ないし⑥についても，我が国の裁判所に国際裁判管轄があることを肯定すべきである。」とした。

(3)　特段の事情について

なお,「本件訴訟とタイ訴訟の請求の内容は同一ではなく,訴訟物が異なるのであるから,タイ訴訟の争点の一つが本件著作物についての独占的利用権の有無であり,これが本件訴訟の争点と共通するところがあるとしても,本件訴訟についてYを我が国の裁判権に服させることが当事者間の公平,裁判の適正・迅速を期するという理念に反するものということはできない。その他,本件訴訟について我が国の裁判所の国際裁判管轄を否定すべき特段の事情があるとは認められない。」とした(注:下線はすべて筆者による。)。(破棄差戻し)

参照条文　争点①　民事訴訟法5条9号・247条,民法709条
　　　　　争点②　民事訴訟法7条本文・136条・247条

解　説

(1) 本判決の位置づけ

本判決は,不法行為に基づく損害賠償請求の事案につき,民訴法の国内の土地管轄に関する規定(不法行為地とする民訴法5条9号)に依拠して,国際裁判管轄を肯定するために,いかなる事実をどこまで証明しなければならないか等が問題となった事案である。

(2) 本判決の意義・射程等

(a) 争点①について

不法行為地の土地管轄については,管轄原因を基礎づける事実が本案の請求原因事実と符合する。そのため,管轄原因事実の証明の必要性および程度が問題となる。

この点,大きくいえば,次のような説がある。

(ア) 管轄原因仮定説(先送り説)

原告が不法行為の存在について首尾一貫する主張があれば管轄原因を仮定するという趣旨の見解である。「仮定説」と紹介されているが,不法行為が行われたのが「わが国」であるという証明は,本案と符合する事実ではないから必要とする。

(イ) 管轄原因一応の証明説（原審，多くの下級審判例）

本案審理と同じ証明の程度を要求することは求めず，一応の証明で足りるとする見解である。

(ウ) 管轄原因客観的事実証明説（本判決）

本判決からは，
① 原告の被侵害利益の存在
② 被侵害利益に対する被告の行為
③ 損害の発生
④ （②の被告の行為と③の損害の発生との事実的因果関係）

が証明されれば足り，不法行為における故意または過失や，相当因果関係の証明，抗弁事由となる違法性阻却事由については，国際裁判管轄の判断において証明対象とならないものと読むことができる。ただし，④の事実的因果関係については，判旨は，そこまでは要求していないと評釈しているものもあり，評釈が分かれている注4)。

本判決は，(ウ) 管轄原因客観的事実証明説を採用することを明らかにした下級審裁判例と異なる見解を採用していることから，実務に影響を与えるものと思料される。

もっとも，本判決は，あくまでも不法行為に基づく損害賠償請求の事案についてなされた判断であり，管轄原因事実と請求原因事実が符合する場合に，どの程度の証明を要するかという点で示唆を与えるものの，少なくとも両者が符合しない類型の訴訟については射程外で，別途検討を要すると考えられる。

(b) 争点②について

国内裁判管轄については，民訴法は，とくに要件を設けることなく，裁判所が一の請求につき管轄権を有する場合には，他の請求につき管轄権を有していない場合であっても，その裁判所に請求を併合して提起することを認めている。

しかし，本判決は，国際裁判管轄のない請求の客観的併合については，密接に関係する場合に要件を限定した。

この密接な関係とはどの程度の関係をもっていうのかについては，具体的な

注4) この点をまとめたものとして，高橋・前掲注3) 170頁。

規範を提示していないが，本判決は，判　旨のとおり，実質的に争点を同じくしている点に言及して密接に関係すると結論づけている。

実務上の指針

(1) 争点①について

　現状においては，国際裁判管轄の存在を主張する側としては，民訴法の土地管轄規定を根拠として主張し，逆に不存在を主張する側としては，特段の事情を主張することになると思料される。

　そして，不法行為に基づく損害賠償請求事案においては，理論上は，国際裁判管轄の存在を主張する側が
① 原告の被侵害利益の存在
② 被侵害利益に対する被告の行為
③ 損害の発生
④ （②の被告の行為と③の損害の発生との事実的因果関係）
について，証明をすることが必要になる。

　もっとも，本判決の上告受理申立理由を読むと，次のような点が厚く主張されており，これがおそらく裁判所の判断に少なからぬ影響を与えたであろうと推測される点を付言しておきたい。

① 本判決の事案における不法行為の成否は，本件契約書が真正に成立したものであるか否か，さらにいえば，本件契約書に押印されているＸ社の社判（漢字と片仮名で，住所，社名，代表者名が書かれている。）および代表取締役印の印影の真否が重要な問題であるところ，タイでは，印鑑を使用するという習慣がなく，また漢字および片仮名についての知識および経験もないと思料されること。

② Ｘ社の印鑑は日本に存在し，証人も日本に存在すること。

③ Ｙの主張するところによっても，本件契約書は日本において作成，署名したものであるとされ，本件契約書の成立および内容についての解釈は日本法に基づいてなされるものと考えられるところ，現にＹもタイにおける訴訟においてそのように主張していることから，日本法の専門家である日

本の裁判所の判断が決定的な重みを有すると思われること。
　すなわち，結論として日本の裁判所で判断することが適切・妥当か否かという観点からの主張（証拠・証人の所在地や，当事者と各関係国との関連性の濃淡，実質的争点の判断がいずれの国の裁判所の判断に馴染むかなど）の積み重ねが実務的には重要なポイントになるのではなかろうかと思料される。
　なお，平成20年 4 月社団法人商事法務研究会「国際裁判管轄に関する調査・研究報告書」によると，管轄原因事実の証明については，「不法行為等，管轄原因事実と請求原因事実が符合する場合に，管轄原因事実の証明の程度を一応の証明でよいとする考え方もあり得るが，この点は特段の規定を設けることなく，解釈に委ねるのが相当」[注5]とされており，改正民訴法案においても，証明の範囲や程度についてまでは規定はしていない。したがって，本判決は当面意義をもち続けるものと思料される。

(2) 争点②について
　本判決は，国際裁判管轄のない請求の客観的併合については，密接に関係する場合に要件を限定した。実際の訴訟では，国際裁判管轄の認められる請求と，国際裁判管轄のない請求を併合して請求する場合には，これらが実質的に争点を同じくするか否かがひとまず争点となると考えられる。
　なお，改正民訴法案においても，第 3 条の 6 として，「一の訴えで数個の請求をする場合において，日本の裁判所が一の請求について管轄権を有し，他の請求について管轄権を有しないときは，当該一の請求と他の請求との間に密接な関連があるときに限り，日本の裁判所にその訴えを提起することができる。ただし，数人からの又は数人に対する訴えについては，第38条前段に定める場合に限る。」としており，本判決と異なるところはない。

◆原　雅宣◆

注 5) 社団法人商事法務研究会「国際裁判管轄に関する調査・研究報告書」(http://www.moj.go.jp/SHINGI/081017-1-3.pdf) 107頁。

V 管轄違い

1 概　説

(1) 管轄違いによる移送

　管轄違いの裁判所に訴訟が提起された場合，たとえば，訴額140万円を超える請求が簡易裁判所に提起された場合（裁33条1項1号）や土地管轄の違う裁判所に提起された場合（いずれも合意管轄が存しない場合）などは，訴訟要件を欠くことになるが，却下されるのではなく，申立て，または，職権で，管轄のある裁判所に移送される（民訴16条1項）。これは，却下とすれば原告に再訴のための手続的負担，また，時効期間進行等の不利益を生じるし，被告としても，本来の管轄裁判所で応訴すれば不利益はないためである[注1]。

(2) 事物管轄についての合意管轄

　管轄合意は，第1審裁判所に限って可能である（民訴11条1項）。
　第1審裁判所であれば，土地管轄だけでなく，事物管轄についても定めることができる[注2]。
　地方裁判所の事物管轄に属する事件につき簡易裁判所を管轄裁判所とする合意，反対に，簡易裁判所の事物管轄に属する事件につき地方裁判所を管轄裁判所とする合意も可能である[注3]。

(3) 地方裁判所の自庁処理

注1) 新堂・117頁，伊藤・64～65頁，梅本・81頁，基本法コンメI・63頁。
注2) 事物管轄は専属管轄でなく，当事者の合意，また，被告の応訴により変更できる（新堂・99頁，伊藤・56頁，梅本・49頁）。
注3) 地方裁判所の事物管轄に属する事件につき，簡易裁判所を管轄裁判所とする旨の合意について，大判大11・7・4民集1巻363頁。

地方裁判所は，簡易裁判所の事物管轄に属する訴訟が提起された場合，その訴訟が管轄区域内の簡易裁判所の土地管轄に属する場合でも相当と認めるときは，訴訟を簡易裁判所に移送しないで自ら審理・裁判することができる（民訴16条2項）。これを地方裁判所の自庁処理という。

　これは，簡易裁判所判事の任用資格が判事よりも緩やかであり（裁42条），訴訟手続が簡易化されていること（民訴270条以下），訴訟当事者の出頭の便宜，審理の都合等から，地方裁判所で審理することが当事者に利益となる場合もあるためである[注4]。

　ただし，簡易裁判所の管轄に専属するものは除かれるが[注5]，この簡易裁判所の専属管轄には，合意管轄は含まれない。民訴法16条2項に括弧書きで「当事者が第11条の規定により合意で定めたものを除く。」と規定されているとおりである。

　なお，逆に，簡易裁判所は，訴訟がその簡易裁判所の管轄に属する場合においても，相当と認めるときは，申立てによりまたは職権で，訴訟の全部または一部をその所在地を管轄する地方裁判所に移送することができる（民訴18条）。

2　判　例

判　例　5

最高裁平成20年7月18日決定[注6]
　掲　載　誌：民集62巻7号2013頁・判時2021号41頁・判タ1208号118頁
　原　　　審：大阪高決平20・4・10民集62巻7号2025頁参照
　原　々　審：大阪地決平20・3・10民集62巻7号2021頁参照

地方裁判所にその管轄区域内の簡易裁判所の管轄に属する訴訟が提起され，簡易裁判所への移送申立てがあった場合において，この申立てを却下する判断は，民訴法16条2項の趣旨にかんがみ，地方裁判所の合理的判断にゆだねられるとされた事例

注4）　基本法コンメⅠ・65頁。
注5）　簡易裁判所の専属管轄が認められる場合としては，簡易裁判所の判決に対する再審の訴え（民訴340条1項），簡易裁判所が第1審裁判所である執行文付与の訴え（民執33条・19条），

事　案

```
    X                             Y
  (抗告人)  ←金銭消費貸借契約→  (相手方)
  (借主)                      (貸主・貸金業者)
```
「大阪簡易裁判所を以て専属的合意管轄裁判所」

X→Y　大阪地方裁判所に過払金返還訴訟提起

Y→X　大阪簡易裁判所に移送申立て

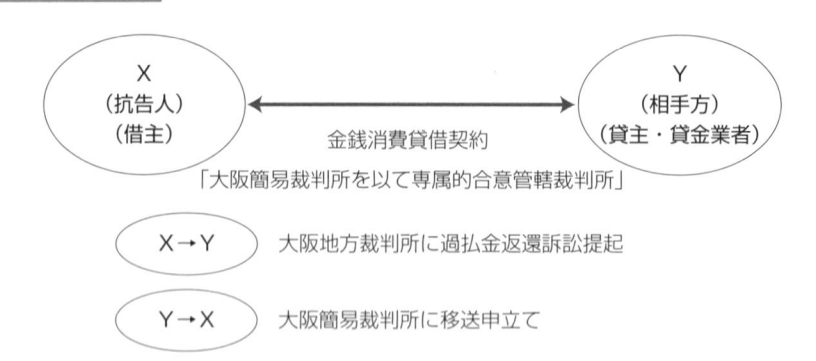

(1)　X（抗告人）は，貸金業者であるY（相手方）との間で，利息制限法1条1項所定の制限利率を超える利息の約定で金銭の借入れと弁済を繰り返した結果，過払金が発生していたとして，Yに対し，不当利得返還請求権に基づき，過払金664万3639円および所定の利息の支払を求める訴訟（以下，「本件訴訟」という。）をX住所地の管轄裁判所である大阪地裁に提起した。

(2)　これに対し，Yは，当該金銭消費貸借契約証書に「訴訟行為については，大阪簡易裁判所を以て専属的合意管轄裁判所とします。」との条項があり，大阪簡裁を専属的管轄とする合意が成立していると主張し，民訴法16条1項に基づき，大阪簡裁への移送の申立てをした。

これに対し，Xは，専属的管轄の合意の成立・効力を争ったうえ，本件訴訟においては期限の利益の喪失の有無および悪意を否定する特段の事情の有無等が争点となることが予想されるから，地方裁判所において審理および裁判をするのが相当であると主張した。

(3)　原々審となる大阪地裁は，Yが主張する専属的管轄の合意の成立およびその効力が過払金の返還等を求める本件訴訟にも及ぶことを認めたうえで，本件訴訟は，民訴法16条2項本文の適用にあたり地方裁判所において自ら審理および裁判をする（以下，「自庁処理」という。）のが相当と認められるものである

執行文付与に対する異議の訴え（民執34条・19条），請求異議の訴え（民執35条・19条）などがある（基本法コンメI・65頁）。

注6）　濱田陽子・重判解平成20年度〔ジュリ増刊1376号〕（2009）141頁，川嶋四郎〔判批〕・法セ648号（2008）120頁，「判決速報　地方裁判所にその管轄区域内の簡易裁判所の管轄に属する訴訟が提起され，被告から同簡易裁判所への移送の申立てがあった場合における同申立てを却下する旨の判断と地方裁判所の裁量」金法1853号（2008）66頁，宮永文雄〔判批〕・民事手続判例研究75巻4号（2009）129頁。

から，相手方の移送申立ては理由がないとして，移送申立てを却下した。

> 原審の判断

原審は，専属的管轄の合意により簡易裁判所に専属的管轄が生ずる場合に自庁処理をするのが相当と認められるのは，上記合意に基づく専属的管轄裁判所への移送を認めることにより，訴訟の著しい遅滞を招いたり，当事者間の衡平を害することになる事情があるときに限られ，本件訴訟において上記事情があるとはいえないから，自庁処理するのが相当と認められないとして，原々決定を取り消し，本件訴訟を大阪簡裁に移送する決定をした。

> 決定要旨

「民訴法16条2項の規定は，簡易裁判所が少額軽微な民事訴訟について簡易な手続により迅速に紛争を解決することを特色とする裁判所であり（裁判所法33条，民訴法270条参照），簡易裁判所判事の任命資格が判事のそれより緩やかである（裁判所法42条，44条，45条）ことなど考慮して，地方裁判所において審理及び裁判を受けるという当事者の利益を重視し，地方裁判所に提起された訴訟がその管轄区域内の簡易裁判所の管轄に属するものであっても，地方裁判所が当該事件の事案の内容に照らして地方裁判所における審理及び裁判が相当と判断したときはその判断を尊重する趣旨に基づくもので，自庁処理の相当性の判断は地方裁判所の合理的な裁量にゆだねられているものと解される。そうすると，地方裁判所にその管轄区域内の簡易裁判所の管轄の属する訴訟が提起され，被告から同簡易裁判所への移送の申立てがあった場合においても，当該訴訟を簡易裁判所に移送すべきか否かは，訴訟の著しい遅滞を避けるためや，当事者間の衡平を図るという観点（民訴法17条参照）からのみではなく，同法16条2項の規定の趣旨にかんがみ，広く当該事件の事案の内容に照らして地方裁判所における審理及び裁判が相当であるかどうかという観点から判断されるべきものであり，簡易裁判所への移送の申立てを却下する旨の判断は，自庁処理する旨の判断と同じく地方裁判所の合理的な裁量にゆだねられており，裁量の逸脱，濫用と認められる特段の事情がある場合を除き，違法ということはできないというべきである。このことは，簡易裁判所の管轄が専属的管轄の合意によって生じた場合であっても異なるところはない（同法16条2項ただし書）。

以上によれば，原審の前記判断には裁判に影響を及ぼすことが明らかな法令違反がある。論旨は理由があり，原決定は破棄を免れない。そして，以上説示したところによれば，原々審が本件訴訟の事案の内容に照らして自庁処

理を相当と認め，相手方の移送申立てを却下したのは正当であるから，原々決定に対する抗告を棄却することとする。」(破棄自判)

参照条文　民事訴訟法11条・16条

解　説

(1) 本決定の判断事項

本件は，地方裁判所に提起された過払金返還請求訴訟について，被告が，専属的管轄の合意に基づき，管轄区域内にある簡易裁判所への移送申立てを行ったところ，当該地方裁判所は，民訴法16条2項により，自ら審理および裁判をすること（自庁処理）を相当と認めて簡易裁判所への移送申立てを却下したもので，その判断の当否が問題となったものである。

この自庁処理の要件について，民訴法16条2項は，「相当と認めるとき」としており，本件は，その判断が問題となったものである。

(2) 民事訴訟法16条2項の「相当と認めるとき」

民訴法16条2項の「相当と認めるとき」がいかなる場合をいうかについて，例示はなく，その判断は，当該地方裁判所の裁量にゆだねられる[注7]。

具体的には，当事者双方に異議がない場合，事件が複雑で慎重に審理するのが適当な場合，牽連事件が地方裁判所に係属している場合などが「相当と認めるとき」にあたるとされる[注8]。

(3) 本決定の判断

(a) 自庁処理の相当性の判断について

本決定は，まず，自庁処理について定める民訴法16条2項の趣旨について，

注7) 注解Ⅰ〔星野雅紀〕・193頁，コンメⅠ・203頁，基本法コンメⅠ・65頁。
注8) コンメⅠ・203頁，基本法コンメⅠ・65頁。

「簡易裁判所が少額軽微な民事訴訟について簡易な手続により迅速に紛争を解決することを特色とする裁判所であり」，「簡易裁判所判事の任命資格が判事のそれより緩やかである」「ことなど考慮して，地方裁判所において審理及び裁判を受けるという当事者の利益を重視し，地方裁判所に提起された訴訟がその管轄区域内の簡易裁判所の管轄に属するものであっても，地方裁判所が当該事件の事案の内容に照らして地方裁判所における審理及び裁判が相当と判断したときはその判断を尊重する趣旨に基づくもの」とし，したがって，「自庁処理の相当性の判断は地方裁判所の合理的な裁量にゆだねられているものと解される。」とする。

自庁処理の相当性の判断について，当該裁判所の裁量にゆだねられるとする通説的見解を確認するものである。

(b) 広く当該事件の事案の内容に照らして判断する

そのうえで，本決定は，「地方裁判所にその管轄区域内の簡易裁判所の管轄の属する訴訟が提起され，被告から同簡易裁判所への移送の申立てがあった場合」においても，「当該訴訟を簡易裁判所に移送すべきか否か」は，「訴訟の著しい遅滞を避けるためや，当事者間の衡平を図るという観点」からのみではなく，民訴法「16条2項の規定の趣旨にかんがみ」，「広く当該事件の事案の内容に照らして地方裁判所における審理及び裁判が相当であるかどうかという観点から判断されるべき」とした。

この点，原決定が，地方裁判所において自庁処理をするのが相当と認められる場合として，民訴法17条の訴訟の著しい遅滞を避けるためや当事者間の衡平を図るために限られるとしたのに対し，本決定は，そのように限定する理由はなく，民訴法16条2項の趣旨にかんがみ，広く当該事件の事案の内容に照らして地方裁判所における審理および裁判が相当であるかという観点から判断されるべきとしたものである。

(c) 地方裁判所における簡易裁判所への移送の申立てを却下する旨の判断

なお，本事案は，地方裁判所の自庁処理の判断ではなく，簡易裁判所への移送の申立てを却下する判断の当否が争われたものであるが，これについて，本決定は，「自庁処理する旨の判断と同じく地方裁判所の合理的な裁量にゆだねられており，裁量の逸脱，濫用と認められる特段の事情がある場合を除き，違

法ということはできない」とする。

簡易裁判所への移送申立てを却下する旨の判断も，自庁処理の判断と同じく，地方裁判所の裁量的判断にゆだねられるとしたものである。

(4) 本決定の意義

以上のとおり，本決定は，民訴法16条2項の自庁処理の相当性の判断について，地方裁判所の合理的な裁量にゆだねられているとし，広く当該事件の事案の内容に照らして地方裁判所における審理および裁判が相当であるかにより判断するとして，法律判断を明確に示したものである。

そのうえで，本決定は，簡易裁判所の管轄が専属的管轄合意によって生じた場合であっても異ならないとしたものである。本決定は，民訴法16条2項の「相当と認めるとき」について，最高裁の初めての判断であり，今後，同種事案の処理に実務上大きな影響を与えるものである[注9]。

実務上の指針

本件同様の過払金請求事案において，貸主側の都合により，貸主側作成の約款，金銭消費貸借契約において，簡易裁判所が合意管轄として定められていることがある。このような合意管轄条項が存する場合でも，本決定により，とくに民訴法17条に定める事由がなくても，地方裁判所への提訴が許容されることが確認されたといえる。

借主側が，過払金返還訴訟をどの裁判所に提起するかは，法的な救済の最初に存在する課題であり[注10]，本決定も認めるように，地方裁判所の審理を求めることは一定の利益が存するといえることから，借主側の代理人としては，簡易裁判所の合意管轄条項が存する場合であっても，第1審として，地方裁判所への提訴も検討に入れる必要があるといえる。

◆木 下 直 樹◆

注9) 川嶋・前掲注6) 120頁。
注10) 川嶋・前掲注6) 120頁。

VI 管轄の合意

1 概　説

(1) 管轄の合意

　法定管轄は，専属管轄を除けば，当事者の公平，訴訟遂行の便宜を考慮して定められていることから，当事者の合意により変更することが認められる（民訴11条）注1)。

　当事者の合意に基づく管轄を合意管轄といい，この合意を管轄の合意という注2)。

　管轄の合意には，他の法定管轄を排除して特定の裁判所のみを管轄裁判所とする専属的合意と法定管轄のほかに管轄裁判所を付加する付加的合意が存する注3)。

　そのいずれかは，合意の解釈の問題となる注4)。そして，以前は，合意の解釈として専属的合意か付加的合意かが重要な事項として議論された。しかし，現行法の下では，民訴法20条において，専属管轄の場合の移送の制限から専属的合意管轄を除くことが明文化され，さらに，民訴法17条の移送の要件として，「訴訟の著しい遅滞を避け」るために加え，「当事者間の衡平を図るために必要」との要件が付加され適用範囲が拡張したことにより，両者の区別の実益は乏しくなったといわれている注5)。

注1) 新堂・110頁，伊藤・56頁。
注2) 基本法コンメI・57頁，梅本・67頁。
注3) 新堂・111頁，伊藤・57頁。
注4) 新堂・111頁，伊藤・57頁。
注5) 注解I〔滝澤孝臣〕・157頁，争点〔中山幸二〕・43頁，満田明彦「合意管轄及び応訴管轄」新民訴法大系(1)・143頁，野中利次「簡易裁判所における管轄と移送の問題点」岡久幸治ほか編『新・裁判実務大系(26)簡易裁判所民事手続法』（青林書院，2005）34頁。

(2) 管轄合意の要件

　管轄合意の要件は，①第1審の裁判所に関するものであること，②一定の法律関係に基づく訴えに関するものであること，③法定管轄と異なる定めをすること，④書面をもってすることである。

　①に関し，第1審であれば，土地管轄，事物管轄のいずれについても定めることができる。なお，本庁と支部の分担については，裁判所内部の事務分配で管轄の問題ではないから，合意をしても無効である[注6]。

　②に関し，一定の法律関係に基づく訴えに関することが必要で，当事者間のすべての紛争に関する合意は，被告の管轄の利益を奪うもので許されない[注7]。

　また，④に関し，書面によることが必要とされるのは，合意が管轄の決定という重大な効果を生じることから，当事者の意思を明確にするためである[注8]。

(3) 管轄合意の効力

　適法な管轄合意がなされれば，合意の内容のとおりに管轄の変更が生じる。専属的合意であれば，他の法定管轄は排除されることになる[注9]。

(4) 専属的管轄合意と移送

　専属的管轄合意に基づき，当該管轄裁判所に提訴された場合であっても，民訴法17条により，移送がなされうる。民訴法17条の適用を除外する民訴法20条において，「当事者が第11条の規定により合意で定めたものを除く。」と規定されているとおりである。

(5) 管轄合意の無効による移送

　合意管轄に基づく提訴において，当該管轄条項が無効とされ，提訴裁判所に

注6）　コンメⅠ・177頁，注解Ⅰ〔滝澤〕・158頁，満田・前掲注5）136頁。東京高判昭51・11・25下民集27巻9～12号216頁は，管轄の合意により定められる裁判所は官署としての裁判所であり，その裁判所の本庁または支部のいずれが当該事件を処理するかは裁判所内部の事務分配によってのみ決せられるとする。
注7）　新堂・110頁，基本法コンメⅠ・58頁。
注8）　新堂・111頁，伊藤・57頁，梅本・71頁，基本法コンメⅠ・59頁。
注9）　新堂・112頁。

管轄が存しないとされる場合には，管轄違いとして，民訴法16条1項により，申立てまたは職権によって管轄裁判所に移送される。

2 判 例

判 例 6

東京高裁平成16年2月3日決定[注10]
　掲 載 誌：判タ1152号283頁
　原　　審：東京地決平15・12・5判タ1144号283頁

原告の任意に選択する裁判所に管轄を認める管轄合意条項の効力が否定された事例

事　案

```
            リース契約
       （倉敷市のディーラーにおいて締結）
   ┌─────────────────────────┐
   X                                        Y₁
（本店千葉市）                             （倉敷市）
   ↑
   │      連帯保証
   │
   └─────────────────────────┐
                                             Y₂
                                          （倉敷市）

  X →Y₁・Y₂を東京地方裁判所に提訴
  Y₂→岡山地方裁判所倉敷支部に移送申立て
```

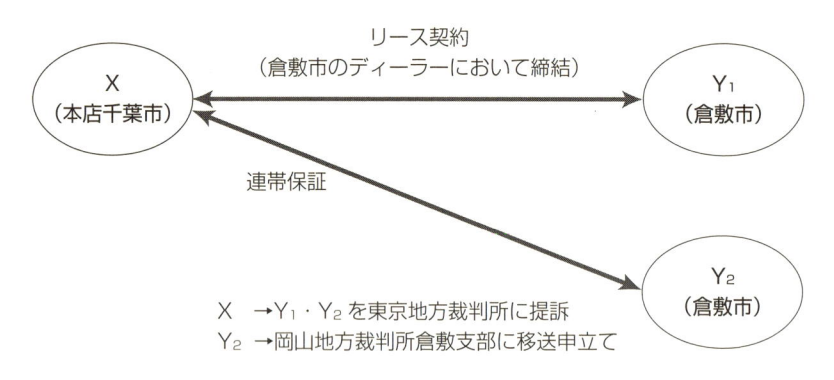

　X（原告）は，千葉市に本店を有し，全国規模で自動車のリース業を営む会社である。他方，Y₁（被告会社）およびその代表者Y₂（被告）は，いずれも岡山県倉敷市に住所を有するものである。

　XとY₁は，岡山県倉敷市所在のリース自動車会社のディーラーにおいてリース契約を締結し，Y₂は連帯保証したが，同契約の約款35条には「甲（Y₁），乙（X）及び連帯保証人（Y₂）は，この契約について訴訟の必要を生じたときは，乙（X）の本社または乙（X）の選択する裁判所にて解決を図るものとします」

注10）岩木宰・主判解平成16年度〔臨増判タ1184号〕（2005）189頁。

と記されていた。
　Y_1がリース料の支払を遅滞したので，Xは，当該自動車リース契約を解除し，Y_1に対しリース自動車の引渡し，Yらに対し未払いリース料等を求める訴訟を提起した。
　その際，Xは，上記約款に基づき，東京地裁へ本訴を提起したところ，Y_2がYらの住所地を管轄する岡山地裁倉敷支部への移送を申し立てた。

原審の判断

　原決定は，Xについて，「全国規模で事業を展開しているものと推認されるのであり，それ故，Xは，全国のどの裁判所にも訴訟を提起することができるように本件管轄合意条項を契約約款に加えているものと認められる。」とし，本件管轄合意条項は，「Xの本社」という点を除けば，「Xにおいて訴訟を提起する裁判所を一方的に任意に選択し得る趣旨になっているが，このような恣意的な規定は，一般的に相手方の実質的な防御の機会を一方的に奪うものであり，管轄の合意としては，無効と解すべきである。」と判示した。そして，「仮に，本件管轄合意条項を限定的に有効に解するとすれば，リース契約について紛争が生じた場合には，本社又は当該リース契約の締結を担当した支店（登記の有無にかかわらない。）若しくは営業所（代理店，特約店等を含む。）の所在地を管轄裁判所とする旨の合意と解するのが相当である。」とし，民訴法16条1項により，Y_1については職権で，Y_2については申立てにより，岡山地裁倉敷支部に移送するとした。
　これに対して，Xは抗告し，その理由として，Xの依頼する代理人弁護士が千葉市周辺または東京都内に事務所を設置していることが多いから，その事務所所在地を管轄する裁判所に訴訟を提起しうるために管轄合意条項を設置したもので，Xが指定した東京地裁はXの本店所在地を管轄とする千葉地裁よりもYらにとって有利な場所に位置する裁判所で，かつ，X代理人の事務所所在地を管轄する裁判所であるから，少なくとも東京地裁を指定する限りにおいては有効な管轄合意条項と解釈すべきであると主張した。

決定要旨

　X〔抗告人，原告〕は，仮に本件管轄合意条項が無効であるとの結論をとるとしても限定的にすべきであるべきところ，Xが指定した裁判所は，東京地裁であって，Xの所在地に近接しているほか，当然に管轄のある千葉地裁よりもY_2〔被抗告人，被告〕にとって有利な場所に位置する裁判所であり，少なくとも東京地裁を指定する限りにおいては有効な管轄合意条項であると解すべきであるなどと主張する。

しかしながら，本件管轄合意条項を有効と解する余地があるとしても，原決定が説示するとおり，その管轄裁判所としては，Xの本店所在地を管轄する裁判所およびYらの住所地を管轄する裁判所が合意管轄裁判所になるものというべきであり，Xの上記主張は，独自の解釈に立脚するものであって，採用の限りではない。

　また，Xは，持参債務の義務履行地を管轄裁判所とした立法趣旨や合意管轄制度を著しく没却することになるなどと主張するが，本件において，Xの本店所在地が義務履行地となるとしても，Yらの住所地にも普通裁判籍があるし，加えて，本件基本事件における引渡請求に係るリース自動車も倉敷市内に存在すると認められるのであるから，本件基本事件をYらの住所地を管轄する岡山地裁倉敷支部に移送するとした原決定が，持参債務の義務履行地を管轄裁判所とした立法趣旨等を没却するものとまで認めることはできないから，Xの主張は，採用できない。（抗告棄却，確定）

参照条文　民事訴訟法11条・16条1項

解　　説

(1)　本決定の判断事項

　本件は，約款の専属管轄条項に基づく提訴がなされた事案である。

　管轄裁判所をどこにするかについては，出頭の便宜，代理人の選任，証人の出頭確保等，訴訟手続を進めるうえで，重要な利害を生じるが，約款や定型契約書で定められている場合，一方当事者である消費者に不利な管轄条項が定められていることが多い。

　このような管轄条項としては，約款作成者たる企業の本店所在地を専属管轄裁判所とする例が多く，かかる合意管轄条項に基づく提訴について，民訴法17条により移送を認めた判例は多数存する。

　しかし，本件は，このような事案とは異なり，管轄合意自体の有効性が問題になったものである。

　すなわち，本件において，約款の記載内容は，「○○（原告）の本社または○○（原告）の選択する裁判所」との内容で，結局，その内容は，原告の任意

に選択する裁判所に管轄を認める管轄合意条項となることから，その合意自体の有効性が問題となったものである。

(2) 本決定のポイント

本件のように，原告の任意に選択する裁判所に管轄を認める趣旨の管轄合意条項については，被告から防御の利益を一方的に奪うものとして，無効と考えるのが一般である注11)。

これに対し，公序良俗に反するか否かは具体的場合によるとし，たとえば，全国に支店を持つ大企業が消費者に対しすべての裁判所での提訴権を認める場合は適法としてよいとし，合意を有効として裁量移送にゆだねる場合もあるとして一概に無効とすべきではないという見解もある注12)。

本決定は，当該管轄合意条項を無効としたうえで，仮に，有効と解する余地があるとしても，限定的に解すべきとし，受訴裁判所（東京地裁）には管轄がないと判断し，民訴法16条1項により移送の決定をした原決定に対する抗告を棄却したものである。

このように，本決定は，原告の任意に選択する裁判所に管轄を認める趣旨の管轄合意条項について，その効力を認めなかったものであり，その判断は通説に従った正当なものといえる。

注11) 新堂・111頁，伊藤・57頁は，すべての裁判所というのは，被告の管轄の利益を奪うから許されないとする。条解・69頁，注釈(I)〔梅善夫〕・247頁，斎藤秀夫＝小室直人＝西村宏一＝林屋礼二編著『注解民事訴訟法(I)〔第2版〕』（第一法規出版，1991）346頁〔高島義郎＝松山恒昭＝小室直人〕。

梅本・69頁は，「本支店，営業所の所在地を管轄する裁判所を管轄裁判所とする」旨の合意は，債権者の選択する裁判所に管轄を認めるのと同じと解される場合は無効であるとする。

注12) コンメI・177頁。また，野中・前掲注5) 36頁は，現在の実務の多くは無効ではないが制限的に解すべきとしたり，民訴法17条の移送等で調整するような考え方をとっているように思われると指摘する。

実務上の指針

(1) 管轄合意を定める場合の内容

　本決定においては，原告の任意に選択する裁判所を管轄裁判所とする管轄合意条項について，その効力が否定されている。

　そして，本決定のように，「本店所在地または原告の任意に選択する裁判所」との管轄合意条項について，その効力が否定される場合には，条項全体の効力が否定されることから，「本店所在地」との合意についても，効力が否定されることとなる。

　本決定のような「原告の任意に選択する裁判所」との管轄合意条項は，その効力が否定される可能性が高く，かかる合意は避けるべきといえる。

　なお，本件のような管轄合意が問題になる場合として，クレジット契約，リース契約，また，商工ローン契約において，定型契約書，あるいは，普通契約約款中に定められている場合が多い。

　本決定も約款に関する事案であり，したがって，本決定の判断が，平等な当事者間での管轄合意にも適用されるとは断言できないが，被告の防御の利益を一方的に奪う点は同様であり，また，平等な当事者間において，あえてそのような合意がなされるかは疑問が生じうる。管轄合意を定めるに際しては，「原告の任意に選択する裁判所」というようなすべての裁判所を管轄裁判所とする旨の合意は避けるべきといえる。

(2) 管轄合意に基づく提訴への対応

　他方，本件のような「原告の任意に選択する裁判所」との管轄合意条項に基づき提訴を受けた被告としては，当該裁判所での応訴が不利益を生じるのであれば，本決定等の判断を前提に積極的に移送の申立てをすべきといえよう。

　なお，本件とは異なり，特定の裁判所を専属合意管轄とする管轄合意条項についても，民訴法17条による移送がなされうるものであるから，いずれにしろ約款の専属管轄合意条項に基づき提訴を受けた被告としては，安易に応訴するのではなく，合意内容，応訴の不利益を検討し，移送の申立ての要否を検討すべきといえる。

管轄合意に関する参考裁判例

　本件同様，原告が裁判所を選択しうる管轄条項の効力について判示した判例として，以下の各判例が存する。
　①については，本決定同様合意自体を無効としたが，②③④については，限定的に有効としたうえで，移送したものである。
　①　横浜地決平15・7・7判タ1140号274頁
　原告が商工ローン会社であり，定型契約書における「原告の本支店の所在地を管轄する裁判所を管轄裁判所とする」との管轄条項について，「原告が全国に散在する50箇所の本支店所在地を管轄するいずれかの裁判所を任意に一方的に選択して訴えを提起することを可能とする内容の管轄合意」で，「それ自体，一般的に被告から実質的な防御の機会を一方的に奪う」として，管轄の合意を無効として，民訴法16条1項に基づき，被告の住所地を管轄する裁判所に移送した。
　②　福岡高決平6・7・4判タ865号261頁
　原告が信販会社であり，リース契約約款の「原告会社の本社，各支店，営業所を管轄する簡易裁判所及び地方裁判所を管轄裁判所とする」との管轄条項について，管轄合意条項を無効とはせず，当事者の合意の趣旨を，リース契約締結を担当した支店所在地の裁判所の専属的管轄とする趣旨の合意として有効とし，旧民訴法30条（現行16条1項）に基づき，リース契約の締結を担当した支店所在地を管轄する裁判所に移送した。
　③　東京地決平元・12・21判時1332号107頁
　原告がカードサービス会社であり，大手クレジットカード会社との業務提携を通じて獲得した会員である被告との間の契約約款における「原告又はクレジットカード会社の本社，支店，営業所の所在地を管轄する裁判所とする」との管轄条項について，競合する管轄の一つを特定して管轄裁判所を明示するものとはいえないとして，専属的管轄合意ではなく，競合的合意管轄を定めるものとして，旧民訴法31条（現行17条）に基づき，被告の住所地を管轄する裁判所に移送した。
　④　東京地決平3・10・17ＮＢＬ486号21頁
　原告がリース会社であり，リース契約約款の「東京地方裁判所または，原告が任意に選択する地方裁判所を管轄裁判所とする」との管轄条項について，「東京地方裁判所が例示として挙げられているものの，それ以外にも原告が任意に全国の地方裁判所を管轄裁判所として選択できることとなって」おり，被告にとって不利な規定で被告がそれを承知で受け入れたとは認められないとして，この合意を「専属的合意管轄の規定ではなく，単なる付加的管轄の合意にすぎない」とし，被告らの住所地を管轄する裁判所に移送した。

◆木　下　直　樹◆

VII 移　送

1　概　説

(1)　意　義

　訴訟の移送とは，訴訟の係属している裁判所の裁判によって，その係属を他の裁判所へ移転させることをいうとされる[注1]。現行民訴法は，管轄違いに基づく移送（民訴16条1項），訴訟の著しい遅滞を避けまたは当事者間の衡平を図るための移送（民訴17条），当事者の合意に基づく必要的移送（民訴19条1項）を定める[注2]。

(2)　管轄違いに基づく移送（民訴16条1項）

(a)　意義および申立権者

　訴えが裁判所の管轄に属することは訴訟要件とされるが，管轄違いの訴えは却下されるのではなく管轄のある裁判所に移送される。その移送は，受訴裁判所の職権によるほか，当事者にも申立権がある。法令に専属管轄の定めがある場合を除き，管轄違いの訴えに対し被告が第1審裁判所において管轄違いの抗弁を提出しないまま本案について弁論をしたときは，応訴管轄（民訴12条）の問題となる。

(b)　移送決定および受移送裁判所

　受訴裁判所が管轄違いに基づいて訴えを移送するときは，その訴えについて管轄のある裁判所の中から移送先（受移送裁判所）を決定する。その決定方法に

注1）　旧（平成8年改正前）民訴法30条1項に関する記述であるが，条解・79頁。
注2）　簡易裁判所から地方裁判所への移送について，現行民訴法は，これらのほかに，裁量移送（民訴18条），不動産訴訟の必要的移送（民訴19条2項）および反訴提起に基づく必要的移送（民訴274条1項）を定める。また，特許権等に関する訴え等に係る訴訟の移送について民訴法20条の2が，上訴審における移送について民訴法309条，324条および325条がある。

については，①民訴法17条をも考慮したうえで原則として原告の意思に沿って移送先を決定すべきであるとするもの注3)，②管轄の選択に失敗した原告に再び選択の自由を与える必要はなく，被告の立場も考慮して，民訴法17条の場合と同様に考えるべきであるとするもの注4)がある。

被告が管轄違いに基づく移送申立てをする場合，特定の管轄裁判所への移送を求める旨を記載した移送申立書を受訴裁判所に提出して移送を求めるのが通例である注5)。ただし，受訴裁判所は，移送先に関する当事者の主張には拘束されないとされる注6)。被告による移送申立てがあった場合，原告は，管轄原因事実の主張をしつつ，管轄原因事実が認められない場合に備え，移送先に関する予備的な主張もすることがある（主張をするからには，被告が主張する移送先と異なる移送先を主張することとなろう。）。そのような場合には，管轄原因事実の有無のほかに移送先についても争いになるのであり，両当事者は自らが上記①，②のいずれの立場に立つにせよ民訴法17条の諸事情を主張することになる。

(c) 不服申立て

管轄違いに関する決定に対しては，当事者は即時抗告をすることができる（民訴21条)注7)。

(3) 著しい遅滞・当事者間の衡平を図るための移送 (民訴17条)

(a) 意義および申立権者

普通裁判籍に加え特別管轄，合意管轄などを認めている民訴法の管轄の構成上，特定の訴えについて，複数の裁判所に管轄があることが多い。それらの管轄裁判所のうちどの裁判所に訴えを提起するかは，原則として，原告に選択の自由がある。しかし，原告による受訴裁判所の選択の結果，著しく訴訟を遅延

注3) 注解Ⅰ〔星野雅紀〕・193頁。
注4) 奈良次郎「移送決定の構造と若干の問題について(2)」判時1366号（1991）7頁。
注5) 申立ての方式について，民事訴訟規則7条。
注6) 奈良・前掲注4) 6頁。これは当事者の移送申立権につき明文のなかった旧民訴法30条1項に関する見解であるが，現行民訴法の下でも同様の結論となると考えられる。
注7) 移送申立てを認めるものの申立人の希望する裁判所以外の裁判所に訴えを移送する決定があった場合に，その移送先について申立人が即時抗告をすることができるか否かは理論的には必ずしも明確ではないが，実務的には行われている。

し，または当事者間に不公平を生じることは望ましくない。そこで民訴法17条において，当事者の申立てまたは職権による移送が認められている。

　実務的には，原告が自己に有利な地について特別管轄または合意管轄を主張して訴えを提起する例がしばしば見られる。被告がその管轄そのものを争う場合には民訴法16条1項に基づく移送申立てを，管轄は争わずに（あるいは管轄をも争いつつ）著しい遅滞・当事者間の不公平を避けるべきことを理由に移送を求める場合には，民訴法17条に基づく移送申立てを行うことになる。

(b)　移送決定および受移送裁判所

　当事者および尋問を受けるべき証人の住所，使用すべき検証物の所在地その他の事情を考慮して，受訴裁判所が移送の要否および受移送裁判所を決定する注8)。

(c)　不服申立て

　受訴裁判所がなした決定に対しては，即時抗告をすることができる（民訴21条）。

(4)　当事者の合意に基づく必要的移送（民訴19条1項）

　当事者が訴えの移送および受移送裁判所について合意をしたときは，受訴裁判所は，訴えを移送しなければならない。

　注8)　相手方当事者の意見を聴くことについて，民事訴訟規則8条。

2 判　例

判　例　7

東京高裁平成15年5月22日決定[注9]
　掲載誌：判タ1136号256頁
　原　審：東京地決平15・4・15判タ1136号261頁参照

貸金債権の譲受人が自己の住所地において債務者および連帯保証人に対して提起した訴訟について，債権譲渡前になされた管轄合意の効力が譲受人にも及ぶなどとして，民訴法17条に基づく移送が認められた事例

事　案

```
       A ────Y₁の債務を連帯保証────  Y₂
    (奈良支店)                      (抗告人：奈良所在)
       │     ＼
原因債権の    ＼ ①手形貸付の方法による貸付け
 債権譲渡      ＼  (手形の支払場所：A奈良支店)
       │       ＼②管轄合意(名古屋地裁または奈良
       │        ＼  地裁)
       ↓          ＼
       X            Y₁
  (被抗告人：東京所在)  (抗告人)
```

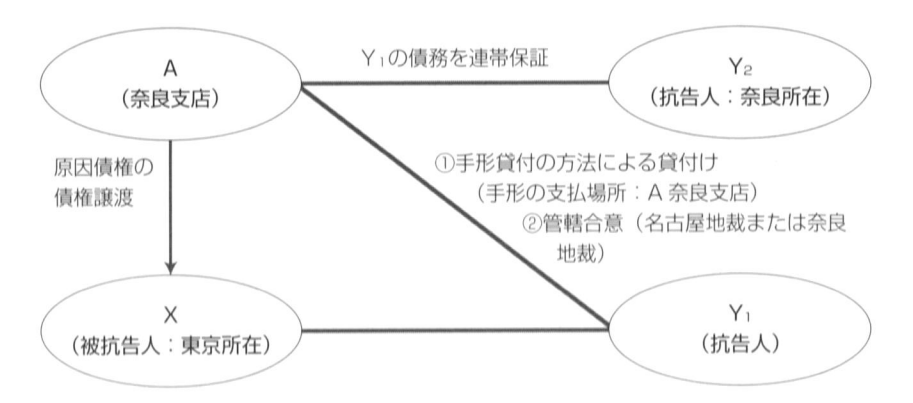

　手形貸付の方法によりA（奈良支店）がY₁（抗告人）に貸し付けた貸金債権を譲り受けたX（被抗告人）が，Y（抗告人）らに対しその支払を求めて，東京地裁を受訴裁判所として訴えを提起した。これに対し，Yらは，民訴法16条1項および民訴法17条に基づき，奈良地裁への移送を申し立てた（Xは，Y₂がY₁の債務を連帯保証したとするが，その保証責任が本件の争点になっている。）。

注9）債権譲渡と管轄合意との関係については，真鍋美穂子「〔大阪民事実務研究〕管轄合意と移送申立てについて―債権譲渡や金融機関の合併等は管轄合意及び移送申立てに対する判断にどのような影響を与えるのか」判タ1294号（2009）5頁が詳しい。

原審の判断

　原決定（東京地裁）は，上記債権の弁済場所は，当事者間に別段の意思表示が存しない限り債権者の現時の住所（民484条）となるから，請求債権の義務履行地はＸの住所地にほかならず，東京地裁に管轄があるとして，民訴法16条1項の移送申立てを退けた。

　また，原決定は，本件の争点の審理には格別長期間を要するものではなく，多数の証人尋問等を必要とするものでもなく，自ら保証責任を争うＹ₂が本人尋問等のため原審裁判所への出頭を余儀なくされたとしても不相当に過大な負担を強いられるものとはいえないとして，民訴法17条の移送申立ても退けた。

　移送申立てを却下されたＹらが抗告。

決定要旨

　本決定においても，本件のような金銭債権の弁済場所は別段の意思表示なき限り債権者の現時の住所である（民法484条）とし，債権譲渡があった場合，その債権の履行場所は新債権者の住所地となるとし，Ｘ〔被抗告人〕の住所地を管轄する東京地裁が義務履行地の管轄権を有するとした。

　同時に，本決定は，ＡとＹ₁〔抗告人〕との間の管轄合意（名古屋地裁または奈良地裁とするもの）を付加的な管轄合意と解し，そのような管轄の合意は，「訴訟法上の合意ではあるけれども，内容的にはその債権行使の条件として，その権利関係と不可分一体のものであり，いわば債権の属性をなすものである。そして，本件のような記名債権においては，その属性，内容は当事者間で自由に定めうるものであるし，その譲渡の際には，それらの属性，内容はそのまま譲受人に引き継がれるべきものである。」として奈良地裁に合意管轄があるとした。

　また，本決定は，Ｙらの普通裁判籍も，奈良地裁にあるとした。

　以上を踏まえ，本決定は，本件の主たる争点にかんがみ，Ｙ₂〔抗告人〕の本人尋問のほか，その取扱支店であったＡ銀行奈良支店の担当者らの証人尋問が必要になる可能性が高いが，Ｙ₂はもちろん，証人予定者も奈良市あるいはその周辺に住所を有すると考えられるとし，本件事案の審理の便宜という面では，東京地裁よりも奈良地裁の方が優っていると認められるとした。

　加えて，本決定は，銀行取引をする者は通常その履行場所をその銀行の取引店舗あるいは本店を履行場所として考えるのが一般であるところ，新債権者の住所地により管轄裁判所が定められるという予想外の事態により多大な不利益を被ることをＹらが甘受すべき合理的理由は乏しく，上記の管轄合意の趣旨にも反するとした。また，本決定では，本件は手形貸付の原因債権の

譲渡に伴う履行請求であるところ、それと表裏一体の関係にある手形債権の行使の場合にはその債権は取立債権であり、その義務履行地は債務者の営業所または住所となる（商516条2項）ことも考慮されなければならないとした。
　以上により、本決定は、本件訴えの東京地裁から奈良地裁への移送を認めた。（取消し、確定）

参照条文　民事訴訟法11条・16条1項・17条

解　説

(1) 本決定の訴訟法上の位置づけ

　本決定において、弁済をすべき場所について別段の意思表示がないときは、金銭債権の弁済は債権者の現在の住所において行わなければならないこと（民484条）、債権譲渡があった場合には、その債権の履行場所は新債権者の住所地となることが確認された。したがって、本決定においては、民訴法16条1項の管轄違いに基づく移送申立ては退けられている。

　本決定では民訴法17条の移送申立てが認められたことになるが、その理由として、当事者および証人の住所のほか、同条において考慮されるべきとされる「その他の事情」として、一定の種類の取引をする者の履行場所に関する期待、その期待が裏切られ不利益を被ることについての合理的理由の有無、関連する管轄合意の趣旨、原因債権でなく手形債権の行使をする場合の履行場所などが摘示された。

　民訴法17条の移送申立てに関する裁判例では、主に本人尋問・証人尋問その他の立証活動の便を考慮するほか、場合により交通事情の発達やテレビ会議システム等の活用の可能性をもしん酌して移送の要否の判断をするものが多い[注10]。

　本決定は、それらに加え、「その他の事情」として考慮されるべき事由を具

注10）たとえば、東京地決平14・10・7金判1156号35頁。

(2) 本決定の実体法上の位置づけ

　ある債権の発生原因となる契約（以下，「基本契約」という。）が締結された場合において，その債権または基本契約に付随して他の合意が成立したり，その債権または基本契約に関する事項にも適用することを予定して他の合意が成立したりすることがある。基本契約に基づくその債権が他に譲渡される際，他の合意が債権譲受人を拘束するかが問題となる（契約上の地位の移転または包括承継の場合とは，分けて考える必要がある。）。

　本決定は，本件で行われていたがごとき付加的な管轄の合意は，いわば債権の属性であるとして，債権の譲受人を当然に拘束するとした[注11][注12][注13]。

　管轄の合意においてそれが専属的（排他的）合意管轄か付加的（競合的）合意管轄かが文言上明確でない場合のその合意の解釈指針については，見解が分かれる[注14]。専属的（排他的）な管轄の合意があったと解される事案にまで本決定の射程範囲が及ぶか否かは，今後の課題となろう。

注11）　仲裁合意の特定承継人に対する効力については，判例・学説において対立があるとされる（小島武司＝高桑昭編『注解仲裁法』（青林書院，1988）76頁，小島武司＝高桑昭編『注釈と論点 仲裁法』（青林書院，2007）88頁）。上野泰男「仲裁契約及び仲裁判断の効力の人的範囲」関西大学法学論集35巻3～5号（1985）659頁以下）は，判例・学説の状況を概観したうえで，「債権のように，当事者が自由にその内容を形成することができる権利については，仲裁契約が附着していることも，当該権利の一内容・一属性であるとみることができる」として，仲裁契約の効力は原則として債権の譲受人に及ぶとする説を正当としていた。反対説に立つものとして，三木浩一＝山本和彦編・新仲裁法の理論と実務〔ジュリ増刊〕（有斐閣，2006）72頁〔上野泰男発言〕，司法制度改革推進本部仲裁検討会における平成14年3月11日付「仲裁合意の承継について」と題する本東信委員提出資料がある。

注12）　債権者の本支店を管轄する裁判所を管轄裁判所とし，具体的な裁判所名を記載しない管轄の合意がある事案においては，その債権者の本支店とは合意当時のものと解すべきなのか，現時のものと解すべきなのかという問題が生じる（真鍋・前掲注9）12頁）。

注13）　本件でみられるように，管轄の合意は，債務者または保証人にとって一種の抗弁として機能する場面がある。そうすると，債権譲渡に対し債務者が異議なき承諾（民468条1項）をした場合の取扱いが問題となろう。本決定の事案は，債権譲渡通知があったにとどまる事案と思われる。

注14）　この場合の学説および裁判例の整理は，真鍋・前掲注9）10頁。もっとも，民訴法17条による裁量移送が認められる現行民訴法の下においては，専属的合意管轄か付加的合意管轄かの区別を議論する必要性は乏しくなっているとの指摘にも，留意を要する。

実務上の指針

　交通事情の発達やテレビ会議システム等の活用を考慮しても，訴訟がいかなる裁判所において係属しうるかについて，当事者は実務上なお大きな利害を有するといわざるをえない。

　管轄の合意は，法定の管轄裁判所の中から，またはそれらのほかに，管轄裁判所をあらかじめ定める重要な合意であり，合意条項の内容の検討にあたっては，将来その効力が否定されることのないよう留意するとともに，近年，債権譲渡が広く行われていることなどをも踏まえ，将来の債権譲渡も視野に入れることが望まれる。

　また，民訴法17条の要件は，法定または合意による管轄裁判所間での移送の可否を決する点で重要であるところ，同条の移送申立てにあたっては，単に本人尋問・証人尋問その他の立証活動の便を検討するにとどまらず，本決定で示されたごとき「その他の事情」を広く検討したうえで臨む必要があることとなろう。

　本決定では，銀行取引約定書に定められた付加的な管轄の合意が貸金債権の譲受人を「いわばその債権の属性をなす」ものとして拘束するとされるとともに[注15]，かかる合意の趣旨が民訴法17条の「その他の事情」としても考慮すべきことが示された。債権譲受契約の締結および譲受債権請求訴訟の提起の際，金銭消費貸借契約書に限らず関係書類全般を調査することが重要であることは既に認識されているが，その調査の重要性が再確認されたといえる[注16] [注17]。

◆楢崎　礼仁◆

注15）ただし，本件では，銀行取引約定書で定められたとされる付加的な管轄の合意による管轄裁判所の一部が被告の普通裁判籍と一致していることにも，留意を要する。

注16）銀行取引約定書は銀行取引において想定可能な事項とはいえ極めて多様な事項が記載される附合契約であり，銀行取引約定書の記載事項のいずれが「いわばその債権の属性をなす」ものとして債権の譲受人を拘束し，または債権の譲受人によって援用可能であるかは，個々の事項ごとに慎重な検討を要するであろう。

注17）債権譲渡契約書においては，一定の表明保証条項が設けられることがある。本件で問題とされた管轄の合意が表明保証の問題となるか否かは即断できないが，譲渡人側も，金銭消費貸借契約書に限らず関係書類全般を十分に調査し，かつ，譲受人側に開示して，債権譲渡契約の締結に臨むべきこととなる。

Ⅷ 訴えの提起前における証拠収集の処分等

1 概　説

(1) 制度の概要

　提訴予告通知制度を利用することにより，訴え提起前に，相手方への照会および裁判所に対して訴え提起前の証拠収集処分を申し立てることができる（民訴132条の2〜132条の9）。これは，訴訟手続の計画的進行を図り，民事訴訟の充実・迅速化を実現するため，また訴えの提起前における証拠収集等の手続を拡充するため，平成15年民訴法改正により新たに設けられた制度である[注1]。

(2) 提訴予告通知制度

(a) **提訴予告通知の概要**

　提訴予告通知は，「訴えを提起しようとする者が訴えの被告となるべき者に対し訴えの提起を予告する通知」である（民訴132条の2第1項）。

　提訴予告通知を発することにより提訴前の照会および証拠収集の処分を利用することが可能となる（民訴132条の2・132条の4）。予告通知に対して返答した相手方も同様である（民訴132条の3・132条の4）。

　訴え提起前に訴訟の被告となるべき者に対し，内容証明郵便により履行の催告，損害賠償請求などをすることは一般的に行われているが，提訴予告通知により，民訴法に基づき相手方に対してなんらかの照会を行ったり裁判所による証拠収集処分を利用することが可能となる。

(b) **提訴予告通知の方法**

注1） 小野瀬厚＝武智克典編著『一問一答平成15年改正民事訴訟法』（商事法務，2004）28頁，小野瀬厚＝畑瑞穂＝武智克典「民事訴訟法等の一部を改正する法律の概要(2)」NBL 769号（2003）49頁。

提訴予告通知は，通常，配達証明付内容証明郵便で行われる。必要的記載事項を網羅した提訴予告通知であることが明らかなものであれば，催告書等と提訴予告通知を一通の内容証明で兼ねることも可能と解される。ただし単なる催告書，通知書を提訴予告通知に転用することはできない。

提訴予告通知書には，提起しようとする訴えに係る請求の要旨および紛争の要点を具体的に記載しなければならない（民訴132条の2第3項，民訴規52条の2第2項）。紛争の要点の記載の程度は，提訴前であることから制限はあるものの，その時点で判明している事情を前提にできるだけ具体的に記載するべきである。記載内容が不明確であったり主張自体失当なものは，後述する証拠収集処分申立の要件を欠くことになるので注意を要する。その他の記載事項は，民事訴訟規則52条の2に定められている。民事訴訟規則上，できる限り，訴えの提起の予定時期を明らかにしなければならないが（民訴規52条の2第3項），あくまで予定であり常識的な時期を記載すれば足りる。

(c) 被予告通知者の対応

予告通知を受けた者（被予告通知者）が，提訴前の当事者照会および証拠収集の処分を利用するためには，予告通知書に記載された請求の要旨および紛争の要点に対する答弁の要旨を記載した書面で返答をする（民訴132条の3）。予告通知に対する返答書の記載事項は，民事訴訟規則52条の3に定められている。

(3) 提訴前の予告通知者・被予告通知者照会

(a) 照会制度の意義

提訴予告通知者および被予告通知者は，予告通知をした日（被予告通知者は受領した日）から4か月以内に限り，相手方に対して，訴訟の主張または立証を準備するために必要であることが明らかな事項について，相当の期間を定めて，書面で回答するよう，書面で照会をすることができる（民訴132条の2・132条の3。以下，「提訴前照会」という。）。訴え提起後の当事者照会（民訴163条）に相当する。

(b) 提訴前照会の利用場面

提訴前照会は，訴訟における求釈明事項に限らず，たとえば相手方の専門的地位，知識が紛争の原因となっている事件において，相手の知識や認識，制度

の一般論などを照会するなど，相手方から広く情報を得たい場合に有益である。照会の仕方によっては訴訟における有利な情報を得ることが可能であり，照会に対する相手方の対応を訴訟において自己に有利な資料として活用することも考えられる。

また，訴訟提起にはなじまないと考えられるような事案について，当面の話し合いのための有効な資料を得ることなどが期待される。

(c) 照会に対する回答義務

当事者照会が許されない場合（民訴163条各号）には提訴前照会も認められないなど，照会内容については制限がある（民訴132条の2第1項ただし書・132条の3第1項後段）。この制限にあたらない場合には，照会の相手方は，回答義務を負うと解される[注2]。したがって，照会を受けた相手方としては，照会事項に対して回答を行うか，民訴法132条の2第1項ただし書の各号に該当するので回答しない旨を返答しなければならない。相手方が回答義務に違反して回答しない場合には，訴訟においてそのことを有利に利用すべきである[注3]。

(d) 照会の方法

提訴前照会は，内容証明郵便を利用すべきであるが，提訴予告通知と同じ書面ですることも認められると解される。照会書として必要な記載事項は，民事訴訟規則52条の4第2項に規定されている。また回答書の記載事項は，同条3項に規定されている。

(4) 提訴前の証拠収集処分

(a) 提訴前証拠収集処分の内容

提訴予告通知者および返答をした被予告通知者は，「予告通知に係る訴えが

注2) 伊藤・282頁，中野ほか・288頁，コンメⅡ・587頁。
注3) 正当な理由なく回答を拒絶したことが，裁判官の心証に不利な方向に働く間接事実として考慮されることがありうる（小野＝武智編著・前掲注1) 38頁）。その他回答拒絶がなされた場合の効果等については，門口・証拠法大系(5)〔志知俊秀〕・277頁。
注4) それぞれの活用例については，基本法コンメⅠ・334頁に，前掲注1) の各文献および青山善充＝秋山幹男＝小野瀬厚＝菅野雅之＝山本克己「〔特別座談会〕民事訴訟法改正と民事裁判の充実・迅速化(下)」ジュリ1257号（2003）46頁の記載がほぼまとめられている。ただし，実際にはいずれの処分もほとんど活用されていない。

提起された場合の立証に必要であることが明らかな証拠となるべきもの」について，予告通知がされた日から4か月の不変期間内に，次の証拠収集処分を申し立てることができる（民訴132条の4第1項・2項）注4）。

① 文書の送付嘱託（文書の所持者にその文書の送付を嘱託すること）
② 調査嘱託（必要な調査を官庁もしくは公署，外国の官庁もしくは公署または学校，商工会議所，取引所その他の団体に嘱託すること）
③ 専門家の意見陳述の嘱託（専門的な知識経験を有する者にその専門的な知識経験に基づく意見の陳述を嘱託すること）
④ 執行官による現況調査（執行官に対し，物の形状，占有関係その他の現況について調査を命ずること）

(b) 提訴前の証拠収集処分の申立要件

提訴前の証拠収集処分は，①「訴えが提起された場合の立証に必要であることが明らかな証拠」となるものについて，②「申立人がこれを自ら収集することが困難であると認められるとき」に利用することができる。ただし，③「その収集に要すべき時間又は嘱託を受けるべき者の負担が不相当なものとなることその他の事情により，相当でないと認めるとき」は利用できない。

②「申立人がこれを自ら収集することが困難であると認められるとき」とは，証拠の性質上，申立人が自ら単独で収集することが困難なものをいうと考えられている。東京地裁では，弁護士会照会（弁護23条の2）によることが可能なものについては「自ら収集することが困難」とはいえないとして注5），申立てが制限されているが，柔軟な対応が望まれる注6）。現状では，日弁連や単位会で公表されている弁護士会照会の拒否事例集などで，回答が拒否されているものについては，それらの資料を疎明資料（民訴規52条の5第6項）として申し立

注5） 東京地方裁判所証拠保全・収集処分検討委員会＝東京地方裁判所専門委員制度検討委員会＝東京地方裁判所鑑定関係委員会＝東京地方裁判所プラクティス委員会「改正民事訴訟法500日の歩み(1)東京地方裁判所における新制度運用の実情 東京地方裁判所民事部四委員会共同報告」判時1910号（2006）11頁。大阪地裁も同様である（大阪地方裁判所専門訴訟事件研究会編著・大阪地方裁判所における専門委員制度等の運用の実際〔臨増判タ1190号〕（2005）126頁）。
注6） この場合，弁護士会照会との使い分けとしては，相手方に知られたくない場合には弁護士会照会を利用することが考えられる（加藤新太郎編『民事事実認定と立証活動第1巻』（判例タイムズ社，2009）232頁参照）。

てることが考えられる。

(c) 申立ての手続

　申立書の記載事項は，民事訴訟規則52条の5に規定されている（添付書類として民事訴訟規則52条の6）。裁判所は，申立書を審査して必要に応じて裁判官面接を実施することもあるようである。その後，相手方からの意見聴取（民訴132条の4第1項）を経て，申立ての要件を具備していると判断され，かつ必要があると認められる場合には，嘱託先その他参考人に対する意見聴取が行われる。

　得られた証拠となるべき文書，調査結果の報告等は，記録の謄写等をして，訴訟手続において別途書証として提出することになる。

2　実務上の指針

　訴え提起にあたっては，手持ちの証拠をもとに勝訴の見込みをもったうえで提起することが理想である。そのため提訴前に勝訴の見込みを確固たるものとするための証拠ないし情報を得ておくことは極めて重要なことである。その意味で平成15年改正により新たに設けられた提訴前証拠収集処分等の制度は大いに活用が期待される制度である。しかしながら，提訴前照会および証拠収集の処分は，現在ほとんど利用されていない[注7]。

　その理由は次の点にあるように思われる。まず，立法当初には裁判所を中心として活用方法などの周知が試みられていたものの，その後実際に利用する立場の弁護士から有効な活用報告などはなされず，制度の周知が下火となり，制度自体は知っていてもあえて活用しようとの動機を生じない状況となっていることが挙げられる。制度自体については，実践的な感覚から積極的に活用したくなる設計となっていないと感じられる。具体的には，提訴前証拠収集処分については，すでに指摘されているところであるが[注8]，理念として濫用論が前面に出すぎていて，濫用防止のため要件が厳格に設定されすぎていることが挙

　注7）　立法当初の状況として，東京地裁につき東京地方裁判所証拠保全・収集処分検討委員会＝東京地方裁判所専門委員制度検討委員会＝東京地方裁判所鑑定関係委員会＝東京地方裁判所プラクティス委員会・前掲注5）7頁，大阪地裁につき大阪地方裁判所専門訴訟事件研究会編著・前掲注5）121頁，平成20年の東京地裁の状況につき，加藤編・前掲注6）258頁。

　注8）　争点〔北秀昭〕・155頁，加藤編・前掲注6）259頁以下。

げられる。厳格な要件の下に，実際の裁判所の運用としても厳格な審査が行われるために，申立てが認められるまでには大変な手間を要する結果となっている[注9]。

　さらに，とくに意見陳述嘱託（民訴132条の4第1項3号）や現況調査（同項4号）については，これらに要する費用は，訴訟提起後に申立人が勝訴しても訴訟費用とはされず，申立人が負担しなければならない（民訴132条の9）。この趣旨は，証拠の収集は本来証拠を提出する者の責任において行うべきものであるからというのであるが[注10]，訴訟提起後との不均衡は否めない。訴訟代理人としては，訴訟提起後であれば負担しなくても済む可能性がある費用を，あえて申立人に負担を強いることは困難である。

　提訴前証拠収集処分は，その立法趣旨どおりに利用されれば，審理の充実・迅速化，ひいては紛争の早期解決に大いに資するものと期待されるが，残念ながら現状においては今後も有効に活用されることはないものと思われる。

　これに対して，提訴前照会は，提訴後の当事者照会以上に有益な制度であり，従前の内容証明郵便によるやりとりと手間としてはさほど変わらず，回答によっては訴訟提起後の争点の把握に資することもある。したがって，代理人としては積極的に活用することを検討すべきである。

◆大　坪　和　敏◆

[注9] この点，裁判官からも「現時点では，その濫用的な申立てをおそれて厳格な要件解釈をするよりは，むしろ要件解釈を，その制度趣旨を損なわない限度で，できる限り緩やかにすることによって制度の活用を図る方がよいのではないか」との意見もある（加藤編・前掲注6）262頁）。運用としては，弁護士が代理人としてついている事件については，濫用的な申立てかどうかの判断は弁護士の判断と責任にゆだね，少なくとも弁護士の申立てについては，要件審査を緩和することが望まれる。

[注10] 小野＝武智編著・前掲注1）46頁。

第2章 訴訟の当事者

I 当事者能力①——法人でない社団

1 概　説

(1) 意義——訴訟の当事者および当事者能力

　当事者とは，自己の名の下に，ある事件において裁判所に対し裁判権の行使を求める者およびこの者と対立する相手方をいう。当事者は，請求の定立者とその相手方または判決の名宛人という訴訟法律関係上の地位として把握される（形式的当事者概念）[注1]。まず，形式的当事者概念を前提として，誰によって，誰に対して請求が立てられるかを確定しなければならず（当事者の確定），次に，確定された当事者を前提として，その請求に対する本案判決をすることが許されるかどうかを考えなければならない。この問題に属するのが，当事者能力，訴訟能力，弁論能力および当事者適格の問題である。当事者能力および訴訟能力は具体的な訴訟物と関わりなく当事者の人的属性によって一般的に判断される。これに対して，当事者適格は当事者と訴訟物との関係に着目して裁判所に

注1）　基本法コンメI・86頁。

より本案判決をすべきかどうかを判断される注2)。

当事者能力とは，民事訴訟の当事者となることのできる一般的資格をいう。当事者能力の有無は，民法上の権利能力を基準として決定されるのが原則である（民訴28条)注3)。

(2) 当事者能力——法人でない社団等の当事者能力

法人でない社団または財団で代表者または管理人の定めがあるものは，その名において訴え，または訴えられることができる（民訴29条)。

民訴法29条が法人でない社団または財団に当事者能力を認めたのは，社会・経済的活動をしている法人格をもたない団体について紛争が生じた場合に，団体構成員または財産帰属主体自身が，共同訴訟などの方法により訴えを提起し，または，相手方が構成員を探して訴えを提起しなければならないというのは不合理であることによる注4)。

民訴法29条に定める「法人でない社団」にあたるというためには，「団体としての組織を備え，そこには多数決の原則が行なわれ，構成員の変更にもかかわらず団体そのものが存続し，しかしてその組織によって代表の方法，総会の運営，財産の管理その他団体としての主要な点が確定しているものでなければならない」注5)。判例上，任意の地域住民団体，入会団体，門中（沖縄の地縁団体）および代表者の定めのある民法上の組合が本条にいう社団として認められている注6)。

民訴法29条の代表者または管理人とは，団体を対外的に代表して活動する機関をいう。代表者または管理人の定めがあるとは，団体の定款，寄付行為等の根本規則において，その選任方法等が定められていることをいう注7)。

注2) 基本法コンメ I・88～90頁および伊藤・154頁。
注3) 基本法コンメ I・88頁。
注4) 基本法コンメ I・92～93頁参照。
注5) 最判昭39・10・15民集18巻8号1671頁（以下，「昭和39年最判」という。)。
注6) 任意の地域住民団体につき最判昭42・10・19民集21巻8号2078頁，入会団体につき大判昭17・9・29法学12巻517頁，門中（沖縄の地縁団体）につき最判昭55・2・8判時961号69頁および代表者の定めのある民法上の組合につき大判昭10・5・28民集14巻1191頁，最判昭37・12・18民集16巻12号2422頁。
注7) 基本法コンメ I・94頁。

民訴法29条の適用を受ける社団または財団は，訴訟上は法人と同様に取り扱われ，普通裁判籍に関しては民訴法4条4項，代表者または管理人の訴訟代表に関しては同法37条が適用される。もっとも，判例は，民訴法29条の適用を受ける団体に当該事件の範囲についても実体法上の権利能力は認めておらず(注8)，判例は，実体法上の権利義務は構成員に帰属し，団体は訴訟担当者として当事者適格を有するものとして扱う(注9)。

2　判　例

判　例　8

最高裁平成14年6月7日判決(注10)
掲載誌：民集56巻5号899頁・判時1789号68頁・判夕1095号105頁
原　審：東京高判平13・8・22金判1157号10頁・民集56巻5号951頁参照
原々審：千葉地判平13・2・21判時1756号96頁・民集56巻5号917頁参照

預託金会員制のゴルフクラブが民訴法29条にいう「法人でない社団」にあたるとされた事例

事　案

　預託金会員制のゴルフ場の会員によって組織されたゴルフクラブであるX（上告人）が，当該ゴルフ場を経営するY（被上告人）に対し，主位的には，両者間で締結された協定書の経理内容調査権に基づき，予備的には，平成17年改正前商法282条2項（株式会社の計算書類等の閲覧および謄本交付請求権）に基づき，関係書類の謄本の交付を求めた事案である。

注8）　前掲注6）最判昭55・2・8判時961号69頁。
注9）　基本法コンメI・94～95頁，最判平6・5・31民集48巻4号1065頁，田中豊〔判解〕・ジュリ1052号（1994）108頁以下，高橋宏志「権利能力なき入会団体は，入会権確認請求訴訟で原告適格を有する」法教174号（1995）74頁以下，高橋①・162頁以下，民法上の組合についても論じたものとして，山本弘「権利能力なき社団の当事者能力と当事者適格」新堂幸司先生古稀祝賀『民事訴訟法理論の新たな構築(上)』（有斐閣，2001）851頁以下および高田裕成「民法上の組合の当事者能力」福永有利先生古稀記念『企業紛争と民事手続法理論』（商事法務，2005）3頁以下。
注10）　高部眞規子・最判解民平成14年度(上)444～464頁。

原審の判断

原審は、第1審を引用して、概ね次のように判示して、Xの訴えを却下すべきものとした。

Xは、規則等の会則を有し、その規定において理事長、理事等の役員が置かれるとともに会員総会が設けられ、理事長はXを代表し、理事をもって構成される理事会はXの運営に関する基本的事項を協議決定すること等が定められ、団体意思の決定方法について多数決の原則が定められ、会員の入退会にかかわらずXの同一性が失われることがないなど、団体としての形式、外観を備えており、代表の方法、総会の運営などについてみる限り権利能力のない社団の要件を一応満たしているようにもみえる。しかしながら、Xは、固有の事務所や固定資産を有しておらず、財産管理について定めた規定もなく、Xの会員による会費収入もすべていったんYに帰属した後Yの計算に基づき支出される等Xの運営がYの計算に基づき、その財産的基盤のうえに成り立っていることから、Xはそれ自体独立して権利義務の主体たるべき社団としての財産的基盤を欠いていることを理由に、民訴法29条に定める「法人でない社団」に該当せず、当事者能力を欠くとした。

そこで、Xは、Xの当事者能力を否定した原審には、民訴法29条の解釈の誤り、昭和39年最判の違反があるとして上告受理の申立てをした。

判　旨

民訴法29条にいう「法人でない社団」にあたるというためには、団体としての組織を備え、多数決の原則が行われ、構成員の変更にかかわらず団体そのものが存続し、その組織において代表の方法、総会の運営、財産の管理その他団体としての主要な点が確定していなければならない。これらのうち、財産的側面についていえば、必ずしも固定資産ないし基本的財産を有することは不可欠の要件ではなく、そのような資産を有していなくても、団体として、内部的に運営され、対外的に活動するのに必要な収入を得る仕組みが確保され、かつ、その収支を管理する体制が備わっているなど、他の諸事情と併せ、総合的に観察して、同条にいう「法人でない社団」として当事者能力が認められる場合があるというべきである。

これを本件についてみると、前記の事実関係によれば、X〔上告人〕は、預託金会員制の本件ゴルフ場の会員によって組織された団体であり、多数決の原則が行われ、構成員の変更にかかわらず団体そのものが存続し、規約により代表の方法、総会の運営等が定められているものと認められる。財産的な側面についても、本件協約書の前記 (ウ)〔年会費、使用料その他の収入はすべ

てY〔被上告人〕の収入とし，Yはこの収入をもってゴルフ場施設の整備運営に充てるほか，Xの運営に要する通常経費を負担すること。──筆者注〕の定め等によって，団体として内部的に運営され対外的にも活動するのに必要な収入の仕組みが確保され，かつ，規約に基づいて収支を管理する体制も備わっているということができる。さらに，XとYとの間で本件協約書が調印され，それに伴って規則も改正されているところ，その内容にも照らせば，Xは，Yや会員個人とは別個の独立した存在としての社会的実体を有しているというべきである。以上を総合すれば，Xは，民訴法29条にいう「法人でない社団」にあたると認めるべきものであり，論旨は理由がある。（破棄差戻し）

参照条文 民事訴訟法29条，民法33条・第3編第2章契約

解　説

(1) 本判決の位置づけ

　昭和39年最判の定めた「財産の管理その他団体としての主要な点」の確定という要件に関連して，学説上，社団の財産的独立性の要否につき，①必要説，②類型的考慮説および③不要説（総合考慮説）の争いがある。本判決は，民訴法29条の法人でない社団に該当するための要件のうちの財産的独立性，すなわち昭和39年最判における「財産の管理」の意味合いを明確にし，また，ゴルフクラブのうち，預託金会員制のゴルフクラブ(注11)の当事者能力を認めた初めての最高裁判決である。

注11）わが国のゴルフクラブの組織形態は，①社団法人制，②株主会員制，③預託金制，④任意団体制の4つに大別される。株主会員制ゴルフクラブは，会員がゴルフ場施設所有会社等の株式を取得することをクラブの入会条件とする制度で，クラブが施設所有会社等とは別の権利能力なき社団として存在する形態（最判平12・10・20裁集民200号69頁）と，クラブが実体を有しない形態がある（服部弘志＝榎本一久『実務解説ゴルフ場事件判例：裁判例から読み解くゴルフ場の法律実務と運営対策』（青林書院，2005）15頁以下）。会員権の法的性質は，原則として，株主会員制では株主権と施設の優先的利用権等が一体となった権利であり，預託金会員制では預託金返還請求権と施設の優先的利用権等が一体となった債権的地位である（最判昭50・7・25民集29巻6号1147頁参照）。

(2) 社団要件における財産的独立性の要否

　必要説とは，社団たるには，人の結合体で，その団体の活動に必要な財産的基礎があり，これが構成員から独立して管理されているものをいうとする見解[注12]である。類型的考慮説とは，団体に当事者能力が認められるには，原則として①対内的独立性（構成員の脱退加入の前後での同一性の維持），②財産的独立性（団体に独自の財産があるか，独自の財政が維持されているか），③外的独立性（代表の定めがあり現に代表者が活動していること），および④内部組織性（組織運営，財産管理等の規約の存在と総会等による構成員の意思の反映）の４つが必要であるが，財産的独立性は，団体が金銭支払請求訴訟の被告となっている場合に不可欠の要件となり，その他の場合には他の要件と相まって能力を認定するための補助的要件となるとする見解[注13]である。不要説（総合考慮説）とは，団体の固有財産の存在を当事者能力認定のための不可欠の要件とするのではなく，諸ファクターの一つと位置づける見解[注14]をいう。

　必要説によると，団体の固有の財産全部の帰属が争われる訴訟では，本案の審理が終了しなければ団体の当事者能力の有無が判断できず，仮に，この財産が相手方のものであるとの心証に達したときは，本案判決ができないことになって，訴訟要件と本案の審査を混同することになる[注15]。類型的考慮説によると，原告の請求内容に応じて当事者能力の有無を異にすることは，当事者能力は訴訟物の種類・内容とは無関係に決せられる当事者の一般的能力であることと抵触する[注16]。

　本判決は，社団性の要件につき，固定資産または基本的財産を有することは不可欠の要件ではなく，他の事情と併せ総合的に観察して認定することを明らかにした[注17]。

注12)　新堂・138頁，長谷部由起子「法人でない団体の当事者能力」成蹊法学25号（1987）96頁参照。

注13)　伊藤眞『民事訴訟の当事者』（弘文堂，1978）71頁。

注14)　争点〔初版〕〔菅野孝久〕・80頁，高橋(上)・156頁。

注15)　争点〔初版〕〔菅野〕・80頁参照。

注16)　福永有利「住民団体・消費者団体の当事者能力」民商93巻臨増(1)（1986）203頁以下，山本弘「当事者能力」法教251号（2001）19頁。

(3) 預託金会員制ゴルフクラブの当事者能力についての最高裁先例との相違

預託金会員制のゴルフクラブの当事者能力については，最判昭50・7・25（民集29巻6号1147頁）および最判昭61・9・11（裁集民148号481頁）において否定されていた。これらの判例においては，ゴルフクラブは，ゴルフ場経営会社の意向に沿って運営され，ゴルフ場経営会社と独立して権利義務の主体となるべき社団としての実体を有しないとされた。学説上も，預託金会員制ゴルフクラブは，通常，会則において最高意思決定機関としての総会の規定，理事等の役員を総会で会員中から選ぶとの規定，クラブの資産・収支に関する規定や重要事項の変更を総会の決議で決めるとの規定等もないことから，法的には実在しないものと解されていた[注18]。

したがって，ゴルフクラブに当事者能力を認める本判決は，預託金会員制ゴルフクラブの当事者能力を否定する従前の判例および学説と矛盾するかが問題となる。

本判決の認めた事実関係は次のとおりである。

本件ゴルフクラブの規則によれば，Xの総会は特別会員および正会員をもって組織され，年1回の定時総会の決議事項は，前年度の重要事項の報告，新年度の運営方針，理事および監事の選任並びに予算および決算であり，出席会員の過半数をもって議決される。Xの運営に関する諸事項については，総会において選任された理事をもって構成される理事会において，過半数の理事が出席し，出席理事の過半数により決定され，理事会の下に8つの分科委員会を設け，関係事項を分担処理している。規則または細則にもXが財産を管理する方法等について具体的に定めた規定はないが，細則によれば，Xの会員の負担すべき年会費，使用料その他に関しては理事会において決定され，会員は年会費を前納するものとされ，また，規則には，Xの会計業務は，すべてYが行い，Xの総会において選任された監事の監査承認を受けるものと規定されていた。

以上のとおり，本判決の事案では，ゴルフクラブにおいて総会の決議事項等

注17) 本件の請求は団体に対する書類等閲覧請求であったことから，類型的考慮説でも不要説でも同様の結論になると思われる（名津井吉裕［判解］・法教270号（2003）119頁）。
注18) 宇田一明「ゴルフ預託金償還対応策とその法的検討」金法1519号（1998）38頁，服部弘志『ゴルフ会員権の理論と実務』（商事法務研究会，1991）76頁以下。

が定められており，上記の一般的な預託金会員制ゴルフクラブにおける規約の定めと異なる。したがって，本判決が，ゴルフクラブに当事者能力を認めることは，預託金会員制ゴルフクラブの当事者能力を否定した従前の判例および学説と矛盾しないと解される。

実務上の指針

(1) 会費を徴収しない団体または第三者にて費用を負担する団体の社団性

本判決により，民訴法29条の社団性の認定において，団体に固有資産または基本的財産がなくても，それ自体により社団性は否定されないことが明らかになった。しかし，本判決は，①団体として内部的に運営され対外的にも活動するのに必要な収入の仕組みが確保され，かつ，②規約に基づいて収支を管理する体制が備わっていることを認定したうえで団体に社団性が認められると判断している。したがって，たとえば，長崎地判昭41・7・29（判タ205号171頁）および甲府地判昭27・12・17（下民集3巻12号1790頁）の事案のように団体において会費を徴収しない，または関係者が費用全部を負担するとしていた場合にそれ自体を理由に団体の当事者能力が否定されることになるのかが問題となる。

この点，団体としての独立の財産がなければ，団体としての継続的な社会活動ができず，ひいては昭和39年最判の4要件が欠けていると評価され，その面から当事者能力が否定されることも多いとの見解もある[注19]。しかし，①構成員が明確になっていること，②代表者についての定めがあり，現実にその者が代表者として行動していること，および③団体としての意思決定の方法を定めた規則があり，それを客観的に認識できることの要件を満たせば，当該団体は昭和39年最判の要件を満たし，社団性が認められるものと解される[注20]。したがって，団体の費用を構成員が負担することなく，他の関係者がすべて負担している場合であっても本判決が認定した上記①および②の要件は認められる

注19) 高部・前掲注10) 455頁，争点〔第3版〕〔高見進〕・68頁。
注20) 争点〔新版〕〔長谷部由起子〕・102～103頁参照，争点〔中島弘雅〕・59頁参照。

と思われる。

(2) **社団としての実体を有するゴルフクラブと会員との間の権利関係**
　(a) **問題の所在**
　預託金会員制ゴルフクラブが権利能力なき社団と認められる場合，ゴルフクラブと会員との間の法律関係が契約法理でなく，団体法理（多数決）により処理されるのか。すなわち，預託金の据置期間の延長，預託金の追加差入れ，会員の資格要件の変更，それに伴う会員資格の剥奪等の事項を総会ないし理事会の決議で決定した場合に，既に入会していた者も含め，個々の会員に効力が及ぶかが問題となる。また会員権の内容や法的性質がどのようになるかが問題となる[注21]。
　(b) **ゴルフクラブに実体がある場合とない場合の最高裁判例**
　預託金会員制クラブに関し，前掲最判昭61・9・11は，ゴルフクラブが権利能力なき社団にあたらないことを理由に，会員の権利義務内容は，ゴルフ場経営会社に対する，ゴルフクラブの会則に従ってゴルフ場を優先的に利用しうる権利，および年会費納入等の義務，並びに入会の際に預託した預託金を会則に定める据置期間の経過後に退会のうえ返還請求することができる契約上の権利義務関係であると判断し，個別的な承諾を得ていない会員に対しては，預託金の据置期間の延長の効力を主張できないと判示した。
　また，最判平11・11・9（判時1701号65頁）は，会員の施設利用に関する法的性質がゴルフ場経営会社に対する契約上の権利義務であることを前提として，契約成立後に，ゴルフ場経営会社が一方的にその内容を変更することはできず，会員の同意なくして，会員の施設利用権の内容を変更し，また，会員に追加預託金の支払義務を課すことはできないものと判示した。
　これに対して，株主会員制ゴルフクラブに関し，前掲注11）最判平12・10・

注21）髙部・前掲注10）458頁，前掲注11）最判平12・10・20の事案において原審が会員の契約上の基本的な権利を変更するには会員の個別的な承諾を得ることが必要であるとして決議を無効としたことに対する批判として，最判昭61・9・11の論旨に引きずられ，クラブが社団としての実体を有することによる団体法理の適用を看過したものであるとの批判がある（服部＝榎本・前掲注11）・20頁）。

20は，ゴルフクラブが権利能力なき社団にあたることを理由に，ゴルフクラブの総会決議によってした構成員の資格要件の変更（資格要件である株式保有数の増加）に関する規約が決議に承諾をしていない会員を含むすべての構成員に適用され，改正後の規定に定める資格要件を満たしていない会員は会員権を喪失すると判示した。

(c) **実体を有するゴルフクラブにおける会員権の法的性質**

まず，会員の施設の利用に関する権利義務関係に関しては，預託金会員制ゴルフクラブが権利能力なき社団と認められた場合，会員は施設利用に関する契約を当該クラブとの間で締結したと解されるとしても，預託金返還請求権はゴルフ場経営会社[注22]に対する契約上の権利義務関係，施設利用権および会費支払義務は規約の定めに従ったゴルフクラブまたはゴルフ場経営会社に対する契約上の権利義務関係となると解される。その理由は，①預託金返還請求権，施設利用権および会費支払義務は社団における社員権の内容に含まれると解するのは不自然であり，ゴルフクラブの社員たる地位とは別個の施設利用契約により生ずると解する余地があること[注23]，および②ゴルフクラブに実体があっても，当該クラブがゴルフ場経営会社から委託を受けゴルフ場施設の管理運営を代行している[注24]という側面は規約の内容からして併せもつことによる。

以上のようにゴルフクラブに実体が認められる場合でも会員の預託金返還請求権は契約上の権利であると解されるので，ゴルフクラブおよびゴルフ場経営会社は会員の個別的同意なくして預託金の据置期間の延長および追加預託金の支払義務の賦課はできないものと解される。

注22) ゴルフクラブに実体がある場合における契約上の権利義務の帰属先はその契約内容によるが，預託金会員制ゴルフクラブの一般的な規約を前提とすれば，会員の預託金返還請求権はゴルフ場経営会社に対して有するものと思われる。潮見佳男教授も，団体的性質をもつ預託金会員制ゴルフクラブであっても預託金返還をめぐる法律関係は会員とゴルフ場経営会社という二者間の法律関係と捉えるのが相当であると指摘する（潮見佳男「会員制ゴルフクラブの団体性と契約性」金法1614号（2001）41頁）。

注23) 服部・前掲注18）64頁および服部＝榎本・前掲注11）18～19頁。潮見・前掲注22）46～47頁参照。会員の会費支払義務についても，当該会費は通常クラブの維持運営費用として支払われるものではないと思われるので，社員権の内容に含まれないと解する余地もあると思われる（服部・前掲注18）115頁）。

注24) 最判昭50・7・25民集29巻6号1147頁参照。

これに対して，ゴルフクラブの会員資格の変更および資格の剥奪については，株主会員制ゴルフクラブに関する前掲注11）最判平12・10・20の判旨を前提とすると，預託金会員制ゴルフクラブが権利能力なき社団にあたるとすれば，クラブは団体法理に従い会員資格の変更（資格要件としての預託金額の増加等）および実質的な剥奪ができるようにも思える。しかし，当該最判の判断に対して，潮見佳男教授は，構成員の地位を除名事由や構成員資格取得時の団体規則で定められた資格喪失事由がないのに総会決議により剥奪することについては，躊躇を感じると指摘する[注25]。

◆辻河　哲爾◆

注25）　潮見・前掲注22）45頁。

Ⅱ 当事者能力②──環境保護団体

1 概　説

(1) 問題の所在

　環境保護団体のように，特定の紛争の発生を契機として結成された団体[注1]の当事者能力については，当該団体は団体としての歴史が浅く，また，通常訴訟が終了すれば消滅してしまうため，民訴法29条の社団として当事者能力が認められるか，すなわち，Ⅰで解説した最判昭39・10・15（民集18巻8号1671頁）（以下，「昭和39年最判」という。）の要件，とくに「構成員の変更にもかかわらず団体そのもの存続する」の要件または社団の要件の一つである「対内的独立性」を満たすかが問題となる[注2]。理論的には，訴訟が終了すれば消滅してしまう団体に当事者能力を認めても，判決の紛争処理機能が果たされず，そのような団体に当事者能力を認めるべきではない[注3]かが問題となる。

　まず，このような特質をもつ環境保護団体に当事者能力を認めることが理論的に許されるかについては，①環境紛争に関する限り，判決後団体が消失することにより紛争そのものも消失したといいうることもあり，団体の暫定性を理由に当事者能力を否定するまでもなく[注4]，また，②団体が暫定的であり団体による訴訟追行を期待できない場合は，当事者適格の判断において団体の訴訟追行権の有無の認定で考慮することより対処すれば足りることから[注5]，暫定性のみを理由に当事者能力が否定されるべきではないといえる。

注1）　長谷部由起子・リマークス33号（2006）136頁。
注2）　争点〔初版〕〔菅野孝久〕・80頁および争点〔新版〕〔長谷部由起子〕・102頁。
注3）　伊藤眞『民事訴訟の当事者』（弘文堂，1978）70頁。
注4）　高橋宏志「紛争解決過程における団体」芦部信喜ほか編『岩波講座基本法学2』（岩波書店，1983）304頁，福永有利「住民団体・消費者団体の当事者能力」民商93巻臨増(1)（1986）213頁。
注5）　争点〔新版〕〔長谷部〕・103頁。

(2) 環境保護団体の当事者能力の要件

環境保護団体の当事者能力の要件に関係する主な学説としては，以下のものがある[注6]。

(a) 一　般　説

一般説とは，当事者能力は当事者の人的属性によって一般的に定められることを理由に，環境保護団体の当事者能力も，特別に取り扱われるのではなく，民訴法29条の一般の要件により判断するという見解である。

(b) 類型的考慮説

類型的考慮説とは，原則として①対内的独立性（構成員の脱退加入の前後での同一性の維持），②財産的独立性（団体に独自の財産があるか，独自の財政が維持されているか），③外的独立性（代表の定めがあり現に代表者が活動していること），④内部組織性（組織運営，財産管理等の規約の存在と総会等による構成員の意思の反映）の４つが必要であるが，財産的独立性は，団体が金銭支払請求訴訟の被告となっている場合に不可欠の要件となり，その他の場合には他の要件と相まって能力を認定するための補助的要件となるとする見解である[注7]。

(c) 特　別　説

特別説とは，環境訴訟等においては，紛争管理権をもつ団体に当事者能力を特別に認めるべきであるとする見解である[注8]。

注6）　福永・前掲注4）203～205頁参照。
注7）　伊藤・前掲注3）71頁。
注8）　高橋・前掲注4）303頁以下。

2 判 例

判 例 9

東京高裁平成17年5月25日判決[注9]
　掲　載　誌：判時1908号136頁
　原　　　審：東京地八王子支判平16・12・22（平成16年（ワ）第2328号）

公害訴訟の原告団について民訴法29条の「法人でない社団」にあたるとした事例

事　案

「新横田基地公害訴訟団」と称する法人格のない団体の構成員であるX（控訴人）が，当該団体であるY（被控訴人）に対し，Yの管理する備付け帳簿等の閲覧ないし写しの交付を拒否したことを原因として，慰謝料10万円の支払を求めた事案である。

原審の判断

原審は，Yの規約に会員の入会・脱退手続についての規定，意思決定機関である総会の運営についての規定，執行機関である幹事会の決議方法等についての規定が欠落していることを理由に，昭和39年最判の要件を満たしていないとし，Yの当事者能力を否定した。その結果，原審は，Xの請求を却下した。
そこで，Xは，控訴して，Yは権利能力なき社団か，民法上の組合またはこれに準ずる者であり，いずれにしても当事者能力があると主張した。

判　旨

Yは，「新横田基地公害訴訟団規約」（以下「本件規約」という。）を有しており，その内容は，次のとおりである。
「(ｱ)　本件規約には，団体の目的として，『本件差止訴訟をはじめとして横

[注9]　杉山正己・主判解平成17年度〔臨増判夕1215号〕(2006) 204頁。

田基地の爆音被害をなくすための行動をして住民の静かで住み良い生活環境を実現すること』が掲げられて，そのために，本件差止訴訟の提起等，基地による被害の軽減・防止のための諸活動をすることが規定されている。
　(イ)　団体の構成要素である会員の資格として，『横田基地の爆音被害地域に居住するすべての住民で，思想信条を問わず，団体の目的に賛同する個人』とする旨規定され，それに続いて，団体の支部を設置することについての規定もある。
　(ウ)　さらに，団体の役員として，代表幹事（団体を代表し，団体の業務を統括し，後記の幹事会を招集する。），事務局長（団体の日常業務を処理する。），事務局次長（事務局長の事故の際にその職務を代行する。），会計（団体の会計を司る。），幹事（団体の運営に努め，団体の業務を遂行する。）及び事務局員を置くこと，これらの役員の任期は 2 年であり，最初の役員は，総会で選出し，以後は，代表幹事，事務局長，事務局次長，会計，会計監事，幹事及び事務局員で構成される『幹事会』で選出する旨規定されている。
　幹事会は，毎月一回代表幹事が招集して開催されること，Y〔被控訴人〕の意思決定についての最高機関というべき『総会』は，幹事会が必要と認めた場合や団員の 3 分の 1 以上の要求があった場合に開催される旨規定されている。
　ウ　Yの日常的活動についてみると，Yは，本件差止訴訟の遂行のために，同訴訟の『原告』相互間の協力等を中心にすえて上記の諸活動をし，かつ，本件差止訴訟の方針やその進行の協議等を行っており，本件差止訴訟の進行・程度等や今後の裁判予定と活動方針を宣伝等する『新横田基地公害訴訟団ニュース』を定期的に発刊している。また，Yは，活動資金等として，団員から，入会金1000円の外，年間 1 万円の団費を徴収している。
　エ　Yの上記目的・活動から自明なとおり，本件差止訴訟が終了すればYは早晩解散することが予定されている。
　(3)　上記認定事実によれば，Yは，団体としての組織を備え，その最高機関である総会や執行機関である幹事会の決議方法等についての明文規定がないけれども（特段の規定がない以上，決議方法等は，全会一致もしくは多数決によるとみるのが相当である。），代表者機関，意思決定及び執行機関を備え，財産の管理その他団体としての主要な点が確定しており，Yの団体としての性質上，団体構成員の変更にかかわらずなお同一性を保有しながら存続を続ける独立の存在，すなわち，Yは，法人格はないけれども，社団としての実体を有する団体であると認められる。したがって，Yは，民事訴訟法29条により当事者能力を有するものというべきである。」（原判決取消し，差戻し）

> 参照条文　　民事訴訟法29条

解　説

(1)　本判決の位置づけ

本事案のY（被控訴人）のように，特定の紛争の発生を契機として結成された団体については，性質上，当該団体は訴訟が終了すれば消滅してしまうため，民訴法29条の社団の要件である「構成員の変更にかかわらず団体そのものが存続」または「対内的独立性」の要件を満たすかが問題となる。本判決は，団体がそのような性質を有することを認定したうえで，当該団体が昭和39年最判の要件を満たすことを明確にしたものである。

(2)　環境保護団体の社団該当性

当事者能力は具体的な訴訟物と関係なく当事者の人的属性により一般的に定められるものである以上，環境保護団体も民訴法29条の一般の要件により判断されるべきである。そうすると，環境保護団体の場合，とくに昭和39年最判の「構成員の変更にもかかわらず団体そのものが存続」するの要件を満たすかが問題となるが，この要件の一般的解釈として，同要件は，団体が永続的に存続することを意味しているのではなく，個々の構成員とは独立の社団性が認められることを意味しているにとどまると解すべきように思える。構成員から独立した社団性が認められれば，仮に当該団体の存在は性質上短期のものであっても，潜在的にはその期間内において構成員の変更とは無関係に団体が存続しうるといえる。そして，その判断資料としては団体が訴訟前に当該紛争に深く関与し，相手方も交渉相手として認めていたこと等が挙げられる。ただし，かかる事情は団体としての組織性・独立性の認定のための不可欠な要素ではなく，補助資料にとどまる[注10]。後掲　参考判例　のように過去の下級審の裁判例においてもそのように取り扱われていると思われる。

なお，横浜地判昭53・8・4（判時922号30頁）および京都地判昭57・5・31（判タ473号194頁）では，住民団体ないし環境保護団体の当事者能力が否定

されたが，その理由は，前者においては財産の管理および執行機関に関する規定を欠いていることであり，後者においては①原告の代表者の選出がその構成員の過半数の意思によらないこと，②会則も総会にて決議したと認めることができないこと，および③会則に総会と議決の規定はあるが総会の成立要件の規定がないことであり，いずれも，団体に継続性がないことではない。

実務上の指針

(1) 団体の財産の評価

〔判例8〕にて説明したとおり最判平14・6・7は民訴法29条の社団の要件において独自の財産は不要と判示したが，同事案は団体に対する金銭給付請求ではないため，この最判の射程は団体に対する金銭給付請求の場合には及ばないとも解する余地はありうる。そして，本判決（〔判例9〕）は環境保護団体に対する金銭給付請求権の事案において団体による入会金および団費の徴収を認定しており，民訴法29条の社団の要件として裁判所は上述の類型的考慮説によっているか一応は問題となる。しかし，〔判例8〕にて説明したとおり，かかる見解は当事者能力については具体的な訴訟物とかかわりなく一般的に定められるという大原則と抵触することを考えると，〔判例8〕にて判示した団体固有の財産が不要であることは，団体に対する金銭給付請求権の場合における民訴法29条の社団性の要件でも同じと解される。

(2) 当事者適格の問題

もっとも，環境保護団体につき当事者能力が認められても，当事者適格が別途問題となる。環境保護団体による訴訟の内容としては損害賠償請求，差止請

注10) 福永・前掲注4) 220頁において，団体が訴訟前に当該紛争に深くかかわっても，団体としての組織性・独立性に問題があれば当事者能力は否定されるものであり，当該紛争にコミットしていたことや相手方が交渉相手として認めていたことなどは，団体の独立性や組織性を認めるうえでの判断材料の一つであるといえると指摘する。当事者能力を否定した横浜地判昭53・8・4および京都地判昭57・5・31においても，団体が紛争前に相手方と交渉したり，相手方より交渉先として是認されたりしたという事情があった。

求が考えられるが[注11]，損害賠償請求および差止請求については構成員各自が，損害賠償請求権および差止請求権を有していると解される[注12]ので，これらの権利を行使するために団体を結成しても当該団体には当該権利の当事者適格を原則として認められない[注13]。

(3) 当事者適格についての考え方と対応

当事者適格については，民訴法29条の権利能力なき社団に訴訟担当を認めることによれば足りるとする見解がある[注14]。さらに，住民訴訟との脈絡で当該団体に訴訟信託を認めるべきという見解がある[注15]。

民訴法29条の権利能力なき社団の訴訟担当に関連して，最判平6・5・31（民集48巻4号1065頁）は，入会権者である村落住民が入会団体を形成し，それが権利能力のない社団にあたる場合には，上記入会団体は，構成員全員の総有に属する不動産についての総有権確認請求訴訟の原告適格を有する旨を判示したが，当該判決の解釈として田中豊調査官は，形式的には権利能力のない社団にあたる入会団体に解釈による法定訴訟担当者の地位を認めたものとの評価も可能だが，入会権（総有権）確認請求訴訟については入会団体固有の事件と捉える方が事の実体を反映しているのではないかと指摘する[注16]。

かかる調査官解説からすると，民訴法29条の社団について同条に基づき訴訟担当として当事者適格が付与されるといえるかが明らかとはいえない。さらに，訴訟物が団体において活動を行った結果，実質的に団体にて取得した権利である場合には，当該権利につき当事者適格をもつ者は当該団体以外になく，当該団体に当事者適格を認める方向に行きやすいのに対し，訴訟の対象が団体

注11) 山本和彦「環境団体訴訟の可能性」福永有利先生古稀記念『企業紛争と民事手続法理論』（商事法務，2005）199頁。

注12) 山本・前掲注11) 199〜201頁参照。

注13) 当事者適格は訴訟物たる権利関係の主体に認められるのが原則である。基本法コンメⅠ・88頁。

注14) 基本法コンメⅠ・94〜95頁，山本弘「権利能力なき社団の当事者能力と当事者適格」新堂幸司先生古稀祝賀『民事訴訟法理論の新たな構築(上)』（有斐閣，2001）851頁以下，高田裕成「民法上の組合の当事者能力」福永有利先生古稀記念『企業紛争と民事手続法理論』（商事法務，2005）11頁以下。

注15) 争点〔初版〕〔菅野〕・81頁。

の結成目的そのものである場合，すなわち，一般的な環境訴訟における環境保護団体による損害賠償請求や差止請求の場合は，当該権利は住民個人に帰属し，社団に総有的に帰属しているとはいえないことから，民訴法29条により社団に法定訴訟担当が認められるとしても，住民個人の損害賠償請求および差止請求については，環境保護団体に同条により当事者適格が付与されるといえないのが原則と思われる。さらに，団体による任意的訴訟担当についても，最高裁はこれに警戒的との指摘もある[注17]。

したがって，環境団体訴訟の特別立法[注18]や団体による任意的訴訟担当の許容性が明確になるまでは，環境保護団体が原告になるよりも，各住民が原告になって同一の訴訟代理人を選任するか，選定当事者（民訴30条）の制度を利用し，選定当事者が同一の訴訟代理人を選任する方向で訴訟を進めることが現行法の下では依然安全な方法と思われる[注19]。

参考判例

① 東京地判昭56・5・29判時1007号122頁

原告である「中町環境を守る会」が被告である学校法人との間で締結した協定に基づき建物の屋上の使用の差止めを求めた事案において，裁判所は，①原告は，世田谷区中町在住の住民が中心となって，被告が建物を建築することになったのがきっかけで結成され，広く中町5丁目周辺の生活環境を守る活動を行うことを目的とし，会則において，会員の総会によって根本的な意思が決定され，総会によって選出される理事により構成される理事会にて具体的な会の運営がなされ，

注16) 田中豊・最判解民平成6年度403頁。これに対し，最判平6・5・31の判示の意味につき，社団の固有適格を肯定したと解するのは困難で，訴訟担当者として他人の法律関係について当事者となることを認めたものであるとし，民訴法29条は権利能力のない社団の当事者能力を定めるだけでなく，社団構成員全員の総有関係に関する訴訟について，法定の訴訟担当資格を与えた規定と解釈されるとの見解もある（山本克己「入会地管理団体の当事者能力・原告適格」法教305号（2006）109〜110頁）。

注17) 争点〔矢田卓也〕・60頁は，最判平6・5・31のほか，最判平13・3・22金法1617号39頁において，各区分土地所有者個人に帰属する請求権についてマンション管理組合法人の訴訟追行権限が否定されたことを挙げて，最高裁は団体による任意的訴訟担当には警戒的であるとする。

注18) 環境保護訴訟立法の検討については山本・前掲注11) 177頁以下。

注19) 住民団体訴訟および消費者団体訴訟について，争点〔初版〕〔菅野〕・81頁。

理事会にて選出される会長が会を代表する権限を有するものとされているほか，会の経理は会員の納める会費によって行われること等社会的組織としての実体を備えている旨，②原告は会員の変動にかかわらず，構成員たる会員とは別の独立した社団である旨の原告の主張の事実を認め，さらに，③現に被告としては原告と種々交渉し，協定まで結んでおり，被告自身原告につき個々の構成員とは別の社団性を是認し，効果的に対処（交渉の窓口の一本化）していることを認定して，原告の当事者能力を肯定した。

② 東京地判昭48・11・6判時737号26頁

　ある地域に住む住民数名と，町内会である光和会，武蔵境郵政宿舎自治会，桜堤公団住宅自治会，ボーリング場建設反対・文教地区指定促進武蔵境協議会，ボーリング場建設反対都民協議会が，原告となり，建築主事のしたボーリング場建築確認処分の取消しを求めた事案である。裁判所は，各団体が，①自然人または団体を構成員とし，代表者の定め，団体としての意思決定および活動の方法，会計に関する定め等社団としての継続的な組織，運営に関する基本的な事柄を定めた会則または規約を有する団体であること，②現に団体として対外的活動を組織的に行っていることを認定して，上記原告らは，その構成員とは独立した社団の実体を有する者というべきであることを理由に，それらの当事者能力を認めた。

◆辻 河 哲 爾◆

III 訴訟上の代理人

1 概　説

(1) 訴訟能力

　訴訟能力とは，その者の名において訴訟行為をなし，または訴訟行為の相手方たりうる能力を意味する[注1]。

　民訴法28条は訴訟能力を一定の者に限って認めているため，訴訟能力のない者または訴訟能力が制限されている者のために，法律上当然に本人に代わって本人の訴訟上の利益を保護するための制度として訴訟上の法定代理の制度が民訴法において設けられている。訴訟上の法定代理人には，実体法上の法定代理人と訴訟法上の法定代理人がある[注2]。また，訴訟能力をもつ場合でも，その者の意思に基づいて代理人の選任を認める必要があることから，本人の意思に基づき本人の訴訟上の利益を保護するための制度として民訴法上訴訟代理の制度が設けられている。訴訟代理人には，法令上の訴訟代理人と訴訟委任に基づく訴訟代理人がある[注3]。

(2) 法人の代表者等

　民訴法における法定代理および法定代理人に関する規定は，①法人，および②法人でない社団または財団で当事者能力を認められるもの（以下，「法人等」という。）の代表者または管理人（以下，「代表者等」という。）について準用される（民訴37条）。

　民訴法37条が民訴法中の訴訟無能力者の法定代理および法定代理人に関す

注1) 伊藤・98頁。
注2) 争点〔梅本吉彦〕・64頁。
注3) 伊藤・118頁。

る規定を代表者等に準用するとしたのは，法人等は当事者能力が認められるものの，法人等自らが訴訟行為をすることができず，その訴訟行為は代表機関である自然人によってなされるため，法人等とその代表機関との関係は代理そのものではないが，本人と法定代理人との関係に類することによる[注4]。

したがって，法人において誰が法人を代表するかは民法その他の法令による（民訴37条・28条）こととなり，特別の定めのない限り，取締役会設置会社以外の会社の場合には取締役各自（会社349条1項・4項）が，取締役会設置会社の場合には代表取締役および取締役会決議によって会社の訴訟を執行する取締役として選任された者（会社349条4項・363条1項）が，委員会設置会社の場合には代表執行役および取締役会決議によって会社の訴訟を執行する執行役として選任された者（会社420条3項・418条1号）が，会社が当事者となる訴訟について会社を代表する[注5][注6]。もっとも，株式会社の取締役と会社との間の訴訟は，監査役設置会社の場合には監査役（会社386条1項）が，委員会設置会社の場合には取締役会が定める者または監査委員会が定める監査委員（会社408条1項）が，それ以外の株式会社の場合には代表権のある取締役または株主総会もしくは取締役会で定めた者（会社353条・364条）が会社を代表する[注7]。

注4）　基本法コンメⅠ・106頁。
注5）　〔判例10〕において適用される平成17年改正前商法（以下，「旧法」という。）によると，株式会社の代表取締役は，特別の定めがない限り，会社の営業に関する一切の裁判上の行為をする権限を有し，会社が当事者となる訴訟について会社を代表する（旧商261条3項・78条1項）ことになる。他方，会社が取締役に対し訴えを提起する場合においては，その訴えについては，監査役が会社を代表する（旧商275条ノ4前段）。
注6）　旧商法275条ノ4　　会社ガ取締役ニ対シ又ハ取締役ガ会社ニ対シ訴ヲ提起スル場合ニ於テハ其ノ訴ニ付テハ監査役会社ヲ代表ス会社ガ第267条第1項ノ請求ヲ受ケ同条第2項ニ於テ準用スル第204条ノ2第2項ノ承諾ヲ為シ又ハ第268条第6項ノ通知及催告ヲ受クルニ付亦同ジ。
注7）　原告代表者と被告代表者が完全に同一人物の場合は，民訴法35条により特別代理人の選任により処理される（相澤哲＝石井裕介「新会社法の解説(8)株主総会以外の機関(上)」商事1744号（2005）101頁）。

2 判　例

判　例 10

最高裁平成15年12月16日判決[注8]
　掲　載　誌：民集57巻11号2265頁・判時1846号102頁・判タ1143号248頁
　原　　　審：東京高判平13・12・26判時1783号145頁・民集57巻11号2280頁参照
　原　々　審：前橋地高崎支判平13・6・28民集57巻11号2274頁参照

訴え提起時において退任している農業協同組合の代表理事に対して組合が提起する訴えについて，監事ではなく代表理事が組合を代表する権限を有するとされた事例

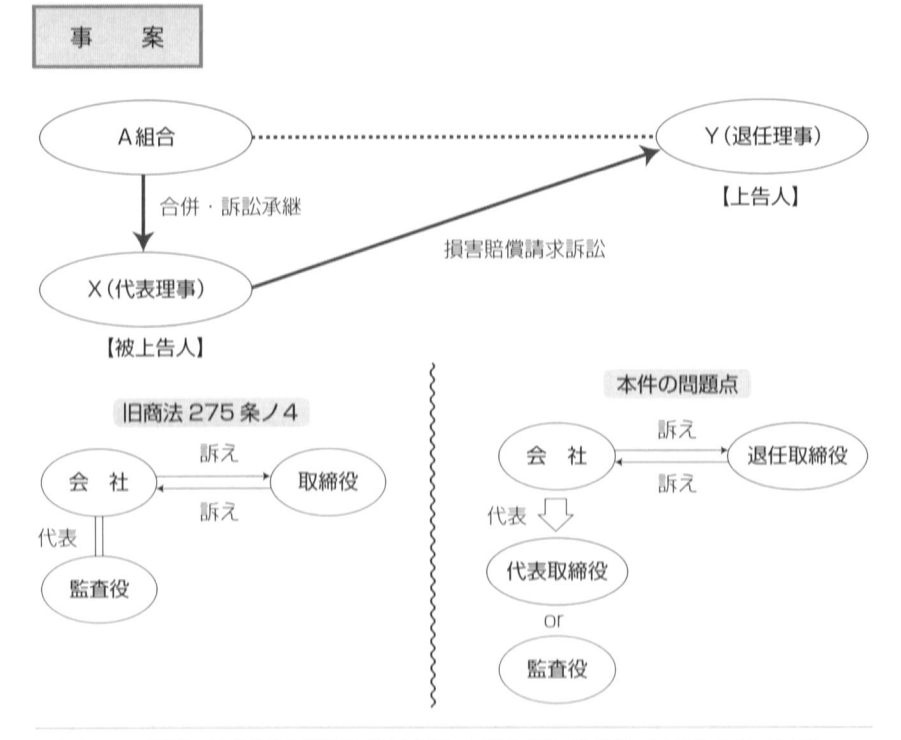

事　案

```
A組合  ・・・・・・・・・・・・・・・・・→  Y（退任理事）
  │合併・訴訟承継                        【上告人】
  ↓
X（代表理事）    損害賠償請求訴訟
【被上告人】
```

旧商法275条ノ4

```
会　社  ←訴え→  取締役
        ←訴え→
  │代表
監査役
```

本件の問題点

```
会　社  ←訴え→  退任取締役
        ←訴え→
  │代表 ⇩
代表取締役
   or
監査役
```

注8）　太田晃詳・最高裁時の判例V（平成15年～17年）〔ジュリ増刊〕（2007）226～228頁。

X（当初A組合。Xへの合併による訴訟上の地位承継。被上告人）が，Y（上告人）に対し，YがA組合の専務理事を退任した後に，その在任中の定款で認められていなかった投資信託の購入に関し，Yに理事としての善管注意義務または忠実義務に違反する行為があったとして，損害賠償の支払を求めた事案である。
　Yは，組合が退任した理事に対し提起する訴えについて組合を代表する権限を有するのは代表理事ではなく監事であり，A組合およびXの代表理事によって提起・追行された訴訟は不適法であると主張した。
　第1審は，組合の代表理事は，組合を退任した理事に対して提起する訴えについて組合を代表する権限を有すると解して，Yの主張を排斥した。

> 原審の判断

　原審は，第1審と同様，旧商法275条ノ4の規定にいう「取締役」とは，訴え提起時において現に取締役の地位にある者をいうものであって，過去に取締役であった者は含まれないと解したうえで，組合の代表理事は，組合が退任した理事に対して提起する訴えについて組合を代表する権限を有するから，本件訴訟の提起および追行は適法であると判示し，Yの上記主張を排斥した。
　そこで，Yは，本件訴訟において，A組合，Xの代表者は，監事であり，Xの訴訟代理人には監事からの必要な授権がなく，原判決は，民訴法312条2項4号に違反するなどとして上告および上告受理の申立てをした。

> 判　　旨

　「2　〔平成17年改正前。以下同じ〕商法275条ノ4前段の規定（以下，単に『前段の規定』といい，同条後段の規定を『後段の規定』という。）は，会社が取締役に対し又は取締役が会社に対し訴えを提起する場合においては，その訴えについては監査役が会社を代表する旨を定めており，農業協同組合法39条2項は，農業協同組合の監事について，商法275条ノ4の規定を，その規定中の『取締役』を『理事若ハ経営管理委員』と読み替えるなどした上で準用している。
　そこで，まず，商法275条ノ4の規定の趣旨等についてみるに，会社の代表取締役は，特別の法律の定めがない限り，その営業に関する一切の裁判上の行為をする権限を有し，会社が当事者となる訴訟において会社を代表する権限を有するものである（商法261条3項，78条1項）。前段の規定は，その特則規定として，会社と取締役との間の訴訟についての会社の代表取締役の代表権を否定し，監査役が会社を代表する旨を定めているが，その趣旨，目的は，訴訟の相手方が同僚の取締役である場合には，会社の利益よりもそ

の取締役の利益を優先させ，いわゆるなれ合い訴訟により会社の利益を害するおそれがあることから，これを防止することにあるものと解される（最高裁平成元年（オ）第1006号同5年3月30日第三小法廷判決・民集47巻4号3439頁，最高裁平成9年（オ）第1218号同年12月16日第三小法廷判決・裁判集民事186号625頁参照）。

　そして，過去において会社の取締役であったが，訴え提起時においてその地位にない者（以下『退任取締役』という。）が前段の規定中の『取締役』に含まれると解するのは文理上困難であること，これを実質的にみても，訴訟の相手方が退任取締役である場合には，その相手方が同僚の取締役である場合と同様の，いわゆるなれ合い訴訟により会社の利益を害するおそれがあるとは一概にいえないことにかんがみると，前段の規定にいう取締役とは，訴え提起時において取締役の地位にある者をいうものであって，退任取締役は，これに含まれないと解するのが相当である。

　そうすると，前段の規定は，会社と退任取締役との間の訴訟についての会社の代表取締役の代表権を否定する特則規定ではないから，会社の代表取締役は，会社が退任取締役に対して提起する訴えについて会社を代表する権限を有するものと解すべきである。

　もっとも，後段の規定は，商法267条1項の規定により株主が同項所定の『取締役ノ責任ヲ追及スル訴』の提起を会社に請求する場合におけるその請求を受けること等について監査役が会社を代表する旨を定めている。その趣旨は，監査役が取締役の職務の執行を監査する権限を有し（商法274条1項），前段の規定により会社と取締役との間の訴訟については監査役が会社を代表する旨定められたことから，上記『取締役ノ責任ヲ追及スル訴』の提訴請求を会社が受けること等についても，上記監査の権限を有する監査役において会社を代表することとされたものである。そして，後段の規定の趣旨及び上記『取締役ノ責任ヲ追及スル訴』には退任取締役に対するその在職中の行為についての責任を追及する訴訟も含まれ，その提訴請求等についても監査役が会社を代表して受けることとされていることにかんがみると，後段の規定は，監査役において，このような退任取締役に対する責任追及訴訟を提起するかどうかを決定し，その提起等について会社を代表する権限を有することを前提とするものであり，その権限の存在を推知させる規定とみるべきである。そうすると，監査役は，後段の規定の趣旨等により，退任取締役に対するその在職中の行為についての責任を追及する訴訟について会社を代表する権限を有するものと解するのが相当である。

　上記のように解する場合には，代表取締役の上記訴訟における代表権限が否定されることになるのかが問題となるが，退任取締役に対する上記訴訟における監査役の代表権限が前段の規定を直接的な根拠とするものでないことは，前段の規定に関して前記説示したところから明らかである。監査役の上記代表権限の根拠は，上記のとおり，後段の規定の趣旨等によるものであり，

前段の規定のような会社の代表取締役の代表権を否定する特則規定としては定められていないことからすると，監査役が退任取締役に対する上記訴訟について会社を代表する権限を有することは，会社と退任取締役との間の訴訟についての会社の代表取締役の代表権を否定するものではないと解すべきである。

3 以上の点は，商法275条ノ4の規定を準用する農業協同組合法39条2項の解釈においても同様である。すなわち，同項の規定により読み替えられる農業協同組合（以下『組合』という。）の『理事』には，訴え提起時において退任している理事は含まれないものと解すべきであるから，同項の規定により準用される商法275条ノ4の規定は，組合と退任した理事との間の訴訟について組合の代表理事の代表権を否定する特則規定ではないというべきである。そうすると，組合の代表理事は，組合が退任した理事に対して提起する訴えについて組合を代表する権限を有するものと解するのが相当である。」（上告棄却）

参照条文 民事訴訟法28条・37条，旧商法78条1項〔会社法349条4項〕・275条ノ4〔会社法386条1項〕・261条3項〔会社法349条4項〕，農業協同組合法39条2項

解　説

(1) 本判決の位置づけ

株式会社の取締役と会社との間の訴訟の代表権限を定める会社法386条1項では，取締役の文言に続き括弧書きにて「取締役であった者を含む」と明示することにより，退任取締役との会社の訴訟についても監査役が会社を代表するものとなったが，会社法施行前の旧商法275条ノ4前段では単に「取締役に対し」としか定められていなかったため，会社が退任取締役に対して訴えを提起する場合，会社を代表する者が，同条により監査役になるのか（「取締役」に退任取締役が含まれる。以下，「監査役説」という。），あるいは，一般原則に従い代表取締役となる（「取締役」に退任取締役は含まれない。以下，「代表取締役説」という。）のか，学説上見解の対立があった。本判決はこの点につき後者の見解に立つことを最高裁として初めて明らかにしたものである。上記会社法386条1項は本

判決を契機として監査役に代表権限を付与することにより立法的解決を図ったものであり，その結果，会社法の下では上記の論点はなくなった。

実務上の指針

(1) 会社法における会社と退任取締役との間の訴訟における会社の代表権者

　株式会社と取締役との間の訴訟に関する規定における「取締役」の範囲については，本判決において退任取締役は含まれないと判示されたが，①馴れ合いの可能性については訴訟の相手方が現任取締役であるか退任取締役であるか大きな差異はないこと，および②株主代表訴訟については役員間の馴れ合い訴訟防止を理由として株主による退任取締役に対する訴えの提起も認められていることとの整合性を確保することから，会社法では，規定上,「取締役」に退任取締役を含むことが明確にされた(注9)。

(2) 代表訴訟の和解において異議を述べる機関

　上記のように会社法の制定により本判決で判示された論点はなくなったが，本判決が監査役の退任取締役に対する責任追及訴訟における会社代表権限を旧商法275条ノ4後段の趣旨から推知した考え方は，会社法における代表訴訟の和解について決定し，異議を述べる機関（会社850条3項参照）を考えるにあたり参考になる。すなわち，会社法は代表訴訟の和解の通知および異議催告を受けるのは監査役設置会社では監査役，委員会設置会社では監査委員（会社386条2項2号・408条3項2号）と定めているが，異議を決定し，申述する機関を明確に規定していない(注10)。

　この点，①和解の通知等の受領を代表する監査役または監査委員が和解について異議を述べるか否か判断し，異議を述べるという見解と，②原則どおり取

注9) 相澤＝石井・前掲注7) 101頁。
注10) 訴訟告知については，会社法386条2項2号・408条3項2号により監査役または監査委員に受領につき代表権限が付与されているも，会社法849条2項により，取締役等を補助するための会社による訴訟参加につき監査役または監査委員の同意を得るものと定めていることから，取締役等を補助するための参加の場合に，補助参加の決定は取締役会にて行い，代表取締役または代表執行役が会社を代表するものと解される。

締役会が和解について異議を述べるか否かを判断して，代表取締役または代表執行役が異議を述べるという見解がありうる。本判決が，旧商法275条ノ4後段の規定の解釈として，会社の取締役責任追及訴訟の提訴請求を受領する代表権を有する監査役が，同項に規定する取締役の責任追及訴訟の提起の決定権および提訴等についての会社の代表権を有していることを前提としているとして同規定に基づき取締役の責任追及訴訟における監査役の代表権限を推知したことからすると，監査役または監査委員に受領についての会社代表権を付与していることからすれば，会社法386条2項2号・408条3項2号により監査役または監査委員が和解に異議を述べるか否か決定し，異議を申し立てる権限を有することが推知されるものと思われる[注11]。

◆辻 河 哲 爾◆

注11) 江頭憲治郎ほか「改正会社法セミナー第17回」ジュリ1283号（2005）175頁参照。

Ⅳ　当事者適格

1　概　説

(1)　意　義

　当事者適格とは，当該訴訟物につき，自ら当事者（原告・被告）として訴訟を追行し，本案判決を求めうる資格をいい[注1]，訴訟要件の一つである。

　当事者適格は，当該訴訟において具体的に問題となっている特定の訴訟物について，誰と誰との間で解決するのが必要かつ有効かを検討し，本案判決を受けるべき正当な当事者を選別する機能を営む。

　この当事者適格を欠く者による訴訟追行は不適法なものであり，その訴えは却下される。

　なお，当事者能力とは，判決の名宛人たる当事者となりうる一般的資格のことであり，具体的事件とは無関係に，当事者たる者の属性によって，一般的に判断される点で，当事者適格とは異なる。

(2)　正当な当事者の判断基準（一般の場合）

(a)　給付の訴え

　給付の訴えでは，被告に対して給付請求権を主張する者が正当な原告であり，反対に義務者であると主張される者が正当な被告となる[注2]。

　たとえば，甲が乙に対して，所有権に基づき，絵画の返還を求めて訴え提起をした場合，訴訟手続を利用する甲の主張自体から甲の原告適格が認められ，乙から返還してもらいたいという主張から乙に被告適格が認められる。審理の結果，甲に所有権がなかったことが判明した場合，訴え却下の訴訟判決になる

注1）　上田・226頁，新堂・269頁。
注2）　上田・227頁，新堂・277頁。

のではなく，請求棄却の本案判決がなされ，甲の乙に対する所有権に基づく返還請求権がないことが既判力をもって確定される。

  (b) 確認の訴え

　確認の訴えでは，確認の利益の判断自体が，当該当事者間の紛争について確認判決による争訟処理が必要か，また適切かをめぐってなされるため，通常は，正当な当事者かどうかの判断は訴えの利益の問題に吸収され，確認の利益を有する者が正当な原告であり，確認を必要ならしめている者が正当な被告ということになる注3）。

  (c) 形成の訴え

　形成の訴えでは，訴えの利益および原告適格・被告適格は，通常，明文によって個別に規定されており（民744条・774条，会社834条，人訴12条など），法定の者が当事者となっているかどうかを形式的に判断すれば足りる注4）。

(3) 正当な当事者の判断基準（特殊の場合）

  (a) 第三者の訴訟担当

　本来の利益帰属主体（本人）に代わって，または，これと並んで第三者が当事者適格を有する場合があり，その場合，当事者である担当者に判決効が及ぶ（民訴115条1項1号）だけでなく，本来の利益帰属主体にも判決効が及ぶ（同項2号）。

　　(ア) 法定訴訟担当

　利益帰属主体の意思とは無関係に，法規により第三者に当事者適格が認められる場合であり，さらに2つに大別される注5）。もっとも，両者の区別は相対的なものであり，法定訴訟担当としての基本的性格に差異が生じるものではない。

　　　(i) 当事者のための法定訴訟担当

　第三者の権利の実現のために訴訟物の内容をなす利益帰属主体本人の権利・

　注3）　上田・227頁。
　注4）　上田・228頁。
　注5）　上田・231頁，新堂・278頁。

法律関係につき管理処分権が与えられ，それに基づき法律上，訴訟担当が認められる場合をいう。

たとえば，破産財団に関する訴訟についての破産管財人などである（破78条1項・80条）。

　(ii)　職務上の当事者

訴訟物の内容をなす権利・法律関係の帰属主体自身の訴訟追行が不可能ないし困難な場合に，これらの者の利益を保護すべき職務にある者が，法律上当事者として訴訟を担当する場合をいう。

たとえば，人事訴訟事件における適格者死亡後における検察官などである（人訴12条3項）。

　(イ)　任意的訴訟担当

訴訟物との関係で法的利益をもつ本来の当事者適格者が，その意思で，本来は法的利益をもたない第三者に訴訟追行権を授与して，当事者として訴訟を追行させることをいう注6)。

(b)　固有必要的共同訴訟　（民訴40条）

固有必要的共同訴訟とは，数人が共同して初めて，ある請求をめぐる訴えにつき当事者適格が認められ，個別に訴えまたは訴えられたのでは，本案判決をなしえないという共同訴訟の類型をいう注7)。

どのような類型を固有必要的共同訴訟として扱うかについては，解釈にゆだねられるが，その指針としては，利害関係人の間での判決の矛盾を回避し，さらに，利害関係人全員の訴訟関与確保という手続保障が図られる必要があるか否かという点に求められる。

もっとも，当事者適格は，訴訟要件であって，訴え提起の要件ではないため，欠けている者が共同訴訟参加をしてその訴訟に加わったり，別訴提起を受けて

注6）　法律上，授権が認められる場合（選定当事者〔民訴30条〕，手形の取立委任裏書の被裏書人〔手形18条〕，サービサー（債権管理回収業に関する特別措置法11条1項）など）以外に，それが認められる範囲については，弁護士代理の原則（民訴54条1項）や訴訟信託の禁止（信託法11条）との点で議論のあるところである。なお，最大判昭45・11・11民集24巻12号1854頁も参照。

注7）　上田・529頁，新堂・732頁。

裁判所が訴えを併合するなどした結果，口頭弁論終結時に全員が原告または被告となっていれば，訴えは却下されない[注8]。

(c) 紛争管理権説（クラスアクションないし団体訴訟類似の見解）

訴訟物たる権利について個別的授権がなされたかどうかにかかわりなく，訴え提起前に紛争解決のための行為をしてきた者に紛争管理権を認め，その紛争管理権者に当事者適格を認める考えも提唱されているが，判例は，権利主体からの授権を前提としない第三者の当事者適格は認められないとして，この考えに消極的である[注9]。

2 判 例

判 例 11

最高裁平成20年7月17日判決[注10]
掲 載 誌：民集62巻7号1994頁・判時2019号22頁・判タ1279号115頁
原 審：福岡高宮崎支判平18・6・30民集62巻7号2008頁参照
原々審：鹿児島地判平17・4・12民集62巻7号2002頁参照

入会集団の一部の構成員が訴えの提起に同調しない構成員を被告に加えて，第三者に対して入会権確認の訴えを提起することが許されるかが問題になった事例

事 案

本件は，平成13年に，鹿児島県西之表市に属する馬毛島（まげしま）にある土地1ないし4（合計約2万2千㎡，以下，「本件各土地」という。）に関し，その登記名義人が本件各土地を第三者に売却し，移転登記もされたことから，古くから本件各土地を漁業のための基地として利用してきた西之表市塰泊（あまどまり）浦集落の住民の一部が原告（X）となって，土地の譲受人ら（Y_1）および本件訴訟に同調しない他の住民（本件各土地の権利者）（Y_2）を被告として，本件各土地が塰

注8) コンメⅠ・414頁。
注9) 最判昭60・12・20判時1181号77頁。
注10) 鶴田滋・重判解平成20年度〔ジュリ臨増1376号〕（2009）143頁，八田卓也・リマークス39号（2009）106頁，川嶋四郎〔判批〕・法セ646号（2008）124頁。

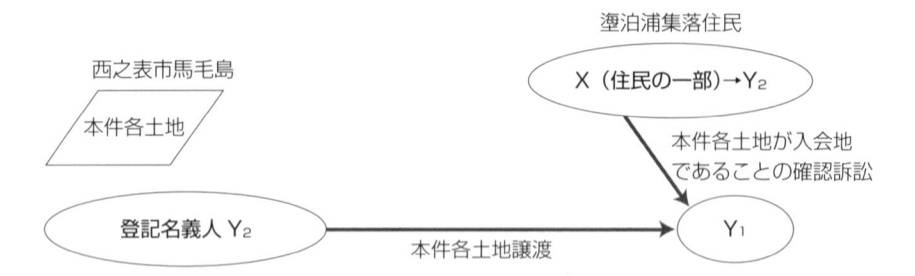

```
        西之表市馬毛島              溌泊浦集落住民
                              ┌─────────────────┐
         ┌──────────┐         │ X（住民の一部）→Y₂ │
         │ 本件各土地 │         └────────┬────────┘
         └──────────┘                  │ 本件各土地が入会地
                                      │ であることの確認訴訟
                                      ▼
     ┌──────────────┐              ┌──────┐
     │ 登記名義人 Y₂ │──────────────▶│  Y₁  │
     └──────────────┘  本件各土地譲渡  └──────┘
```

泊集落住民（計62名）の共有の性質を有する入会地であることの確認を求めて訴えを提起した事案である[注11]。

Yらは，次のように主張して，Xの当事者適格を争った。

本件のような入会権の確認を求める訴えは権利者全員が共同してのみ提起しうるいわゆる固有必要的共同訴訟であり，一部の権利者によって提起されたことが明らかなY₁に対する本件訴訟は原告適格を欠く不適法なものである。

また，本件訴訟に同調しない権利者を被告（Y₂）として訴え提起がされているが，このような訴えの方法は実質的な非訟事件である共有地の土地境界確定訴訟において例外的に認められたにすぎず，境界確定訴訟以外の固有必要的共同訴訟では認められない。

原審の判断

原々審は，最判昭41・11・25（民集20巻9号1921頁）を引用して，本件訴訟を，固有必要的共同訴訟であるとし，本件訴訟が，入会権者と主張されている入会集団構成員全員によって提起されたものではなく，その一部の者によって提起されたものであることに争いはないため，本件における訴えは，原告適格を欠く不適法なものであるとして，訴えを却下した。

原審も原々審と同様の理由で訴えを却下した。

そこでXらが上告受理を申し立てた。

判　旨

「X〔上告人〕らは，本件各土地について所有権を取得したと主張するY₁〔被上告会社〕に対し，本件各土地が本件入会集団の入会地であることの確認

[注11] なお，原告らは，このほかに，売買契約等無効確認等請求，土地所有権移転登記抹消登記手続請求も求めている（野村泰弘〔第1審判決判批〕・総合政策論叢10号（2005）91頁）。

を求めたいと考えたが，本件入会集団の内部においても本件各土地の帰属について争いがあり，Y_2〔被上告人〕らは上記確認を求める訴えを提起することについて同調しなかったので，対内的にも対外的にも本件各土地が本件入会集団の入会地であること，すなわちXらを含む本件入会集団の構成員全員が本件各土地について共有の性質を有する入会権を有することを合一的に確定するため，Y_1だけでなく，Y_2らも被告として本件訴訟を提起したものと解される。

　特定の土地が入会地であることの確認を求める訴えは，原審……の説示のとおり，入会集団の構成員全員が当事者として関与し，その間で合一にのみ確定することを要する固有必要的共同訴訟である。そして，入会集団の構成員のうちに入会権の確認を求める訴えを提起することに同調しない者がいる場合であっても，入会権の存否について争いのあるときは，民事訴訟を通じてこれを確定する必要があることは否定することができず，入会権の存在を主張する構成員の訴権は保護されなければならない。そこで，入会集団の構成員のうちに入会権確認の訴えを提起することに同調しない者がいる場合には，入会権の存在を主張する構成員が原告となり，同訴えを提起することに同調しない者を被告に加えて，同訴えを提起することも許されるものと解するのが相当である。このような訴えを認めて，判決の効力を入会集団の構成員全員に及ぼしても，構成員全員が訴訟の当事者として関与するのであるから，構成員の利益が害されることはないというべきである。

　最高裁昭和34年（オ）第650号同41年11月25日第二小法廷判決・民集20巻9号1921頁は，入会権の確認を求める訴えは権利者全員が共同してのみ提起し得る固有必要的共同訴訟というべきであると判示しているが，上記判示は，土地の登記名義人である村を被告として，入会集団の一部の構成員が当該土地につき入会権を有することの確認を求めて提起した訴えに関するものであり，入会集団の一部の構成者が，前記のような形式で，当該土地につき入会集団の構成員全員が入会権を有することの確認を求める訴えを提起することを許さないとするものではないと解するのが相当である。

　したがって，特定の土地が入会地であるのか第三者の所有地であるのかについて争いがあり，入会集団の一部の構成員が，当該第三者を被告として，訴訟によって当該土地が入会地であることの確認を求めたいと考えた場合において，訴えの提起に同調しない構成員がいるために構成員全員で訴えを提起することができないときは，上記一部の構成員は，訴えの提起に同調しない構成員も被告に加え，構成員全員が訴訟当事者となる形式で当該土地が入会地であること，すなわち，入会集団の構成員全員が当該土地について入会地を有することの確認を求める訴えを提起することが許され，構成員全員による訴えの提起ではないことを理由に当事者適格を否定されることはないというべきである。」（原判決破棄。第1審判決取消し。第1審へ差戻し）

Ⅳ 当事者適格　103

参照条文　民法263条，民事訴訟法40条

解　説

(1) 入会権の確認の訴えについての従前の判例

(a) 本判決も引用する最判昭41・11・25（以下，「昭和41年最判」という。）は，入会権の確認の訴えが固有必要的共同訴訟であるとした代表的な判例である。

昭和41年最判は，「入会権は権利者である一定の部落民に総有的に帰属するものであるから，入会権の確認を求める訴は，権利者全員が共同してのみ提起しうる固有必要的共同訴訟というべきである（明治39年2月5日大審院判決・民録12輯165頁参照）。」とし，大判明39・2・5を踏襲し，入会権者と主張されている部落民全員によって提起されていない本件の訴えを却下した。

(b) しかし，この考えを貫くと入会権者の一部でも反対すれば訴えの提起ができなくなることから，一部の者が反対した場合でも訴えの提起ができるためのいくつかの途が認められるようになった。

一つは，入会権そのものについての管理処分権能と，入会権の内容である使用収益権能とに分け，前者についての確認等は，従来どおり固有必要的共同訴訟であるが，後者についての確認等は，各自が単独ですることができるとした最判昭57・7・1（民集36巻6号891頁）（以下，「昭和57年最判」という。）がある。

この昭和57年最判は，「入会部落の構成員が入会権の対象である山林原野において入会権の内容である使用収益を行う権能は，入会部落の構成員たる資格に基づいて個別的に認められる権能であって，入会権そのものについての管理処分の権能とは異なり，……本来各自が単独で行使することができるものであるから，右使用収益権能を争い又はその行使を妨害するものがある場合には，その者が入会部落の構成員であるかどうかを問わず，各自が単独で，その者を相手方として自己の使用収益権の確認又は妨害の排除を請求することができる」とした注12)。

また，入会権の帰属する村落住民が権利能力のない社団として認められる入会集団を形成している場合に，一定の内部手続を踏めば，当該入会団体に当事

者能力を認め（民訴29条），かつ，その代表者の訴訟追行を認めたものとして，最判平6・5・31（民集48巻4号1065頁）（以下，「平成6年最判」という。）がある。

この平成6年最判は，「入会権の帰属する村落住民が権利能力のない社団である入会団体を形成している場合には，当該入会団体が当事者として入会権の帰属に関する訴訟を追行し，本案判決を受けることを認めるのが，このような紛争を複雑化，長期化させることなく解決するために適切である」とし，「総有権確認訴訟を原告の代表者として追行するには，当該入会団体の規約等において当該不動産を処分するのに必要とされる総会の議決等の手続による授権を要する」とした。

さらに，入会権に関するものではないが，同じく固有必要的共同訴訟とされる土地境界確定訴訟において，共有者の一人が隣接する土地の所有者とともに，訴えの提起に同調しない他の共有者も被告として訴え提起した訴訟につき，その訴えを適法としたものとして最判平11・11・9（民集53巻8号1421頁）（以下，「平成11年最判」という。）がある。

この平成11年最判は，共有者のうちに境界の確定を求める訴えを提起することに同調しない者がいるときには，「その余の共有者は，隣接する土地の所有者と共に右の訴えを提起することに同調しない者を被告にして訴えを提起することができる」とした。その理由として，このような訴えでは，「裁判所は，当事者の主張に拘束されないで，自らその正当と認めるところに従って境界を定めるべきであって，当事者の主張しない境界線を確定しても民訴法246条の規定に違反するものではな」くこのような訴えの特質に照らせば，「共有者全員が必ず共同歩調をとることを要するとまでは解する必要はなく，共有者の全員が原告又は被告いずれかの立場で当事者として訴訟に関与していれば足りると解すべきであり，このように解しても訴訟手続に支障を来たすこともないからである。」とする[注13]。

注12）なお，この判例に対しては，批判が強い（中尾英俊『入会権：その本質と現代的課題』（勁草書房，2009）326頁）。

注13）もっとも，非同調者を被告として訴える方法は，下級審段階では，この平成11年最判より前から認められていた。たとえば，岡山地倉敷支判昭51・9・24判タ351号300頁。

(2) 本判決の位置づけ

　以上のような流れのなかで，本判決は，入会地の確認訴訟において，特定の土地が入会地であるのか第三者の所有地であるのかについて争いがあり，入会集団の一部の構成員が，当該第三者を被告とし，それとともに，その訴訟に同調しない他の構成員をも被告とすれば，入会集団の構成員全員が当該土地についての入会権を有することの確認を求める訴えを提起できるとした。

　そして，昭和41年最判につき，入会集団の一部の構成員が訴えの提起に同調しない構成員を被告に加えて構成員全員が訴訟当事者となる形式で入会集団の構成員全員が入会権を有することの確認を求める訴えを提起することを許さないとするものではないとして，その射程を画する解釈を示した注14)。

　なお，上告受理申立てで引用された最判昭43・11・15（裁集民93号233頁・判時544号33頁・判タ232号100頁）（以下，「昭和43年最判」という。）は，入会権者である入会地の名義人（Y₁）が第三者（Y₂）に当該入会地を売却したことに対し，他の入会権者がY₁，Y₂を被告として入会権の確認と抹消登記手続請求をしたものであるが，これに対し最高裁は，原告適格をまったく問題としていない。

　したがって，本判決は，この昭和43年最判の延長に位置するといえるとも考えられる注15)。

　ところで，本判決は，平成11年最判にとくに言及していないが，それは事案が異なると判断したからと思われる。

(3) 本判決の射程

　本件は，対外的な争い（特定の土地が入会地であるのか第三者の土地であるのか）と，対内的な争い（特定の土地が入会地か単なる民法上の共有地か，本件各土地の売却に賛成か反対か）が錯綜する事案において，当該第三者を被告とするとともに，訴えの提起に同調しない他の権利者を被告とすることによって一部の権利者による入会権確認の訴えの当事者適格を認めたのであって，入会権者内部で訴訟物た

注14)　判タ1279号116頁のコメント欄参照。
注15)　判タ1279号116頁のコメント欄や中尾・前掲注12) 334頁参照，反対として，八田・前掲注10) 106頁。

る権利の存在や帰属については争いがなく，単に訴え提起するか否かにつきまとまらない場合（たとえば，訴え提起の時期に争いがあるとか，裁判で解決することに争いがあるなど）にまで，この考えが及ぶかは不明である[注16]。

また，本件は，確認の訴えであるところ，入会権に基づく移転登記抹消請求などの給付の訴えにも及ぶか否かも不明である[注17]。

実務上の指針

原告らは，権利者の一部（登記名義人）によって売却された土地を取り戻すこと（移転登記を抹消すること）を主たる目的としていた。そのために，本件土地が入会地であること，権利者全員の同意がなければ処分できない慣習があること，その全員の同意がないから当該売買は無効との筋を考えた。

このような場合，昭和57年最判が認める，各自の使用収益権の確認では足りない。従来，裁判所は，入会権訴訟につき，厳格な固有必要的共同訴訟の考えから，訴え却下の判断を多く下してきた。

しかし，それが，入会権の研究者などから批判を受けてきたことは周知のとおりである。本判決が，ある一定の場合において，権利者の一部が非同調者を被告とすることで，権利者の一部による訴え提起を認めた意義は大きい。

◆鎌　田　博　徳◆

注16）　名津井吉裕・速報判例解説4号〔法セ増刊〕（2009）127頁，鶴田・前掲注10）144頁。
注17）　判タ1279号117頁のコメント欄参照。

V 共同訴訟

1 概　説

(1) 共同訴訟の意義

共同訴訟とは，一つの訴訟手続に数人の原告または被告が関与している訴訟形態をいう[注1]。共同訴訟の意義は，審理の重複や矛盾判断を回避し，紛争の統一的解決を図ることにある。

(2) 共同訴訟の類型

共同訴訟は，法律上の区別として，必要的共同訴訟と通常共同訴訟に分類される。必要的共同訴訟とは，すべての共同訴訟人について，合一確定の要請から同時に同一内容の判決をするために特別の規制に服する共同訴訟をいう（民訴40条）。必要的共同訴訟は，さらに合一確定の要請の程度により一定範囲の者が共同原告または共同被告として訴えまたは訴えられなければ当事者適格を欠くことになる固有必要的共同訴訟と，個別に訴えを提起することが可能であるが，共同で訴えまたは訴えられた以上は合一確定が要請される類似必要的共同訴訟とに分類される。そして，これら以外の共同訴訟を通常共同訴訟という[注2]。

(3) 通常共同訴訟

通常共同訴訟の要件は，訴訟の目的である権利または義務が数人について共通であるとき，その権利義務が同一の事実上および法律上の原因に基づくとき，またはその権利義務が同種であって事実上および法律上同種の原因に基づくと

注1）　新堂・731頁。
注2）　コンメⅠ・354頁。

きのいずれかに該当することを要する（民訴38条）。

通常共同訴訟は，個別訴訟の併合形態であるから各共同訴訟人は他の共同訴訟人に制約されることなく各自独立して訴訟を追行することができる。すなわち，ある共同訴訟人の訴訟行為は他の共同訴訟人について効力を生ぜず，また1人の共同訴訟人について生じた審理の進行に関する法定の効果も他の共同訴訟人に対しては効力を及ぼさない（共同訴訟人独立の原則〔民訴39条〕）[注3]。

これに対し，認定事実となる歴史的事実は一つしかないことから，判例は共同訴訟人の1人が提出した証拠は，援用の有無にかかわらず，他の共同訴訟人についても証拠として裁判書の事実認定の資料とすることができることを認めている（証拠共通の原則）[注4]。もっとも，主張共通については，弁論主義との関係で消極に解するのが一般的である。

通常共同訴訟の例としては，主債務者と連帯保証人とを一緒に訴える場合[注5]，複数人に対して自己の所有権の確認を求める場合[注6]などがある[注7]。

(4) 類似必要的共同訴訟

類似必要的共同訴訟の例としては，株主総会決議取消しまたは無効確認の訴え（会社831条・830条2項），株主代表訴訟（会社847条），数人の債権者の債権者代位訴訟（民423条）などがある[注8]。

既に先行して係属している訴訟に，第三者が原告または共同訴訟人として加入する共同訴訟参加（民訴52条）も類似必要的共同訴訟を発生させる参加形態である[注9]。

(5) 訴えの主観的追加的併合と訴えの主観的予備的併合

訴えの主観的追加的併合とは，第三者からの当事者に対する請求または当事

注3） 伊藤・582頁。
注4） 大判大10・9・28民録27輯1646頁，最判昭45・1・23判時589号50頁。伊藤・583頁。
注5） 最判昭27・12・25民集6巻12号1255頁。
注6） 最判昭34・7・3民集13巻7号898頁。
注7） その他につき新堂・745頁。
注8） その他につき新堂・740頁。
注9） 新堂・754頁。

者から第三者に対する請求につき，係属している訴訟に併合審理を求めることをいう[注10]。共同訴訟参加（民訴52条）および訴訟引受け（民訴50条・51条）などは明文で認められている訴えの主観的追加的併合であるが，判例は明文の規定がない場合についてはこれを消極に解している[注11]。

　訴えの主観的予備的併合とは，各共同訴訟人の，または各共同訴訟人に対する各請求が実体上両立しえない関係において，原告がいずれか一方の審判を優先して申し立て，それが認容されることを解除条件として他の請求の審判を求める併合形態をいう[注12]。判例は，訴えの主観的予備的併合について，かかる併合形態は原告の便宜にすぎず，予備的被告に対し応訴上の不安定・不利益をもたらすものであることから，明文の規定がない以上，これを不適法としている[注13]。

(6) 同時審判共同訴訟

　同時審判共同訴訟とは，共同被告の一方に対する訴訟の目的である権利と共同被告の他方に対する訴訟の目的である権利とが法律上併存しえない関係[注14]にある場合において，原告の申出があったときは，裁判所は，弁論および裁判を分離しないでこれらを審理しなければならない併合形態をいう（民訴41条1項）。

　裁判所の訴訟指揮に対し拘束を加える同時審判共同訴訟は，訴訟進行の統一および証拠共通の原則により，事実上統一的な判断を確保するものである。

注10)　新堂・752頁。
注11)　最判昭62・7・17民集41巻5号1402頁。
注12)　新堂・747頁。
注13)　最判昭43・3・8民集22巻3号551頁。
注14)　請求が事実上併存しえない場合は含まれない（中野ほか・544頁）。

2 判　例

判　例 12

最高裁平成14年2月22日判決[注15]
　掲　載　誌：民集56巻2号348頁・判時1779号81頁・判夕1087号89頁
　原　　　審：東京高判平13・2・26（平成12年（行ケ）第476号）

商標権の共有者は，当該商標登録を無効にすべき旨の審決がされたときは，単独で無効審決の取消訴訟を提起することができるとされた事例

事　案

　訴外Aは，平成4年12月17日，「ETNIES」の欧文字を横書きした商標につき，指定商品を商標法施行令別表25類洋服等として商標登録出願をし，同商標は，平成8年1月31日，設定登録された（以下，「本件登録商標」という。）。その後，本件登録商標に係る商標権は，AからX（原告・上告人）に一部移転登録され，AとXとが共有していた。
　Y（被告・被上告人）は，AおよびXを被請求人として無効審判を請求したところ特許庁は，商標法4条1項19号を理由として，本件登録商標に係る商標登録を無効にすべき旨の審決をしたため，Xのみが単独で審決取消訴訟を提起した[注16]。

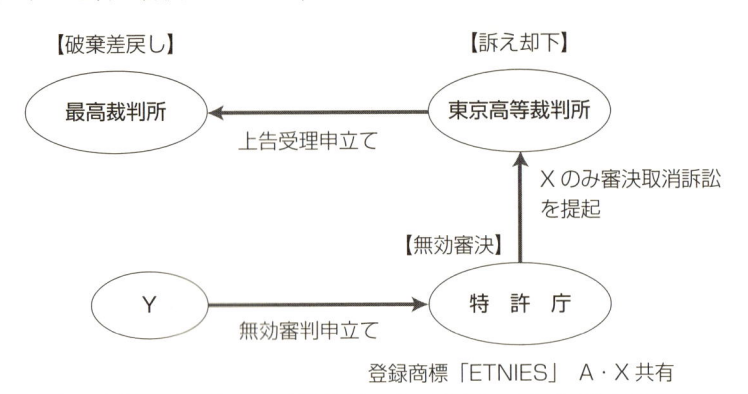

```
【破棄差戻し】                    【訴え却下】
  最高裁判所   ←──────────   東京高等裁判所
                上告受理申立て          ↑
                                        │ Xのみ審決取消訴訟
                                        │ を提起
                                 【無効審決】
       Y       ──────────→      特　許　庁
                無効審判申立て
                         登録商標「ETNIES」　A・X共有
```

注15）村林隆一〔判批〕・知財管理52巻10号（2002）1535頁，君嶋祐子・特許判例百選〔第3版〕〔別冊ジュリ170号〕（2004）114頁。
注16）取消訴訟の出訴期間は審決謄本の送達から30日の不変期間である（商標63条2項，特許178条3項）。

原審は，以下の理由で口頭弁論を経ずに判決でXの訴えを却下した。

すなわち，無効審決の取消しを求める訴えは共有者の有する一個の権利の存否を決めるものとして，合一に確定する必要があり，固有必要的共同訴訟である。商標法は，商標登録を受ける権利または商標権の共有者中に権利の取得または存続の意欲を失った者がいる場合には，一個の商標権全体について，その取得または存続ができなくともやむをえないとしているから，無効審決に対する取消訴訟の場合に同様の扱いをすることも不合理とはいえない。Aに対しても，Xに対するのと同時期に審決の謄本の送達がなされたものと推認されるところ，Aが訴えを提起しておらず，出訴期間を経過したことから，Xのみの提起に係る本件訴えは不適法である。

そこで，Xは，無効審決取消訴訟の提起は保存行為にあたり固有必要的共同訴訟ではない，として上告した。

判　旨

「商標登録出願により生じた権利が共有に係る場合において，同権利について審判を請求するときは，共有者の全員が共同してしなければならないとされているが（商標法56条1項の準用する特許法132条3項），これは，共有者が有することとなる1個の商標権を取得するについては共有者全員の意思の合致を要求したものである。これに対し，いったん商標権の設定登録がされた後は，商標権の共有者は，持分の譲渡や専用使用権の設定等の処分については他の共有者の同意を必要とするものの，他の共有者の同意を得ないで登録商標を使用することができる（商標法35条の準用する特許法73条）。」

「ところで，いったん登録された商標権について商標登録の無効審決がされた場合に，これに対する取消訴訟を提起することなく出訴期間を経過したときは，商標権が初めから存在しなかったこととなり，登録商標を排他的に使用する権利が遡及的に消滅するものとされている（商標法46条の2）。したがって，上記取消訴訟の提起は，商標権の消滅を防ぐ保存行為に当たるから，商標権の共有者の1人が単独でもすることができるものと解される。そして，商標権の共有者の1人が単独で上記取消訴訟を提起することができるとしても，訴え提起をしなかった共有者の権利を害することはない。」

「無効審判は，商標権の消滅後においても請求することができるとされており（商標法46条2項），商標権の設定登録から長期間経過した後に他の共有者が所在不明等の事態に陥る場合や，また，共有に係る商標権に対する共有者それぞれの利益や関心の状況が異なることからすれば，訴訟提起について他の共有者の協力が得られない場合なども考えられるところ，このような場合に，共有に係る商標登録の無効審決に対する取消訴訟が固有必要的共同

訴訟であると解して、共有者の1人が単独で提起した訴えは不適法であるとすると、出訴期間の満了と同時に無効審決が確定し、商標権が初めから存在しなかったこととなり、不当な結果となり兼ねない。」

「商標権の共有者の1人が単独で無効審決の取消訴訟を提起することができると解しても、その訴訟で請求認容の判決が確定した場合には、その取消しの効力は他の共有者にも及び（行政事件訴訟法32条1項）、再度、特許庁で共有者全員との関係で審判手続が行われることになる（商標法63条2項の準用する特許法181条2項）。他方、その訴訟で請求棄却の判決が確定した場合には、他の共有者の出訴期間の満了により、無効審決が確定し、権利は初めから存在しなかったものとみなされることになる（商標法46条の2）。いずれの場合にも、合一確定の要請に反する事態は生じない。さらに、各共有者が共同して又は各別に取消訴訟を提起した場合には、これらの訴訟は、類似必要的共同訴訟に当たると解すべきであるから、併合の上審理判断されることになり、合一確定の要請は充たされる。」

「以上説示したところによれば、商標権の共有者の1人は、共有に係る商標登録の無効審決がされたときは、単独で無効審決の取消訴訟を提起することができると解するのが相当である。そうすると、本件訴えを不適法とした原審の判断には、判決に影響を及ぼすことが明らかな法令の違反がある。なお、最高裁昭和35年（オ）第684号同36年8月31日第一小法廷判決・民集15巻7号2040頁、最高裁昭和52年（行ツ）第28号同55年1月18日第二小法廷判決・裁判集民事129号43頁及び最高裁平成6年（行ツ）第83号同7年3月7日第三小法廷判決・民集49巻3号944頁は、本件と事案を異にし適切でない。」（破棄・差戻し）

参照条文 民法252条、民事訴訟法40条、商標法35条・46条・56条1項・63条、特許法73条・132条

解　説

(1) 本判決の意義

商標権が共有に係る場合、当該登録商標の無効審決に対する取消訴訟を共有者が単独で提訴できるか否かについては、明文の規定がなく判例も存在しなかったところ、本件は、明示的に商標権の共有者が単独で審決取消訴訟を提起することができると判示した点に意義がある。

(2) 従前の裁判例および学説

本判決以前における下級審裁判例及び学説は，次の2説が対立していた[注17]。すなわち，共有者が提起する審決取消訴訟は固有必要的共同訴訟であり，共有者の一人による訴訟提起は不適法であるという説（固有必要的共同訴訟説）と固有必要的共同訴訟であることを否定し，共有者の一人が保存行為として審決取消訴訟を提起することができるとする説（保存行為説）である。

固有必要的共同訴訟説の根拠としては，①商標権の対象が有効か無効かは常に共有者全員で画一的に確定されるべきものであること，②民法所定の共有と異なり，権利は全部不可分的に共有者全員に帰属するから，共有者全員で提起すべきであることが挙げられる。これに対しては，他の共有者の訴訟提起の協力が得られない場合には出訴期間満了により審決が確定し，商標権が消滅してしまうとの批判がなされていた。

他方，保存行為説の根拠としては，①商標権の共有の性質は，民法上の共有に属すること，②単独で審決取消訴訟を提起したとしても他の共有者に不当な結果をもたらすことにならないこと，などが挙げられる。これに対しては，合一確定の要請が満たされないとの批判がなされていた[注18]。

(3) 本判決について

本判決は，保存行為説に立つことを明確に判示した。

その理由として本判決は，無効審決に対する取消訴訟の提起は，商標権の消滅を防ぐ保存行為にあたること，仮に，商標権の共有者の一人が単独で取消訴訟を提起することを是認しても訴え提起をしなかった共有者の権利を害することはないことを挙げている。さらに，本判決は，共有に係る商標登録の無効審決に対する取消訴訟において，共有者の一人が単独で提起した訴えが不適法であるとすると，出訴期間の満了と同時に無効審決が確定し，商標権が初めから存在しなかったこととなり，不当な結果となりかねないとも述べている。加えて，仮に固有必要的共同訴訟ではないと解したとしても合一確定の要請に反す

注17）髙部眞規子〔判解〕・ジュリ1233号（2002）121頁。
注18）以上につき，髙部・前掲注17）121〜122頁。

る事態は生じないとして、保存行為説への批判にも対応している。

本判決を理解するためには、その前提として、共有に係る権利に関する審判手続および共有に係る権利に関する審決取消訴訟について検討する必要がある。

まず、共有に係る商標権について商標権者に対し審判を請求する場合、すなわち商標登録の無効審判（商標46条）や商標登録の取消しの審判（商標50条・51条・52条の2・53条・53条の2）については、共有者の全員を被請求人として請求しなければならない（商標56条、特許132条2項）。

また、商標登録出願により生じた権利の共有者がその共有に係る権利について審判を請求する場合、すなわち権利の成立過程における拒絶査定不服審判（商標44条）や補正の却下決定に対する審判（商標45条）についても、共有者の全員が請求人とならなければならないとされている（商標56条、特許132条3項）。このように審判手続においては、共有者の全員が一体となって手続を行わなければならないことが規定されている。

次に、審決取消訴訟についてみてみると、拒絶査定不服審判に対する請求不成立審決に対して提起する審決取消訴訟は、共有者の全員が共同して請求しなければならないと解されている[注19]。

本判決以前は、共有に係る権利に関する審決取消訴訟については、前掲注19）に掲げる判例しか存在しなかったため、当該判例を前提とすれば、無効審決に対する審決取消訴訟においても、共有者の全員が共同して請求しなければならないようにも思えた[注20]。しかし、本判決は前掲注19）に掲げる判例を「事案を異にする」と一蹴し、当該判例の射程は、無効審決に対する審決取消訴訟には及ばないことを明確にしている。これは、本件は、いったん商標権や特許権といった権利が成立した後に、その権利の共有者が権利を遡及的に無効にする審決の取消しを求めるものであるが、拒絶査定不服審判に対する請求不成立審決につき提起する審決取消訴訟は、いまだ設定登録がされていない段階で、商標登録を受ける権利を性質も効力も違う商標権にまで高める場面のもの

注19）最判昭36・8・31民集15巻7号2040頁、最判昭55・1・18裁集民129号43頁、最判平7・3・7民集49巻3号944頁。

注20）笠井正俊・重判解平成14年度〔ジュリ臨増1246号〕（2003）128頁。

であるという違いがあるからである[注21]。

　なお，本判決後，最判平14・3・25（民集56巻3号574頁）においても同様の判断がなされており，商標権のみならず特許権，実用新案権，意匠権についても，本判決の射程は及ぶと解される。

　以上のように，本判決の登場により，無効審決に対する取消訴訟については，共有者全員が提起する必要はなく，共有者単独で提起することができることが判例上，確立したといえよう。

　もっとも，無効審判請求不成立審決の取消訴訟については，本判決の判示するところではないことから，商標権が共有に係る場合には，全員を被請求人として無効審判を請求すべきであると解される（商標56条1項，特許132条2項）[注22]。本判決の射程がすべての審決取消訴訟に及ぶものではなく，審決取消訴訟の種類によっては，商標権者である共有者全員を原告または被告として提起すべき場合があることに留意しなければならない。

実務上の指針

　実務上，商標権に限らず特許権（および特許を受ける権利）などを含め知的財産権について複数の当事者が共有者となる場合は少なくない。最近では，民と民に限らず，民と官との間の関係においても知的財産権を共有する場面が増加しているものと思われる。また，昨今の経済状況から共有者の破産や企業再編等による問題も生じている。たとえば，共有者である企業の破産により，当該企業の共有知的財産権の担当者が容易にみつからず，共有者間での迅速な意思決定が阻害される場合などが挙げられる。このような時代背景を前提とすれば，共有者が単独で審決取消訴訟の提起を行うことができると判示した本判決の意味を理解することは実務上重要であると考える。

　また，いうまでもなく知的財産権に関する紛争は，行政訴訟としての面を有することから，審判や訴訟の種類ごとに，通常の民訴法と同様の考え方が妥当

注21）　高部・前掲注17）123頁。
注22）　高部・前掲注17）123頁。

するか否かを慎重に検討しなければならない。具体的には，問題となる手続が，審判手続か訴訟手続か，または当事者対立構造を採らない査定系の手続か，当事者対立構造を採る当事者系の手続かを十分に確認しながら，共有者が単独で提起できるか否かを検討することが重要である。

　なお，本判決を前提とすれば，共有者は単独で無効審決に対する取消請求の訴えを提起することが可能であるが，その後，審決取消訴訟を提起した共有者は，訴訟に要した費用を，取消請求を提起しなかった他の共有者に対して請求することができるかなど共有者間相互の関係についても，実務上は問題となる。この点については，共有者間で事前に合意がなされているかが重要となろう。

◆小　坂　準　記◆

Ⅵ 固有必要的共同訴訟

1 概　説

(1) 固有必要的共同訴訟(注1)の意義

　共同訴訟のうち必要的共同訴訟とは，訴訟物たる権利または法律関係につき，共同訴訟人に同時に同一内容の本案判決をするために（合一確定の必要），訴訟資料および手続の進行をそろえることが要求される訴訟をいう（民訴40条)(注2)。そのうち固有必要的共同訴訟とは，関係者全員が共同して訴えまたは訴えられなければならないとされる共同訴訟で（訴訟共同の必要），関係者全員が当事者となっていなければ当事者適格（訴訟追行権）が認められないとして，訴えが却下される訴訟形態である。すなわち，訴訟共同の必要と合一確定の必要がある共同訴訟が固有必要的共同訴訟である（必要的共同訴訟のもう一つの類型である類似必要的共同訴訟は，訴訟共同の必要はないが合一確定の必要がある共同訴訟である。)(注3)。

(2) 固有必要的共同訴訟の基準（根拠）

　どのような場合に固有必要的共同訴訟になるかについて，伝統的な考え方は，訴訟物たる権利または法律関係の実体法的性格を基準に，実体法上数人が共同して管理処分しなければならない財産に関する訴訟や他人間の権利関係に変動を生じさせる訴訟が原則として固有必要的共同訴訟になるとする（管理処分権説または実体法説)(注4)。しかし，これでは固有必要的共同訴訟の範囲が狭くなる

注1）　共同訴訟全般についてはⅤにおいて概説されているので，ここでは固有必要的共同訴訟を中心に述べることとする。
注2）　コンメⅠ・393頁，高橋(下)・206頁以下等。
注3）　高橋(下)・234頁以下，畑瑞穂「民訴法演習問題解説」法教306号（2006）116頁。
注4）　兼子一『新修民事訴訟法体系〔増訂版〕』（酒井書店，1965）384頁，同『民事法研究(2)』（酒井書店，1954）149頁以下。

として，このような実体法的観点のみならず，原告の目的達成の蓋然性や被告の再度応訴の負担，訴訟経済，矛盾判決の回避等の訴訟法的観点も加味して判断すべきであるとの見解（利益考量説または訴訟政策説）が主張されるようになった注5)。訴訟政策説では固有必要的共同訴訟の範囲が広くなり，手続上支障を来すことがあるが，それを回避するための種々の方法も主張されている。すなわち，提訴に同調しない者を被告に加え，全体として全員が当事者になっていればよいとの見解や当事者から漏れていた者が共同訴訟参加（民訴52条）をすれば瑕疵が治癒されるとの見解等である（後述）注6)。

(3) 固有必要的共同訴訟の類型注7)

(a) 他人間の法律関係を変動させる場合

第三者が提起する婚姻取消しの訴え（人訴12条2項参照）や株式会社の役員の解任の訴え（会社855条参照）注8)は形成の訴えであり，共同被告にされる者に手続保障をするとともに判決の合一確定が要求される固有必要的共同訴訟の類型である。第三者が提起する婚姻無効の訴え（人訴12条2項参照）は確認訴訟であるが，婚姻取消しの訴えと同様に位置づけられている。

(b) 共同の管理処分・職務執行が必要とされる場合

数人の破産管財人がいる場合の破産財団に関する訴訟は，原則として固有必要的共同訴訟となる（破76条参照）。数人の選定当事者がいる場合（民訴30条1項参照）や民法上の組合の業務執行組合員が複数いる場合，および任意的訴訟担当者が複数いる場合も固有必要的共同訴訟が成立する。

(c) 共同所有関係にかかわる場合

この類型に属する訴訟は複雑多岐に分かれ，種々の分類がなされているが，ここでは若干の例をあげるにとどめる。共有物分割の訴え（民258条），入会権自体に対する妨害排除請求としての地上権設定仮登記抹消登記請求訴訟注9)，

注5) 小島武司「共同所有をめぐる紛争とその集団的処理」ジュリ500号（1972）328頁，高橋(下)・220頁。
注6) 松本＝上野・656頁，最判平11・11・9民集53巻8号1421頁，百選〔川嶋四郎〕・208頁。
注7) 畑・前掲注3）116頁，松本＝上野・658頁以下，高橋(下)・235頁以下。
注8) 最判平10・3・27民集52巻2号661頁，百選〔芳賀雅顯〕・260頁。

共同相続人間における遺産確認の訴え[注10]等がこの類型に属する。共同相続人間の訴訟については後述する。

2 判 例

判 例 13

最高裁平成16年7月6日判決[注11]
　掲　載　誌：民集58巻5号1319頁・判時1883号66頁・判タ1172号143頁・
　　　　　　　家月57巻2号138頁・金法1743号42頁・金判1241号45頁
　原　　　審：東京高判平15・3・12民集58巻5号1325頁参照
　原　々　審：静岡地沼津支判平14・10・29（平成13年（ワ）第177号）

共同相続人間における相続人の地位不存在確認の訴えは，共同相続人全員が当事者として関与し，その間で合一にのみ確定することを要するものというべきであり，いわゆる固有必要的共同訴訟と解するのが相当であるとされた事例

事 案

　X（原告・被控訴人・上告人）は被相続人Aの長女であり，Y（被告・控訴人・被上告人）はAの三男である。Aにはほかに妻B，長男Cおよび二男Dがあり，相続人は以上の5名であった。Aは平成9年3月14日に死亡した。
　BおよびDは，Aの遺産につき，平成9年夏ころ静岡家裁沼津支部に遺産分割の調停を申し立てたが，平成12年12月に調停不成立となり，審判に移行した。BおよびDが，審判期日において，A作成の遺言書をYが持って行ってしまった旨主張したのに対し，Yがこれを否認したので，この点が争点となった。
　そこで，Xは，A作成の遺言書を破棄または隠匿したYの行為は民法891条5号所定の相続欠格事由にあたると主張し，Yを被告として，Yが被相続人Aの遺産について相続権を有しないことの確認を求める訴えを静岡地裁沼津支部に提起した。
　第1審は，本件訴えの適法性についてとくに判断しないまま，Xの主張を認め

注9）　最判昭57・7・1民集36巻6号891頁，百選Ⅱ〔富樫貞夫〕・358頁。
注10）　最判平元・3・28民集43巻3号167頁，高田昌宏・重判解平成元年度〔ジュリ臨増957号〕（1990）124頁，德田和幸〔判批〕・判評375号（判時1333号）（1990）38頁。
注11）　太田晃詳・最判解民事平成16年度(下)421頁以下，堤龍弥・重判解平成16年度〔ジュリ臨増1291号〕（2005）132頁以下。

て，Xの請求を認容した。

この第1審判決に対し，Yは控訴して，相続人が数名あるときは，相続財産はその共有に属し（民898条），相続権の有無は，相続人全員の間において合一にのみ確定すべきで，本件はいわゆる必要的共同訴訟に該当し，相続人の一部の者の間でのみ確定すべきものではないから，本件訴えは却下されるべきであると主張した。これに対し，Xは，相続欠格事由があることが確認されると，当該相続人は，相続欠格の有無を争わなかった他の相続人との間においても当然に相続人たる資格を失い，他の相続人がそれを争う利益はないと解すべきであり，このように解しても，相続人の一部の者について相続欠格事由があることが確認されると，他の相続人は，相続分が増え，損害を被ることはないと主張した。

原審は，Yの主張を容れ，第1審判決を取り消して，本件訴えを却下した。これに対し，Xは，原審の判断は，民訴法40条の解釈を誤り，かつ相続権の存否をめぐる従前の最高裁判例に違反しているとして，上告受理の申立てを行い，これが受理された。

```
               相続権（相続人の地位）不存在確認請求
         ─────────────────────────────→
  ( X )   共同相続人全員の間で合一に確定すべきであるとして，    ( Y )
         控訴審において，訴え却下を主張
         ←─────────────────────────────
```

原審の判断

「相続人が数名あるときは，相続財産はその共有に属し，相続人のうちの一人の相続権の有無は，単に特定の財産の単独所有権や共有持分権の存否のみならず，遺産分割をすべき者の範囲，法定相続分及び遺留分の算定等相続関係の処理に関する基本的な事項にかかわる事柄であり，共同相続人全員の間で合一に確定することを要する。したがって，共同相続人の一人の相続権の不存在の確認を求める訴えは，固有必要的共同訴訟であると解するのが相当である。本件訴訟は，相続人の一部の者の間で相続権の不存在の確認が求められたもので，相続人全員が当事者となっておらず，不適法であり，上記欠けつを補正することもできない。」[注12]（訴え却下）。

注12）太田・前掲注11）422頁。

判　旨

「被相続人の遺産につき特定の共同相続人が相続人の地位を有するか否かの点は，遺産分割をすべき当事者の範囲，相続分及び遺留分の算定等の相続関係の処理における基本的な事項の前提となる事柄である。そして，共同相続人が，他の共同相続人に対し，その者が被相続人の遺産につき相続人の地位を有しないことの確認を求める訴えは，当該他の共同相続人に相続欠格事由があるか否か等を審理判断し，遺産分割前の共有関係にある当該遺産につきその者が相続人の地位を有するか否かを既判力をもって確定することにより，遺産分割審判の手続等における上記の点に関する紛議の発生を防止し，共同相続人間の紛争解決に資することを目的とするものである。このような上記訴えの趣旨，目的にかんがみると，上記訴えは，共同相続人全員が当事者として関与し，その間で合一にのみ確定することを要するものというべきであり，いわゆる固有必要的共同訴訟と解するのが相当である」。（上告棄却）

参照条文　民事訴訟法40条・134条，民法891条5号・898条

解　説

(1) 問題の所在

本判決は，共同相続人間における相続人の地位（相続権）不存在確認の訴えが，共同相続人全員が当事者として関与し（訴訟共同の必要），その間で合一にのみ確定することを要する（合一確定の必要）固有必要的共同訴訟であるということを初めて明確にした最高裁判決である。関係者全員が当事者となっていなければ当事者適格は認められないとして訴えが却下されるので，当事者適格の有無の問題でもあるということができる[注13]。

併せて，本件訴えに確認の利益（即時確定の利益）があるかどうかについても吟味する必要がある。

注13)　太田・前掲注11) 434頁。

(2) 固有必要的共同訴訟としての性質（当事者適格の問題）

本件訴訟に先立つ遺産分割の家事審判手続において，遺産分割の前提問題として，YがA作成の遺言書を隠匿または破棄したとされる行為が民法891条5号の相続欠格事由に該当するかどうかが争点となったために，本訴が提起されたという経緯がある。

相続人間で遺産分割の協議をするときは，共同相続人全員で行わなければならないし，協議が調わない場合の調停・審判も共同相続人全員を当事者としなければならないとされている[注14]。したがって，その前提問題である相続権（相続人の地位）の存否（訴訟事項）についての確認訴訟も固有必要的共同訴訟でなければならないとするのが本判決の趣旨であり，一般に支持されているところである。固有必要的共同訴訟においては，共同訴訟人全員で1個の当事者適格を合有していると説明される。

最高裁は，遺産の範囲に関する遺産確認訴訟も固有必要的共同訴訟であるとし，相続人の範囲に関する本件訴訟と同列に扱っている[注15]。

(3) 確認の利益（即時確定の利益）

遺産分割の家事調停・審判において，その前提問題としての相続人の地位や遺産帰属性等の訴訟事項について判断することも許されているが，その判断には既判力が生じないので，事後の紛争の蒸し返しを防ぐことができない。したがって，相続人の地位にあるかどうかということは現在の法律関係であり[注16]，これを訴訟物とする民事訴訟（固有必要的共同訴訟）において，当該法律関係を既判力をもって確定し，その後の遺産分割審判手続等における相続人の範囲に関する争いを封じることに，本判決は確認の利益を認めていると理解される。

また，民法891条各号に定める相続欠格事由自体の確認を求める訴えは提起

注14) 太田・前掲注11) 427頁，堤・前掲注11) 133頁。
注15) 最判平元・3・28民集43巻3号167頁，髙田・前掲注10) 957頁，徳田・前掲注10) 38頁，升田純・主判解平成元年度〔臨増判タ735号〕(1990) 278頁，松下淳一〔判批〕・法教108号 (1989) 90頁，山本和彦「遺産確認の訴えと固有必要的共同訴訟」ジュリ946号 (1989) 49頁以下。
注16) 最大決昭41・3・2民集20巻3号360頁参照。

できないが（民訴134条参照），本判決は，相続欠格事由があることを理由に相続人の地位不存在確認の訴えを提起することには確認の利益が認められるとした判例であるといえよう注17)。

実務上の指針

　相続人の範囲や遺産の範囲等に関する訴訟を固有必要的共同訴訟とすると，関係者全員が当事者になっていない場合に，原則として当事者適格を欠いているとして訴えが却下されてしまうことが，実務上大きな支障となる。

　このような場合を克服するために，今日の判例・学説は，固有必要的共同訴訟の範囲拡大には慎重で，通常共同訴訟または個別訴訟を志向する傾向にあるといえよう注18)。加えて，固有必要的共同訴訟になる場合でも，その要件が充足されていない場合に直ちに訴えを却下するのではなく，次のような方策が講じられるべきであると主張されている。①提訴の非同調者を被告に加える方法注19)，②釈明権（民訴149条）を行使して，当事者の補正を促すか，当事者から脱落している者に共同訴訟参加（民訴52条）させるか，または別訴を提起させて弁論を併合する方法（民訴152条）等である注20)。よりよい方策の確立については実務の蓄積が待たれる。

　なお，共同訴訟人間における遺産確認訴訟注21)に関連して，原告は他の共同訴訟人のうち対象財産の遺産帰属性を争う者を少なくとも1人被告とすれば足りるとしつつ，残りの者に対しては訴訟告知を要するとし，被告知者は参加しなくても実体判決の名宛人になるとする，固有必要的共同訴訟と類似必要的共同訴訟の中間形態を志向する見解が提唱されている注22)。

◆中　村　雅　麿◆

注17)　太田晃詳〔本件判解〕・ジュリ1287号（2005）122頁。
注18)　畑・前掲注3）117頁，太田・前掲注17）123頁。
注19)　境界確定訴訟における提訴の非同調者につき，最判平11・11・9民集53巻8号1421頁，百選〔川嶋四郎〕・208頁。
注20)　堤・前掲注11）133頁，升田・前掲注15）279頁，徳田・前掲注10）41頁。
注21)　最判昭61・3・13民集40巻2号389頁。
注22)　山本克己「遺産確認の訴えに関する若干の問題」判タ652号（1988）28頁。

Ⅶ 補助参加

1 概　説

(1) 補助参加の意義

　補助参加とは，訴訟の係属中，訴訟の結果について利害関係を有する第三者が，当事者の一方を補助するために当該訴訟に参加する行為をいう（民訴42条）注1）。参加する第三者を補助参加人，補助される原告または被告を被参加人または主たる当事者という注2）。

　補助参加人は，自己が参加する訴訟の被参加人を勝訴させることによって自己の利益を擁護しようとするものであるため，共同訴訟人や独立当事者参加人のように，自己が当事者となって判決を求めるものではない。一方で，自己の利益を擁護するために当事者から依頼されずあるいはその意に反してでも，訴訟行為を自己の名において行い，訴訟法律関係上独立の地位を有している点で，当事者の名においてもっぱら当事者のために訴訟行為を行う代理人とも異なる注3）。

(2) 補助参加の要件

(a) 他人間に訴訟が係属中であること

　補助参加人は，訴訟の当事者ではないため，他人間に訴訟が係属していなければならない。したがって，自己の訴訟の相手方に参加することはできないが，自己の共同訴訟人またはその相手方に参加することは可能である注4）。なお，上告審に係属中の場合も参加できる。

注1）　兼子一『新修民事訴訟法体系〔増訂版〕』（酒井書店，1965）398頁，伊藤・603頁。
注2）　兼子・前掲注1）398頁。
注3）　兼子・前掲注1）398頁，伊藤・603頁。
注4）　兼子・前掲注1）399頁。

(b) 訴訟の結果について利害関係を有すること（補助参加の利益）

「訴訟の結果」とは，本案判決の主文で示される訴訟物たる権利または法律関係の存否を指し，したがって，単に判決理由中で判断される事実や法律関係の存否について利害関係を有しているだけでは足りないというのが従来の通説であった[注5]。ただし，後述するとおりこれには学説上争いがある（〔判例14〕**解説**参照）。

「利害関係」については，事実上の利害関係だけでは足りず，法律上の利害関係であることを要するとする点では，判例[注6]および学説上，ほぼ一致している。

この「法律上の利害関係」については，最決平13・1・30（民集55巻1号30頁）は，「法律上の利害関係を有する場合とは，当該訴訟の判決が参加人の私法上又は公法上の法的地位又は法的利益に影響を及ぼすおそれがある場合をいうものと解される。」としている。

(3) 補助参加の手続
(a) 参加の申出

補助参加の申出は，書面または口頭によって，参加の趣旨および参加の理由を明らかにして，補助参加により訴訟行為をすべき裁判所に対して行う（民訴43条1項，民訴規1条1項）。

(b) 参加の許否

補助参加の許否については，当事者の一方または双方から異議の出た場合に限り，裁判所が決定で裁判する（民訴44条1項前段）。この場合は，補助参加人は参加の理由を疎明しなければならない（同項後段）。当事者は，異議を述べずに弁論等を行うと異議権を失う（民訴44条2項）。参加の許否の裁判に対しては，即時抗告をすることができる（同条3項）。

(4) 補助参加人の訴訟行為

注5) 兼子・前掲注1) 399頁。
注6) 最判昭39・1・23裁集民71号271頁。

補助参加人は，自己の名において攻撃防御方法の提出，異議の申立て，上訴の提起，再審の訴えの提起その他一切の訴訟行為を行うことができ，その効果は被参加人に帰属する（民訴45条1項本文）。ただし，補助参加人は独立の当事者ではなく，主たる当事者に従属する地位に立つことから（補助参加人の従属性），訴訟行為について補助参加の時における訴訟の程度に従い被参加人が既になしえなくなった行為や被参加人の訴訟行為と抵触する行為ができないなどの一定の制限がある（民訴45条1項ただし書・2項）注7）。

(5) 補助参加人に対する判決の効力

補助参加人の手続保障に欠けるような一定の場合を除き，判決の効力は補助参加人にも及ぶ（民訴46条1項）。この補助参加人に対する判決の効力は，既判力とは異なった効力であるとされる。

学説上は，「判決の確定後補助参加人が被参加人に対してその判決が不当であると主張することを禁ずる効力」，すなわち参加的効力であるとするのが通説とされる注8）注9）。

この説（参加的効力説）によれば，既判力と参加的効力の違いは，①既判力が訴訟の当事者間において勝敗に関わりなく生じるものであるのに対して，参加的効力は被参加人敗訴の場合に被参加人と補助参加人との間においてのみ生じる，②参加的効力は，補助参加人の訴訟行為の内容との関係で，一定の除外事由が設けられている（民訴46条各号），③既判力は訴訟物たる権利関係について生じるが，参加的効力は訴訟物に限定されない，④既判力は職権調査事項であるが，参加的効力は当事者の主張を待って判断される抗弁事項である，という点にある。

なお，最判昭45・10・22（民集24巻11号1583頁）は，参加的効力説をとっている。

(a) **主観的範囲**

注7） 伊藤・608頁。
注8） 伊藤・610頁。
注9） ただし，近時は，被参加人勝訴の場合にも，また，参加人と相手方当事者の間にも効力を認める説（新既判力説）が有力に主張されている（伊藤・611頁）。

参加的効力説においては，上記のとおり，判決の効力は被参加人敗訴の場合に被参加人と補助参加人との間においてのみ生じる。

(b) **客観的範囲**

前掲最判昭45・10・22は，「判決の主文に包含された訴訟物たる権利関係の存否についての判断だけではなく，その前提として判決の理由中でなされた事実の認定や先決的権利関係の存否についての判断などにも及ぶ」とし，最判平14・1・22（裁集民205号93頁・判時1776号67頁・判タ1085号194頁）〔**判例16**〕は，訴訟告知の効力に関する判断であるが，これを受けて，「判決の理由中でされた事実の認定や先決的権利関係の存否についての判断などにも及ぶものであるが，……この判決の理由中でされた事実の認定や先決的権利関係の存否についての判断とは，判決の主文を導き出すために必要な主要事実に係る認定及び法律判断などをいうものであって，これに当たらない事実又は論点について示された認定や法律判断を含むものではない」としている。

(6) **訴訟告知の定義**

訴訟告知とは，訴訟の係属中，当事者から訴訟係属の事実を，訴訟参加のできる利害関係人に法定の方式によって通知することをいう（民訴53条）。

(7) **訴訟告知の意義**

告知者からみた主たる意義は，補助参加の利益をもつ被告知者が参加しなかった場合において，その者に対して参加的効力を及ぼすところ（民訴53条4項）にある。

また，被告知者である第三者にとっては，訴訟参加して自己の利益を擁護する機会が与えられるという意義がある。

(8) **訴訟告知の要件**

訴訟告知には訴訟係属の存在が必要であり，当事者，当事者参加をした者，訴訟継承人，選定当事者が告知をなしうる。告知される者は，「訴訟に参加できる第三者」である。その場合の参加とは，補助参加のほか，当事者としての参加も含まれる。補助参加しうる者であるためには，訴訟の結果につき法律上

の利害関係を有することが必要である。この要件については，後述のとおり争いがある。最高裁（最判平14・1・22〔判例16〕）は，訴訟告知の場合も前述の最決平13・1・30の基準（「当該訴訟の判決が参加人の私法上又は公法上の法的地位又は法的利益に影響を及ぼすおそれがある場合」）をとることを明らかにした。

(9) 訴訟告知の方法

訴訟告知は，告知の理由および訴訟の程度を記載した書面を裁判所に提出して行う（民訴53条3項）。告知書の副本は被告知者に送達され，また，告知書の写しは相手方に送付される（民訴規22条・47条1項）。

告知書の提出を受けた裁判所は，適式か否か審理をし，不適式である場合には却下する。

なお，訴訟告知の要件具備の有無は，被告知者に対する効力の有無の中で判断される。

(10) 訴訟告知の効力

被告知人が参加するか否かは自由であるが，告知者の側に参加しなかった場合でも，参加できたときに参加したものとみなされ，被告知人には，民訴法46条の判決効が及ぶものとされる（民訴53条4項）。

(11) 訴訟告知の効力が生じる場合

訴訟告知が有効になされていることが訴訟告知の効力が生じる場合の要件であるから，たとえば，補助参加の利益がない場合には，もちろん，訴訟告知の効力は生じない。

学説の多くは，有効に訴訟告知がなされた場合でも，補助参加しない場合には，訴訟告知の効力が及ばない場合があるとする。すなわち，一片の書面で訴訟告知の効力が及ぶとするべきではなく，訴訟に参加して攻防を尽くすことが期待できたとき等に限り訴訟告知の効力が及ぶとする。

(12) 訴訟告知の効力の内容

主観的範囲および客観的範囲ともに，補助参加した場合の効力と同じと考え

られている。

2 判　例

判　例 14

最高裁平成15年1月24日決定[注10]
掲　載　誌：裁時1332号3頁
原　　　審：広島高岡山支決平14・2・20（平成12年（行ス）第1号）
原　々　審：岡山地決平12・10・18（平成12年（行ク）第2号）

産廃処分場設置許可申請に対する不許可処分の取消訴訟において，当該施設から有害な物質が排出された場合に直接的かつ重大な被害を受けることが想定される範囲の住民にあたる者は，補助参加の利益を有するとされた事例

事　案

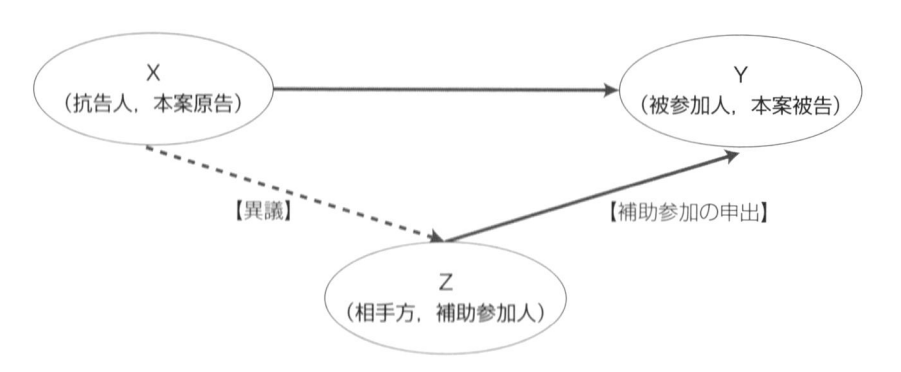

```
     X                           Y
(抗告人，本案原告) ──────→ (被参加人，本案被告)
                                 ↑
        【異議】                  【補助参加の申出】
              ╲                 ╱
               ╲               ╱
                 Z
        (相手方，補助参加人)
```

（1）　X（抗告人・本案原告：産業廃棄物処理業者）は，岡山県A町内に産業廃棄物の管理型最終処分場（以下，「本件施設」という。）の設置を計画し，廃棄物の処理

注10）　本決定の評釈として，三辺夏雄「行政訴訟の審理過程―地域社会の訴訟参加」原田尚彦先生古稀記念『法治国家と行政訴訟』（有斐閣，2004）275頁，塩入みほも・行政判例百選II〔第5版〕394頁，細川俊彦〔判批〕・民商129巻3号（2003）399頁，早坂禧子〔判批〕・法令解説資料総覧257号102頁，新山一雄〔判批〕・法教275号（2003）114頁，宮永文雄〔判批〕・法政研究71巻1号（2004）167頁，川嶋四郎〔判批〕・法セ592号（2004）119頁。

及び清掃に関する法律[注11]（以下，「廃棄物処理法」という。）15条に基づき，Y（被参加人，本案被告：岡山県知事）に対し，岡山県A町所在の土地を設置予定地とする廃棄物の処理及び清掃に関する法律施行令[注12] 7条14号ハ所定の産業廃棄物の管理型最終処分場の設置の許可申請をしたが，Yは不許可処分とした。そこで，Xは，厚生大臣に行政不服審査請求をしたが，厚生大臣がこれを棄却したため，Yから受けた不許可処分（以下，「本件不許可処分」という。）について，Yを被告として，その取消しを請求する行政訴訟を提起した（本件の本案訴訟[注13]）。

(2)　当該本案訴訟において，Z（相手方・補助参加人：A町住民3524名[注14]）は，本件施設の設置予定地を水源とする水道水ないし井戸水を飲料水等として使用しており，本件施設が設置されればその生命，健康が損なわれるおそれがあるなどと主張して，民訴法42条に基づき，Yを補助するため補助参加を申し出たところ，Xはこれに対して異議を述べた。

(3)　原々審は，本件予定地から一定距離を隔てた水源地の住民202名を除く3322名について補助参加を許す旨の決定をし，原審も，同決定に対するXの抗告を棄却した。そこで，Xは，最高裁に抗告許可の申立てをした[注15]。

決定要旨

「本件の本案訴訟において本件不許可処分を取り消す判決がされ，同判決が確定すれば，岡山県知事は，他に不許可事由がない限り，同判決の趣旨に従い，X〔抗告人〕に対し，本件施設設置許可処分をすることになる（行政事件訴訟法33条2項）。ところで，廃棄物処理法15条2項2号は，産業廃棄物処理施設である最終処分場の設置により周辺地域に災害が発生することを未然に防止するため，都道府県知事が産業廃棄物処理施設設置許可処分を行うについて，産業廃棄物処理施設が『産業廃棄物の最終処分場である場合にあっては，厚生省令で定めるところにより，災害防止のための計画が定められているものであること』を要件として規定しており，同号を受けた廃棄物の処理及び清掃に関する法律施行規則（平成10年厚生省令第31号による改正前のもの）12条の3は，災害防止のための計画において定めるべき事項を規定している。また，廃棄物処理法15条2項1号は，産業廃棄物処理施設設置

注11）平成9年法律第85号による改正前のもの。
注12）平成9年政令第353号による改正前のもの。
注13）岡山地裁平成11年（行ウ）第20号産業廃棄物処理施設設置不許可処分取消請求事件。
注14）なお，本件ではA町も補助参加の申出をしているが，A町の参加申出に関する部分については，Xの抗告許可申立書に理由の記載がなかったため不適法として却下されており，本決定において実質的な判断がなされていないことから省略する。
注15）本件の経過の詳細については，三辺・前掲注10）281頁参照。

VII 補助参加

許可につき，申請に係る産業廃棄物処理施設が『厚生省令（産業廃棄物の最終処分場については，総理府令，厚生省令）で定める技術上の基準に適合していること』を要件としているが，この規定は，同項2号の規定と併せ読めば，周辺地域に災害が発生することを未然に防止するという観点からも上記の技術上の基準に適合するかどうかの審査を行うことを定めているものと解するのが相当である。そして，人体に有害な物質を含む産業廃棄物の処理施設である管理型最終処分場については，設置許可処分における審査に過誤，欠落があり有害な物質が許容限度を超えて排出された場合には，その周辺に居住する者の生命，身体に重大な危害を及ぼすなどの災害を引き起こすことがあり得る。このような同項の趣旨・目的及び上記の災害による被害の内容・性質等を考慮すると，同項は，管理型最終処分場について，その周辺に居住し，当該施設から有害な物質が排出された場合に直接的かつ重大な被害を受けることが想定される範囲の住民の生命，身体の安全等を個々人の個別的利益としても保護すべきものとする趣旨を含むと解するのが相当である。したがって，上記の範囲の住民に当たることが疎明された者は，民訴法42条にいう『訴訟の結果について利害関係を有する第三者』に当たるものと解するのが相当である。」（一部却下，一部棄却）

参照条文 　民事訴訟法42条，行政事件訴訟法33条2項

解　説

(1) 本決定の位置づけ

(a) 前提問題

取消訴訟においては，固有の第三者の訴訟参加制度が規定されているため（行訴22条），民訴法に基づく補助参加の申出が許されるかが問題となりうる。これについては，行政事件訴訟法7条による民訴法の準用が何ら限定を付していないことから，一般的には両制度は併存し，いずれによるかは第三者の選択にゆだねられていると解されている[注16]。判例においては，従来から第三者が民訴法上の補助参加制度を利用することは当然に可能であることを前提として

[注16] 宇賀克也『行政法概説II行政救済法〔第2版〕』（有斐閣，2009）216頁。

いると理解されており[注17]，本決定についても，とくにこの論点に関しては言及せずに補助参加の利益について判断をしていることから，従来の判例の立場を踏襲しているものと考えられる。

(b) 補助参加の利益

本決定は，補助参加の要件である「訴訟の結果について利害関係を有する」こと，すなわち補助参加の利益の有無について肯定した事例である。補助参加の利益については，「訴訟の結果」の意義について学説上争いがあるところ，本決定では，本件事案における関係法令の解釈等を通じて，法律上保護されるべき個別的利益を有しているとして補助参加の利益を認めたものである。

(2) 取消訴訟の特殊性

本件は，取消訴訟においてなされた補助参加の申出であるため，補助参加の利益の問題を検討するにあたって通常の民事訴訟とは異なる点を考慮に入れなければならない。

まず，取消訴訟の訴訟物については，通説は，「行政処分の違法性一般」と解している[注18]。

また，判決の効力として，既判力以外の拘束力が認められており，拒否処分等の取消判決の拘束力として，申請等を却下等した処分または裁決が判決により取り消されたときは，その処分または裁決をした行政庁は，判決の趣旨に従い，改めて申請に対する処分または裁決をしなければならないとされている（行訴33条2項）。

たとえば，ある不許可処分が違法であるとして提起された取消訴訟において，当該処分を取り消す判決が下されると，行政事件訴訟法33条2項により，当該「判決の趣旨」に従い，不許可処分を下した行政庁は当初の不許可処分と同じ理由による不許可処分を繰り返すことはできず，他に不許可事由がなければ結局許可処分を下さざるをえないことになるのである。この拘束力を有する「判決の趣旨」には，判決理由中の判断も含まれると解されている。このこと

注17) 最決平13・2・22判時1745号144頁参照。
注18) 宇賀・前掲注16) 123頁。

は，以下で述べる補助参加の利益における「訴訟の結果」の問題に影響を与えることになる。

(3) 訴訟の結果

　従来の通説は，「訴訟の結果」とは，本案判決の主文で示される訴訟物たる権利または法律関係の存否を指し，単に判決理由中で判断される事実や法律関係の存否について利害関係を有しているだけでは足りないと解していた。一方，近時の学説は，様々な見解が存在するものの[注19]，全体として補助参加の利益を訴訟物に限定せず弾力的に認めるべきとする論調であり，訴訟物に限定しないことから訴訟物非限定説などと総称される。なお，いずれの見解においても，法律上の利害関係について，第1の裁判所の判断が第2の訴訟において事実上の影響力を及ぼすことで足りると解されている[注20]。

　判例はいずれの立場を採るかを明らかにしておらず，本決定においても判決理由中の判断の影響力までを考慮したか否かは文面上明らかではない。ところが，取消訴訟については，上述のとおり通説は訴訟物を「行政処分の違法性一般」であると解しており，また，拒否処分等の取消判決の拘束力について規定する行政事件訴訟法33条2項の「判決の趣旨」とは，判決理由中の判断も含まれると解されている。このことと，本決定において補助参加の利益が認められたということとの整合性を図るならば，本決定は，「訴訟の結果」について，訴訟物のみならず判決理由中の判断についての利害関係も含まれることを前提とした判断であるということになると考えられる[注21]。

　すなわち，本件についていえば，仮に本案訴訟においてYのなした本件不許可処分が違法であるとして取り消されるとすると，行政事件訴訟法33条2項により，当該「判決の趣旨」に従い，Xの産廃処分場の設置申請について，Y

注19) たとえば，新堂説は「訴訟の結果について利害関係をもつとは，その訴訟の主要な争点についての判断を前提にして参加人の権利義務その他法的地位が決められる関係にあることから，被参加人の受ける判決の判断によって参加人の法的地位が事実上不利な影響を受けるおそれがある関係にあることをいう」とする（新堂・763頁）。
注20) 高橋(下)・339頁。
注21) 塩入・前掲注10) 395頁，宮永・前掲注10) 173頁。なお，最決平13・1・30民集55巻1号30頁。

は当初の不許可処分と同じ理由による不許可処分はできず，他に不許可事由がなければ設置許可処分をすることになる。参加申出人であるＺらは，まさにこの点に関して利害関係を有していることになるのであるが，このことは，「行政処分の違法性一般」たる本案訴訟の訴訟物の方ではなく，「判決の趣旨」を形成する判決理由中で判断される具体的な違法性について利害関係を有していると考えざるをえないからである。

ただし，このことは取消訴訟固有の判決の拘束力が認められる結果の帰結であり，補助参加一般における判例の立場は依然として明らかでないと考えるのが妥当であろう。

(4) 法律上の利害関係

本決定では，廃棄物処理法および関連規定の趣旨・目的，違反があった場合の被害の内容・性質等を考慮して，「当該施設から有害な物質が排出された場合に直接的かつ重大な被害を受けることが想定される範囲の住民の生命，身体の安全等を個々人の個別的利益としても保護すべき」ものとされているとして，法律上の利害関係を肯定している。この点については，原々審が，とくに廃棄物処理法の解釈によることなく，人格権あるいは人格的利益の侵害等を理由に補助参加の利益を認めたこととは判断手法を異にしている[注22]。

本最高裁決定の判断手法によれば，一見すると事実上の利害関係にすぎないと思われるＺらの生命・身体への被害のおそれという利益を，原々審のように人格権等の不文法によることなく，廃棄物処理法という実定法の解釈を媒介として法律上の利害関係へと転化させることが可能となり，その点では合理的な側面を有する。しかしながら，このような判断手法は，実定法の解釈いかんによって補助参加の利益が認められなくなる可能性もあるという点で，法的安定性に欠ける面があることも否定できない[注23]。

また，本決定は，補助参加の利益を判断するにあたり，根拠法令の趣旨・目的や違反があった場合の被害の内容・性質等を考慮していることから，取消訴

注22) 三辺・前掲注10) 283頁。
注23) 宮永・前掲注10) 174頁。

訟における原告適格の解釈基準（行訴9条2項）と同様の判断基準を採用したものと思われる。これは，取消訴訟における補助参加の利益については，一定の歯止めをかけるために原告適格基準に準ずるものとして判断することを示したものと考えられる[注24]。

(5) 多数の参加者がいる場合の問題

本件では，Ｚらは3000人以上にも及び，参加申出人が多数の場合の可否も問題となった。この点については，原審は，「3000人以上に及ぶＺらの本訴への関与を認めると，訴訟が混乱するおそれが全くないとはいえない。」としつつも，「Ｚらは共通の代理人弁護士を選任しているので，その参加を認めることによって訴訟が混乱するおそれはそれほど大きいとはいえない。」と判断している。ただ，このことは逆にいえば，参加申出人が多数であることによって訴訟が混乱するおそれが大きい場合には参加が認められない可能性を孕んでいるものといえる[注25]。これについては，共通の代理人の選任のほか，選定当事者（民訴30条），代表当事者の選定命令（公害紛争処理法42条の8等）の類推などで対応するべきと考えられるが[注26]，細かい利害関係の相違や方針の対立などにより，補助参加人の中に複数の集団が形成された場合にはなお問題が残ることとなる。

実務上の指針

民訴法上，補助参加の許否については，当事者が異議を述べた場合にのみ判断されることとなる（民訴44条1項）。したがって，補助参加の申出の際には，「参加の理由」として補助参加の利益について明らかにしなければならないが，当事者の異議がなければ，「訴訟の結果について利害関係を有する」か否かが争われることもなく参加が認められることとなり，通常はそのように進行する

注24) 塩入・前掲注10) 395頁，宮永・前掲注10) 174頁。
注25) 宮永・前掲注10) 175頁。
注26) 川嶋・前掲注10) 119頁。

と思われる。

　一方，取消訴訟の場合には，まず，参加申出人は，行政事件訴訟法22条1項の参加と民訴法42条の補助参加を選択することになる。両者は二者択一的であるので，いずれか一方の参加をした者は他方の参加をすることができない[注27]。しかし，申出の段階においては，いずれかを主位的とし，他方を予備的として申し出ることは可能である。なお，行政事件訴訟法22条1項の参加については，補助参加の場合と異なり，常に裁判所が決定で諾否を判断することになる。

　従来は，行政事件訴訟法22条1項の「訴訟の結果により権利を害される第三者」という基準は，補助参加の場合における「訴訟の結果について利害関係を有する第三者」の基準と比べて適用範囲が狭く，行政事件訴訟法22条1項の参加が認められない場合においても，補助参加が認められる場合があると解されてきた[注28]。しかしながら，上述のとおり，本決定において，取消訴訟における補助参加の許否の判断が原告適格に関する基準（行訴9条2項）に準じた判断手法を採ったものと解すると，今後においては，両者の基準はほぼ同様のものになると解することになると考えられる[注29]。

　したがって，取消訴訟における参加申出人としては，補助参加の利益の内容として，処分の根拠法令により個別的利益として保護されるべき利益が存することをも疎明する必要が生じるものと考えられる。

◆森　田　芳　玄◆

注27）　大阪高決昭40・12・8行集16巻12号2012頁。
注28）　宇賀・前掲注16）217頁。
注29）　宇賀・前掲注16）217頁，塩入・前掲注10）395頁。

判 例 15

東京高裁平成20年4月30日決定[注30)]
　掲　載　誌：判時2005号16頁・判タ1301号302頁
　原　　　審：東京地決平20・3・12（平成19年（ワ）第1901号）

傷害保険契約に基づく保険金請求訴訟について，同一人を被保険者とする他の保険会社の補助参加の申出を許さないとした事例

事　案

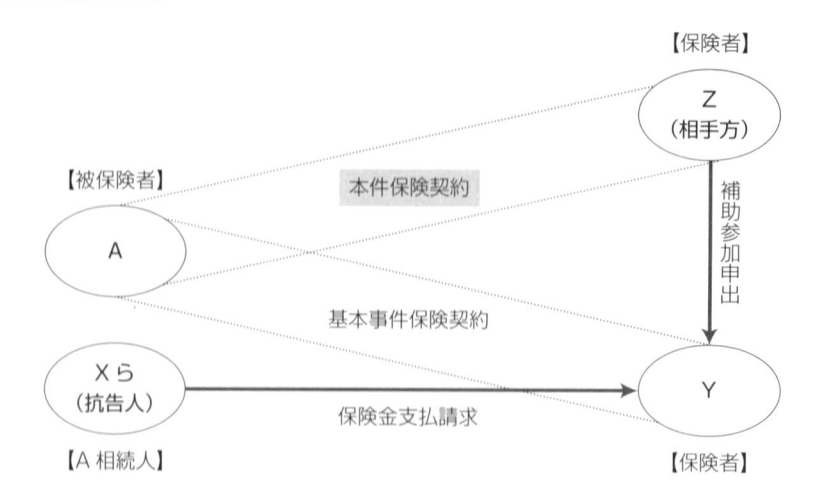

【被保険者】　　　本件保険契約　　　【保険者】
　　A　　　　　　　　　　　　　　　　Z（相手方）
　　　　　　　　　　　　　　　　　　　↓補助参加申出
　Xら（抗告人）　基本事件保険契約　　　Y
　【A相続人】　　　保険金支払請求　　　【保険者】

　亡Aの相続人Xら（第1審原告）が，保険会社Y（第1審被告）に対して，亡Aを被保険者とする傷害保険契約（以下，「基本事件保険契約」という。）に基づき，亡Aが亡Bの運転する自動車に同乗中に同車が海中に転落して死亡した事故（以下，「本件事故」という。）について，死亡保険金を請求している訴訟において，Yは，亡A，亡Bが自らの意思で海中に突っ込んだと考えられるなどと主張して本件事故が偶然な外来事故であることを争い，保険金支払義務が存在しないと主張している。同じく亡Aを被保険者とし，死亡保険金の指定取人をXとする他の傷害保険契約の保険者Z（補助参加申立人）は，Yから訴訟告知を受け，本件訴訟に補

注30）梅本・659頁（なお，本判決の判断については「疑問である」としている。）。

助参加しようとしたところ，Xらは異議を述べた。

原審は，本件訴訟における上記争点に対する判断は，ZがXらに対して保険金支払義務を負うか否かの判断に対して影響を及ぼすおそれがあり，このような影響は，本件訴訟における判断が参考にされる可能性があるという事実上の影響であるが，本件訴訟において，本件事故が急激かつ偶然な外来の事故にあたるとの判断がされれば，XがZに対し保険金の支払を求めることが予想され，各保険金支払義務はいずれも本件事故が亡Aの亡Bに対する承諾または嘱託の下に事故車両が海中に転落したか否かという事実の有無についての判断によって決せられることから，この事実上の影響をもって当該訴訟の判決がZの法的地位または法的利益に影響を及ぼすおそれがあると判断し，補助参加の申出を許可する決定をした。これに対してXらが即時抗告した。

決定要旨

本決定は，「民事訴訟法42条の補助参加申出に対し補助参加が許されるのは，申出人が訴訟の結果につき法律上の利害関係を有する場合に限られ，法律上の利害関係を有する場合とは，当該訴訟の判決が参加申出人の私法上又は公法上の法的地位又は法的利益に影響を及ぼすおそれがある場合をいうものと解される。」「Y〔1審被告〕とXら〔抗告人ら〕との間の基本事件保険契約による法律関係と，Z〔補助参加申出人〕とXらとの間の本件保険契約による法律関係とは，同一被保険者につき死亡を原因とする保険金を給付する同種の保険契約関係というにすぎないものであり，相互に損害を補填し合う関係にある旨の主張立証はないから，何ら法的関連や関係がない。基本事件において，争点である被保険者であるAに生じた本件事故が偶然な外来の事故に当たるか否かが決せられたとしても，ZとXとの間で，本件事故によるAの死亡についての保険金支払義務の存否につき法律上何ら影響するものではなく，Zの私法上又は公法上の法的地位又は法的利益に何ら影響することはない。ただ，同一の争点に対する判断として，これが参考にされ，事実上影響することがあるというにすぎないのであり，このような影響を与える関係を法律上の利害関係ということはできない。」（取消し，確定）

参照条文 民事訴訟法44条

解説

　本件は，補助参加の要件の一つである，「訴訟の結果についての利害関係」の有無が問題となった事案である。

　「法律上の利害関係」について，最決平13・1・30（民集55巻1号30頁）は，「法律上の利害関係を有する場合とは，当該訴訟の判決が参加人の私法上又は公法上の法的地位又は法的利益に影響を及ぼすおそれがある場合をいうものと解される」としている。

　本決定は，「法律上の利害関係」について，最決平13・1・30の示した判断を前提としたうえで，「基本事件において，争点である被保険者であるAに生じた本件事故が偶然な外来の事故に当たるか否かが決せられたとしても，ZとXとの間で，本件事故によるAの死亡についての保険金支払義務の存否につき法律上何ら影響するものではなく，Zの私法上又は公法上の法的地位又は法的利益に何ら影響することはない。」と判断し，法律上の利害関係を否定した。

　同じく「法律上の利害関係」の有無が問題となった最決平13・2・22（判時1745号144頁）は，労働者災害補償保険法に基づく保険給付の不支給決定取消訴訟に対する事業主（抗告人）の労働基準監督署長への補助参加の申出を却下した原審について，原審の判断のうち「本案訴訟において業務起因性を肯定する判断がされたとしても，これによって相手方の抗告人に対する安全配慮義務違反等を理由とする損害賠償請求訴訟において当然に相当因果関係を肯定する判断がなされるものではない上，後訴における抗告人の責任の有無，賠償額の範囲は，使用者の故意又は過失，過失相殺等の判断を経て初めて確定されるものであるから，本案訴訟における業務起因性についての判断が後訴における判断に事実上不利益な影響を及ぼす可能性があることをもって抗告人が本件訴訟の結果について法律上の利害関係を有することはできない。」という部分については「是認できる」としつつも，事業主は，その事業が「徴収法〔労働保険の保険料の徴収等に関する法律〕12条3項所定の一定規模以上の事業においては，不支給決定の取消判決が確定すると，行政事件訴訟法33条の定める取消判決の拘束力により労災保険給付の支給決定がされて保険給付が行われ，次々年度以降の保険料が増額される可能性があるから，労働基準監督署長の敗訴を防ぐ

ことに法律上の利害関係を有し，これを補助するために労災保険給付の不支給決定の取消訴訟に参加することが許されるというべきである」と判断して，原決定を破棄した。

すなわち，本案訴訟において不支給決定の取消判決が確定すると，行政事件訴訟法33条（取消判決の拘束力）により労災保険法上の保険給付が行われ，保険給付が行われると労働保険の保険料の徴収等に関する法律12条3項に基づき保険料が増額される可能性があることから，補助参加の利益を肯定している。

最決平13・2・22との対比において，本決定の事案では，基本事件保険契約と本件保険契約はまったく独立の保険契約であり，Zの保険金支払義務については，本件保険契約における死亡保険金指定受取人（X）からZに対する請求があって初めて判断の必要性が生じるものであった。本決定の事案では，基本事件保険契約および本件保険契約のいずれも傷害保険契約であったが，もし，基本保険契約および本件保険契約が損害保険契約であるような場合には，重複保険について保険者間の求償（保険20条2項〔旧商632条・633条〕）の問題が生じるので，本決定とは異なる判断がなされる余地もありうると考えられる。

実務上の指針

補助参加の申出の際には，参加の理由（民訴43条1項）として，訴訟の結果について法律上の利害関係のあることを，事実関係を示して明らかにしなければならない。「訴訟の結果についての法律上の利害関係」については，私法または公法上の具体的な条項と結びつけて主張する必要がある。

不適法な申出については，裁判所は，「当事者の申出がなくとも職権で訴え（参加申出）却下の判決をしなければならない」[注31]と解されている。しかし，補助参加の申出が訴訟行為としての一般的要件を具備している限り，補助参加の許否は，基本的には，当事者が異議を述べた場合にはじめて裁判所によって判断されるので（民訴44条1項），補助参加を希望する者は，補助参加の利益があるか否かが不確定な場面では，補助参加の申出をしておくのが望ましい。

注31）コンメⅠ・488頁。

補助参加の申出に対して相手方が異議を出し、裁判所が補助参加の利益を否定する判断を下した場合でも、補助参加を希望する者は、自ら相手方に対して訴訟を提起し、あるいは相手方からの訴訟提起を待ったうえで、訴えの併合（民訴136条）を求めることが可能な場合がある。

◆川 口　舞 桂◆

判 例 16

最高裁平成14年1月22日判決[注32]
掲　載　誌：裁集民205号93頁・判時1776号67頁・判タ1085号194頁
原　　　審：大阪高判平9・10・30（平成9年（ネ）第589号）
原　々　審：和歌山地判平9・2・13（平成8年（ワ）第581号）

平成8年改正前民訴法70条（現46条）所定の効力は、判決の結論に影響のない傍論において示された事実認定や法律判断には及ばないとした事例

事　案

　本件被告Y（控訴人・上告人）は、カラオケボックス建築のため、訴外Aとの間で店舗新築工事請負契約を締結した。本件原告X（被控訴人・被上告人）は、本件商品を含むカラオケ店舗用の家具等の商品をAまたはYから注文を受け、本件店舗に納入した。
　しかし、商品の代金が支払われないので、Xは、Aを被告として代金の支払を求める訴え（以下、「前訴」という。）を提起した。この前訴では、Aは、本件商品を含む商品について、施主であるYがXから買い受けたものであると主張したことから、Xは、Yに対し、訴訟告知書により訴訟告知をした。しかし、Yは、前訴に補助参加しなかった。
　前訴につき、本件商品に係る代金請求部分について、Xの請求を棄却する旨の

[注32]　本判決の評釈として、安達栄司〔判批〕・成城法学72号（2004）127頁、川畑耕平〔判批〕・久留米大学法学55号（2006）191頁、川嶋四郎〔判批〕・法セ572号（2002）110頁、坂原正夫〔判批〕・法学研究（慶應義塾大学法学研究会）75巻10号（2003）120頁、須藤典明・主判解平成14年度〔臨増判タ1125号〕（2003）180頁、百選〔堤龍弥〕・220頁、中島弘雅・重判解平成13年度〔ジュリ臨増1224号〕（2002）129頁、間渕清史・リマークス26号（2003）122頁、山本克己〔判批〕・法教302号（2005）91頁、松本博之〔判批〕・民商127巻1号（2002）132頁、上野泰男・判評532号（判時1815号）（2003）182頁。

142　第2章　訴訟の当事者

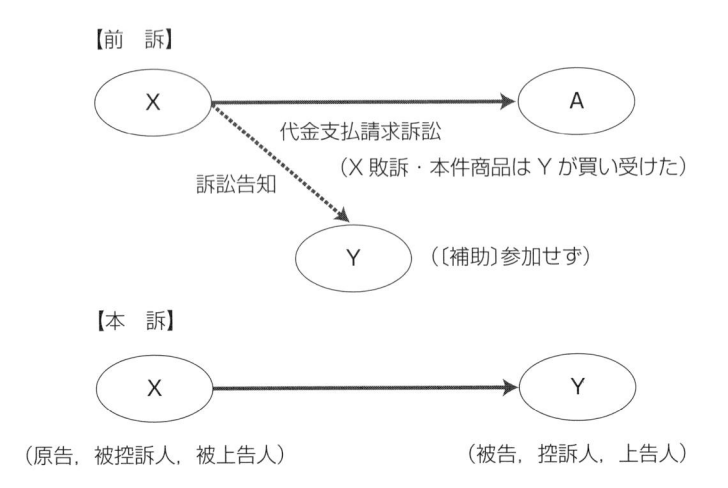

【前訴】

```
   X ──────代金支払請求訴訟──────▶ A
   ┊         （X敗訴・本件商品はYが買い受けた）
 訴訟告知
   ┊
   ▼
   Y    （〔補助〕参加せず）
```

【本訴】

```
   X ──────────────────▶ Y
```

（原告，被控訴人，被上告人）　　　　　　（被告，控訴人，上告人）

判決が言い渡され確定したが，その理由中に，本件商品はYが買い受けたことが認められる旨の記載がある。

　原審は，平成8年改正前民訴法78条，70条所定の訴訟告知による判決の効力が被告知人であるYに及ぶことになり，Yは，本訴において，Xに対し，前訴の判決の理由中の判断と異なり，本件商品を買い受けていないと主張することは許されないとして，Xの請求を認容した。そこで，Yが上告した。

判　旨

「(1)　旧民訴法78条，70条の規定により裁判が訴訟告知を受けたが参加しなかった者に対しても効力を有するのは，訴訟告知を受けた者が同法64条にいう訴訟の結果につき法律上の利害関係を有する場合に限られるところ，<u>ここにいう法律上の利害関係を有する場合とは，当該訴訟の判決が参加人の私法上又は公法上の法的地位又は法的利益に影響を及ぼすおそれがある場合をいうものと解される</u>（最高裁平成12年（許）第17号同13年1月30日第一小法廷決定・民集55巻1号30頁参照）。

　また，旧民訴法70条所定の効力は，判決の主文に包含された訴訟物たる権利関係の存否についての判断だけではなく，その前提として判決の理由中でされた事実の認定や先決的権利関係の存否についての判断などにも及ぶものであるが（最高裁昭和45年（オ）第166号同年10月22日第一小法廷判決・民集24巻11号1583頁参照），<u>この判決の理由中でされた事実の認定や先決的権利関係の存否についての判断とは，判決の主文を導き出すために必要な主要</u>

事実に係る認定及び法律判断などをいうものであって，これに当たらない事実又は論点について示された認定や法律判断を含むものではないと解される。けだし，ここでいう判決の理由とは，判決の主文に掲げる結論を導き出した判断過程を明らかにする部分をいい，これは主要事実に係る認定と法律判断などをもって必要にして十分なものと解されるからである。そして，その他，旧民訴法70条所定の効力が，判決の結論に影響のない傍論において示された事実の認定や法律判断に及ぶものと解すべき理由はない。

(2) これを本件についてみるに，前訴におけるX〔被上告人〕のAに対する本件商品売買代金請求訴訟の結果によって，Y〔上告人〕のXに対する本件商品の売買代金支払義務の有無が決せられる関係にあるものではなく，前訴の判決はYの法的地位又は法的利益に影響を及ぼすものではないから，上告人は，前訴の訴訟の結果につき法律上の利害関係を有していたとはいえない。したがって，Yが前訴の訴訟告知を受けたからといってYに前訴の判決の効力が及ぶものではない。しかも，前訴の判決理由中，Aが本件商品を買受けたものとは認められない旨の記載は主要事実に係る認定に当たるが，Yが本件商品を買い受けたことが認められる旨の記載は，前訴判決の主文を導き出すために必要な判断ではない傍論において示された事実の認定にすぎないものであるから，同記載をもって，本訴において，Yは，Xに対し，本件商品の買主がYではないと主張することが許されないと解すべき理由もない。」
（破棄差戻し）

参照条文 民事訴訟法条53条・46条（平成8年改正前民訴法78条・70条）

解　説

(1) 本判例の意義

訴訟に参加しなかった被告知者に対し，訴訟告知の効力により後の訴えにおける権利主張が遮断されるための要件は，上述のとおり，①補助参加の利益が被告知者にあること，②後の訴えの訴訟物等が訴訟告知の効力の客観的範囲にあることであり，多くの学説は，上述のとおり，これに加えてさらに③訴訟に参加して攻防を尽くすことが期待できたこと等の要件を必要とする。

本判例は，このうち①および②について判断をしたものである。

(2) 補助参加の利益

①については，補助参加の利益そのものと捉えたうえで[注33]，最決平13・1・30（民集55巻1号30頁）（以下，「平成13年最判」という。）の基準（「当該訴訟の判決が参加人の私法上又は公法上の法的地位又は法的利益に影響を及ぼすおそれがある場合」）を引用した。そして，本件においてはこれがないものとして否定した。

この点，最決平13・1・30は，被告である役員に対し取締役会の意思決定が違法であるとして提起された代表訴訟に対する会社の補助参加の利益を肯定した[注34]ものであるが，この判例においては，被告が敗訴すれば論理必然的に会社に影響が及ぶため補助参加の利益を認めたと解され，これとの比較では本件では認めるべきではなかったかとの指摘がある。すなわち，本件では，厳格に検討すればXのAに対する売買代金請求権の存在が否定されても，誰との関係でもおよそ債権が存在しなかったり，別の第三者に対する債権が成立している可能性もあるが，実際にはAかYかのどちらかである可能性しかない[注35]のであり，そうとすると，被告が敗訴すれば論理必然的に会社に影響が及ぶ最決平13・1・30の場合と同じく，Aが敗訴すれば論理必然的にYに影響が及ぶものとして，Yの補助参加の利益を認めてもよかったのではないかというのである[注36]。

上記の③の要件を認める学説の立場からは，広く参加の利益を認め，本件においてもこれを肯定する，しかし，③の要件を欠くものとして訴訟告知の効力が及ぶことを否定するということになるであろう。

しかし，これに対しては，訴訟告知は認めるが参加しない場合に効力を認め

注33) この点については，必ずしもそうではないとの見解がある。この見解によれば，補助参加の利益は2つの意味を持つことになる。

注34) 「取締役会の意思決定を前提として形成された株式会社の私法上又は公法上の法的地位又は法的利益に影響を及ぼすおそれがある」としている。

注35) 双方が成立することはないという意味で消極的択一関係といわれる（これに対応するのが，どちらかが成立しているという積極的択一関係である。）。

注36) 山本・前掲注32) 94頁。なお判例が上記③の要件を示さず補助参加の効力と訴訟告知の効力の生じる場合を区別しない（表面的には補助参加をしなかった被告知者と参加した被告知者を区別していない）ため，①の要件で絞ったのではないかとの見解が示されている。③の要件を必要とする学説からは，結論としては賛成としても，訴訟告知による参加の途を広く認め，効力が生じる場合を③の要件によって限定するべきであるとの批判がなされるところである。

ないというのでは訴訟告知を受けた者の地位が不安定になりバランスが悪い，訴訟告知の利益を広く解することのメリットを再検討する必要があるとの批判が加えられているところである[注37]。

(3) 訴訟告知の効力が生じる客観的範囲

また，本判決は，②については，補助参加が実際になされた場合にかかる最判昭45・10・22（民集24巻11号1583頁）を引用して，判決の理由中でされた事実の認定や先決的権利関係の存否に及ぶことを述べたうえ，これをすすめ，「この判決の理由中でされた事実の認定や先決的権利関係の存否についての判断とは，判決の主文を導き出すために必要な主要事実に係る認定及び法律判断などをいうものであって，これに当たらない事実又は論点について示された認定や法律判断を含むものではない」とした[注38]。そして，本件においてこの要件は満たされないとした。

この要件については，学説からは批判があるも，何が重要な間接事実となるかそれ自体明白ではないことから実務家からは賛成がなされている[注39]。なおこの要件については，この要件を用いると，最判昭45・10・22の事案では否定されてしまうことになり，整合性がとれないのではないかとの批判があるところである[注40]。

なお，本判決は，旧民訴法下の事件であるが，現行民訴法上の先例にもなるものである。

実務上の指針

Xの立場に立ってみると，本件のような消極的択一関係の事案の場合の両負けを防ぐために，本件における前訴のように，買主と目される者のどちらか一方に訴えを提起し，他方に対して訴訟告知をする方法がとられたわけであるが，

注37) 須藤・前掲注32) 181頁。
注38) 補助参加の利益がないとした以上，客観的範囲についての判示は傍論である。
注39) 須藤・前掲注32) 181頁。
注40) 山本・前掲注32) 94頁。

本判決により，否定された。そのほかに考えられるのは民訴法41条の同時審判の申出の制度を利用することであるが，適用は困難である^{注41)}。したがって，別訴を提起して事実上の併合を求めるしかないといわれる。

◆濱　口　博　史◆

注41) 新民訴一問一答・59頁は，民訴法41条は，実体法上両立しない複数の請求についてのみ適用され，事実上両立しないだけの複数の請求については適用されないとする。訴えの主観的予備的併合という方法（訴訟係属中であれば，さらに主観的追加的併合）も解釈上は考えられるが，判例は否定している（訴えの主観的予備的併合につき，最判昭43・3・8民集22巻3号551頁，主観的追加的併合につき，最判昭62・7・17民集41巻5号1402頁）。

Ⅷ 独立当事者参加

1 概　説

(1) 独立当事者参加の意義

　独立当事者参加（民訴47条）とは，訴訟の係属中に第三者が当事者として参加する形態（当事者参加）の一つであり，第三者が，訴訟の原告および被告の双方または一方に対して自分の請求をもち出し，原告の請求についてと同時に，かつこれと矛盾のない判決をすることを求める場合をいう[注1]。既存当事者に従属したり，その共同訴訟人となったりすることなく，独立・対等の当事者として訴訟活動を行うことができる点で，補助参加や共同訴訟参加とは異なる。

　訴訟の判決効は，原則として当事者以外の第三者に及ぶことはない。しかし，事実上の影響力が及ぶことまでは否定できず，また，第三者との関係で実体法上矛盾する内容の判決が出されると，社会的実態として三者間の紛争がいつまでも終局的な解決を得られなくなるおそれがある。このような場合に，第三者は当該訴訟に独立当事者参加をすることで，自己の立場から牽制を行うことができ，また，三者間の紛争を矛盾なく一挙に解決することができる[注2]。

(2) 独立当事者参加の要件[注3]

(a) 詐害防止参加（民訴47条1項前段）

　いわゆる馴れ合い訴訟など，既存当事者の訴訟追行の外的態様から十分な訴訟活動の展開が期待できないと判断される場合に，詐害防止参加が認められ

注1）　新堂・781頁。
注2）　後述のとおり，以上のような理解には近時は批判が強い。
注3）　以下の独立当事者参加固有の要件のほか，独立当事者参加は訴え提起の実質をもつので，訴訟要件を満たしていなければならない。もっとも，訴えの利益については，参加の趣旨に応じて，通常の訴え提起に比べてかなり緩やかに認められる（新堂・790頁）。

る注4)。具体的には，主張・立証の懈怠，期日の欠席，合理的理由のない自白，請求の放棄・認諾，上訴の懈怠等の徴表から判断される注5)。

(b) 権利主張参加（民訴47条1項後段）

既存当事者間の訴え（本訴）の目的たる権利関係の全部または一部が自分に帰属することを主張する場合に，権利主張参加が認められる。参加人の請求が本訴の請求と論理的に両立しない関係にあることが必要とされる注6)。

(3) 独立当事者参加の手続

申出の手続は，補助参加の申出に準じ，参加の趣旨および理由を明らかにして，本訴が係属する裁判所に対して行う（民訴47条4項・43条1項）注7)。ただし，独立当事者参加の申出は訴え提起の実質をもつから，簡易裁判所以外では書面でする必要がある（民訴47条2項）。

裁判所は，申出を受けると，前記訴え提起の実質にかんがみ，訴訟要件と同様に口頭弁論によって参加要件の審理を行う（民訴法44条は準用されない。）。参加要件を欠く場合には，参加人の意思に応じて，別訴の提起として取り扱い，または判決によって参加申出を却下する注8)。

なお，控訴とともにする独立当事者参加や，控訴審からの独立当事者参加も許されるが，上告審については否定されている注9)。

(4) 審判の規律

必要的共同訴訟に関する民訴法40条1項から3項までの規定が準用される（民訴47条4項）結果，手続進行の統一と訴訟資料の統一とが保障され，判決内容は三者間で実体法論理上矛盾のない統一的なものとなる。

このとき，上記準用の効果として，三者のうちの一者が不利になるような自

注4) 新堂・786頁。
注5) 伊藤・622頁，高橋(下)・396頁。
注6) 新堂・787頁。
注7) この点に関連して，「参加の意思」が独立当事者参加の要件の一つであるといわれることがある。
注8) 伊藤・624頁。なお，後記〔判例19〕も参照。
注9) 最判昭44・7・15民集23巻8号1532頁。

白や訴訟上の和解，請求の放棄・認諾は許されない。また，訴えまたは参加の取下げについては他の当事者の同意を要するとされる[注10]。弁論の分離や一部判決も禁止される[注11]。さらに，判決に対し一者が上訴すれば，判決全体の確定が遮断され，上訴審に移審する[注12]。以上が通説であるとされ[注13]，判例も基本的に肯定するところである。

(5) 本項目で取り扱う判例

〔判例17〕は，いわゆる片面的独立当事者参加において，弁論の分離や一部判決は許されないと判示した事例である。上記(4)で述べたとおり，通常の当事者双方を相手方とする独立当事者参加においては，かねてより最高裁判例によって弁論の分離や一部判決は否定されていたところ，片面的独立当事者参加においても同様の判断がなされたものである。

〔判例18〕は，やはり片面的独立当事者参加において，当事者のうち一者のみが控訴した場合に，控訴しなかった当事者の請求も控訴審に移審するとされた事例である。これも上記(4)で述べたとおり，通常の当事者双方を相手方とする独立当事者参加においては，最高裁判例によって同旨の判断がされていたところ[注14]，片面的独立当事者参加においても同様の判断がなされたものである。

〔判例19〕は，権利主張参加の要件に関する事例であり，建物収去土地明渡請求訴訟に対して当該対象建物の所有権が自己に帰属することの確認等を求める権利主張参加が認められなかったというものである。上記(2)で述べた権利主張参加の要件については，既に最判平6・9・27（判時1513号111頁・判タ867号175頁）があるが，この先行判例との関係が注目される。

注10) 最判昭60・3・15判時1168号66頁。なお，訴訟脱退も同様の規律であるが（民訴48条），立法論および解釈論上の異論が強い。
注11) 後掲最判昭43・4・12民集22巻4号877頁。
注12) 最判昭48・7・20民集27巻7号863頁。
注13) 高橋(下)・416頁。
注14) このほか福岡高判平2・3・28判タ737号229頁も参照。

2 判　例

判　例　17

東京高裁平成13年5月30日判決[注15]
掲 載 誌：判時1797号131頁・判タ1106号235頁
原　　審：東京地判平11・11・17（平成10年（ワ）第2533号，同第16389号）

いわゆる片面的独立当事者参加において，弁論の分離や一部判決は許されないとされた事例

事　案

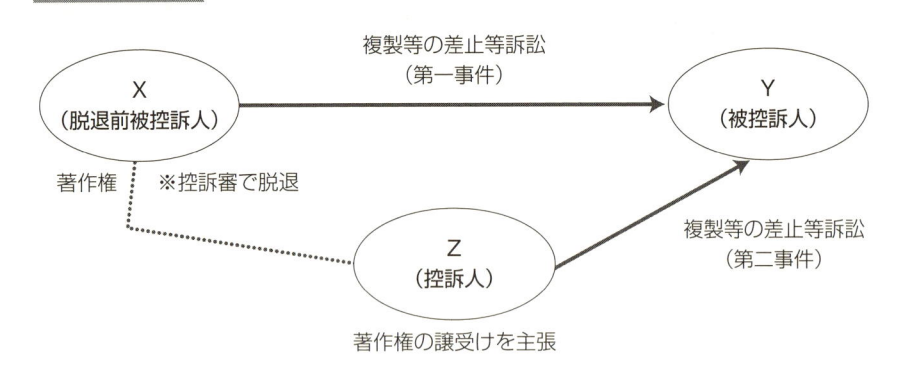

```
                    複製等の差止等訴訟
                       (第一事件)
   ┌─────┐    ─────────────→    ┌─────┐
   │   X   │                               │   Y   │
   │(脱退前 │                               │(被控訴人)│
   │被控訴人)│                               │       │
   └─────┘                               └─────┘
     著作権  ※控訴審で脱退
         ┊                                    ↗
         ┊          ┌─────┐        複製等の差止等訴訟
         └┄┄┄┄┄→│   Z   │         (第二事件)
                    │(控訴人)│
                    └─────┘
                著作権の譲受けを主張
```

　X（原告・脱退前被控訴人）が，Y（被告・被控訴人）に対し，著作権に基づき，複製の差止め，複製物の廃棄，損害賠償および不当利得返還を求める訴えを提起した（以下，「第一事件」という。）。Z（参加人・控訴人）は，本件著作権をXから譲り受けたとして，第1審（本件原審）において独立当事者参加をし，Yのみに対し，第一事件同様の請求を立てた（以下，「第二事件」という。）。
　Xは，Zの参加後，本件につき訴訟脱退の申立てをしたが，Yがこれを承諾しなかったため，脱退の効力は生じなかった（民訴48条参照）。
　原審は，本件から第一事件の弁論を分離してその口頭弁論を終結し，Xの請求

注15）　長沢幸男・主判解平成14年度〔臨増判タ1125号〕（2003）156頁，菱田雄郷・リマークス27号（2003）111頁，齋藤哲〔判批〕・法セ48巻3号（2003）109頁。

を棄却した。また，第二事件についても，Ｚの請求を棄却した。
　これに対し，Ｚが，Ｙに対し控訴を提起し，かつＺが本件著作権の著作権者であることの確認を求める請求を追加した。なお，この控訴審において，ＸはＹの承諾を得て訴訟から脱退している。

> 判　旨

「民事訴訟法（明治23年法律第29号，以下「旧民事訴訟法」という。）71条の独立当事者参加に基づく，参加人，原告，被告間の訴訟について本案判決をするときは，三当事者を判決の名宛人とする一個の終局判決のみが許され，当事者の一部に関する判決をすることが許されないことは，判例とするところであり（最高裁昭和43年4月12日第二小法廷判決・民集22巻4号877頁），このことは，民事訴訟法47条1項により第三者が当事者の一方のみを相手方として独立当事者参加をした場合にも同様であると解するのが相当である。なぜならば，旧民事訴訟法71条と同様，民事訴訟法47条4項は，必要的共同訴訟に関する同法40条1項ないし3項を準用しており，三当事者間における訴訟の合一確定を要請している点において，旧民事訴訟法71条と異なるところはないからである。」

「そうすると，原審において，民事訴訟法47条1項による上記参加がされた本件においては，合一確定の要請に照らし，Ｚ〔控訴人〕のした本件控訴は，Ｘ〔脱退前被控訴人〕に対しても効力を生じ，Ｘが当審において被控訴人の地位に立つとともに，Ｚに対して正本が送達されず判決が確定していない第一事件を含め，両事件が全体として当審に移審して審理の対象になったというべきである。したがって，本件の弁論を分離して第一事件及び第二事件につき各別に言い渡された原判決はいずれも違法であり，この瑕疵は職権調査事項に当たるから（上記最高裁判決），第一事件及び第二事件に係る原判決は，いずれも取消しを免れない。」（原判決取消し，原請求棄却，追加請求認容，上告受理申立て）

> 参照条文　民事訴訟法47条1項・4項・40条1項

解　説

(1) 問題の所在

本件の民事訴訟法上の問題点は，当事者の一方のみを相手方とする独立当事者参加（片面的独立当事者参加）において，一部の請求について弁論の分離をしたり，判決をしたりすることが許されるか否かである。

この点について，本判決は，当事者の双方を相手方とする独立当事者参加（以下，便宜上，「双面的独立当事者参加」という。）と同様に許されないと判示した。

なお，訴訟脱退（民訴48条）に他の当事者の承諾を要するか否かという点についても論争はあるが，本項目では立ち入らない。

(2) 条文解釈

旧民訴法においては，双面的独立当事者参加のみが可能で，片面的独立当事者参加は認められていなかった[注16]。これに対しては，参加人において，利害対立のない既存当事者に対しても請求を立てなければならなくなることから，学説の批判が強かった。そのため，平成8年の新民訴法制定に際しては，法律の明文で片面的独立当事者参加が認められるに至った（民訴47条1項）。

ところで，新旧いずれの民訴法においても，条文上，独立当事者参加には必要的共同訴訟の規定が準用され，手続進行の統一と訴訟資料の統一，そして合一確定が保障される（民訴47条4項・40条1項〜3項，旧民訴71条後段・62条各項）。そうすると，弁論の分離や一部判決は当然禁止されるというのが素直な解釈である。最高裁も，旧民訴法下の双面的独立当事者参加について，そのような立場を採用している[注17]。

そうすると，新民訴法では片面的独立当事者参加が可能となり，独立当事者参加については40条1項ないし3項が準用される以上，本件 判　旨 のとおり，片面的独立当事者においても弁論の分離や一部判決は禁止されることになりそうである。

注16）　最判昭42・9・27民集21巻7号1925頁。
注17）　最判昭43・4・12民集22巻4号877頁。

(3) 新法制定による独立当事者参加の構造の変質

しかしながら，上記のような解釈の前提となる独立当事者参加の構造論については，まさにその片面的独立当事者参加を認めた立法的手当てによって，重大な疑義が突きつけられる事態となっている。

すなわち，従来の通説的見解では，独立当事者参加の意義について，三者間の三面的紛争を実体法上矛盾なく一挙に解決すること（合一確定）にあるとされていた（三面訴訟説）。ここでは，独立当事者参加によって訴訟上に三面的対立関係が現れることが前提とされており，本来的には双面的独立当事者参加のみが想定されていたといえる。この意味で，旧民訴法下において前掲注16)最判昭42・9・27が片面的独立当事者参加を否定したことは，論理的に一貫していたといえる。

ところが，新民訴法の制定により，片面的独立当事者参加が認められ，しかも双面的独立当事者参加とまったく同列に40条1項ないし3項の準用が規定されたことで，従来どおりの三面訴訟説を維持することは困難になった。なぜならば，片面的独立当事者参加においては，(本件の例でいえば) ＸＹ間とＺＹ間に請求が立てられているものの，ＺＸ間には請求が立てられておらず，三当事者間に三面的対立関係が顕現していないからである。

ここにおいて，独立当事者参加の意義については，自己の利益を守るために他人間の訴訟を牽制することに主眼を置く見解（以下，仮に「牽制説」という。）が有力になっているようである。この牽制説においては，参加人の利益の保護のために必要であるからこそ，民訴法40条1項ないし3項の準用により合一確定が保障される，と説明されることになろう注18)。

かくして，合一確定は，三面訴訟説においてはそれ自体が目的であったが，牽制説においては参加人の利益の保護（ないし三当事者間の利害の調整）のための手段と化したといえる。したがって，牽制説においては，民訴法40条1項ないし3項の準用の範囲ないし程度も注19)，牽制の必要性という観点から再検討

注18) 高橋(下)・409頁。なお，新堂・781頁は，本項目冒頭で引用したとおり，三面訴訟説をベースに牽制の視点を盛り込む折衷的な見解に立つようである。

注19) 具体的には，自白や訴訟上の和解，請求の放棄・認諾の可否が問題となることが多い。

することが要請される[注20]。

　もっとも，牽制説を採用する論者の中でも，民訴法40条1項ないし3項の準用に対する姿勢は大きく分かれる。背景には，多数当事者間紛争を一挙に処理することが審理の効率化にどの程度資するか，牽制される側の既存当事者の利益をどの程度考慮するかについての基本的な見解の相違があるものと思われる[注21]。

(4) 本判決の評価[注22]

(a) 以上のような独立当事者参加に関する解釈論の変動を踏まえると，本判決は，旧民訴法下の双面的独立当事者参加に係る最高裁判例を無批判に踏襲し，民訴法40条1項ないし3項の全面的な準用を自明視しているとうかがわれる点で，もの足りない部分があることは否定できない。

　そして，牽制説の立場から本件事案を具体的に検討すれば，ZはXから著作権を譲り受けたとして自らの権利を主張する以上，XY請求が棄却されてXの著作権に基づく権利の存在が否定されたとしても，それはむしろZの主張と整合する結論であり，Zにとって何ら不利益はなく，ZがXY請求を牽制する必要性はもはや解消されたともいえそうである[注23]。

(b) しかし，牽制説に立脚して準用の範囲・程度を再検討するにしても，本件で問題となっている弁論の分離や一部判決についてこれを許容することは，法解釈としては難しいと考える。

　すなわち，たとえば自白の可否についてであれば，当該自白が民訴法40条1項の「全員の利益」を損なわないか否かという評価の問題に帰するので，規範的判断によって柔軟な対応をすることにも余地がある。これに対して，三当事者間の手続進行の統一は，民訴法40条3項またはその類推に基づく法の直

注20) 菱田・前掲注15) 113頁。
注21) 準用に消極的な立場からの整理として，三木浩一「多数当事者紛争の処理（特集 新しい時代の民事訴訟法）」ジュリ1317号（2006）42頁，とくに49頁以下。
注22) 本件について民訴法上の観点から検討した評釈は少なく，本項目筆者の把握する限り，注15) の3点を数えるのみである。
　　なお，齋藤・前掲注15) は本判決の判旨に全面的に賛同する。
注23) 菱田・前掲注15) 113頁以下。

截的な要請であるといえ，明らかにこれに反する弁論の分離や一部判決を許容する余地はないのではないか。

　別の言い方をすれば，弁論の分離や一部判決がされるということは，いったん独立当事者参加が認められたのにもかかわらず，後になってそれ以上の参加の継続が拒否されることを意味するが，そのような取扱いをする法律上の根拠はどこにあるのだろうか。

　また，訴訟を脱退した当事者が判決の効力を受けるという民訴法48条の規定は，いったん独立当事者参加によって生じた三当事者関係は原則として訴訟終了まで維持されることを予定しており，弁論の分離や一部判決を認めることはこれと整合しないように思われる。

　(c)　さらに，牽制説に立脚した実質的な価値判断で考えても，次のようなケースを想定すると，弁論の分離や一部判決を認めることは妥当ではない。すなわち，本件のようにＸの訴訟追行態度が消極的であるなどの事情により，ＸＹ請求について弁論が分離されて判決がされた場合に，仮に，その後になってＸが同判決に対して上訴し，熱心に訴訟追行を始めたときは，Ｚには牽制の必要性があるのにもかかわらず，独立当事者参加は既に解消されてしまっており，本来認められるべきＺの利益が害されることになる[注24]。

　これに対し，Ｚとしては，あらためてＸＹ請求の上訴審に独立当事者参加してこれを牽制することも考えられるが[注25]，実際には，弁論が分離されたＸＹ請求のその後の推移（上訴がされたことなど）について，Ｚがこれを把握することは必ずしも容易ではなく，また，上告審であればそもそも独立当事者参加は不可能である[注26]。

　(d)　以上より，判旨の結論には賛同できる[注27]。

注24）　もっとも，本件のように訴訟脱退があったケースでは，そもそもＸが上訴をすることは許されず，このような事態は生じないものと思われる。
注25）　菱田・前掲注15）114頁。
注26）　前掲注9）最判昭44・7・15民集23巻8号1532頁。
注27）　ところで，本件は係争物譲渡に伴う譲受人による独立当事者参加の事案であるが，かかる事情が本件争点の判断に影響を与えるかどうかについては定かではない。
　　なお，そもそも係争物譲渡の事案においては訴訟承継のみが認められ，独立当事者参加は認められないとする見解があるが（高橋(下)・461頁，上野泰男「当事者関連項目について」民商

実務上の指針

　本判決については，上記のとおり理論上の批判は強いものの，結論に関しては評価が分かれるところであろう[注28]。思うに，①法律の条文にはある意味で忠実であること，②実務上の関心が高い分野ではないことからは，このまま裁判例として定着するのではないか。

　そもそも，実務では独立当事者参加はあまり利用されていないといわれる[注29]。

　これについては，単純併合でも合一確定が事実上確保されることが多い，実務家の思考が二当事者対立型のシンプルな訴訟構造に慣れきってしまっている，などの原因が考えられる[注30]。

　そして，独立当事者参加制度内部にも，実務家にとっての「使いにくさ」があるものと思われる。すなわち，一方では，既存訴訟への参加という防御的な形でしか使えないという不便さが，他方では，民訴法40条1項ないし3項が準用されることに伴う訴訟追行上の負担（典型的には，自分に直接関係しない争点についての上訴であっても，それが確定するまで訴訟を継続しなければならないこと）という強すぎる効力の問題が，それぞれネックとなっているのではないか。なお，とくに後者については，代理人弁護士の感覚として，仮に訴訟脱退が可能な状態になっても，依頼者（当事者本人）に対する説明等の都合上，安易に脱退することもできず，負担感が大きいようである。

　独立当事者参加の潜在的な有用性は決して低くはないものと思われる。とくに，訴訟告知と併用して，または，これを解釈論もしくは立法論上の足がかりとして，海外でしばしば見られる「当事者引込み」[注31]の制度を発展させるこ

　　　110巻4＝5号（1994）687頁。注釈(2)〔池田辰男〕・252頁は反対か。），この点について論じた文献は極めて少ないようである。
注28）　なお，注22）参照。
注29）　ただし，人事訴訟や会社訴訟など対世効のある訴訟においては，補助参加（この場合は共同訴訟的補助参加となる。）ほどではないにせよ，比較的利用されるようである。
注30）　後者に関して，谷口安平「多数当事者訴訟について考える」法教86号（1987）6頁が興味深い。

とができれば，民事訴訟における紛争解決の幅は大きく広がる。

現状では理論ばかりが先行しているが，実務家の経験に基づく議論の集積も待たれるところである。

◆山 岸 泰 洋◆

判 例 18

福岡高裁平成19年4月17日判決[注32)]
　掲 載 誌：判タ1263号339頁
　原　　審：福岡地小倉支判平18・4・24（平成16年（ワ）第151号，同第395号）

一方当事者への参加の取下げにより片面的独立当事者参加の様相を呈するようになった訴訟において，一方当事者のみが控訴した場合に，控訴しなかった当事者の請求も移審するとした事例

事　案

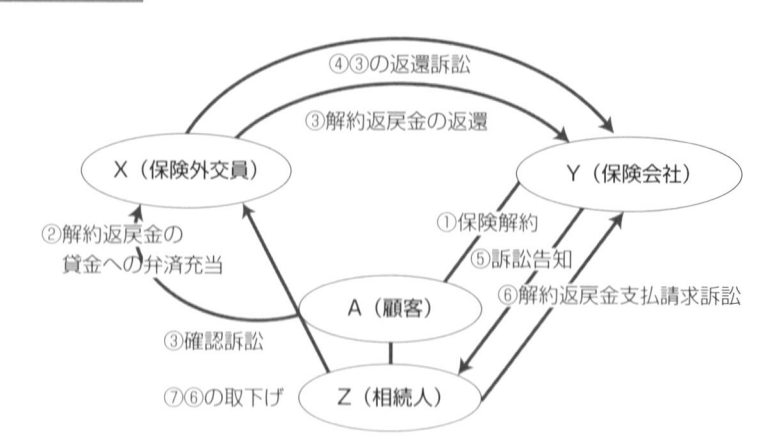

（図：X（保険外交員），Y（保険会社），A（顧客），Z（相続人）間の関係

- ①保険解約
- ②解約返戻金の貸金への弁済充当
- ③解約返戻金の返還
- ③確認訴訟
- ④③の返還訴訟
- ⑤訴訟告知
- ⑥解約返戻金支払請求訴訟
- ⑦⑥の取下げ）

注31）高橋(下)・452頁。
注32）上北武男・リマークス38号（2009）110～113頁。

保険会社Yの保険外務員であったXは，自らの顧客であったAが契約した4口の生命保険契約の解約手続をした。その解約返戻金等を，Aに対する貸金の弁済として受領したとXは主張したが，Aの親族からYに対し，Xが不正に解約返戻金等を受領しているとのクレームがあったことから，YはいったんXからその解約返戻金等に相当する額をYに返還させ，生命保険は解約していない状態とした。
　XはYに渡した金は預託金であるとしてYに返還を求めたため，Yがその後死亡したAの相続人Zに訴訟告知したところ，ZがYに対しては生命保険契約の解約に基づく解約返戻金等の支払を，Xに対しては同返戻金等がZに帰属することの確認を求めて独立当事者参加の申立てをした。その後，ZはXに対する確認請求を取り下げたため，片面的独立当事者参加の様相を呈するようになった。
　原審はXのYに対する請求を棄却し，ZのYに対する請求を認容したところ，XがYだけを被控訴人として控訴した。

判　　旨

　「Z〔被控訴人〕は，原審において，Y〔被控訴会社〕からの訴訟告知を受けて，独立当事者参加の申立をし，X〔控訴人〕に対し，Xの請求にかかる金員がZに属することの確認を求めるとともに，Yに対し上記解約返戻金等の支払いを求めたが，その後，Xに対する確認請求を取り下げたので，いわゆる片面的独立当事者参加の様相を呈するにいたった。」
　原審がXの請求を全部棄却し，Zの請求をそのとおり認容したところ，Xが控訴した。片面的独立当事者参加の様相を呈したことについて「その実質は合一確定の必要のあるいわゆる三面訴訟の関係にあるものであり，したがって，Zとの関係においても移審し，同Zも被控訴人とされるべきこととなるものと解する。」。
　そして判決理由中で「Zに対するYの控訴はないにもかかわらず，Zもまた被控訴人として扱われていること……に鑑み，ここで，ZのYに対する請求が正当であることを確認しておく。」。（請求棄却，確定）

参照条文　　民事訴訟法47条1項・4項，40条1項・2項

解　説

(1) 片面的独立当事者参加

　独立当事者参加は，三面訴訟と捉えるのが通説である。原告・被告間の訴訟に対して，参加人が原告および被告に対する請求を定立し，原告の被告に対する請求とあわせて矛盾のない統一的な審判を求めるのが通常である[注33]。そこでは三者間の紛争を矛盾なく解決することを目的としている。そのために合一確定が必要とされている（民訴47条1項・40条）。

　ところで，かつては原告および被告双方ではなく，一方に対してのみ請求を定立して参加することの可否が議論されたが，現行法では原告または被告の一方に対してのみ請求を定立して参加申出することを認めている（片面的参加〔民訴47条1項〕）。

　本件では，Y（保険会社）は，XのYに対する請求が棄却されれば，Z（参加人，保険契約者の相続人）に対して，解約返戻金の支払をしないことは考えられない事案であった。すなわち，YとしてはXかZのいずれかに対してのみ金銭を支払う事案であり，XZ間のいずれかには金銭の支払をすることは確実といえるものであった。

　そのため，ZがXに対する請求を維持する実益に乏しいと考えたためか，Xに対する確認請求を取り下げている。そのため，本件はXY間の訴訟に係属中に，ZがYに対する保険契約の解約返戻金の支払を求める請求のみを定立した状態となり，ZがXに対して後発的に片面的独立当事者参加の状態となった。

　そして，XはYのみを相手として控訴し，Zを控訴の相手方としなかったため，独立当事者参加と上訴の問題となった。また，本件では控訴されなかった請求について判決理由中で判断を示したことから，それがいかなる意味をもつかが問題となる。

(2) 片面的独立当事者参加と上訴

　(a) 移審するか否か

注33）　中野ほか・542頁。

本件ではまず，控訴人が控訴しなかった当事者の請求が移審するか否かが問題となる。

独立当事者参加訴訟においては，原告，被告および参加人の間の権利関係を合一に確定する必要がある。そのため，敗訴者の一方のみの上訴であっても判決の確定は遮断される必要がある。よって，敗訴者一方の上訴であっても全請求が確定されずに移審すると解されている[注34]。現実の議論においては，全請求が移審することを前提として，控訴しなかった当事者がいかなる立場に立つかが議論されている。

(b) 控訴しなかった当事者の立場

控訴しなかった当事者がどのような立場に立つかに関しては，不利益変更禁止の原則（民訴304条）との関係で問題とされる。

不利益変更禁止の原則は，上訴した者の不服の範囲内でのみ第1審判決の取消しおよび変更ができるとするものであり，控訴人は不服申立ての限度を超えて，自己に不利益に第1審判決を変更されないというものである。

控訴審の審理の結果，控訴しなかった者にとって有利に判決を変更しようとすると，判決に不服のない者に第1審判決よりも有利な判断をすることになるので，不利益変更禁止の原則に反する可能性があり，このこととの関連で，控訴しなかった者が控訴審でいかなる立場に立つかが議論されてきた。

控訴しなかった者を控訴人とすれば，第1審判決に対する不服を申し立てていることになり，この者に有利に判決を変更しても不利益変更禁止の原則に反することにはならない。

しかし，第1審判決後に訴訟にかかわりたくないといった意思をもって自ら控訴しなかった者を積極的に第1審判決を争う立場に置くことには疑問も呈されており，控訴しなかった者は被控訴人として扱うというのが現実的である。

そこで問題となるのは，控訴しなかった者に判決を有利に変更することの可否であるが，独立当事者参加が三面訴訟であり，当事者間で矛盾のない判断をして合一確定をする必要があることから，裁判所は控訴審の審理の結果，被控訴人である控訴をしなかった者にとって有利に判決を変更することが可能であ

注34) 前掲注12) 最判昭48・7・20民集27巻7号863頁。

ると解されている。この点で，合一確定の要請が不利益変更禁止の原則よりも優先すると理解されている。

 (c) **理由中で裁判所が判断を示したことの評価**
　本件では，判決理由中の判断として，ZのYに対する請求を認容した第1審判決を正当であると確認する旨判示した。これにはいかなる評価がされるべきか。上北武男教授は，本件の解説で2つの解釈の可能性を指摘されている。
　判決理由の判断は判決主文を導き出すためになされるものであり，本件のようにXのYに対する請求かZのYに対する請求のいずれかの択一的関係にある場合には，一方の請求が認められることを判示し，他方の請求が認められない根拠を示せばよい。本件でもZのYに対する請求が認められることを判示し，Xの控訴には理由がないことを説明すれば十分であり，Zの請求を認容した第1審判決を確認したのは念のため言及したにすぎない，とする解釈である。
　そしてもう一方では，Xの請求を棄却するには解約返戻金がいずれの当事者に帰属するのかを明らかにする必要があり，そのためにはXのYに対する請求もZのYに対する請求も，さらにZとXとの間の法律関係の内容も明らかにしなければならない，とする解釈である。
　本件で，ZのYに対する請求を認容するためには，XのYに対する請求が理由のないことを示すと同時に，ZとXとの間でも，XがZから解約返戻金の受領権限を与えられたか否かが問題となっており，この点も判断の対象となるはずである。このような理解から，ZのYに対する第1審の請求認容判決を控訴審で正当なものと確認したのも，判決理由としてそれを示すことによって三者間の権利・義務の存否につき合一確定を図る試みとも評価することができる，とされる[注35]。
　三者間の権利・義務関係を合一に確定することに独立当事者参加の意義があると考えると，本件で判決理由中に第1審判決が正当であることを確認することに意味があると考える。判決理由中での判断ではあるが，第1審での判断は示されており，当事者を拘束するに足る状態にあるといえる。訴訟審理が第1審中心で行われるべきこと，控訴人には第1審で十分に争う機会が与えられて

注35) 上北・前掲注32) 110〜113頁。

いたこと，これにより三者間の紛争を解決できることから，このように控訴審で第1審判決の正当性を判示した理由中の判断には拘束力を認めてよいと考える。

(d) 片面的参加と判決効

片面的参加の場合，請求の定立のない当事者が訴訟に存在することになる。この当事者間での権利・義務関係を判断する必要があるのではないか。この点について上北教授は，本判決が判決理由中で，請求が定立されていない当事者間の権利・義務関係について判示したことから，「請求の定立のない当事者・参加人間でも何らかの判断が期待できるのではないか。間接的にではあるが，その可能性が生じた。」[注36]と指摘されている。

そして，本件では，当初はZからXへの請求が定立されており，ZX間での主張・立証の機会が保障されていたことから，なんらかの拘束力を認めることも可能ではないかと指摘されており，正当な指摘であると考える。

判決効を受けるに足りる手続保障が与えられ，その判決効に当事者と参加人が拘束されることに正当性が見いだせるのであれば，上北教授の指摘されたように，なんらかの拘束力を認めることが合理的である。そうすることによって合一確定の要求に応えることが可能となると考えるからである。

実務上の指針

本件は，保険会社YはZかXいずれかに必ず支払をすることが予想される事案であったため，実益を考えてZは第1審勝訴後に訴えを取り下げている。また，XはYのみを被控訴人として控訴した。

独立当事者参加での合一確定を目指すのであれば，すべての請求が移審されるように行動すべきである。

本件でも本来であればZも請求を維持しておくべきであったし，XもZをも被控訴人として控訴すべきであったといえる。審理の対象となったすべての請求を上訴審での判断の対象としておけば，本件のような問題は生じないともい

注36) 上北・前掲注32) 113頁。

いうる。

　代理人としては，すべての請求が解釈によらずに移審されるよう行動すべきである。Ｚの代理人としては実益のない訴訟にかかわることのデメリットも十分に認識したうえで，控訴しなければ被控訴人の立場に立つが，不利益変更禁止の原則の例外として有利に判決が変更されることがある旨依頼者に説明すべきである。訴えの取下げをするか否かは控訴審の進行によって決定することも可能であろう。一般的には第１審判決が一つの指標となって控訴審で和解が進行することもあり，当事者としての地位を維持するメリットがあることも説明しておくとよい。

　本件Ｘの代理人であれば，ＸＺ間の権利・義務関係が大きな争点でもあったのであるから，被控訴人の選択についてＹとともにＺを被控訴人とすべきであったといえる。

　実務上は，すべての請求が控訴審の審理の対象となるように行動し，紛争解決基準を明確にしておくべきであろう。

◆坂　本　正　幸◆

判例 19

京都地裁平成19年8月29日判決
　掲　載　誌：判タ1273号302頁

建物収去土地明渡請求訴訟に対して当該対象建物の所有権が自己に帰属することの確認等を求める独立当事者参加の申出が参加要件を満たさないとされた事例

事　案

　Ａは敷地の一部に木造２階建建物（以下，「本件建物」という。）が建っている土地（以下，「本件土地」という。）を元所有していた。Ａが昭和61年４月に死亡し，Ｚがこれを相続した。Ｚは昭和61年７月にこの土地を担保にして債権者 G_1 から金銭を借り入れたが返済ができず，本件土地が競売された。Ｂが本件土地を平成13年５月に競落し，ただちに本件土地を担保にして債権者 G_2 から金銭を借り入

164　第2章　訴訟の当事者

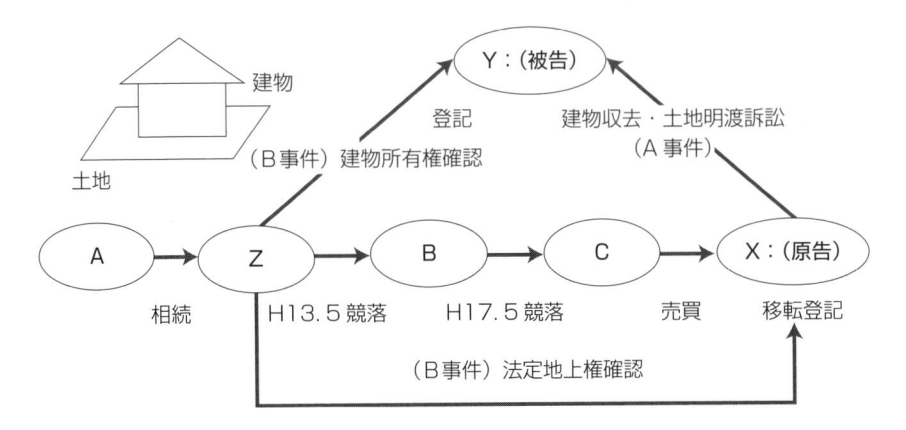

```
                          Y：（被告）
                        ↗           ↖
                     登記           建物収去・土地明渡訴訟
                （B事件）建物所有権確認      （A事件）

  A  →  Z  →  B  →  C  →  X：（原告）
 相続    H13.5競落  H17.5競落  売買    移転登記
        ←（B事件）法定地上権確認─────────
```

れた。その後本件土地が再び競売の対象となり、Cが平成17年5月に土地を競落した。Xは平成17年8月にCから本件土地を購入し、その旨の登記を得た。

本件建物は、Aの姉Dが建築したものであったが、平成6年4月にYを所有者とする表示登記がなされ、平成8年7月にはY名義の保存登記がなされていた。

平成6年競売事件および平成15年競売事件では、いずれも法定地上権の引受けを前提として売却条件が定められた旨の物件明細書が作成されている。

この状況で、Xは平成18年5月、Yを被告として本件建物の収去・本件土地の明渡し等を求める本訴（A事件）を提起したところ、Zは、平成18年9月、本件建物の所有権は自己に帰属するとしてその旨の確認と、本件土地について法定地上権を有することの確認を求める独立当事者参加の申出（B事件）をした。

判　旨

「X〔原告〕とY〔被告〕との間のA事件の訴訟物は、本件土地の所有権に基づく妨害排除請求権としての建物収去土地明渡請求権及び不法行為（本件土地の不法占拠）に基づく損害賠償請求権であるから、本件建物の所有権は事件の『訴訟の目的』であるとはいえない。」

「しかもZ〔参加申出人〕の主張する事実関係を前提とした場合、X〔原告〕が、Zの主張によれば建物所有権者でないY〔被告〕に対して土地所有権に基づく建物収去土地明渡しを請求する際の両者の関係は、あたかも建物についての物権変動における対抗関係類似の関係にあるというべきであり（最高裁平成4年（オ）第602号同6年2月8日第三小法廷判決・民集48巻2号373頁参照）、XとYの間における本件建物の所有権の帰属、XとZとの間における本件建物の所有権の帰属、及び、YとZとの間における本件建物の所有

権の帰属を合一に確定しなければならない必然性は認められない。」
　「したがって，Ｚの独立当事者参加の申出は，民事訴訟法47条に基づく参加申出としては不適法である。
　もっとも，Ｚの独立当事者参加の申出は独立の訴えとしての要件を備えているから，Ｚの提起したＢ事件はＡ事件と単純併合の関係にあることになる。」
（Ａ事件一部認容，Ｂ事件請求棄却，控訴）

参照条文　　Ｂ事件につき民事訴訟法47条１項，Ａ事件につき民法388条・177条，借地借家法10条１項

解　説

(1)　問題の所在

　本判決は，独立当事者参加の要件について判示したものである。本件では，ＸはＹが建物所有者であることを前提として訴えを提起しており，このことについてはＸＹ間に争いがない。

　Ｚは訴訟の目的である建物が自己の所有に属すると主張しており，民訴法47条１項後段の「訴訟の目的の全部または一部が自己の権利であると主張する場合」（権利主張参加）として独立参加してきている。

　Ｚの独立当事者参加が認められると，Ｚの本件建物がＺに帰属するという主張を裁判所は審理し，建物所有権についての判断をしなければならなくなる。そこで，民訴法47条１項後段に定める「訴訟の目的」の意義が問題となる。

(2)　独立当事者参加の要件としての「訴訟の目的」

　権利主張参加は，既存当事者の訴えの目的たる権利関係の全部または一部が自己に帰属することを主張しての参加である。より正確にいうと，参加人の請求が本訴の請求と論理的に両立しえない関係にある場合である。そして，論理的に両立しえないことは，参加人の請求の趣旨のレベルで判断し，そのレベルで両立していないということで十分であり，本案審理の結果，判決において両立することになることは差し支えない[注37]。

典型的な例としては，XがYに不動産を譲渡し移転登記を済ませた後に，XがYとの契約を解除し，Yに対して移転登記の抹消請求を請求している場合に，Xから不動産の所有権を譲り受けたと主張するZが，Xに対しては所有権確認を，Yに対しては所有権移転登記の抹消またはZへの移転登記を求めるような場合がある注38)。

このように1つの不動産の所有権を争う場合には訴訟の目的についての権利主張参加となる。

また，上記のXとYの訴訟に対し，ZがYから不動産につき地上権の設定を受けたと主張して訴訟に参加しようとした場合である。

この場合，Xが所有権者としてZの地上権を承認しても，XはYに対する請求を維持できるので，Zの地上権とXの所有権は論理的に両立する関係にある。そこで，この場合には権利主張参加はできないこととなる。

なお，この事例でZが訴訟当事者以外のAから地上権の設定を受け，XYに対して地上権確認を求めて参加できるかについては，争いがあり，これを認める見解もあるが，これを広すぎるとする見解もある注39)。

本件で裁判所は，XYZの権利関係を二重譲渡に類似した法律関係にあるとしたうえで，二重譲渡における権利主張参加について判示したものと見ることも可能である。

すなわち，二重譲渡の場合には，権利主張参加を認めるのが多数説であるが，本件では権利主張参加を認めなかったのであって，多数説の立場に立たないとの判断を示したものと見ることができる。

しかし，本判決の解説注40)では，本件の事情から判断して権利主張参加の多数説を排斥したものではないのではないかとしている。本件では，「A事件は，平成18年9月15日の第3回口頭弁論期日に，被告〔Y〕の本人尋問及び参加申出人〔Z〕の証人尋問を予定していたところ，当日になって，両名とも法廷に出廷しない旨の連絡をし，現に出頭しなかったため，尋問が実施できなかっ

注37) 高橋(下)・399頁。
注38) 中野ほか・540頁。
注39) 中野ほか・540頁，高橋(下)・401頁。
注40) 「京都地裁平成19年8月29日判決」判タ1273号302〜303頁。

た。そこで，A事件は，同月29日に弁論期日が指定され，終結が予定されていたところ，同月26日，参加申出人が独立当事者参加の申出（B事件）をしたため，弁論を終結できなかった。」という事情がある。

また，被告Yと参加申出人Zの間に賃貸借契約が締結されていたとする事実は認められないとしているが，その理由として，契約書が書証として提出されていないこと，また，平成6年競売事件の際に執行官に対して賃貸借契約が成立している旨を報告した事実がないこと，および平成15年競売事件の際には執行官に賃貸借契約は締結されていない旨報告していること，本人尋問に出頭しなかった理由について，従兄弟の死後100日の葬祭のため韓国に行っていたというが，そうであれば尋問期日の変更を希望する旨申し出ているはずであること（その当時韓国に行っていたことを証するパスポートも提出されていない。）から，被告の供述が信用できないとしている。

本件では賃貸借契約が締結されていなかったのにそれが締結されていたかのように装った，YとZの共謀による執行妨害の可能性が高いと判断している。

このような事情が，裁判所がZの申出に対して独立当事者参加を認めなかった実質的理由であるのではないかとの指摘をしている。

(3) 対抗関係と独立当事者参加

本件では，Zの地上権がXに対抗できるかが実体法の問題として判断されている。

不動産の二重譲渡の場合には，登記がなければ第三者に所有権を対抗できないので（民177条），訴訟で勝訴して登記を先に具備することが必要である。

ところで，本件では，建物はY名義であり，Zは建物所有者であることをXに対抗できない。したがって，Zは対抗関係にあるXに対しては必ず敗訴する関係にある。このような場合にまで建物の所有権の帰属を合一に確定する必然性はないと判示している。

最判平6・9・27（判時1513号111頁・判タ867号175頁）は，YからXおよびZへの二重譲渡の事案で，Xの移転登記請求訴訟とZの仮登記の本登記請求訴訟は論理的に両立することから，参加申出は不適法としている。これは，ZのXに対する仮登記が存在していることから，仮登記の順位保全効があり，Zは

YからXへの移転登記がされてもXに対する本登記の承諾請求訴訟で必ず勝訴できる。そのため，X移転登記請求権とZの仮登記の本登記請求は両立するのである[注41]。

本件では，仮にZの主張のとおりであっても，Xに対抗できないので，必ずZはXに敗訴する関係にあるから，XのYに対する請求とZの請求が両立すると判断したと考えることができる。

(4) 独立当事者参加の申出が不適法な場合の処理

本件では，Zの参加申出は不適法であるが，この申出が訴え提起の要件を満たすときには適法な訴えとして扱い，先に係属している事件と単純併合の関係にあるとした。

実務上の指針

権利主張参加の要件を満たすか否かについては，参加人の請求が本訴の請求と両立しえないことが必要である。代理人としては，請求の両立性を実体法の権利から判断することになる。

本件では民法177条の対抗問題で参加人が仮に参加人の主張のとおりの権利関係であったとしても本訴原告に勝訴できないことを理由の一つとしている。

また，最判平6・9・27も仮登記の順位保全効を根拠として請求が両立すると判断している。

実体法の権利関係を整理し，参加申出をしても参加申出で主張した権利関係が認められないことが明らかな場合は権利主張参加はできないと判断するほかない。

本件事案では該当しないが，二重譲渡の事案であれば，債務不履行責任の追及などの他の手段で依頼者の損害を最小限に食い止める法律構成をし，それに従った現実的な対応を検討すべきであろう。

◆坂 本　正 幸◆

[注41] 髙橋(下)・400頁。

第3章　訴えの提起

I　訴権の濫用

1　概　説

(1)　民事訴訟と信義則

　民法1条2項の「権利の行使及び義務の履行は，信義に従い誠実に行わなければならない」との規定を受け，民訴法2条は「当事者は，信義に従い誠実に民事訴訟を追行しなければならない」と規定する。訴訟行為への信義則の適用可能性は，従来，判例上，民法1条2項の類推適用という形で認められており，民訴法2条は，これを前提として，当事者の訴訟行為についても，信義誠実訴訟追行義務を課したものと説明される[注1]。

　信義則が民事訴訟手続に適用される結果として，当事者は，行為規範として

注1) 　私法行為については民法1条2項の信義則および同条3項の権利濫用の禁止原則が適用される。旧（平成8年改正前）民訴法下でも民法の規定の類推適用という形で訴訟行為への信義則の適用可能性は一般に認められていた（最判昭34・3・26民集13巻4号493頁等）。民訴法2条は従来の判例の考え方を前提に民事訴訟に関する手続につき裁判所および当事者の責務を定めたものと解されている。民事訴訟と信義則についての参考文献としては山木戸克己『民事訴訟法論集』（有斐閣，1990）などがある。

信義に従い，誠実に訴訟行為をしなければならず，また，裁判規範として，信義則に違反する訴訟行為は，裁判所によって却下されるか，訴訟行為本来の効力が否定されることがある(注2)。

(2) 訴権の濫用

信義則は，訴訟の経過の全面にわたり適用があるため，訴え提起の時期，および従来の紛争の経緯などを考慮して，原告が訴訟物についての紛争解決を求める正当な利益を有しないと認められるときには，訴えが訴権の濫用として却下される（訴訟上の権能の濫用の禁止）。

(3) 信義則違反となる他の類型

訴訟行為が信義則違反となる類型としては，訴権の濫用のほかに，以下のようなものがある(注3)。

  (a) 訴訟上の禁反言

当事者の訴訟行為が，その者が既に行った訴訟行為と矛盾するものである場合には，相手方の信頼を害するという趣旨から，矛盾する訴訟行為が禁止されることがある。ただし，相手方の信頼が害されると認められるためには，第1に，先行行為についてどの程度の信頼が生じていたか，第2に，後行の矛盾行為を認めることによってどのような不利益が相手方に生じるか，第3に，矛盾行為が禁じられることによって，その者自身にどのような不利益が生じるのか，第4に，矛盾行為をせざるをえなくなった事情などを裁判所が総合的に判断する必要がある(注4)。矛盾行為は，同一請求に関するものに限られるものでない

注2) 伊藤・296頁。
注3) 伊藤・297頁以下。
注4) 前掲注1) 最判昭34・3・26民集13巻4号493頁は，必要的共同訴訟人の1人の死亡による訴訟手続の中断を無視して自ら訴訟行為を続けてきながら敗訴判決に対する上告審で自らの訴訟行為の無効を主張したのを訴訟信義のうえから許されないとした。最判昭51・3・23判時816号48頁は，契約の無効を前提として本訴請求がなされたのに対して，その有効を前提として被告が反訴請求をなし，これに対して原告が本訴請求を放棄して，契約の有効を前提とする再反訴をなしたところ，被告が反訴請求を放棄し，契約の無効を再反訴に対する抗弁として主張した事案でこの抗弁が訴訟上の信義則に反するとした。

とされている。

(b) **訴訟上の権能の失効**

長期間にわたって訴訟上の権能が行使されないと，その不行使について相手方の信頼が形成され結果として権能の行使が信義則によって制限されることがある。訴えという本案の申立てについて，この法理が適用されるかどうかについては見解が分かれている[注5]。

(c) **訴訟状態の不当形成の排除**

一方当事者が手続上の地位を取得するために，その基礎となる事実を故意に作出したり，逆に事実の発生を妨げたりした場合には，信義則を根拠として地位の取得が否定されることがある[注6]。

2 判 例

判 例 20

最高裁平成18年7月7日判決[注7]
掲 載 誌：民集60巻6号2307頁・判時1966号58頁
原 審：広島高判平17・1・27民集60巻6号2329頁参照
原 々 審：広島地判平16・5・14民集60巻6号2321頁参照

戸籍上の父母とその嫡出子として記載されている者との間の実親子関係について父母の子が不存在確認請求することが権利の濫用にあたらないとした原審の判断に違法があるとされた事例

注5) 訴えは裁判を受ける権利として憲法上保障されたものであるから，単に紛争発生から提訴までに長期間が経過したというだけでは訴権の失効が正当化されるものではないという見解がある（伊藤・298頁）。
　　最判昭63・4・14判タ683号62頁は，原告が35年余訴訟進行の措置を執らなかったため信義則上もはや訴訟追行の権能を失ったとして訴えを却下した高裁の判断を維持した。
注6) 札幌高決昭41・9・19高民集19巻5号428頁は，故意に管轄原因となる事実を作って自己に好都合な裁判所に訴えを提起するような場合に，旧民訴法によって与えられる管轄選択権の濫用としてその管轄権を否定し，本来の管轄裁判所に移送した。
注7) 若林昌子・主判解平成19年度〔別冊判タ22号〕(2008) 51頁，西希代子・家族法判例百選〔第7版〕〔別冊ジュリ193号〕(2008) 52頁，二宮周平・主判解平成18年度〔臨増判タ1245号〕(2007) 44頁，水野紀子・重判解平成18年度〔ジュリ臨増1332号〕(2007) 87頁。

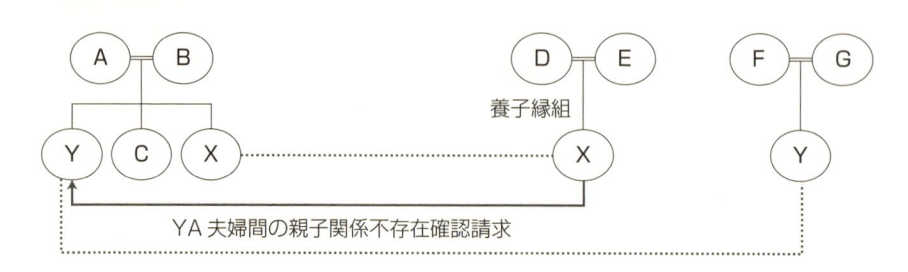

事案

```
  A══B              D══E         F══G
  │                  養子縁組       │
 ┌┼┐                              │
 Y C X ←――――――――――― X             Y
        YA夫婦間の親子関係不存在確認請求
```

　X（被上告人）は，大正12年，亡Aと亡B夫婦（以下，「A夫婦」という。）の長女として出生し，後に亡Dと亡E夫婦（以下，「D夫婦」という。）と養子縁組し，D夫婦の子として養育された。亡Cは，大正14年，A夫婦の二女として出生した。Y（上告人）は，昭和16年ころ，亡Fと亡G夫婦（以下，「F夫婦」という。）の間に出生したが，AはF夫婦の懇請に応じYをA夫婦の長男として出生の届出をした。A夫婦は，YをA夫婦の実子として養育した。Yは，大学卒業後，婚姻したが，昭和51年までA夫婦およびCと生活をともにした。Aは昭和49年に死亡したが，生前Yが実子でない旨を述べたことはなく，Aの遺産はすべて妻であるBが相続した。Yは，平成5年ころには，自分がF夫婦の子であることを認識するに至ったが，その後も従前同様，B，CおよびXとの間で家族としての関係を継続した。Cは平成14年に自宅で死亡しその10日後に発見された。Xは，Yが独りで生活していたCの安否を確認しなかったことやCの法要の参列者をXに相談なく決めようとしたことなどに反発し，YとA夫婦との間の実親子関係を否定するに至った。Yは，Xによる親子関係不存在確認請求訴訟において，本訴請求は権利の濫用であると主張した。

原審の判断

　身分関係を公証する戸籍にはその記載が正確であることを確保すべき要請があること，身分関係の存否確認訴訟の判決には対世的効力があるからその訴えの提起者に関する個別事情を重視することは相当でないこと，現在の特別養子縁組制度においても厳格な要件と重大な効果が法定されていることに照らせば，本件訴訟に至る経緯，本訴請求が認容されることによりYの受けるであろう精神的苦痛等を考慮しても，Xの本訴請求が権利の濫用にあたるとまでいうことはできないとした。

I 訴権の濫用 173

判　旨

「実親子関係不存在確認訴訟は，実親子関係という基本的親族関係の存否について関係者間に紛争がある場合に対世的効力を有する判決をもって画一的確定を図り，これにより実親子関係を公証する戸籍の記載の正確性を確保する機能を有するものであるから真実の親子関係と戸籍の記載が異なる場合には実親子関係が存在しないことの確認を求めることができるのが原則である。しかし，戸籍の正確性の要請等が例外を認めないものではないことは……明らかである。」「そこで戸籍上の両親以外の第三者である丁が甲乙夫婦とその戸籍上の子である丙との間の実親子関係が存在しないことの確認を求めている場合においては，甲乙夫婦と丙との間に実の親子と同様の生活の実体があった期間の長さ，判決をもって実親子関係の不存在を確定することにより丙及びその関係者が被る精神的苦痛，経済的不利益，改めて養子縁組の届出をすることにより丙が甲乙夫婦の嫡出子としての身分を取得する可能性の有無，丁が実親子関係の不存在確認請求をするに至った経緯及び請求をする動機，目的，実親子関係が存在しないことが確定されないとした場合に丁以外に著しい不利益を受ける者の有無等諸般の事情を考慮し，実親子関係の不存在を確定することが著しく不当な結果をもたらすものといえるときには，当該確認請求は権利の濫用に当たり許されないというべきである。」「本件においては，……次のような事情があることが明らかである。」

「Y〔上告人〕の出生の届け出がなされた昭和16年からBが死亡した平成8年までの約55年間にわたり，YとA夫婦ないしBとの間で実の親子と同様の生活の実体があり，かつX〔被上告人〕は，Cの死亡によりその相続が問題となるまでYがA夫婦の実子であることを否定したことはない。」「判決をもってYとA夫婦の実親子関係の不存在が確定されるならば，Yが受ける精神的苦痛は軽視し得ないものであることが予想され，また，……Cの死亡によりその相続が問題となっていることから，Yが受ける経済的不利益も軽視し得ないものである可能性が高い。」「A夫婦は，Xが実の子ではない旨を述べたことはなく……A夫婦が死亡した現時点においてYがA夫婦との間で養子縁組をして嫡出子としての身分を取得することは不可能である。」「Xは，Cの死亡の発見が遅れたことについて憤りを感じたこと，Cの法要の参列者がXに相談なく決めようとされたことなどからYとA夫婦との親子関係を否定するに至ったというのであるが，そのような動機に基づくものであったということは，XがYとA夫婦との間の実親子関係を否定する合理的な事情とはいえない。」「Xにおいて上記実親子関係の存在しないことの確認を求めることが権利の濫用に当たらないとした原審の判断には判決に影響を及ぼすことの明らかな法令の違反がある」として，実親子関係不存在確認請求に関する部分について破棄し広島高裁に差し戻した。（一部破棄，差戻し）

> 参照条文　民事訴訟法2条，人事訴訟法2条2項

解　説

(1) 親子関係不存在確認請求と訴権の濫用

　いわゆる"藁の上からの養子"について当該養子および戸籍上の父母以外の他の子（養子）からの親子関係不存在確認請求の事案で，親子関係不存在確認請求が権利の濫用にあたるかどうかについては既に最判平9・3・11（裁集民182号1頁・家月49巻10号55頁）（以下，「平成9年最判」という。）において詳細に判示されている。この平成9年最判は①親子関係不存在確認訴訟が基本的な親族関係の存否につき対世効を有する判決をもって画一的確定を図り，身分関係を公証する戸籍の正確性を担保する機能を有するものであること，②不存在の判決が確定した後改めて養子縁組届出をすることにより嫡出母子関係を創設するなどの方策を講ずることも可能であること等をかんがみ，結論として戸籍上の父母とその嫡出子として記載されている者との間の親子関係について父母の養子が不存在確認請求することは権利の濫用にあたらないとした。

　平成9年最判には可部恒雄裁判官の「戸籍上の両親が死亡した後に親子関係不存在確認の判決が確定した場合は，戸籍上の父母と同居し，その実子として養育され，社会的にその存在を肯定された"藁の上からの養子"は，罪なくしてその身分を一挙に剥奪され，その相続分は零となる。かかる不合理が法の当然に予定するところであるとは到底考え難い」との補足意見が付されており，この補足意見はその後の判決等に影響を与えていると思われる。

(2) 本判決の位置づけ

　いわゆる藁の上からの養子については主に虚偽の嫡出子出生届の養子縁組届としての効力の論点が議論されてきたが，当該養子以外の者が親子関係不存在の確認を求めることが権利の濫用となるかどうかについても古くから問題とされてきた。判例は，従前，一般に権利濫用を認めることに慎重な立場を採っていた。たとえば最判昭56・6・16（民集35巻4号791頁）は父が死亡した後の他

の子 (実子) が提起した戸籍上の嫡出子に対する父子関係不存在確認訴訟の事案であり，権利濫用の主張を認めなかった原審の判断についても上告理由とされたが棄却された。

　学説においては，権利の濫用についてはその成立をある程度緩やかに解するものから極めて厳格に解するものまで様々であり，具体的事情によるという前提に立ちつつ，実子同様の事実状態が長期間形成されてきた場合には，原則としてこれを尊重すべきであるという考え方に立っているもの[注8]や，不存在確認請求が権利の濫用とされるためには請求することが強度の反社会性を有する場合に限るとし，その理由として親子関係不存在確認請求は本来法の意図するところに従って実体身分関係に引き戻そうとする正当行為であるからそれを拒否するにはそれだけの反社会性が必要である等を挙げているとするものがある[注9]。このような判例，学説の状況の中で，本判決は，虚偽の嫡出子出生届に関して提起された親子関係不存在確認請求について詳細な理由を付して，権利の濫用の主張を採用しなかった原判決を破棄し[注10]，権利濫用の法理を用いることを示した初めての最高裁判決である。

(3) 濫用の法的意味

　親子関係不存在確認請求訴訟における権利の濫用の主張の性質について，訴権の濫用とみるか実体的な権利濫用とみるか見解が分かれている。訴権濫用の先例としては，最判昭53・7・10 (民集32巻5号888頁) がある[注11]。同判決は「被上告人の本件訴提起は訴権の濫用にあたるものというべく，右訴は不適法

注8) 谷口知平『親子法の研究』(有斐閣，1956)，中川高男〔最判昭50・4・8の評釈〕・判評199号 (判時783号) (1975) 20頁。
注9) 小野幸二〔京都地判昭54・10・30の評釈〕・判評261号 (判時975号) (1980) 32頁。ただしこの事件は権利の濫用を認めてよい事案としている。
注10) 太田晃詳・曹時61巻5号 (2009) 195頁。
注11) 有限会社の経営の実権を握っていた者が，第三者に対し自己の社員持分全部を相当の代償を受けて譲渡し，会社の経営を事実上上記第三者にゆだね，その後相当期間を経過しており，しかも上記譲渡の当時社員総会を開いて承認を受けることが極めて容易であったなどの事実関係の下において，上記譲渡人が上記社員持分譲渡を承認する社員総会決議およびこれを前提とする役員選任等に関する社員総会決議の不存在確認を求める訴えを提起するのは，訴権の濫用として許されないとする。

たるを免れない」として訴えを却下している。平成9年最判は,「被上告人の本訴請求が権利の濫用に当たり許されないものということはできない」として,判文上は,訴権の濫用について述べていない。本判決も平成9年最判と同様に訴権の濫用について述べるものではないが,事件を破棄して原審に差し戻している。この点について明示の判断をしていない。

◆角川　穂奈美◆

判　例　21

東京高裁平成13年1月31日判決[注12)]
　掲　載　誌：判タ1080号220頁
　原　　　審：東京地判平12・5・30判タ1038号154頁

もっぱら相手方当事者を被告の立場に置き,審理に対応することを余儀なくさせることにより,訴訟上または訴訟外において相手方当事者を困惑させることなどを目的としてなされた訴えの提起が訴権を濫用するものとして,却下された事例

事　案

X（控訴人）の妻AがY（被控訴人）から昭和48年6月,同58年8月,平成3年8月の3回にわたり強姦されたことを請求原因として,XAがYに対し損害賠償請求をしたところ,Aの損害賠償およびXの請求のうち昭和48年6月の強姦行為に基づく訴えは分離され,本案判決がされた。そして,分離後のXの請求について訴権を濫用するものであるとして訴えを却下した。

原審の判断

分離後のXの損害賠償請求部分について,原審は,「訴えの提起においては,提訴権者が実体的権利の実現ないし紛争の解決を真摯に目的とするのではなく,相手方当事者を被告の立場に立たせ,それにより訴訟上又は訴訟外において有形,無形の不利益,負担を与えるなど不当な目的を有し,提訴者の主張する権利又は

注12）倉田卓次＝宮原守男＝倉科直文＝佐藤博史『判決　訴権の濫用』（日本評論社,2002）。

法律関係が事実的，法律的根拠を欠き権利保護の必要性が乏しいなど，民事訴訟制度の趣旨・目的に照らして著しく相当性を欠き，信義に反すると認められる場合は，訴権を濫用するもの」として訴えを却下した。Xは控訴した。

> **判　旨**
>
> 　民事訴訟制度は提訴権者が申し立てた権利又は法律関係（訴訟物）の発生・変更・消滅を招来させる事実の存否について実体的に審理・判断し，実体法規の解釈・適用を経て，提訴者の主張した権利又は法律関係の存否を宣言することにより，社会に惹起する法律的紛争の解決を果たすことを趣旨・目的とするものであるところ，かかる紛争解決の機能に背馳し，当該訴えが，もっぱら相手方当事者を被告の立場に置き，審理に対応することを余儀なくさせることにより，訴訟上又は訴訟外において相手方当事者を困惑させることを目的とし，あるいは訴訟が係属，審理されていること自体を社会的に誇示することにより，相手方当事者に対して有形・無形の不利益・負担若しくは打撃を与えることを目的として提起されたものであり，右訴訟を維持することが前記民事訴訟制度の趣旨・目的に照らして著しく相当性を欠き，信義に反すると認められた場合には，当該訴えの提起は，訴権を濫用する不適法なものとして，却下を免れないと解するのが相当である。もとより，国民は裁判制度を利用することが憲法上の権利として保障されているのである（憲法32条）から，権利の存否に関する実体的判断を受ける権利が最大限尊重されなければならず，訴権濫用の判断が慎重にされなければならないことは言うまでもないが，相手方当事者といえども，平穏に社会生活を過ごす権利を有していることは自明のことであり，右述べたような訴権の濫用に当たると認められる場合には，訴訟が係属することによって被る有形・無形の負担，社会的評価の低下等の不利益から相手方当事者が早期に解放されるように配慮し，併せて民事訴訟制度がかかる濫用的な利用に加担することを防止するとともに，健全な民事訴訟制度の利用の確保を図ることが要請されるべきである。」（控訴棄却，上告〔上告棄却，上告不受理，確定〕）

参照条文　　民事訴訟法2条，民法1条3項

解　説

(1) 本判決の位置づけ

　本判決は，原判決の「訴権濫用＝訴え却下」の判断をほぼ同趣旨の理由により維持した。訴権濫用の要件を詳細に明示し，それを判断するための考慮要素についても言及している点で，訴権の濫用を主張する場合に具体的にどのような要素を考慮すればよいかを考えるうえで参考になるものである。

　本判決は(2)で紹介する裁判例と同様，実体権を有しない原告が被告を困惑させる等不当な目的のために訴えを提起する訴訟狂・仮想訴訟等の形で従来から訴権の濫用の典型とされてきたものに位置づけられるといえる。

(2) 訴権の濫用に関する裁判例

　訴権の濫用にあたるとして訴え却下とされた裁判例や訴権の濫用が不法行為にあたるとして損害賠償請求を認めた裁判例として以下のような事例がある。

　① 東京地判平 8・1・29判タ915号256頁

　既に請求棄却の確定判決があるにもかかわらず，実質的に同一内容の請求を15回以上繰り返したという事案で，東京地裁は，「控訴人は専らA及び被控訴人を困惑させる目的で，いたずらに同一訴訟を蒸し返していると推認でき，今後も同様の訴えが際限なく繰り返されるであろうことが容易に予想される。かかる訴えの提起は，被控訴人の地位を不当に長く不安定な状態におき，ことさらに被控訴人の応訴のための負担を強いることを意に介さず，むしろそれを意図しているものであり，民事訴訟制度を悪用したものであるとの評価を免れない。したがって，控訴人の本件訴えは訴権の濫用にあたり不適法であり，しかもその点を補正することができない」とした。

　② 東京地判平 2・12・25判時1379号102頁

　訴外Aと被告との間で和解が成立した後に，被告が訴外Aやその相続人である原告らに対し，和解が無効である等を理由に繰り返し14回の民事訴訟を提起し，4回の告訴を行ったという事案で，東京地裁は，「いずれも，自己の請求や告訴に理由がないことを認識しながら，いたずらに亡訴外Aないし原告らを民事訴訟の被告あるいは刑事事件の被疑者の座に据え，あえて亡Aないし原

告らに経済的出捐をなさしめ，あるいは精神的苦痛等を加えることを目的としてなされたものであって，訴権あるいは告訴権の濫用に当たり，不法行為になることは明らかというべきである。」として慰謝料および弁護士費用の請求を認めた。

(3) 訴権の濫用と損害賠償

(2)で紹介した裁判例は，前訴が訴権の濫用であり不法行為にあたるとして損害賠償請求を認めた。どのような場合に後訴で損害賠償請求が認められるかは裁判例による事例の蓄積によらざるをえないが，この点については，不法行為の違法性の問題であるとして訴権の濫用の概念による必然性はないという見解もある[注13]。本判決は実際には後訴で損害賠償請求を提起していないが，全国的に名の知れた宗教法人の代表者を被告にするため事実無根の強姦等を理由に損害賠償請求を提起した典型的な不当訴訟であるので，そのことを理由に損害賠償請求訴訟を提起した場合，慰謝料等が認容される可能性は十分考えられると思われる。

実務上の指針

一般に訴権の濫用として訴えが却下される場合とは，本判決が示したように「提訴者の意図・目的・提訴に至るまでの経過，言動，提訴後の訴訟追行態度等の諸事情を中核としながらも，訴訟提起・追行による相手方当事者の応接の負担，相手方当事者及び訴訟関係者が訴訟上又は訴訟外において被ることがあるべき不利益・負担等の内容を斟酌するとともに，提訴者の主張する権利又は法律関係の基礎となる事実的，法律的根拠の有無，蓋然性の程度等の事由をも前記主観的意図を推測させる有力な評価根拠事実として考慮の上，総合的に検討して」判断される。

訴権の濫用といった場合に，実体上の権利すなわち請求する権利自体はあるがその行使が著しく信義に反する場合であるのか，実体上の権利そのものがな

注13) 百選Ⅰ〔山本和彦〕・17頁。

い場合であるのかを区別する必要があると思われるが，いずれの場合であっても訴権の濫用にあたらないことは訴訟要件の一つであるから，前者の場合に実体上の権利の濫用を理由に，後者の場合に権利がないことを理由に，請求棄却を求めるだけでなく，上記訴権濫用の要件に該当しないかどうかを検討すべきである。本判決も「訴訟要件の審理の過程で実体審理にも及んだ結果，原告の主張事実が認められないという結論に至れば，請求棄却の本案判決をするということも考えられないわけではない。しかし，……訴権濫用の要件があると認められる場合には，当該訴え自体を不適法として排斥することが，民事訴訟手続上，裁判所に要請されているものと解すべきである」としている。とくに実体上の権利そのものがないにもかかわらず訴えを提起された場合，訴権濫用の要件を検討・主張し，原告の訴訟意図・目的等を明らかにした方が，後訴で不法行為に基づく損害賠償請求訴訟を提起する場合，不法行為事実が立証しやすくなるのではないかと思われる。

◆角川　穂奈美◆

Ⅱ　訴額の算定①——訴額算定の原則

1　概　説

(1)　訴　額

　訴額，すなわち，訴訟物の価額とは，訴訟の目的の価額である[注1]。

　訴額は，事物管轄を定める基準となり（裁33条1項1号），訴え提起等の手数料の額（印紙額）を算出する基礎となる（民訴費4条1項）。

(2)　訴額と事物管轄との関係

　訴額と事物管轄の関係については，民訴法8条が規定する。

　民訴法8条1項は，管轄が訴訟の目的の価額により定まるときは，その価額は，訴えで主張する利益によって算定されるとする。これにより，事物管轄は，訴えにより主張する利益の額により算定される訴訟物の価額により決せられることとなる。訴えで主張する利益とは，当該請求が認容されたときに原告が直接享受する経済的利益をいい，その利益は金銭で評価する方法により算定される[注2]。

　また，民訴法8条2項により，価額を算定することができないとき[注3]，または，極めて困難であるときは，その価額は140万円を超えるものとみなされる（民訴8条2項）。裁判所法33条1項1号により，簡易裁判所は，「訴訟の目的の価額が140万円を超えない請求」について第1審の管轄を有することから，価額を算定できない，または，極めて困難として価額が140万円を超えるとみ

注1）　訴額は，訴訟物の価額の略称である（裁判所書記官研修所監修／金井繁二＝小野和夫＝寺尾英明『訴額算定に関する書記官事務の研究〔補訂版〕』（法曹会，2002）4頁）。
注2）　梅本・50頁。
注3）　非財産上の請求であり，経済的利益を直接の内容としない権利義務関係に関する請求であるから，金銭で評価できないため，その価額は，140万円を超えるものとみなしている（梅本・51頁）。

なされる訴えは，地方裁判所が第1審の管轄となる。

(3) 訴額と手数料額との関係

訴額と手数料額との関係については，民事訴訟費用等に関する法律（以下，「民訴費法」という。）4条が次のとおり規定する

(a) 訴訟物の価額の算定の原則

手数料の額の算出の基礎とされている訴訟の目的の価額は，民訴法8条1項および9条の規定により算定する（民訴費4条1項）。したがって，訴額は，訴えで主張する利益により算定する。

(b) 非財産権上の請求

財産権上の請求でない請求に係る訴えについては，訴訟の目的の価額は，160万円とみなされる（民訴費4条2項前段）[注4]。

このような非財産権上の請求の例としては，会社成立無効確認，株主総会決議無効・取消し，子の否認・認知請求，幼児引渡請求などがある[注5]。

(c) 財産権上の請求で算定困難なもの

財産権上の請求に係る訴えで訴訟の目的の価額を算定することが極めて困難なものについても，非財産権上の請求と同様に，訴訟の目的の価額は，160万円とみなされる（民訴費4条2項後段）。

価額を算定することが困難なものの例としては，人格権に基づく差止請求訴訟，会社法等の規定に基づく取締役等の違法行為の差止請求訴訟，解雇無効確認・従業員たる地位の確認訴訟等などがある[注6]。

(d) 財産権上の請求でない請求と財産権上の請求をあわせてするとき

1つの訴えにより財産権上の請求でない請求とその原因である事実から生ずる財産権上の請求をあわせてするときは，多額である訴訟の目的の価額による

[注4] なお，民訴法8条2項との関係であるが，民訴法8条2項はあくまで事物管轄決定のための規定であり，したがって，「140万円を超える」とすればよいのに対し，訴額については，一義的に決定する必要があることから，民訴費法4条2項で具体的に「160万円とみなす」と規定されている（伊藤・44頁，基本法コンメI・51頁）。

[注5] 裁判所書記官研修所監修／金井＝小野＝寺尾・前掲注1）10頁，小川英明＝宗宮英俊編『事例からみる訴額算定の手引〔改訂版〕』（新日本法規出版，2004）6頁。

[注6] 新民訴一問一答・36頁。

(民訴費4条3項)。

(4) 訴額算定の基準時

訴訟物の価額は，訴えの提起の時を標準として定める[注7]。この点，民訴法15条は，訴訟物の価額により定まる管轄について，訴えの提起の時を標準として定めると規定する。

(5) 手数料の納付とその不足

訴訟の提起は，裁判所に訴状を提出して行い（民訴133条），その際，民訴費法により算定された手数料額について，訴状に印紙を貼付することによりこれを納める（民訴費3条1項）。

手数料のない，あるいは，手数料不足の申立ては不適法なものとなる（民訴費3条・6条・8条）。

必要な手数料が納付されていない場合，裁判長は，補正を命じ，補正命令に従い，印紙が追完されたときは，訴状は提出の時に遡って有効となる[注8]。

これに対し，補正がなされない場合には，命令で訴状を却下する（民訴137条）。

2 判 例

判 例 22

東京高裁平成5年3月30日決定
掲載誌：判タ857号267頁
原 審：東京地命平4・12・22（平成4年（ワ）第17849号）

訴え提起の手数料の額は，訴え提起時を基準として算出すべきで，抗告審で訴えの一部が取り下げられてもその効果は遡及するものではないとされた事例

注7) 最判昭47・12・26判時722号62頁。裁判所書記官研修所監修／金井＝小野＝寺尾・前掲注1) 5頁。
注8) 最判昭31・4・10民集10巻4号367頁，最決昭37・11・30裁集民63号365頁。

184　第3章　訴えの提起

事　案

提訴　原告　146名

訴額1万円×146＝146万円
↓
補正命令　訴額95万円×146
↓
納付なし　訴状却下命令

即時抗告　原告のうち，144名　一部取下げ

訴額1万円×144＋95万円×2　として
印紙追貼

　(1)　Xら146名は，平成4年10月12日，国を被告として，東京地裁（原審裁判所）に，①自衛隊員等のカンボジア等への派遣等の禁止，②自衛隊員等のカンボジア等への派遣は憲法違反であることの確認，③Xらそれぞれに対し，自衛隊員のカンボジア派遣による財政支出により被る損害の内金1万円を支払えとの内容の訴訟を提起した。

　(2)　Xらは，訴訟提起に際し，訴額を146万円（1万円×146）とし，これに対応する1万2100円（当時）の収入印紙を訴状に貼用した。

　これに対し，原審裁判長は，Xらに対し，訴額を1億3870万円（95万円（当時）×146），印紙額を53万4600円（当時）とし，不足額として，印紙52万2500円（53万4600円−1万2100円）を命令到達の日から21日以内に納付すべき旨の補正命令を発した。

　しかし，Xらは，上記期間内に追加の印紙を納付しなかったので，原審裁判所は，〔平成8年改正前〕民訴法228条2項に基づき，本件訴状を却下する命令をした。

　(3)　これに対し，Xらが，即時抗告し，その後，Xら抗告人のうち，X_1，X_2を除く144名は，上記①〜③の請求のうち，①の自衛隊員等の派遣等の禁止，②の自衛隊員等の派遣は憲法違反であることの確認の請求を取り下げ，したがって，訴額は334万円（1万円×144＋95万円×2），印紙額は2万4600円（当時）であるとし，不足額として印紙1万2500円を追貼した。

　Xらは，これにより，訴状の瑕疵は遡及的に治癒したと主張したものである。

決定要旨

　(1)　本件訴訟の訴訟物と手数料額について

「本件訴訟の訴額を算出すると，各X〔抗告人〕らの請求について，前記①の請求及び②の請求の訴額は，非財産権上の請求として民事訴訟費用等に関する法律（以下「費用法」という。）4条2項により95万円とみなされるが，両請求は，訴えをもって主張する利益が同一であるから，両請求の訴額は併せて95万円になり，③の損害賠償の請求の訴額は1万円であるが，同法4条3項の適用によりその訴額は多額である①，②の請求の訴額によることとなるので本件訴訟の訴額に算入せず，結局，Xらの請求の訴額は，Xらそれぞれにつき95万円であり，本件訴訟の訴額は，右訴額を合算すると1億3870万円になり，訴状に貼用するべき印紙額は53万4600円である。したがって，Xらが既に納付した収入印紙額1万2100円に不足する額である収入印紙52万2500円の納付を命じた原審の補正命令に違法はない。」

(2) 訴えで主張する利益は共通か

「Xらは，Xらの①の請求と②の請求とは，訴えの対象が国〔被告〕の1個の行為（不作為）であるから，その訴額は，Xら全員の請求を一括して95万円とするべきであると主張する。しかし，Xらの訴えの対象である国の行為は1個であっても，Xらが国の行為の差止めや違法であることの確認により受ける利益は，Xらごとに個別独立であって同一とはいえないから，本件訴訟の訴額の算定は，Xら各自の請求ごとに個別的に算定した訴額を合算するのが相当である。Xらの右主張は理由がない。」

(3) 訴えの取下げにより効果が遡及するか

「Xらは，前示のとおり訴えの一部を取り下げたことにより，本件訴訟の訴額は合計334万円（その内訳は，抗告人X_1，X_2の請求については，訴額は各95万円，その余のXらの請求については，各1万円）と算定され，これに対する申立手数料は2万4600円であると主張する。

そこで，検討すると，訴え等の申立ての手数料については，費用法は，訴えなど同法所定の申立てをするには，手数料の納付を要し，手数料は訴状等に収入印紙を貼って納めなければならないとし，手数料のない申立ては不適法と定めている（同法3条，6条，8条）こと，右手数料の算出の基礎とされる訴額は，訴えにより主張する利益を基礎に算定される（費用法4条1項，〔平成8年改正前〕民事訴訟法22条）こと，最初にすべき口頭弁論期日の終了前における訴えの取下げがある場合に手数料額の一部が還付されること（費用法9条2項）などの各規定に照らすと，申立手数料の額は申立て時，すなわち訴えの提起の時を基準として算出され確定するものと解される（〔平成8年改正前〕民事訴訟法223条）。ちなみに，訴額により定まる事物管轄の標準時は訴えの提起時である。そして，訴えの提起のときとは，訴状が裁判所に提出されたときと解される。仮に，訴えの提起に瑕疵がある場合でも，訴状の提出がある以上，訴えの提起自体は存在し，補正することにより右瑕疵は治癒され，訴状提出による訴えの提起が遡って適法なものとなるものであり，補正されたときに訴えの提起があったものとされるものではない。したがって，訴えの提起時に訴状に貼付された収入印紙の額が申立手数料の額に

不足したが、後に追貼された場合においては、当初あった瑕疵は補正により治癒され、訴えなどの提起は適法になるが、右補正のために追貼すべき収入印紙の額は、右補正のときではなく、訴状が裁判所に提出されたときを基準に算定されることになる。」

(4) 訴えの提起の時とは

「Xらは、申立手数料算定の基準時である訴えの提起とは、訴状が裁判所にされたときではなく、裁判長が訴状に瑕疵がないと認めるか、又は訴状に瑕疵があるときはその瑕疵の補正が行われて訴状が適法として受理するべきものとされて送達手続が開始されるときであり、そのときまでに請求が減縮されれば手数料額もこれに応じて減縮されると主張するが、前記費用法等の趣旨に照らすと、申立手数料は、申立て時である訴状が裁判所に提出されたときに算定されると解されるから、右主張は理由がない。したがって、Xらの一部が、その訴えの一部を取り下げたとしても、本件訴状の訴額を334万円として、申立手数料を算定することはできない。そうすると、本件訴えの申立手数料は、右訴えの一部の取下げにかかわらず、結局、53万4600円ということになる。」

(5) 訴え取下げの遡及効との関係

「Xは、訴えの取下げの遡及効により、取り下げた部分の請求は、訴額算定の基準にならないと主張する。しかし、申立手数料は、裁判制度を利用しようとする者が反対給付として国に納付するものであって、私人と国との間の公法関係に基づくものであり、申立てにより納付義務を生じるものであること、訴額算定の基準時が前記のとおり訴状その他の書面を裁判所に提出したときと解されること、前記手数料額の一部の納付の還付について前記の規定があることからすると、申立手数料の納付義務の存否を、本件訴訟法上の制度である訴え取下げの遡及効にかからせることが相当であるとは考えられない。」（抗告棄却）

参照条文　〔平成8年改正前〕民事訴訟法22条〔現行8条〕・〔平成8年改正前〕民事訴訟法228条〔現行137条〕、民事訴訟費用等に関する法律3条・4条・6条・8条

解　説

(1) 手数料追納に関する判例

手数料追納に関しては、以下の各判例がある。

① 訴状提出の時に手数料が不足していても、原告が、手数料の不足額を追

納した場合には，訴状は，提出の時から適法な訴状となる[注9]。
② 訴状補正命令を受けた当事者が補正期間に不足額を追納せず，訴状却下命令が確定するまでは，不足額を追納することができる[注10]。
③ 訴状却下命令に対し，抗告した場合において，上級審で手数料額を追納した場合も，瑕疵は補正され，訴状は提出の時に遡って有効となる[注11]。

(2) 本決定の判断
(a) 上記各判例の事案に対し，本件は，訴状却下命令に対する抗告後，原告の一部が訴えを取り下げ，これにより，訴え取下げ後の額を基準とすれば，手数料に不足は生じなくなったという事案である。

これに対し，本決定は，訴え提起時の手数料額には不足を生じているから瑕疵は治癒されないとして，訴状却下命令に対する抗告を却下した。

本決定の判断内容は次のとおりである。

(ア) 複数原告の訴訟の訴額の算定に関して

まず，本決定のうち，訴額算定に関する部分については，複数の原告が提起した差止請求について，最決平12・10・13（裁集民200号1頁〔判例23〕）同様，「対象である被告の行為は1個であっても，差止めや違法であることの確認により受ける利益は，原告らごとに個別独立であって同一とはいえない」として，「各自の請求ごとに個別的に算定した訴額を合算するのが相当である」とし，合算説の立場に立つ。

(イ) 手数料額決定の基準時に関して

次に，本決定は，「訴え等の申立ての手数料」について，①訴えなど申立てをするには，手数料の納付を要し，手数料のない申立ては不適法と定めていること（民訴費3条・6条・8条），②手数料の算出の基礎とされる訴額は，訴えにより主張する利益を基礎に算定されること（民訴費4条1項，〔平成8年改正前〕民

注9) 最判昭29・11・26判時41号11頁。なお，訴状に所定印紙を貼用せず，またはそれに不足のある場合，上告審において追貼したときは，訴状ははじめより有効となると判示したものである。
注10) 東京高決昭57・2・18判時1039号77頁。
注11) 最判昭31・4・10民集10巻4号367頁，最決昭37・11・30裁集民63号365頁。

訴22条〔現行8条〕），③最初にすべき口頭弁論期日の終了前における訴えの取下げがある場合に手数料額の一部が還付されること（民訴費9条2項）の各規定に照らし，申立手数料の額は申立て時，すなわち訴えの提起の時を基準として算出され確定するものとする（〔平成8年改正前〕民訴223条〔現行133条〕）。

　(ウ)　**追納手数料額の算定に関して**

　そして，本決定は，手数料の追納に関しては，訴額により定まる事物管轄の標準時は訴えの提起時であり，訴えの提起の時は，訴状が裁判所に提出された時であって，仮に，訴えの提起に瑕疵がある場合でも，訴状の提出がある以上，訴えの提起自体は存在し，補正することにより上記瑕疵は治癒され，訴えの提起が遡って適法なものとなるものであって，補正された時に訴えの提起があったものとされるものではないから，補正のために追貼すべき収入印紙の額は，補正の時ではなく，訴状が裁判所に提出された時を基準に算定されるとする。

　(b)　以上より，本決定は，申立手数料は，申立て時である訴状が裁判所に提出された時に算定されると解されるから，その後に，一部が訴えの一部を取り下げても，訴えの取下げの遡及効とは別に，申立て時に算定される訴額算定に変更はないとする。

(3)　**本決定に対する評価**

　上記のとおり，本決定は，訴状却下命令後の訴えの取下げによっても，訴訟提起時を基準に算定される手数料額に影響はないとしたものである。この点，申立手数料の額は申立て時，すなわち訴えの提起の時を基準として算出されるとする以上，事後に訴えの取下げがあっても，既に確定され手数料額に影響はないもので，本決定の判断は，理論的にも正当なものといえる。

　訴えの取下げとの関係においても，第1回口頭弁論期日以後の訴えの取下げにおいて手数料額の還付がないこと（民訴費9条3項参照）との比較から，訴えの一部取下げによっても，手数料額に変更はないものとされるべきといえよう。

　その点で，本決定の判断は，正当なものと評価される。

実務上の指針

　本決定は，訴状却下命令に対する抗告後，原告の一部が訴えを取り下げても，訴え提起時の手数料額に不足を生じている以上，瑕疵は治癒されないとしたものである。

　この点，上級審で手数料額を追納した場合も，瑕疵は補正され，訴状は提出の時に遡って有効となるとする判例[注12]により，ともすれば，事後的に，訴えの変更と併せての手数料の不足を治癒することが可能なように考えることがありうる。

　しかし，本決定は，明確にこれを否定したものである。

　本件のような原告を多数とする差止請求の事案においては，手数料額の納付可能性も課題の一つとなる。手数料額の算定は，慎重に行うとともに，事後の訴えの取下げを前提として，一部手数料額の納付のみで訴訟を提起する方法は，訴状却下命令発令という結果を招来しうるものであるから，手数料納付の判断の誤りのないよう，代理人は留意が必要である。

参考判例

　東京高決昭30・3・23東高民時報6巻3号45頁・判時49号64頁

　訴状に貼付した印紙額が不足で印紙追納命令がなされた後，原告が訴えを変更し，変更後の訴えにおいて手数料額に不足がない状態としたが，訴状却下命令がなされた事案の抗告審において，訴え変更により訴訟は変更された新訴訟のみになるとし，訴訟物の価額は訴え変更後の目的物の価格によることが相当であるとして，訴状を却下した原決定を失当として取り消した。

　この決定は，訴え変更がなされた場合，訴訟物の価額は訴え変更後の目的物の価格によるとし，〔判例22〕とは異なる判断をするものである。

◆木　下　直　樹◆

注12）前掲注11）記載の最判昭31・4・10民集10巻4号367頁，最決昭37・11・30裁集民63号365頁。

III 訴額の算定②──併合請求における訴額の算定

1 概　説

(1) 訴額の合算

併合請求における訴額は，原則として，各請求の訴額を合算して得た額とする（民訴9条1項本文）。

なお，訴額の合算は，請求の目的の価額の合算であり，請求ごとの手数料額を合算するものではない注1)。

(2) 訴額の合算の例外──訴えで主張する利益が共通である場合

訴額合算の原則の例外として，訴えで主張する利益が各請求について共通である場合は，各請求の訴額を合算することなく，多い額の一方の訴額による（民訴9条1項ただし書）。

この場合，訴えをもって主張する経済的利益がその共通部分について吸収し合うからである注2)。

経済的利益が共通である場合としては，①占有正権原の確認請求と同権利に基づく引渡（明渡）請求，②登記できる権利の確認請求と同権利についての登記手続請求，③全部義務を負担する複数の債務者に対する各債務の履行請求，④主位的請求と予備的請求，⑤選択的併合に係る数個の請求などがある注3)。

(3) 併合請求とは

民訴法9条1項は，1人の原告が複数の請求をする客観的併合の場合と原告

注1) 基本法コンメ I・54頁。
注2) 裁判所書記官研修所監修／金井繁二＝小野和夫＝寺尾英明『訴額算定に関する書記官事務の研究〔補訂版〕』（法曹会，2002）12頁。
注3) 裁判所職員総合研修所監修『民事実務講義案〔4訂版〕』（司法協会，2008）51〜52頁。

が複数存在する主観的併合の場合の両方に適用される[注4]。

　他方，民訴法9条1項が適用される併合請求は，提訴時において，併合して提訴される場合をいい，提訴後に複数の訴訟が併合された場合は含まれない。これに対し，第1審で併合された訴訟について，控訴を提起する場合には，控訴提起時には併合請求は経済的利益を共通にしているから，民訴法9条1項ただし書が適用される[注5]。

(4)　民事訴訟法9条1項ただし書の適用が問題となる事例

　民訴法9条1項ただし書の適用が問題となる場合として，原告を多数とする行政処分の取消訴訟，差止訴訟がある[注6]。

　これらの訴訟においては，「訴訟の目的」は同一であっても，民訴法9条1項の「訴えをもって主張する利益」は，「原告が全部勝訴の判決を受け，その内容が実現された場合にもたらされる経済的利益」であるから[注7]，原告の立場により，これが異なることもありうる。

　本件以前の判例は，主張する利益は原告ごとに別個独立に存在するとし，原告ごとに算定した訴額を合算するとしたものが一般であったが，主張する利益は共通であるとし，合算を不要とする判例もあった。

注4）　基本法コンメI・54頁。
注5）　最判昭47・12・26判時722号62頁。
注6）　コンメI・167頁。
注7）　裁判所書記官研修所監修／金井＝小野＝寺尾・前掲注2）4頁。

2 判　例

判　例 23

最高裁平成12年10月13日決定[注8]
掲　載　誌：裁集民200号１頁・判時1731号３頁・判タ1049号216頁・金判1107号７頁
原　　　審：広島高命平12・２・９（平成11年（行コ）第19号）

林地開発行為により自己の水利権，人格権，不動産所有権等が害されるおそれを主張して，開発区域周辺の複数の住民が開発許可処分の取消しを求める訴えを提起した場合に，訴えにより主張する利益は全員に共通であるとはいえないとして，訴訟の目的の価額は各原告の主張する利益によって算定される額の合算額とすべきであるとされた事例

事　案

【第１審】

Ｘら245名 → Ｙ

Ｘら　　　手数料95万円分（Ｘら全員分として）貼付
裁判所　　不足印紙分追貼命令
Ｘら　　　10名分印紙貼付
裁判所・残り235名分訴え却下

【控訴審】

Ｘら却下235名のうち207名 → Ｙ

Ｘら　　　手数料95万円分（Ｘら全員分として）貼付
裁判長　　不足印紙分追貼命令
Ｘら　　　３名分印紙貼付
裁判長・残り204名分控訴状却下命令
Ｘら　　　190名が抗告

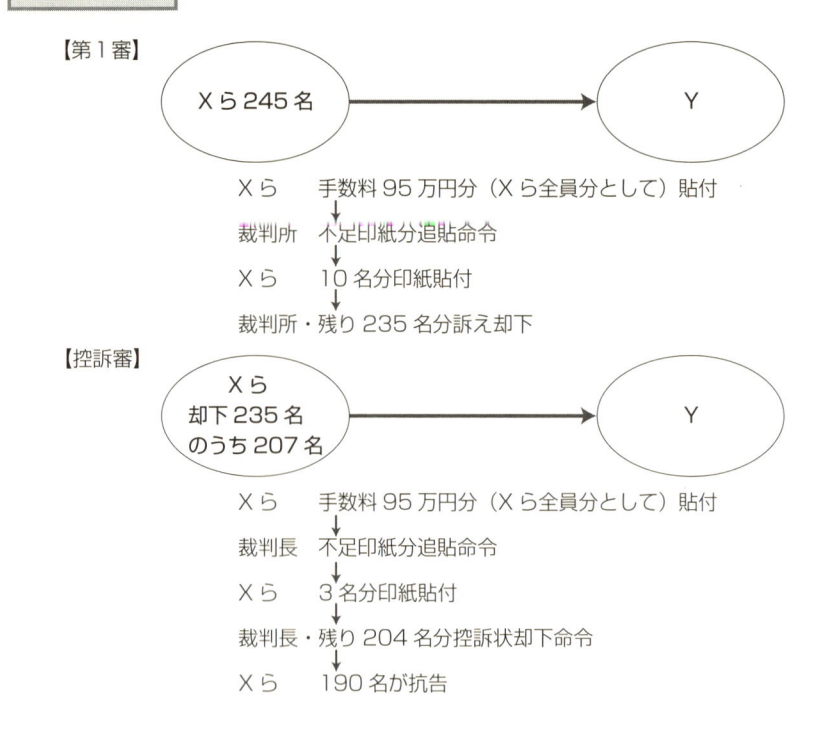

(1) Xら原告245名は，広島県知事を被告とし，広島地裁に森林法10条の2に基づき訴外会社に対し行った林地開発許可処分の取消訴訟を提起した。

Xらは，訴額について，訴えで主張する利益の算定は不能または極めて困難であり，主張する利益は全員に共通であるとして，全原告分の手数料として訴額95万円（当時）に対応する印紙額8200円（当時）を貼付して訴訟を提起した。

(2) 第1審の広島地裁は，口頭弁論を開いたうえ，訴額は95万円に原告数を乗じた額であるとして不足分の印紙額の追貼を命じた。これに対し，原告らは，10名は印紙を追貼したが，残る235名については，印紙の追納をしなかった。そこで，広島地裁は，この235名について訴えを却下した。

(3) 却下判決を受けた235名の原告のうち，207名が控訴した。控訴状には，控訴した控訴人全員分として，訴額95万円に対応する6150円（当時）の印紙を貼付した。

控訴審（原審）の広島高裁裁判長は，訴額は95万円に控訴人数を乗じた額であるから手数料は53万1450円（当時）になるとし，不足額の追納を命じた。

これに対し，控訴人らは，3名は印紙を追納したが，残る204名については，印紙の追納をしなかった。そこで，原審裁判長はこの204名について，控訴状却下の命令をした。

これに対し，控訴状却下命令を受けた者のうち190名が，本件訴訟により主張する利益は，許可処分の取消しにより許可のなかった状態の回復を求めることにあり，これらの利益は原告ら全員に共通するから，原告ら全員につき控訴額は95万円，印紙額は6150円となるとして，抗告した。

決定要旨

(1) 多数の者が共同で訴訟提起した場合の訴額の算定について

「訴えや控訴の提起の手数料の算出の基礎となる『訴訟の目的の価額』は，『訴えで主張する利益』によって算定し，一の訴えで数個の請求をする場合には，その価額を合算したものを訴訟の目的の価額とするのが原則であるが，その訴えで主張する利益が各請求について共通である場合におけるその各請求については，右の合算をしないものとされている（民事訴訟費用等に関す

注8) 長屋文裕〔判批〕・NBL746号（2002）61頁，長屋文裕・主判解平成13年度〔臨増判タ1096号〕（2002）262頁，乙部哲郎〔判批〕・民商125巻2号（2001）59頁，中村雅人〔判批〕・訟月47巻10号（2001）224頁，行政判例研究会編『平成12年行政関係判例解説』266頁〔石井寛明〕，川嶋四郎・リマークス24号（2002）113頁，川嶋四郎〔判批〕・法セ564号（2001）111頁，六車明・行政判例百選Ⅱ〔第5版〕〔別冊ジュリ182号〕（2006）440頁，門脇雄貴〔判批〕・自治研究79巻7号（2003）127頁。

る法律（以下，『費用法』という。）4条1項，民訴法8条1項，9条1項。）。したがって，現行法の採用している手数料制度の下においては，多数の者が共同して訴えを提起した場合においても，原則として各原告の主張する利益によって算定される額を合算して訴訟の目的の価額を算定し，費用法別表第1に従って，手数料の額を算出することになる。もっとも，同表が訴訟の目的の価額が増大するほどこれに対応する手数料の負担割合を逓減する仕組みを採用していることにより，多数の者が共同して訴えを提起する場合に，各原告ごとに見れば，単独で同じ訴えを提起する場合に比べて，低額の手数料を負担することで足りる。そして，例外的に，共同原告がその訴えで主張する利益が共通であると認められる場合には，右の合算が不要となり，共同原告が何名であっても，全員で1名分の手数料のみを負担すればよいことになる。」

(2) 本件訴訟において訴えで主張する利益について

「本件訴訟は，X〔抗告人〕らを含む245名が共同原告となって，国〔相手方〕を被告とし，相手方が森林法10条の2に基づいて平成10年12月4日付けでAに対してした林地開発行為の許可処分（以下『本件処分』という。）の取消しを求めるものである。」

「本件訴訟において原告らが訴えで主張する利益は，本件処分の取消しによって回復される各原告の有する利益，具体的には水利権，人格権，不動産所有権等の一部を成す利益であり，その価額を具体的に算定することは極めて困難というべきであるから，各原告が訴えで主張する利益によって算定される訴訟の目的の価額は95万円とみなされる（費用法4条2項）。」

(3) 訴えで主張する利益が共通といえるかについて

「そして，これらの利益は，その性質に照らし，各原告がそれぞれ有するものであって，全員に共通であるとはいえないから，結局，本件訴訟の目的の価額は，各原告の主張する利益によって算定される額を合算すべきものである。そうすると，訴えを却下した1審判決に対する本件控訴の手数料の額は，右合算額に応じて費用法別表第1の1項により算出される訴えの提起の手数料額を基として，その1.5倍の額の2分の1の額となる（同2項，4項）。したがって，原審裁判長のした前記追納命令及び前記控訴状却下命令（原命令）は，費用法及び民訴法の規定にのっとったものであって，適法である。」

(4) 多数原告の提訴を困難にするとの点について

「なお，Xらは右のような解釈は多数の住民が共同して提訴ないし控訴することを困難にするものであるというが，本件において，各原告は，単独で控訴をする場合には6150円の手数料を負担しなければならないところ，共同して控訴したことにより，右の合算をした上で前記の逓減がされる結果，約2567円の手数料を負担すれば足りるのであって，右の所論は当たらない。」（抗告棄却）

| 参照条文 | 民事訴訟法8条1項・9条1項，民事訴訟費用等に関する法律4条1項・2項 |

解　説

(1) 併合請求の訴額の算定

本件は，245名の原告が，同一内容の林地開発許可処分の取消訴訟を提起した事案であるが，このような原告を複数とする主観的併合の場合について，民訴法9条1項ただし書は，訴えで主張する利益が各請求について共通である場合は，各請求の訴額を合算しないとしており，同法は，行政事件訴訟手続においても適用される（民訴費1条・4条1項）。

(2) 主張する利益が共通な場合とは

X（原告）らは，訴訟提起に際し，訴えで主張する利益の算定は不能または極めて困難であり，主張する利益は全員に共通であるとして，全原告分について訴額は95万円であるとして訴訟を提起した。原告を多数とする行政処分の取消訴訟について，民訴法9条1項ただし書の「訴えで主張する利益が各請求について共通」に該当するかについては，2つの立場がある。民訴法8条1項の「訴えで主張する利益」は，「その訴訟物についての訴え提起をした原告が全部勝訴の判決を受け，その内容が実現された場合に直接もたらされる経済的利益のこと」とされ[注9]，したがって，同一の行政処分の取消しを求めるものとして同一の法律関係が争われる場合でも，各原告の立場により，訴額が異なる場合があるとされるものである。

この点について，①原告の数だけ訴額を合算すべきとする説（合算説）は，各人の請求によって得られる利益は，その性質に照らし，別個独立で，共通性が認められないことを論拠とする[注10]。この合算説が，実務上一般であり[注11]，合算説に立つ判例としては，東京地命平3・5・27（判時1391号156頁），東京

注9）　裁判所書記官研修所監修／金井＝小野＝寺尾・前掲注2）4頁。
注10）　時岡泰「審理手続」雄川一郎ほか編『現代行政法大系(5)行政争訟2』（有斐閣，1984）143頁，園部逸夫編『注釈行政事件訴訟法』（有斐閣，1989）448頁。

地決平4・2・10（判タ789号251頁），東京高決平4・7・29（判タ796号211頁），東京高決平5・3・30（判タ857号267頁）等多数がある。

　これに対し，②訴額を原告の数だけが合算する必要はないとする説（非合算説）は，差止請求の地域の公共的利益であり，住民は共通の利益を重畳的に主張しているとする[注12]。非合算説に立つ判例としては，大阪高決平5・8・9（判タ834号218頁），大阪高決平5・12・21（判時1503号85頁）がある[注13]。

(3)　本決定の判断

　本決定は，まず，原告らが訴えで主張する利益は，「本件処分の取消しによって回復される各原告の有する利益，具体的には水利権，人格権，不動産所有権等の一部を成す利益」とし，その「価額を具体的に算定することは困難」として訴訟の目的の価額は95万円（当時）とみなされるとした。このように，本決定は，原告らが訴えで主張する利益について，「価額を具体的に算定することは極めて困難」とし，民事訴訟の費用等に関する法律4条2項を適用するもので，X（原告）らの請求を財産上の請求としたものである。

　そのうえで，本決定は，各原告が訴えで主張する利益が共通といえるかについて，「これらの利益は，その性質に照らし，各原告それぞれが有するものであって，全員に共通であるとはいえない」として，訴額は，各原告の主張する利益によって算定される額を合算すべきとし，95万円を原告数分合算した額に応じて算出すべきであるとした。

　本決定は，最高裁が，本事案について，合算説に立つことを明示したものである。

(4)　本決定の意義および本決定に対する評価

　本決定は，合算説に立つ従前の裁判実務が正当であることを確認したものとして，その意義は大きいといえる[注14]。

注11)　乙部・前掲注8）207頁，中村・前掲注8）227頁，行政判例研究会編・前掲注8）270頁〔石井〕。
注12)　川嶋・前掲注8）法セ564号111頁。
注13)　なお，中村・前掲注8）228頁によれば，両判例は，同一の裁判体によるとのことである。

また，本決定は，民訴法改正による民訴法9条1項ただし書の最初の最高裁の決定である[注15]。

ただ，本決定のように，合算説に立てば，訴額は，原告数合算されるわけで，原告を多数とする差止訴訟において，訴額は，原告の数が増えるほど，非合算説よりはるかに高い額となる。したがって，多数の住民が共同して提訴することを困難にすると批判するものもある[注16]。

本決定は，このような指摘に関して，「各原告は，単独で控訴をする場合には6150円の手数料を負担しなければならないところ，共同して控訴したことにより，右の合算をした上で前記の逓減がされる結果，約2567円の手数料を負担すれば足りる」として，単独での提訴よりは訴額が逓減されるとの理由でかかる批判はあたらないとしている。

実務上の指針

本決定は，多数の周辺住民の人格権等が主張された林地開発許可処分の取消訴訟の訴額に関し，合算説に立つことを明らかにしたものである。

本決定の判断を行政処分の取消訴訟に広く一般化しうるかについては，訴額の算定は，各訴訟において原告の主張する利益の性質により決せられるものであり，また，本決定も事例判断の形式を採っていることから，直ちには肯定しえないが，本決定の考え方は，行政処分の取消訴訟に広く妥当すると解される[注17]。

したがって，原告を複数とする行政処分の取消訴訟における訴額の算定について，合算説に立つ本決定を認識したうえで，訴額の算定，また，各原告に対する手数料の告知を検討することが必要である。

◆木 下 直 樹◆

注14) 長屋・前掲注8) NBL746号65頁，中村・前掲注8) 229頁。
注15) 乙部・前掲注8) 61頁，行政判例研究会編・前掲注8) 269頁〔石井〕，中村・前掲注8) 229頁。
注16) 川嶋・前掲注8) 法セ564号111頁，川嶋・前掲注8) リマークス113頁。「実質的にみて一般的・包括的な差止救済が求められている事件類型では訴額を合算しないのが妥当であると考える」とする。
注17) 長屋・前掲注8) NBL746号65頁，長屋・前掲注8) 主判解平成13年度264頁。

IV 訴訟費用

1 概　説

(1) 訴訟費用の裁判

　当事者が訴訟手続を追行するにあたって要した費用のうち、民事訴訟費用等に関する法律2条所定の種目に属するものは、訴訟費用として、同法所定の額が当事者間の償還関係の対象となる(注1)。

　そして、個々の訴訟事件について、当事者らが負担すべき訴訟費用をいずれが負担するかは、訴訟事件を完結する裁判において裁判所が原則として職権で(注2)訴訟費用の全部につき裁判をする（民訴67条）。

(2) 訴訟費用負担の原則

　(a) 原　則

　訴訟費用は敗訴当事者が負担するのが原則とされている（民訴61条）。

　(b) 例　外

　裁判所は、以下の表の各場合には、例外的に勝訴当事者に対して訴訟費用を負担させることができる。

注1）　訴訟費用には、裁判所に納める手数料（民訴費3条1項）および送達費用・証拠調べ費用（民訴費2条2号・11条1項1号）などの裁判費用並びに訴状・準備書面など書類作成費用（民訴費2条6号）などの当事者費用が含まれる。
　　　なお、弁護士費用については、裁判所が選任を命じた場合（民訴費2条10号。なお民訴法155条2項参照）を除き、訴訟費用に含まれないとされている。もっとも、かつてから、弁護士費用を訴訟費用に含め、敗訴者に負担させるべきではないかという議論は存在し、実際に弁護士報酬の一部を訴訟費用に含める旨の法案（民訴費用法改正案28条の3第1項）が第159回国会に提出されたが日弁連等の反対により廃案となっている（新堂・938頁）。

注2）　したがって、通常、訴状の請求の趣旨には「訴訟費用は被告の負担とする」などと記載することが多いが、これは裁判所の職権発動を促す意味を有するにすぎない。

	条　文	具体例
①	勝訴当事者の権利の伸張または防御に必要でない行為によって生じた訴訟費用（民訴62条）	敗訴当事者らにおいて勝訴当事者が請求する移転登記手続をなすことに異存がなく、事実関係についても争いがない状況で、勝訴当事者が任意の協力を求めれば訴えを提起するまでもなく同一の目的が達成できたような場合注3）
②	訴訟の程度において敗訴当事者の権利の伸張または防御に必要であった行為によって生じた訴訟費用（民訴62条）	不正競争防止法に基づく商号等の使用等の差止請求訴訟の係属中に、勝訴当事者がその使用する商号等をすべて変更したことから敗訴当事者の請求を棄却した場合注4）
③	勝訴当事者が適切な時期に攻撃防御方法を提出しなかったために訴訟が遅滞した場合の遅滞によって生じた訴訟費用（民訴63条）	勝訴当事者が信憑性の高い証拠については当初合理的な理由もなく提出を拒みながら、あまりに「後れた時機」に突然提出したうえに、敗訴当事者からの求釈明に対して容易に説明ができるのに適切な応答をしないなど勝訴当事者の不適当な訴訟活動により円滑な審理が妨げられた場合注5）
④	勝訴当事者が期日・期間の不遵守により訴訟を遅滞させた場合の遅滞によって生じた訴訟費用（民訴63条）	勝訴当事者が口頭弁論期日に欠席したような場合や答弁書・準備書面の提出期間（民訴162条）を過ぎてから準備書面を提出していたような場合注6）
⑤	その他勝訴当事者の責に帰すべき事由により訴訟を遅滞させた場合の遅滞によって生じた訴訟費用（民訴63条）	勝訴当事者が証拠申出を一括してしなかったために複数の証拠調べ期日を要することになったような場合注7）

(c)　一部敗訴の場合

　請求の一部のみが認容され、残部が棄却または却下された場合、訴訟費用の負担は、裁判所が裁量により定めることになる（民訴64条）。なお、かかる場合でも、裁判所は当事者の一方に訴訟費用の全部を負担させることも可能とされ

注3）　東京地判昭47・2・24判時674号89頁。
注4）　東京地判平18・3・15判時1937号132頁。
注5）　東京地判平12・3・27判タ1031号213頁。
注6）　注解Ⅱ〔高中正彦〕・41頁以下。
注7）　コンメⅡ・25頁。

ている（民訴64条ただし書）。

(d) 和解の場合

当事者が訴訟上の和解または起訴前の和解をする場合において，和解費用や訴訟費用の負担について特別の定めをしなかったときには，各当事者が支出した費用は各自の負担となる[注8]（民訴68条）。

(e) 訴訟が裁判および和解によらないで完結した場合（民訴73条）

訴訟が裁判および和解によらないで完結した場合としては，訴えの取下げまたは取下げ擬制の場合（民訴261条・263条），控訴もしくは上告の取下げまたは上訴の取下げ擬制の場合（民訴263条・292条・297条・313条），請求の放棄または認諾の場合（民訴266条），当事者間の地位の混同が生じた場合，当事者の死亡により訴訟の目的が消滅したような場合等がある。

そして，このような場合において，訴訟費用の負担者および負担の割合を定めるについては，民訴法61条から66条までが準用されている（民訴73条2項）。

以下に紹介する本決定は，訴えの取下げの場合に関する裁判例である。

2 判　例

判　例 24

東京高裁平成18年11月24日決定
　掲　載　誌：判時1957号64頁
　原　　　審：東京地決平18・9・15判時1957号65頁参照

訴訟係属中に原告が訴えを取り下げた事情にかんがみて，実質的には原告が全部勝訴したものと同視できるとし，訴訟費用はすべて被告の負担にすべきとした事例

事　案

第二次世界大戦前，台湾に設置されていたハンセン病療養施設「楽生院」に入

注8）　もっとも，訴訟上の和解においては，「訴訟費用は各自の負担とする。」という文言を明記するのが通常である。

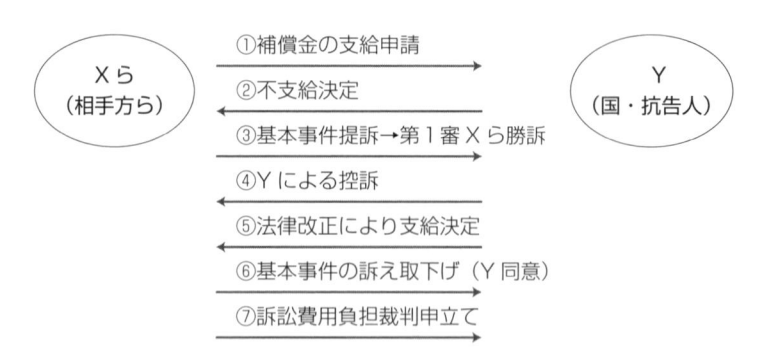

```
    ┌─────────┐   ①補償金の支給申請      ┌─────────┐
    │  X ら   │ ──────────────────→ │    Y    │
    │(相手方ら)│   ②不支給決定          │(国・抗告人)│
    │         │ ←────────────────── │         │
    └─────────┘   ③基本事件提訴→第1審Xら勝訴 └─────────┘
                ──────────────────→
                  ④Yによる控訴
                ←──────────────────
                  ⑤法律改正により支給決定
                ←──────────────────
                  ⑥基本事件の訴え取下げ（Y同意）
                ──────────────────→
                  ⑦訴訟費用負担裁判申立て
                ──────────────────→
```

所していたX（相手方）らがY（国・抗告人）に対して，「ハンセン病療養所入所者等に対する補償金の支給等に関する法律」（以下，「ハンセン病補償法」という。）に基づき補償金の支給申請をしたところ，Yが不支給決定をしたため，Xらがこの決定の取消しを求めて提訴（以下，「基本事件」という。）し，平成17年10月25日，第1審が上記不支給決定を取り消す旨の判決を言い渡した。これを受けて，Yが控訴し，控訴審係属中，Yが改正されたハンセン病補償法に基づき補償金の支給決定をなしたため，Xらが基本事件の訴えを取り下げた。そして，Xらが，訴訟費用について，Yに負担させるよう申し立てたのが本件である。

原審の判断

原審は以下のとおり判示し，Xらの申立てを全面的に認めた。
「訴えの取下げの場合には，特段の事情のない限り，訴訟追行の不成功という点において敗訴と同様に解されるから，訴訟費用は，原則として，訴えを取り下げた者の負担とすべきである。」しかし，「民訴法61条の規定の趣旨が訴訟追行の不成功という結果責任にあると解される以上，訴えの取下げの場合，訴訟追行の経緯や訴えの取下げに至った具体的事情によっては，訴訟追行の不成功という前提を欠き，敗訴と同様に解すべきでない特段の事情が認められる場合があり得るのであり，このような場合には，同法64条を類推して，訴えを取り下げた者の相手方に訴訟費用の全部又は一部を負担させるのが相当である」とし，本件においてXらが基本事件を取り下げたのはハンセン病補償法の改正により補償金支給決定がなされたことによるものであり，実質的にはXらの全部勝訴と同視できるのであるから，訴訟費用はYの負担とするのが相当であるとした。Y抗告。

> **決定要旨**
>
> 抗告審も,「原決定が説示するとおり」とし,次のとおり,Y〔国・抗告人〕による抗告を棄却した。
> 「この場合における訴訟費用の負担につき民事訴訟法73条を適用するについては,同法64条を類推適用するのが相当である。」とし,「Yが改正法を制定したことにより,X〔相手方〕らが基本事件の訴えを提起した目的は達せられたのであるから,Xらは,基本事件において実質的に全部勝訴したのと同視することができる。」(抗告棄却)

参照条文 民事訴訟法64条・73条

解　説

(1) 本決定の位置づけ

訴訟が訴えの取下げまたは請求の放棄があった場合には原告に訴訟費用を負担させ,請求の認諾があった場合には被告に訴訟費用を負担させるのが原則とされている[注9]。

したがって,訴えの取下げがあった場合に訴訟費用を被告に負担させた本決定はかかる原則の例外的な場合に位置づけることができる。

そして,事案自体は訴訟係属中に法改正がなされた結果訴えの取下げとなったという点で特異なものであるが,本決定を導く理論は汎用性があるものといえる。

(2) 学説・裁判例

学説においては,訴えの取下げの場合でも,訴訟係属中の債務の弁済,反対

注9) コンメⅡ・18頁,基本法コンメⅠ・192頁,注釈(2)〔東松文雄〕・497～498頁,注解Ⅱ〔及川節子〕・94頁など。

債権での相殺，裁判外での示談成立など，起訴を必要とした事由が消滅したことが原因となっている場合は，民訴法62条の準用により，被告が訴訟費用の全額を，または双方がこれを分担するのが適当な場合もあるとされている[注10]。

また，第三者異議の訴えを提起した者が，目的物に対する差押えが任意に解放されたことから，かかる第三者異議の訴えを取り下げた事案において，東京高決昭33・9・24（判時169号13頁）は取下げに至るまでの間になした第三者異議の訴えがその権利の伸張または防御に必要なものであったとして訴訟費用を差押債権者に負担させている。

さらに，公文書の公開請求に対する非公開処分の取消しを求める訴えを提起した者が，被告（大阪市長）が問題となっていた非公開部分のほぼ全部を公開する変更決定をしたために訴えを取り下げたという事案において，大阪地決平18・1・19（判タ1209号309頁）は具体的な審理経過や訴えの取下げに至った事情からすれば敗訴と同視すべきでない特段の事情が認められるとして被告に訴訟費用を負担させている。

(3) 本決定の分析

本決定は，控訴審係属中に法改正があり，補償金の支給決定がなされたことを理由としてＸらは訴えを取り下げたのであり，実質的にはＸらの全部勝訴と同視できるとしてＹに訴訟費用を負担させたものである。訴訟の経緯や訴えの取下げに至った具体的事情を勘案し，当事者のいずれに訴訟費用を負担させるのが公平かという観点から訴訟費用の負担者および負担割合を考えるという点において，本決定は上記学説の考え方に依拠しているものといえる。

ただし，根拠規定について，本決定は民訴法62条準用でも，同法64条準用でもなく，同条を「類推適用」[注11]としている[注12]。

注10) 菊井＝村松・前掲注9) 649頁，注解Ⅱ〔及川〕・94頁，注釈(2)〔東松〕・497頁など。
注11) 原告の請求の放棄により訴訟が完結した事案において，原告が請求の放棄をした理由が訴訟係属中に被告または被告の意を受けた者の行為により訴えの目的を達成できたという点にあるという訴訟の進行経過と実質に照らし，かつ，衡平の観点から，民訴法64条を類推して，訴訟費用を各自の負担とした裁判例がある（東京地決平11・4・19判タ1015号274頁）。
注12) なお，新聞報道によれば，本決定に対するＹ側の特別抗告につき，最高裁は平成19年4月20日，特別抗告を棄却する決定をした（平成19年4月21日付読売新聞）。

実務上の指針

(1) 原告側代理人の対応

　原告側代理人としては，訴えの取下げをした場合，訴訟費用の負担に関する裁判についてまで検討しないことが多いものと思われるが，依頼者の立場に立てば，訴訟費用についても被告に請求したいと考えるのが通常である。

　ましてや，訴訟係属中に訴えを取り下げる理由としては，裁判外での示談成立等の事情がある場合も多いと考えられ，そのような場合には被告が訴訟費用の全部または一部を負担することが公平に資する場合も想定できる。したがって，このような場合には，依頼者に訴訟費用償還請求について打診することが望ましいといえる。

(2) 被告側代理人の対応

　被告側代理人としては，たとえば，訴訟係属中に裁判外での和解が成立し，原告が訴えを取り下げることになった場合，和解書において，「訴訟費用は各自の負担とする。」とか「訴訟費用は原告の負担とする。」といった条項を記載することを検討することが望ましいといえる。

> **参考　訴訟費用負担の裁判の申立て**
>
> 　本決定の事案のように訴訟が裁判および和解によらないで完結した場合，その訴訟費用の負担者および負担割合を定めるためには，訴訟費用負担の裁判の申立て（民訴73条）を行うことになり，その申立先等は次頁の表のとおりである。

①申立先	訴訟がどの審級で完結したかを問わず，第1審裁判所の裁判所書記官である。
②手数料	申立ての際に手数料は要しない。
③申立方法	申立ては書面でしなければならない（民訴規24条1項）注13)。
④訴訟代理権	本案訴訟事件の訴訟代理権はその事件について生じた訴訟費用の確定手続にも及ぶので，同一訴訟代理人が当該申立てを行う場合には改めて委任状を提出する必要はない。
⑤不服申立て	訴訟費用負担の決定に対しては即時抗告をすることができる（民訴73条2項・71条7項）。

◆鈴 木　　俊◆

注13）　なお，実務的には，訴訟費用額確定処分の申立て（民訴71条）も同じ書面において併せて行うことも多く，その際には費用計算書および費用額の疎明に必要な書面も添付書面として提出することになる（民訴規24条2項）。

V 訴訟上の救助

1 概　説

(1) 意　義

　訴訟費用が支払えないことを理由に訴訟提起を断念することがないように民事訴訟法は訴訟上の救助という制度を設けている（民訴82条以下）。

　これは，資力のない者は訴訟をすることができないということがないように，予納すべき訴訟費用の支払を当事者に猶予する制度であり注1)，国民の「裁判を受ける権利」（憲32条）の保障を具体化した制度といえる。訴訟上の救助の決定を受ければ，決定の内容に応じて訴状に印紙を貼用しなくても訴状は受理され，送達などの費用予納が不要となる。

(2) 訴訟上の救助の要件・効果・申立方法等

要　件	①訴訟の準備および追行に必要な費用を支払う資力がない者またはその支払により生活に著しい支障を生ずる者であること（民訴82条2項本文)注2) ②勝訴の見込みがないとはいえないこと（同項ただし書）
効　果 （民訴83条1項）	①裁判費用注3)ならびに執行官の手数料およびその職務の執行に要する費用注4)の支払の猶予注5)。なお，救助申立ての例が多い交通事故事件では訴え提起の手数料に限定して一部の訴訟救助を与える運用が定着している注6)。 ②裁判所において付添いを命じた弁護士の報酬および費用の支払の猶予 ③訴訟費用の担保の免除注7)

注1) 中野ほか・58頁。
注2) 旧（平成8年改正前）民訴法118条においては「訴訟費用」のみを基準として資力の有無を判断するものと規定していたが，弁護士費用等の訴訟の準備および追行に必要な費用をも考慮するのが適当と考えられたことから「訴訟の準備及び追行に必要な費用」と改正された（新民

申立てをすることができる者	訴訟の当事者，訴訟参加における参加人，引受人およびいわゆる第三者の訴訟担当の場合の訴訟担当をする第三者注8)。 なお，訴訟上の救助は，自然人のみならず，法人注9)その他の社団・財団や外国人にも付与される。
申立方法	申立ては，審級ごとになすことになっており（民訴82条2項），係属しまたは係属すべき裁判所に対し書面または口頭で（民訴規1条）することができる。 申立ての際に手数料は要しない。
審理方法	裁判所の審理は書面で行われるのが原則であるが，当事者の審尋をすることも可能である注10)。
不服申立て	申立人は，救助の申立てを却下する決定に対しては即時抗告をすることができる（民訴86条）。 相手方が救助決定に対して即時抗告をすることができるか否かについては争いがあるが，全面的に肯定するのが判例である注11)。そのため，救助決定は申立人のみならず相手方にも告知するのが実務の運用である。

(a) 訴訟上の救助の要件について

資力要件の認定にあたっては，収入や資産の絶対額だけを基準とすべきでは

　　　　訴一問一答・77頁）。
注3）　弁護士費用等の当事者費用について救助する制度としては民事法律扶助の制度がある（総合法律支援法）。民事法律扶助の制度については，日本司法支援センター（愛称：法テラス）のホームページ http://www.houterasu.or.jp/service/hiyoutatekae/ を参照。
注4）　訴訟事件についての救助決定を受けた場合，その救助決定を受けた者の強制執行事件についてもその効力が及ぶ。
注5）　費用の一部について救助決定をなすことができるか否かについては争いがあるものの，肯定するのが実務である（内田武吉「訴訟上の救助―その運用状況と改革の方向」鈴木忠一＝三ケ月章監修『実務民事訴訟講座(2)判決手続通論Ⅱ』（日本評論社，1969）180頁，新堂・944頁，河野・912頁）。
注6）　コンメⅡ・121頁。
注7）　原告が日本国内に住所，事務所および営業所を有しないときは，裁判所は，被告の申立てにより訴訟費用の担保を立てることを原告に命じなければならない（民訴75条1項）。
注8）　基本法コンメⅠ・203頁。
注9）　法人の場合も，訴訟追行のための必要な資金の調達が困難であり，その訴訟追行をしないと被用者の給料の支払に困るおそれがある場合には救助対象者と認めうる（新堂・946頁）。
注10）　河野・911頁。
注11）　最決平16・7・13民集58巻5号1599頁。ただし，訴訟費用の担保の申立てのできる場合にのみ即時抗告できるとする制限説も有力である（滝井繁男裁判官の同判決における反対意見，新堂・948頁，松本＝上野・813頁）。

なく，当事者とその家族の家庭生活の維持のために欠くことができない必要経費額および当該訴訟の難易等その内容に照らして訴訟追行上必要不可欠であったと認められる訴訟費用額と当事者等[注12]の収入との対比において，相対的に決定すべきである。

勝訴の見込みの要件については，勝訴の見込みがあることまでは要求されず，勝訴できないことが確実でなければよいとされる[注13]。

勝訴の見込みについては訴えごと，審級ごとに判断される[注14]

なお，強制執行事件について訴訟上の救助の申立てがあった場合には執行の目的を達成する見込みがないとはいえないことが要件となる[注15]。

(b) 要件の疎明

申立人は救助の要件を満たすことを疎明しなければならない（民訴規30条）。

具体的な資力要件についての疎明資料[注16]としては，申立人が生活保護を受けていることを証明する福祉事務所長の証明書，所得証明書，非課税証明書，失業保険受給証明書，源泉徴収票，給与証明書，日本司法支援センターの扶助決定書，陳述書等が考えられる[注17]。

勝訴の見込みの要件についての疎明資料としては，訴状のドラフトや立証関係の資料が考えられる。

[注12] 東京高決昭53・1・30判時883号27頁は「資力の有無は原則として申立人本人について個々的に判断されるべきではあるが，申立人の生活が自己及びその家族の収入によって維持されている場合であって，その家族が申立人の訴訟追行につき共同当事者となる等訴訟の結果につき直接かつ一体となって経済的利害関係を有する場合等には，特段の事情の認められない限りその家族の収入，資力を加味して判断すべき」とする。

[注13] 中野ほか・59頁。したがって，訴訟当事者双方に訴訟救助を付与することも可能である。

[注14] 注解Ⅱ〔山口健一〕・162頁。第1審で敗訴したとしても，控訴審でも勝訴の見込みがないと判断されるわけではないが，第1審におけるよりも高度の疎明を要するとされ，具体的には第1審判決が取り消される可能性が事実上・法律上存在することを疎明することが要求される。

[注15] 東京高決平7・2・3判夕905号241頁。

[注16] 公的機関の証明書に限定されないが，公的機関の証明書を利用する例が多いとされる（コンメⅡ・119頁）。

[注17] 受任弁護士の報告書も申立書に添付して裁判所に提出するのが基本とされている（最高裁事務総局民事局監修『条解民事訴訟規則』（司法協会，1997）66頁）。

(3) 救助決定の取消し（民訴84条）

民訴法84条は，救助決定を受けた者が一定の取消事由に該当する場合には，訴訟記録の存する裁判所は決定によりいつでも救助決定を取り消し，猶予した費用の支払を命ずることができるとする。

救助の取消事由	救助決定を受けた者について，資力要件（民訴82条1項本文）が救助決定当時から欠缺していたか，または救助決定後資力を有するに至ったこと[注18]。
管轄裁判所	救助決定の対象となった事件の訴訟記録が現に存する裁判所。
手　続	救助取消決定は利害関係人[注19]の申立てまたは職権により行う。 申立ての際に手数料は不要である。
効　果	裁判所は決定によりいつでも救助決定を取り消し，救助決定を受けた者に対して猶予した費用の支払を命ずることができる[注20]。 猶予費用の支払を命ずる決定は猶予された費用について国のため救助決定を受けた者に対する執行力ある債務名義と同一の効力を有する（民訴費16条1項）。 なお，救助の取消しと支払を命ずる決定は可分であると解されるため，資力を回復したとしても，従前の訴訟費用まで支払えないときは，救助取消決定だけを行い，猶予費用の支払は命じないということもできる[注21]。
不服申立て	救助取消決定および費用の支払決定に対しては即時抗告をすることができる（民訴86条）。

注18) 勝訴の見込みに関する要件の欠缺が取消事由とされていない理由は，訴訟上の救助の制度の趣旨は資力のない，あるいは不十分な者も訴訟制度を利用しうるように経済的な特典を与えるところにあるから，資力要件に変化がないのに，訴訟の進行中に救助を取り消すものとすると，その後の訴訟の追行を困難にし，制度趣旨に反するからである（基本法コンメⅠ・206頁）。
注19) 利害関係人とは，救助決定を受けた者の相手方，救助決定を受けた者が費用等を支払うべき執行官または弁護士である（コンメⅡ・128頁）。
注20) 救助決定を受けた者の資力調査方法については，当事者に対する審尋，代理人等に対する照会，関係官公署への嘱託などがある（外村茂「訴訟上の救助における裁判費用の取立て等について」『会報書記官』10号（2007）13頁）。
注21) 基本法コンメⅠ・207頁。

2 判　例

判　例 25

最高裁平成19年12月4日決定[注22]
　掲　載　誌：民集61巻9号3274頁・判時1994号34頁・判夕1261号161頁
　原　　　審：大阪高決平18・12・26民集61巻9号3283頁参照
　原　々　審：大阪地決平18・10・17民集61巻9号3282頁参照

救助決定を受けた者の全部敗訴および同人に訴訟費用の全部負担をさせる旨の裁判が確定した場合には救助決定は当然にその効力を失い、裁判所は、救助決定を取り消すことなく、同人に対し猶予した費用の支払を命ずることができるとした事例

事　案

　X（申立人・抗告人）は基本事件である国家賠償請求訴訟の第1審，控訴審および上告審において救助決定を受けていたが，基本事件の上告事件において，平成18年10月3日，Xの全部敗訴が確定し，かつXに訴訟費用の全部を負担させる旨の裁判も確定したところ，大阪地裁（民集61巻9号3282頁）（原々審）は，Xに対して，同月17日，猶予した訴訟費用合計7万400円を支払うよう命じた。
　これに対し，Xは，民訴法84条は資力要件を満たさずまたは後に資力を有するに至った場合に限り救助決定を取り消し，訴訟費用を取り立てることができると規定しており，Xにおいて無資力状態から離脱が認められないにもかかわらず，猶予した訴訟費用を取り立てるのは違法と主張し，抗告許可を申し立てたのが本件である。
　原審は，Xの資力の回復の有無を問うことなく，支払を命じた原決定に違法はないとして，Xの抗告を棄却した。

注22）判例評釈として，堤龍弥・判評597号（判時2014号）（2008）164頁，川嶋四郎・法セ644号（2008）134頁，笠井正俊・速報判例解説(3)〔法セ増刊〕（2008）149頁，青木哲・リマークス38号（2009）114頁。

決定要旨

「民事訴訟において，訴訟上の救助の決定（以下「救助決定」という。）を受けた者の全部敗訴が確定し，かつ，その者に訴訟費用を全部負担させる旨の裁判が確定した場合には，救助決定は当然にその効力を失い，裁判所は，救助決定を民訴法84条の規定に従って取り消すことなく，救助決定を受けた者に対し，猶予した費用の支払を命ずることができると解するのが相当である。なぜなら，訴訟上の救助の制度は，民事訴訟においては原則として敗訴の当事者が訴訟費用を負担すべきこと（同法61条）を前提として，訴訟の準備及び追行に必要な費用を支払う資力がない者等に対し，勝訴の見込みがないとはいえないときに限り，救助決定により，訴訟及び強制執行につき裁判費用等の支払の猶予等をするものであって（同法82条1項，83条1項），その支払を免除するものではないのであるから，少なくとも，訴訟の完結により，救助決定を受けた者の全部敗訴が確定して勝訴の見込みが完全に失われ，その者が訴訟費用の全部を負担すべきことが確定した場合にまで救助決定の効力が維持されることは予定されていないというべきだからである。」（棄却）

参照条文

民事訴訟法61条・82条1項・83条1項・84条

解説

(1) 本決定の争点

本決定の争点は，救助決定を受けた者の全部敗訴が確定し，かつ，その者に訴訟費用を全部負担させる旨の裁判が確定した場合において，裁判所が，救助決定を受けた者の資力回復等を要件とする民訴法84条に基づく救助決定の取消しを経ることなく，その者に対して猶予した費用の支払を命ずることの可否（以下，「本件争点」という。）である。

(2) 本件争点に関する裁判例

本件争点について裁判例をみてみると，訴訟完結後においては「訴訟上の救助の取消ということは有り得ないことといわなければならぬ」としつつ「無資

力の原因がなくなった時において，猶予した訴訟費用の支払を命ずることによつてなさるべきもの」とする裁判例注23)もある一方で，訴訟上の救助制度の本質からの当然の帰結として「受救助者が最終負担者たることの決定した訴訟費用については，救助決定を取消す必要もなく，ただ猶予されていた費用の支払いを命ずれば足りる」とする裁判例もあった注24)。

さらに，訴訟上の和解により訴訟が終結した事案において，「訴訟完結後救助の取消をなしうるかについては異説がないではないが，単に訴訟費用の猶予にすぎないものであり，訴訟費用の支払の免除の効力を有しない関係上，訴訟終結後も取消事由を生じる限り訴訟救助の取消をなしうるものと解する」とする裁判例注25)もある。

(3) **本件争点に関する学説等**

学説においては，訴訟完結後でも救助決定は失効せず，救助決定を取り消さない限り支払を命ずることはできないとする見解注26)や救助決定を受けた者の全部敗訴が確定し，かつ，その者に訴訟費用を全部負担させる旨の裁判が確定したときには，救助決定は当然に効力を失い，猶予した費用の支払を命ずることができるとする見解注27)などに分かれている。

また，現行民訴法の立法段階における訴訟救助を付与した事件が終了した場合の取扱いについて関係各界に意見を照会した結果では，「裁判所は，受救助者が，資力を有することが判明するか，又は資力を有するに至った場合に限り，訴訟救助を取り消し，猶予した訴訟費用の支払を命ずるものとする」との考え方に賛成する意見が多数であったとされている注28)。

注23) 広島高岡山支決昭34・9・11判時207号23頁。
注24) 大阪高決昭48・3・20判時702号72頁。
注25) 大阪高決昭50・1・28判時781号81頁。
注26) 兼子一『条解民事訴訟法(上)』(弘文堂，1955) 298頁，斎藤秀夫編著『注解民事訴訟法(2)総則Ⅱ』(第一法規出版，1971) 184頁〔斎藤秀夫〕，川嶋・前掲注22) 134頁。
注27) 新堂・949頁，松本＝上野・813頁。
注28) 法務省民事局参事官室「『民事訴訟手続に関する検討事項』に対する各界意見の概要(10)」NBL521号 (1993) 37頁。

(4) 本決定の意義

このように，本件争点については，まず，救助決定を受けた者に対して訴訟費用の支払を命ずるためには訴訟完結後に救助決定を取り消す必要があるかどうかについても積極・消極に分かれ，救助決定を受けた者に対して訴訟費用の支払を命ずるためにはその者の資力回復が必要かどうかについても積極・消極に分かれていた[注29]。

本決定は，本件争点について初めて最高裁が判断したものであり，今後の訴訟救助事件における実務上の指針となるものであるから，その意義および実務に与える影響は大きいものといえる[注30]。

ただし，本決定の射程は，本件争点の場合に限定して理解するのが妥当である[注31]。

(5) その他の場合

(a) 救助決定を受けた者について一部敗訴が確定し，訴訟費用の一部を負担することになったとき

この場合には，救助決定を受けた者が強制執行手続を行う余地があることから，その者の資力が回復し，救助決定の取消しをしない限り，猶予した裁判費用の支払を命ずることはできないと解するのが妥当であろう[注32]。

(b) 訴訟上の和解により訴訟が終結した場合

訴訟上の和解において，救助決定を受けた者が訴訟費用の全部または一部を負担する和解内容であった場合には，救助決定を受けた者の資力が回復し，救

注29) 全国の地裁本庁に対して平成16年に行われたアンケートにおいて，「受救者（原告）の敗訴確定等（請求棄却判決，訴えの取下，請求放棄等）の場合の取立決定について」は10庁が「a　救助の取消決定をした後，取立決定をしている。」と回答し，28庁が「b　救助の取消決定をしないで，取立決定をしている。」と回答したとなっており（外村・前掲注20）16頁），実務においても統一的な運用がなされていなかった。

注30) なお，東京高決平21・12・3判タ1310号285頁は，訴訟救助により費用納付の猶予を受けた者について敗訴判決が確定した場合になされる費用取立決定の根拠法条を民訴法84条とし，これに対する抗告は民訴法86条の即時抗告であるとする。

注31) 堤・前掲注22) 167頁，青木・前掲注22) 117頁。なお，笠井・前掲注22) 152頁は「本決定は，判例の射程を意識的に限定しているようである。」とする。

注32) 堤・前掲注22) 166頁，外村・前掲注20) 15頁。

助決定の取消しをしない限りはその者に対して猶予した費用の支払を命ずることはできないと解するのが妥当であろう[注33]。

(c) 救助決定を受けた者が訴えを取り下げた場合

この場合には訴訟は初めから係属していなかったものとみなされるのであるから，救助決定も効力を失い，救助決定の取消しを経ることなく猶予した費用の支払を命ずることができると解するのが妥当であろう[注34]。なお，本件争点については訴訟完結後においても救助決定を取り消さない限り支払を命ずることはできないとする見解であっても，訴えの取下げの場合には救助決定の取消しは不要とする見解もある[注35]。

実務上の指針

訴訟上の救助の制度は，実務上あまり利用されていないようであるが，勝訴の見込みがある事案では，比較的容易に認められる。したがって訴訟代理人としては，当事者に資力がないときには，訴訟救助を活用することを検討すべきであろう。

もっとも，救助決定により費用の支払が免除されるわけではなく，全部敗訴が確定したときには，費用の支払を求められることがあることに注意が必要である。訴訟代理人となる者としては，救助決定を受けた者が終局判決で訴訟費用の全部負担を命じられたときにはその者に費用の支払義務が生じ，訴訟費用を負担するよう命ぜられてしまうおそれがあることを依頼者に対して説明しておく必要がある。

◆鈴 木　　俊◆

注33) 前掲注25) 大阪高決昭50・1・28判時781号81頁。上記のように本決定の射程を限定して考えれば，このように解したとしても本決定と矛盾するものではない。
注34) 福岡高決昭50・8・21判時806号42頁。
注35) 川嶋・前掲注22) 134頁。

Ⅵ 送　達

1　概　説

(1)　送達の意義

　送達とは，当事者その他の訴訟関係人に対し，法定の方式に従って，訴訟上の書類を交付してその内容を了知させ，または現実に交付することができない場合には交付を受ける機会を与え，かつ，以上の行為を公証する裁判機関の訴訟行為である[注1]。

　この送達制度の制度趣旨は，①訴訟関係人の重大な利害に影響するような事項について，法定の厳格な手続に従って通知することにより，確実にこれを了知させ，自分の利益を守る機会を与え，手続的保障を確保すること，②法定の手続によって書類の内容を了知する機会を与えた以上は，訴訟関係人が現実に了知したかどうかを問わず有効に通知がされたものとして訴訟手続の効率的進行を図ること，また，③法定の方式によって通知がされたことを公証し，明確にすることによって訴訟手続の安定を図ることにある。

(2)　送達の瑕疵

　送達は上述のとおり訴訟関係人の重大な利害に関わるものであるから，これに瑕疵がある場合は送達としての効力を生じない。たとえば，受送達者（送達名宛人）自体を誤った場合[注2]や，誤って受送達者以外の第三者に交付された場合[注3]には，責問権の放棄等がない限り当該送達は無効となる。

注1）　注釈(3)〔藤田耕三〕・512頁。
注2）　東京高判昭47・10・27金判344号13頁。
注3）　最判昭38・4・12民集17巻3号468頁。

(3) 送達先

送達は原則として送達書類を受送達者自身に交付するのが原則である（民訴101条）が，例外として同居者等受送達者と一定の人的関係を有する者に対して交付する補充送達（民訴106条1項）の制度が定められている。この補充送達の制度は，送達を受けるべき者の手続保障の利益と，手続の迅速な進行との調和を図ることを目的とするものと解されている注4）。

2 判　例

> ### 判　例 26
>
> **最高裁平成19年3月20日決定**注5）
> 掲　載　誌：民集61巻2号586頁・判時1971号125頁・判タ1242号127頁
> 原　　　審：東京高決平18・8・23民集61巻2号604頁参照
> 原　々　審：横浜地川崎支決平18・5・12民集61巻2号596頁参照
> 差　戻　後：東京高決平21・4・16（平成19年（ラ）第509号）
> 再　　　審：横浜地川崎支判平21・8・21（平成20年（カ）第2号）
>
> **事実上の利害関係がある同居者の受領許諾権限が問題となった事例**

事　案

(1)　Yは，横浜地裁川崎支部に，Aを主債務者，Xをその連帯保証人として貸金請求訴訟（以下，「前訴」という。）を提起した。

(2)　Aは，Xの義父であり，Xと同居していた。

(3)　Aは，主債務者である自らを受送達者とする前訴の訴状および第1回口頭弁論期日の呼出状等の交付を受けた。

また，連帯保証人であるXを受送達者とする前訴の訴状および第1回口頭弁論期日の呼出状（以下，「本件訴状等」という。）についても，Aが，Xの同居者として，その交付を受けた。

(4)　AおよびXは，前訴の第1回口頭弁論期日に欠席し，答弁書その他の準備書面も提出しなかったため，口頭弁論は終結され，第2回口頭弁論期日において，

注4）　注釈(3)〔三輪和雄〕・561頁。
注5）　本件に関する評釈として，判タ1242号127頁の解説欄，三木素子〔判解〕・ジュリ1344号（2007）88頁，青木哲・重判解平成19年度〔ジュリ臨増1354号〕（2008）136頁がある。

【実体】

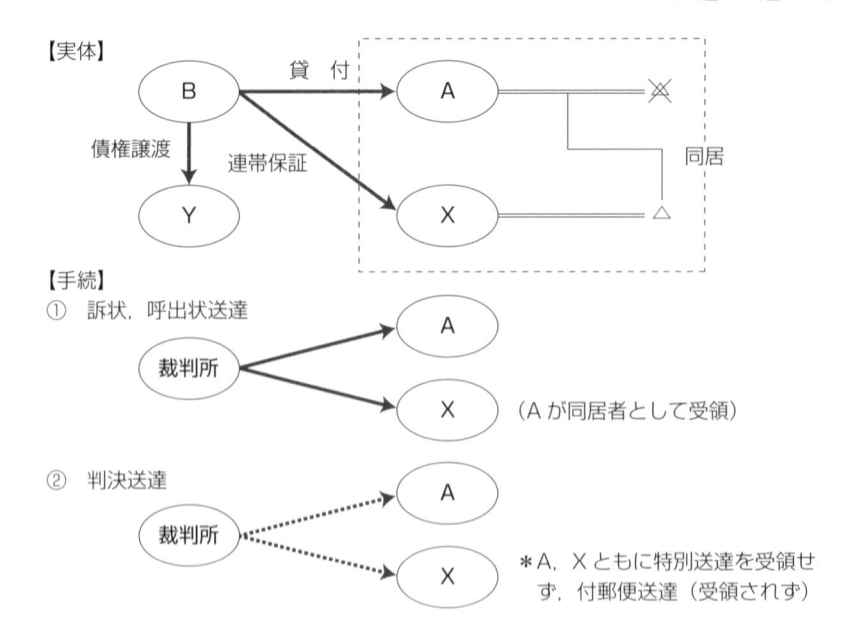

```
        貸付
B ─────────→ A ═══════╗╳
│ ╲                    ║
│債権譲渡 ╲連帯保証      ║同居
↓         ╲            ║
Y          ╲→ X ═══════╝△
```

【手続】
① 訴状，呼出状送達

```
裁判所 ──→ A
      ╲
       ╲→ X  （Aが同居者として受領）
```

② 判決送達

```
裁判所 ┄┄→ A
      ╲
       ┄→ X   ＊A，Xともに特別送達を受領せ
                ず，付郵便送達（受領されず）
```

AおよびXに擬制自白が成立したとしてYの請求を認容する旨の判決（以下，「前訴判決」という。）が言い渡された。

(5) この前訴判決の判決書に代わる調書について，AおよびXが同居する上記住所あてに交付送達が試みられたが，受送達者不在により成功しなかった。そこで，AおよびXあてに書留郵便に付する送達が行われた。

なお，この上記送達書類も受送達者不在のため配達できず，郵便局に保管され，留置期間の経過により同支部に返還された。

(6) AおよびXのいずれも前訴判決に対して控訴をせず，前訴判決は確定した。

(7) 前訴判決の確定から約2年後，Xの銀行口座が差し押さえられ，Xは本件再審の訴えを提起した。

Xは，前訴判決には民訴法338条1項3号の再審事由があると主張したが，その理由として前訴における訴状等の送達は以下の理由から補充送達としての効力を生じない点を主張した。

① 本件連帯保証はAが同居していたXの印鑑を冒用してなしたものであり，またAは，この連帯保証のことをXには隠していたから，AとXには重大な利害対立があった。

② ①の状況からすれば，AがXあての本件訴状等の交付を受けたとしても，これが遅滞なくXに交付されることを期待できる状況にはなかった。

③ 現に，Aは自ら交付を受けたXあての本件訴状等をXに交付しなかった。

> **決定要旨**
>
> 補充送達の有効性について判断した部分のみ掲げる。
>
> 「民訴法106条1項は、就業場所以外の送達をすべき場所において受送達者に出会わないときは、『使用人その他の従業者又は同居者であって、書類の受領について相当のわきまえのあるもの』(以下「同居者等」という。)に書類を交付すれば、受送達者に対する送達の効力が生ずるものとしており、その後、書類が同居者等から受送達者に交付されたか否か、同居者等が上記交付の事実を受送達者に告知したか否かは、送達の効力に影響を及ぼすものではない(最高裁昭和42年(オ)第1017号同45年5月22日第二小法廷判決・裁判集民事99号201頁参照)。
>
> したがって、受送達者あての訴訟関係書類の交付を受けた同居者等が、その訴訟において受送達者の相手方当事者又はこれと同視し得る者に当たる場合は別として(民法108条参照)、その訴訟に関して受送達者との間に事実上の利害関係の対立があるにすぎない場合には、当該同居者等に対して上記書類を交付することによって、受送達者に対する送達の効力が生ずるというべきである。」(破棄差戻し)

参照条文 民事訴訟法106条1項・338条1項3号

解　説

(1) 概　要

本決定は、前訴における送達が補充送達としての効力を生じないとするXの主張を排斥した。しかし、 事　案 (7)で挙げたX主張の事実によれば民訴法338条1項3号の再審事由が認められうると判断し、この点を審理せずにXの請求を排斥した原審の判断には違法があるとして、原決定を破棄し、原審に差戻しをしている。

本項目はこのうち前段の補充送達としての効力について解説する(再審事由の問題の点については〔判例71〕)。

(2) 補充送達の有効性について
  (a) 受送達者と受領資格者との関係——事実上の利害関係の存在
  本件再審請求の対象となる前訴において，Xに対する訴状および第1回口頭弁論期日の呼出状は，同人の義父で同居人であるAが受領した。
  前訴は，主債務者であるA，その連帯保証人であるXを相被告とする訴訟であり，AがXの訴訟の相手方当事者というわけではない（訴訟の相手方というように法律上の利害関係がある場合は自己契約の禁止〔民108条〕の趣旨から受領することはできない。）。
  しかし，主債務者と連帯保証人との間は，たとえば，主債務者が連帯保証人の名義を冒用していたり，支払をしていないことを隠していたりした場合などはもとより，実際に連帯保証人が支払わざるをえなくなれば，主債務者に求償することになるなど，相互間に紛争が生じかねない関係にある。
  よって，本件におけるAとXの間には，事実上の利害関係に対立があるといえる。
  (b) 事実上の利害関係の対立がある場合についての裁判例
  このように受送達者（送達名宛人）と受領資格者との間に事実上の利害関係の対立がある場合の補充送達の効力について，過去の裁判例の判断は分かれていた。
  たとえば，大阪高判平4・2・27（判タ793号268頁）は，補充送達の効力は確実な送達と迅速な送達という2つの目的の調和のなかで検討すべきであるとし，上記事実上の利害関係の対立がある場合には，迅速な送達を認める前提となる関係，すなわち，受領資格者に送達書類を交付すれば遅滞なく受送達者にこれが届けられることが通常期待されるという関係がないから，補充送達の効力を否定すべきであるとする。
  他方，最判平4・9・10（民集46巻6号553頁・判タ800号106頁）（以下，「平成4年最判」という。）は，本件と同様，事実上の利害関係に対立がある妻が夫に対する判決正本を同居者として交付を受けたという事案の判決理由において，「前訴の判決は，その正本が有効に送達されて確定した」と述べ，上記補充送達が有効であることを前提としたと思われる判示をした。
  また，本件原審の東京高決平18・8・23（民集61巻2号604頁参照）は，民訴

法106条1項が，受領資格者の要件として「相当のわきまえのあるもの」とするのみであって，「書類の名あて人に交付されることを期待できる者」としていないこと，また手続の安定のため，受領権限の有無は外形からみて客観的に判定できるものでなければならないことなどを挙げ，本件補充送達を有効であるとした。

(c) **本決定について**

以上のように判断の分かれていた論点について，本決定は，法律的な利害関係がある場合は別として[注6]，事実上の利害関係の対立がある同居者が訴訟関係書類の交付を受けた場合，補充送達は有効であることを明確に判示した。

これは本件原審のいう手続の安定という観点から，受領権限の有無が外形的客観的に判断できる法律上の利害対立の場面はさておき[注7]，個別的な事情の判断が必要となる事実上の利害対立といった事情はこれをしん酌せずに送達の効力を判断するとしたものである。

(3) **手続保障への配慮について**

補充送達の効力に関する上述の判断の結果，受送達者と送達受領者との間に事実上の利害対立がある場合，補充送達無効説の説く受送達者への手続保障の利益については問題が残ることとなる。この点本決定は，原審とは異なり，民訴法338条1項3号の再審事由の有無を実質的に検討することで配慮している。

この点についての詳細な解説は〔判例71〕を参照されたい。

注6) ここで訴状の送達が無効となると，訴訟係属がないことになり，当該訴訟における判決も無効となる。
　　この場合，原告の側としては，再度同一の訴えを提起することができ，また被告の側としては前訴で判断された実体的法律関係の不存在確認を求める訴えを提起することができるとするのが通説である（田中豊・最判解民平成4年度329頁，中山幸二「付郵便送達と裁判を受ける権利(下)」NBL505号（1992）28頁参照）。
　　その他，再審による救済が認められるかについては，平成4年最判でも判断されておらず，今後の解決にゆだねられている。
注7) 訴訟の相手方が同居人として訴訟書類を受領しているという場合，その事情は送達報告書により知りうるから，手続の安定を害することはないといえる。

実務上の指針

(1) 受送達者への任意の通知

　本決定を前提とすると，たとえば同居する複数の被告に対して訴訟を提起する場合，被告の一人への訴状等の送達が同居する他の被告に交付する形でなされれば，これは有効な補充送達となる。

　しかし，その被告の間に事実上の利害関係があるという場合，原告の側からは知りえない個別具体的事情，すなわち，訴状等を受領した被告が他の被告にこれら訴状等を実際に交付したか否か，また受送達者が訴訟提起を知っていたかどうかという事情により，再審事由の存否が決まることとなる。

　したがって，相互に補充送達の受領資格を有する複数の被告に対し訴訟を提起する場合，訴訟準備段階において，被告間に事実上の利害関係の対立がないかを検討し，これがある場合には，送達の段階で配慮する必要がある。

(2) 訴訟提起前の準備

　原告としては，被告間に事実上の利害関係の対立の存在が疑われる場合，可能な限り訴訟提起前の段階で被告が確実に送達を受けるよう努力し，また各被告が訴訟提起を知りえたことの証拠化に努めるべきである。具体的には，提訴前照会（民訴132条の2），内容証明郵便の送付，電話連絡などである。

(3) 訴訟提起後の対応

　上記(2)のような準備をしてもなお，住所地において被告の一部につき直接の受領または補充送達後の訴訟書類の交付を十分に予想できないという場合，原告としては当該被告に対して確実な告知を図るすべがないこととなる。

　この場合は，事前準備の状況を裁判所に説明のうえ，裁判所に対し受送達者本人への連絡を事実上依頼すべきである。

　それでも十分でない場合には，「その場所において送達をするのに支障があるとき」にあたるとして，就業場所送達（民訴103条2項）の方法によるなど，他の送達方法を採るよう上申することも検討すべきであると考える。

◆町田　健一◆

VII 確認の訴え

1 概　説

(1) 意　義

　確認の訴えは，裁判所に対して，原告が被告との間に一定の権利・法律関係が存在することあるいはそれが存在しないことについて判決で確認を求める訴えである。裁判所の判決によって当事者間の現在の法律関係を確定し，その内容を後に覆されないという効果を付与することによって当事者間の紛争を解決することおよび紛争の進展を予防する機能を有する。

　確認の訴えは，確認の対象が性質上無限定であることから，訴えの利益（確認の利益）による調整を必要とする。

　確認の利益は，判決をもって法律関係等の存否を確定することが，その法律関係等に関する法律上の紛争を解決し，当事者の法律上の地位ないし利益が害される危険を除去するために必要・適切である場合に認められる。具体的には，①原被告間の具体的紛争の解決にとって，確認訴訟という手段が有効・適切であるか（解決手段の適否），②確認対象として選んだ訴訟物が，原被告間の紛争解決にとって有効・適切か（確認対象の選択の適否），③原被告間の紛争が確認判決によって即時に解決しなければならないほど切迫し，かつ，成熟したものか（解決すべき紛争の成熟性の要求），④訴訟物たる権利または法律関係について確認判決による紛争の解決を図るのに適切な被告を選んでいるか，の各視点から確認の利益の有無の判断がなされる[注1]。

注1）　①～③の視点は，特定の原被告間の紛争についてその解決の必要性や特定された訴訟物に対する確認判決による解決方法の有効性を問うものであるから，各視点からみて確認の利益が認められるのであれば，当該原被告においてその訴訟物について本案判決を得る資格は当然にあることになる。そこで，確認の訴えにおいては，当事者適格の有無の判断は，確認の利益の有無の判断に吸収される，とされている。ただし，④の視点が働く余地もある（新堂・259頁）。

(2) 確認の利益の訴訟上の扱い

確認の利益は訴訟要件であり，職権調査事項である。裁判所は，確認の利益の存在について疑いのある場合には，被告からの指摘がなくとも取り上げなければならず，原告にそれを指摘し，立証を促すこととなる。

この場合に，確認の利益の基礎となる事実は，両当事者が提出した事実に限られる。この点については，弁論主義が働き，自白が成立しうるとするのが多数説である。

■図表　確認の利益の判断の視点

	判断の視点	原　則	例　外
①	解決手段の適否	(a) 給付の訴えが可能な請求権について，その請求権自体の確認を求める利益はない。 (b) 本案判断の前提をなす手続問題の確認を別訴で求める利益もない。	(a) 倒産債権査定決定に対する異議の訴え（破126条，民再106条，会更152条），給付判決のある請求権につき時効中断の必要がある場合 (b) 和解無効確認の訴え
②	確認対象の選択の適否	(a) 事実の確認は許されない。 (b) 過去の法律関係の確認は許されない。 (c) 消極的確認よりも積極的確認を求めなければならない。	(a) 証書真否確認の訴え（民訴134条） (b) 新株発行等の不存在確認の訴え（会社829条），株主総会等の決議の不存在または無効の確認の訴え（会社830条），婚姻の無効確認の訴え（人訴2条1号） (c) 担保権不存在確認訴訟（民執183条1項1号参照），後願の商標登録者たる原告の先願の登録者に対する商標権不存在確認の訴え注2)
③	解決すべき紛争の成熟性	(a) 被告が原告の地位に与える不安の態様（被告が原告の法的地位を否認したり，原告の地位と相容れない地位を主張したりする場合） (b) 原告の不安・危険の現実性	(a) 時効中断の必要がある場合，戸籍など公簿の記載が誤っていて原告の真実の法的地位が表示されておらず訂正のために判決を必要とする場合

注2) 最判昭39・11・26民集18巻9号1992頁。

224 第3章 訴えの提起

確認の利益を欠くことが判明すれば，裁判所は，却下判決をすることとなる。第1審が請求棄却判決をしたのに対し，控訴審が確認の利益がないと判断する場合には，原判決を取り消して，却下判決をしなければならない。これに対して，第1審が確認の利益を認めず，却下判決をしたのに対し，控訴審が確認の利益を肯定するときは，審級の利益を保護するため，訴訟を第1審に差し戻さなければならない。

なお，確認の利益についての審理の途中において，請求自体に理由のないことが明らかになった場合には，訴えの利益を訴訟要件とするのは無益な訴訟を排斥しようとするものであることから，請求棄却判決をしてよいとされる注3) 注4)。

2 判　例

判　例 27

最高裁平成16年12月24日判決注5)
掲　載　誌：判時1890号46頁・判タ1176号139頁・金判1232号51頁
原　　　審：福岡高判平14・5・9（平成13年（ネ）第621号，同第1150号）
原　々　審：福岡地久留米支判平13・5・14（平成11年（ワ）第317号）

社団たる医療法人の社員の入社承認，理事選任，および診療所の開設に係る定款変更の各社員総会決議不存在確認の訴えにつきいずれも確認の利益があるとされた事例

事　案

X（原告・上告人）が，社団たる医療法人であるY（被上告人）の社員総会決議が存在しないことの確認を求めた事案である。

すなわち，Yは，診療所の経営を目的として平成3年11月に設立された社団たる医療法人であり，Yの設立時の出資者は理事長であるAとXの2名であるとさ

注3）　大判昭10・12・17民集14巻2053頁参照。
注4）　鈴木正裕「訴訟要件と本案要件との審理順序」民商57巻4号（1968）3頁以下。
注5）　三角比呂・主判解平成17年度〔臨増判タ1215号〕（2006）210頁，内山真理子「判例展望　民事法(27)確認訴訟──その現状と課題」判タ1205号（2006）53頁。

Ⅶ 確認の訴え

社員総会決議無効確認の訴え

Y（被上告人） ← X（原告・上告人）

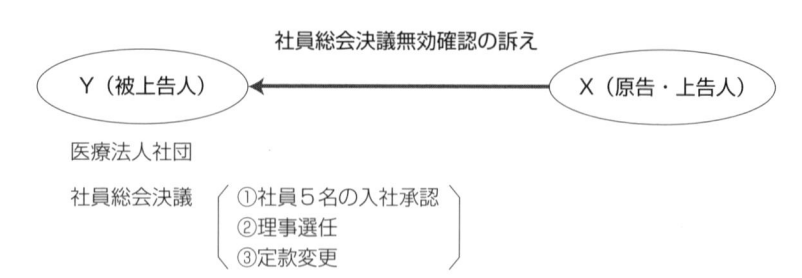

医療法人社団
社員総会決議 ①社員5名の入社承認
②理事選任
③定款変更

れていた。

　Yは，平成7年5月以降，①社員合計5名の入社を承認する社員総会決議（以下，「本件入社承認決議」という。），②理事を選任する社員総会決議（以下，「本件理事選任決議」という。），③診療所の設置に係る定款変更の社員総会決議（以下，「本件定款変更決議」という。なお，①～③を併せて「本件各決議」という。）がされたと主張しており，Xが，本件各決議がいずれも存在しないことの確認を求めたものである。

原審の判断

　原審は，(1)社員，理事の各氏名，人数等は医療法人における登記事項ではなく，本件入社承認決議および本件理事選任決議については，関係者に拘束力を持つかのような外見自体が存在しないし，(2)本件各決議の有効を前提として現在具体的な法律上の紛争が生じているとの主張も立証もないと判示して，本件訴えを却下した。

　これに対し，Xから上告受理の申立てがあった。

判　旨

　「法人の意思決定機関である会議体の決議は，法人における諸般の法律関係の基礎となるものであるから，その決議の存否に関して疑義があり，これが前提となって，決議から派生した法律上の紛争が現に存在するときに，決議の存否を判決をもって確定することが，紛争の解決のために必要，適切な手段である場合があり得る（最高裁昭和44年（オ）第719号同47年11月9日第一小法廷判決・民集26巻9号1513頁参照）。したがって，社団たる医療法人の社員総会の決議が存在しないことの確認を求める訴えは，決議の存否を確定することが，当該決議から派生した現在の法律上の紛争を解決し，当事者の法律上の地位ないし利益が害される危険を除去するために必要，適切であるときは，許容されると解するのが相当である。」

(1) 本件入社承認決議について

「本件入社承認決議が存在する場合には、平成7年5月以降新たに5名が入社したことになり、これに応じてX〔原告・上告人〕の議決権の割合が低下することになる。Xはこれらの社員の入社を否定しているから、現時点における社員の確定等について決議から派生した法律上の紛争が存在しており、本件入社承認決議の存否を確定することが、Xの社員としての法律上の地位ないし利益が害される危険を除去するために必要、適切であるというべきである。」

(2) 本件理事選任決議について

「理事の選任はY〔被上告人〕の運営に係る基本的な事項であり、Yの社員は、理事が適正に選任されることについて法律上の利益を有するというべきである。そして、Yは平成7年5月以降本件理事選任決議に基づき理事が選任されたと主張しているのに、Xはこれを否定しているから、現時点における理事の確定等について決議から派生した法律上の紛争が存在しており、XがYの社員であるとすると、本件理事選任決議の存否を確定することが、Xの上記利益が害される危険を除去するために必要、適切であるというべきである。」

(3) 本件定款変更決議について

「医療法は、社団たる医療法人において、開設しようとする診療所の名称及び場所を定款で定めるべき事項とし（44条2項3号）、その定款の変更は、都道府県知事の認可を受けなければ効力を生じない（50条1項）としている。これは、新たに診療所を開設するかどうかが当該法人の経営の根幹にかかわる重要な事項だからであり、社団たる医療法人の社員は、診療所の開設、運営が法令及び定款に従い適正に行われることについて法律上の利益を有するというべきである。Yは、本件定款変更決議に基づき、広川町分院を開設し、同所における診療行為等を現に継続しているのに、Xは決議の存在を否定し、その運営の適法性を争っているから、広川町分院の開設、運営について決議から派生する法律上の紛争が現に存在しており、XがYの社員であるとすると、本件定款変更決議の存否を確定することが、Xの上記利益が害される危険を除去するために必要、適切であるというべきである。」（破棄差戻し）

参照条文 民事訴訟法134条、医療法44条2項3号・6号・7号・50条・68条、民法63条

解　説

(1) 問題の所在

　確認訴訟の対象となりうるのは，原則として現在の権利関係の確認である。しかし，紛争解決に必要な場合には，過去の事実関係であっても，例外的に法律で確認訴訟の対象としており，その代表的なものとして，会社法830条1項の株主総会等決議の不存在確認の訴えが挙げられる。各種の法人の中には，この会社法の規定を準用する例がある[注6]。

　これに対し，医療法には，社団たる医療法人の社員総会決議の不存在・無効確認の訴えについてなんらの規定がなく，このような会社法830条の準用規定がない法人について，社員総会の決議等の会議体の決議の不存在・無効確認の訴えが認められるかどうかについては，従前争いがあった。

　確認訴訟の対象は現在の法律関係に限るという原則を厳格に解すると，社員総会の決議という過去の法律行為ないし法律関係について存否や効力の確認を求める訴えは確認の利益を欠くという結論になる。

(2) 判例の考え

　本判決が引用する最判昭47・11・9（民集26巻9号1513頁）は，確認訴訟の紛争解決機能を重視し，学校法人の理事会，評議会の決議が無効であることの確認を求める訴えは，現に存する法律上の紛争の直接かつ抜本的な解決のため適切かつ必要と認められる場合には，許容されると判示した。同判決は，学校法人の理事会・評議会の決議に関する判断であるが，学校法人以外の一般法人についても同様の考え方があてはまると考えられている[注7]。

(3) 本判決の判断

　そこで，次にどのような場合に社員総会の決議等の会議体の決議の無効・不

注6）　中小企業等協同組合の総会について，中小企業等協同組合法54条，信用金庫の総会について信用金庫法48条の8。
注7）　野田宏・最判解民昭和47年度586頁以下参照。

存在確認の訴えにつき，確認の利益が認められるのかが問題となる。

　この点につき，本判決は，本件各決議についてその不存在の確認を求める訴えの確認の利益がないとはいえないと判断した。

　本判決においては，各議決事項の当該法人における位置づけあるいは社員総会決議がなされた場合の影響，および当該法人において各決議から派生した紛争が発生していること（Xが社員の入社等を否定している事実）が判断の要素となっていると思われる。

　医療法人の社員総会は当該法人における最高議決機関であり，総会決議は社員全員を拘束するものであって，議決権の割合は当該法人の意思決定に直結する重要な問題である。また，理事の地位は当該法人の意思決定を左右するものであるという点において，診療所の運営は当該法人の基本的運営事項であるという点において，やはり当該法人における重要な問題であって，社員に強い利害関係がある。そして，社員総会の決議から当該法人内の紛争が派生している事例が少なくないことを考えると，過去の法律関係であっても，その社員総会決議の不存在・無効確認訴訟について確認の利益を肯定して紛争を解決する必要性が高い。

　したがって，上記最高裁の判断は妥当なものといえる。

　なお，原判決は，本件入社承認決議および本件理事選任決議について，社員，理事の氏名，人数等が登記事項でなく，関係者に拘束力をもつかのような外見自体が存在しないということを確認の利益を否定する理由として挙げる。これは，株主総会の決議内容が商業登記簿に登記されているときは株主総会決議不存在確認の訴えが適法である旨判示した最高裁判例[注8]の反対解釈をしたものであると思われる。しかし，決議事項の登記簿における記載は，決議が存在する外形がある一場合にすぎず，登記簿の記載が確認の利益を認める要件になるものではないと思われる。

注8）　最判昭38・8・8民集17巻6号823頁。

実務上の指針

　本判決は，前掲最判昭47・11・9の一般論を踏襲し，決議事項の位置づけ，決議による影響および当該決議から派生した紛争が生じている事実を要素として確認の利益を肯定している。また，本判決後の関連判例として，宗教法人の総会決議等の不存在確認の訴えの利益が問題となった事案である最判平17・11・8（判時1915号19頁・判タ1197号117頁）が存在する。この判決においては，当事者がどのような法的地位にあるかという実体判断，決議による当事者への影響および当該決議から派生した紛争が判断要素として挙げられている。

　本判決は，社員総会等の会議体の決議の不存在・無効確認の訴えの確認の利益につき，上記要素を必要十分な要件であると明示したわけではなく，紛争の抜本的解決という視点から，個々の事案に応じた事実を主張していく必要があると思われるが，会議体における決議不存在・無効確認の訴えにおいて，裁判所がどのような場合に確認の利益を認めるかの一応の指針になるものと考えられる。

　本判決および前掲最判平17・11・8からすると，会議体の決議の不存在・無効確認の訴えを提起する場合において，原告としては，少なくとも，当事者の法的地位，当該法人における決議事項の位置づけ，当該決議による当事者への影響およびび当該決議から派生した紛争が生じている事実につき，主張・立証を尽くすことになる。

◆横 路　俊 一◆

判 例 28

最高裁平成16年3月25日判決[注9]
　掲　載　誌：民集58巻3号753頁・判時1856号150頁・判タ1149号294頁
　原　　　審：東京高判平13・1・31判時1788号136頁・金判1111号10頁・
　　　　　　　民集58巻3号810頁参照
　原　々　審：東京地判平11・3・26判時1788号144頁・金判1111号22頁・
　　　　　　　民集58巻3号774頁参照

債務不存在確認訴訟の係属中に同一債務の履行を求める反訴としての給付訴訟が提起された場合，本訴たる債務不存在確認訴訟は確認の利益を欠くとされた事例

事　案

　本件は，生命保険約款の1年内自殺免責条項の解釈が問題となったものであるが，その判断過程において，職権で，債務不存在確認訴訟の確認の利益の存否が判断された事件である。
　すなわち，X₁（上告人）は，平成6年，保険会社4社との間で，代表者Aを被保険者，X₁を受取人として，4件の定期保険契約（以下，「平成6年契約」という。）を締結した。
　また，X₁は，平成7年，保険会社Y外3社との間で，Aを被保険者，X₁を受取人として，それぞれ定期保険契約を締結した。Aは，同年，保険会社2社との間で生命保険契約を締結した（以下，平成7年に締結されたこれら6件の契約を「平成7年契約」という。）。
　Aは，平成7年10月31日，集合住宅用建物の屋上防水工事現場から転落して死亡した。その後，Aの妻X₂（上告人）がX₁の代表取締役となり，本件保険金請求訴訟を提起した。
　本件訴訟は，①X₁から保険会社4社に対する平成6年契約に基づく保険金請求（以下，「第1事件」という。），②第2事件関係被上告人のXらに対する平成7年契約に基づく主契約死亡保険金支払債務の不存在確認請求（以下，「第2事件」という。），③第2事件の反訴請求である，Xらの第2事件関係被上告人に対する平成7年契約に基づく保険金請求（以下，「第3事件」という。）から成る。
　原審は，Aの死亡が自殺によるものであると認定し，保険会社の免責を認めて，

注9）　太田晃詳・最判解民平成16年度215頁，出口雅久・リマークス31号（2005）110頁，川嶋四郎〔判批〕・法セ608号（2005）128頁。

第2事件の請求を認容し第3事件の請求を棄却した第1審判決を支持し、Xらの控訴を棄却した。

判　旨

「職権により判断するに、第2事件の平成7年契約関係被上告人5社の上記保険金支払債務の不存在確認請求に係る訴えについては、第3事件のXら〔上告人〕の平成7年契約に基づく保険金等の支払を求める反訴が提起されている以上、もはや確認の利益を認めることはできないから、平成7年契約関係被上告人5社の上記訴えは、不適法として却下を免れないというべきである。

したがって、原判決主文第二項のうち、上記保険金支払債務の不存在確認請求に関する部分は、破棄を免れず、同部分につき第1審判決を取り消して、同請求に係る訴えを却下することとする。

なお、本判決主文第2項及び第3項に関する訴訟の総費用については、民訴法62条の規定を適用し、Xらの負担とする。」（一部破棄差戻し、一部破棄自判、一部棄却）

参照条文

民事訴訟法62条・134条

解　説

(1) 本判決の位置づけ 注10)

債務者が債権者に対し提起した債務不存在確認の訴えの係属中に、当該債務

注10）本判決が確認の利益の各視点との関係でどのように位置づけられるかは論者によって異なるように思われる。川嶋・前掲注9）128頁によると、「給付訴訟の方が、執行力をも獲得できるので、より広く紛争解決に資するのである。これは、確認の利益の判断指標として、積極的確認が可能な場合には消極的確認を求める訴えは原則として即時確定の利益を欠くことになることと、基本的に同様な考えに由来する」とする一方で、「若干の疑問」として「上記確認の利益の判断指標が想定している前提は同一当事者が両者の訴えの選択可能性を有する場合である」とする。他方、新堂・215頁などでは、二重起訴の禁止（民訴142条）との関係で論じられている。

の履行を求める反訴が提起された場合の本訴である債務不存在確認訴訟の帰趨については，主として交通事故等の不法行為による損害賠償債務に関して論じられている。一般には上記反訴が提起されている場合には，反訴について判断がされる以上，本訴については確認の利益がないとして訴えを却下すべきであるとされている。最判平13・3・27（判例集未登載）は，NTTから加入電話契約者に対する電話料金の支払を求める訴えと加入電話契約者からNTTに対する当該電話料金債務の一部の不存在確認を求める訴えが併合されている事案において，加入電話契約者が提起した債務不存在確認の訴えは，確認の利益を欠いて不適法である旨判示している。また，それ以前に，高裁レベルでは債務不存在確認を求める本訴に対して，当該債務の給付を求める反訴と同一の訴訟物であり，本訴請求は反訴請求について本案判決がされることにより確認の利益を失うとして，訴えを却下する判断がなされていたところである注11）。

　この点については，理論的には訴え却下説でほぼ固まっているものと思われるが，民事訴訟の実務においては，あえて確認の利益について判断せず，本訴，反訴双方の実体判断をするという取扱いもみられていた。

(2) 最高裁の判断

　本判決は，職権に基づく検討として，第2事件の債務不存在確認の訴えについては，第3事件の保険金請求を求める反訴が提起されていることにより，確認の利益がないと判示し，第2事件の訴えを却下した。

　本判決は，最高裁として，明確に却下説を採用したものである。

(3) 訴訟費用について

　本件のように本訴事件が確認の利益を欠くとして却下された場合に，債権者の反訴請求に理由がない事案では，事案全体としては実質的に敗訴したとみるべき債権者（本訴被告・反訴原告）が本訴事件については形式的に勝訴している。このような事案では，債務不存在の確認を求める必要があったのであれば，訴訟費用については本訴事件についても債権者に負担させるのが相当であると考

注11）福岡高判平10・7・21判タ1000号296頁，大阪高判平8・1・30判タ919号215頁。

えられる。本判決は，第2事件の訴訟費用については民訴法62条の規定を適用して債権者であるXらの負担としている。

実務上の指針

　従来，債務不存在確認訴訟には被告に応訴させ，あるいは反訴の提起などの法律上の手段をとることを促すことに主眼があるとされ（いわゆる提訴強制機能），本判決は，このような提訴強制機能は給付訴訟を誘発できればその役割を果たしたということを示したものといえる。

　ただし，本判決により，債務不存在確認訴訟の係属中に当該債務の履行を求める反訴が提起されると，債務不存在確認訴訟は却下されることとなるから，裁判所による本訴取下げ勧告を誘発しかねない。しかし，勧告に従い本訴（債務不存在確認訴訟）が取り下げられた場合には，被告（反訴原告）は，原告の応訴後でも，その同意なしに反訴（給付訴訟）を取り下げることができる（民訴261条2項ただし書）。そうすると，再度原告は債務不存在確認訴訟を提起しなければならなくなるが，訴訟経済上は好ましくない。このような事態に対しては，一部判決・中間判決での本訴却下や，本判決を梃子にした取下げ勧告は抑制されるべきであるとする見解もある[注12]。また，反訴を取り下げないことについての訴訟上の合意をする必要があるとの見解もある[注13]。

　債務不存在確認訴訟の原告としては，被告から反訴が提起された場合において，被告（反訴原告）の反訴取下げによる不都合が生じないように裁判所および被告に対し，反訴を取り下げないような訴訟上の合意をする必要があろう。

　なお，本件は債務不存在確認訴訟に対し，反訴の形式で給付訴訟が提起されたものであるが，別訴として給付訴訟を提起することは，通説的見解によれば二重起訴にあたり許されないとされている[注14]。

◆横　路　俊　一◆

注12)　川嶋・前掲注9）128頁。
注13)　西理「債務不存在確認訴訟について(下)」判時1405号（1992）6頁。
注14)　新堂・215頁，東京地判平13・8・31判タ1076号293頁。

Ⅷ　将来の給付の訴え

1　概　　説

(1)　意　　義

　将来の給付の訴えとは，口頭弁論終結時までに履行を求めることができない状態の給付請求権を主張する訴えである。将来給付の訴えは，「あらかじめその請求をする必要がある場合に限り，提起することができる」（民訴135条）。

(2)　将来の給付請求権

　将来の給付の訴えの対象となる請求権は，金銭債権に限られず，また，作為請求権，不作為請求権ともに対象となりうる。

　これには，①請求権自体は発生しているが期限未到来のもの，②停止条件付請求権，③将来発生すべき請求権などが含まれる。

　このうち，期限未到来の請求権，停止条件付請求権については，強制執行を行う際に，執行文の付与を受ける必要性があり（民執27条），期限の到来ないし条件成就について確認されるので，債務者の不利益は小さいとされている[注1]。

　他方，請求権が不発生の場合は，債務者が請求異議の訴えを提起しなければならず，債務者の負担が大きいとされるため，「請求の基礎たる関係」が成立しており，その内容が明確な場合に限られるとされる。この点について，後記各最高裁判例は，債権者と債務者の衡平の観点から，「請求権としての適格性」を将来給付の訴えの適法要件として厳格に解している。

(3)　訴えの利益

　訴えの利益は，本案判決することの必要性およびその実効性について個々の

注1）　コンメⅢ・99頁。

請求を吟味するために設けられる要件であり，その必要性・実効性が認められる場合，その請求には，本案判決を求める利益（訴えの利益）があるといわれる注2)。

現在の給付の訴えは，既に履行期にある給付請求権について，履行がない場合に訴訟が提起されるため，通常，それだけで判決を求める正当な利益があると考えられ，特別の利益のあることは必要とされない。これに対し，将来給付の訴えは，未だ履行を求めえない給付請求権について，あらかじめ給付判決を得ようとするものであるため，その必要性がある場合にのみ訴えの利益が認められるのである（民訴135条）。

2 判 例

判 例 29

最高裁平成19年5月29日判決注3)
掲 載 誌：判時1978号7頁・判タ1248号117頁
原 審：東京高判平17・11・30判時1938号61頁・判タ1270号324頁
原々審：東京地八王子支判平14・5・30判時1790号47頁・判タ1164号196頁

将来給付の訴えを提起することのできる請求権としての適格を有しないとされた事例〔横田基地公害事件〕

事 案

本件は，横田飛行場の周辺住民である原告らが，米軍機による騒音等による被害が受忍限度を超えているとして，国に対し，夜間の飛行の差止めや，損害賠償を求めた事件である。本件では，原告らは，口頭弁論終結後に発生する損害についても，請求を行ったが，第1審は，将来の損害賠償請求権の成否および内容を一義的に決定することはできないとして，口頭弁論終結の日の翌日以降に発生す

注2) 新堂・246頁。
注3) 山本和彦・判評592号（判時1999号）(2008) 164頁，笠井正俊・重判解平成19年度〔ジュリ臨増1354号〕(2008) 140頁，西野喜一・主判解平成19年度〔別冊判タ22号〕(2008) 202頁，安西明子・リマークス37号 (2008) 112頁。

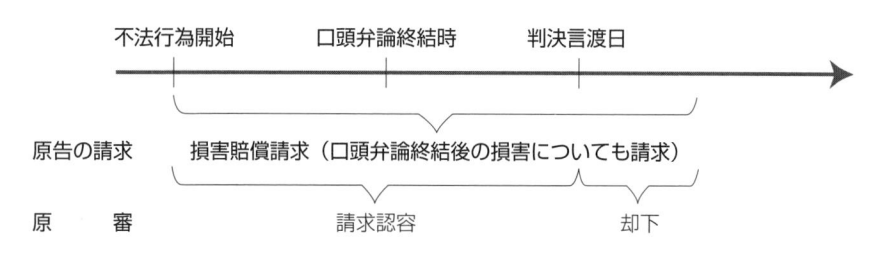

```
不法行為開始    口頭弁論終結時    判決言渡日
─────┼──────────┼──────────┼──────────→
     ⎧                                    ⎫
原告の請求  損害賠償請求（口頭弁論終結後の損害についても請求）
     ⎧                    ⎫⎧           ⎫
原　　審          請求認容              却下
```

べき損害についての請求を却下した。第 1 審判決については，原告被告双方が控訴した。

　原審となった控訴審においては，（控訴審の）判決言渡日の翌日以降発生すべき損害についての請求は却下したものの，口頭弁論終結後，（控訴審の）判決言渡日までの期間に発生すべき損害については，将来請求を認めた。

　これに対して，被告である国が，原判決中，将来の損害賠償請求を認容した部分を不服として上告受理を申し立て，受理されたのが本件である（なお，原告らの上告および上告受理申立ては上告棄却，不受理となった。）。

判　　旨

　本判決は，大阪国際空港事件大法廷判決を踏襲して，「継続的不法行為に基づき将来発生すべき損害賠償請求権については，たとえ同一態様の行為が将来も継続されることが予測される場合であっても，損害賠償請求権の成否及びその額をあらかじめ一義的に明確に認定することができず，具体的に請求権が成立したとされる時点において初めてこれを認定することができ，かつ，その場合における権利の成立要件の具備については債権者においてこれを立証すべく，事情の変動を専ら債務者の立証すべき新たな権利成立阻却事由の発生としてとらえてその負担を債務者に課するのは不当であると考えられるようなものは，将来の給付の訴えを提起することのできる請求権としての適格を有しないものと解するのが相当である。」とした。そのうえで，「損害賠償請求権のうち事実審の口頭弁論終結の日の翌日以降の分については，その性質上，将来の給付の訴えを提起することのできる請求権としての適格を有しない」として，原審を破棄し，請求を却下した。（破棄自判）

参照条文

民事訴訟法135条

解　説

(1) 大阪国際空港事件大法廷判決[注4]

　将来の不法行為に基づく損害賠償についてリーディングケースとなった判例が，大阪国際空港事件大法廷判決であり，横田基地公害事件判決においても引用されている。

　この事件は，大阪国際空港周辺住民が，夜間飛行の禁止，過去の騒音被害に対する損害賠償および，将来の騒音被害に対する損害賠償を求めた裁判である。この判決は，将来給付は本来例外的にのみ認められるものであるとしたうえで，公害等による継続的不法行為についての将来請求は，「請求権としての適格を欠く」と判示したものである。

　この「適格性」の要件については，①請求権の基礎となる事実関係・法律関係が将来も継続することが予想されること，②請求権の成否および額があらかじめ一義的に明確に認定できること，③権利の成立要件の具備について請求異議の訴えを提起する負担を債務者に課しても不当とはいえないこと，の3要件として要約されている[注5]。

　実務上，不法占拠者に対する明渡し済みまでの損害賠償請求はよく見られるが，これと大阪国際空港事件と比較すると，将来における不法行為そのものの成立の蓋然性は大きな相違があるとは思われない。しかし，多数意見は，将来給付の適法要件を債権者と債務者の衡平の観点から厳格に解し，「請求の基礎たる関係」の内容につき，請求権の成立要件の一部を構成するだけではなく，請求権の内容をも一義的に決定するようなものであることを要するとしている[注6]。つまり，不法占拠者の損害金請求においては，事実関係の変動は，占有の廃止など限定的かつ明白なものが想定され，これについての立証を債務者に負担させても酷とはいえないが，本件の将来給付請求については，債権者側の生活事情など，債権者側が把握することが難しい事実関係の変動も多く，ま

注4）　最大判昭56・12・16民集35巻10号1369頁。
注5）　コンメⅢ・103頁。
注6）　加茂紀久男・最判解民昭和56年度792頁。

た，違法性の有無や損害の範囲は諸事情の利益衡量により決定されるので，これらの立証の負担を債務者に負わせるのは不当である，というところに主な相違点があるということである。

(2) 原審の判断

原審は，上記大阪国際空港事件大法廷判決を踏襲し，判決言渡し後に発生すべき損害についての請求は却下した。しかし，控訴審口頭弁論終結から判決までの8か月ないし1年間については，住民の受ける航空機騒音の程度に取り立てて変化が生じないことが推認され，受忍限度や損害額の評価を変更すべき事情も生じないこと，口頭弁論終結後の原告らの居住地の変更といった請求権に影響のある事由は請求異議の訴えによりその事実を証明して執行を阻止する負担を被告に課しても格別不当とはいえないとして，この限度で，将来請求を認容していた。

(3) 本判決の位置づけ

上記大阪国際空港事件大法廷判決後，公害訴訟における将来の給付の訴えについては，厚木基地訴訟判決[注7]など，これを踏襲する判決が出されている。

大阪国際空港事件大法廷判決は，その要件が厳格にすぎるとの批判があり，原審はこれらの批判の一部に応えたものと，原告住民側からは評価されていた。本判決は，結論としては，前記大阪国際空港事件大法廷判決を踏襲したものであるが，2人の裁判官の反対意見が付されている。

那須弘平裁判官は，大阪国際空港事件大法廷判決の要件とする，「請求権の成否及び額があらかじめ一義的に明確に認定できること」について，あまりに厳密さを求めることは適当でないとし，「権利の成立要件の具備について請求異議の訴えを提起する負担を債務者に課しても不当であると考えられるような」事情の変動も存在しないとした。原判決は，あえて判決言渡日までの短期間に限定して将来の損害賠償請求権の成立を認めるべく実務上の工夫をしたものと述べ，原判決は大阪国際空港事件大法廷判決に抵触しないとした。

注7) 最判平5・2・25民集47巻2号642頁。

田原睦夫裁判官は，一歩進んで，明確に，大阪国際空港事件大法廷判決が定立した基準は狭きに失するとして，見直されるべきとした。将来生ずる不確定要素の立証の負担を原告，被告いずれに負担させるのが妥当かという利益衡量の問題に尽きるとし，本件事案では，原判決言渡日以降についても，請求を認めるべきだとした。

本判決では，5名の裁判官のうち，2人が反対意見を述べ，継続的不法行為の将来給付の訴えの「適格性」について，最高裁裁判官において意見が分かれていることが明らかとなり，今後の判例動向が注目される。しかし，前記大阪国際空港事件大法廷判決の定立した基準自体については，当面の間大きな変更はないものと思われる。

実務上の指針

(1) 訴訟係属中の訴えの変更の要否

訴え提起後口頭弁論終結までに時間が経過するので，訴え提起時に将来の給付の訴えであったものが，口頭弁論終結時には現在の給付の訴えになる場合がある。この場合，訴えの変更が必要か否かが問題となるが，原告の意思としては，期限到来，条件成就の場合には現在給付を求めるものと通常は解されるので，実務上，請求の趣旨が当然に変更されたものとして扱っている場合が多い[注8]。

(2) 将来給付の訴えの利益の考え方

具体的には，どのような場合に訴えの利益が認められるかであるが，第1は，履行期が到来してもその履行が合理的に期待できない事情が存在する場合である。このような場合，履行期が到来した時点での任意の履行を期待できないので，将来給付の訴えの利益が認められる[注9]。履行期の到来した元本債権について，口頭弁論終結後支払済みまで遅延損害金の支払を求める場合，不法占拠

注8) コンメⅢ・99頁。
注9) コンメⅢ・106頁，高橋(上)・321頁。

者に対する不動産明渡請求において，明渡し済みまで賃料相当損害金の支払を求める場合などがこれにあたる。第2に，給付の性質上，履行期の到来時において即時の給付がなされないと債務の本旨に反する結果となったり，債権者に回復困難な障害が生じる場合である。一定の日時での演奏義務や，将来の扶養義務などがこれにあたる[注10]。

(3) 具体例

反復的給付義務について，履行期が到来した部分について履行がない場合，将来の給付義務についても履行しない可能性が高いので，訴えの利益が認められる。なお，下級審裁判例であるが，マンション管理費の支払を求めた事案について，将来の管理費につき，将来の各支払期経過後の遅延損害金については，訴えの利益は認められないとの判決がある[注11]。これは，将来の管理費についての債務名義があれば原告は直ちに強制執行ができることから，遅延損害金についてまではあらかじめ債務名義を取得する必要がないためであるとされる。もっとも，訴訟提起時後口頭弁論終結までの間に，将来の請求権の一部は期限の到来により現在の請求権になり，現在の請求権部分は遅延損害金の請求が認められるであろうから，実務的には，訴え提起時に，将来の請求権についても遅延損害金を併せて請求の趣旨に記載するのもやむをえないと思われる。

本来の給付に代わる代償請求も将来の給付の訴えの利益が認められる。代償請求とは，ある物の引渡請求に併合して，勝訴判決に基づく執行不能を条件とする損害賠償を請求する場合であるが，この場合の損害賠償は条件付であるので，将来の給付の訴えとなるが，本来の請求が争われているので訴えの利益が認められる[注12]。

借地契約・借家契約において，期間満了前に土地・建物の明渡しを請求する場合がある。これについては更新拒絶の正当事由についての判断が必要になるが，正当事由は時間の経過により変動する可能性が高いことから，明渡請求権

注10) 伊藤・147頁，新堂・258頁，コンメⅢ・108頁，高橋(上)・321頁。
注11) 東京地判平15・12・26（平成15年（ワ）第19675号）。
注12) コンメⅢ・109頁，高橋(上)・321頁。

の成否をあらかじめ一義的に明確に認定することができない場合が多く，前記大阪国際空港大法廷事件判決の趣旨からは，認められない可能性が高い[注13]。

雇用契約上の地位の確認と同時に，将来の賃金を請求する場合には，地位を確認する判決の確定後も被告が原告からの労務の提供の受領を拒否して，その賃金請求権の存在を争うことが予想されるなど特段の事情が認められない限り，賃金請求中判決確定後に係る部分については，あらかじめ請求する必要がないと解すべきであるとの考え方が有力である[注14]。

従業員の地位が判決で確定されても，なお使用者が賃金を任意で支払わない特段の事情がある場合に限り，訴えの利益を肯定するとの考え方が有力である。

◆秋 山 里 絵◆

注13) コンメⅢ・107頁，訴えの利益を肯定した判例：浦和地判昭41・6・28判時458号49頁等，否定した判例：最判昭44・11・13判時579号63頁等。
注14) 東京地判平3・12・24判時1408号124頁ほか，コンメⅢ・107頁。

IX 請求の併合

1 概　説

(1) 意　義

請求の併合（訴えの客観的併合）とは，一人の原告から一人の被告に対する数個の請求が一つの訴訟で審判される現象をいう[注1]。訴えの客観的併合の要件としては，「数個の請求は，同種の訴訟手続による場合に限り，一の訴えですることができる。」(民訴136条)。したがって，訴訟事件と非訟事件，通常の民事訴訟手続と，人事訴訟手続，行政訴訟手続は異種の手続であるので，これら異種手続の請求の併合をすることは，許されない。法律で特別の定めがある場合，異種手続の併合が認められる（人訴17条など）。また，各請求について，受訴裁判所に管轄権があることも適法要件として要求される[注2]。ただし，民訴法7条により，併合する請求のうちの一つにでも管轄権が認められれば，他の請求も併合請求の裁判籍が認められるので，管轄が問題となるのは，請求の一つに法定専属管轄が成立する場合に限られることになろう（民訴13条1項）。

(2) 請求の併合の態様

請求の併合の態様は，(a)単純併合, (b)選択的併合（択一的併合), (c)予備的併合，の3種類に分類される。

(a) 単純併合

単純併合とは，併合された他の請求が認容されることと無関係に，数個の請求について審判を求める併合態様である。たとえば，売買代金請求と貸金返還請求のように，請求相互間に実体法上の関連性がない請求を行う場合や，賃貸

注1) 新堂・707頁。
注2) 伊藤・559頁，中野ほか・484頁。

借契約の解除を理由とする目的物返還請求と賃料相当損害金のように，関連性がある請求を行う場合もある。原告のすべての請求について審判を求めるものであり，裁判所は必ず数個の請求全部について判決をなす義務がある。

　(b)　選択的併合

　選択的併合とは，論理的に両立しうる数個の請求のうち，どれか一つが認容されることを解除条件として他の請求についての審判を申し立てる場合の併合形態である。目的が同一であり実体法上両立する請求を併合してそのうちどれか一つが認容されれば目的を達するという場合に用いられる。

　(c)　予備的併合

　予備的併合とは，第一次的（主位的）請求が認容されることを解除条件として，論理上両立しえない請求を，予備的請求としてあらかじめ併合して審判を申し立てる場合の併合形態であると定義されている。例としては，主位的には，貸金債権100万円の支払を求めつつ消費貸借契約が無効と判断された場合に備え不当利得として予備的に100万円の請求を求める場合，売買代金の支払を求めつつ，仮に売買契約が無効と判断された場合に備え，予備的に目的物の返還を求める場合などがこれにあたる。これらの請求は，2つの請求を同一の手続内で審理することが訴訟経済にも資するし，当事者にとっても便宜である。しかし，請求を単純に併合すると，原告は両立しない両請求を主張せざるをえず，相互に矛盾した主張をすることになるので，予備的請求という併合形態が認められるとされる。論理上両立しえない請求に限り予備的併合が認められるとするのが通説的見解である[注3]。

(3)　予備的併合

　既述のとおり，予備的併合については，論理的に両立しえない請求に限り認められるとするのが通説的理解であるが，実務的には，本来，選択的併合として申し立てるべき事件についても，諸般の事情から順位を付けて請求を行う場合も多いと思われる。また，学説においても，一定の場合には，両立しうる請求に予備的併合を認めるとの見解（制限説），双方の請求が相互に無関係な請求

注3）　新堂・710頁，中野ほか・485頁。

である場合も予備的併合を認めてよいとする見解（無制限説注4））もある。制限説は，請求権競合の場合などは，予備的併合を認めても，被告の利益を格別害することはないし，原告側も判決理由を重視する場合もあるから，認められるとする注5）。両請求の基礎の同一性，審理対象の共通性，再訴の可能性が低いことの3要件を要求する見解注6）もある。なお，論理的に両立しない請求についての予備的併合との相違を明らかにするために，両立する請求について予備的併合については，「不真正予備的請求の併合」と呼ばれている。

　もっとも，両立する請求に予備的併合を認めないとする見解においても，必ずしも不適法却下するという論理的帰結になるのではない。本来，単純併合で申し立てるべき複数の請求を予備的請求とする場合については，単純併合として扱うとする見解注7），選択的併合として取り扱ったうえで，裁判所が順序に拘束されるかの問題に帰結するとの見解がある注8）。下級審裁判例には，裁判所が当事者が付した順序に拘束されることにつき，消極に解するものがある注9）。これは，県立養護学校の生徒が水泳授業中に溺死した事故について，遺族が，担当教諭について個人責任（民709条）と，県について主位的に安全配慮義務違反に，予備的に国家賠償法1条に基づいて，損害賠償を請求した事案であるが，県の責任については，「右両責任は両立する関係にあるから，法律上は単なる選択的併合の主張にすぎない。被告県の責任原因につき，右のとおり順序を付した主張をする目的は，被告〔教諭〕の個人責任を追及することにあったことは本訴の経過上明らかである」として，主位的に国家賠償法1条に基づいて被告県の責任を判断する方が，かえって原告らの合理的な意思に沿うものとして，同条に基づく判断を行った（同条の方が，原告に有利になると思わ

注4）　榊原豊「複数請求の定立と規制」新堂幸司ほか編『講座民事訴訟(2)』（弘文堂，1984）312頁。
注5）　岩松三郎＝兼子一編『法律実務講座民事訴訟編第2巻第1審手続(1)』（有斐閣，1958）158頁，中野ほか・487頁。
注6）　大久保邦彦「請求の客観的併合の適法要件」神戸学院法学26巻1号（1996）166頁。
注7）　新堂・710頁。
注8）　中野ほか・506頁。拘束力を認めることにつき，中野ほか・506頁は積極に，伊藤・562頁は消極に解する。
注9）　横浜地判平4・3・5判時1451号147頁・判タ789号213頁。

れる事案であった。）。

(4) 併合請求の審判

単純併合の場合，裁判所は必要に応じて弁論を分離することができる。なお，選択的併合や予備的併合の場合は，その性質上数個の請求について統一的審理がなされることが求められているから，弁論の分離は許されないと解されている[注10]。

(5) 併合事件と控訴

単純併合の場合，裁判所はすべての請求について判決をしなければならない。一つの判決に対して控訴が提起されると，相手に附帯控訴の機会を与えるために，判決されたすべての請求が控訴審に移審する。

選択的併合の場合，控訴が提起されると，判断されなかった請求を含め，すべての請求が控訴審に移審する。

予備的併合の場合，控訴が提起されると，判断されなかった予備的請求を含め，すべての請求が控訴審に移審する。第１審で主位的請求が認容された場合は，被告のみが控訴できるが，控訴審において主位的請求が棄却された場合，第１審判決がない予備的請求について裁判することができる（民訴法308条１項により差し戻すこともできる。）。第１審で主位的請求が棄却され，予備的請求が認容された場合には，原告・被告ともに控訴することができる。被告のみが控訴し，原告が控訴を提起しなかった場合の審判の対象については，予備的請求のみが審判対象となり，主位的請求に関する部分は対象とならないとするのが，判例[注11]・多数説である。この場合，控訴審が予備的請求を棄却すると，原告は主位的請求についての控訴裁判所の判断を得ないまま全面敗訴となる。これには，批判[注12]もあるが，現在の判例の下では，原告は附帯控訴を提起する必要がある。

注10）　伊藤・563頁。
注11）　最判昭58・３・22判時1074号55頁。
注12）　新堂・713頁。

2 判 例

判 例 30

東京地裁平成18年10月24日判決[注13]
　掲　載　誌：判時1959号116頁・判タ1239号331頁
　控　訴　審：知財高判平19・3・28（平成18年（ネ）第10086号）（控訴棄却）[注14]

論理的に両立しうる複数個の請求の予備的併合が，併合要件を欠くとされた事例

事　案

　原告は，「放電焼結装置」にかかる特許権（以下，「本件特許」という。）を有していたところ，被告が本件特許に対し，特許異議の申立てをし，本件特許は取り消された。原告は，被告に対し，特許異議の申立てが不法行為に該当するとして，損害賠償請求権のうちの一部請求として10万円の支払などを求める訴えを提起し，請求を棄却する旨の判決が確定した（以下，「前訴」という。）。
　そこで原告が被告に対し，主位的に被告の特許異議申立ては権利の濫用であり，不法行為であるとして，一部請求として10万円の請求を行うと同時に，予備的に被告が原告の著作権を侵害したとして，一部請求として10万円の請求を行った。

判　旨

　裁判所は，主位的請求については，最判平10・6・12（民集52巻4号1147頁）を引用し，「金銭債権の数量的一部請求で敗訴した原告が残部請求の訴えを提起することは，特段の事情が無い限り，信義則に反して許されない」とし，本件においては，特段の事情は認められないとしてこれを却下した。予備的請求については，「予備的併合が認められるのは，原則的には，複数個の請求が両立しえない場合であり，仮に，これらが論理的に両立し得るときは，

注13）　和田吉弘〔判批〕・法セ635号（2007）109頁。
注14）　控訴審においては，控訴人（原審原告）が予備的請求を取り下げ，被控訴人が取下げに同意したため，併合要件についての判断はなかった。

少なくとも同一の給付又は形成的効果を求める請求権競合の場合に限られるというべきである」とした。そして，本件は，論理的に両立しうる複数個の請求であり，併合形態としては単純併合に適すること，原告が裁判所の釈明にもかかわらず，併合態様を変更するつもりはない旨述べたことを理由として，併合要件を欠くとして，予備的請求にかかる訴えについても，不適法却下した。（却下，控訴）

参照条文　民事訴訟法136条

解　説

(1) 本判決の位置づけ

論理的に両立しうる請求を予備的併合として申し立てることは不適法であるとして予備的請求にかかる訴えを却下する判決は，本判決以外にも見られる（後掲 参考判例 参照）。

しかし，実務的には両立しうる請求の場合でも予備的併合を行う事例は少なくないと思われ，学説においても少なくとも請求権競合の事例においては，予備的併合が広く認められていると認識されているようである[注15]。

最判昭39・4・7（民集18巻4号520頁）は，主たる請求が手形債権，予備的請求が原因債権に基づく請求という事案であり，論理的に両立しうる請求であるが，予備的併合を認めることを前提としていると理解される。

本判決においても，その理由の中で，「予備的請求が認められるのは，原則的には，申立てに係る複数個の請求が論理的に両立し得ない場合であり，仮に，これが論理的に両立し得るときは，少なくとも同一の給付又は形成的効果を求める請求権競合の場合に限られる」とした。請求権競合は，選択的併合の代表例ともいえるから，本判決の判旨によれば，選択的併合について多くのものは予備的併合によって請求を行うことも認められるとの論理的帰結になろう。

注15）　大久保・前掲注6）141頁，判タ978号180頁の解説も同旨。

実務上の指針

　学説においては，予備的併合は両立しえない請求権の場合にしか認められないとの考え方が主流となっているようであるが，両立する請求の場合の予備的請求が直ちに却下されるとは必ずしもいえない。また，実務上も，原告の意思を合理的に解釈したり，合理的な実益ないし必要性がある場合には，これを認めるという理由づけで柔軟な対応をしているように思われる。

　問題となるのは，本来，単純併合とすべき請求が予備的併合として申し立てられた場合であると思われる[注16]。この点，予備的併合を認める肯定説もあることは既に述べたが，本判決，後掲 参考判例 福岡高裁判決，大阪高裁判決は，いずれも本来単純併合とすべき請求について，予備的請求にかかる訴えが不適法却下されたケースである。また学説においても，単純併合とすべき請求の予備的併合については消極的な見解も多いことから，かかる請求については，実務においても不適法却下と判断される可能性があることを念頭に置いて，慎重に対応する必要があろう。

参考判例

① 福岡高判平8・10・17判タ978号180頁
　主位的に貸金返還請求権，予備的に寄託金返還請求権に基づき，金100万円を請求した事案であるが，1回の金銭の交付について，消費貸借契約または寄託契約のいずれかに基づく返還請求を行っているのではなく，請求の原因となる金員授受の事実が複数であることを前提に，貸金債権が弁済によって消滅したと認められる場合を慮って寄託金返還請求を追加する趣旨の請求を行ったものであり，本来，単純併合とすべき事案である。裁判所は，予備的併合をとる合理的な実益ないし必要性に乏しく，訴訟を不安定なものとする弊害もあるから，これを許すべきではないとした。

② 大阪高判昭49・7・22判タ312号212頁・判時757号76頁
　主位的に，警察官が，弁護人の接見交通権を侵害したことによる金20万円の慰謝料請求を，予備に，警察官が被疑者を侮辱して同人の名誉を毀損し，同人に対

注16）　もっとも，請求権競合の事例で，予備的請求を却下した事例もある（熊本地八代支判昭36・5・26判時270号30頁）。

し暴行を加えて負傷させたことによる金20万円の慰謝料請求をした事案。両立しうる請求であり，かつ，別個の目的を有する請求である場合，予備的併合をすることは許されないと解すべきであるとした。

◆秋 山 里 絵◆

250　第3章　訴えの提起

X　二重起訴の禁止

1　概　　説

(1)　二重起訴の禁止の意義

二重起訴の禁止とは，両当事者間において，特定の訴訟物について訴訟係属が生じていることを前提として，同一訴訟物またはそれに密接する訴訟物（同一事件）について当事者が重ねて本案の審理を求めることを禁止する原則のことを指す（民訴142条）。

二重起訴の禁止の趣旨は，二重に訴訟遂行を強いられる相手方の負担を回避することおよび重複審理による不経済や矛盾した審判を回避すること等にある。

(2)　要　　件

二重起訴に該当するのは，当事者の同一性と審判対象の同一性が認められる場合である。

(a)　当事者の同一性

原告と被告の地位が同一である必要はなく，原告と被告が逆転しても当事者の同一性は認められる。また，訴訟担当の場合には，訴訟担当者とその本人は，同視される。

(b)　審判対象の同一性

訴訟物たる権利関係が同一であれば，審判対象の同一性が認められ，請求の趣旨が同一であることまでは要しない。

たとえば，ある請求権の積極的確認訴訟と同一の請求権に基づく給付訴訟やある請求権の不存在確認訴訟と同一の請求権に基づく給付訴訟はいずれも請求の趣旨が異なるものの，二重起訴に該当する。

これに対し，訴訟物たる権利関係が同一でない場合でも主要な争点が同一である場合にも二重起訴に該当するか否かについては争いがある。

否定説は，共通する争点自体が訴訟係属しているわけではなく，判決が矛盾するわけではないことをその論拠とする注1)。

一方，肯定説は，その根拠として，主要な争点が共通の場合にも実質的には審判の重複と矛盾した判断のおそれがあり，二重に訴訟遂行を強いられる相手方の負担の回避および重複審理による不経済や矛盾した審判の回避という二重起訴の禁止の趣旨に照らせば，かかる場合にも二重起訴を禁止すべきこと，主要な争点が共通の場合に二重起訴を禁止しても同一手続内で主張する機会（原告であれば訴えの変更，被告であれば反訴）が与えられる限り不都合はないこと等を挙げる注2)。

判例は，賃借権に基づき土地の引渡しを求める給付訴訟が係属していても，その基本たる賃借権の存否内容につき即時確定の利益の認められる限り，賃借権確認の訴えは許されるとしたもの注3)や土地所有権に基づく所有権移転登記手続を求める訴えの継続中，相手方が同一土地について提起する所有権確認訴訟は二重起訴の禁止に触れないとしたもの注4)があり，訴訟物たる権利関係が同一でない場合に二重起訴の禁止の趣旨を及ぼすことには否定的である。

なお，二重起訴の禁止は，二重に訴訟遂行を強いられる相手方の負担を回避することおよび重複審理による不経済や矛盾した審判を回避することを目的とするから継続中の訴訟手続内で反訴を提起したり，訴えを変更したりすることは二重起訴に該当しない。

(3) 効　果

二重起訴の禁止は，訴訟要件であり，かつ，もっぱら当事者の利益のための訴訟要件ではないので，職権調査事項である。

したがって，裁判所は，当事者の主張の有無にかかわらず，二重起訴に該当する場合には，後訴を不適法として却下することになる（もっとも学説の多くは，後訴に訴えの利益が認められる場合には，弁論の併合を行うことが望ましいとする注5)。）。

注1）　大判昭7・9・22民集11巻1989頁。
注2）　髙橋(上)・109頁。
注3）　最判昭33・3・25民集12巻4号589頁。
注4）　最判昭49・2・8裁集民111号75頁。

二重起訴を看過して，前訴および後訴について判決がなされた場合には，後訴判決は上訴審において取り消されうるが，確定した場合，再審事由にあたらないため争うことができない。

ただし，前訴および後訴がいずれも確定し，後になされた判決が，前になされた判決の既判力に抵触する場合には，後になされた判決が再審により取り消されうる（民訴338条1項10号）注6）。

2 判 例

判 例 31

最高裁平成18年4月14日判決注7）
掲 載 誌：民集60巻4号1497頁・判時1931号40頁・判夕1209号83頁
原　　　審：大阪高判平15・12・24民集60巻4号1522頁参照
原 々 審：大阪地判平14・7・29民集60巻4号1506頁参照

本訴および反訴が係属中に，反訴原告が，反訴請求債権を自働債権とし，本訴請求債権を受働債権として相殺の抗弁を主張することは，異なる意思表示をしない限り，反訴を，反訴請求債権につき本訴において相殺の自働債権として既判力ある判断が示された場合にはその部分を反訴請求としない趣旨の予備的反訴に変更するものとして，許されるとされた事例

事 案

X（被上告人）が，建築業を営むAとの間で，建物建築の請負契約を締結したところ，完成した建物に瑕疵があるなどとして瑕疵修補に代わる損害賠償請求をしたところ，Aが請負契約に基づく報酬残債権の支払を求める反訴を提起した事案である。なおYら（上告人）は，Aの相続人であり，Aの訴訟上の地位を承継した。

Yらは，第1審の口頭弁論期日において，YらのXに対する報酬残債権（反訴請求債権）を自働債権として，XのYらに対する損害賠償債権（本訴請求債権）を受働債権として対当額で相殺する旨の抗弁を提出した。

注5） 伊藤・193頁など。
注6） 上田・150頁。
注7） 我妻学〔判批〕・金判1263号（2007）14頁。

X 二重起訴の禁止　253

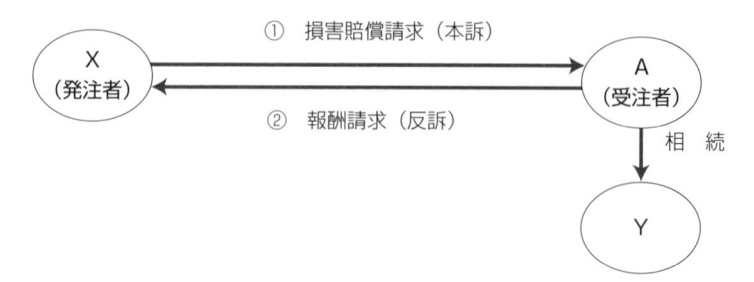

```
      ①　損害賠償請求（本訴）
  ┌─X─┐ ─────────────→ ┌─A─┐
  │発注者│                │受注者│
  └───┘ ←───────────── └───┘
      ②　報酬請求（反訴）        │
                               │相　続
                               ↓
                             ┌─Y─┐
                             └───┘
```

③　②の反訴請求債権を自働債権として，①の本訴請求に対する相殺の抗弁を提出

原審の判断

　原審は，本件相殺が適法であることを前提に，本件相殺の結果，本訴請求債権は，654万円余となり，反訴請求債権は消滅したと判断した。

判　旨

　「係属中の別訴において訴訟物となっている債権を自働債権として他の訴訟において相殺の抗弁を主張することは，重複起訴を禁じた民訴法142条の趣旨に反し，許されない（最高裁昭和62年（オ）第1385号平成3年12月17日第三小法廷判決・民集45巻9号1435頁）。
　しかし，本訴及び反訴が係属中に，反訴請求債権を自働債権とし，本訴請求債権を受働債権として相殺の抗弁を主張することは禁じられないと解するのが相当である。この場合においては，反訴原告において異なる意思表示をしない限り，反訴は，反訴請求債権につき本訴において相殺の自働債権として既判力ある判断が示された場合にはその部分については反訴請求としない趣旨の予備的反訴に変更されることになるものと解するのが相当であって，このように解すれば，重複起訴の問題は生じないことになるからである。そして，上記の訴えの変更は，本訴，反訴を通じた審判の対象に変更を生ずるものではなく，反訴被告の利益を損なうものでもないから，書面によることを要せず，反訴被告の同意も要しないというべきである。本件については，前記事実関係及び訴訟の経過に照らしても，Yら〔上告人〕が本件相殺を抗弁として主張したことについて，上記と異なる意思表示をしたことはうかがわれないので，本件反訴は，上記のような内容の予備的反訴に変更されたものと解するのが相当である。」（破棄自判）

> **参照条文** 民法505条, 民事訴訟法114条2項・142条・143条・146条

解　説

(1) 二重起訴の禁止と相殺の抗弁に関する学説

　ある請求訴訟において, 相殺の抗弁として主張している自働債権を別訴において訴求する場合（抗弁先行型）, あるいは訴求中の債権を別訴において相殺の抗弁として主張する場合（抗弁後行型）において, 相殺の抗弁は防御方法の一つにすぎず, 独立した訴えではないが, 相殺の抗弁の基礎となる自働債権の存否について既判力が生じることから二重起訴の禁止の趣旨に触れるかが問題とされる。

　この点, ①抗弁先行型, 抗弁後行型のいずれについても二重起訴の禁止の趣旨に触れないとする説[注8], ②抗弁先行型, 抗弁後行型のいずれについても二重起訴の禁止の趣旨に触れ, 許されないとする説[注9], ③抗弁後行型については, 二重起訴の禁止の趣旨に触れ許されないが, 抗弁先行型については二重起訴の禁止の趣旨に触れないとする説[注10], ④抗弁先行型については, 二重起訴の禁止の趣旨に触れ許されないが, 抗弁後行型については二重起訴の禁止の趣旨に触れないとする説[注11]がある。

　判例としては, 本判決でも引用されている最判平3・12・17（民集45巻9号1435頁）（以下,「平成3年最判」という。）が抗弁後行型の事案で, 二重起訴の禁止「の趣旨は, 同一債権について重複して訴えが係属した場合のみならず, 既に係属中の別訴において訴訟物となっている債権を他の訴訟において自働債権として相殺の抗弁を提出する場合にも同様に妥当するものであり, このことは右抗弁が控訴審の段階で初めて主張され, 両事件が併合審理された場合についても同様である」としている。

注8)　中野貞一郎「相殺の抗弁(下)」判タ893号（1994）8頁。
注9)　伊藤・193頁。
注10)　上田・151頁。
注11)　高橋(上)・126頁。

(2) 本判決の位置づけ

　本判決は，上記平成3年最判と同様，抗弁後行型の事案であるが，平成3年最判が，審理の重複や既判力の抵触回避を重視して，併合審理されている場合でも相殺の抗弁を不適法としたのに対し，別訴が反訴として提起されている場合には，相殺の抗弁が提出され，相殺の抗弁として既判力ある判断が示された場合，その部分については反訴の審判の対象としないというのが当事者の合理的意思であるとして平成3年最判の射程が及ばず，相殺の抗弁を主張することは可能であると判断したことに特徴がある。

実務上の指針

　本訴の却下，または棄却を解除条件として反訴請求について審判を求める予備的反訴は，審理の過程でその条件成就が明確になり，手続の安定を害するおそれがないことから許容されており，その性質上，本訴請求と弁論を分離することが認められない。

　本判決の事例においても反訴請求のうち，相殺の自働債権として判断が示された部分については解除条件の成就により審理の対象とならず，弁論が分離される余地もないから審理の重複や判断の矛盾抵触のおそれはなく，訴求中の債権を別訴において相殺の抗弁として主張することが認められないとする説を採ったとしても結論において妥当であろう。

　したがって，本判決は，係属中の反訴請求債権を自働債権として本訴請求に対する相殺の抗弁を提出することについて，平成3年最判の射程が及ばないことを明らかにしたものではあるが，最高裁が審理の重複や既判力の抵触回避を重視した平成3年最判の立場をいささかも修正したものではないことに留意すべきである。

◆今　井　知　史◆

XI 訴えの変更

1 概　説

(1) 訴えの変更の意義

　訴えの変更（民訴143条）とは，訴訟係属の発生後に請求の内容を変更する原告の申立てである[注1]。訴訟物は，請求の趣旨と原因によって特定されるから，訴えの変更には，請求の趣旨を変更する場合と，請求の原因を変更する場合とがある。

　訴えの変更によって生じる複数の請求相互の関係としては，訴えの客観的併合の場合と同様に，**単純併合**（原告がとくに条件を付すことなく，複数の請求すべてに判決を求める場合），**予備的併合**（法律上両立しえない複数の請求に順位を付けて先順位の請求の認容を解除条件として後順位の請求を申し立てる場合）および**選択的併合**（複数の請求のうちいずれかが認容されることを解除条件として他の請求を申し立てる場合）とがある。

　なお，訴えの変更は同一当事者間での請求の内容の変更についての概念であって，当事者が変更する場合は，訴えの変更としては取り扱わない。

(2) 訴えの変更の類型

　訴えの変更の類型としては，追加的変更と交換的変更とがある。いずれの場合であっても，新請求については新たな訴えの提起にほかならないから，時効の中断効や法律上の期間の遵守のために必要な裁判上の請求は，訴えの変更の書面が提出された時に効力が生じる（民訴147条）。後述する〔判例32〕ではこの点が問題となった。

　(a) 訴えの追加的変更

注1）　伊藤・565頁。

土地所有権確認請求に土地明渡請求を加える場合のように，旧請求を維持したまま，新請求を追加する場合である。
  (b) **訴えの交換的変更**
  特定物の引渡請求の途中で目的物の滅失を理由とする損害賠償請求に変更する場合のように，旧請求と交換して新請求を提起する場合である。
  この性質をどのように理解するのかについては学説上の争いがあるが，新請求の追加と旧請求の取下げあるいは請求の放棄が行われたとみるのが判例である注2)。したがって，交換的変更の場合には，次に挙げる訴えの変更の要件のほか，旧請求についての訴えの取下げの要件（民訴261条2項）あるいは放棄についての調書への記載（民訴267条）が必要となる。ただし，新請求に被告が異議なく応訴すれば取下げに暗黙の同意をしたものとされる注3)。

(3) **訴えの変更の要件・効果**
  (a) **効　果**
  訴えの変更が認められた場合，旧請求と新請求とは同一手続の中で判断されることになり，旧請求の裁判資料は新請求についての審理に使用される。これが訴えの変更の効果である。
  (b) **要　件**
  訴えの変更により，上記の効果が生じるため，原告と被告の利益を調整すべく法は以下の要件を定めている（民訴143条1項）。
    (ア) **請求の基礎に変更がないこと**
  請求の基礎の同一性などともいわれる要件である。伊藤眞教授注4)によれば，「二重起訴禁止の要件である事件の同一性（民訴142条）よりは広く，訴訟物たる権利関係を基礎づける事実が同一の社会生活関係に起因する場合だけでなく，これに密接に関連する社会生活関係に起因する場合が含まれる。このことは，審理の内容からみた場合には，主要事実や主要争点の共通性とか，事実資

注2) 最判昭32・2・28民集11巻2号374頁。
注3) 最判昭41・1・21民集20巻1号94頁。
注4) 伊藤・567頁。

料の一体性などと表現される。」とされている。

　この要件は，審理の途中から新請求を訴えられ，しかも，従前の裁判資料が使用されるという被告の不利益を防止するための要件であるから，実質的には，被告の被る不利益の防止の観点から要件の充足性が検討されるといえ，仮にこの要件に欠ける場合であっても，被告が明示ないしは黙示に同意（異議を述べなかった場合）すれば訴えの変更は認められるし[注5]，また，「相手方の陳述した事実をとってもって新請求の原因とする場合においては，かりにその新請求が請求の基礎を変更する訴の変更であっても，相手方はこれに対し異議をとなえその訴の変更の許されないことを主張することはできず，相手方が右の訴の変更に対し現実に同意したかどうかにかかわらず，右の訴の変更は許されると解するのが相当である……。そして，右の場合において，相手方の陳述した事実は，かならずしも，狭義の抗弁，再々抗弁などの防禦方法にかぎられず，相手方において請求の原因を否認して附加陳述するところのいわゆる積極否認の内容となる重要なる間接事実も含まれると解すべきである。」[注6]とするのが判例である。

　(イ)　**著しく訴訟手続を遅延させないこと**

　旧請求の審理になお必要な時間と新請求の審理に必要な時間とを比較して，後者の方が著しく大きい場合には，新請求は別訴で審判するのが適当であるとの考慮から設けられた要件である[注7]。

　訴訟遅延の防止という公益目的のための要件であり，この要件によって訴えの変更が認められない場合には，当該請求を別訴で提起すれば足りるのであるから，この要件に欠ける場合には，仮に被告の同意があっても訴えの変更は許されない[注8]。

　ただし，この要件によって訴えの変更が禁止されるのは，当該新請求について別訴が提起できることが前提とされるべきであるから，旧請求についての既判力によって新請求についての別訴ができなくなる場合（民訴142条）には訴え

注5）　最判昭29・6・8民集8巻6号1037頁。
注6）　最判昭39・7・10民集18巻6号1093頁。
注7）　中野ほか・515頁。
注8）　最判昭42・10・12判時500号30頁。

の変更を認めなければならず[注9]，逆に，この要件のために訴えの変更が許されなかった場合には，新請求についての別訴には民訴法142条が働かず，新請求を別訴として提起することが許されると解すべきである[注10]。

　(ウ)　**事実審の口頭弁論終結前であること**

　訴えの変更は，新請求に関する限り新たな訴えの提起としての実質を持つから，事実審の口頭弁論終結前になされなければならない。

2　判　例

判　例 32

大阪地裁平成19年7月12日判決
　掲載誌：判タ1253号152頁

訴えの変更により追加された訴え（住民訴訟）が，当初の訴え提起の時に提起されたものと同視し，提訴期間の遵守に欠けるところがないと解すべき特段の事情がないため，提訴期間を遵守しない不適法な訴えとされた事例

事　案

（ただし，本項目に関係する部分のみを紹介する。）

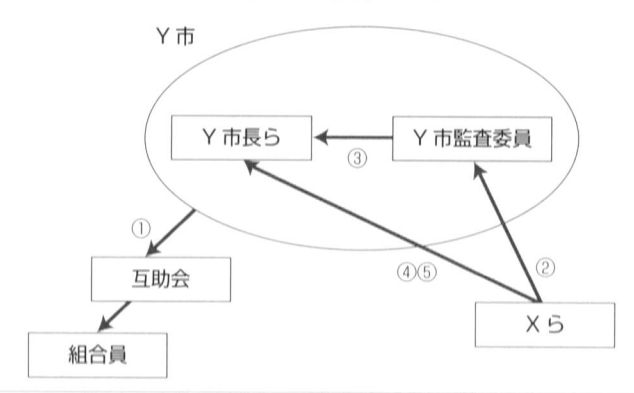

```
              Ｙ市
    ┌─────────────────────┐
    │  Ｙ市長ら ←──── Ｙ市監査委員 │
    │      │      ③                │
    └──────┼──────────────────┘
       ①   │         ↑
           ↓       ④⑤    ②
        互助会              Ｘら
           │
           ↓
         組合員
```

注9）　仙台地判平4・3・26判時1442号136頁。
注10）　新堂・719頁。

① 平成5年度〜平成11年度：本件給付金が組合員へは保険料として支払われた。
　　なお，本件給付金が支給されたのは平成11年までであるが，平成12年度以降の保険料にも上記給付金が財源となっている部分がある。
② 平成17年3月18日：住民監査請求
③ 平成17年5月16日：平成12年度以降の保険料のうち本件給付金が充てられた部分の返還を互助会に求めるよう勧告する旨の監査（さらに，監査結果をXらに通知）
④ 平成17年6月14日：本件給付金の返還を求める住民訴訟を提起
⑤ 平成17年10月11日：Xらは，④の訴訟の中で提出した準備書面(1)において，訴状における主張を予備的請求とし，準備書面で述べた主張を主位的請求とした。

　Y市では，その職員によって4つの職員互助会（以下，まとめて「互助会」とする。）が設立されていたところ，Y市は互助会に対し，企業年金保険の保険料の一部とする趣旨で，交付金（以下，「本件給付金」とする。）を支給していた（上記①）。Y市の住民であるX（原告）らは，Y市監査委員に対し，平成17年3月18日，本件給付金の支出が違法な財務会計行為であるとして，互助会にその返還を求めるほか，その支出を行った歴代のY市長に支出額を返還させるよう求める住民監査請求をした（上記②）。これに対し，Y市監査委員は，同年5月16日，消滅時効期間にかかっていない過去5年間（平成12年度から平成16年度まで）に支払われた保険料のうち本件給付金が充てられた部分について返還を互助会に求めるよう勧告する旨の監査を行った（上記③）。
　これを受けて，Xらは，平成17年6月14日に，本件給付金の違法な支出により，Y市は支出相当額の損害を被ったので，互助会などに不法行為に基づく損害賠償請求権ないし不当利得返還請求権を有するとして住民訴訟を提起した（上記④）。さらに，Xらは，同年10月11日に提出した準備書面(1)（同年10月13日付け）において，互助会が，受給した本件給付金を法の趣旨に反して使用したことが違法であるとし，Y市長らが互助会等に不法行為に基づく損害賠償請求権ないし不当利得返還請求権を有するとして，この請求を主位的請求とし，訴状における従前の請求を予備的請求とした（上記⑤）。
　ところで，住民訴訟について定める地方自治法242条の2第2項1号は，「監査委員の監査の結果又は勧告に不服がある場合は，当該監査の結果又は当該勧告の内容の通知があった日から30日以内」に訴えを提起しなければならないと定めている。そこで，上記⑤が訴えの追加的変更（自治242条の2第11項，行訴43条・19条2項，民訴143条）に該当して出訴期間を遵守していないのではないか，が争われたのが本件である（なお，本件の争点は多岐にわたるが，本項目に直接の関係がある争点のみを記載した。）。

判　旨

「(2)　訴えの追加的変更とは，従前の請求に新たな請求を追加するものであって，その結果として請求の客観的併合を発生させる訴訟行為であるから，99号，100号における従前の請求（予備的請求）と新たな請求（主位的請求）との間に訴訟物の同一性が認められない限り，X〔原告〕ら（99号，100号）による主位的請求の追加主張は，訴えの追加的変更に該当するというべきである。
　そこで，主位的請求と予備的請求の訴訟物の同一性の有無を検討する。
　(3)　地方自治法242条の2第1項4号前段の請求に係る訴訟物は，執行機関又は職員に対し，当該職員又は当該行為若しくは怠る事実に係る相手方に損害賠償又は不当利得返還の請求をするよう義務付ける形成権ないしはそのような請求を求める請求権と解すべきであるが，いずれにせよ，訴訟物は，請求の主体（執行機関等），請求の相手方（当該職員又は当該行為若しくは怠る事実に係る相手方），請求の内容（損害賠償又は不当利得返還の請求）によって特定されるというべきである。
　そして，99号，100号において，Y〔被告〕らに4互助組合及び連合会に対して請求するよう求めている権利は，主位的請求及び予備的請求のいずれにおいても損害賠償請求権ないし不当利得返還請求権であるから，両請求の訴訟物の同一性は，結局，主位的請求及び予備的請求で行使を求めている損害賠償請求権ないし不当利得返還請求権の同一性によって判断されるべきである。
　(4)　そこで，主位的請求及び予備的請求で行使を求めている損害賠償請求権ないし不当利得返還請求権の同一性について検討するに，主位的請求に係る損害賠償請求権ないし不当利得返還請求権は，4互助組合が大阪市から支出された互助連給付金及び教員給付金を，連合会を経由した上で，各組合員のための保険料に充てたことが違法な流用であるとして，当該流用額についての不法行為に基づく損害賠償ないし不当利得返還を請求するものであり，予備的請求は，大阪市が4互助組合に互助連給付金及び教員給付金を支出したことが違法であるとして，当該支出額についての不法行為に基づく損害賠償ないし不当利得返還を請求するものである。
　損害賠償請求権の同一性は違法行為及び損害の同一性により，不当利得返還請求権の同一性は利得及び損失の同一性により判断されるべきであるが，上記のとおり，違法行為の態様は，予備的請求では公金の支出，主位的請求では支出された公金の流用と異なっているうえ，利得及び損失，損害の内容についても，予備的請求では支出された公金相当額，主位的請求では支出された公金のうち流用された金額と異なっている。

そうすると，主位的請求に係る損害賠償請求権ないし不当利得返還請求権と，予備的請求に係る損害賠償請求権ないし不当利得返還請求権では，請求権に同一性は認められず，主位的請求に係る訴訟物と，予備的請求に係る訴訟物とに同一性はないというべきである。
　したがって，Ｘら（99号，100号）による主位的請求の追加主張は，訴えの追加的変更に該当する。
　⑸　訴えの追加的変更は，変更後の新請求に関する限り，新たな訴えの提起にほかならないから，変更後の訴えに関する提訴期間が遵守されているか否かは，両者の間に存する関係から，変更後の新請求に係る訴えを当初の訴え提起の時に提起されたものと同視し，出訴期間の遵守に欠けるところがないと解すべき特段の事情がある場合を除き，訴えの変更の時を基準として，これを決しなければならないと解される。
　そこで，本件においてそのような特段の事情があるか否かを検討するに，前記のとおり，主位的請求と予備的請求とでは，違法行為の捉え方，利得及び損失の額が異なるので，請求権の内容も要件事実も異なるから，主位的請求に係る訴えが，訴状において事実上提起されていたと解することはできないし，監査結果において，既に主位的請求と同様の法的構成によって，平成12年ないし平成16年に係る互助連給付金及び教員給付金のうち保険料に充てられた金員に相当する金額について返還請求をするよう勧告がされていたのであるから，監査結果に目を通しさえすれば，訴え提起の段階で，主位的請求をすることは十分可能であったというべきであるから，本件において，上記のような特段の事情があったとはいえない。
　⑹　よって，Ｘら（99号，100号）の４互助組合及び連合会に係る主位的請求は，提訴期間を遵守しない不適法な訴えというべきである。」（訴え却下，控訴）

参照条文　地方自治法242条の２第２項・11項，民事訴訟法143条・147条

解　　説

(1)　前提問題（監査請求期間の制限）

　Ｘらが準備書面⑴において新たに主位的請求を主張し，訴状における従前の主張を予備的主張とした背景には，監査請求期間の制限がある。
　すなわち，監査請求の請求期間の制限は，地方自治法242条２項本文により，

「当該行為」（公金の支出，財産の取得・管理・処分等の「財務会計上の行為」）については，当該行為があった日または終わった日から1年間とされているが，「怠る事実」（公金の賦課・徴収を怠る事実，財産の管理を怠る事実等）については，条文の文理解釈から1年の期間制限を受けないと解されている[注11]。

そうすると，財務会計上の行為が違法，無効であることに基づいて普通地方公共団体が損害賠償請求権・不当利得請求権を有している場合に，それらを行使しないのは財産の管理を怠っているといえるから，このような「怠る事実」を監査の対象とすれば，1年間の期間制限に服さないということになりそうである（一般にこのような「怠る事実」を「不真正怠る事実」といい，前記の「怠る事実」は「真正怠る事実」という。）。

しかし，それでは，法律構成を変えるだけで地方自治法242条2項は適用されないこととなり，同項の趣旨が没却されることなる。そこで，判例は，財務会計上の行為が違法，無効であることに基づいて発生する実体法上の請求権の不行使をもって怠る事実とする監査請求は，当該財務会計行為のあった日または終わった日を基準として，1年間の期間制限が及ぶとしている[注12]。

(2) 本件の事情

本件において，Xらが上記のような主張の変更をしたのは，このような監査請求期間の制限に関する判例の状況を考慮したからであろう。すなわち，Xらは「主位的請求は，互助会が，Y市から支出された本件給付金を法の趣旨に反して使用したことが，Y市に対する不法行為に該当するというものであって，この主位的請求は，本件給付金の支出が違法であることを前提とするものではないから，主位的請求に係る監査請求は，いわゆる真正怠る事実についての監査を求めるものであって，監査請求期間の制限を受けない。」と主張し，訴えが不適法却下になるのを免れようとしたものと思われる（実際に，本件判決では予備的請求も却下されている。）。

なお，住民訴訟を提起する前には，必ず住民監査請求を行う必要があるとこ

注11) 最判昭53・6・23判時897号54頁。
注12) 最判昭62・2・20民集41巻1号122頁，最判平14・7・2民集56巻6号1049頁。

ろ（監査請求前置主義），監査請求が期間を経過した場合には，期間経過について正当な理由が認められない限り，後に提起した住民訴訟は，適法な監査請求を前置していない不適法な訴えとして却下されることになる。

(3) 本判決について

判例上，抗告訴訟においては，「訴えの変更は，変更後の新請求については新たな訴えの提起にほかならないから，右訴えにつき出訴期間の制限がある場合には，……特別の規定のない限り，右出訴期間の遵守の有無は，変更前後の請求の間に訴訟物の同一性が認められるとき，又は両者の間に存する関係から，変更後の新請求に係る訴えを当初の訴えの提起の時に提起されたものと同視し，出訴期間の遵守において欠けるところがないと解すべき特段の事情があるときを除き，右訴えの変更の時を基準としてこれを決しなければならない」[注13]とされていた。

本判決は，住民訴訟の期間の遵守の判断において，この判断を踏襲したものといえるが，抗告訴訟の場合と住民訴訟の場合とでこの点を区別して考える合理的な理由は考えがたいので，この判断は妥当であろう。

そして，本判決が指摘するとおり，主位的請求と予備的請求でY市長らに行使を求めているのは，不法行為に基づく損害賠償請求権あるいは不当利得返還請求権である点では同様であるが，予備的請求は「Y市」による公金の「支出」が違法であるとする一方で，主位的請求は「互助会」が公金を「流用」したことが違法であるとしており，違法行為の主体および態様が異なっている。さらに，利得および損失，損害の内容についても，予備的請求では支出された公金相当額，主位的請求では支出された公金のうち流用された金額であって，損害等の金額および発生時点が異なっている。

したがって，主位的請求と予備的請求では，違法行為を基礎づける原因事実が異なることから，本判決の「請求権に同一性は認められず，主位的請求に係る訴訟物と，予備的請求に係る訴訟物とに同一性はないというべきである。」とする判断は妥当であるし，また，監査結果と主位的主張とではその法的構成

注13）最判昭61・2・24民集40巻1号69頁。

が同様なのであるから,「監査結果に目を通しさえすれば,訴え提起の段階で,主位的請求をすることは十分可能であったというべきであるから,本件において,上記のような特段の事情があったとはいえない」とすることも妥当であろう。

なお,Xらは準備書面(1)において,訴状における従前の主張を取り下げずに予備的主張として,訴えの予備的併合を求めている。このような形で請求を後発的に複数にするためには,訴えの変更によらざるをえないから,このことからしても,Xらによる主位的請求の追加主張が訴えの追加的変更に該当することは自明であろう。

実務上の指針

実務的には,訴えの途中で請求の趣旨や原因の変更を行う必要に迫られることが少なくはないというのが実情であろう。

しかしながら,本判決が述べるとおり,訴えの変更がなされた場合の新請求は,基本的には新たな訴えの提起にほかならないから,出訴期間の遵守や消滅時効の中断効は新請求がなされた時が基準となってしまう(民訴147条)。

したがって,原告代理人としては,訴状提出段階において,十分な事実調査およびそれに基づく複数の法的構成を検討して,できる限り訴えの変更をしなくてよいように対応すべきであり,また,そのようにしておくことが「出訴期間の遵守において欠けるところがないと解すべき特段の事情」の認定においても有利な判断を得ることに繋がるであろう。

他方,被告代理人においては,訴えの変更がなされた場合には,訴えの変更の要件の充足性のほか,これによる消滅時効や出訴期間の問題についても検討することが必要となろう[注14]。

◆牧 野 知 彦◆

注14) なお,本項目においては,訴えの変更に関する手続については割愛したが,この点については,中野ほか・517頁以下に簡潔にまとめられているので参照されたい。

XII　一部請求

1　概　説

(1)　一部請求の適法性

　訴訟物を当事者が任意に分割し，その一部を請求する訴訟（一部請求）については，その請求が訴権の濫用にあたらない限り不適法であるとする議論は現実的ではない。

　その理由としては，訴訟における審判の対象を決定するのは当事者であり（処分権主義），訴訟物の全部ではなく一部のみを訴求することも当事者の選択によって可能であると考えられるからである。この点については現在のところ共通認識とされていると考えられる。

(2)　訴訟物理論による差異の問題

　一部請求についての議論は，現在のところ，審判の対象となっている訴訟物は何か，についての議論と関連して議論されている。

　ここでは新旧訴訟物理論の対立がある。

　審判の範囲を決定するのは当事者であるとしても，裁判所の審理の対象となっているのはいかなる部分であるのか，請求原因が共通する場合には，請求権の成立を審理するに際して請求全体を裁判所は審理の対象としていると考えることができることから，新旧訴訟物理論のいずれに立脚するかにより結論を異にすると考えられてきた。

　新訴訟物理論は，当事者が請求しなかった残部も訴訟物であり，裁判所の審判の対象となっているとする。この考え方によると，後掲〔判例33〕でも訴訟物全体が審判の対象であり，時効中断事由である「裁判上の請求」に該当することとなる。しかし，新訴訟物理論に対しては，既判力の範囲が原告の求めたところにまで及ぶことから，費用のない原告にとっては裁判を受ける権利を

実質的に制限しかねないこと，また，新しい論点についての試験訴訟の途を閉ざすことになることなどの批判がある。これに対しては，相手方の応訴の煩雑さや，原告は勝訴の可能性があれば請求の拡張によって十分な権利保護が図られるとの反論がある。

　旧訴訟物理論は当事者が請求してきた一部のみが訴訟物となるとの考え方である。旧訴訟物理論は処分権主義の考え方を尊重し，また，裁判外では債権の一部のみを請求することは自由であることなどを根拠とする。

　しかし，問題点としては，任意に請求債権の分割を認めると，相手方にとっての攻撃防御の対象が不明確となりうること，訴訟物とならなかった部分には既判力が及ばず，残部請求を自由になしうることから，訴訟の相手方が応訴せざるをえず，煩雑であること，また，請求原因が共通であるのにさらに請求を行うことから，有限な社会資源である裁判所を複数回利用することになるという問題点がある。

　これらの批判に対し，一部請求は明示的にされなければならないという形で相手方に攻撃防御の対象を，裁判所には審判の対象を明示することによって解決しようとするのが現在の判例・通説であるといえる。

　ところで，旧訴訟物理論からの批判に対する反論として，請求債権そのものの時効が成立することが多く予想され，相手方は時効により保護されうることが挙げられることがあるが，以下の〔判例33〕はまさにこの時効が問題となった事案である。

2 判　例

判　例 33

高松高裁平成19年2月22日判決[注1]
掲載誌：判時1960号40頁・判タ1235号199頁・交民集40巻1号13頁
原　審：徳島地美馬支判平17・10・25交民集40巻1号37頁

数量的な一部を明示して損害賠償を求める訴訟の係属中に請求が拡張された場合に，拡張請求部分についても民法153条の「催告」が継続していたとされた事例

事　案

　本件は，Aが自動車乗車中に自動車の横転等によりAが死亡したことに関し，Aの父母であるXらが，自動車の保有者であるYに対し，自動車損害賠償保障法3条本文に基づき，総損害額の一部の支払を求めた事案である。
　Yとその補助参加人Z（自賠責保険会社）は，Yの運行供用者性，Aの他人性を争ったが，原審は，いずれも肯定し，Xらの損害賠償額は一部請求額を超えているとして請求を全額認容した。
　Zがこれに対して控訴し（Yも控訴したがこれは二重控訴にあたるとして却下された。）Xらが原審認定の損害額の全額を請求するために附帯控訴して請求を拡張したところ，YはXらの訴え提起は時効を中断せず，Xらの請求拡張は3年の消滅時効が完成しているとして消滅時効の抗弁を主張した。
　これに対し，Xらは，訴状の記載内容や審理経過，争点等からすれば訴えの提起により残部（拡張請求）につき民法153条の催告がされているとの再抗弁を主張した。

注1）　本件の解説として，平井一雄〔判批〕・銀行法務21・51巻14号（2007）52頁，小賀野晶一・判評586号（判時1981号）（2007）194頁，上田竹志・法セ53巻5号（2008）122頁，小田敬美・リマークス36号（2008）118頁，石渡哲〔判批〕・法学研究〔慶応義塾大学〕81巻6号（2008）131頁，日下部克通・主判解平成19年度〔別冊判タ22号〕（2008）30頁。

判　旨

「Ｘ〔被控訴人〕らは，本件訴訟において，認容を求める請求額の上限を画して訴えを提起してはいるものの，特段損害項目を特定して請求額を限定したものではなく，本件事故によりＡ及びＸらの被った全損害につき，自賠法3条本文に基づく損害賠償請求権を有することを主張し，請求額を超える全損害の内容及び損害額の主張立証をし，単に請求した額の限度での支払を求めていたにすぎないのであるから，そのような事実関係の下においては，Ｘらは，本件訴訟の提起及び係属により，当審拡張請求（残部請求）部分についてもこれを行使する意思を継続的に表示していたものと評価するのが相当であって，同部分につき，民法153条にいう『催告』をしていたと解するのが相当である。」（原判決一部変更，確定）

参照条文
民法147条・153条，民事訴訟法147条

解　説

(1) 時効中断の効果を生じる「催告」の要件

　請求されていない残部については時効が進行し，残部請求のために請求を拡張した場合には，請求を拡張する旨を記載した書面を裁判所に提出した時に時効が中断する。

　一部請求否定説からは，一部の請求であってもそれは訴訟物の全部が権利行使されており，債権全体について時効中断効があることになる。

　一部請求を肯定したとしても，時効中断効の範囲については争いがある。

　訴訟の審理の目的となっている請求が既判力の対象であるとする立場からは，残部については時効が進行していることになる。これに対して一部請求を認める立場であっても債権全体が訴訟物であり，明示的一部請求の場合であっても，債権全体に時効中断効が生じることになるとする立場もある。

　現在の判例である明示的一部請求の場合には訴訟物の分割を認める立場からは，訴訟で明示した一部のみが権利行使の対象となっており，この一部につい

てのみ時効中断効が及ぶことになる。

(2) 本判決の位置づけ

それでは本件はどのように位置づけられるのか。

時効がなぜ中断するのかについては，判決で権利の存在が確定することを理由とする権利確定説と，権利の上に眠る者は保護しないという時効制度の存在理由から，権利の上に眠る者ではないことを示すことで足りるという権利行使説の争いがある[注2]。

権利確定説からは裁判によって権利の存在が認められることが時効中断の要件となる。そうすると，本件では訴訟物となっていない権利については時効中断効が認められないと解されることになる。

しかし，現実の裁判例ではそこまで厳格ではなく，裁判上で攻撃防御方法として提出した主張について時効中断を認めることがあり，権利行使説によったほうが説明が容易な裁判例もある。

時効制度の趣旨をどのように考えるかが本件判決の理解にとっては不可欠である。本件については「明示的一部請求訴訟の提起及び係属により，残部につき催告としての時効中断効が認められるか否かは，原告が，訴訟の提起及び係属を通じて，被告に対し，残部についても権利行使の意思を表明していると認められるか否かという事実認定の問題であると捉えた上，本件では，Xらが残部につき権利行使を表明していると認められると判断したもの」[注3]である。

(3) 本判決の評価

そこで，実質的に本件事案に即して判決を検討してみると，本判決は妥当であるといいうる。

まず，本件では請求原因が同一であり，その事実認定はまったく同じである。損害額の金銭評価が異なるために一部請求となっているとみることができる。

また，このような事案で残部請求について時効が進行すると解した場合，前

注2) 内田貴『民法Ⅰ総則・物権総論〔第4版〕』（東京大学出版会，2008）320頁。
注3) 判時1960号41頁のコメント欄。

訴の既判力が後訴には及ばず，後訴で残部請求を認めればよいとする判例理論によっては一部請求を認めた意味がなくなる。そうすると，請求の拡張の時期が時効完成後になってしまった場合，同じ権利関係について争っているにもかかわらず，請求できる場合とできない場合が生じる。

　また，一部請求肯定説の理由としては，原告が一定の過失相殺を予定して訴額を決めることがあるというものがあるが，過失相殺は裁判所の判断によるものであり（過失相殺の過失を基礎づける事実については弁論主義の適用がないとする見解がある。），当事者には予測しにくい。

　そして，本判決は以下の判示をしている。すなわち，本件の訴訟提起の段階では，事案の内容や予想される争点，それまでの交渉経過等にかんがみて一部請求とされたものであって，特段損害費目を特定して請求額を限定したものではなく，当初から，交通事故によって被った全損害につき自動車損害賠償保障法3条本文に基づく損害賠償請求権を有することを主張して，その内容および額につき主張・立証をしており，訴訟の経過や一審判決の結果等から予想される最終的な認容額に対応して請求を拡張することも視野に入れていたもので，相手方もそれを容易に予測することができる状態にあったなどの判示の事実関係の下においては，上記訴訟の提起および係属により損害賠償請求権の残部について民法153条の催告が係属していたものというべきである，というのである。

　本判決は，時効中断の理由について，権利行使説に親和性のある判断を示したものといえる。

　ただ，本件では被告が，原告の一部請求であるが，実際に原告の権利行使の対象となっているのは損害全体であると容易に予測できる状態であった，ということを理由の一つとしており，被告が時効を援用できるのはいかなる場合かが問題となる。訴訟が係属している場合であって，被告にこのような主観的要件が認められる場合には時効が完成せず，催告が継続していると解釈されることになると，時効制度の存在意義はいかなるものとなるか。本件は損害賠償請求であり，被害者救済の必要性（本件は死亡事故であるから遺族の損害の填補や慰謝）が認められる。しかし，他の取引上の債権にまで本件判旨が妥当するかは疑問である。

民訴法の解釈からすると，端的に一部請求を否定したほうが適切な結論が得られるのではなかろうか。

実務上の指針

明示的一部請求をしても残部については時効が進行する。したがって，原告代理人としては，絶えず残部について時効期間を考慮して請求の拡張のタイミングを図ることになる。

本件では，提訴前の交渉経過などから，時効中断効を生じる催告が継続していたと認定された。そうすると，原告代理人としては，残部について権利行使をする予定のあること，それを被告に予測可能な状態にすることにより時効の完成を免れることが可能となる。もちろん，新たな請求原因を追加することはできない。

このことを考えると，原告代理人としては，一部請求ができるという考え方に立ってそれを明示すればよいという考え方を捨てるべきはなかろうか。原告代理人は，一部請求否定説の考え方に立った請求の組み立てを行い，損害費目を特定せずすべての損害について主張・立証を行う必要があろう。

被告としては，原告が請求している損害賠償の請求原因を十分に検討し，損害費目を特定しているのであれば，それ以外の損害費目の賠償を求める請求の拡張に対しては時効を援用することになろう。

また，原告が請求を拡張してきたとしても，時効を援用し，原告が催告が継続していると主張しても，その請求の拡張が容易に予測できなかったことを主張・立証していくことになる。

まず原告代理人が債権全体が時効にかからないように債権管理を行うことが必要であり，本件のような不法行為の場合に「催告」の事実認定によって，やむをえず救済を受けるという考え方が必要であると考えられる。

◆坂 本　正 幸◆

XIII 当事者照会

1 概　説

(1) 制度の趣旨(注1)および特徴

平成8年の民訴法改正により，訴訟の係属中に，主張または立証を準備するために必要な事項について，一方当事者が相手方に対して，相当の期間を定めて，書面により回答を求めることができる当事者照会制度が創設された（民訴163条）。当裁判所の関与なく，回答義務違反について制裁がないという当事者が裁判所を通さずにする訴訟準備の制度の一つである。この制度の利用により，当事者が主体的に早期(注2)の主張および証拠の整理，充実した証拠収集を図ることが期待されていた。

(2) 制度の理念および根拠

注1) 当事者照会制度については，山浦善樹「当事者照会等の活用の問題点と改善のために必要な条件」上谷清＝加藤新太郎編『新民事訴訟法施行3年の総括と将来の展望』（西神田編集室，2002）（以下，単に「山浦・前掲展望」という。）と東京弁護士会民事訴訟問題等特別委員会編著『当事者照会の理論と実務』（青林書院，2000）をぜひ読んでいただきたい。前者は，当事者照会制度の立法過程での主要な文献に触れ，当事者照会の実情と問題点について広く検討されている（なお山浦善樹「当事者照会」伊藤眞＝山本和彦編・民事訴訟法の争点〈新・法律学の争点シリーズ4〉〔ジュリ増刊〕（2009）も重要である。また，後者は有意義な論文が掲載されているほか実際の事案に参考となる。当事者照会ではなく，内容証明作成の段階でもここに記載されているノウハウを使うことができる。なお，本項目全体につき，松森宏「法的情報・証拠収集手段の活用とその工夫—効果的な立証をするために」日本弁護士連合会編『〔日弁連研修叢書〕現代法律実務の諸問題〔平成20年度研修版〕』（第一法規出版，2009）参照。また，門口・証拠法大系(1)〔福田剛久〕・189頁以下，門口・証拠法大系(5)〔志知俊秀〕・227頁以下を参照。
注2) 少なくとも照会された事項については有利不利を問わずありのまま開示する制度であり，後だし有利論（長谷部由起子「証拠収集手続のあり方（特集 民事訴訟法改正を展望する）」ジュリ1028号（1993）103頁〔同『変革の中の民事裁判』（東京大学出版会，1998）所収〕参照）は否定されたのである（山浦・前掲展望58頁参照）。

この制度の根拠としては，紛争当事者間のコミュニケーションの作法，証拠の偏在がある場合の武器対等確保，当事者間の信義則，争点・証拠整理の充実，真実に基づく裁判の希求などの根拠を総合して（とくに信義則と真実に基づく裁判を梃子にして）立法者の決断がなされたもの[注3]と解される。理念との関連では，平成8年に改正された民訴法は，相手方が情報を欠くことを奇貨として勝訴するのは妥当でないという思想への転換をし（情報ないし証拠の開示の精神），その一環として[注4]，当事者照会制度を導入したと解される[注5]。また，民訴法は，当事者主導の争点整理手続を導入したが[注6]，かかる地位にある当事者の準備制度[注7]の一つとして[注8][注9]当事者照会制度を理解することができる[注10]。

注3） 高橋㊦・65頁。
注4） 文書提出義務の一般化（民訴220条4号），文書特定手続の要件の緩和（民訴222条），単純否認の禁止・積極否認の要求（民訴規79条3項）が挙げられる（高橋㊦・65頁など参照）。さらに，平成13年の民訴法改正における公文書提出義務の一般義務化，平成15年の民訴法改正における訴え提起前の照会・証拠収集処分の導入もこの流れに位置づけられる。これらの規定は，主張立証責任を負わない当事者の事実や証拠の収集への協力を求めているのである。ただし，自己に不利な情報の秘匿が旧民訴法下でまったく自由であったわけではない（山本和彦『民事訴訟法の基本問題』（判例タイムズ社，2002）144頁，笠井正俊「当事者照会の可能性」谷口安平先生古稀祝賀『現代民事司法の諸相』（成文堂，2005）244頁参照。訴え提起前の照会については，注9）も参照。
注5） 高橋㊦・65頁。
注6） ここにおいては，強力な失権効をもってその進行を確保するのでなく，争点・証拠整理手続や証拠収集・証拠調べの方法について，さまざまなメニューを用意し，当事者自身の主体的活動に任せ，裁判所や相手方との間のコミュニケーションを濃密にし，共通の認識をもって手続を進めるという基本的な立場がとられている。
注7） 訴訟制度を利用する前も同じ状況があると理解すべきである。すなわち，弁護士同士の事前交渉は，情報・証拠収集・事案について共通の認識を形成する場として役立つ。透明性をもった形で行われる限り，促進すべきである。得られた情報に基づき，依頼者・相手方の本音あるいは主張の弱点が明らかになる。またこの結果和解が訴訟前に行われることは一つの望ましい紛争解決の形である（なお，この点につき，注24）参照。また，平成15年民訴法改正前であるが，訴え提起前の証拠開示等の行為規範について提案されている（山浦・前掲展望73頁）。訴え提起前の照会・証拠収集処分を用いる場合にも同様の状況がが期待できる。
注8） それまでは，求釈明の申立て，文書提出命令の申立てをするほかなかった。その後の改正で設けられた訴え提起前の照会・証拠収集処分（民訴132条の2以下，注9）も参照。）もこの制度の一環として理解できる。なお，当事者の利用できる手段が増えたこと，早期の争点整理の要請との関係では，当事者の事前の準備調査義務（民訴規85条），口頭弁論期日の変更の制限（民訴規64条），適時提出義務（民訴156条），時機に後れた攻撃防御方法の却下（民訴157条）に注意すべきである。

(3) 要　件

　主張・立証の準備に必要な事項[注11]について照会ができる。しかし，①具体的または個別的でない照会，②相手方を侮辱し，または困惑させる照会，③重複する照会，④意見を求める照会，⑤不当に費用または時間を要する照会，⑥証言拒絶権に触れる照会はできない。

　なお，自己が主張立証責任を負う事実についても照会することができる。

(4) 当事者照会の方法

　当事者照会およびその回答は，照会書および回答書を直接相手方に送付する方法によって行う（民訴規84条1項）。

(5) 裁判所の関与および制裁

　回答義務はあると解されているが，違反しても制裁はない。また，裁判所は直接には関与しない[注12]。この点がこの制度の中途半端なところである[注13]。

注9）　訴えの提起前における照会は，現行法の当事者照会を提訴予告通知がなされた場合に，訴訟係属以前にも行えるようにしたものであり，裁判所の関与なしに行われるものである。この照会は，活用の仕方・運用の工夫によれば今まで使われなかった訴訟係属後の当事者照会より使い勝手がよいのではないかと思われる。また，求釈明という手段がないので，この制度を利用するしかないという側面もある（山本和彦編『民事訴訟の過去・現在・未来』（日本評論社，2005）150頁〔山本弘発言〕参照）。照会された相手方も勝つ自信がある場合などは，きちんと答え，それにより，早めに訴えの提起をあきらめさせることができる。

　この制度は，提訴前の当事者の自主的な証拠収集手段を強化することによって，裁判官中心の争点・証拠整理のあり方に再考を促すものと評価しうる（伊藤眞「専門訴訟の行方」判タ1124号（2003）6頁）。当事者による主体的な争点・証拠整理は，今後の民事手続における実務の進むべき方向として重要な課題である（加藤新太郎編『民事訴訟審理』（判例タイムズ社，2000）184頁以下参照）。

注10）　東京弁護士会民事訴訟問題等特別委員会編著・前掲注1）155頁〔塩谷國昭〕，町村泰貴「民事手続における情報流通のあり方―当事者照会を中心に」民訴45号（1999）241頁。その意味で，争点整理が常に裁判所の手続を経るという通念から離れるという意味で大きな考え方の転換が示されたといえる（伊藤眞「開示手続の理念と意義(上)」判タ786号（1992）10頁参照）。

注11）　証拠そのものの収集ではなく，事実・証拠に関する情報の収集であるということに注意すべきである（高橋(下)・76頁参照）。したがって，主張事実にするもの，証拠として使うものに限られない（新堂・548頁）。

注12）　非制裁型スキームの制度の一つと位置づけられる（三木浩一「日本の民事訴訟における裁判官および弁護士の役割と非制裁型スキーム」民訴50号（2004）90頁以下）。

この制度が利用されていない注14)理由の一つ注15)という評価もある。

しかし，現行法の制定に際して，制裁規定を入れなかったのは，日本弁護士連合会が立法の際，弁護士を信用し，自主性は重んじてほしい，制裁で弁護士を縛りあげるのではいい制度にはならない，ということを主張してきたからという側面もある注16)。

注13)　当事者にとっては，「正直者が馬鹿を見る」可能性があり（青山善充ほか〈座談会〉民事訴訟手続に関する改正要綱試案をめぐって（特集 民事訴訟手続に関する改正要綱試案）」ジュリ1042号（1994）22頁〔青山善充発言〕），代理人弁護士にとっては，回答義務と依頼者に対する忠実義務とのジレンマ（町村・前掲注10）244頁）に立たされる制度である。また，三木・前掲注12）99頁は，強制手段は存在しないが回答義務だけはある不自然なスキームと評価する。

注14)　そのため，当面失敗したという評価がなされている（山本和彦「民事訴訟法10年その成果と課題」判タ1261号（2008）94頁）。ただし，当事者照会を研究している弁護士は，この制度を利用し，良い結果を得ているとのことである（ただし，重い照会は避けている可能性がある。）。当事者照会をしたら法廷で回答があったとの報告もある。

注15)　利用されていないことの，これ以外の理由としては，①釈明との関係（直接争点とは関係のない背景事情等であるため，裁判所としては正式には釈明を求めないであろうと予想される事項であっても，とりあえずは，当該事項についても釈明の申立をする。この申立てをしておけば，いわば裁判官の目の届く範囲内の申立てであることから，裁判官がその事項をめぐる問題状況等を認識してくれるというメリットがあり，加えて，事実上ではあっても，裁判所の後押しによって，相手方から回答を得られることが多くなる。さらには，当事者照会よりも釈明の申立ての方が手間がかからない。したがって，求釈明事項と当事者照会事項を厳格に区別することなく，本来的には当事者照会事項であっても，とりあえずは，求釈明事項として準備書面に記載する方が得策であると考えられているようである。)，②噂を信じて回答はされないと考えている，③もし照会された場合は自分の側も答えないだろうとして最初から使わない選択をしていることがあるようでもある。さらに，期待の水準も関係している。すなわち，④制裁がないため，重い照会についての回答は得られない可能性があるところ，そうであれば，利用する価値がないと考えている可能性がある。また④とは逆に，証拠偏在型には効果的だが自分のような通常事件ではあまり必要ないと考えている可能性（争点〔山浦〕・143頁参照）もある。
　　　しかし一番大きな理由は，⑤「当事者間の自主的手続より職権の発動に期待する考え方」「裁判所のパターナリズムに依存する我が国の弁護士の姿」（争点〔山浦〕・143頁）ではないかと思われる。①のように釈明に頼ることはその表れである。

注16)　このほか，制裁を課して依頼者に不利益な情報を開示させる制度を導入することに弁護士会内部での足並みが絶対揃わなかったであろうこと，制裁を設けた場合に裁判所の過度に強権的な制裁を発動する危険がありこれを避けようとしたということが弁護士の側の事情として挙げられている。また，裁判所からは当事者照会をめぐる紛争の内容が必ずしも明らかではないことに加え，弁護士からもたれかけられることへの不信等が裁判所の側の理由として挙げられている（以上，三木・前掲注12）90頁以下および山本編・前掲注9）148頁〔山本弘発言〕など参照）。

そこで，この制度の活用・運用については弁護士の現行民事訴訟に対する理解・改革意識・活用の創意工夫・力量が試されるものとなっているといわれていた。

しかし，この現行法の考え方は，弁護士の意識を変えるまで浸透しているとはいえない注17) 注18)。

(6) 回答や虚偽回答の場合

上述のように，不回答および虚偽回答の場合に，直接の制裁は規定されていない。

もっとも，不回答や虚偽回答は，その事実が訴訟手続上主張・立証されると，当事者に不利益な間接事実ないし補助事実になる注19)。不当な不回答の後に，

注17) 裁判所への依存体質だけでは説明がつかない，わが国の弁護士業務の深層に問題がある可能性もある（争点〔山浦〕・143頁）。

注18) 弁護士会としてのコンセンサスが期待できない現状では，回答拒絶や虚偽回答に対して，裁判所の関与や制裁の導入が有効であるという意見には説得力がある，弁護士の信義や努力だけに頼らず，「制裁型スキーム」（三木・前掲注12）90頁以下）の導入を検討すべき時期に来ているのではなかろうかと指摘される（以上，争点〔山浦〕・143頁）。当事者主義的訴訟運営との関係での制裁の可能性について，山本和彦「当事者主義的訴訟運営の在り方とその基盤整備について」民訴55号（2009）79頁参照。日本弁護士連合会は，2010年（平成22年）1月21日，裁判所の関与と制裁を可能とする民事訴訟法改正要綱中間試案を発表している（http://www.nichibenren.or.jp/ja/opinion/report/data/100121_2.pdf）。

裁判所のパターナリズム（注15）参照）への依存が続く限り，単純に制裁規定をおいても機能するかどうかは疑問である。制裁規定をおくとしても，やはり弁護士の意識の変革による善き慣行に基づく運用が原則である。

注19) 園尾隆司「当事者照会④—当事者照会に不適切な対応をした場合」新民訴法大系(2)207頁。たとえば，少なくともその当事者は親切ではないとの徴表になりうるし，本案が説明義務違反の有無であるとこの徴表はかなりの意味をもつと指摘されている（高橋(下)・69頁）。

裁判所が関与しない制度として設計されたことおよび十分な時間をとらないと裁判所からは当事者照会をめぐる紛争の内容が必ずしも明らかではないことを差し引くとしても，当事者照会の実効性という観点からは，このことはもう一度検討されるべきと思われる。

もっとも，あくまでも間接的な強制であり，直接の強制の方法ではない。そして，たとえば，実際には理由があっての不回答の場合に，裁判官がこれを見過ごすと真実とは異なる認定がなされる可能性がある。さらには，無限定な裁量をおそれて当事者は裁判所に従う可能性がある（さらにいえば，上述の裁判所のパターナリズムに依存するわが国の弁護士の姿を固定することにもつながりかねないものである。）。それゆえ，理論的には望ましい方法ではない（山本編・前掲注9）149頁〔山本和彦発言〕参照）。さらに，判決まではその心証が明らかにならず不意打ちとなる，回答をなすべき旨を事前に明らかにすべきとの批判がある（町村・前掲注10）246頁）。

回答すべき事実を主張したときには，時機に後れた攻撃防御方法の却下の判断の資料となりうるとの主張もなされている[注20]。

虚偽回答については，その後これに反する主張を認めないとの解釈が主張されている[注21]。

また，訴訟費用の負担においてしん酌するとの主張も有力[注22]である。弁護士倫理との関係も議論されている[注23]。

(7) 回答と不法行為

回答内容によっては，第三者のプライバシー侵害になる可能性もある。

(8) 当事者照会が問題となった判例
 (a) 大阪地判平14・12・25交民集35巻6号1697頁

大阪地判平14・12・25（交民集35巻6号1697頁）は，交通事故に遭った原告の請求した植木職人と植木販売を行っていて年収1200万円を下回ることはなかったとの休業損害の主張について，被告から就労状況等について当事者照会がなされたが，原告は十分に回答しないことが理由中の判断の中で指摘されて

> そこで，①回答拒絶の場合，当事者照会の適法性と除外事由の不存在という事実の認定が不可欠である（争点〔山浦〕・143頁）し，②回答拒絶や虚偽回答の事実がいかなる事実の間接事実となっているのか，あるいは，いかなる事実の補助事実となっているのかの確認が欠かせない。また，①および②を確認し，また，当事者に対する不意打ちを避けるため，③当事者照会のほかの手段に対する不回答と併せて評価されるべきものであろう（後出の大阪地判平14・12・25交民集35巻6号1697頁参照。なお，弁論の全趣旨となるという表現がされることがあるが，回答拒否は弁論の外の出来事であり，正確ではない（園尾・前掲書208頁，山本和彦「当事者照会に関する諸問題」判タ965号（1998）21頁，新堂・534頁）。

注20) 倉田卓次＝谷口安平＝田原睦夫＝福永有利＝松本博之＝山本克己「民事訴訟手続に関する改正要綱試案の検討（特集 民事訴訟手続に関する改正要綱試案の検討）」民商110巻4＝5号（1994）38頁〔山本克己発言〕，町村・前掲注10）224頁。この場合も，当事者照会のほかの手段に対する不回答と併せて評価されるべきものであろう。なお，当事者主導の争点整理の視点からは，この判断にさらされることは原理的には大きなサンクションとなると考えられる。

注21) 清水正憲「当事者照会制度（特集 新民事訴訟法）」ジュリ1098号（1996）48頁。

注22) 竹下守夫＝阿部一正＝石垣君雄＝北尾哲郎＝小林秀之＝田原睦夫＝福永有利＝柳田幸三「〔座談会〕民事訴訟法改正の中間展望」ジュリ1028号（1993）25頁〔福永有利発言〕，倉田ほか・前掲注20）41頁〔松本博之発言〕，清水・前掲注21）50頁など。

注23) 小山稔「当事者照会」吉村徳重先生古稀記念論文集『弁論と証拠調べの理論と実践』（法律文化社，2002）39頁以下など。

いる。そして，他の事情とあわせて，植木業等を行っていて相当の収入があったことを認めるに足りる客観的な証拠はないとされ，賃金センサスを用いた認定がなされた。すなわち，①税金申告書等の公的な収入に関する証明書の提出をしないこと，②証拠〔甲4号〕は本件事故直前に原告が造園業をしていたことを確認せずに作成したものであること，③就労状況等について，原告は，被告らからの当事者照会や求釈明に十分に回答しないこと，④原告が回答した取引先12箇所に被告らが弁護士会照会をしたところ，本件事故前に原告が植木業を行っていたという原告主張に合致する内容の回答はまったくないことから，上記のとおり賃金センサスを用いるとの判断をしたものである。

不十分な回答がどのようなものかは明らかではないが，当事者照会以外の手段についても併せて説示しており，参考になる事案である。

(b) 福岡地判平16・2・12判時1865号97頁

福岡地判平16・2・12（判時1865号97頁）は，医療過誤訴訟の過程で，被告が原告の医療情報を原告の同意なく得て答弁書に引用したこと等がプライバシー侵害にあたるとして損害賠償請求をした事案で，同行為は正当な訴訟行為として違法性が阻却されるとしたうえで，さらに，原告の送付嘱託や当事者照会によるべきであったとの主張に対し，送付嘱託では，患者の同意がなければ応じない場合が多いと考えられるところ，真実擬制等のような制裁規定がないこと，当事者照会に応じない場合も制裁規定がないことから，当事者が十分な訴訟活動ができないことを挙げてこの主張を退けた。

この判断は，とりもなおさず，送付嘱託や当事者照会において，プライバシーとの関係が不明確であること，制裁がないことが理由である。運用または制度の改善が必要であると思われる。

2 実務上の指針

当事者照会は広く利用すべきである[注24][注25]。そして，不適切な回答があっ

[注24] 当事者としては，当事者主導の争点整理をよく理解すべきである。そして，情報の収集計画を立て，その中に，訴え提起前の照会・証拠収集処分，弁護士会照会等（その他，行政情報の開示手続，個人情報の開示手続の利用など）とともに訴え提起後の当事者照会を有機的に位置づけることが期待される。

たり，回答がなかったりする場合には，求釈明の申立て[注26]，文書特定の手続，文書提出命令の申立て等を利用するべきであろう。また，不適切な回答，不回答については，適時に訴訟にその事実を上程することも検討すべきである[注27]。ただし，不回答に制裁がないこと等から，回答を得やすくするために照会事項等に工夫が必要なことも事実である。たとえば，重い照会と軽い照会を区別する[注28]，表現をソフトにする，一問一答方式にする[注29]等の工夫が必要であろう。

当事者照会を受けた側としては，訴訟観が変化したことを前提に対応すべきであろう。従来型の主張立証責任の所在を軸にし，また，常時裁判所を介した訴訟活動からの転換が求められる。また，実質的にも，その評価は微妙であるとしても，上記のとおり当事者照会に対する回答いかんは，裁判所の心証に影響を及ぼす事態がありうるのであり，適切に対応すべきである。加えて近時の証拠や情報は出しやすい方の当事者が出すという運用ないし慣行の下[注30]では，後に出すとかえって心証が不安定になると思われる[注31][注32]。

注25) ただし，当事者照会の前に十分に情報・証拠収集をしておかないと，資料が自分の方にないことを明らかにしてしまい相手によってはそれを逆に利用されることがあるというリスクがある。そのため，当事者照会を利用するには，相手にこういうものを出したらどういう返事がくるのだろうか，相手は当事者照会をどのように利用するのだろうか，ということまで考えるようにしておく必要がある。

注26) 釈明との有機的な関係については，山浦・前掲展望61頁以下が詳しい。

注27) 当事者尋問のなかでの利用も試みるべきである（小山稔＝那須弘平＝塩谷國昭＝稲澤優＝北尾哲郎＝川下清＝河村英紀＝井上治典＝西口元〈座談会〉民事弁護実務は変わるか―民事訴訟改善運動と新民事訴訟法」判タ923号（1997）24頁以下〔北尾哲郎発言〕参照）。この点，これを裁判所の心証等に訴えることがどこまで効果があるかは別論である。古い資料であるが，裁判所側は関与を一貫して避けているとの評価がある（高橋宏志＝齋藤隆＝生島弘康＝橋本都月＝吉村悟＝中本和洋＝森脇純夫＝林道晴「〈座談会〉新民事訴訟法施行一年を振り返る(上)―長野・福井・福島・高松地裁の第一審手続を中心として」判タ998号（1999）30頁〔森脇純夫発言〕）。しかし，一般的に避けるというのであれば，そのような裁判所の姿勢は必ずしも適当ではないとの解釈をとるべき（ただし，それ自身の問題も残る。）ではないか（注19）参照）。

注28) 吉村徳重＝竹下守夫＝谷口安平編『講義民事訴訟法』（青林書院，2001）199頁。期待の水準についての注15）と関連する。

注29) 小山・前掲注23）48頁。

注30) 大森文彦＝奥宮京子＝笠井正俊＝齋藤隆＝鈴木利廣＝山本和彦＝福田剛久「〈座談会〉民事訴訟の新展開(上)」判タ1153号（2004）5頁以下，笠井・前掲注4）235頁。

注31) このことで，早期の証拠・情報の提出が励行され，後出し有利論が理念上も，実際上も否定されることが期待される。

なお，両当事者ともに，意識の変革のみならず，代理人においては，執務態勢の変化[注33]が求められる。また，訴訟観の変化に基づいて弁護士の自主的な善き慣行を作ることは欠かせない[注34] [注35]。

　また，これらの点は，要件事実論とのつながりで理解されなければならない。

　すなわち，現行民事訴訟法は，「国民に利用しやすく，分かりやすい」民事訴訟という観点から，旧来の五月雨式（漂流型）審理を排することとし，審理の「適正」・「充実」・「迅速」をもたらす「争点中心型」審理方式を導入した。争点中心型審理は，訴訟手続を「争点及び証拠の整理」（民訴法164条等。いわゆる争点・証拠整理）の手続と「その後の証拠調べ」（民訴法165条1項等。いわゆる集中証拠調べ）という二段階に区分し，充実した審理や迅速・適正な裁判を実現する審理方式である。当事者の側からいえば，第1段階の争点・証拠整理手続できちんと早期に主張をし，書証などの証拠も出し合って，口頭による議論を経つつ裁判所も含めて相互の共通の理解を形成させつつ，争点（立証対象）を明らかにして（民訴165条1項等），第2段階の尋問を集中して行う（民訴182条）のである。

　この争点中心型審理を適切に実現し，民事訴訟実務を適正に運用するためには要件事実論の理解は必須となっている。とくに，弁護士同士のコミュニケーションと共通認識形成のために必要であるし，もちろん裁判所が判断するわけであるから裁判所とのコミュニケーションと共通認識形成のためにも必須（「共通言語」・「共通スキル（ツール）」）なのである。要件事実論を共通のスキルとして「コミュニケーションを濃密にし共通の認識を形成する」ということは，今後，一層，弁護士として大切なことになる。

　そして，上述のように，この争点・証拠整理の準備のために当事者照会は設

注32）「どうせ出さなければならないのだから」という説明である（笠井・前掲注4）236頁）。
注33）山浦・前掲展望59頁・75頁参照。
注34）髙橋(下)・69頁など。
注35）上述注18）のように，裁判所の関与と制裁を制度化することが必要となるであろう。なお，提訴前の照会においては，制度の実効性を高めて当事者（代理人弁護士）の利用を促すため，提訴前照会の利用資格の制限，提訴前行為規範の具体化の方策や提訴前照会の回答の態様を提訴後の審理にリンクさせ，提訴後の釈明や証拠調べとの連携を強化する方策が提案されている（町村・前掲注10）241頁）。

けられているのである。したがって，当事者照会を活用するためには，争点・証拠の整理へ向けた当事者同士のコミュニケーションと共通認識形成という目的に自覚的になることが必要であり，また，事案における要件事実を理解した照会事項の記載が欠かせない[注36]。

　さらには，当事者照会制度は，裁判所を介さないものである。裁判所が釈明権の行使等により要件事実の観点からみて不明瞭な記載を補い，後見的にコミュニケーションを後押しすることはない。

　以上からすると，要件事実の理解は，この制度を利用するための最低限のスキルであろう。

◆濱　口　博　史＝松　森　　宏◆

[注36]　要件事実を理解している代理人同士であると良い照会に対して良い回答がなされ，互いに共通認識が形成され，適切な解決に結びついているようである。

第4章　訴訟の審理

Ⅰ　口頭弁論

1　概　説

(1)　口頭弁論の意義

「口頭弁論」の意義は多義的であるが，通常は，受訴裁判所の面前で当事者双方の関与の下に口頭で弁論および証拠調べを行うことによって裁判資料を収集し，それに基づき裁判をする審理手続ないしは審理方式を指す。

　民訴法上，判決によって裁判をすべき事件（訴えまたは上訴）においては，必ず口頭弁論が開かれなければならず（必要的口頭弁論の原則〔民訴87条1項本文〕），口頭弁論に表れた事実主張や証拠のみが裁判資料として裁判の基礎となりうる。その意味で口頭弁論は，判決手続の中心的な存在ということができる。

(2)　口頭弁論の公開

　憲法82条1項は，「裁判の対審及び判決は，公開法廷でこれを行ふ。」として裁判の公開原則を定める。ここにいう対審とは，裁判官の面前における訴訟当事者の直接・口頭の弁論を指し，民事事件では「口頭弁論」がこれにあたる。

　法廷の意義について，裁判所法69条1項では「法廷は，裁判所又は支部で

これを開く」とされている。実際には，裁判所ごとにどの部屋を法廷として使用するかを指定している。法廷として指定されている部屋には，傍聴席が用意されており，また，各部屋の廊下側に「第○○号法廷」のように法廷であることを明示した表示がされ，来庁者は誰でもどの部屋が法廷なのかがわかるようになっている。

(3) 弁論準備手続（民訴168条以下）

　裁判所は，争点および証拠の整理を行うため必要があると認めるときは，当事者の意見を聴いて，事件を弁論準備手続に付することができる（民訴168条）。

　民事訴訟手続を十全に機能させるためには，事件における争点を明らかにし，これを解明することが必要であり，そのためには争点を整理し，争点に照準を合わせ集中的な証拠調べ（民訴182条）を行う必要がある。そのために行われる争点整理の手続が弁論準備手続の制度である。同趣旨の制度としては，ほかに準備的口頭弁論（民訴164条〜167条），書面による準備手続（民訴175条〜178条）の制度があるが，弁論準備手続が争点整理の中心的な手続であり，多くの事件でこの手続が利用されている。

　弁論準備は，口頭弁論と異なり憲法上公開が要求されていない（憲法82条は「対審」の公開を定める。）と解され，原則として非公開とされている（民訴169条）。争点整理手続であるので，形式ばらないなごやかな雰囲気で行われることが望ましいとされ，そうだとすると手続は非公開とするのが相当と考えられている。

(4) 弁論準備の結果の口頭弁論での陳述（民訴173条）

　当事者は，口頭弁論において，弁論準備手続の結果を陳述しなければならない。弁論準備手続は，審理促進のために争点を整理する手続であり，口頭弁論は，弁論準備手続の結果に基づき行われるのであるし，また弁論準備手続の結果は，口頭弁論において陳述しない限り口頭弁論に現れない（民訴87条）ので，直接主義・口頭主義を満たすために結果の陳述が必要となる。

　そうすると，非公開の部屋で弁論準備手続を行った後，その部屋において口頭弁論を終結することは，憲法82条1項に違反する手続ということになる。

2 判 例

判 例 34

東京高裁平成19年5月30日判決
掲 載 誌：判時1993号22頁
原　　審：千葉地松戸支判平19・1・15（平成18年（ワ）第812号）

公開法廷での弁論終結手続を欠いたまま判決を言い渡した訴訟手続が違法とされた事例

事　案

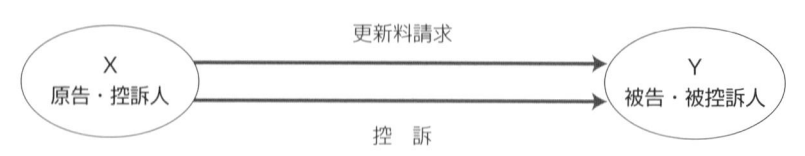

```
              更新料請求
   ┌─X─────────────────→─Y─┐
   │ 原告・控訴人            被告・被控訴人 │
   └─────────────────────┘
              控　訴
```

①主位的控訴：手続違背による原判決取消し
②予備的控訴：更新料請求

(1) 本件は，X（原告・控訴人）がY（被告・被控訴人）に対し，土地賃貸借契約の更新に伴う更新料を請求した事案である。しかし，原審が次項に述べるような審理経過をたどってなされたため，Xは，原審には重大な訴訟手続の違反があるなどとして控訴した。

(2) 本項目に直接関係する事実について，控訴審裁判所が，本件記録，調査嘱託の結果および弁論の全趣旨より認定した事実は以下のようなものである。すなわち，

① 原審を担当した千葉地裁松戸支部民事部ろ係では，通常口頭弁論期日を同支部の第402号法廷および第301号法廷（ラウンド法廷）を使用し，準備手続室として，第301号法廷を使用している。

② 当該法廷を優先的に使用できない曜日に準備手続を行う場合は，他の傍聴席のない「弁論準備室和解室」や「調停室」を使用している。

③ 平成18年12月21日の第1回弁論準備手続は，「弁論準備室和解室」で行われ，同日本件事件についてされた手続がすべて同部屋で行われ，出頭した双方の各代理人は，同日他の部屋に移動することなく当日の手続を終了した。

④ 同日，本件事件について，前記の第402号法廷または第301号法廷を使用

することはなかった。

> **判　旨**
>
> 「本件事件については，平成18年12月21日に前記両法廷のいずれかにおいて口頭弁論期日が開催されたことはなかったことが認められる上，前記『弁論準備室和解室』と表示されている部屋が公開された法廷であると認めるのは困難であるから，原審は，平成18年12月21日に公開法廷における口頭弁論期日において本件事件の弁論を終結する手続を行っていないことになる。」
> 「そうすると，原審の訴訟手続には，公開法廷で口頭弁論を終結する手続をしないまま判決を言い渡したものであって，その手続が違法であることになるから，民訴法306条に基づき原判決を取り消し，本件を千葉地方裁判所に差し戻すべきである。」（取消し，差戻し）

参照条文　憲法82条1項，民事訴訟法306条

解　説

(1) 手続違法の場合の取扱い

第1審の手続が違法な場合，控訴裁判所は第1審判決を取り消さなければならない（民訴306条）。控訴審で第1審判決を取り消す場合は，事件の差戻しは任意的とされている（民訴308条1項）が，本件のように第1審で公開法廷での口頭弁論終結がなされていないとするならば，改めて第1審裁判所において公開法廷で口頭弁論を終結させなければならない。このため，本件で，東京高裁は事件を第1審に差し戻したのである。

(2) 口頭弁論調書の証明力

本件のような訴訟手続の違法に関し，民訴法160条3項は，口頭弁論の方式に関する事項について，調書によってのみ証明することができるとする（ただし調書が滅失した場合を除く〔同項ただし書〕）。本件において控訴人Xの主張によれ

ば，本件第1審の第2回口頭弁論調書には，弁論準備手続期日の5分後に公開法廷における口頭弁論が開かれ，そこで弁論終結したとの記載がされているということであり，これを前提に同条を形式的にあてはめるとすると，本件では第1審に手続の違法はないと解さざるをえないことになる。

しかし，本件では，控訴審である東京高裁が，職権で千葉地裁に調査嘱託を行い，公開法廷において口頭弁論を終結していないことを認定した。そして東京高裁は，前記調査嘱託の結果および弁論の全趣旨[注1]から，第2回口頭弁論調書の証明力を否定し，当該口頭弁論期日が開かれなかったとの事実を認定したと考えられる。

民訴法160条3項は，口頭弁論の方式に限って，調書の記載に絶対的な証明力を認めたものであるが，これは調書が有効であることが前提であり，形式的記載事項（民訴規66条）のうち，調書として必要不可欠なもの（裁判所書記官の氏名，裁判官の氏名など）の記載を欠いたものは無効であり，その証明力を否定されることとなる[注2]。

では，偽造された調書に証明力は認められるか。調書の証明力は，それが有効なものであることが前提である以上，偽造された調書については証明力は否定されると解すべきことになろう。この点に関し，最判昭33・11・4（民集12巻15号3247頁）は，原審の調書の一部（弁論の更新に関する記述）が立会書記官以外の者によって記載されたことを職権での調査によって認定し，調書の記載の効力を否定した[注3]。偽造の調書に証明力を認めない考えを前提としたものと解される。

本判決は，誰が第2回口頭弁論調書を作成したかについては明示していないが，上記のような考え方を前提に調書の証明力を否定したのではないかと推察

注1）　なお，判旨記載の控訴人Xの主張によると，原審第1回弁論準備手続では，書記官の立会いはなく，調書上記載されている「弁論準備手続終結」の宣言もなかった。そして，本件記録上，原審第2回口頭弁論調書が作成され，調書上，公開法廷において，当事者双方が弁論準備手続の結果を陳述し，裁判官が弁論を終結した，となっているが，そのような口頭弁論期日が開かれたことはなかったという。そして，これらについては双方当事者に確認したと考えられる（判時1993号（2008）23頁）。
注2）　コンメⅢ・376頁・382頁。
注3）　三淵乾太郎・最判解民昭和33年度295頁以下。

される。民訴法160条3項本文の規定の存在にかかわらず，調書の証明力を否定した点も本判決の特徴である。

実務上の指針

　平成8年改正民訴法によって弁論準備手続等の争点および証拠の整理手続が導入される前に広く行われていたいわゆる「弁論兼和解」では，両当事者の合意があるような場合，法廷に出向かずして口頭弁論を終結するような運用もあったという。しかしながらそのような運用は，裁判の公開を保障し，公正な裁判の確保を図った憲法82条の趣旨をも没却するもので許されるものではないであろう。公正な裁判の実現は，ひいては当事者の権利保護にもつながっていくものであり，当事者もその点に留意し，手続が適正に行われているかにも注意しながら訴訟に参加すべきであろう。

　なお，本判決とは直接関連しないが，裁判の公開原則については，プライバシー，営業秘密の保護などの観点から，公開原則を見直すべきとの指摘がなされるようになっており，憲法82条の解釈論においても，同条は憲法32条による公正適切な裁判の保障に関する手段的・制度的担保であって，その具体的内容は事件の内容・性質に応じて考えなければならないとする説など，修正的な解釈を図る考え方が提唱されている[注4]。

◆木　下　貴　博◆

注4）　中野貞一郎「民事裁判の公開と秘密保護㈠」判タ1039号（2000）4頁。

Ⅱ 弁論主義

1 概　説

(1) 弁論主義の意義

　判決の基礎をなす事実の確定に必要な資料（訴訟資料）の提出（主要事実の主張と必要な証拠の申出）を当事者の権能と責任とするたてまえを，弁論主義という[注1]。

　弁論主義の具体的内容は，次の3つのテーゼ（命題）からなる[注2]。①裁判所は，当事者の主張しない事実を裁判の資料として採用してはならない。②裁判所は，当事者間の争いのない事実（自白された事実）は，そのまま裁判の資料としなければならない。③当事者間に争いのある事実を証拠によって認定する際には，必ず当事者の申し出た証拠によらなければならない。第2テーゼは，自白の裁判所拘束力であり，詳しくは〔判例36〕で扱う。第3テーゼは，職権証拠調べの禁止と呼ばれる。

　これらを審理段階（審理過程）と判決段階（判決作成時）に区別すると次の図表のとおりとなる[注3]。

注1）　新堂・409頁。ただし，最近の学説では，訴訟資料の提出権を弁論権として，弁論主義の内容から分けて考える見解が多数である。この点の学説の状況については，争点〔上野泰男〕・132頁がわかりやすい。弁論主義の根拠についての最近の文献として，垣内秀介「主張責任の制度と弁論主義をめぐる若干の考察」青山善充先生古稀祝賀『民事手続法学の新たな地平』（有斐閣，2009）75頁。
注2）　中野ほか・190頁。
注3）　山本克己「弁論主義論のための予備的考察―その根拠論と構造論」民訴39号（1993）170頁。畑瑞穂「弁論主義とその周辺に関する覚書」新堂幸司先生古稀祝賀『民事訴訟法理論の新たな構築(下)』（有斐閣，2001）74頁。

	審理段階	判決段階
主張レベル		裁判所は裁判において当事者が提出した事実以外の事実をしん酌してはならない（第1テーゼ）。
主張レベル		裁判所は自白されたまたは争いのない事実を裁判の基礎に据えなければならない（第2テーゼ）。
証拠レベル	裁判所は当事者が申し出た証拠方法以外の証拠方法について証拠調べができない（第3テーゼ）。	

(2) 弁論主義の適用範囲

訴訟法上，事実は，主要事実，間接事実，補助事実に分類される[注4]。主要事実とは権利の発生，変更，消滅という法律効果の判断に直接必要な事実である。間接事実とは，経験則，論理法則の助けを借りることによって主要事実を推認するのに役立つ事実をいい，補助事実は，証拠能力や証拠力（証明力）を明らかにする事実をいう。

そして，従来の判例・学説においては，弁論主義が適用されるのは，主要事実に限られると解されている。間接事実は，主張事実の存否を推認させる点で，普通の証拠と同じ働きをすることから，これに弁論主義の適用を認めて主要事実の認定をすると，裁判官の自由心証主義を認めた趣旨に反する結果となり妥当でないとされる[注5]。

(3) 弁論主義の機能

弁論主義は訴訟において次の機能を有している[注6]。

① 争点の形成を両当事者の自主的な意思にかからしめる。

② 当事者に対し主張・立証の指針を与える（民訴規53条1項・81条）。

③ 弁論主義により，どちらの当事者も相手方の弁論した事実に対してのみ

注4) 高橋(上)・375頁。
注5) 中野ほか・196頁。このような従来の理解については批判が多いところであるが，さしあたり最近の理論状況について，争点〔上野〕・133頁。
注6) 新堂・413頁。

攻撃防御を尽くせば足りることになり，当事者に事実面における攻撃防御の目標を明示し，かつ，不意打ちのおそれを排除して防御の機会が実質的に保障される(注7)。

(4) 弁論主義違反の効果

裁判所の判断が弁論主義に違反しているとされる場合には，その判断は裁判所が遵守すべき手続の基本に違反しており，不利益を受けた当事者は，弁論主義違反（法令違反）を理由として上訴審において是正を求めることになる（民訴312条3項・318条1項）。

2 判 例

判 例 35

最高裁平成14年9月12日判決(注8)
掲 載 誌：判時1801号72頁・判タ1106号81頁
原 審：東京高判平13・7・18（平成12年（ネ）第6304号）
原 々 審：横浜地判平12・11・21（平成9年（ワ）第1354号）

当事者が代物弁済契約にあたるか仮登記担保契約にあたるかを争っていたが，最高裁が譲渡担保契約であるとした事例

事 案

X（原告・被上告人）は，平成6年4月8日，Y1（被告・上告人）との間で消費貸借契約を締結し（以下，「本件消費貸借契約」という。），3300万円を借り受けた。

Y1は本件債務の履行を担保するため，X所有の土地につき，Y1を根抵当権者とする極度額7000万円の根抵当権を設定し，登記を経由した。

Xは，平成7年1月31日までに本件債務のうち合計約485万円を弁済したが，

注7) 高橋(上)・371頁。
注8) 判例評釈として，伊東俊明〔判批〕・横浜国際経済法学13巻1号（2004）113頁がわかりやすい。これと反対の立場で，判旨に疑問を呈するものとして，北秀昭「弁論主義下における『生の事実』と『法的に構成された事実』との関係についての一考察―最一小判平成14年9月12日判タ1106号81頁を素材として」判タ1209号（2006）34頁。

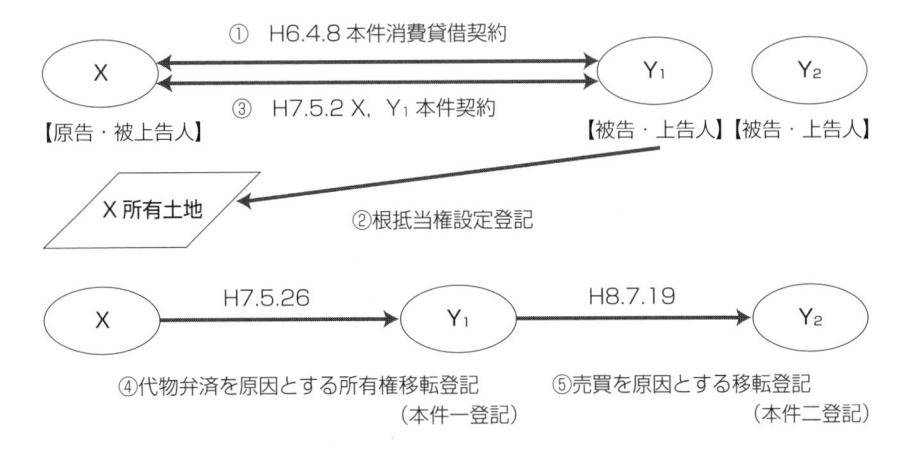

```
      ①  H6.4.8 本件消費貸借契約
  ┌─X─┐ ──────────────────→ ┌─Y₁─┐  ┌─Y₂─┐
  └───┘ ←────────────────── └────┘  └────┘
         ③  H7.5.2 X, Y₁ 本件契約
【原告・被上告人】                    【被告・上告人】【被告・上告人】

  ╱X所有土地╱ ←──────────
              ②根抵当権設定登記


  ┌─X─┐ ──H7.5.26──→ ┌─Y₁─┐ ──H8.7.19──→ ┌─Y₂─┐
  └───┘               └────┘               └────┘
  ④代物弁済を原因とする所有権移転登記   ⑤売買を原因とする移転登記
         （本件一登記）                   （本件二登記）
```

残りの弁済をしなかった。

　Xは，平成7年5月25日，「平成7年5月25日迄に当方が貴社依り不動産担保貸付契約に依り借用している金銭を支払えなかった場合は本物件（本件土地）を貴社名義に変更する事と貴社の判断で第三者に対して売り渡す事を承諾致します。」と記載した書面を作成し，印鑑証明書や委任状と一緒にY₁に交付し，Y₁もXの提案を承諾した（以下，「本件契約」という。）。

　Xが，期限を経過しても弁済をしなかったことから，Y₁は，平成7年5月26日，本件土地について同日付け代物弁済を原因とするXからY₁への所有権移転登記（以下，「本件一登記」という。）を経由した。

　その後もY₁は，本件消費貸借契約に基づく債権をXから回収できれば，本件一登記の抹消に応じる意図の下に，平成7年6月8日，Xに対し，同月16日までに本件土地を買い戻すことを要請した。Xはこれを受けて，買戻しができない場合には清算金の要求をしない旨を記載した売渡承諾書の作成にも応じたが，この期限を経過しても，本件土地を買い戻すことができなかった。

　Y₁は，なおもXに対し，本件消費貸借契約に基づく残債務の支払がされれば，本件土地の買戻しに応じる意向を示し，同年9月15日には，本件土地の「利息分」として1000万円をXから受領し，書面で平成8年1月26日までに本件消費貸借契約の元金および遅延損害金合計4127万2600円を支払えば，Xに対し本件土地の買戻しを認めるが，さもなければ第三者に本件土地を処分する旨通知したが，Xからは応答がなかった。

　本件土地について，平成8年7月19日，同月17日売買を原因とするY₁からY₂への所有権移転登記（以下，「本件二登記」という。）が経由された。

　Xは，本件土地所有権に基づき，Y₁らに対して本件一登記等の抹消登記手続を求めるとともに，予備的にY₁に対し，仮にXが所有権を喪失したとすれば，清算金1億9000万円のうち金1億円の支払を求める請求をした。

原審の判断

　最高裁の判示によれば原審は，平成7年5月2日のX・Y_1間における本件契約の目的は本件消費貸借契約上の債務を担保することにあり，当事者間においては，その履行とともに債権債務が消滅することは想定されていなかったことなどの事実によれば，本件契約の実質は停止条件付代物弁済契約であって，仮登記担保契約に関する法律（以下，「仮登記担保法」という。）の適用を受ける仮登記担保契約というべきで，清算金の支払を不要とする特約は，仮登記担保法3条3項により無効であり，清算金の見積額の通知がなされていないのであるから，本件土地の所有権はY_1に移転していないとして，Y_1らに対する抹消登記手続請求をいずれも認容した。

判　旨

　「本件契約は，これに基づく所有権移転登記がされた後も，Y_1〔上告人〕においてX〔被上告人〕に債務の弁済を求めていた事実等に照らすと，目的不動産の所有権の移転によって債務を確定的に消滅させる代物弁済契約ではなく，仮登記担保の実行によって確定的に所有権の移転をさせようとしたものでもない。Y_1は，本件契約により，本件土地をY_1名義に変更した上で，なおも債務の弁済を求め，利息を受領してきたのであるから，本件契約は，債権担保の目的で所有権を移転し，その登記を経由することを内容としていたもので，譲渡担保契約にほかならないと解すべきである。」
　そして，譲渡担保において，債務者が弁済期に債務の弁済をしない場合には，債権者は，目的物を処分する権能を取得し，債権者がこの権能に基づいて目的物を第三者に譲渡したときは，譲受人は目的物の所有権を確定的に取得し，債務者はその時点で受戻権ひいては目的不動産の所有権を終局的に失うのであるから，「本件においては，Y_1からY_2〔被上告人〕への本件土地の売却によって，Y_2は本件土地の所有権を確定的に取得し，Xは，清算金がある場合にY_1に対して，その支払を求めることができるにとどまり，本件土地を受け戻すことはできなくなったというべきである。」（原判決を破棄し，清算の要否等を審理するために東京高等裁判所に差し戻した。）。
【藤井正雄裁判官の反対意見】
　「ある事実関係について，複数の法規に基づく法律関係が考えられるときに，どの法規に基づく法律関係を選択して主張するかは，当事者にゆだねられた事柄である。仮登記担保と主張されているときにこれを譲渡担保と認定することは，少なくとも当事者の予想を超えるものであり，不意打ちとなることを免れない。まして本件では，Yらは，代物弁済契約としか主張せず，

担保的構成の主張を拒否しているのである。Yらが代物弁済の主張にこだわったのは，本件一登記の登記原因が代物弁済であったからであると思われるが，Yらとしては，証拠に即して担保目的による所有権の取得であることを主張すべきであった。

私は，本件について，多数意見が本件契約を代物弁済契約でも仮登記担保契約でもないとした点に異論はないが，これを譲渡担保契約であるとした点は，当事者の主張していない所有権取得原因事実を認定するもので，Xに対する不意打ちであり，訴訟における弁論主義に反するとの疑いを払拭することができない。Yらは，Y₁の所有権取得原因として主張した代物弁済契約を立証することができず，抗弁が成立しなかったのであるから，Xの請求が認容されるのはやむを得ないことであ」る。

参照条文 民事訴訟法246条

解　説

(1) 本判決の位置づけ

本件においてX（被上告人）はYら（上告人）に対し，本件土地の所有権に基づき本件一登記および二登記の抹消登記手続を請求した。これに対しYらは，抗弁として，Y₁がXから本件契約により本件土地の所有権を承継取得したと主張した。原審は，本件契約を仮登記担保契約と認定し，Xの請求を認容した。仮登記担保契約では，清算金の見積額の通知がなされなければ土地の所有権移転の効力は生じない（仮登記担保法2条1項）。本件では，Y₁が見積額を通知したという事実は認定されておらず，本件土地の所有権は，Y₁に移転していないとして原審はXの請求を認容した。

原審までの当事者の主張の詳細は不明であるが，藤井裁判官の反対意見によれば，Yらは本件契約を代物弁済契約であり，債権担保を目的としたものではないと主張し，上告受理申立理由においても，もっぱら仮登記担保契約と認定した点を問題としていた。

そして，最高裁は，本件契約をいずれの当事者も主張していない譲渡担保契

約であると判断したものである。

このように本判決は，代物弁済契約，仮登記担保契約および譲渡担保契約についての性質決定が問題となった事例であり，各契約の判断については，従前の判例の基本的解釈に従ったもので，その点では事例判決にすぎない。

(2) 本判決の問題点

しかしながら本判決では，最高裁が当事者が主張していない譲渡担保契約を認定していることから，反対意見において弁論主義が問題とされている。

すなわち，藤井裁判官の反対意見は，多数意見が譲渡担保契約であるとした点は，当事者の主張していない所有権取得原因事実を認定するもので，弁論主義に反するとする。ここでは，弁論主義の第1テーゼにいう事実として，代物弁済契約ないし譲渡担保契約という法的に評価された事実が当事者から主張されなければ，裁判所は判決において認定できないのかが問題とされている。

(3) 多数意見の評価

一般に，法規を知ることは裁判官の職責であるから，裁判官は，当事者の主張や証明をまたずに知っている法を適用して差し支えなく，裁判官が当事者の法解釈に拘束されることもない[注9]。このように適用すべき法規の探索や解釈適用は裁判官の本来の職責であり，弁論主義を問題にする余地はない[注10]。

そして，ある契約がある契約典型に該当するか否かの判断は，構成要件要素への該当性の判断に相当し，典型的な「法律問題」についての判断であるとされている[注11]。

本判決の多数意見は，契約の性質決定を法律問題と捉え，弁論主義の第1テーゼは適用されないことを前提としており[注12]，弁論主義の点では，当然の結論であるといえる。

注9) 新堂・507頁，河野・440頁。
注10) 新堂・412頁。
注11) 山本克己「契約の審理における事実問題と法律問題の区別についての一考察」民訴41号（1995）45頁。
注12) 伊東・前掲注8) 121頁。

(4) 反対意見について

　反対意見では，弁論主義の第1テーゼにいう事実として，代物弁済契約の成立を主要事実として捉え，上告人であるYらの所有権取得原因の抗弁としての代物弁済契約の主張は認定されないとして，原審の判断を正当とする。主要事実を法律的に構成された代物弁済契約の成立と捉えることは，法律問題と事実問題とを混同しているとの批判が可能である。

　また，反対意見のいうように「ある事実関係について，複数の法規に基づく法律関係が考えられるときに，どの法規に基づく法律関係を選択して主張するかは，当事者にゆだねられた事柄」であるとしても，法適用の職責を担う裁判所の職務からすれば裁判所が当事者の主張した法律関係に拘束されることはない。弁論主義の機能として，当事者にとって不意打ちを防止する機能があることは前述のとおりであるが，そのことから，直ちに当事者にとって不意打ちとなるときは，弁論主義違反になるとの解釈に結びつくものではない。

　反対意見では，Yらは「証拠に即して担保目的による所有権の取得であることを主張すべきであった」とするが，そうだとすれば，反対意見によっても原審には，釈明義務違反の問題があったといえるであろう[注13]。

実務上の指針

(1) 訴訟代理人にとっての弁論主義

　訴訟代理人として，弁論主義を勝訴のための武器として活用する場面は実際にはほとんどない。訴訟の審理段階において訴訟代理人は，弁論主義の機能に従い，相手方の主張した事実に対して攻撃防御を尽くすことになる。しかし，争点は訴訟の進行により変化していくものであり，相手方の主張する事実についてのみ攻撃防御を尽くしていけば足りるというものではない。また続審である控訴審においては，控訴人は弁論主義違反を控訴理由とすることはできても，それだけで勝訴に結びつくわけではないので，自己の請求を正当化する主張・立証を尽くす必要がある。第1審で相手の主張に沿うべき防御を集中して勝訴

注13) 新堂・433頁，伊東・前掲注8) 125頁。

した側としても，控訴審では敗訴した側ははじめから構成を組み立て直して審理に臨まざるをえないので，攻撃防御の対象が広がる可能性は否定できない。

その意味で，弁論主義は，直接的には裁判所を名宛人とした審理原則といえ，訴訟代理人にはその反面としての弁論主義の効果を受けるにすぎないといえる。

訴訟代理人が判決の弁論主義違反を主張する機会としては，上告受理申立理由における場合が多いと思われる。ただし，不意打ち的な認定に対する不服申立ての主張としては，釈明義務違反（ないし法的観点指摘義務違反）として主張する方が，理由書の構成が容易と思われる。理論的にも，近時の学説の整理の方向性は弁論主義が妥当する外延を限定し，その範囲外については釈明義務違反の問題と捉える見解が有力である[注14]。

(2) 本判決の教訓

訴訟代理人として，請求原因なり抗弁としていくつかの法律構成が考えられる場合に，特定の構成に限定して主張することは，訴訟代理人の法解釈に誤りがあるときには，法解釈は裁判所の職責であるから，本判決原審のように上級審で判断がくつがえされる危険がある。基本的な訴訟代理人の姿勢として，特定の法律構成を選択する際には，その法律構成の正当性につき，とくに判例の基本的な考えを前提として検証することが大前提である。しかし，なんらかの理由により法解釈について誤った主張をする危険は否定できない。したがって，事案の形式（本判決における登記原因など）にとらわれず，場合によっては予備的にも複数の構成を主張することが無難である。

◆大　坪　和　敏◆

注14）山本和彦『民事訴訟法の基本問題』（判例タイムズ社，2002）137頁，畑・前掲注3）93頁。その他として，園田賢治「判決による不意打ちとその救済に関する一試論—弁論主義の『仕分け論』の検討を通じて」井上治典先生追悼『民事紛争と手続理論の現在』（法律文化社，2008）225頁注(16)参照。

III 自　白

1　概　説

(1) 意　義

　自白とは，民訴法上，相手方の主張する自己に不利益な事実を認める行為（事実の自白）をいうが，これには裁判外で相手方または第三者に対してする裁判外の自白と，訴訟の口頭弁論または弁論準備手続でする裁判上の自白とがある。裁判上の自白は事実に対する点で，請求そのものを認める請求の認諾や，権利または法律関係に対する権利自白と異なる。

　裁判上の自白があったときは，弁論主義の妥当する範囲内で，裁判所はそれに反する事実認定ができないし（民訴179条），当事者も，相手方が同意した場合や，その自白が錯誤に基づき，かつ真実に反してされた場合以外は撤回できない。

　なお，自白は相手方の主張に応じてなされるのが通常であるが，自ら先に不利益な事実を陳述して，相手方がそれを援用することによっても成立する（先行自白）。また，相手方の主張事実を明らかに争わないときも自白があったものとみなされるし（擬制自白〔民訴159条1項〕），主張事実の一部について自白がされることもある（制限付自白）注1)。

(2) 対象となる事実

　上述のとおり，相手方の主張する事実にされた自白の拘束力は，裁判所は自白と異なる判断ができず（審判権排除効），自白した当事者は，特定の事由がない限り，これを撤回することができない（不可撤回性）。

　注1) 金子宏＝新堂幸司＝平井宜雄編集代表『法律学小辞典〔第4版補訂版〕』（有斐閣，2008）531頁。

この事実とは，法律要件としての主要事実であると解されているが[注2]，具体的事案では，裁判所の判断が異なるので注意を要する。

たとえば，最近の判例として，福岡地判平18・7・18（判タ1255号341頁）がある。

本件は，X（原告・控訴人）がY（被告・被控訴人）に対して，リボルビング払い方式のカードキャッシングによる貸金残元金等を請求した事案である。Yは，原審において，答弁書その他の準備書面を提出せず，第1回口頭弁論期日を欠席した（請求原因事実を明らかに争わないものと認め，擬制自白が成立した〔民訴159条1項・3項〕。）。

原審の福岡簡判平17・12・8（平成17年（ハ）第17630号）は，本件リボルビング払い方式の貸付は，貸付のつど，既存の債務残額に新たな貸付金額を加算し，その合計金額に応じて毎月の支払額が変動するものであるから，新たな貸付のつど，既存の貸付が一本化され，全体として一個の貸付となると解し，利息制限法所定の上限利率に引き直し，弁済充当してXの請求を一部棄却した。

控訴審である福岡地裁は，次のように判示して，Xの控訴を棄却した。

「自白の拘束力は主要事実について認められるのであって，それ以外の事実について及ぶものではない。自白が成立する主要事実は，……平成15年10月18日における返還の合意と同年11月9日以降の多数回の金銭の交付の事実のみである。貸付契約を1個とみるか複数とみるかは，これらの争いない主要事実を前提として，これと証拠により認定することができるその他の事実を総合的に評価して判断すべき事項であるから，裁判所が控訴人の主張と異なる判断をしたとしても，弁論主義に違背するものではな」い。

貸付契約を一個と見るか複数と見るかは，事実を総合的に評価して判断すべきである。本件事案では，これを一個と判断された。そしてカード契約の際になされた返還の合意とその後の多数回の金銭交付の事実が主要事実にあたると判断された[注3]。

また，仮登記担保契約か否かが争われた事案で，これを譲渡担保契約と判断

注2）　中野ほか・278頁，伊藤・307頁。
注3）　上田武志「事実問題・法律問題の区別と自白の拘束力」法セ645号（2008）130頁。

(3) 自白の撤回

自白の拘束力は，裁判所に対しては，自白に反する事実認定ができない反面，当事者に対しては，自白の撤回が自由にできないことを意味する。

わが国の民訴法では，自白の撤回についての明文の規定がないことから，学説・判例が，努力して，撤回のできる場合を分類している（後述解説参照）。

2 判 例

判 例 36

東京高裁平成元年10月31日判決[注5]
　掲　載　誌：判タ765号234頁
　原　　　審：東京地判昭63・7・28（昭和63年（ワ）第3714号）

自白が真実に反するものであるが錯誤に基づくものではないのに自白の撤回を認めた事例

事　案

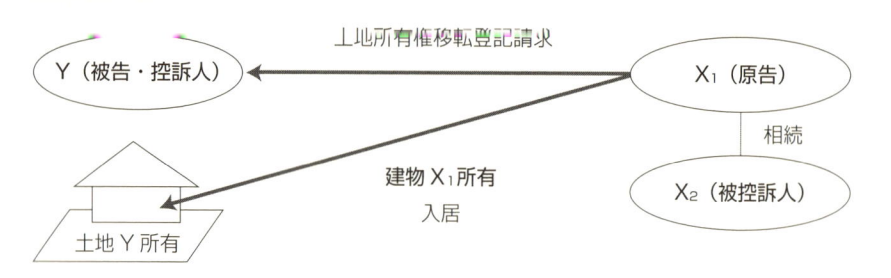

Y（被告・控訴人）← 土地所有権移転登記請求 ── X₁（原告）
建物 X₁ 所有／入居
土地 Y 所有
X₁ ─相続─ X₂（被控訴人）

　Y（被告・控訴人）は戦後夫を失い，子供2人と海外から引き揚げて山口県徳山市に住んでいたが，本件土地と地上建物を買ってこれに居住した。後に，Yの妹

注4）〔判例35〕最判平14・9・12判時1801号72頁・判タ1106号81頁。
注5）小野寺忍「自白の撤回と時機に後れた攻撃防御方法」山梨学院大学法学論集21号（1992）116頁。

X₂（被控訴人）の夫 X₁（原告）一家も同建物に同居し，X₁が本件土地と地上建物の固定資産税を納付するようになった。Yはその後，本件土地上の地上建物をX₁に売り，同土地も将来売ることにした。その際，YはX₁に本件土地と地上建物の権利証を渡した。X₁はYの了解を得て本件土地上の建物を建て替えたが，本件土地の売買はさらに将来のこととした。YはX₁に対し本件土地の売買を求めたところ，X₁は，時価では高くて買えないし安く売買するとYに贈与税が課せられることから裁判で名義を変更するといって，Yの協力を求め，Yに対し土地所有権移転登記請求の訴訟を提起した。本訴原審においては，Yは，X₁の委任した弁護士の紹介した弁護士に委任し，同弁護士は本件請求原因事実を認める旨陳述し，Yは本人尋問において本件請求原因事実を認める旨供述した。X₁は，原審口頭弁論終結の6日後に死亡し，原告の請求を認容する第1審判決がなされた。X₁の相続人らが約束の履行をしないことからYが控訴。X₂らは，Yが本件土地を所有していることなどを否定した。

判　旨

「原審における本件請求原因事実の自白が真実に反するものであることは，既に認定したとおりであるが，Y〔被告・控訴人〕は，原審において，本件請求原因事実が真実でないことを承知の上で自白したものであるから，右自白は錯誤に基づくものということはできない。しかし，右自白には，前記認定〔事案における事実〕のような特異な経緯があり，右自白に対するX₁〔原告〕を含むX〔原告・被控訴人〕側の信頼をあくまで（自白が錯誤に基づかない限り）保護するのを正当とする事由に乏しく，このような場合には自白の撤回が許されると解するのが相当である。なお，本件訴訟の推移に照らすと，右自白の撤回は時機に後れた攻撃防御方法ということはできない。」（原判決取消し，請求棄却，上告）

参照条文　民事訴訟法179条

解　説

(1) 本判決の位置づけ

前述のとおり，相手方の主張する事実にされた自白の拘束力は，裁判所は自

白と異なる判断ができず，自白した当事者は，特定の事由がない限り，これを撤回することができない。

このように裁判上の自白は，裁判所および当事者を拘束するが，本判決は，その例外を示したものではなく，自白の撤回が時機に後れた攻撃防御方法に該当しないと判断した事例の一つである。

(2) 判例分析

自白の効力から，判例分析がなされている[注6]。

判例を整理すると次のようにまとめられる。

① 自白は「完全な証拠力」を有するものとして自白の撤回を許さない[注7]。
② 自白撤回の要件として「真実に反すること」および「錯誤あること」を必要とする[注8]。
③ 「真実に反すること」があれば「錯誤あること」が推認され自白の撤回を許容する[注9]。
④ 「真実に反しない」場合でも「錯誤あること」を自白撤回の要件とする[注10]。
⑤ 自白の撤回が「時機に後れた」ときは許容されない[注11]。

(3) 自白撤回の許容

自白撤回が許容される場合は，自白が自己に不利益でないときである。

(a) 先方の主張事実を認めたが，自己に証明責任がない場合

自己に証明責任がなければ，先方の主張事実を認めた後の撤回は，何ら不利益ではない。

注6) 小野寺・前掲注5) 116頁。しかし，同文献に引用されている判例を検索したところ，該当判例が発見できないものあるいは誤解と思われるものが存在した。筆者が本文中の①ないし⑤に記載引用した判例だけが妥当する。
注7) 大判明29・1・11民録2輯1巻12頁。
注8) 大判大11・2・20民集1巻52頁。
注9) 最判昭25・7・11民集4巻7号316頁。
注10) 最判昭33・3・7民集12巻3号469頁。
注11) 東京高判昭56・1・19判タ443号81頁。

(b) **主要事実につき争いながら，間接事実を認める場合**
裁判所の自由心証主義を拘束するものであるから，かかる間接事実についての自白撤回を禁止する必要はない。

実務上の指針

(1) 自白の成立

通常，裁判上の自白は，訴訟代理人が作成した準備書面（答弁書）の陳述によってなされる。この場合，理論的には，直ちに自白が成立するのではなく，本人は，訴訟代理人の陳述を直ちに取り消し，更正することが可能である（民訴57条）。本人が期日に同席している場合には，本人が更正権を行使せずに陳述した期日が終了した場合には，自白が成立し，これを撤回するためには，撤回の要件を満たさなければならない。本人が期日に同席していない場合には，次回期日のはじめに更正することにより自白は成立しないと解される[注12]。

(2) 自白による負担

判例により，自白を撤回するためには，通常，自白者は，「真実に反するにもかかわらず，真実と誤信して自白の陳述をなしたこと」を証明しなければならない。すなわち，本来，証明責任を負担する者は，相手方の自白によって，証明責任を免除され，それに代わって，自白者が，「自白した事実が真実に反すること」を証明しなければならなくなる。

自白する場合には，このいわば証明責任転換の負担に注意する必要がある。

参考判例

自白の撤回に関して判断した最近の判例として次のものがある。
① 東京地判平19・11・26交民集40巻6号1520頁
「被告組合は，請求原因(3)の事実〔損害──原告車両の修理費用金39万2648円〕を

[注12] 新堂・187頁，注釈(2)〔中島弘雅〕・381頁。ただしコンメⅠ・555頁は更正権行使のためには，本人が訴訟代理人とともに法廷に出ていることが必要であるとする。

当初認めたものの，原告車両の損傷が二度の衝突によるものであることが判明したことを理由にその自白を撤回したところ，原告は，この自白の撤回に異議を述べたので，この点について判断すると，本件事故による損害の発生又はその額について，請求原因(3)の主張が真実に反することを認めるに足りる証拠はなく（前示のとおり，被告組合は，原告車両の損傷が二度の衝突によるものであることが判明したと主張するにとどまり，原告車両の修理費用について，請求原因(3)の主張が真実に反するとまで主張するものではない。），被告組合の自白の撤回は許されないというべきである。」

② 大阪高判平20・1・29判時2005号19頁

「原審記録によれば，控訴人は，原審の答弁書（平成18年7月25日の原審第2回口頭弁論期日において陳述）で，別紙1〔省略〕法定金利計算書の41，54，57の支払を含め，その全部の弁済を被控訴人がしたことを認めており，この点で一旦自白が成立しているということができる。しかし，控訴人は，平成18年9月19日付準備書面1（平成18年10月4日の原審第4回口頭弁論期日において陳述）において，請求の原因に対する答弁の訂正として，（別紙1）法定金利計算書の番号〔省略〕の弁済は，保証人のAがしたものである旨主張している。この主張は，『請求の原因に対する答弁の訂正』と項目名の記載があるのであり，自白の撤回であることは明らかである。そして，被控訴人において，原審において，上記自白の撤回に対して異議を述べた形跡を認めることができないので，上記自白の撤回は有効になされたということができ，この点に関する被控訴人の主張は採用できない」。

③ 東京地判平21・6・17判タ1305号247頁

自白の撤回「が認められるためには，①自白した事実が真実に合致せず，かつ，自白が錯誤によること（大審院大正10年（オ）第662号同11年2月20日第二民事部判決・民集1巻52頁），②刑事上罰すべき他人の行為により自白したこと（最高裁昭和30年（オ）第416号同33年3月7日第二小法廷判決・民集12巻3号469頁），③相手方の同意があることのいずれかの事実が認められることが必要である。

本件についてみると，被告の前代表者Dの陳述書には，前記主張に沿った記載があるが，他方で，本件DVDのパッケージや作品リストには，その発売元として『A』（被告の旧商号）と記載されていること，本件DVDを頒布していた株式会社E及び株式会社Fは，両社に対する原告の警告状への回答において，被告から商品供給を受けた又は販売委託の話があった旨述べていることに照らして，被告が自白した事実が，真実に合致しない（前記①）とは認めるに足りず，また，前記②及び③の事実についても，これらを認めるに足る証拠はないから，自白の撤回は認められない」（証拠番号は省略した。）。

◆山田　治男◆

Ⅳ　釈明権と訴訟代理人の役割

1　概　説

(1) 釈明権の意義

　釈明権とは，事件の内容をなす事実関係や法律関係を明らかにするため，当事者に対し事実上や法律上の事項について質問を発し，または立証を促す裁判所の権能のことをいう（民訴149条１項）注1）注2）。

　「釈明の制度は，弁論主義の形式的な適用による不合理を修正し，訴訟関係を明らかにし，できるだけ事案の真相をきわめることによって，当事者間における紛争の真の解決をはかることを目的として」いる注3）。

　釈明権を適切に行使して，適切かつ公平な裁判を行うことは，裁判所の義務でもある。そのことから釈明義務ともいわれる。

(2) 釈明権の行使

　釈明権は，訴え提起から事実審の口頭弁論終結まで時期に制限なく行使される。口頭弁論期日その他の期日だけでなく，期日外にも行使できる（民訴149条１項）注4）。

　期日外では，裁判所書記官に命じて行わせることもできる（民訴規63条１項）。

注1）　釈明権についての最近の参考文献として争点〔川畑正文〕・164頁。
注2）　民訴法149条１項は，裁判長の権限として規定され，２項で，陪席裁判官も，裁判長に告げて，釈明権の行使ができる旨定められているが，裁判所の権能であることに争いはない。
注3）　最判昭45・6・11民集24巻6号516頁。ただし近時は，釈明権を弁論主義と切り離して位置づける見解が有力である（高橋(上)・397頁，新堂・427頁）。
注4）　訴状についての補正命令（民訴137条１項），補正の促し（民訴規56条）とは別に，実務上，第１回口頭弁論期日前に釈明として欠席判決が可能な程度に主張の整理などを促されることが行われている。期日外の釈明に関する規定の新設の経緯については，園尾隆司「裁判所の釈明権と訴訟指揮」竹下守夫編集代表／竹下守夫＝今井功編『講座新民事訴訟法Ⅰ』（弘文堂，1998）234頁。

期日外に攻撃防御の方法に重要な変更を生じうる事項について釈明が行われたときには，その内容を相手方に通知するとともに（民訴149条4項），裁判所書記官はその内容を訴訟記録上明らかにしなければならない（民訴規63条2項）注5)。

民訴法149条は，第1審の弁論準備手続，書面による準備手続に準用される（民訴170条5項・171条2項・176条4項）。また控訴審・上告審における口頭弁論手続，弁論準備手続，書面による準備手続に準用される（民訴297条・313条）。

釈明の対象は，「事実上及び法律上の事項」（民訴149条1項）である。具体的には，請求の趣旨の変更，主張の補正ないし法律構成の変更，立証の補充に関するものがある。

当事者は，裁判所から釈明権の行使がなされた場合でも，これに応じる義務があるわけではないが，主張等が不明瞭な状態で不利な判決を受けることもあり，また攻撃防御方法の趣旨が不明瞭なものについて当事者が必要な釈明をしないときは，裁判所はその攻撃防御方法を却下することができる（民訴157条2項）。

(3) 釈明義務違反の効果

第1審裁判所が釈明すべきであったにもかかわらず適切な釈明をしなかった場合（釈明義務違反）には，控訴審が続審であることから，当事者は釈明義務違反を主張するまでもなく，必要な申立て，主張，証拠の申出を行えばよく，また控訴審裁判所がこれに気づいたときには自ら釈明権を行使することになるので，控訴審で釈明義務違反が直接問題となることはない注6)。

事実審裁判所による釈明義務違反の場合には，法令違背として高等裁判所に対する相対的上告理由（民訴312条3項）になるとともに，最高裁との関係では，

注5） 実務上は弁論準備手続（民訴168条）などの期日における争点整理が充実しており，第1回口頭弁論期日前を除き，期日外釈明はほとんど行われていない（高橋宏志＝秋山幹男＝福田剛久＝山本克己「〔座談会〕民事訴訟法改正10年，そして新たな時代へ（特集 新しい時代の民事訴訟法）」ジュリ1317号（2006）17頁，東京地方裁判所＝東京弁護士会＝第一東京弁護士会「新民事訴訟法施行後の訴訟運営をめぐる懇談会(1)」判時1735号（2001）32頁)。

注6） この点，控訴審において当事者が釈明義務違反を主張する判例が見受けられるが，主張として適切ではなく，裁判所においても問題とはされていない（たとえば大阪高判平13・7・26判タ1072号136頁，大阪高判平14・12・26判時1812号3頁，福岡高判平17・11・30判自279号88頁)。

「法令の解釈に関する重要な事項」と認められるときに上告受理申立理由となる（民訴318条1項）。

2 判　例

判　例 37

最高裁平成17年7月14日判決[注7]
　掲　載　誌：判時1911号102頁・判夕1191号235頁
　原　　　審：名古屋高判平16・7・15金判1233号18頁

抗弁として主張する弁済の事実に対応する書証を提出しているものと誤解していることが明らかであるにもかかわらず，裁判所が，その立証等について釈明権を行使せずに同抗弁を排斥したことは，釈明権の行使を怠った違法があるとされた事例

事　案

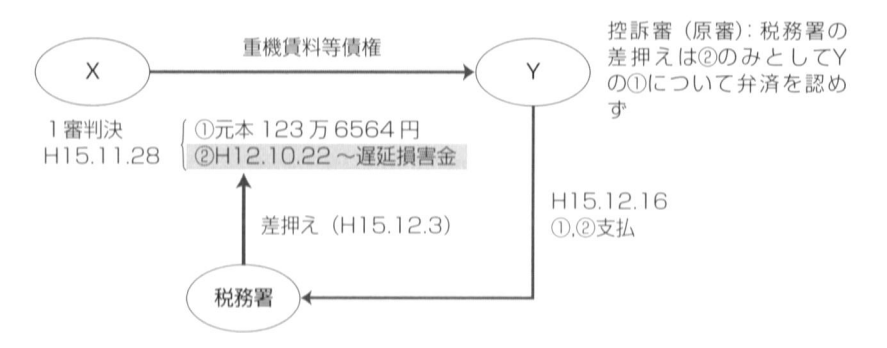

```
                    重機賃料等債権
    ( X ) ─────────────────────→ ( Y )      控訴審（原審）：税務署の
                                              差押えは②のみとしてY
 1審判決    ①元本 123万6564円                 の①について弁済を認め
 H15.11.28  ②H12.10.22～遅延損害金             ず
              ↑
              │差押え（H15.12.3）            H15.12.16
              │                              ①,②支払
         ( 税務署 )
```

　X（被上告人）が，Y（上告人）に対し，土木工事のために運転手付きで建設重機を貸し出し，その未払代金等およびこれに対する遅延損害金（以下，「本件代金等」という。）の支払を求めた事案である。
　第1審は，平成15年11月28日，Yに対し，Xへの本件代金等として123万6564円およびこれに対する平成12年10月22日から支払済みまで商事法定利率年6分

注7）判例評釈として，畑瑞穂・リマークス33号（2006）138頁等。

の割合による遅延損害金の支払を命じた。

　第1審判決言渡後の平成15年12月3日，税務署の担当職員が，Xが滞納していた源泉所得税等を徴収するため，第1審判決によってYが支払を命じられたXのYに対する本件代金等債権を差し押さえたことから，Yは，同月16日，担当職員に対し，123万6564円およびこれに対する平成12年10月22日から平成15年12月16日まで年6分の割合による遅延損害金23万3761円の合計である147万0325円を支払った。

　原審において，Yは，担当職員が作成したY宛ての平成15年12月3日付け債権差押通知書および同月16日付け領収証書を書証として提出した。債権差押通知書には，差押債権として，第1審で認容された本件代金等の遅延損害金である「金1,236,564円に対する平成12年10月22日から支払済みまで年6分の割合による金員」との記載が，本件領収証書には，担当職員がXに係る差押債権受入金として147万0325円を領収した旨の記載があった。なお，本件代金等の元本債権が差し押さえられた旨の記載がされた債権差押通知書等の書証は提出されていなかった。

原審の判断

　原審は，本件代金等の額を122万6745円およびこれに対する平成12年10月22日から支払済みまで年6分の割合による遅延損害金であると認定したうえ，Yが，担当職員に対し，本件代金等として123万6564円およびこれに対する同日から平成15年12月16日まで年6分の割合による金員の合計額である147万0325円を支払ったことが認められるが，担当職員が差し押さえたのは，本件代金等債権のうち遅延損害金債権のみであったことが明らかであるとし，上記支払は，差押債権である123万6564円に対する平成12年10月22日から平成15年12月16日まで年6分の割合による遅延損害金である23万3761円に係るものについてのみ弁済の効果が生じ，その余の123万6564円については，弁済の効果を主張することはできないとした。その結果，原審は，Yに対し，上記有効な弁済額23万3761円を本件代金等の元本122万6745円に対する平成12年10月22日から平成15年12月16日まで年6分の割合による遅延損害金である23万1854円に充当し，その残額1907円を上記元本に充当した残元本122万4838円およびこれに対する上記支払の日の翌日である同月17日から支払済みまで商事法定利率年6分の割合による遅延損害金の支払を命じた。

　そこで，Yは，原審には，本件代金等債権のうちの元本に対する差押えの有無について釈明義務違反があるとして上告受理の申立てをした。

IV　釈明権と訴訟代理人の役割

> **判　旨**
>
> 　原審において，Y〔上告人〕は，第1審判決によってYが支払を命じられたX〔被上告人〕のYに対する本件代金等債権を，平成15年12月3日に担当職員が差し押さえたと主張し，同日付けの本件債権差押通知書および同月16日付けの本件領収証書を書証として提出していたことに照らすと，本件債権差押通知書につき，本件代金等債権のすべてが差し押さえられた旨の記載があるものと誤解していたことが明らかである。そして，原審は，Yが，担当職員に対し，本件代金等として123万6564円およびこれに対する平成12年10月22日から平成15年12月16日まで年6分の割合による金員の合計額147万0325円を支払ったことを認定するところ，本件領収証書によれば，担当職員は，Xに係る差押債権受入金として同金額を領収しているものである。このような事情の下においては，原審は，当然に，Yに対し，本件代金等の元本債権に対する担当職員による差押えについての主張の補正および立証をするかどうかについて釈明権を行使すべきであったといわなければならない。原審がこのような措置に出ることなく，同差押えの事実を認めることができないとし，Yの同債権に対する弁済の主張を排斥したのは，釈明権の行使を怠った違法があるといわざるをえず，原審の判断には，判決に影響を及ぼすことが明らかな法令の違反がある。（破棄差戻し）

参照条文　民事訴訟法149条1項・318条1項・325条2項

解　説

(1)　問題点

　釈明権ないし釈明義務については，①裁判所の釈明権行使の限界（釈明のしすぎということがあるか），②裁判所はどのような場合に釈明をすべき義務が生ずるか（釈明義務の範囲）が問題とされる。本判決は，釈明義務の範囲が問題となったものである。

　釈明については，裁判官の役割内容の点から，消極的釈明と積極的釈明を区別する見解が有力である。消極的釈明は，当事者が積極的に特定の申立て，主

張等を提出しているが，それらに不明瞭，矛盾，欠缺・不用意がある場合における補充的釈明であり，積極的釈明は，当事者のした申立て，主張等が当該事案について不当または不適当である場合や当事者が適当な申立て，主張等をしない場合に，裁判所が積極的に示唆，指摘してさせる是正的釈明である。

そして，消極的釈明については，その不行使（釈明義務違反）は違法とされる。これに対し積極的釈明については，その行使を広く認めることは，当事者の公平を害する結果になることなどから，多面的な利益考慮が求められると解されている注8)。

考慮されるべき要素としては，①判決における勝敗の蓋然性，②当事者の申立て・主張等の法律構成の不備，③釈明権の行使をまたずに適切な申立て・主張等をすることを当事者に期待できるか，④その事項を釈明させることが当事者間の公平を著しく害することにならないか，⑤その他の要素があげられる注9)。

(2) 本判決の位置づけ

本件では，記録上税務署の差押えが遅延損害金のみであるが，税務署の担当職員は遅延損害金だけでなく元本も含めて差押債権受入金として領収しているというのであり，明らかに不自然なものであった。したがって，特殊な事案に関する救済判例として，限定された射程しか有しないものと評価されている注10)。他方，本判決は，最高裁が釈明義務について広い範囲で義務を認めていることの一例として引かれる注11)。

注8) 中野貞一郎『過失の推認』(弘文堂，1978) 221頁。消極的釈明と積極的釈明の区別は実際には明確でないとの指摘もあるが (注釈(3)〔松本博之〕・118頁等)，多くの学説が同様の枠組みで考慮要素を議論している (新堂・431頁等)。

注9) 中野・前掲注8) 221頁。

注10) コンメⅢ・268頁，菱田雄郷「釈明義務の範囲—最判平成17・7・14」ＮＢＬ818号 (2005) 5頁，我妻学「立証をめぐる釈明義務の範囲—最一判平成17・7・14」金判1233号 (2006) 9頁。

注11) 遠藤賢治＝瀬木比呂志＝二宮照興＝垣内秀介＝山本和彦「〔座談会〕争点整理をめぐって(下)『民事訴訟実務と制度の焦点』を素材として」判タ1268号 (2008) 10頁。

(3) 釈明権行使の限界

　釈明権の行使は，事件の種類，裁判所・当事者・代理人の個性，訴訟の進行状況に応じて様々なケースがある。

　そのことを前提としつつ，上告審において原審における釈明義務違反が原判決の破棄事由となるかどうかの判断には，前述のとおり一定の基準が考えられている。事実審における釈明権の行使についても，それに関連して一定の限界がある。

　他方で，裁判所の釈明権の行使に行き過ぎがあった場合，それは違法として判決の破棄事由となりうるのか，行き過ぎた釈明権の行使に基づいて当事者から提出された申立や主張・立証が違法無効となるのかが問題となる。

　釈明権行使に行き過ぎがあった場合には裁判官の忌避事由になるとする見解や[注12]，破棄事由になるとする見解[注13]もあるが，実際には，釈明が相手方当事者に不公平感を与えるような多少の行き過ぎがあったとしても，それが事案と適合している限りにおいては，訴訟法的には違法とはなしえない[注14]。

(4) 裁判所の釈明権行使と当事者の役割

　裁判所の訴訟指揮権の一内容として，その行使が裁量にゆだねられている釈明権については，公正な裁判の実現と裁判官の信頼確保のための一定の基準を確立することが試みられている。そして釈明権行使の主体が裁判長（裁判官）であることから，従来その関心は主として裁判官にあり，多くの裁判官により判例評釈，論文が発表されている[注15]。これに対して訴訟代理人には，上告受理申立理由等の一つの検討要素ではあるものの，通常は関心の少ないテーマである。しかしながら，釈明権ないし釈明義務についての判例や裁判官のスタン

注12) 伊藤・274頁。
注13) 百選〔小林秀之〕・125頁等。
注14) 髙橋(下)・395頁。なお中野・前掲注8) 222頁参照。
注15) 旧民訴法下におけるものとして奈良次郎「釈明権と釈明義務の範囲」鈴木忠一＝三ケ月章監修『実務民事訴訟講座(1)』（日本評論社，1969) 203頁，現行法下における最近のものとして加藤新太郎「第5章 釈明」大江忠＝加藤新太郎＝山本和彦編『手続裁量とその規律：理論と実務の架橋をめざして』（有斐閣，2005) 123頁，八木一洋「釈明権の行使に関する最高裁判所の裁判例について」民訴56号 (2010) 80頁など。

スは，そのまま当事者（訴訟代理人）の審理手続における役割，行為規範として影響してくる注16)。釈明義務を広く認めるときは，当事者の主張・立証におけるミスを裁判所が救済することにより，当事者の裁判所への依存の傾向を少なからず助長し，ときに当事者の裁判所へのもたれかかりの批判を招く。そのため当事者の審理手続における主導的役割（いわゆる当事者主義）を実効あらしめるため釈明義務の限定的解釈が唱えられるようになる。

この点，判例は，現在，釈明義務について比較的広く捉える傾向にあるといえる。これに対して，近時は，裁判所のこのような傾向から，当事者（訴訟代理人）の裁判所へのもたれかかりの現実があることを問題として，現行民訴法が理念として打ち出している当事者の主体的な審理への関与（当事者主義的な訴訟運営）を実現するべく，釈明義務についても限定的に解釈することを提唱する見解が唱えられている注17)。

そこには，従来，釈明権の行使による裁判所の後見的介入により勝つべき者が勝つ訴訟から，努力した者が報われる訴訟への訴訟観の転換が意図されている注18)。

(5) 現行法における当事者主義的規定 注19)

当事者と裁判所との役割について，現行民訴法には，訴訟手続における当事

注16) 「当事者がどのくらい主体的に動くかというのは，裁判所の釈明権の範囲との関係で決まってくる」（大森文彦＝奥宮京子＝笠井正俊＝齋藤隆＝鈴木利廣＝山本和彦＝福田剛久「〔座談会〕民事訴訟の新展開(出)」判タ1153号〔2004〕13頁〔笠井正俊発言〕）。

注17) 山本和彦編『民事訴訟の過去・現在・未来：あるべき理論と実務を求めて』（日本評論社，2005）29頁・57頁，同「当事者主義的訴訟運営の在り方とその基盤整備について」民訴55号（2009）60頁，伊藤眞＝清水正憲＝林道晴＝矢尾渉＝山本克己「〔研究会〕改正民事訴訟法10年とこれから(2)」ジュリ1367号（2008）98頁，加藤・前掲注15）131頁。

注18) 山本和彦「民事訴訟法10年 その成果と課題」判タ1261号（2008）97頁は，民事訴訟は本来当事者主義により，当事者が主導して主張・立証をしていく建前になっている。加えて，今後予想される弁護士数の増加，それに伴う事件数の増大や弁護士間の競争の激化という事態を前提にすると，裁判官主導の訴訟運営はやがて限界に陥る。また，裁判官主導によって「勝つべき当事者が勝つ」ということは，弁護士の技量は訴訟の結果にあまり影響しないということを意味し，弁護士間の競争環境の整備という観点からも望ましくない（悪貨が良貨を駆逐するという事態にもなりかねない）とする。また，秋山幹男弁護士は，弁護士の技量や努力によって訴訟の勝敗が違ってくることは当然であり，努力したものが報われる，勝利するということがないと弁護士の質は高まらないとする（高橋ほか・前掲注5）41頁）。

者の積極的で主体的な関与を求める当事者主義的な要素を重視した規定が多数設けられている。まずその前提として当事者間の信義則が明文で定められた（民訴2条）。そして訴え提起の段階から，できる限り早い段階で争点が明確になるようにする義務を当事者に課し，訴状の記載について請求を特定するのに必要な事項だけでなく，請求を理由づける事由の記載や立証を要する事由についても記載を求める（民訴規53条1項）。特定の事件については一定の添付書類を要求（民訴規55条）し，答弁書にも同様の要求をしている（民訴規80条）。また，攻撃防御方法の提出時期については適時提出主義への転換が図られている（民訴156条）。主張については単純否認を原則として認めず，否認についてはその理由を付すこととされる（民訴規79条3項）。文書の成立を否認する際にもその理由を明らかにしなければならない（民訴規145条）。訴訟手続の進行についても，職権進行主義を維持しながらも当事者の同意や意見を聴取する規定を多く設け（民訴168条・170条3項・175条・202条2項・207条2項），当事者の意向をより重視している。時機に後れた防御方法の却下についても，時機に後れた理由を当事者間で説明させるという形で規律する（民訴167条・174条，民訴規87条・90条）。証拠収集に関しては，裁判所を介しないで当事者間でやりとりする当事者照会の制度を導入した（民訴163条）。

実務上の指針

現行民訴法における訴訟当事者と裁判所の役割については，これまで当事者の審理における主体的役割を民事訴訟の理念として強く意識した説明はなされてこなかったように思われる[注20]。

近時現行民訴法が施行されて10年以上が経過して，口頭弁論の形骸化が指摘されるとともに，当事者（訴訟代理人）の審理への主体的な関与が強く求められるようになってきている。そこには，法曹人口の増大に伴う弁護士の二極

注19）河野正憲「訴訟手続における裁判官と当事者の権限と責任」司研96号（1996）87頁，新堂・393頁。
注20）裁判所と当事者の役割分担について章立てするものとして，たとえば，新堂・396頁，上田・308頁，中野ほか・187頁。

化（経験も能力も乏しい弁護士とそうでない弁護士ないし努力する弁護士とそうでない弁護士）の現実に対して，そのことによる訴訟の結果を当事者に負担させることを容認しようとする傾向がうかがわれる。このような傾向には，現場の裁判官からは疑問も述べられているところではある(注21)。また，そのような訴訟観の転換のためには現状の制度の問題点の改善が前提（弁護士強制や民事法律扶助の拡充など）となることも主張されているところである。

　裁判所と当事者の役割については，旧民訴法時代から議論されてきた問題であり(注22)，現行民訴法においても必ずしも当事者の主体的な活動を中心として，裁判官の公権的関与を限定する方向で規定がなされているわけではない。また実体的真実発見の要請と訴訟当事者の公平の要請についての考え方は社会状況や訴訟利用者のニーズなどに基づく，個々の法曹の価値観によるところが大きい。

　しかしながら，近時の議論において意識されているところは，現行民訴法が施行されて10年以上が経過している現在の審理手続における現行民訴法の理念の形骸化への反省と，訴訟代理人である弁護士への警鐘が含まれていることは疑いない。訴訟代理人である弁護士に対して，より積極的に審理における主導的役割を果たすことが求められている。

　訴訟手続では裁判所と訴訟代理人の相互の協力によってより適切かつ迅速な審理が可能となる。したがって，訴訟代理人として積極的な審理への関わりを意識し活動する必要があるといえる。

　本判決に関していえば，本件では，相手方において主張と証拠の不一致を反論として主張していれば，原審において適切に判断され，上告審において破棄されその後差戻審理を経る必要もなかった可能性もある。

　したがって，訴訟代理人の姿勢としては訴訟代理人において裁判所の釈明を

　注21）　最高裁判所事務総局「裁判の迅速化に係る検証に関する報告書（分析編）」（平成21年7月）では，「裁判には事案の真相解明が期待されている，弁護士の訴訟技術の巧拙で訴訟の結論が決まるのは相当ではない，当事者がなすべき主張をしなかっただけで敗訴させるような結論では，控訴審で破棄される可能性がある」などといった裁判官からの指摘が多くされているとする。

　注22）　歴史的な流れについては三ケ月章「民事裁判における訴訟指揮」判タ371号（1979）5頁。

待つだけでなく，適切に認否・反論しあるいは場合によっては釈明を求めることにより，主張と証拠の不一致を指摘することが考えられる。そのような指摘があったにもかかわらず必要な主張および証拠が提出されていなかったのであれば，最高裁としても救済することはできなかったであろう。

釈明義務に関する最近の判例

　平成11年度から平成21年までの判例時報に掲載されている「最高裁民事破棄判決等の実情」によれば，現行民事訴訟法施行後に釈明義務違反により原判決が破棄された判例は本件判例を含めて4件ある。
　① 最判平14・3・1判時1816号23頁
　共同相続人の一人であるX（上告人）が，被相続人の養子であったY（後に養子縁組無効確認判決が確定。被上告人）らに対し，Yらが被相続人名義の銀行預金から数回に分けて払戻しを受けた金員が，不当利得に当たるとして，その合計額より少ない，最初の払戻しを受ける直前の預金残高を利得額として請求した事案である。原審は，Xが当該銀行預金から最初に払戻しを受ける直前の預金残高の払戻しを受けたことを不当利得と主張する旨摘示してXの請求を棄却したが，最高裁は，Xが数回の払戻しを受けたことをもって不当利得として主張しているとし，Xの請求が数回の払戻しのどの払戻しに対応するのか明確でなく，特定されていないのであるから，原審としては，この点を釈明したうえ，Xの主張する各個の払戻金について不当利得の成否を検討し，Xの相続分に応じた請求の当否を判断すべきであり，原審がこの点を釈明することなく，Xが主張していない事実（最初に払戻しを受ける直前の預金残高の金額の払戻しを受けたことを不当利得と主張する旨摘示したこと）に基づいてXの請求の当否を判断した原判決には，判決に影響を及ぼすことが明らかな法令の違反があるとして破棄差し戻した。
　② 最判平16・2・13判時1895号35頁
　被相続人が所有していた不動産について，相続人X（上告人）が，他の相続人Y（被上告人）らに対して，請求原因として死因贈与を受けたことなどを主張したが，被相続人の死亡に係る相続による持分の取得の主張をしなかった。原審は，死因贈与等の事実は認められないとしてXの請求を棄却したが，最高裁は，原審が，Xの相続取得の原因となる事実を確定した以上は，適切に釈明権を行使するなどしたうえでこれらをしん酌し，Xの請求の一部を認容すべきであるかどうかについて審理判断すべきであるとして，破棄差し戻した[注23]。
　③ 最判平18・3・24判時1966号22頁
　X（上告人）が，被相続人の遺産分割協議に基づいて，遺産である土地を単独で取得する一方，その代償として，共同相続人Y（被上告人）らに対して代償金を支払ったが，その後，他の共同相続人からXおよびYらに対して提起された別件

訴訟で遺産分割協議が無効とされた。Yらはこれを奇貨として，Xに対して，別件の更正登記請求訴訟を提起して，法定相続割合（各4分の1）による共有登記を取得する一方で，XのYらに対する，代償金等の本件不当利得返還請求訴訟に対しては，消滅時効を援用して争った。原審は，Yらの消滅時効の抗弁を認めてXの請求を棄却した。本件訴訟においてXは，①Yらは，遺産分割協議に自ら押印し，本件協議書に基づき代償金等の給付を促し，これを受領した。②しかしYらは，別件無効確認判決が確定したことを奇貨として，別件更正登記請求訴訟を提起した。③Yらは，Xが本件土地を単独で取得したことを認めず，本件土地について各4分の1の持分登記を取得したのであるから，Xが本件土地を単独で取得することの代償として受領した本件代償金等を返還すべきであるなどと主張している。最高裁は，Xの「この主張は，Y〔被上告人〕らが，別件更正登記請求訴訟において，本件協議を無効であると主張して自ら本件代償金等を受領する法律上の原因を否定する行動をとり，所期の結果を得たにもかかわらず，本件訴訟においては，受領すべき法律上の原因のない本件代償金等の給付に係る不当利得の返還を免れるために消滅時効を主張していることを指摘するものであるから，その趣旨は，Yらが本件請求権の消滅時効を援用することについて，権利の濫用をいうものと解し得る」とし，そのような主張として扱う場合には，Yらによる消滅時効の援用が権利濫用にあたると解する余地が十分にあるから，原審は，その主張の趣旨について釈明権を行使すべきであったとした。

◆大　坪　和　敏◆

注23）　本件では，Xの所有権確認請求を全部棄却する判決が確定すると，Xが当該不動産の所有権を有しないことについて既判力が生じるから，後に共同持分の確認を求める別訴を提起しても既判力に抵触して認められない（最判平9・3・14裁集民182号553頁・判時1600号89頁）。このような場合に，裁判所が釈明権を行使せずに，相続取得の事実をしん酌しないで請求を全部棄却することは，釈明義務違反で違法となることは既に最高裁の判例であった（最判平9・7・17裁集民183号1031頁・判時1614号72頁，最判平12・4・7裁集民198号1頁・判時1713号50頁。新堂・432頁）。

V 時機に後れた攻撃防御方法の却下

1 概　説

(1) 時機に後れた攻撃防御方法の却下

民訴法157条において，当事者が故意または重大な過失によって時機に後れて提出した攻撃防御方法は，これを審理することで訴訟の完結を遅延させると認められた場合に，裁判所は申立てまたは職権でこれを却下できるとされている。

(2) 口頭弁論の一体性

口頭弁論期日が複数回開かれた場合でも，そこでなされた弁論の内容は口頭弁論の終結まですべて一体として判決の基礎とされる。主張・立証はどの段階で出してもよく，それらは等価値の訴訟資料として扱われるのが原則である。

(3) 適時提出主義

旧（平成8年改正前）民訴法の下では随時提出主義が採られ，当事者は口頭弁論の終結時まで随時攻撃防御方法の提出ができるとの建前であったが，反面，弊害も指摘されるところであった。すなわち，いつでも攻撃防御方法の提出が可能とされるため，訴訟進行が緊張を欠く，駆け引きや引き延ばし策に用いられ訴訟遅延を招く，といった点である。わが国の民事訴訟は，続審制を採り，口頭弁論の一体性は，控訴審の口頭弁論終結まで含めて観念されるので，訴訟が控訴審まで係属した場合，第1審軽視の風潮を生むなど，この弊害はより顕著なものとなる。このため，攻撃防御方法の提出時期に一定の制限を設ける必要性が出てくる。

旧民訴法の随時提出主義の下でも，現行民訴法157条と同旨の規定が置かれていた（旧民訴139条）が，裁判所はその適用には消極的であったとされる。現

行民訴法は，156条で攻撃防御方法は，訴訟の進行に応じ適切な時期に提出しなければならないと定め，適時提出主義を採る。この適時提出主義の下で，157条は，旧民訴法と同旨の規定であっても，その解釈・運用については，旧民訴法下と異なり，厳格な運用が期待されていた[注1]。

(4) 要　件
(a) 時機に後れて提出したこと
「時機に後れた」かどうかは，当該攻撃防御方法が，訴訟の進行状況や攻撃防御方法の性質に照らし，その提出時期よりも早期に提出することが期待できる客観的事情があったかどうかにより判断される。控訴審で提出された攻撃防御方法については，第1・2審全体を通じて判断されることになる。
(b) 故意または重大な過失
当事者が攻撃防御方法を時機に後れて提出したことについて，故意または重過失があったことを要する。故意または重過失の有無は，当事者または訴訟代理人のいずれかにつき存すれば足りる。重過失の有無は，攻撃防御方法の種類や当事者の法律知識の程度をも考慮して判断される。
(c) 訴訟の完結を遅延させるものと認められること
当該攻撃防御方法が提出されなければ訴訟を完結することができたであろう時期よりも，その提出を認めて審理を行った場合の訴訟の完結時期が遅れる場合であることを要する。

(5) 計画審理の場合の特則[注2]
平成15年民訴法改正により創設された計画審理の制度を実効性あるものとすべく民訴法157条に特則を設け，審理計画自体（民訴147条の3第3項）または

注1）　民訴法157条1項の適用について，現行民訴法の下でも裁判官は適用に消極的との見方もある（三木浩一「〔報告〕日本の民事訴訟における裁判官および弁護士の役割と非制裁型スキーム」民訴50号（2004）107頁）。

注2）　平成15年民訴法改正で導入された計画審理制度における民訴法157条の2の「著しい支障を生ずるおそれ」の要件は，日弁連などからの失権効の緩和を求める意見に配慮し挿入された。また，同条ただし書における「相当の理由」の疎明の要件については，これも失権効の緩和を求める声に応じてこのような文言に変更された。（三木・前掲注1）107頁）。

これに基づき定められた裁定期間（民訴156条の2）所定の期間が経過した後に提出された攻撃防御方法について，これにより審理の計画に従った訴訟手続の進行に著しい支障を生ずるおそれがあると認めたときは，裁判所は申立てまたは職権でこれを却下できる（民訴157条の2）。ただし，当事者が相当の理由を疎明したときはこの限りではない（民訴157条の2ただし書）。

2 判　例

判　例 38

知財高裁平成17年9月30日判決[注3]
　掲　載　誌：判時1904号47頁・判タ1188号191頁
　原　　　審：東京地判平17・2・1判時1886号21頁・判タ1175号120頁

控訴審における新たな主張・立証が時機に後れた攻撃防御方法とされなかった事例（一太郎差止訴訟控訴審判決）

事　案

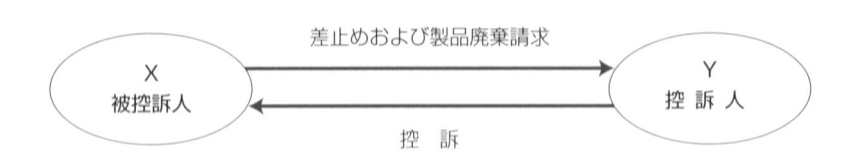

Xは「情報処理装置及び情報処理方法」という名称の発明に係る特許権を有する。Yは，文書作成のソフトウェア「一太郎」および図形作成のソフトウェア「花子」の製造，譲渡等又は譲渡等の申出をしており，Yの前記製品を購入した利用者はこれをパソコンにインストールして使用している。

Xは，Yの前記行為が特許法101条2号・4号に該当し，Xの当該特許権を侵害するとして，Yに対し，同法100条に基づき，Yの前記行為の差止めおよびY

注3）　本判決の評釈として，美勢克彦・主判解平成17年度〔臨増判タ1215号〕（2006）186頁，日弁連知的財産制度委員会「知財高裁・東京地裁知財部と日弁連知的財産制度委員会との意見交換会（平成17年度）」判タ1207号（2006）4頁，茶園茂樹〔判批〕・ジュリ1316号（2006）14頁．

製品の廃棄を求め訴訟提起した。
　第1審は，Xの請求をいずれも認容したため，Yが控訴したのが本件である。
　本件（控訴審）において，Yは新たに，Yの前記製品をインストールしたパソコンおよびその使用が本件発明の構成要件を充足するかという構成要件充足性，および本件発明の新規性または進歩性の欠如による無効理由について追加的に主張・立証を提出し，原審における権利濫用の主張に代えて特許法104条の3第1項に基づく権利行使の制限を主張した。これに対しXは，Yが控訴審において新たに提出した構成要件充足および無効理由についての追加的な主張・立証は，時機に後れたものとして却下されるべきであると主張した。

判　旨

　本件において，争点は多岐にわたるが，ここでは争点4（時機に後れた攻撃防御方法）に関する判断のみ掲げる。
　「原審においては，第1回口頭弁論期日が開かれてから第3回口頭弁論期日において口頭弁論が終結されるまで2か月余り，訴えの提起から起算しても4か月足らずの期間である。このように，原審の審理は極めて短時間に迅速に行われたものであって，Y〔控訴人〕の当審における新たな構成要件充足性及び本件特許の無効理由についての主張・立証は，若干の補充部分を除けば，基本的に，当審の第1回口頭弁論期日において控訴理由書の陳述と共に行われたものであり，当審の審理の当初において提出されたものである。
　そして，前記の追加主張・立証の内容についてみると，まず，構成要件充足性に関する部分は，原審において既にYが主張していた構成要件充足性（「アイコン」の意義）に関する主張を若干角度を変えて補充するものにすぎないということができる。また，本件特許の無効理由に関する部分は，新たに追加された文献に基づくものではあるが，これらはいずれも外国において頒布された英語の文献であり，しかも，本件訴えの提起より15年近くも前の本件特許出願時より前に頒布されたものであるから，このような公知文献を調査検索するためにそれなりの時間を要することはやむを得ないことというべきである。
　以上の事情を総合考慮すれば，Yが当審において新たに提出した構成要件充足性及び本件特許の無効理由についての追加的な主張・立証が時機に後れたものであるとまではいうことができない。」（原判決取消し，棄却，確定）

参照条文

民事訴訟法157条

解　説

(1) 本判決の位置づけ

　本判決は，審理の経過が極めて短時間（原審の口頭弁論終結までの期間が訴えの提起から起算しても4か月あまり）であり，新主張は，控訴審の第1回口頭弁論期日で提出されたものであること，新主張の内容のうちの1つは，既に原審において主張していたものを若干角度を変えて補充したにすぎないものであるし，またもう1つは公知の文献に基づくものであるが，その文献は英語の文献であり，しかも当該訴訟提起より15年近く前（さらにいえば本件特許出願時よりも前）に外国において頒布されたものであるから，調査検索にそれなりの時間を要することはやむをえないと，本件の具体的な事実関係を詳細に認定したうえで判断をしている。後掲の 参考判例 を比較すると，事案ごとに事実関係を総合的に判断しているようであり，そのような裁判例の傾向に沿った判決と評価できる。

(2) 判例から見えてくる民事訴訟法157条の適用のあり方

　民訴法157条の適用が問題となった裁判例では，全般に訴訟の経緯，その追加主張の内容等当該事案の個別事情を総合的に考慮して判断がされている。

　裁判例の傾向を見ると，まったく新しい主張や従前の訴訟対応を覆すような主張は却下されているようであり（参考判例 ②③），裁判所は，新たな主張を審理することが訴訟の完結を遅延させるかどうかという点を重視しているように思われる。この点に言及した判決は多い。

　他方，却下を認めなかった事案は，当該新主張が主要な事実関係を変更するものではないとか，法的構成を変更しただけにすぎないもので，変更前の主張は既になされていたなどの事情が考慮（裁判所は，新主張の提出によっても訴訟の完結の遅延を来すものではない，と見たものと思われる。）されている（参考判例 ⑥⑦）。なお， 参考判例 ⑧は医療訴訟の事案であるが，一般論として請求原因事実の判断にあたり重要な争点となる攻撃防御方法の主張は時機に後れたものとしつつ，患者と病院での医療に対する知見の差から，控訴審で新たな主張・立証がなされることもやむをえず，控訴人には故意・重過失がないとした点に特徴がある。

実務上の指針

　この問題は，最終的には実体的正義と手続的正義のいずれに重点を置くべきかの問題に帰着するであろう。裁判所は，従前（とくに旧民訴法時代）実体的正義を重視してきたと見られ適用に消極的とされていたが，近時の裁判例（後掲 参考判例 ）を検討する限りでは，裁判所は，実質的，総合的な判断によって，却下を認めるか否かを判断していると考えられる。

　訴訟当事者から見ると，新主張・立証を追加的に出すことは，訴訟の進行状況を見たうえで判断するケースも少なくないので，提出時期が後にずれ込むことがやむをえない場合もあるであろうが，いきなりまったく新しい主張を提出したような場合（とくに控訴審以降）には，民訴法157条が適用される可能性があるため，注意が必要である。

　かつては，主張・立証の後出しの方が有利という感覚があったようで，主張・立証の小出しにより五月雨式の審理を招き，真の争点がなかなか判明しないという事態になっていたという。しかし，適時提出主義を定め，適正迅速な裁判の実現を目指す現行法の下では，当事者のそのような訴訟態度は許されないことになるであろう[注4]。

　結局のところ，訴訟当事者においては，可能な限り主張・立証を整理し（とくに原告は訴訟提起前から整理しておく必要があるであろう。），出せるものは早期に出していくことで，的確かつ早期に争点・証拠の整理を行うことができ，争点に的を絞った集中証拠調べも可能になる。両当事者がそのように訴訟進行に協力することが，適正・迅速な訴訟の実現という観点からも望ましい[注5]。

　なお，公益性が強く真実発見の要請が大きいため，職権探知主義を採用した人事訴訟では民訴法157条の適用がないが（人訴19条1項），他方で，職権証拠

注4）　新民訴法大系(2)〔勅使川原和彦〕・385頁以下。
注5）　平成8年改正民訴法は，文書特定手続，当事者照会など直接的な制裁手段をもたず（いわゆる「非制裁型スキーム」），当事者や弁護士の誠実性に依存するものであり，民訴法157条，247条などを間接的な強制手段と位置づけ，これらによる制裁の可能性に期待するという点では，裁判官の広範な裁量権の行使に依存するものであるとの見方がある（三木・前掲注1）98頁など。）。しかしながら，直接的な制裁手段をもたないこれらの制度は，制定当初にもその実効性が懸念されたが，施行後実施件数が延びていないという実情がある。

調べが認められるものの，弁論主義の適用があるとされる行政事件訴訟においては民訴法157条が適用される（行訴7条）。

> 参考判例

民訴法157条の適用が問題となった主な裁判例は以下のとおりである。

結　論	内　容
① 東京地判平18・9・29判時1976号65頁・判タ1248号218頁	
却下を認めず	テレビ番組放送枠の売買代金等の請求訴訟において，原告による予備的請求としての契約締結上の過失，不法行為等の主張が，訴訟提起後4年が経過し，口頭弁論終結間際に初めてなされたものであったが，訴訟の完結を遅延させるものとは認められないとした。
② 名古屋高判平16・5・12判時1870号29頁・判タ1198号220頁	
却下を認めた	少年犯罪に関する記事についての名誉毀損，プライバシー侵害に基づく損害賠償請求訴訟において，高裁差戻し後になされた被控訴人による新たな主張（成長発達権の侵害による不法行為の成立）について，訴訟経過を詳細に検討したうえで，時機に後れた攻撃防御方法と認定した。
③ 東京高判平16・8・25判時1899号105頁・判タ1212号133頁	
却下を認めた	アニメ声優による出演作品のビデオ化使用料の請求訴訟において，第1審で争いのないものとして整理された請求額算定方法の1つに

　　今後の民事訴訟のあり方として，当事者主義を基本として，当事者が自ら手続を選択し，その中で訴訟活動に努力し，その努力が報われるような民事裁判を実現するための訴訟制度や運用や法理論が構築されるべきとの指摘がある。そして，このような当事者主義的な訴訟運営の実現を考えるにあたり，当事者・代理人へ活躍を求める以上，怠惰な当事者・代理人にペナルティを課すべきという考え方が出てくる。その結果，学説では，当事者主義達成のためにはいわゆる「制裁型スキーム」へ舵を切ることが必要だとの意見が強い。
　　この点については，裁判官より，制裁型スキームによると，書面や書証の提出につき期限の遵守などの効果は期待できるものの，反面，制裁の発動で裁判所と当事者・弁護士の関係が悪化し円滑な訴訟運営を阻害する，制裁を設けることで逆に制裁がないことは守らなくてもよいとの風潮を生み出す危険性もある，など短所がある。また，現行法でも時機に後れた攻撃防御方法の却下（民訴157条）という制度は存在するが，弁護士の怠慢で本人に決定的な不利益を与えることになりかねず，第1審の裁判官にとってはなかなか使いにくいため，失権効を本格的に発動させるのであれば，裁判官に一任するような制度ではなく，透明性のある手続で手続要件を明確にするなどして使いやすいものにすることや，その前提として弁護士へのアクセスを総合的に改善することなどが肝要であろう，との指摘がなされている（須藤典明「実務からみた新民事訴訟法10年と今後の課題」民訴55号（2009）105頁以下）。

	ついて，原判決で被告（控訴人）の支払責任が認められたため，控訴審で従来の訴訟対応を覆し，膨大な請求の個別の事実関係について一から敢えて争おうとする被告らの訴訟対応は著しく信義に反するもので，訴訟の遅延を完結させるものであるとした。
④　札幌高判平17・6・29判タ1226号333頁	
却下を認めず	過払金返還請求訴訟において，控訴人のした請求拡張は単に計算方法を改めただけであり，貸付額，弁済日等事実関係を変更し争うものではなく，証拠調べを必要とするものでもないため，訴訟を遅延させるものとはいえないとした。
⑤　大阪高判平18・6・9判時1979号115頁・判タ1214号115頁〔ダスキン株主代表訴訟〕	
却下を認めた（判旨では，主張を判断しないとした。）。	株主代表訴訟において，原告（控訴人）が控訴審で初めて主張した，被告が技術提携契約を締結していた相手方企業に対する責任追及をしなかったことが善管注意義務違反にあたるとの主張について，民訴法157条の趣旨から許されないとした。
⑥　東京高判平19・6・28判時1985号23頁・判タ1275号127頁	
却下を認めず	外国法人に対する法人税決定処分等の取消しを求めた訴訟において，原判決において，控訴人の主張が採用されず，被控訴人の請求が認容されたという結果を踏まえ，控訴人が控訴理由書において，原審で撤回した予備的主張を再度主張することは，訴訟上の禁反言に反するとまではいえないし，また，これにより訴訟の完結を遅延させるものではないとした。
⑦　東京高判平20・9・25金判1305号36頁	
却下を認めず	土地の売買契約で民法570条の瑕疵担保責任が争われた事案において，「瑕疵」の内容についての主張変更を，変更後の主張（i）が変更前の主張（ii）の不可欠の前提であることは客観的に明らかで，原審において控訴人は，請求の根拠としてiおよびiiを主張しており，変更は法的構成の誤りを正したにすぎないとした。
⑧　名古屋高判平20・9・5判時2031号23頁	
却下を認めず	医療訴訟において，控訴審になって控訴人らが新たにした，診療契約義務違反に関する主張につき，訴訟完結を遅延させるものとはいえず，控訴人に故意または重過失があるともいえないとした。

◆木　下　貴　博◆

Ⅵ 判決の効力①——一部請求の明示と既判力

1 概　説

(1)　問題の所在

　数量的に分割可能な債権について，その一部について請求することを一部請求という。一部請求の後に残部請求をした場合，一部請求についての判決の効力が，残部請求に対してどのように及ぶかは，一部請求の可否の問題と呼ばれている。

(2)　判　例

　判例は，一部請求であることが明示されている場合，その一部のみが訴訟物になり，残部請求に既判力は及ばないとしている[注1]。

　相手方の応訴の煩を考慮し，明示されていなければ，それが全部請求であるとして対応し，他方，明示されている場合，残債務不存在確認の反訴を提起して残部請求への応訴の煩を避ける選択も可能となる。一回的な紛争解決に対する期待を保護するというバランス感覚から明示の有無という基準が用いられているとすれば合理的なものといえる。もっとも，明示さえすれば分断可能であるという当事者（通常は原告側）の立場と，明示があれば残債務不存在確認の反訴を提起しなければならなくなるという当事者（通常は被告側）の立場とで，果たして均衡がとれた解釈といえるかどうか，すなわち，後者の立場（通常は被告側）の方の負担が大きすぎるのではないかという意味で，議論の余地はある。また，明示の有無によって，実質的に重複審理の非効率・不経済を招きうる裁

注1）　明示されたものとして最判昭37・8・10民集16巻8号1720頁，明示されていないものとして最判昭32・6・7民集11巻6号948頁，時効中断に関するものとして最判昭34・2・20民集13巻2号209頁。

判所から見た問題も残る。

　また，判例は，一部請求で敗訴した原告の再訴は，特段の事情のない限り，信義則に反して許されないとした[注2]。

　逆に，一部請求で勝訴した原告の再訴について，被告が，再び，これを争うことは訴訟上の信義則に反し許されないとした裁判例がある[注3]。被告の応訴の煩を避け，かつ，重複審理の非効率・不経済を解消するものである。

　もっとも，その事件の控訴審では，一部請求と対比して残部請求の金額が高額であることから，被告が改めて争うことは，訴訟上の信義則に反しないとした。参考までに，おおよその金額を比較すると，一部請求は300万円程度，残部請求は6000万円程度の事例であった[注4]。

　しかし，この解釈は，裁判所の判断を見るために一部請求をしたいという請求者側の利益を軽視するものというべきである。たとえば，総額5億円にのぼる損害賠償の一部請求として500万円を請求する場合，訴額5億円の訴状の印紙代は152万円であり，訴額500万円の場合は3万円であって，149万円の差がある。さらに，控訴，上告となれば，その1.5倍，2倍の印紙代が必要となる。

　原告が，一部請求で敗訴すれば再訴は許されないとされている以上，被告も一部請求で敗訴した以上，残部請求で再び同一の論点を争うことは許されない（異なる争点は別である。）とするのが，一回的紛争解決に資し，バランスのとれた解釈と思われる。被告側は，総額に比較し低額の一部請求と思われる場合であっても，全力で争っておかなければならないことになるからである。

(3) 学　　説

　他方，学説では，一部請求を否定する見解も有力である。もっとも判例との差は，判決後の残部請求を認めるか，これを認めずに一部請求の審理手続内で請求の拡張をしなければならないかにあり，それほどドラスティックな差異ではない。

　注2）　最判平10・6・12民集52巻4号1147頁。
　注3）　東京地判平13・10・25判時1786号142頁。
　注4）　東京高判平14・12・24判時1816号128頁。

2 判　例

> **判　例 39**
>
> 最高裁平成20年7月10日判決[注5]
> 　掲　載　誌：判時2020号71頁・判夕1280号121頁・金法1856号26頁
> 　原　　　審：福岡高宮崎支判平19・9・28（平成19年（ネ）第95号ほか）
> 　原　々　審：鹿児島地鹿屋支判平19・3・16（平成18年（ワ）第87号）
>
> 前訴において1個の債権の一部についてのみ判決を求める旨が，明示されていたものとして，前訴の確定判決の既判力は，残部を請求する後訴には及ばないとされた事例

事　案

　Y（被上告人）は，平成16年12月8日，民法248条（付合）による償金請求権を被保全権利として，本件樹木についてXら（上告人）を債務者とする仮差押命令を申し立て，同月10日，各仮差押命令を得て，その執行をした（以下，「本件仮差押え」という。）。
　Xらは，本件仮差押えにより，本件樹木を撤去することができなくなり，鹿児島県による本件土地の買収手続を進めることもできなくなった。そこで，Xらは，平成16年12月21日，Yに対し起訴命令を申し立て，同日，Yに対し，本案の起訴命令が発せられた。
　これを受け，Yは，平成17年1月21日，上記償金の支払を求める訴訟（以下，「前事件本訴」という。）を提起したところ，Xらは，請求棄却を求めてこれに応訴するとともに，本件仮差押えの違法を主張して，反訴として，不法行為に基づき，起訴命令の申立てと応訴費用として弁護士費用相当額250万円を請求した（以下，「前事件反訴」という。）。
　前事件控訴審は，平成18年5月31日，Yの前事件の本訴請求を権利濫用にあたるとして棄却し，他方，Xらの反訴請求は，50万円の弁護士費用相当額の損害賠償請求を認容した。Yは前事件控訴審判決に対し上告した。
　Xらは，平成18年6月29日，本件訴訟を提起した。本件仮差押えにより，鹿児島県による買収が予定されていた上記土地を更地にすることができず，そのために上記土地に対する同県からの買収金（以下，「本件買収金」という。）が本来支払わ

注5）　川嶋四郎〔判批〕・法セ654号（2009）130頁，越山和広〔判批〕・民商140巻1号（2009）102頁。

れるべき時期よりも遅れて支払われることとなったとして，不法行為に基づき，Yに対し，本件買収金（約1600万円）に対する上記仮差押命令の正本がXらに送達された平成16年12月15日から，本件仮差押えが取り消され，上記樹木が撤去されて本件買収金がXらに支払われる見込みが生じた平成19年6月30日までの，民法所定の年5分の割合による遅延損害金相当額の損害（約200万円）を請求した。

平成18年10月5日，Yの上告は棄却され，前事件控訴審判決が確定した。

Xらは，本件仮差押えの取消しを申し立て，平成18年11月16日，取消決定は確定した。

Xらは，その後，自己費用で，本件樹木を撤去し，廃棄した。

原審の判断

原審（福岡高裁）は，上記事実関係の下において，次のとおり判断して，Xの請求を棄却した。

(1) 金銭債権の一部を請求する旨を明示して訴えを提起した場合には，訴訟物は当該一部に限定され，後訴において同一の訴訟物の残部を請求することが可能であるが，前訴においてその旨を明示しなかった場合には，1個の債権全体が訴訟物となり，同一の訴訟物につき別訴を提起した場合，前訴の確定判決の既判力に拘束される。

(2) 本件訴訟に係る損害賠償請求権と前事件反訴に係る損害賠償請求権とは，いずれも違法な保全処分に基づく損害賠償請求権という1個の債権の一部を構成するものである。そして，Xらは，前事件反訴においてYに対し本件仮差押命令による損害として弁護士費用相当額の賠償を請求するにあたり，これが不法行為による損害の一部であることを明示していたとは認めがたいから，前事件反訴においては，本件仮差押命令が違法であることを理由とする不法行為に基づく損害賠償請求権の全部が訴訟物になっていたというほかない。そうすると，本件訴訟に係る訴えは，前事件の確定判決の既判力に拘束されるというべきである。したがって，前事件の確定判決において本件仮差押命令に基づく損害として反訴請求が認容された分を超えて，本件仮差押命令の申立てによりXらが受けた損害の賠償を認めることはできない。

そこで，Xらが上告した。

判旨

「(1) Xら〔上告人〕が本件訴訟で行使している本件仮差押執行のために本件買収金の支払が遅れたことによる遅延損害金相当の損害（以下「本件遅延金損害」という。）についての賠償請求権と，Xが前事件反訴において行

使した本案の起訴命令の申立て及び前事件本訴の応訴に要した弁護士費用相当額の損害（以下「本件弁護士費用損害」という。）についての賠償請求権とは，いずれも本件仮差押命令の申立てが違法であることを理由とする不法行為に基づく損害賠償請求権という1個の債権の一部を構成するものというべきであることは，原審の判示するとおりである。
　(2)　しかしながら，Xらは，前事件反訴において，上記不法行為に基づく損害賠償として本件弁護士費用損害という費目を特定の上請求していたものであるところ，記録（前事件の第1審判決）によれば，Xらは，このほかに，Y〔被上告人〕が，本件仮差押執行をすれば，Xらにおいて長期間にわたって本件樹木を処分することができず，その間本件買収金を受け取れなくなるし，場合によっては本件土地が買収予定地から外される可能性もあることを認識しながら，本件仮差押命令の申立てをしたもので，本件仮差押命令の申立ては，Xらによる本件土地の利用と本件買収金の受領を妨害する不法行為であると主張していたことが明らかである。すなわち，Xらは，既に前事件反訴において，違法な本件仮差押命令の申立てによって本件弁護士費用損害のほかに本件買収金の受領が妨害されることによる損害が発生していることをも主張していたものということができる。そして，本件弁護士費用損害と本件遅延金損害とは，実質的な発生事由を異にする別種の損害というべきものである上，前記事実関係によれば，前事件の係属中は本件仮差押命令及びこれに基づく本件仮差押執行が維持されていて，本件仮差押命令の申立ての違法性の有無が争われていた前事件それ自体の帰すうのみならず，本件遅延金損害の額もいまだ確定していなかったことが明らかであるから，Xらが，前事件反訴において，本件遅延金損害の賠償を併せて請求することは期待し難いものであったというべきである。さらに，前事件反訴が提起された時点において，Yが，Xらには本件弁護士費用損害以外に本件遅延金損害が発生していること，その損害は本件仮差押執行が継続することによって拡大する可能性があることを認識していたことも，前記事実関係に照らして明らかである。
　(3)　以上によれば，前事件反訴においては，本件仮差押命令の申立ての違法を理由とする損害賠償請求権の一部である本件弁護士費用損害についての賠償請求権についてのみ判決を求める旨が明示されていたものと解すべきであり，本件遅延金損害について賠償を請求する本件訴訟には先行事件の確定判決の既判力は及ばないものというべきである。」（破棄差戻し）

参照条文　民事訴訟法114条

解　説

　本判決は，一部請求であることが明示されている場合，その一部のみが訴訟物になり，残部請求に既判力は及ばないとしている。一部請求であることが明示されていたかどうかの判断には，単に，形式的に明示されていたかどうかをみるのではなく，前訴において実質的に紛争が解決されたと考える応訴側の合理的期待や，他方，請求者側において，前訴の請求ないし請求の拡張を合理的に期待可能かなどが，実質的に考慮されているという見方もある。

　たとえば，単なる数量的一部請求については，比較的，厳格に明示の要件を求める一方で，他方，損害項目の種類や，債権の発生期間などによって，範囲が特定されるものについては，そのような費目や期間が主張されることで，明示の要件を満たすとも説明できる。

　本件では，前訴の損害賠償請求権と，後訴の損害賠償請求権とは，いずれも本件差押えが違法であることを理由とする不法行為に基づく損害賠償請求権であるから，訴訟物は同一のものとされた。他方，前訴のそれは弁護士費用という損害であり，後訴の遅延損害金とは費目を異にしている。したがって，上述の説明によれば，明示の要件は満たすもののように見える。

　しかしながら，本件は，これにとどまらず，前訴において，本件買収金の受領が妨害されていることによる損害の発生についても主張していたといえ，Yもこれを知ることができるところ，当該訴訟自体の帰趨も不明であり，その金額も確定できなかったという点で，Xらに請求を拡張して賠償請求することを期待することは困難であることと，他方，Yは，本件買収金の受領遅延による損害が発生し，本件仮差押えが継続することによってそれが拡大する可能性の認識はあったという点が加味されて，明示の要件を満たすとされている。

　このように，「明示の要件」は，その言葉の本来の意味を超えて，訴訟当事者の公平等の観点から実質化されているといえる。

実務上の指針

　原告は，一部請求をする場合，できるだけ「これは，一部請求である。」と

明示すべきである。被告は，それが一部請求であるかどうか不明であるときは，釈明権の行使を求めるべきである。場合によって，残部債務不存在確認の反訴も検討すべきである。

　原告は，費目を特定して不法行為に基づく損害賠償請求を行っている場合でも，当該訴訟において，請求していない損害項目が，後訴で明示の要件を満たさないと判断されるおそれもあることを意識し，前訴における請求拡張の可能性も検討すべきである。このような場合，請求認容の可能性が微妙な場合ほど，後訴での残部請求の可能性が高まるという相関関係にあるともいえる。

　原告は，一部請求が棄却されると，残部請求は，特段の事情のない限り，信義則違反とされるので，一部請求の審理に全力を集中すべきである。他方，被告は，一部請求の金額が少額であっても，残部請求訴訟において，理由中の判断を争うことが制限される場合を考え，全力で争っておくべきである。低額か高額かの判断は相対的であるからである。なお，仮に，一部請求が認容された後，残部請求がなされ，理由中の判断を争うことを制限されたとしても，損害額の争点（ないし損害論）については，前訴では審理の対象となっていないのであるから，被告は争うことができるものと考える。

◆永 島 賢 也◆

Ⅶ　判決の効力②——既判力の主観的範囲

1　概　説

(1)　既　判　力

　確定判決の判断に与えられた通用性ないし拘束力を既判力という。既判力の訴訟法上の効果は，前訴判決の後訴裁判所の判断に対する拘束力として現れる。確定判決の既判力は，受訴裁判所による訴訟物に対する判断に基づく。したがって，判決の基礎となった資料（訴訟資料および証拠資料）を提出する機会を与えられた当事者のみが，その判断に拘束されるのが原則である。訴訟に関与する機会を与えられなかった第三者に対して，他人の訴訟の結果を押しつけるのでは，当該第三者の手続保障の利益を害することになるからである。

(2)　既判力の主観（体）的範囲

　しかしながら，民事訴訟法は，当事者間の公平や紛争解決の実効性の確保という観点から，一定の場合，既判力の主観（体）的範囲[注1]を拡張している。

　代替的手続保障が認められる訴訟担当者が当事者となっている判決の効力は，権利関係の帰属主体たる被担当者に対して拡張される（民訴115条1項2号）。

　口頭弁論終結後の承継人に対しては，そのような処分をすることによって当事者間の訴訟の結果が無駄になることを防止し，紛争解決の実効性を確保するため，当該承継人に対して判決の効力が拡張される（民訴115条1項3号）。もっとも，この場合，当該承継人の地位の前提となる権利関係部分が確定され，攻撃防御方法の提出が遮断されるのであって，それ以外の当該承継人に独自の法的地位について審理の対象となる。

　　注1）　既判力の主観的範囲と呼ぶのが通常であるが，日本語の語感としては，既判力の主体的範囲と表現する方が実務家の使用する用語としてはしっくりくるように思われる。

独自の手続保障の必要性が認められない請求の目的物の所持人に対しても，判決の効力が拡張される（民訴115条1項4号）。

2 判　例

判　例 40

最高裁平成16年10月18日判決
　掲　載　誌：金法1743号40頁
　原　　　審：東京高判平14・2・12判時1818号170頁・判タ1093号185頁
　原　々　審：東京地判平13・3・30判時1770号141頁・判タ1093号189頁参照

ゴルフクラブの預託金返還請求を認容する確定判決の効力は，その訴訟の提訴前に当該ゴルフ場の営業譲渡を受けた譲受人に対しては及ばないとされた事例

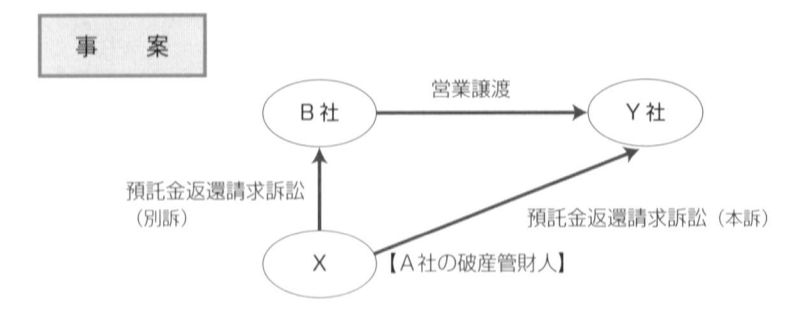

事　案

```
                    営業譲渡
         B社 ─────────────→ Y社
          ↑                    ↗
  預託金返還請求訴訟         預託金返還請求訴訟（本訴）
     （別訴）                 
          │              
          X　【A社の破産管財人】
```

　(1)　A社は，昭和63年12月ころ，B社に対し資格保証金4800万円を預託し（以下，「本件預託金」という。），B社との間で，B社が経営していたゴルフ場（以下，「本件ゴルフ場」という。）に設けられている預託金会員制ゴルフクラブに法人正会員として入会する契約（以下，「本件ゴルフ会員契約」という。）を締結し，本件ゴルフ会員権を取得した。
　(2)　Y社は，平成8年3月12日，B社から本件ゴルフ場の営業の譲渡を受け，本件ゴルフ会員契約上の地位をB社から承継し，その権利義務関係を包括的かつ重畳的に引き受けた。
　(3)　A社は，平成10年2月27日に破産宣告を受け，Xが破産管財人に選任された。
　(4)　Xは，平成10年3月，B社に対し，〔平成16年改正前〕破産法59条1項（現

行53条1項）により本件ゴルフ会員契約を解除する旨の意思表示をし，その後，B社を被告として本件預託金のうち4787万4000円の返還を求める訴訟（別訴）を提起した。別訴については，平成10年9月24日，B社に対し4781万2200円と平成10年3月15日から支払済みまで年6分の割合による金員の支払を命ずる判決（別訴判決）が言い渡され，確定した。

(5) Xは，Y社に対し，主位的に，XのB社に対する預託金返還請求を認容する別訴判決の効力がY社にも及ぶと主張して，本件預託金のうち4781万2200円の返還およびこれに対する遅延損害金の支払を求め，予備的に，Xが本件ゴルフ会員権を有することの確認を求めた。

原審の判断

東京高裁（東京高判平14・2・12）（原審）は，Y社はB社から預託金返還債務を含む本件ゴルフ会員契約上の権利義務関係を包括的かつ重畳的に引き受けたものであり，Xは，別訴判決に基づいて本件預託金の返還を請求することができるとして，Xの主位的請求を認容した。

判　旨[注2]

「確定判決は，民訴法151条1項各号に掲げる者に対してその効力を有するものであるから，X〔上告人〕とB社とを当事者とする別件訴訟についての別件判決の効力が当事者以外の者であるY社〔被上告人〕に及ぶというためには，Y社が同項1号以外の各号に掲げる者のいずれかに該当しなければならない。
　前記の事実関係によれば，B社からY社への前記営業譲渡は，Xが別件訴訟を提起する前に行われたものであるから，Y社が同項3号所定の当事者の口頭弁論終結後の承継人に該当しないことは明らかである。また，Yが同項2号及び4号に掲げる者に該当しないことも，前記の事実関係に照らし，明らかである。したがって，別件判決の効力がY社に及ぶと解すべき根拠はな

注2）（参考）　主文は，次のとおりである。
　「1　原判決を破棄する。
　　2　被上告人の主位的請求に関する部分につき被上告人の控訴を棄却する。
　　3　被上告人の予備的請求に関する部分につき第1審判決を取り消す。
　　4　被上告人が上告人に対し第1審判決別紙会員権目録記載のゴルフ会員権を有することを確認する。
　　5　訴訟の総費用は，これを二分し，その一を上告人の，その余を被上告人の負担とする。」

い。
　そうすると，XがY社に対し別件判決に基づき本件預託金の返還を求めることができるとした原審の判断には，判決の効力に関する法令の解釈適用を誤った違法がある。」
　「以上によれば，原判決には，判決に影響を及ぼすことが明らかな法令の違反がある。論旨は，上記の趣旨をいうものとして理由があり，原判決は破棄を免れない。そして，上記説示したところによれば，Xの主位的請求は理由がないのでこれを棄却することとし，前記の事実関係によれば，Xの予備的請求は，その理由があることは明らかであるから，これを認容することとする。」（破棄自判）

参照条文　　民事訴訟法114条・115条

解　説

　第1審判決（東京地判平13・3・30）は，B社から営業譲渡を受けたY社が，そのまま，当時のゴルフクラブの名称を続用しているとしても，譲渡人と譲受人の商号の間に共通点ないし類似性が認められないという事情の下，（平成17年改正前）商法26条1項（会社22条1項）の類推適用を否定した。
　控訴審判決は，結論を異にする。すなわち，本件営業譲渡はY社においてB社との合意により，B社が有していた預託金返還債務を含む本件会員契約上の地位を承継し，その権利義務を包括的に引き受けたものと認められない限り有効視できないところ，Y社は，本件営業譲渡によるものとしてB社の有していた会員らに対する年会費請求債権を引き継ぎ，また同会員が本件ゴルフ場施設を優先的に低料金で利用することを認め，いわばY社の経営下でも会員として取り扱って，会員らの地位の承継を有効としているのであり，またB社もA社に対して預託金返還債務を負うものであることを認めていた関係にあるから，結局，Y社は預託金返還債務を含む本件会員契約上の地位をB社から承継し，その権利義務を包括的かつ重畳的に引き受けたものと判断し，Xの請求を認容した。

なお，参考までに，最判平16・2・20（民集58巻2号367頁）は，預託金会員制のゴルフクラブの名称がゴルフ場の営業主体を表示するものとして用いられている場合において，ゴルフ場の営業の譲渡がされ，譲渡人が用いていたゴルフクラブの名称を譲受人が継続して使用しているときには，譲受人が譲受後遅滞なく当該ゴルフクラブの会員によるゴルフ場施設の優先的利用を拒否したなどの特段の事情がない限り，譲受人は，（平成17年改正前）商法26条1項（会社22条1項）の類推適用により，会員が譲渡人に交付した預託金の返還義務を負うとしている。

本件は，（平成17年改正前）商法26条1項（会社22条1項）の類推適用の有無ないし当該営業譲渡契約に関する具体的な事実の認定に関する判断ではなく，判決の効力の及ぶ主観（体）的範囲という訴訟法上の理由で原判決を破棄し，差戻しをすることなく，自判した。

民訴法115条1項3号は，口頭弁論終結後の承継人について，判決効の拡張を定めているが，本件営業譲渡は，口頭弁論終結時以前に行われているので，これにあたらないとし，そのほか，同条項2号および4号にも該当しないと判断したものである。

実務上の指針

ゴルフ場の会員が破産した場合，管財人が会員契約を解除して（破53条1項），預託金の返還を求めることがある。しかし，これは，最高裁判決で否定されている[注3)]。したがって，今後，同様のケースで，管財人が会員契約の解除を求めて訴訟を提起することはないと思われる。

事実審の口頭弁論終結後に，被告が第三者に営業譲渡を行い，商号または従前のクラブ名等を継続して使用していた場合，民訴法115条1項3号の承継人にあたると主張することになる。

訴訟係属中（事実審の口頭弁論終結前に），被告が第三者に営業譲渡を行い，商号または従前のクラブ名等を継続して使用していることを察知した場合，いわ

注3) 最判平12・2・29民集54巻2号553頁，最判平12・3・9判時1708号123頁。

ゆる訴訟承継を検討することになる。原告は，義務承継人に対する訴訟引受けを申し立て（民訴50条），裁判所の引受決定がなされ，原告が引受人に対して請求を定立したときには，被告に対する請求と引受人に対する請求とが併合審判され，かつ，引受人は，被告によって形成された訴訟状態を承認しなければならない。

引受承継訴訟の審理は，旧（平成8年改正前）民事訴訟法では，通常共同訴訟の審理原則によるとされていたが，民訴法50条3項は，同時審判申出共同訴訟の審理原則を準用しているので，弁論および裁判の分離は許されない。もっとも，被告は，相手方の承諾を得て訴訟から脱退することができる（民訴50条3項・48条）。脱退した当事者にも判決の効力が及ぶ（民訴48条）。

訴訟係属中に，訴訟係属以前に商号または従前のクラブ名等を継続使用しながら第三者に営業譲渡されていたことが判明した場合は，訴訟承継の要件を満たさないと解される。

訴え提起以前から，被告と目される者が，第三者に営業譲渡を行った可能性を察知した場合，いずれを被告とするか問題になる。通常，相手方らの営業譲渡の契約書等を事前にチェックすることは困難であるからである。また，譲渡人と譲受人双方を共同被告として訴えると，主観的予備的併合として不適法とされるおそれがある。

◆永 島 賢 也◆

Ⅷ　判決の効力③──外国判決の効力

1　概　説

(1)　外国裁判所の確定判決

　外国裁判所の確定判決とは，その形式や名称を問わず，実体私法上の法律関係につき当事者双方の手続保障の下に終局的にした裁判で，通常の不服申立ての方法では不服を申し立てることができなくなったもののことをいう。

　外国裁判所の確定判決は，民事訴訟法118条の掲げる要件のすべてを具備する場合に限り，その効力を有する。

(2)　執行判決

　外国裁判所の判決による強制執行は，民事執行法24条に基づき，執行判決を求める訴えを提起し，強制執行を許す旨の宣言を得なければならない。

　執行判決を求める訴えにつき，請求を認容するときの主文例としては，「『原告と被告との間のA国B管轄のC裁判所●●事件につき，同裁判所が○年○月○日言い渡した判決に基づき，同判決中『Yは，Xに対し，●●として米貨○○ドルの支払をせよ。』との部分につき，原告が被告らに対して強制執行をすることを許可する。」という形式になる。

(3)　執　行　力

　執行力（狭義）は，判決に掲げられた給付義務を，強制執行手続によって実現できる効力のことである。執行力を有する証書一般を債務名義という（民執22条）。確定した給付判決や仮執行の宣言を付した判決は，これに含まれる。

　執行力の時的範囲，客観（体）的範囲は，既判力のそれに準ずる。主観（体）的範囲は，既判力に関する民訴法115条とほぼ同様の内容を，民事執行法23条が定めている。しかし，とくに，口頭弁論終結後の承継人の範囲については見

解の相違があり，既判力の拡張と執行力の拡張の関係で，既判力における承継人の範囲と執行力におけるそれが，必ずしも，厳密に一致する必要はないのではないかと考えられている。たとえば，被承継人に対する債務名義のみで，承継人に対する強制執行を認め，承継人の側で請求異議の訴えによって，執行の正当性について争うという考え方（起訴責任転換説）もある。承継人たる第三者が執行債権者に対抗できる固有の法的地位を有する場合でも，執行力の拡張を認め，承継執行文の付与が認められるが，第三者からは請求異議の訴えにより，これを争うことができると解することによって，いわば，起訴責任が転換されるとするのである。そのほか，既判力拡張において承継人にはあたらないとされる可能性がある第三者については，執行力拡張においても承継人とみなさないという考え方があり，口頭弁論終結後の承継人の解釈につき，いわゆる実質説を採る場合，このような帰結に至るものとされている。この実質説とは，権利関係の承継が認められる場合であっても，第三者が，善意の第三者（たとえば，民法94条2項）のような実体法上保護されるべき独自の地位をもつときは，その者は承継人として扱わないというものである。最判昭48・6・21（民集27巻6号712頁）は，実質説の考え方を採用したものといわれている。

2 判　例

判　例 41

最高裁平成9年7月11日判決[注1][注2]
　掲載誌：民集51巻6号2573頁・判時1624号90頁・判タ958号93頁
　原　審：東京高判平5・6・28判時1471号89頁・民集51巻6号2563頁
　　　　　参照
　原々審：東京地判平3・2・18判時1376号79頁・民集51巻6号2539頁
　　　　　参照

外国裁判所の判決のうち，被害者の加害者に対する補償的損害賠償および訴訟費用に加えて，見せしめと制裁のために懲罰的損害賠償としての金員の支払を命じた部分は，わが国の公の秩序に反するから，その効力を有しないものとされた事例

事案

本件は，X（上告人）が，アメリカ合衆国のカリフォルニア州裁判所の判決についての執行判決を求めて訴えを提起した事案である。

カリフォルニア州民法典には，契約に起因しない義務の違反を理由とする訴訟において，Y（被上告人）に抑圧，欺罔，悪意（oppression, fraud, or malice）があった場合，Xは，実際に生じた損害の賠償に加えて（in addition to the actual damages），見せしめのため（for the sake of example），制裁のために（by way of punishing the defendant），損害賠償をとることができる（the plaintiff may recover damages）旨の懲罰的損害賠償に関する規定（3294条）が置かれている。

カリフォルニア州上位裁判所は，昭和57年（1982年）5月9日，XとYの子会社であるZとの間の賃貸借契約締結についてYらがXに対して欺罔行為を行ったことを理由として，Yらに対し，補償的損害賠償として42万5251ドルおよび訴訟費用として4万0104ドル71セントを支払うよう命ずるとともに，Yに対し，これに加えて，上記規定に基づく懲罰的損害賠償として112万5000ドルをXに支払うよう命ずる判決（以下，「本件外国判決」という。）を言い渡した。

XおよびYらは，本件外国判決に対してカリフォルニア州控訴裁判所に控訴したが，同裁判所は，昭和62年（1987年）5月12日，各控訴を棄却する旨の判決を言い渡し，本件外国判決が確定した。

判旨

「カリフォルニア州民法典の定める懲罰的損害賠償（以下，単に「懲罰的損害賠償」という。）の制度は，悪性の強い行為をした加害者に対し，実際に生じた損害の賠償に加えて，さらに賠償金の支払を命ずることにより，加害者に制裁を加え，かつ，将来における同様の行為を抑止しようとするものであることが明らかであって，その目的からすると，むしろ我が国における罰金等の刑罰とほぼ同様の意義を有するものということができる。これに対し，我が国の不法行為に基づく損害賠償制度は，被害者に生じた現実の損害を金銭的に評価し，加害者にこれを賠償させることにより，被害者が被った不利益を補てんして，不法行為がなかったときの状態に回復させることを目

注1） 西野喜一・主判解平成10年度〔臨増判タ1005号〕（1999）218頁，佐久間邦夫・最判解民平成9年度㊤839頁，藤田泰弘〔判批〕・判タ953号（1997）61頁，横溝大・判評475号（判時1643号）（1998）231頁。

注2） 最判平10・4・28判タ973号95頁，須藤典明「懲罰賠償でなく抑止賠償を」金判1320号（2009）1頁。

的とするものであり（最高裁昭和63年（オ）第1749号平成 5 年 3 月24日大法廷判決・民集47巻 4 号3039頁参照），加害者に対する制裁や，将来における同様の行為の抑止，すなわち一般予防を目的とするものではない。もっとも，加害者に対して損害賠償義務を課することによって，結果的に加害者に対する制裁ないし一般予防の効果を生ずることがあるとしても，それは被害者が被った不利益を回復するために加害者に対し損害賠償義務を負わせたことの反射的，副次的な効果にすぎず，加害者に対する制裁及び一般予防を本来的な目的とする懲罰的損害賠償の制度とは本質的に異なるというべきである。我が国においては，加害者に対して制裁を科し，将来の同様の行為を抑止することは，刑事上又は行政上の制裁にゆだねられているのである。そうしてみると，不法行為の当事者間において，被害者が加害者から，実際に生じた損害の賠償に加えて，制裁及び一般予防を目的とする賠償金の支払を受け得るとすることは，右に見た我が国における不法行為に基づく損害賠償制度の基本原則ないし基本理念と相いれないものであると認められる。」

「したがって，本件外国判決のうち，補償的損害賠償及び訴訟費用に加えて，見せしめと制裁のためにＹ〔被上告人〕に対し懲罰的損害賠償としての金員の支払を命じた部分は，我が国の公の秩序に反するから，その効力を有しないものとしなければならない。」（一部上告棄却，一部上告却下）

参照条文　民事訴訟法118条，民事執行法24条

解　説

　執行判決を求める訴えにおいては，外国裁判所の判決が民訴法118条に掲げる条件を具備するかどうかが審理される（民執24条 3 項）。

　ところで，民訴法118条 3 号は，外国裁判所の確定判決は，その「判決内容及び訴訟手続が日本における公の秩序又は善良の風俗に反しないこと」を条件として，その効力を有するものと定めている。

　外国裁判所の確定判決とは，その形式や名称を問わず，実体私法上の法律関係につき当事者双方の手続保障の下に終局的にした裁判で，通常の不服申立ての方法では不服を申し立てることができなくなったものを指す。

　外国裁判所の判決が，わが国が採用していない制度に基づく内容を含んでい

たとしても，その一事をもってして，直ちに，公の秩序または善良の風俗に反するものとはいえない。

本判決は，わが国は懲罰的賠償の制度を採用していないが，その一事もって，公の秩序または善良の風俗に反するとはいうことはできないものの，制裁および一般予防を目的とする賠償金の支払を受けうるとする懲罰的損害賠償は，被害者が被った不利益を補填して，不法行為がなかったときの状態に回復させることを目的とするわが国の不法行為に基づく損害賠償制度の基本原則ないし基本理念と相容れないので，公の秩序に反するものと結論づけた。

実務上の指針

本判決は，懲罰的賠償がわが国の損害賠償制度の基本原則ないし基本理念と相容れないと述べたが，具体的には，実際に生じた損害の賠償に加えて，制裁および一般予防を目的とする賠償金の支払を受けることが，上記原則・理念に反するというものである。すなわち，実際に生じた損害の賠償を超過する部分について，一私人である被害者が支払を受けることを否定したものといえる。

その後に言い渡された最判平10・4・28（民集52巻3号853頁）では，懲罰的な評価が含まれている場合でも，それが，発生した不利益を補填する範囲内であれば，公の秩序に反するものとはいえない旨述べられている。すなわち，「香港の裁判所においてこのインデムニティ・パインスの基準が適用されるのは特別の場合であり，懲罰的な評価が含まれていることが認められるが，他方，本件命令等により上告人らに負担が命じられた訴訟費用の額は実際に生じた費用の額を超えるものではないから，本件命令等の内容が我が国の公の秩序に反するということはできない。」とのことである。

実際に生じた損害の賠償（填補賠償部分）を超えない範囲では，懲罰的評価が含まれている金額について支払を受けても，わが国の公序に反するものではないと考えられているのであれば，本判決と矛盾するものではない。

この考え方は，填補賠償を旨とする我が国の不法行為に基づく損害賠償制度においても，懲罰的な色彩のある損害賠償請求を認める可能性があることを示す。少なくとも，懲罰的であるから，公序に反するとは解されていない。

わが国の損害賠償法は、被害者の救済を第一次的な目的としているが、それと同時に、どのような行為が違法かを明らかにすることによって行為規範を示し、違法行為を未然に防ぐという目的をも有する。そこで、立法論としては、「抑止的賠償」として違法行為を明示するとともに特別の賠償を命じて行為者や社会の注意を喚起することも考えられる。そして、実際に生じた損害を超える部分の賠償金については、公共の利益のために使用するシステム（填補賠償に当たる部分は非課税とするが、それを超過する部分については税率を上げるとか、被害者救済目的のトラスト制度の創設など）を導入すれば、わが国の公序に反することにはならないと思われる。

　現在、活発化している債権法改正の動きによると、債務不履行に基づく損害賠償は、契約の拘束力として理解し、不法行為とは一線を画しているので、不法行為については、抑止的観点からの独自の理解を示すこともできる。今日の不法行為制度の実際の機能としては、被害者の救済（損害の填補）と将来の不法行為の抑止にあると解されているからである[注3]。

◆永島　賢也◆

注3）　内田貴『民法Ⅱ債権各論〔第2版〕』（東京大学出版会、2007）300頁。

IX　定期金賠償

1　概　説

(1)　定期金賠償の必要性

　損害賠償請求にあたっては，一般的に一時金での賠償請求がなされることが多い。しかし，たとえば交通事故の損害賠償請求訴訟において介護費用が継続的にかかる場合で，介護費用の増加などの変化が見込まれる場合などは定期金での損害賠償金の支払が適切であると考えられる場合がある。

　定期金賠償による損害賠償という方法そのものは認められているし，民訴法117条も定期金賠償という判決方法を前提として，確定判決の変更の訴えを認めている。

　介護費用で考えると，一時金での賠償では，被害者の余命などについては予測が不可能であり，一時金賠償の賠償金の計算の根拠とした平均余命に届かずに被害者が死亡した場合には，賠償金の払いすぎになる。逆に平均余命よりも長く生存した場合には，介護費用が不足することになり，賠償金が過少となるという問題がある。これを解決する方法として，定期金賠償に合理性があるということができる。

　なお，一時金賠償の場合における中間利息排除の計算では民事法定利率が使用されている。しかし，現実の市場金利との乖離がはなはだしい。このような事情から考えても，一時金で受領してそれを預貯金として運用しておけば合理的な金額になると考えることはできないであろう。この点から考えても定期金賠償に合理性が認められるといえる。

(2)　定期金賠償が可能な場合

　ところで，定期金賠償はいかなるときに可能であるかについては明確な要件はない。当事者が定期金賠償を求めた場合（「被告は原告に対し，金〇〇円及び毎月

末日限り金××円を支払え」などがありうる。）にはそれが可能であることは認められている。しかし，当事者が定期金賠償を求めていない場合に裁判所は定期金賠償を認容する判決を出せるかは問題である。

民訴法117条の立法前は否定的に解するのが判例・学説であったが，117条が立法されてからは定期金賠償を認める裁判例が現れており，学説上もこれを肯定する見解が現れている。

2 判 例

判 例 42

東京高裁平成15年7月29日決定[注1]
　掲　載　誌：判時1838号69頁
　原　　　審：千葉地八日市支決平14・8・30判時1838号76頁参照

損害賠償請求権者が一時金賠償方式による支払を求めている場合に，定期金賠償方式による支払が命じられた事例

事　案

平成9年3月22日午後10時30分ころ，千葉県東金市の路上で，泥酔状態で走行していたY運転の普通乗用自動車が，停止中だったA運転の普通乗用自動車に追突し，その反動で被害車両が道路わきの生け垣等に衝突した。被害車両に同乗していたX_1は脳挫傷，右上腕骨骨折，全身打撲の傷害を負い，後遺症等級1級3号と認定された。

X_1，X_1の子であるX_2，X_3，X_1の母親であるX_4は，加害車両の運転者であるYに対して民法709条に基づき損害賠償請求を行った。

本件でYは，X_1が植物状態であることから，X_1の推定余命年数を平均余命年数として後遺障害逸失利益および将来の介護費用を算出すべきではなく，10年程

注1）　本件の解説として，小賀野晶一・判評546号（判時1858号）（2004）169頁，佐野誠〔判批〕・損害保険研究66巻3号（2004）169頁，春日偉知郎〔判批〕・法学研究〔慶応義塾大学〕78巻3号（2005）85頁，本間学〔判批〕・朝日法学論集32号（2005）55頁，菱田雄郷・重判解平成15年度〔ジュリ臨増1269号〕（2004）134頁，金田洋一・主判解平成16年度〔臨増判タ1184号〕（2005）94頁，川嶋四郎・リマークス30号（2005）110頁，田村伸子〔判批〕・創価ロージャーナル2号（2007）167頁，田中豊〔判批〕・月報司法書士440号（2008）56頁。

度の期間として損害を算出すべきである，また，X₁らが一時金賠償を求めているが，定期金賠償とすべきであるとした。
　原審は，X₁の生存余命を10年と計算することはできないとし，また，定期金賠償については，X₁らが一時金賠償を求めていること，Yらの資力悪化の危険を被害者に負わせることになること等の事情を挙げて，平均余命までの一時金による賠償を命じた。これに対してYらが控訴したのが本件である。

決定要旨

　「介護費用はもともと定期的に支弁しなければならない費用であり，植物状態となったX₁〔被控訴人〕の推定的余命年数については少なくとも現時点から20年ないし30年とすることは困難であるものの，この推定的余命年数は少ない統計データを基礎にするものであり，現実の余命と異なりうるものであることはもちろん，X₁の身体状態，看護状況，医療態勢や医療技術の向上の一方で，思わぬ事態の急変もあり得ることなどを考慮すると，概ねの推定年数としても確率の高いものとも言い難い。そうすると，推定的余命年数を前提として一時金に還元して介護費用を賠償させた場合には，賠償額は過多あるいは過少となってかえって当事者間の公平を欠く結果を招く危険がある。このような危険を回避するためには，余命期間にわたり継続して必要となる介護費用という現実損害の性格に即して，現実の生存期間にわたり定期的に支弁して賠償する定期金賠償方式を採用することはそれによることが明らかに不相当であるという事情のない限り，合理的といえる。」
　「一時金による将来介護費用の損害賠償を命じても，賠償義務者にその支払能力がない危険性も大きいし，賠償義務者が任意に損害保険会社と保険契約を締結している場合には，保険会社が保険者として賠償義務を履行することになるから不履行の危険性は少なくなるものといい得る。」
　保険会社については「平成13年９月中間決算期に経常損益が赤字であるなど経営状況が安定しているとはいい難く，近年は保険自由化が進み，保険会社間の競争も激化し，下位の損害保険会社の中には倒産したものがあったことが認められるが，」本件保険者である保険会社が「将来破産など倒産するとめで予測することはできない。そうであれば，X₁の将来介護費用の損害賠償債権は，その履行の確保という面では一時金方式であっても定期金賠償方式であっても合理性を欠く事情があるとはいえないし，民事訴訟法117条の活用による不合理な事態の回避も可能であるから，将来の介護費用損害に定期金賠償方式を否定すべき理由はない。」（一部変更，一部控訴棄却，確定）

> **参照条文**　民法709条，民事訴訟法117条，自動車損害賠償保障法3条

解　説

(1)　定期金賠償の問題点

　定期金賠償の問題点がいかなるところにあるかを確認しておきたい。

　まず指摘されているのが，貨幣価値の変動のリスクを被害者が負担しなければならないという点である。インフレーションやデフレーションにより定期金の額に合理性がなくなった場合の対応が必要である。

　この点についての対応策として民訴法117条があり，貨幣価値についての事情変更には法的な対応が可能となった。

　そして，将来にわたって賠償金の支払が継続していくため，加害者の資力の変動により賠償を受けられない危険性が指摘される。義務の履行の担保についての問題がある。義務履行者の支払能力については，法的に判決を変更したところでいかんともしがたいところであり，民訴法117条でも対応できない。117条立法の際に法で担保されなかったとの指摘がされるが，実務上は担保の方法がないというべきであろう（財産開示などの別の手段の充実によるべきではなかろうか。）。もっともこの点は，一時金賠償であっても加害者が無資力であれば現実の賠償は受けられないのであって，定期金賠償に限った問題であるかについては疑問がある。

　本件では加害者が任意保険に加入していることから，保険会社が賠償金の支払を行うこと，そして保険会社の経営状況に言及し，安定しているとはいいがたいが，将来倒産等するとまでは予測することはできないと述べている。

　これについては，保険会社の「無資力の危険が無視できる程度に除去されることまでは要求していない点に注意すべきであろう。被害者が多少の危険に晒されることはやむを得ないという判断が本判決の背景にはあるのであろう。」との指摘[注2]もあるが，一方では「保険会社が保険者として賠償義務を履行す

注2）　菱田・前掲注1）136頁。

ることになる場合には不履行の危険性は少なくなるとも指摘し」「担保提供についての言及はないものの，保険会社の経営にまで言及している点は，原告の安心の源になりうる」との指摘[注3]もある。

　資力に関しては，一時金賠償との比較で考えると，一時金賠償であっても賠償額の支払を担保する判決がでるわけではないことから，すべての判決に義務の履行を受けられない危険性が含まれている。この点からすると，被害者側が義務の履行についての危険にさらされることはやむをえないといえよう。

　保険会社が支払を実質的に担保する場合には，損害賠償義務者の履行の確保が問題となると定期金賠償を否定する理由づけはあてはまらないのではないかとの指摘は従前からされているが，支払を担当する者が誰かによって結論が変わりうるのかについては疑問なしとしない。

(2)　当事者が一時金賠償を求めているときの裁判所の対応

　本件での問題は，当事者が一時金賠償を求めているのに裁判所が定期金賠償を認める判決を出したことである。当事者が求めていない判決をすることは処分権主義との関係で認められるのか。

　上述したとおり，定期金賠償の方法は，介護費用など継続的に必要な費用の賠償方法として合理的である。しかし，当事者が一時金賠償のみを求めているときにはどうなるか。本件判決が法令違反として上訴の対象となるかという問題が生じる。

　一般的には原告の申立てがなければ定期金賠償の判決はできないと考えるのが多数説であるといえよう。そうすると民訴法117条は判決後の事情変更に応じて既判力の例外としての変更判決を認める規定であるということになる。

　これに対して，民訴法117条が立法されたのは，原告が定期金賠償を求めない場合であっても裁判所は定期金賠償が適切と認める判決をすることを認める規定と解する立場もある。

　これは，定期金賠償が一時金賠償の単なる分割払いとは質を異にするものと解したうえで，民訴法117条の意義をどう捉えるかの争いであるといえる。民

注3）　川嶋・前掲注1）112頁。

事訴訟での処分権主義から考えると，当事者の求めていない判決方式を採用することには躊躇を覚える。民訴法117条は事情変更の原則を具体的に認めた規定であると考えるべきではなかろうか。そうすると処分権主義との関係が正面から問題となってくる。

　本件では，介護は被害者が死亡するまで継続するものであるが，被害者の平均余命までの介護費用の支払にとどめ，それ以降の介護費用の支払は認めない判決がされている。このことを「平均余命で賠償を打切り，一時金の分割払的な色彩を出すことによって，246条違反の疑義を払拭しようとしたものと解されるのである。」[注4]との指摘がある。本判決を民訴法246条に反しないものとして考えると，この解釈が合理的というべきであろう。

　この点本判決は，将来の介護費用については，推定余命年数を前提として一時金に還元して介護費用を算定するとかえって当事者間の公平を著しく欠く危険があるとし，余命期間にわたり継続して必要となる介護費用という損害の性質に即して定期金賠償不押木を採用することはそれによることが明らかに不相当であるという事情のない限り合理的であるとした。この結論は実務上支持されるべきであろう。

実務上の指針

　本件のように，将来にわたって支出が見込まれる介護費用についての損害賠償請求をするときには，代理人としては最初から一時金請求のみではなく定期金請求の方法も検討していくべきであろう。現在の中間利息の計算方式では一時金で受領したときよりもかえって定期金で支払を受けたほうが合理的な場合も考えられる。仮に市場金利が法定利率を上回ったとしても運用益が出るかは不安定であり，現実に毎月（ないし定期的に）支払う必要のある介護費用であるから，とくに被害者に不利益ではないと考えられる。

　そうすると，代理人としては，一時金賠償を請求する場合であっても，介護費用については予備的に定期金賠償の請求を行うことを検討すべきである。

注4）　菱田・前掲注1）136頁。

また，加害者としても一時金での賠償が困難な場合に分割での支払を定める和解をする場合に類似して考えることもできる。ただし，支払の終期が被害者が平均余命に達するまでという点で負担は大きい。しかし，現実の訴訟で被害者が平均余命まで生存する可能性がないことを主張していくことは心理的な抵抗もあり困難であるともいえる。そうであれば定期金賠償の判決で，被害者が死亡した場合には定期金賠償の判決の変更を求めるという対応を検討すべきであろう。

　本判決のように裁判所が原告の求めていない定期金賠償方式の判決をしたという結果にならないように，代理人が定期金賠償方式の判決を考慮したうえで訴えの提起をし，応訴していくべきである。

◆坂　本　正　幸◆

X 訴訟の中断

1 概 説

(1) 訴訟の中断の意義

　訴訟の中断とは，訴訟係属中に一方の当事者側の訴訟追行者が交代しなければならない事由が発生した場合に，新追行者が訴訟に関与できる状態に至るまで，訴訟手続の進行を停止することをいう[注1]。

　当事者の訴訟追行に支障が生じているにもかかわらず，手続が進行するとなると，当事者の手続保障に欠ける事態が生じる。

　そこで，法は，当事者の手続保障に欠ける事態の発生を未然に防止するために，中断事由の発生により訴訟は当然に中断するものとしているのである。

(2) 中断事由（民訴124条1項）

　中断事由には，①自然人の死亡，法人の合併による消滅のように当事者が消滅する場合，②当事者の訴訟能力の喪失，法定代理人の死亡，法定代理権の消滅の場合，③当事者適格の喪失の場合がある。

　なお，法定代理権の消滅は，相手方に通知しなければその効力を生じない（民訴36条1項）。

(3) 中断しない場合

　当事者が訴訟代理人を委任している場合には，当事者が破産手続開始決定を受けた場合を除き，訴訟手続は中断しない（民訴124条2項）。このような中断事由が発生しても訴訟代理権は消滅しないからである（民訴58条）。訴訟代理人が選任されているときに訴訟の中断を認めなくても，当該訴訟代理人が訴訟の

注1) 梅本・604頁。

実情に通暁しており，一般にそのまま訴訟を追行させたとしても，当事者の利益を害するおそれがないので不当ではないと考えられている。

(4) 中断の解消

中断は，新追行者または相手方による受継の申立てあるいは裁判所の続行命令により解消する。

2 判　例

判例43

最高裁平成19年 3 月27日判決[注2]
　掲　　載　誌：民集61巻 2 号711頁・判時1967号91頁・判タ1238号187頁
　第 一 次 1 審：京都地判昭52・9・16判時890号107頁・民集61巻 2 号938頁参照
　第一次控訴審：大阪高判昭57・4・14判時1053号115頁・判タ481号73頁・民集61巻 2 号942頁参照
　第 二 次 1 審：京都地判昭61・2・4 判時1199号131頁・判タ580号91頁・民集61巻 2 号950頁参照
　第二次控訴審：大阪高判昭62・2・26判時1232号119頁・判タ637号252頁・民集61巻 2 号957頁参照

外国国家を代表して外交使節がわが国で訴訟を提起した後に，わが国政府が，当該外国国家の政府として，同外交使節を派遣していた政府に代えて新たな政府を承認したため，同外交使節のわが国における当該外国国家の代表権が消滅した場合には，同外交使節から訴訟代理権の授与を受けた訴訟代理人がいるとしても，当該代表権の消滅の時点で，訴訟手続は中断するとされた事例

注2）　民事訴訟法の観点からの解説として，村上正子・重判解平成19年度〔ジュリ臨増1354号〕(2008) 138頁，和田吉弘〔判批〕・法セ52巻 9 号 (2007) 117頁，川嶋四郎〔判批〕・法セ53巻 6 号 (2008) 116頁。
　　　国際法の観点からの解説として，植木俊哉・重判解平成19年度〔ジュリ臨増1354号〕(2008) 306頁，横溝大・判評588号（判時1987号）(2008) 32頁，安藤仁介〔判批〕・民商137巻 6 号 (2008) 42頁。

事　案

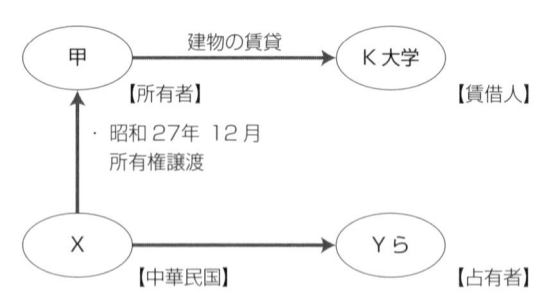

```
         建物の賃貸
　甲　──────────→　K大学
【所有者】                【賃借人】
　↑
　・昭和27年12月
　　所有権譲渡

　X　──────────→　Yら
【中華民国】              【占有者】
```

・昭和42年　建物明渡請求訴訟提起
　原告の表示は中華民国、代表者の表示は中華民国駐日本国特命全権大使A
・昭和47年9月29日、日本政府は中華人民共和国政府が
　中国国家の唯一の政府であると承認した。

　戦前、京都市内に中華民国留学生の集合教育のための宿舎があった。
　この宿舎はK大学が賃借していたものであったが、終戦とともに賃料が払えなくなっていた。居住していた留学生たちも生活に困窮していたため他に居住先を見つけることもできず、その宿舎を「光華寮」と称してそのまま居住し続けた。
　その宿舎の土地建物の所有者甲は、昭和25年になって、中華民国駐日代表団と本件土地建物を一括して売却することを約束した。
　しかし、昭和27年に日華平和条約が発効し、中華民国駐日代表団が解消したため、同年12月に改めて甲と中華民国（以下、「X」という。）との間で売買契約が締結され、その後、紆余曲折あって、昭和36年6月8日、「昭和27年12月8日売買」を原因とする登記がなされた。
　昭和42年ころになり、X（中華民国）は、「光華寮」に居住している留学生Yら（占有者）に対し、「光華寮」の明渡しを求める訴訟を提起した。
　訴訟係属中である昭和47年9月29日、日本政府は、日中共同声明において、中国国家の政府として、中華民国政府に代えて中華人民共和国政府を承認した。
　Yらは、中華民国は、昭和24年10月1日に中華人民共和国が成立したことにより消滅し、以来中華人民共和国のみが中国人民を代表する唯一の国家であるとして、Xの当事者能力を否認するなどして争った。
　京都地判昭52・9・16（第一次第1審）は、政府の承認により「光華寮」の所有権は中華人民共和国政府に移転したとして、Xの請求を却下したが、大阪高判昭57・4・14（第一次控訴審）は、政府の承認と外国法廷における当事者能力とを直結すべきではないとして、京都地裁の判決を取り消し、差し戻した。
　差戻し後の京都地判昭61・2・4（第二次第1審）は、「光華寮」についてXの

権利は失われていないとして，Xの請求を認容した。そして，その控訴審である大阪高判昭62・2・26（第二次控訴審）も，Yらの控訴を棄却した。
そこで，Yらは上告した。

判　旨

「本件建物の所有権が現在中国国家以外の権利主体に帰属しているか否かは別として，本件において原告として確定されるべき者は，本訴提起当時，その国名を『中華民国』としていたが，本件が第1次第1審に係属していた昭和47年9月29日の時点で，『中華人民共和国』に国名が変更された中国国家というべきである。」

「我が国政府は，本件が第1次第1審に係属していた昭和47年9月29日，日中共同声明において，中国国家の政府として，中華民国政府に代えて中華人民共和国政府を承認したのであるから，これにより，中華民国政府から派遣されていた中華民国駐日本特命全権大使が有していた中国国家の我が国における代表権が消滅したことは，公知の事実というべきである。」

「代表権の消滅が公知の事実である場合，民訴法37条で準用される同法36条1項所定の通知があったものと同視し，代表権の消滅は，直ちにその効力を生ずると解するのが相当である。」

「訴訟代理人が外国国家の外交使節から訴訟代理権の授与を受けて訴訟を提起した後に，我が国政府が，当該外国国家の政府として，上記外交使節を派遣していた従前の政府に代えて新たな政府を承認したことによって，上記外交使節の我が国における当該外国国家の代表権が消滅した場合には，民訴法37条，124条2項，同条1項3号の規定にかかわらず，上記代表権の消滅の時点で，訴訟手続は中断すると解するのが相当である。なぜなら，上記規定は，訴訟代理人が選任されているときには，当該訴訟代理人が訴訟の実情に通暁しており，一般にそのまま訴訟を追行させたとしても，当事者の利益を害するおそれがないことから，訴訟手続の中断事由が生じたとしても，訴訟代理権は消滅しないものとして（同法58条1項4号参照），訴訟手続の中断について例外を定めたものと解されるところ，上記の場合，従前の政府の承認が取り消されたことにより，従前の政府が上記代表権の発生母体としての根拠を失ったために上記代表権が消滅したのであって，単に代表権のみが消滅した場合とは実質を異にする上，新たに承認された政府が従前の政府と利害の異なる関係にあることは明らかであるので，従前の政府から派遣されていた外交使節から訴訟代理権の授与しか受けていない訴訟代理人がそのまま訴訟を追行することは，新たな政府が承認された後の上記外国国家の利益を害するおそれがあるというべきだからである。」

「本件の訴訟手続は，第1次第1審に係属していた昭和47年9月29日の時点以後，原告として確定されるべき者である中国国家について，昭和47年9月29日の時点以後，原告として確定されるべき者である中国国家について，訴395条1項4号に該当するものとして，論旨についての判断をするまでもなく，原判決は破棄を免れない。そこで，上記時点に立ち戻って訴訟手続を受継させた上で，第1審の審理をやり直させるために，第1審判決を取り消し，本件を第1審に差し戻すこととする。」

「なお，訴訟手続の中断は，中断事由の存在によって法律上当然に生じるものであり，代表権の有無のような職権探知事項については，裁判所が職権探知によって中断事由の存否を確認することができるのであるから，民訴法319条及び140条（同法313条及び297条により上告審に準用）の規定の趣旨に照らし，上告審において職権探知事項に当たる中断事由が存在することを確認して原判決を破棄するについては，必ずしも口頭弁論を経る必要はないと解するのが相当である（最高裁平成17年（オ）第1451号同18年9月4日第2小法廷判決・裁判集民事221号1頁参照）。」（破棄差戻し）

参照条文 民事訴訟法28条・36条・37条・87条・124条・133条・140条・319条，外交関係に関するウィーン条約

解　説

(1) 序　論

本件はいわゆる光華寮事件として有名な事件である。最高裁は，原判決を破棄し，第1審判決を取り消したうえで，本件を京都地裁に差し戻し，本件の審理のやり直しを命じている。そのため本件は提訴後40年間訴訟係属する羽目になっている。

本件の論点は，①原告として確定されるべき者は中華民国か中華人民共和国か，②日本政府が外国国家の政府として新たに中華人民共和国を承認した場合，中華民国政府の代表権の消滅は相手方に通知しなくても消滅の効力は生じるか，③従前の外国政府の代表権が消滅した場合，訴訟代理人がいれば訴訟は中断しないのか，④中断事由の有無について口頭弁論を開く必要があるか，である。

このように，本件の論点は，国際法，民事訴訟法にまたがっている。それぞ

れの観点からいろいろな研究がなされている(注3)。

(2) 「原告として確定されるべき者」について
　第一次第1審から第二次控訴審までの各判決は，いずれも中華民国を「原告として確定されるべき者」であるとし，そのうえで，日中共同声明により，光華寮の所有権が中華民国に残されるのか，中華人民共和国に移転するのかを判断していた。
　これに対し，最高裁は，光華寮の所有権の帰属を判断することなく，「中華人民共和国」に国名が変更された中国国家が「原告として確定されるべき者」であると判断した。
　最高裁は日本政府の承認行為を重視し中華民国の実在を考慮しなかったのであるが，このような最高裁の姿勢については国際法の立場から批判がなされている(注4)。

(3) 「代表権の消滅」について
　最高裁は，中華民国政府の代表権の消滅を国家の法定代理権の消滅と位置づけている。
　民事訴訟法は，法定代理権の消滅は本人または代理人から相手方に通知しなければ効力を生じないもの（民訴36条1項）と規定しているが，最高裁は法定代理権の消滅が公知の事実である場合には相手方に対する通知なしに消滅の効力が生じると判示した。
　最高裁は，「日中共同声明において，中国国家の政府として，中華民国政府に代えて中華人民共和国政府を承認したのであるから，これにより，中華民国政府から派遣されていた中華民国駐日本特命全権大使が有していた中国国家の我が国における代表権が消滅したことは，公知の事実」と判断したのであるが，このような姿勢については，安藤仁介教授は「日華平和条約と日中共同声明のいずれについても，中華国家の代表権の有無という側面にのみ焦点を合わせ，

注3）　前掲注2）に掲げた文献参照。
注4）　横溝・前掲注2）33頁，安藤・前掲注2）は最高裁の判旨に反対している。

それに好都合な"公知の事実"だけに依拠することによって，当該条約な声明にかかわる他の"公知の事実"の持つ法的意味を排除してしまっているのである。このように意図的ともいうべき"公知の事実"の取捨選択によって，長期的に国際的な評価に耐え得る司法判断を生み出す可能性が大幅に損なわれているのではなかろうか。」注5）と批判している。

(4)　「訴訟の中断」

　最高裁は，訴訟代理人が外国国家の外交使節から訴訟代理権の授与を受けて訴訟を提起した後に，日本政府が上記外交使節を派遣していた従前の政府に代えて新たな政府を承認したことによって，上記外交使節の日本における当該外国国家の代表権が消滅した場合，訴訟代理人がいても訴訟は中断すると判示した。

　その理由として，新たに承認された政府が従前の政府と利害の異なる関係にあることは明らかであり，訴訟代理人がそのまま訴訟を追行することは，新たな政府が承認された後の外国国家の利益を害するおそれがあることを挙げている。

　しかし，たとえば法人の場合において，新旧経営陣が利害の異なる関係に立つことはしばしば認められるのであり，訴訟代理人の権限の根拠が新旧代表者の間に利害の異なる関係があるかどうかで左右されるというのであれば，訴訟代理人の地位は弱くなるのではないかという疑問が残る。

(5)　口頭弁論の要否

　最高裁は，上告審において職権探知事項にあたる中断事由が存在することを確認して原判決を破棄するについては，必ずしも口頭弁論を経る必要はないと判示している。

　しかし，最高裁が口頭弁論を不要とした点については批判もある。川嶋四郎教授は「職権探知の含意は当事者の主張なしで裁判所が取り上げることができることであり，この場合でも不意打ち防止の要請は基本的に妥当し，取り上げ

注5）　安藤・前掲注2）60頁。

た結果を当事者にフィードバックする手続保障は原則的に不可欠である」[注6]として手続的に口頭弁論を不要化することは妥当でないと述べている。

実務上の指針

　最高裁は，訴訟代理人がいるにもかかわらず訴訟の中断を認めた一つの論拠として「従前の政府から派遣されていた外交使節から訴訟代理権の授与しか受けていない訴訟代理人がそのまま訴訟を追行することは，新たな政府が承認された後の上記外国国家の利益を害するおそれがある」ことを挙げている。

　この論拠を普遍化すると，「訴訟代理人がそのまま訴訟を追行することが，訴訟を承継した新たな当事者の利益を害するおそれがある場合にはたとえ訴訟代理人がいても訴訟の中断が認められる」という命題を導くことができる。

　訴訟承継があった場合，せっかく自己に有利に訴訟が進行していても，事後的に相手方から訴訟を中断すべきであったなどの主張がなされないとも限らない。

　したがって，訴訟代理人としては，訴訟中断事由がある場合には，仮に手続が中断しなくとも，承継人と早急に連絡をとり，承継人から受任しておくことがよいであろう。

◆脇 谷 英 夫◆

注6） 川嶋・前掲注2）116頁。

XI 訴訟の承継

1 概　説

(1) 訴訟承継の意義

　訴訟の承継とは，訴訟係属中に訴訟上の請求の対象である権利または法律関係を基礎づける実体関係が訴訟外において変動することにより，訴訟上の請求の対象である権利もしくは法律関係，または権利もしくは法律関係に係る法的利益を承継した者が，訴訟上の地位を承継する訴訟形態のことをいう[注1]。

　法がこのような承継を認めた理由は，改めて訴訟提起を求めることが，原告にとっても被告にとっても不当な不利益であり，また訴訟経済に著しく反することになるからである[注2]。

　訴訟の承継には，係争物に対する当事者の訴訟追行権が消滅したことを原因として生じる当然承継と，係争物の権利または法律関係が移転したことを原因として生じる参加承継ないし引受承継とがある。

(2) 当然承継

　当然承継とは，当事者の係争物に対する訴訟追行権の消滅を原因とする承継のことをいう[注3]。当然承継は，承継者の意思を問わず当然にその者が当事者の地位を取得するところに特徴がある。

　民訴法は当然承継の原因について具体的に規定していないが，その内容は訴訟手続の中断および受継の規定から推認される。

　当然承継の原因は，①自然人である当事者の死亡（民訴124条1項1号），②法

注1) 梅本・699頁。
注2) 梅本・700頁。
注3) 梅本・702頁。

人である当事者の合併（同項2号），③当事者である受託者の信託に関する任務の終了（同項4号），④法定訴訟担当者や職務上の当事者が資格を喪失した場合（同項5号），⑤選定当事者の全員が資格を喪失した場合（同項6号），⑥破産手続開始決定または破産手続終了の場合（破44条・45条）である。

(3) 参加承継・引受承継

参加承継とは，承継人自らが当事者の地位の取得を申し立て，訴訟上の地位を承継する訴訟形態のことをいい，引受承継とは，相手方が承継人に対して訴訟の引受けを申し立てることで訴訟承継人が訴訟上の地位を承継する訴訟形態のことをいう。

2 判 例

判 例 44

最高裁平成16年2月24日判決[注4]
　掲　載　誌：判時1854号41頁・判タ1148号176頁
　原　　　審：福岡高宮崎支判平11・6・18（平成9年（行コ）第7号）
　原　々　審：鹿児島地判平9・9・29判自173号9頁

公文書等の一部不開示処分についての取消訴訟が係属中に請求者が死亡した場合，本件訴訟は当然に終了するとされた事例

事　案

　Y県は，情報公開条例（以下，「本件条例」という。）を定めていた。この条例には「実施機関は，開示の請求に係る公文書等に次の各号のいずれかに該当する情報が記録されているときは，当該公文書等の開示をしないことができる。」とあり，その2号には「個人に関する情報（事業を営む個人の当該事業に関する情報を除く。）であって，特定の個人が識別され，又は識別され得るもの。（以下，略）」とあった。

注4) 原口一明〔判批〕・法令解説資料総覧270号（2004）118頁，村上裕章〔判批〕・民商131巻2号（2004）147頁。

Y県の住民であるX₁ら19名は，Y県の本件条例に基づき，本件条例所定の実施機関であるY県知事に対し，平成6年度および同7年度に県秘書課，財政課および東京事務所が執行した県の食料費の支出に係る支出負担行為・支出命令票，請求書および懇談会等の出席者名簿の開示を請求した。
　これに対し，Y県知事は，平成8年9月2日付けで県秘書課執行分の文書について，同月3日付けで県財政課および東京事務所執行分の文書について，それぞれ本件条例8条2号，3号および8号所定の非開示情報が記録されているとして上記各文書の一部非開示処分をした。
　これに不服のあるX₁らは，Yに対して取消訴訟を提起した。
　第1審はX₁らの請求を一部認容したので，Yは控訴した。
　これに対し，控訴審は，平成11年6月18日にYの控訴を棄却する旨の判決を言い渡した。
　Yは，さらに，上告および上告受理の申立てを行った。
　その過程で，実は，被控訴人（原告）の1人であるX₁が，控訴審の結審後，控訴審判決に至るまでの間に死亡していたことが判明した。

判　旨

(1) 主　文
「1　原判決中次の部分を破棄する。
　(1)　X₁〔被上告人〕に関する部分
（中略）
　3　本件訴訟のうちX₁に関する部分は，平成10年5月23日同被上告人の死亡により終了した。
（後略）」

(2) 理　由
「本件条例に基づく公文書等の開示請求権は，請求権者の一身に専属する権利であって相続の対象となるものではないから，本件訴訟のうち同X₁に関する部分は，その死亡により当然終了しており，原判決中同X₁に関する部分はこれを看過してされたものとして破棄を免れない。」（被上告人の1人につき破棄終了）

参照条文　行政事件訴訟法7条・9条，民事訴訟法124条

解　説

(1) 人の死亡と訴訟手続

　民訴法は当事者の死亡を訴訟中断事由とし，相続人，相続財産管理人その他法令により訴訟を続行すべき者が訴訟手続を受継するとしている（民訴124条1項）。

　これは，被相続人に属する権利が被相続人の死亡により相続人に承継されることから，訴訟における当事者の地位も相続人に承継されるものとし，ただ当事者の地位を承継した相続人が訴訟に関与できないまま訴訟を進行させることは，相続人に対する手続的保障に欠けるので，訴訟を停止するものとしたのである。

　このように考えた場合，そもそも，被相続人に属する権利が相続の対象とならない場合には，訴訟は中断することなく終了することになる。

　そこで，一身専属的性質を有する権利の場合には，当事者の死亡があれば，特別の規定がない限り，訴訟は当然に終了することになるのである。

　たとえば，離婚訴訟の場合，訴訟物たる離婚請求権は一身専属的性質を有し，相続の対象となるものではないから，当事者が死亡した場合，当然承継は生じず，訴訟は当然に終了することになる[注5]。

(2) 本判決の位置づけ

　本判決は，一身専属的性質の権利の場合，当事者の死亡により訴訟は終了するとする判例の流れを汲むものである。

　当事者の死亡により訴訟が終了したと判示した著名判決はいわゆる朝日訴訟の判決[注6]である。

注5) もっとも，認知の訴えの場合，原告である子が認知請求訴訟の係属中に死亡し，その父がすでに死亡し3年を経過している場合には，その子の直系卑属またはその者の法定代理人が，この死亡の時から6か月以内に訴訟手続を受継できると規定している（人訴42条3項前段）。この場合，訴訟を終了させてしまうと，上記の者が期間経過により認知の訴えを提起できなくなるという不都合な事態が生じてしまうからである（梅本・704頁）。

注6) 最大判昭42・5・24民集21巻5号1043頁。

朝日訴訟は生活保護請求権に関する事案であり，最高裁は生活保護請求権を「被保護者自身の最低限度の生活を維持するために当該個人に与えられた一身専属の権利」であり，「被保護者の生存中の扶助ですでに遅滞にあるものの給付を求める権利についても……それは当該被保護者に最低限度の生活の需要を満たすことを目的とするものであって，法の予定する目的以外に流用することを許さないものであるから，当該被保護者の死亡によって当然消滅し，相続の対象となり得ない」と判示していた。

また，最判平9・1・28（民集51巻1号250頁）は，開発許可の取消しを求める訴訟について，「上告人の有していた本件開発許可の取消しを求める法律上の利益は，同上告人の生命，身体の安全等という一身専属的なものであり，相続の対象となるものではないから，本件訴訟のうち，同上告人に関する部分はその死亡により終了したものというべきである。」と判示した。

本判決も，条例に基づく公文書等の開示請求権は，請求権者の一身に専属する権利であって相続の対象となるものではないから，本件訴訟のうち同被上告人に関する部分は，その死亡により当然終了するとするものである。

(3) 情報公開請求権

最高裁は，公文書等の開示請求権を一身専属的権利であると認定しているが，その根拠について説明をしていない。

上記2つの判例は権利の目的なり保護される利益なりから当該権利が一身専属的権利であることを説明しているが，本件判決は公文書等の開示請求権を何の説明もなく当然のように一身専属的権利であると認定している。

一身専属的権利と認定することは訴訟を当然に終了させることになるものであるから，本件判決は一身専属的権利と認定した根拠を明確に説明すべきであったと思われる。

原口一明教授は「情報公開法や情報公開条例は開示請求の理由を問わない請求権を『何人』にも付与しており，請求権者は当該文書に対して必ずしも個人的な利害関係を有しない場合もあり得ることなどからすれば，取消しを求めることの法律上の利益や開示請求権をいわゆる朝日訴訟における生活保護受給権と同視してよいかについては，なお問題となり得るところであろう」[注7]と述

べている。

　これに対し，村上裕章教授は情報公開訴訟も抗告訴訟であることに変わりはなく特別扱いする必要はないと指摘している[注8]。

実務上の指針

　不動産に関する訴訟の場合，経済的な問題などにより保全手続を行わない場合も少なくないが，そのような場合，係争物に関する実体上の権利関係については常に注意を払っておく必要がある。

　係争物の権利または法律関係が変動しているのに，これに気がつかないまま訴訟が終了してしまうと，せっかく勝訴判決を得ても何の意味もなくなる危険がある。

　和解をしたり，結審する場合には，あらかじめ実体上の権利または法律関係が変動し引受承継手続が必要となる事態になっていないかを確認することが重要と思われる。

◆脇　谷　英　夫◆

注7）　原口・前掲注4）118頁。
注8）　村上・前掲注4）152頁。

第5章　証拠調べ

I　証明責任（立証責任）

1　概　説

(1) 意　義

　民事訴訟による紛争の解決は，原告が訴訟物として提出した実体法上の権利の存否を確定することにより図られる。ところで，当事者が主張する権利の存在を相手方当事者が争った場合には，観念的な存在である権利の存否を直接認識することはできないから，その権利の発生などを基礎づける法律要件に該当する具体的事実の存否を確定することによって権利の存否を判断することになる。事実の確定は自由心証主義にゆだねられ，5種の証拠調手続と弁論の全趣旨が活用されるが，裁判所が審理を尽くしてもなお，事実の存否につき確信をもつに至らないという事態（真偽不明あるいはノンリケットという。）もありえないではない。しかし，このような場合にあっても裁判所は裁判を拒否することは許されない（これが許されるなら，当事者間の紛争の法的解決を図ることができない。）。

　そこで，かかる事態に備えて近代民訴法が採用した対応策は，その事実の存在または不存在を仮定することによって裁判を可能にするという方法である。これを当事者の側から捉えて，ある事実が真偽不明のときにその事実の存在ま

たは不存在が仮定されて裁判がなされることにより当事者の一方が被る危険ないし不利益のことを証明責任といい、このような不利益を課される側の当事者を「証明責任を負っている」と表現する。

(2) 証明責任の分配

　このように証明責任は事実が真偽不明の場合にも裁判を可能にするための法技術であるから、ある事実について証明責任を負うのは当事者のいずれか一方であって、当事者の双方が負うことはない。また、証明責任は主要事実について考えれば必要にして十分である。

　刑事訴訟にあっては、すべての事実について検察官が証明責任を負う（「疑わしきは被告人の利益に」）が、民事訴訟にあっては、両当事者の間に適宜分配される。ある主要事実についていずれの当事者が証明責任を負うかを明記した法律規定（民法117条1項など）はほとんどなく、通常は実体法規の解釈により決せられる。

　証明責任の分配を決定する基準についての通説的見解は、法律要件分類説と呼ばれるものである。法律要件分類説は、当事者は自己に有利な法規の要件事実について証明責任を負担する、としたうえで、有利な法規かどうかの基準を実体法規の相互の論理的関係（法規範相互の補充・支持・排斥の関係）に求める。すなわち、実体法規は、権利の発生を根拠づける権利根拠規定と、根拠規定に基づく法律効果の発生を妨げる権利障害規定、いったん発生した権利を消滅させる権利滅却規定とに分類されるが、権利につき基礎的な規定である権利根拠規定は権利を主張する者が、反対規定である権利障害規定と権利滅却規定については権利主張を争う者が、その要件事実について証明責任を負うとする（それぞれ自己に有利な規定だから）。

　では、権利根拠規定、障害規定、滅却規定はどのようにして識別されるか。ドイツにおいてかつて通説とされた規範説（法律要件分類説のなかの細分類）は、もっぱら法規の条文の表現形式（本文・但書）と法条適用の論理的順序（1項・2項）といった形式的基準に依拠して決定する。すなわち、裁判官は実質的な公平を考慮して判断してはならず、立法者によって作り上げられた正義である実定実体法規に基づいてのみ決定すべきだとする[注1]。

規範説は，実体法規が証明責任の分配をも十分に意識して作り上げられていることを前提とする見解であるが，わが国の法令は必ずしも証明責任の分配を明らかにすることに意を用いて作成されているわけではない[注2]。たとえば，証明責任の分配という点からは条文相互間に抵触がみられるもの（民法548条の1項と2項，同法167条1項と147条以下など）や，法文に依拠して証明責任を分配するときは妥当性を欠き公平を保てないもの（民法415条後段など）も少なくない。もとより実体法の機能は裁判における証明責任の分配を示すことに尽きるものではなく，行為規範としての「わかりやすさ」にもある程度まで配慮すべきものであろう。それゆえ，わが国の法律要件分類説（兼子説）は規範説が強調する実質的考慮の排除という点は受け継がなかった。

　そして現在において実務上採用されている見解も，「（主張立証責任の分配は実体法規の解釈によって決せられるが）実体法規の解釈に当たっては，各実体法規の文言，形式を基礎として考えると同時に，立証責任の負担の面での公平・妥当性の確保を常に考慮すべきである。具体的には，法の目的，類似又は関連する法規との体系的整合性，当該要件の一般性・特別性又は原則性・例外性及びその要件によって要証事実となるべきものの事実的態様とその立証の難易などが総合的に考慮されなければならない」[注3] というものである。

注1）　高橋(1)・479頁。
注2）　伊藤滋夫『要件事実の基礎』（有斐閣，2000）193頁。
注3）　司法研修所編『増補民事訴訟における要件事実第1巻』（法曹会，1986）10頁。

2 判　例

判　例 45

最高裁平成13年4月20日判決[注4]
　掲　載　誌：民集55巻3号682頁・判時1751号163頁・判タ1061号65頁
　原　　　審：東京高判平10・1・26民集55巻3号722頁参照
　原　々　審：東京地判平9・5・29判タ961号264頁・民集55巻3号713頁
　　　　　　　参照

生命保険契約に付加された災害割増特約における災害死亡保険金の支払事由を不慮の事故による死亡とする約款に基づき，保険者に対して災害死亡保険金の支払を請求する者は，発生した事故が偶発的な事故であることについて主張・立証すべき責任を負うとされた事例

事　案

(1)　XとY保険会社との間で，Xを受取人とする災害割増特約が付加された生命保険契約が締結されていたところ，被保険者が5階建て建物の屋上から転落死したとして，XがY保険会社に対し，上記特約に基づく災害死亡保険金の支払を請求した事案である。

(2)　事実関係の概要は次のとおりである。
　(a)　XがY保険会社との間で締結した本件保険契約に適用される保険約款（以下，「本件約款」という。）によれば，主契約および定期保険特約における死亡保険金の支払事由は被保険者が保険期間中に死亡したときであるとされているが，災害割増特約における災害死亡保険金の支払事由は不慮の事故を直接の原因として被保険者が保険期間中に死亡したときであるとされ，さらに不慮の事故とは，偶発的な外来の事故で，かつ昭和42年12月28日行政管理庁告示第152号に定められた分類項目のうち上記約款の別表2に掲げられたものをいうとされている。また，本件約款によれば，被保険者の故意により上記災害割増特約における災害死亡保険金の支払事由に該当したときは災害死亡保険金を支払わない場合にあたるとされている。

注4)　調査官解説として志田原信三・最判解民平成13年度(上)442頁，評釈として甘利公人・判評518号（判時1773号）（2002）35頁，竹濱修・リマークス25号（2002）106頁，木下孝治・重判解平成13年度〔ジュリ臨増1224号〕（2002）107頁，蛭田円香・主判解平成13年度〔臨増判タ1096号〕（2002）122頁，堀田佳文〔判批〕・法協119巻12号（2002）2533頁。

(b)　本件保険契約の被保険者であるAは，5階建て建物の屋上から転落し，脊髄損傷等により死亡した。
　(3)　第1審・2審ともに，保険金請求者が本件転落が不慮の事故であることについて主張立証責任を負うとしたうえ，本件転落は不慮の事故によるものか，被保険者の自殺によるものか，いずれとも断定することはできないとして，Xの請求を棄却すべきものと判断した。

判　旨

「本件約款に基づき，保険者に対して災害割増特約における災害死亡保険金の支払を請求する者は，発生した事故が偶発的な事故であることについて主張，立証すべき責任を負うものと解するのが相当である。けだし，本件約款中の災害割増特約に基づく災害死亡保険金の支払事由は，不慮の事故とされているのであるから，発生した事故が偶発的な事故であることが保険金請求権の成立要件であるというべきであるのみならず，そのように解さなければ，保険金の不正請求が容易となるおそれが増大する結果，保険制度の健全性を阻害し，ひいては誠実な保険加入者の利益を損なうおそれがあるからである。本件約款のうち，被保険者の故意により災害死亡保険金の支払事由に該当したときは災害死亡保険金を支払わない旨の定めは，災害死亡保険金が支払われない場合を確認的注意的に規定したものにとどまり，被保険者の故意により災害死亡保険金の支払事由に該当したことの主張立証責任を保険者に負わせたものではないと解すべきである。」（上告棄却）

参照条文　保険法80条1号，民法91条

解　説

(1)　傷害保険契約
　本件は，生命保険に付加された災害割増特約に基づく災害死亡保険金の請求訴訟における立証責任の分配が問題となった事案である。同特約は，（平成20年改正前）商法に規定されていた生命保険契約（旧商673条）および損害保険契約（旧商629条）のいずれにも属しない傷害保険契約（講学上の概念―なお平成22年4

月1日に施行された保険法には傷害疾病保険契約の規定が新設された。）に分類される。
　傷害保険契約とは，急激かつ偶然な外来の事故によって身体に傷害を被ったときに保険金が支払われる契約をいう。

(2)　災害割増特約（傷害保険契約）についての約款規定
　生命保険契約にあっては，被保険者の死亡が支払事由とされ，死亡が自殺によるものであることは免責事由とされている（保険51条1号〔旧商680条1項1号〕，各社約款も同様）から，保険金請求者は被保険者が死亡したことさえ主張・立証すれば足り，それが自殺によるものであることの立証責任は保険会社が負うことに異論がない。
　これに対し傷害保険契約はその内容がもっぱら約款によって定められていることから，立証責任の分配は約款の解釈によって決せられ，その際一義的には約款の文言や構造が考慮されることになる。しかるところ，本件約款は災害死亡保険金の支払事由を「不慮の事故（偶発的な外来の事故で，かつ昭和42年12月28日行政管理庁告示第152号に定められた分類項目のうち約款の別表2に掲げられたもの）を直接の原因として被保険者が保険期間中に死亡したとき」と定め，他方「被保険者の故意により支払事由に該当したとき」には災害死亡保険金を支払わないと定めている。支払事由の定めは保険金請求権の権利根拠規定であり，支払わない場合の定めはそれが免責事由（「支払事由に該当しても保険者が保険金支払責任を負わない場合」）を定めたものであれば権利障害規定ということになる。

(3)　「偶発的な事故」であることの立証責任
　「偶発的な事故」とは，事故が被保険者の意思に基づかないことを意味する（異論はない）。それゆえ，本件約款規定が，一方において「被保険者の意思に基づかないこと」を支払事由（の一要素）としつつ，他方でこれと表裏の（両立しない）事実である「被保険者の故意によること」を「支払わない場合」としてあげているのは，当該約款規定は本来的な意味での免責事由を規定したものではなく，支払事由に該当しないがゆえに保険金が支払われない場合を念のために注意的に規定したものということになろう[注5]。

これに対し，本件約款が災害死亡保険金を支払わない場合として定める「被保険者の故意により支払事由に該当したとき」を本来的な意味での免責事由を定めたものと解するときは，本件約款は「事故が被保険者の意思に基づかないこと」を権利根拠事実としつつ，これと表裏の「事故が被保険者の故意によること」を権利障害事実として掲げたことになり，立証責任の分配という観点から見れば，矛盾を内包する規定ということになる。従来の学説はかかる前提に立って議論をしてきた。

しかし，実体法（約款）の機能は裁判規範として立証責任の分配を明示することに尽きるものではなく，保険契約に必ずしも精通しているわけではない保険契約者に対し，行為規範として保険金が支払われる場合と支払われない場合とをあらかじめわかりやすく示しておくこともまたその重要な機能というべきであろう。その意味で，本件約款が「被保険者の故意により支払事由に該当したとき」には災害死亡保険金が支払われないことを「確認的注意的に」規定したことをもって，「一般人の誤解を招きやすい約款規定」（本判決における亀山裁判官の補足意見）と断ずるのは，やや一面的にすぎると思われる。

(4) 本判決の意義

本判決は，従前から下級審裁判例および学説が分かれていた，災害死亡保険金請求訴訟における偶発的な事故の主張立証責任につき，①災害死亡保険金の支払事由は不慮の事故（による死亡）とされているから，発生した事故が偶発的な事故であることが保険金請求権の成立要件であること，②このように解さなければ，保険金の不正請求が容易となるおそれが増大する結果，保険制度の健全性を阻害しひいては誠実な保険加入者の利益を損なうおそれがあること，を根拠として保険金請求者が偶発的な事故であることについて主張立証責任を負うことを明らかにしたものである。

注5) 松田武司「傷害保険契約における保険事故」中西正明先生喜寿記念『保険法改正の論点』（法律文化社，2009）287頁。

請求原因（Kg）

(1) Yとの間で，Xを保険金受取人とする保険契約（災害割増特約）を締結したこと（被保険者，保険金受取人，保険金額，保険期間を含む）
(2) 保険事故（支払事由）が発生したこと 　① 責任開始時以後に不慮の事故（急激かつ偶発的な*外来の事故）が発生したこと 　② 被保険者が事故の日から180日以内の保険期間中に死亡したこと 　③ 不慮の事故（による傷害）を直接の原因として死亡したこと

＊偶発的な事故とは被保険者の意思に基づかない事故を意味する。

実務上の指針

(1) 損害保険会社の普通傷害保険契約

　最高裁は本判決の言渡しと同日に，損害保険会社の普通傷害保険契約の約款（被保険者が急激かつ偶然な外来の事故によってその身体に被った傷害に対して保険金を支払うこと，および被保険者の故意，自殺行為によって生じた傷害に対しては保険金を支払わないこと，が定められている）に基づく保険金請求訴訟における偶然な事故の主張立証責任について，本判決と同旨の判決を言い渡した[注6]。本判決とあわせ，偶然性を保険事故の一要素とする傷害定額保険契約については，保険金請求者が事故の偶然性（偶発性）の立証責任を負う，というのが判例の立場であることが明らかになった。

(2) 本判決の評価

　両判決により傷害保険契約における事故の偶然性の立証責任をめぐる従前からの対立に一応の終止符が打たれた。しかしながら，本判決後に言い渡された損害保険契約の保険金請求に関する一連の判例の展開，および保険法による傷害疾病定額保険契約に関する規定の新設という新たな事態を受け，本判決の立場が将来的に維持されるかについては，あらためて疑問が提起されている。

(a) 損害保険に関するその後の判例の影響

　本判決後に言い渡された損害保険契約に関する一連の判例[注7]では，保険会

注6）　最判平13・4・20判時1751号171頁。

社に故意の事故招致であることの立証責任を負担させており，本判決の立場（保険金請求者に事故の偶然性の立証責任を負担させなければ，保険金の不正請求が容易となるおそれが増大する）との一貫性が欠けていることから，本判決は見直されるべきではないか，との指摘がなされている注8)。

ただ，損害保険契約における「一定の偶然の事故」（保険2条6号〔旧商629条〕）とは，保険事故発生の不確実性，すなわち保険契約成立時において保険事故の発生と不発生とがいずれも可能であってそのいずれともいまだ確定していないことをいい，傷害保険契約における保険事故の偶然性（保険事故発生時において当該事故が被保険者の意思に基づかないこと）をいうものではない。したがって保険法17条1項（旧商641条）は，保険契約者または被保険者が悪意（故意）によって保険事故を発生させたことを保険金請求権の発生を妨げる（本来的な意味における）免責事由として規定したものである注9)。それゆえ本判決と損害保険契約に関する一連の判例との結論の相違は，それぞれの支払事由・免責事由の違いに由来するもので，合理的な理由に基づくものというべきであろう。そして，本判決が不正請求が容易となるおそれの増大を根拠としてあげるのは，あくまで補充的な理由づけにとどまると思われる注10)。

(b) **保険法制定の影響**

次に，保険法で新設された傷害疾病定額保険契約に関する規定は，同契約を「保険者が人の傷害疾病に基づき一定の保険給付を行うことを約する」保険契約と定義するにとどめ（保険2条9号），具体的な給付（支払）事由（急激性・偶然性・外来性）については何ら規定しない一方で，「保険者の免責」事由として「被保険者が故意……により給付事由を発生させたとき」と規定した（保険80条1号）。この立法の経緯を踏まえ，本判決が約款の故意免責規定は実質的に無意味な規定としたことを承知のうえで保険法があえて上記免責規定を置いたこ

注7) 最判平18・6・1民集60巻5号1887頁（〔判例46〕），最判平19・4・17民集61巻3号1026頁（〔判例47〕）など。
注8) 山下友信「保険法と判例理論への影響」自研60巻1号（2009）35頁。
注9) 前掲注7) 最判平18・6・1民集60巻5号1887頁，なお約款規定も商法と同旨。
注10) 以上につき，桃崎剛「保険金請求事件における偶然性の主張立証責任に関する最高裁判決の検討」判タ1266号（2008）102頁。

とは，保険法の下での本判決の判例としての意義に疑問をもたせるものであるとの指摘がある[注11]。

しかし，保険法80条は任意規定であるから，具体的な約款の下でいずれの当事者が保険事故の偶然性の立証責任を負担するかは「保険法の規定を踏まえつつ，約款の規定の解釈の中で判断される」[注12]というべきであろう（もっとも，具体的な約款規定が保険法の特則としての明確性を欠くと判断されれば保険法の規定が参考にされよう。）。

(c) 消費者契約法10条との関係

保険法80条の規定が任意規定であるとしても，約款でこれと異なる約定をすることは消費者契約法10条の見地からの吟味が必要になる。私見は，保険事故の偶然性の立証責任を保険金請求者に負担させることの合理性は本判決も明確に肯定しているところであり，それ自体「民法第1条第2項に規定する基本原則に反して消費者の利益を一方的に害するもの」（消費契約10条）には該当しないと考えるが，前述の各指摘を含め，今後とも議論の動向を注視していく必要があろう。

◆岡野谷　知広◆

注11）　山下・前掲注8）34頁。
注12）　萩本修編著『一問一答保険法』（商事法務，2009）194頁。

判　例　46

最高裁平成18年6月1日判決[注13]
　掲　載　誌：民集60巻5号1887頁・判時1943号11頁・判タ1218号187頁
　原　　　審：名古屋高金沢支判平17・2・28金判1244号48頁・民集60巻5
　　　　　　　号1903頁参照
　原　々　審：福井地敦賀支判平16・9・2金判1244号50頁・民集60巻5号
　　　　　　　1891頁参照

「衝突，接触……その他偶然な事故」を保険事故とする自家用自動車総合保険契約の約款に基づき車両の水没が保険事故に該当するとして，保険者に対し車両保険金の支払を請求する者は事故の偶然性（事故の発生が被保険者の意思に基づかないこと）について主張立証責任は負わないとされた事例

事　案

　平成13年10月29日に，X（原告・控訴人・上告人）が所有する自動車（以下，「本件車両」という。）が海中に水没する事故（以下，「本件事故」という。）が発生したため，Xが，XY間の平成12年11月1日付け保険契約（保険期間：平成12年11月1日から平成13年11月1日午後4時まで，被保険自動車：本件車両，保険金額：車両245万円，対人賠償無制限，対物賠償1事故につき500万円，搭乗者傷害1名につき500万円。以下，「本件保険契約」という。）に基づき本件車両に付されていた自家用自動車総合保険（以下，「本件保険」という。）の保険者であるY（被告・被控訴人・被上告人）に対し，保険金の支払の有無を問い合わせた。YはXに対し自動車保険の適用ができる旨回答し，しかも，本件保険の適用がないのであればXにおいて修理可能であるから早期に連絡してほしいと告げたにもかかわらず，Yがこれを放置した結果，本件車両を修理する機会を逸し，本件車両を廃棄処分せざるをえなくなったとして，主位的に(1)不法行為に基づき本件車両の時価相当額である350万円およびこれに対する訴状送達日の翌日である平成14年4月24日から支払済みまで民法所定の年5分の割合による遅延損害金の支払を求め，予備的に，(2)本件保険契約に基づき保険金として245万円（以下「本件保険金」という。）およびこれに対する本件事故発生日である平成13年10月29日から支払済みまで民法所定の年5分の割合による遅延損害金の支払を求めた事案である（以下，本項目の争点である本件保険契約の

注13）　肥塚肇雄・重判解平成18年度〔ジュリ臨増1332号〕（2007）111頁，栗田和彦・リマークス
　　　　35号（2007）100頁，藤井正夫・主判解平成18年度〔臨増判タ1245号〕（2007）145頁，滝
　　　　澤孝臣〔本件判批〕・金判1275号（2007）2頁，桃崎・前掲注10）102頁。

約款〔以下,「本件保険約款」という。〕第5章第1条〔以下,「本件条項」という。〕に定められた「偶然な事故」の立証責任の帰属と関連しない主位的請求については説明を省略する。)。
　本件条項によれば,Yは,「衝突,接触,墜落,転覆,物の飛来,物の落下,火災,爆発,盗難,台風,こう水,高潮その他偶然の事故」によって被保険自動車に生じた損害に対して,被保険自動車の所有者に保険金を支払う旨が規定されている。

第1審の判断

　第1審は,本件条項の「偶然な事故」とは「被保険者の意思に基づかない事故」を意味し,当該事実は本件保険金請求の権利根拠規定を構成する事実としてXが主張立証責任を負うことを前提に,本件事故を「偶然な事故」と認めるのは困難であると判示して,Xの予備的請求を棄却した。そこで,Xは控訴した。

原審の判断

　原審は,概要,以下のとおり判示した。
　すなわち,Xは,保険金の支払事由を火災によって損害が生じたこととする火災保険契約約款に基づき,保険者に対して保険金の請求をする者は,火災発生が偶然のものであることを主張・立証すべき責任を負わない[注14]と主張する。しかしながら,火災保険契約の約款においては,火災発生の偶発性は要件として規定されていないのであり,車両保険契約と火災保険契約とでは,保険金請求権の成立要件に関する保険約款の内容が異なる。また,実質的に見ても,火災事故の立証の困難性は自動車事故のそれとは著しく異なるのでXの上記主張は採用できない。そうすると本件保険契約に基づき車両保険金を請求する者は,事故が偶然のものであること(被保険者の意思に基づかないこと)を,主張・立証すべきであるところ,本件事故を偶然の事故と認めることは困難であり,本件においては,保険金請求権の請求原因事実の立証がないというべきであるとして,Xの控訴を棄却した。そこで,Xは上告した。

注14) 最判平16・12・13民集58巻9号2419頁。同判決は,保険金に支払事由を「火災」(なお,同約款には「偶然な」との文言がなかった。)によって損害が生じたこととする火災保険契約の保険約款に基づき,保険者に対して火災保険金の支払を請求する者は,火災発生が偶然のものであること(事故の偶発性)を主張・立証すべき責任を負わない旨判示した。なお,Xは原審において,同判決を引用して,本件においてXは,本件事故が「偶然な事故」であることの主張立証責任を負わない旨主張した。

I 証明責任（立証責任） 377

判　旨

(1) 「商法629条〔保険2条6号〕が損害保険契約の保険事故を『偶然ナル一定ノ事故』と規定したのは，損害保険契約は保険契約成立時においては発生するかどうか不確定な事故によって損害が生じた場合にその損害をてん補することを約束するものであり，保険契約成立時において保険事故が発生すること又は発生しないことが確定している場合には，保険契約が成立しないということを明らかにしたものと解すべきである。」

(2) 「本件条項は，『衝突，接触，墜落，転覆，物の飛来，物の落下，火災，爆発，盗難，台風，こう水，高潮その他偶然な事故』を保険事故として規定しているが，これは保険契約成立時に発生するかどうか不確定な事故をすべて保険事故とすることを分かりやすく例示して明らかにしたもので，商法629条にいう『偶然ナル一定ノ事故』を本件保険契約に即して規定したものというべきである。本件条項にいう『偶然な事故』を，商法の上記規定にいう『偶然ナル』事故と異なり，保険事故の発生時において事故が被保険者の意思に基づかないこと（保険事故の偶発性）をいうものと解することはできない。原審が判示するように火災保険契約と車両保険契約とで事故原因の立証の困難性が著しく異なるともいえない。

したがって，車両の水没が保険事故に該当するとして本件条項に基づいて車両保険金の支払を請求する者は，事故の発生が被保険者の意思に基づかないものであることについて主張，立証すべき責任を負わないというべきである。」（一部破棄差戻し，一部却下）

参照条文　保険法2条6号（旧商法629条）・17条1項（旧商法641条），民法91条，民事訴訟法第2編第4章第1節総則

解　説

(1) 保険事故の「偶然性」の2つの意味

保険事故の「偶然性」には，①保険契約一般にいう「偶然」，すなわち保険契約成立時において，事故の発生および不発生がいずれも不確定であること（自動車事故等），あるいは事故の発生自体は確実であるが，その発生時期が不確定であること（終身保険における被保険者の死亡等，以下，「事故の非確定性」という）。

を意味する場合（保険2条6号〔旧商629条〕参照）と、②保険事故発生時において、当該事故が被保険者の意思に基づかないこと（以下、「事故の偶発性」という。）を意味する場合がある注15）。

しかしながら、上記①の意味（事故の非確定性）においての事故の「偶然性」の存在は、本件で問題となった車両保険を含む損害保険契約の成立要件であり注16）、保険金請求者が請求原因としてその主張立証責任を負うことになるため（ただし、契約成立前の時点を保険期間に含む遡及保険を除く。）、本件において立証責任の帰属が問題となるのは、上記②の意味（事故の偶発性）においての事故の「偶然性」である。

以上を前提に、自家用自動車総合保険における事故の偶発性の立証責任の帰属を検討する。

(2) 実体法規の特定

(a) はじめに

立証責任の分配につき通説とされる法律要件分類説によれば、ある法律効果の発生要件や障害要件は何か、そしていずれの当事者に証明責任を分配すべきか、という要件確定の問題は実体法の解釈問題によって決せられると解されている注17）。

そうだとすれば、自家用自動車総合保険における事故の偶発性の立証責任の帰属を検討する前提として、まず解釈の対象となる実体法、すなわち本件保険金請求権の発生や消滅を判断する際に適用される法規を特定する必要がある。

(b) 損害保険に関する保険法の規定

この点につき、本件で問題となった自家用自動車総合保険（車両保険）は損害保険の一種であり注18）、損害保険については、保険法2条6号（旧商629条）・17条1項（旧商641条）が規定する。

保険法2条6号（旧商629条）によれば、損害保険契約とは、当事者の一方が

注15）　志田原信三・最判解民平成13年度(上)453頁。
注16）　江頭憲治郎『商取引法〔第6版〕』（弘文堂、2010）421頁。
注17）　高橋(上)・486頁、司法研修所編・前掲注3）10頁。
注18）　江頭・前掲注16）419頁。

「一定の偶然の事故」によって生ずることのあるべき損害をてん補することを約し，相手方がこれにその報酬を支払うことを約することによってその効力を生ずる契約をいう。

　そして，「一定の偶然の事故」が発生した場合に保険者が「損害をてん補する」という規定内容からすると，保険法2条6号（旧商629条）は保険金請求権の権利根拠規定であると解され，同条にいう「一定の偶然の事故」の「偶然」とは，事故の非確定性であって，事故の偶発性を含むものではない[注19]とされている。

　他方，保険法上，「保険契約者又は被保険者の故意又は重大な過失」による損害が損害保険契約の免責事由として規定されており（保険17条1項〔旧商641条〕），同条は保険金請求権の発生を障害する規定（権利障害規定）であると解されている[注20]。

　以上より，本件保険金請求権の発生，消滅を判断する際に，保険法が適用されるのであれば，本件保険金を請求する者（X）は，請求原因として，保険事故の発生および当該事故の非確定性を主張・立証する必要があるものの，事故の偶発性につき主張立証責任を負わず，一方で保険者（Y）は抗弁事実として，被保険者等の意思に基づいて保険事故が発生したことにつき主張立証責任を負うことになる[注21]。

(c) 保険法と保険約款の関係

　しかしながら，保険法は商行為法に属し，商行為法は，原則として任意法規であるから，保険法も原則として任意法規であると解するのが判例であるところ[注22]，保険法2条6号（旧商629条）や17条1項（旧商641条）も任意規定であると解される[注23]。

　そうだとすれば，本件保険契約のように保険約款が存在する場合，保険約款が保険法の規定に優先するため（民91条），本件保険金請求権の発生，消滅を

注19　松並重雄・最判解民平成16年度(下)778頁。
注20　大阪民事実務研究会・保険金請求訴訟の研究〔臨増判タ1161号〕（2004）6頁。
注21　大阪民事実務研究会・前掲注20）7頁。
注22　大判大5・11・21民録22輯2105頁等。
注23　桃崎・前掲注10）106頁注7）。

判断する際には保険法ではなく，本件保険約款が適用されることになる。

　(d)　小　　括

したがって，自家用自動車総合保険契約における事故の偶発性の立証責任の帰属を検討する前提として，本件保険金請求権の権利根拠規定である本件条項の「偶然の事故」の解釈[注24]を行う必要がある。

なお，本件条項が本件保険金請求権の権利根拠規定であることに異論はないところ，「偶然な事故」が事故の非確定性のみを意味するとすれば，保険金請求者は事故の偶発性を主張・立証する責任はなく，その反対事実である事故が被保険者等の故意によるものであることを保険者が抗弁事由（免責事由[注25]）として主張・立証する責任があるとの結論になり，逆に，「偶然な事故」が事故の非確定性のみならず，事故の偶発性をも意味するのであれば，事故の偶発性につき保険金請求者が主張立証責任を負うという関係にある。

(3)　本判決以前における「事故の偶発性」に関する立証責任の議論の状況

この点，本判決以前においては，車両保険における保険事故の偶然性の主張立証責任につき，保険金請求者が事故の偶発性についての主張立証責任を負う（すなわち保険約款の「偶然な事故」が事故の非確定性のみならず，事故の偶発性をも意味すると解釈する。）とする裁判例（請求者負担説[注26]）が多数を占めるものの，保険者が被保険者等の故意による事故であることについての主張立証責任を負う（すなわち保険約款の「偶然な事故」が事故の非確定性のみを意味すると解釈する。）とする裁判例も存在し（保険者負担説[注27]），見解が分かれていた。

このような状況下において，本件の第1審および原審は，本件条項の「偶然

注24）　なお，保険約款によって，保険金請求権の発生要件や免責事由を（保険法の規定に比べて）保険者の有利に変更することも可能となるため，本件条項の「偶然の事故」の意義は，上記(2)の保険法2条6号の「一定の偶然の事故」の意義と必ずしも一致せず，別途その解釈を行う必要がある。

注25）　なお，本判決は本件保険約款の免責条項の内容について言及していないため，その具体的内容は明らかでないが，本判決が「免責事由の有無等について更に審理を尽くさせるため，本件を差し戻すこととする」と判示していることからすれば，本件保険約款にも被保険者等の故意等を免責事由とする条項が規定されていたと思料される。

注26）　東京地判平12・3・1判タ1056号250頁，札幌地判平10・4・24判タ1032号262頁。

注27）　浦和地判平8・9・13判タ947号268頁。

の事故」の意義について，特段言及していないが，いずれも，本件保険契約時（平成12年11月1日）において発生が不確実であったことが明らかな本件事故を「偶然の事故」には該当しない旨判断していることから，「偶然な事故」は事故の非確定性のみならず事故の偶発性をも含むことを前提にしていると解され，結論として，本件事故の偶発性につき保険金請求者がその主張立証責任を負うと判示した（請求者負担説）。

(4) 本判決の判断

　他方本判決は，（理由は明らかではないものの）本件条項は「保険契約時に発生するかどうか不確定な事故をすべて保険事故とすることをわかりやすく例示して明らかにしたもので，旧商法629条にいう『偶然ナル一定ノ事故』を本件保険契約に即して規定したもの」であり，本件条項の「偶然の事故」とは，保険事故の発生時において事故が被保険者の意思に基づかないこと（保険事故の偶発性）をいうものではないとして，本件条項の「偶然の事故」とは事故の非確定性のみを意味することを前提に，本件事故の偶発性につき保険金請求者はその主張立証責任を負わず，被保険者の故意により保険事故が発生したことを主張・立証する責任を負うと判示した（保険者負担説）。

(5) 検　　討

(a) 条文の構造

　確かに，旧商法629条（保険2条6号）の規定が存在するにもかかわらず，あえて自家用自動車総合保険約款が「偶然な事故」と規定したのは，保険事故発生時において当該事故が被保険者の意思に基づかないこと（事故の偶発性）をも含む趣旨であることを明らかにしたものと解すべきであるとも思える。

(b) 当事者の合理的意思

　しかしながら，自家用自動車総合保険約款が「衝突，接触，墜落，転覆，物の飛来，物の落下，火災，爆発，盗難，台風，こう水，高潮」に続けて「その他偶然の事故」と規定したのは，いわゆるオールリスク保険として，保険約款上列挙されている衝突，火災等の事故が例示列挙であることを表現したにすぎず，ここにいう「偶然な事故」とは，保険契約締結の時に，本件事故の発生

または不発生が予測されない（発生するかどうか不確定の場合だけでなく，発生は確実であるが発生時期が不確定の場合も含む。）ことを意味すると一般に理解されている[注28]。

そうだとすれば，本件保険金請求の請求原因である「偶然な事故」とは，事故の非確定性のみを意味すると解釈するのが，当事者の合理的意思に合致し，妥当であると解される。

(c) 立証の難易

一般的に保険事故は，保険者の支配領域外で発生するのが通常であり，保険者側が被保険者等の自招事故であることを立証するための証拠を十分に収集することについて困難を伴うことは否定できない。

しかしながら，他方，保険金請求者側で事故の偶発性（被保険者の意思に基づかないこと）という消極的事実を立証することもまた困難を伴うものである。

このように，自家用自動車総合保険における事故の偶発性の主張立証責任の帰属を決定する際に，立証の難易は決定的なファクターとはなりえない。

(d) 平成13年最判との整合性

最判平13・4・20（民集55巻3号682頁）[注29]および最判平13・4・20（判タ1061号68頁）[注30]の両判決（以下，あわせて「平成13年最判」という。）は，生命保険割増特約や傷害保険における保険事故の偶発性につき，保険金請求者がその主張立証責任を負う旨判示しているため，本判決との整合性が問題となる。

しかしながら，平成13年最判は，あくまで約款上，保険事故に事故の偶発

注28) 東京海上火災保険株式会社編『損害保険実務講座(6)自動車保険』（有斐閣，1990）317頁。
注29) 同判決は，生命保険契約に付加された災害割増特約（被保険者が不慮の事故により死亡し，または高度障害状態になった場合に所定の給付を行うことを主な内容とする保険であり，傷害保険の性質を有するものである。）における災害死亡金の支払事由を不慮の事故とする保険約款に基づき，保険者に対して災害死亡保険金の支払を請求する者は，当該事故の偶発性を主張・立証する責任を負う旨判示した。その根拠として，①保険約款上，「不慮の事故」が支払事由とされていることから，当該事故が偶発的であることが保険金請求権の成立要件であること，②このように解さないと，保険金の不正請求が容易になるおそれが増大する結果，保険制度の健全性を阻害し，ひいては誠実な保険加入者の利益を損なうおそれがあることを挙げた。
注30) 同判決は，被保険者が「急激かつ偶然な外来の事故」によってその身体に被った傷害に対して約款に従い保険金を支払う旨定めた普通傷害保険に基づき保険金の支払を請求する者は，当該事故の偶発性につき主張・立証すべき責任を負うと判示した。その根拠として前掲注29)と同一の事情を挙げた。

性が取り込まれた傷害保険については，保険金請求者が，事故の偶発性を主張・立証すべき責任を負うことを判示したものであり，本件で問題となった車両保険についても当然にその射程が及ぶものとまではいえないと解されている[注31]ことから，本判決が結論において平成13年最判と異なっていたとしても，平成13年最判に抵触することにはならない。

また，平成13年最判は，その根拠として，保険金請求者に事故の偶発性の主張立証責任を負わせないと，いわゆる不正請求が容易になるおそれが増大することを指摘しているが，このような不正請求に対しては，立証責任の所在をどのように考えるかにかかわらず，間接事実の積み重ねによって事案の真相を解明することによっても適切に対処できると解される[注32]し，(b)の当事者の合理的意思や，発生する保険事故の圧倒的な割合は故意によらないものであるという実態を考慮すると，むしろ保険者側で保険事故が被保険者の意思に基づくものであることを主張・立証すべきであると解するのが，証明責任の分配に関する現在の通説・実務の考え方[注33]に合致すると思われるため，上記指摘は妥当であるとは思われない。

(e) 結　論

以上を総合すると，本判決の判断は，結論として妥当であると思料される。

(6) 本判決の位置づけ

本判決は，最判平18・6・6（判タ1218号191頁）[注34]と相まって，従来，裁判例において見解が分かれていた(1)自家用自動車総合保険契約約款にいう「偶然な事故」の意義，および(2)事故の偶発性の立証責任の帰属につき，(1)同保険約款にいう「偶然な事故」とは，保険契約成立時に発生するかどうか不確定な事故をわかりやすく例示して明らかにしたもので，保険事故の発生時にお

注31）　志田原・前掲注15）470頁。
注32）　志田原・前掲注15）466〜467頁。
注33）　**1**(2)参照。
注34）　同判決は，「衝突，接触……その他偶然な事故」を保険事故とする自動車保険契約の保険約款に基づき，車両に傷が付けられたことが保険事故に該当するとして，車両保険金の支払を請求する者は，事故の発生が被保険者の意思に基づかないものであることについて主張・立証すべき責任を負わない旨判示した。

いて事故が被保険者の意思に基づかないこと（保険事故の偶発性）を意味するものではないこと，(2)車両保険金の支払を請求する者は，事故の発生が被保険者の意思に基づかないことを主張・立証すべき責任を負わないことを最高裁として初めて明らかにした点で重要な意義を有する。

なお，車両の盗難が保険事故に該当するとして自家用自動車総合保険に基づき車用保険金を請求する者が請求原因としていかなる事実を主張・立証すべきかについては，最判平19・4・17（民集61巻3号1026頁），最判平19・4・23（判タ1242号100頁）（以下，あわせて「平成19年最判」という。）を参照のこと。

請求原因（Kg）	抗 弁（E）
(1)　Yとの間で，Xを被保険者とする自家用自動車総合保険契約を締結したこと（被保険自動車，被保険者，保険金額，保険期間を含む。）	保険事故が保険契約者，被保険者等の意思に基づいて発生したこと
(2)　保険期間中に保険事故（「衝突，接触……その他偶然な事故」*）が発生したこと	
(3)　被保険自動車に損害が発生したこと（損害額を含む。）	
(4)　保険事故と損害の間に相当因果関係が存すること	

　＊「保険契約成立時に発生するかどうか不確定な事故」を総称するものであり，「保険事故の発生時において事故が被保険者の意思に基づかないこと」（保険事故の偶発性）をいうものではない（本件最判）。

実務上の指針

　本判決を契機に，自家用自動車総合保険契約における事故の偶発性については，保険金請求者は主張立証責任を負わず，むしろ保険者が抗弁事実として被保険者の故意を主張・立証する責任を負うという解釈が定着し，その解釈は，平成19年最判においても維持されている。

　したがって，今後，自家用自動車総合保険に基づき保険金を請求する者は，請求原因として，保険約款に定める保険事故の非確定性を主張・立証すれば足りることになり，一方保険者は当該事故が被保険者の故意に基づくことを主張・立証しなければならない。

　このように，実務上，自家用自動車総合保険契約における事故の偶発性の立

証責任の帰属については，概ね決着をみたといえる。しかしながら，本件のように訴訟にまで至る事件においては，問題となっている事故の偶発性について，当事者間で主張が激しく対立しているのが通例であり，かつ当該事故が保険者の支配領域外で発生することが通常である。そこで，請求者や事故当事者の供述の信用性を判断する必要があるが，その前提として間接事実の検討が必要になるため，今後は，上記主張立証責任の帰属を前提にして，当事者がいかなる間接事実を主張・立証すべきかが実務上重要になる[注35]。

具体的には，本件のような事故事案（盗難事案を除く。）においては，当該事故が被保険者の意思に基づくものであるか否かを判断するに際し，①事故の客観的状況等（請求者が主張する事故態様の合理性，当該事故態様と事故現場や事故車両の客観的状況との整合性等），②請求者等の事故前後の行動，③請求者の属性・動機，④保険契約に関する事情等が重要な間接事実になるため，その点につき主張立証責任を負う保険者はもちろんのこと，保険金請求者も当該事故が被保険者の意思に基づくものであることの反証として，上記間接事実のうち，当該事故が被保険者の意思に基づくものであることの推認を妨げる間接事実を主張・立証することが必要になると思料される[注36]。

◆榊原　洋平◆

[注35]　桃崎・前掲注10）18頁。
[注36]　なお，間接事実の詳細については，桃崎・前掲注10）28～33頁，大阪民事実務研究会・前掲注20）18～24頁を参照のこと。

判　例　47

最高裁平成19年4月17日判決[注37]
　掲　載　誌：民集61巻3号1026頁・判時1970号32頁・判タ1242号104頁
　原　　　審：福岡高判平18・2・23金判1267号33頁・民集61巻3号1061頁
　　　　　　　参照
　原　々　審：福岡地判平16・7・5金判1267号37頁・民集61巻3号1041頁
　　　　　　　参照

「衝突，接触……その他偶然な事故」および「被保険自動車の盗難」を保険事故として規定している家庭用総合自動車保険約款に基づき，上記盗難にあたる保険事故が発生したとして車両保険金の支払を請求する者は，「被保険者以外の者が被保険者の占有に係る被保険自動車をその存在場所から持ち去ったこと」という外形的な事実を主張・立証すれば足り，被保険自動車の持ち去りが被保険者の意思に基づかないものであることを主張・立証すべき責任を負わないとされた事例

事　案

　(1)　損害保険会社であるYとの間で車両保険契約を締結したXが，被保険車両の盗難により損害を被ったと主張して，Yに対し，保険契約に基づき保険金の支払を求める事案である。
　(2)　事実関係の概要は次のとおりである。
　　(a)　XがYとの間で締結した本件保険契約に適用される家庭用総合自動車保険約款（以下，「本件約款」という。）には，次の定めがある。
　① Yは，「衝突，接触，墜落，転覆，物の飛来，物の落下，火災，爆発，台風，こう水，高潮その他偶然な事故」によって被保険自動車に生じた損害および「被保険自動車の盗難」による損害に対して，被保険者に保険金を支払う（第6章車両条項第1条1項。以下，「本件条項1」という。）。
　② Yは，保険契約者，被保険者，保険金を受け取るべき者，所有権留保条項付売買契約に基づく被保険自動車の買主等（以下，「保険契約者，被保険者等」という。）の故意により生じた損害に対しては，保険金を支払わない（第6章第4条(1)。以下，「本件条項2」という。）。

注37）　調査官解説として，髙橋譲〔判解〕・ジュリ1362号（2008）113頁，評釈として木下孝治・重判解平成19年度〔ジュリ臨増1354号〕（2008）117頁，山野嘉朗・判評588号（判時1987号）（2008）38頁，山本哲生・リマークス37号（2008）104頁，永石一郎〔判批〕・金判1279号（2007）2頁，草野真人・主判解平成19年度〔別冊判タ22号〕（2008）174頁。

Ⅰ　証明責任（立証責任）　　387

　(b)　Xは，平成14年10月12日午後１時ころ，Xの肩書住所地のマンション１階にある駐車場に本件車両を駐車し，福岡空港から同日午後４時発の便でフィリピンに出発し，同月22日午後３時ころ，フィリピンから帰国した。
　(c)　本件車両は，平成14年10月12日午後７時21分ころ，X以外の何者かによって，上記駐車場から持ち去られた（以下，これを「本件車両持ち去り」という。）。本件車両持ち去りの状況は，上記駐車場に設置された防犯ビデオにより撮影されていた。

原審の判断

　原審は，本件条項１に基づいて車両保険金の支払を請求する者は被保険自動車の持ち去りが被保険者の意思に基づかないものであることにつき主張立証責任を負うと解したうえ，本件の具体的事情を総合すれば，本件車両を持ち去った人物が被保険者であるXとまったく無関係の第三者としてこれを窃取したものではなく，Xと意を通じていたのではないかとの疑念を払拭することができないから，本件においてはその証明がないとして，Xの請求を棄却した。

判　　旨

　「商法629条〔保険２条６号〕が損害保険契約の保険事故を『偶然ナル一定ノ事故』と規定したのは，損害保険契約は保険契約成立時においては発生するかどうか不確定な事故によって損害が生じた場合にその損害をてん補することを約束するものであり，保険契約成立時において保険事故が発生すること又は発生しないことが確定している場合には，保険契約が成立しないということを明らかにしたものと解すべきである。同法641条〔保険17条１項〕は，保険契約者又は被保険者の悪意又は重過失によって生じた損害については，保険者はこれをてん補する責任を有しない旨規定しているが，これは，保険事故の偶然性について規定したものではなく，保険契約者又は被保険者が故意又は重過失によって保険事故を発生させたことを保険金請求権の発生を妨げる免責事由として規定したものと解される。
　本件条項１は，『衝突，接触，墜落，転覆，物の飛来，物の落下，火災，爆発，台風，こう水，高潮その他偶然な事故』及び『被保険自動車の盗難』を保険事故として規定しているが，これは，保険契約成立時に発生するかどうかが不確定な事故を『被保険自動車の盗難』も含めてすべて保険事故とすることを明らかにしたもので，商法629条にいう『偶然ナル一定ノ事故』を本件保険契約に即して規定したものというべきである。そして，本件条項２は，保険契約者，被保険者等が故意によって保険事故を発生させたことを，

同法641条と同様に免責事由として規定したものというべきである（最高裁平成17年（受）第1206号同18年6月1日第一小法廷判決・民集60巻5号1887頁，最高裁平成17年（受）第2058号同18年6月6日第三小法廷判決・裁判集民事220号391頁参照）。本件条項1では『被保険自動車の盗難』が他の保険事故と区別して記載されているが，『被保険自動車の盗難』についても他の保険事故と同じく本件条項2が適用されるのであるから，『被保険自動車の盗難』が他の保険事故と区別して記載されているのは，本件約款が保険事故として『被保険自動車の盗難』を含むものであることを保険契約者や被保険者に対して明確にするためのものと解すべきであり，少なくとも保険事故の発生や免責事由について他の保険事故と異なる主張立証責任を定めたものと解することはできない。

　そして，一般に盗難とは，占有者の意に反する第三者による財物の占有の移転であると解することができるが，上記のとおり，被保険自動車の盗難という保険事故が保険契約者，被保険者等の意思に基づいて発生したことは，本件条項2により保険者において免責事由として主張，立証すべき事項であるから，被保険自動車の盗難という保険事故が発生したとして本件条項1に基づいて車両保険金の支払を請求する者は，『被保険者以外の者が被保険者の占有に係る被保険自動車をその所在場所から持ち去ったこと』という外形的な事実を主張，立証すれば足り，被保険自動車の持ち去りが被保険者の意思に基づかないものであることを主張，立証すべき責任を負わないというべきである。」（破棄差戻し）

| 参照条文 | 保険法2条6号（旧商法629条）・17条1項（旧商法641条），民法91条 |

解　説

(1) 本判決の意義

　本判決は，自動車の盗難を保険事故とする保険金請求訴訟において，保険金請求者は「被保険者以外の者が被保険者の占有に係る被保険自動車をその所在場所から持ち去ったこと」という外形的な事実を主張・立証すれば足り，被保険自動車の持ち去りが被保険者の意思に基づかないものであることを主張・立証すべき責任を負わない旨を判示したものであり，従前下級審の判断が分かれていた事故の偶発性（保険事故の発生が被保険者の意思に基づかないこと）の主張立

証責任について最高裁の判断が示されたものとして，実務上重要な意義を有する。

(2) 自動車の盗難と立証責任

損害保険における事故の偶発性の主張立証責任については，すでに，〔判例46〕最判平18・6・1（民集60巻5号1887頁）が車両の水没事故の事案において，「衝突，接触…その他偶然な事故」を保険事故と規定する約款の解釈として，保険金請求者は事故の発生が被保険者の意思に基づかないものであることについて主張立証責任を負わない旨判示している。

しかし，「被保険自動車の盗難」を保険事故と規定する約款の解釈として，盗難事案における事故の偶発性の主張立証責任をいずれの当事者が負うかについては，なお議論があり下級審の判断も分かれていた。盗難事案について他の事故事案とは異なる考慮が必要となる理由としては，「盗難」とは一般に「占有者の意に反する第三者による財物の占有の移転」と解されその概念自体の中に「被保険者の意思に基づかない」との意味が含まれていると考えられること，また盗難事案において被保険者の故意によることの立証責任を保険会社に負わせるとすると盗難を偽装した不正請求が容易となるおそれが増大すること等への配慮があったものと思われる。

確かに「盗難」の文言を素直に読めばかような解釈も可能であるが，他方において，本約款は盗難を保険事故とする場合を含めて被保険者等の故意により生じた損害に対しては保険金を支払わない旨を定めており，また保険法17条（旧商641条）が被保険者の悪意（故意）を損害保険の免責事由と定めていることも考慮する必要がある。かかる観点から，既に学説においては「被保険者の意思によるという主観的な側面を除外して，外形的な事実としての盗難を証明させる」[注38]という着想が示されていたところである。

(3) 本判決の結論

注38) 山下友信「オールリスク損害保険と保険金請求訴訟における立証責任の分配」川井健＝田尾桃二編集代表『転換期の取引法：取引法判例10年の軌跡』（商事法務，2004）545頁。

上記の点につき，本判決は判旨のとおり判示して，自動車の盗難を保険事故とする車両保険金の請求にあっても，請求者は「被保険自動車の持ち去りが被保険者の意思に基づかないものであることを主張，立証すべき責任を負わない」こと，すなわち前掲〔判例46〕最判平18・6・1と同様の主張立証責任の分配が妥当することを確認したものである。

請求原因（Kg）	抗 弁（E）
(1) Yとの間でXを被保険者とする車両保険契約を締結したこと（被保険自動車，被保険者，保険金額，保険期間を含む。） (2) 保険期間中に保険事故（「被保険自動車の盗難」*）が発生したこと 　① 被保険者の占有に係る被保険自動車が保険金請求者の主張する所在場所に置かれていたこと 　② 被保険者以外の者がその場所から被保険自動車を持ち去ったこと (3) 被保険自動車に損害が発生したこと（損害額を含む。） (4) 保険事故と損害の間に相当因果関係が存すること	保険事故（車両持ち去り）が保険契約者，被保険者等の意思に基づいて発生したこと

　＊「被保険者以外の者が被保険者の占有に係る被保険自動車をその所在場所から持ち去ったこと」という外形的な事実をいう（本件最判）。

実務上の指針

(1) 保険金請求者が立証すべき事実

　本判決により，自動車の盗難を保険事故とする車両保険金請求訴訟において請求者が主張・立証すべき事実の内容が明らかにされたが，その後の最判平19・4・23（判時1970号106頁）[注39]は，本判決を前提としたうえで，請求者が主張・立証すべき盗難の外形的事実（「被保険者以外の者が被保険者の占有に係る被保険自動車をその所在場所から持ち去ったこと」）の内容をさらに分析して示した。すなわち同最判は，盗難の外形的な事実は，「被保険者の占有に係る被保険自動車が保険金請求者の主張する所在場所に置かれていたこと」および「被保険

注39) 評釈として前掲注37)の山野，永石および草野各評釈のほか，石田満〔判批〕・損害保険研究69巻2号（2007）265頁，山本哲生〔判批〕・損害保険研究70巻2号（2008）157頁。

者以外の者がその場所から被保険自動車を持ち去ったこと」という事実から構成されるとした。それゆえ、今後は車両の盗難を保険事故として保険金を請求する者はこの２つの事実について立証を求められることになる。

(2) 求められる立証の程度

もっとも、車両の盗難は、所有者の不知の間に秘密裡に行われ多くの場合その痕跡を残さないものであるから、その立証が容易ではないケースが少なくないであろう。ことに「被保険者以外の者がその場所から被保険自動車を持ち去ったこと」の立証として裁判所がどの程度の立証を請求者に求めるかによっては、事故の偶発性の立証責任を請求者に負わせたのと実質的には変わらない結果ともなりかねない。しかしながらこの点、前掲最判平19・4・23は、「外形的・客観的にみて第三者による持ち去りとみて矛盾のない状況」が立証されれば、盗難の事実が事実上推定されるとした原判決を破棄し、「単に『矛盾のない状況』を立証するだけでは、盗難の外形的な事実を合理的な疑いを超える程度にまで立証したことにならない」としたものであることにかんがみれば、今後とも保険金請求者は相応に厳格な立証を求められるであろう。

(3) 立証のあり方

本事案では車両の持ち去りの状況が防犯カメラで撮影されていたことから「盗難」の外形的事実の立証が比較的容易であったが、かような記録が残されていない場合（そのような場合が少なくないであろう。）にいかなる方法で盗難の外形的事実を立証していくかは、実務上工夫を要するところである。ともあれ、「常にビデオカメラ等により証明されなければならないわけではなく、被保険者の供述など上記外形的事実を積極的に裏付ける証拠と、その信用性に疑問を抱かせたり、あるいは反対の事実を裏付けたりする証拠との対比によって、事実認定がされることになるのであり、例えば、上記外形的事実を裏付ける証拠が被保険者の供述しかないような事例においても、その信用性が高く、これに反する証拠がないか又は弱いような場合には、上記外形的事実が認められることもあり得る」[注40]ことは当然であろう。

◆岡野谷　知　広◆

判 例 48

最高裁平成19年7月6日判決[注41]
　掲　載　誌：民集61巻5号1955頁・判時1984号108頁・判タ1251号148頁
　原　　　審：東京高判平18・10・25民集61巻5号1971頁参照
　原　々　審：東京地判平18・1・19民集61巻5号1964頁参照

災害補償共済規約が「被共済者が急激かつ偶然の外来の事故で身体に傷害を受けたこと」を補償費の支払事由と定め，これとは別に「被共済者の疾病によって生じた傷害については，補償費を支払わない」との規定を置いている場合，補償費の支払を請求する者は，被共済者の身体の外部からの作用による事故と被共済者の傷害との間に相当因果関係があることを主張・立証すれば足り，上記傷害が被共済者の疾病を原因として生じたものでないことを主張・立証すべき責任を負わないとされた事例

事　案

(1)　中小企業を対象とした災害補償共済事業等を行うYの会員であるXが，Yに対し，Yの災害補償に関する規約に基づき，被共済者がもちをのどに詰まらせて窒息し，低酸素脳症による後遺障害が残ったことについて，補償費の支払を請求する事案である。

(2)　事実関係の概要等は，次のとおりである。
　(a)　Yは，中小企業を対象とした災害補償共済事業等を行う財団法人である。Xは，平成10年6月2日，被共済者をX代表者Cの夫であるAと定めて，Yの会員となった。
　(b)　Yの規約（以下，「本件規約」という。）には，災害補償について次のような定めがあった。
　　①（共済金受取人）Yは，会員の定めた被共済者に災害が発生したときは，本件規約に基づき会員に補償費を支払う。
　　②（災害の定義）本件規約の災害とは，急激かつ偶然の外来の事故で身体に傷害を受けたものをいう。
　　③（補償の免責）Yは，被共済者の疾病，脳疾患，心神喪失，泥酔，犯罪

注40)　髙橋・前掲注37）115頁。
注41)　最高裁調査官解説として中村心〔判解〕・ジュリ1351号（2008）109頁，評釈として山野嘉朗・重判解平成19年度〔ジュリ臨増1354号〕（2008）119頁，榊素寛・判評604号（判時2036号）（2009）12頁，竹濵修・リマークス37号（2008）108頁，藤井正夫・主判解平成19年度〔別冊判タ22号〕（2008）172頁，永石一郎〔判批〕・金判1285号（2008）10頁，戸出正夫〔判批〕・損害保険研究69巻4号（2008）159頁，白井正和〔判批〕・法協125巻11号（2008）2622頁。

行為，闘争行為，自殺行為または重大な過失によって生じた傷害については，補償費を支払わない。
(c) Aは，平成15年8月，医師からパーキンソン病と診断された。パーキンソン病の患者にはえん下機能障害の症状が出ることがあるが，Aについては飲食に支障はなく，医師から食事に関する指導等はされていなかった。
(d) Aは，平成17年2月3日，昼食のもちをのどに詰まらせて窒息し（以下，「本件事故」という。），直ちに病院で蘇生処置を受けたが，低酸素脳症による意識障害が残り，常に介護を要する状態になった。
(3) Yは，本件事故はAの疾病を原因として生じたものであるから，Aは外来の事故で傷害を受けたものであるとはいえないなどと主張している。

原審の判断

原審は，次のとおり判断して，Xの請求を認容すべきものとした。
(1) 本件規約に基づき補償費を請求する者（以下，「請求者」という。）は，被共済者が外来の事故で身体に傷害を受けたことを主張・立証すべき責任を負うが，疾病など内部的な原因がなかったことまで主張・立証しなければならないものではない。
(2) 本件事故は，Aがその身体の外にあったもちをのどに詰まらせて窒息したというものであるから，Aは急激かつ偶然の外来の事故に該当する本件事故により傷害を受けたと認められる。そして，本件事故がAの疾病によって生じたことを認めるに足りる証拠はない。

判　旨

「本件規約は，補償費の支払事由を被共済者が急激かつ偶然の外来の事故で身体に傷害を受けたことと定めているが，ここにいう外来の事故とは，その文言上，被共済者の身体の外部からの作用（以下，単に「外部からの作用」という。）による事故をいうものであると解される。そして，本件規約は，この規定とは別に，補償の免責規定として，被共済者の疾病によって生じた傷害については補償費を支払わない旨の規定を置いている。
このような本件規約の文言や構造に照らせば，請求者は，外部からの作用による事故と被共済者の傷害との間に相当因果関係があることを主張，立証すれば足り，被共済者の傷害が被共済者の疾病を原因として生じたものではないことまで主張，立証すべき責任を負うものではないというべきである。」
（上告棄却）

| 参照条文 | 保険法（旧商法第2編第10章保険），民法91条 |

解　説

(1) 共済契約と保険契約

　本件は共済契約が問題となったものであるが，共済契約の一般的なしくみは，一定の者が集まって掛金を拠出しその中で事故や災害に遭った者がいるときは拠出しあった掛金を原資として補償をするというもので，保険契約と同様の機能を有する（それゆえ，保険法では保険契約と実質を同じくする共済契約もその対象としている〔2条1号〕。）。

　本件規約によれば，被共済者に災害（急激かつ偶然の外来の事故で身体に傷害を受けたもの）が発生したときは，財団法人がその会員に補償費を支払うとされ，他方，補償の免責規定として，被共済者の疾病によって生じた傷害については補償費を支払わないとされており，その基本的構造は損害保険会社の傷害保険普通保険約款と共通である。

　(平成20年改正前) 商法は保険契約を生命保険と損害保険の二種に分類するが，講学上はこれとは別の類型として傷害保険が挙げられてきた（なお保険法では傷害疾病保険に関する規定が新設された。）。傷害保険とは，被保険者が「急激かつ偶然な外来の事故」によって身体に傷害を被ったときに保険金が支払われるものをいう。

　傷害保険において事故の「外来性」（身体の外部からの作用によるもの）が要件とされるのは，疾病など身体内部の原因による傷害を支払事由から排除するためである。

(2) 事故の「外来性」が問題となる場合

　裁判等において「外来の事故による傷害」に該当するか否かが問題となるのは，疾病と外部からの作用の双方により傷害が発生した場合である。この場合，外部的作用が先行しその後疾病が発生して身体障害に至る場合（外部的作用先行型──たとえば転倒事故による外傷から進入した菌により破傷風になった場合）には，疾

病が外部的作用を原因として発生したという相当因果関係が認められる限りで，傷害の直接原因が疾病であっても，外来性は認められる（因果関係の立証には困難が伴う事案が多いと思われるが，この結論自体に異論はない。）。

これに対し既存の疾病を原因として外部からの作用を招き身体傷害に至った場合（疾病先行型——たとえば入浴中の脳疾患や心臓疾患の発作により意識を失い溺死した場合）には，従前の多くの裁判例や学説は，傷害の直接原因のみならずそれを招いた原因（間接原因）もまた外来性を充足する必要があるとの前提に立ち，「外来の事故による傷害」に該当しないと判断してきた[注42]。

(3) 本判決の位置づけ

本判決は，疾病先行型の事案において，傷害の直接の原因が外部からの作用によるものであれば（外部からの作用を招いた原因が疾病であっても）外来性要件を満たすと判断したものである。本判決はその根拠を，本件規約が，補償費の支払事由を被共済者が急激かつ偶然の外来の事故で身体に傷害を受けたことと定め，これとは別に免責規定として，被共済者の疾病によって生じた傷害については補償費を支払わない旨の規定を置いているという「本件規約の文言や構造」に求めた。すなわち，本判決は，本件規約を，疾病先行型の事案において傷害の直接の原因が外部からの作用によるものであれば（疾病が間接原因であったとしても）支払事由に該当することを前提として，外部からの作用を招いた原因が疾病である場合を免責事由としたものと解した。規約規定をこのように解することにより，当該免責規定を支払事由に該当する事実と両立する事実を免責事由とする実質的な規定であると理解したのである[注43]。

本判決は，本件規約を上記のように解釈した結果，「請求者は，外部からの作用による事故と被共済者の傷害との間に相当因果関係があることを主張，立

[注42] 福岡高判平8・4・25判時1577号126頁，東京高判平9・9・25判夕969号245頁，東京地判平12・9・19判夕1086号292頁，山下友信『保険法』（有斐閣，2005）481頁など。ただし江頭・前掲注16) 522頁。

[注43] この点で，本判決は，[判例45] 最判平13・4・20民集55巻3号682頁が，「偶発的な事故による傷害」という支払事由と両立しない事実である「故意によって生じた傷害」には保険金を支払わないとする規定を「災害死亡保険金が支払われない場合を確認的注意的に規定した」ものにとどまる，と解したのとは対極的な理解をしたものである。

証すれば足り，被共済者の傷害が被共済者の疾病を原因として生じたものではないことまで主張，立証すべき責任を負うべきものではない」と結論づけた。それゆえ，外部からの作用を招いた原因（傷害の間接原因）が疾病であることは保険会社が主張立証責任を負い，この点が不明であるときは請求が認められることになる。

請求原因（Kg）	抗　弁（E）
(1)　Yとの間でXを共済金（補償費）受取人とする共済契約を締結したこと（被共済者，共済金受取人，補償費の金額を含む。） (2)　支払事由（「被共済者に災害が発生したとき」）が発生したこと 　①　急激かつ偶然の外来*の事故が発生したこと 　②　被共済者が身体に傷害を受けたこと 　③　事故と傷害との間に相当因果関係が存すること	傷害が被共済者の疾病等を原因として生じたものであること**

　*　「外来の事故」とは被共済者の身体の外部からの作用による事故をいい（本件判旨，当該外部からの作用を招いた原因が疾病である場合をも含む。
　**外部からの作用を招いた原因が疾病等である場合を指す。

実務上の指針

(1)　本判決の射程

　本判決は災害補償共済事業を行う財団法人の共済規約の解釈を示したものであるが，当該規約は基本的な構造において傷害保険普通保険約款と共通であるから，実質的な射程は同約款の解釈にも及ぶであろう。

　また本判決は，外部からの作用によって傷害が生じたことは間違いないものの外部からの作用を招いた原因（傷害の間接原因）が疾病であることが疑われる事案につき，保険金請求者は，疾病が間接的な原因でないことまでの主張・立証を要するかという点に関して判断を示したものである（このような類型としては，入浴中の溺死につき溺水原因が転倒等の事故によるものか心疾患等による意識喪失によるものか不明である事案などが考えられる。）。したがって，外部からの作用の存在自体が争われる事案（浴槽内で死亡していたがその死因が溺死であるか病死であるかが不

明である事案など）については，傷害が外部からの作用により生じたこと（死因が溺死であること）を請求者が主張・立証しなければならないことに変わりはない。

(2) 関連判例の動向

本判決後の最判平19・10・19（判時1990号144頁）は，自動車総合保険契約の人身傷害補償特約が，「自動車の運行に起因する事故等に該当する急激かつ偶然な外来の事故により，被保険者が身体に傷害を被ること」を支払事由と定め，被保険者の疾病によって生じた傷害に対しては保険金を支払わない旨の規定を置いていない場合には，運行事故が被保険者の疾病によって生じたときであっても保険者は保険金支払義務を負い，保険金請求者は運行事故と傷害との間に相当因果関係があることを主張・立証すれば足りる旨判示した。

当該判決に従えば，疾病免責条項を置いていない傷害保険にあっては，外来の事故が被保険者の疾病によって生じた場合（自動車運転中の心臓発作が原因で事故が発生し傷害が生じた場合や，入浴中の溺死の原因が発作による意識喪失である場合など）であっても，保険者は保険金支払義務を一切免れえないことになる。当該判決は自動車の運行事故（交通事故）のみを対象とする傷害保険（自動車総合保険契約の人身傷害補償特約）についての判断であり当該保険（特約）の特殊性が考慮されたと見る余地はあるものの，その実質的射程が傷害保険契約一般にまで及ぶとすれば，生命保険契約の特約として付加される災害関係特約（これには疾病免責規定は設けられていない。）の実務に与える影響は大きいと思われる。それゆえ，今後は，生命保険会社において災害関係特約に疾病免責条項を導入するなどの対応が検討されることも予想される[注44]。

◆岡野谷　知　広◆

注44) 杉野嘉彦＝小林三世治「不慮の事故の外来性の検討」生命保険論集164号（2008）289頁。

Ⅱ 調査嘱託

1 概　説

(1) 調査嘱託（民訴186条）の意義

　調査嘱託とは証拠調べの公正さに疑問を生じさせるおそれのない事項について，裁判所は必要な調査を委託することにより獲得した調査報告を証拠資料とする簡易・迅速な証拠調べの方法である[注1]。

　民訴法では，証拠調べの公正さを確保するために，証人尋問における宣誓や反対尋問権の保障等種々の規制を設けている。しかし，公正さに疑問を抱かせないような客観的な事項については，このような証拠調べの規制は必ずしも必要ではないことから，かかる簡易・迅速な証拠調べ方法が認められた。

　調査嘱託先に意見を求めるのではなく，手元の資料から容易に結論の得られる事項に関して報告を求めるものである[注2]。

(2) 嘱　託　先

　民訴法186条の条文にあるように，嘱託先は公私の団体であり，自然人には嘱託できない。自然人に対しては，証人尋問または鑑定の方法による。

　なお，嘱託先が嘱託に応じなかった場合の直接の制裁規定はない。

(3) 回答がきた場合の証拠として採用する方法

　判例は，「調査の嘱託によって得られた回答書等の調査結果を証拠とするには，裁判所がこれを口頭弁論において提示して当事者に意見陳述の機会を与えれば足り，当事者の援用は要しない。」[注3]とする。

注1）　河野・484頁。
注2）　基本法コンメⅡ・168～169頁。

(4) 類似制度
　(a)　**民事訴訟法151条1項6号の調査嘱託**
　民訴法186条の調査嘱託は証拠調べの一方法であるが，民訴法151条1項6号の釈明処分としての調査嘱託は，訴訟関係を明瞭にするためのものであり，専門家の鑑定意見などを参考にしながら争点整理を行うことが有益であるとの考慮に基づく制度である。
　争いのある事実を証拠により認定するための証拠調べではなく，あくまで審理対象となる事実や争点を明瞭にして，審理の充実・促進を図るためのものであって，狭義の弁論ないし争点整理のための手段である。
　(b)　**民事訴訟法218条1項の官公署に対する調査嘱託**
　「鑑定」の嘱託であって，嘱託先に対して，一定の事項について専門的意見を求めるものであり，手許の資料から容易に調査することのできる客観的事項に対し「報告」を求める調査嘱託とは異なる。

(5) 訴え提起前の調査嘱託（民訴132条の4第1項2号）
　訴え提起前の調査嘱託とは平成15年の民訴法改正により導入された制度であるが，提訴予告通知者および被予告通知者（回答者）は，訴え提起前に，裁判所に対して調査嘱託等の証拠収集のための処分を求めることができる。この場合，裁判所は，相手方の意見を聴かなければならない。この意見聴取は申立てを認めて提訴前証拠収集処分を行う場合には必要的であるが，申立てを却下ないし棄却する場合には行う必要はない。
　将来，訴えを提起した後改めて，この手続で収集した証拠について書証の申出をする等の手続を履践する必要がある。

注3）　最判昭45・3・26民集24巻3号165頁。

2 判　例

判　例 49

大阪高裁平成19年１月30日判決[注4]
掲　載　誌：判時1962号78頁・金判1263号25頁・金法1799号56頁
原　　　審：大阪地判平18・2・22判タ1218号253頁・判時1962号85頁参
　　　　　　照

弁護士法23条の２所定の照会，民訴法186条所定の調査嘱託に対する報告義務と不法行為責任

事　案

(1)　X_1（株式会社）は，資金繰りのため，いわゆるシステム金融業者[注5]であるAから貸付けを受け，Aの指示に従い小切手（以下，「本件小切手」という。）を送付していた（郵便局留めによる。）。

(2)　X_1は，債務整理を弁護士に依頼し，弁護士法23条の２に基づく弁護士会照会によって，Aと称する者の電話番号で契約している者がB株式会社であることが判明した。

また，Y銀行が本件小切手の持参人から取立委任を受け手形交換所において本件小切手の支払呈示をした。そこで，X_1が小切手の異議申立手続をした結果，本件小切手の裏面に「C」と記載されていることが判明した。

このことから，X_1に債務整理の依頼をされた弁護士が，Y銀行を照会先とし，相手方をB社としてC名義の預金口座（以下，「本件預金口座」という。）を有する者の住所，電話番号の報告を弁護士会照会で求めたが，Y銀行は顧客に対する守秘義務を負っており，顧客の了解を得られないので，弁護士会照会に応じなかった。

(3)　その後，X_1は，B社とCを相手に債務不存在確認訴訟を提起し，特定個人（C）の住所および電話番号につき調査嘱託の申出をし，裁判所が，Yに対し

注4）　前田陽一〔判批〕・民法判例レビュー98〔臨増判タ1249号〕（2007）51頁，本多正樹〔判批〕・ジュリ1373号（2009）131頁，平城恭子・主判解平成19年度〔別冊判タ22号〕（2008）120頁。

注5）　システム金融業者とは，主に企業に対しダイレクトメールなどで融資の勧誘を行い，融資の申込みにつき面談など行わず申込者に手形ないし小切手を郵送させるだけで融資をする，貸金登録をしていない無登録業者，ヤミ金融業者のことである。多くは郵便局留めで手形，小切手を送付させるため実体が掴みにくい。

調査嘱託をしたところ，YがCの了解が得られなかったので回答できない旨回答した。
　(4)　そこで，X₁とX₂は，Yに対して調査嘱託の拒否が不法行為にあたるとして，損害賠償を請求した事案である（なお，本件訴訟では，他の銀行による弁護士会照会に対する回答拒否についても不法行為にあたるとして損害賠償請求をしているが，その部分については，割愛する。）。
　(5)　原審は，Yの嘱託をした裁判所に対する報告義務違反を認めたが，過失がなかったとして不法行為を否定し，Xらの請求を棄却した。
　そして，Xらは，控訴した。

判　旨

　(1)　「本件調査嘱託の法的根拠は，民訴法151条1項6号，2項，186条であり，同法151条1項は『裁判所は，訴訟関係を明瞭にするために，次に掲げる処分をすることができる。』と規定し，同項6号で『調査を嘱託すること。』が挙げられ，同条2項で準用される同法186条は『裁判所は，必要な調査を官庁若しくは公署，外国の官庁若しくは公署又は学校，商工会議所，取引所その他の団体に嘱託することができる』旨規定している。この調査の嘱託は，十分な設備を有する官庁や会社など，公私の団体を利用して，裁判所の判断に必要な事実の調査報告を徴する特別な方法であり，その報告書作成過程に過誤のないことが期待されるような事項，すなわち手許にある客観的資料から容易に結果の得られる事項について報告させることにより，簡易迅速に訴訟関係を明瞭にすることができるものとする趣旨で設けられたものであると解される。そして，この調査嘱託は，民事訴訟を審理する裁判所が，職権で，当該事件の審理をする上で必要であると判断した事項についてされるもので，その回答は直接に国の司法作用のために供されるのであり，民事訴訟法において明文で上記規定が定められたものであることに照らしても，これに応じなかった場合の制裁を直接に定めた規定が民訴法その他の法律にはないものの，嘱託を受けた民訴法186条所定の公私の団体は，裁判所に対し，これに応じる公的な義務を負うことは明らかであると解される（なお，民訴費用法20条1項によれば，嘱託を受けた上記の公私の団体は，請求により，報酬及び必要な費用が支給されるものと定められている。）。」
　(2)　弁護士会照会および本件調査嘱託を受けたY〔被控訴人〕らの上記回答義務が何らかの制約を受けるのかどうかが一応問題となるところ，それについては，以下のとおり，Yらの上記回答義務は，「何らの制約も受けないものであって，Yらは，……本件調査嘱託を受けた以上，調査を嘱託された情報が法人又は他の団体の情報であるときはむろん，個人の情報であっても，

それらの者の同意の有無に関わらず，嘱託をした裁判所に対し，求められた上記各情報について当然に回答義務を負うものと解される。
　なぜなら，……民訴法151条1項6号に基づくものであるか同法186条に基づくものであるかを問わず，裁判所がする調査嘱託も，……民訴法その他の法律において個人情報についての除外規定や制限規定などはなく，いずれも，その根拠および手続要件が民訴法によって明文規定で定められたもので，それらの法律上の趣旨は上記のとおりであって，……裁判所が事件の審理や事案の解明のために必要であると判断した情報が個人情報であるとの理由でその取得を制限されるのであれば，……民訴法の趣旨が没却され，必要な事実関係の解明を追求する国の司法制度は維持できなくなってしまうものであり，この理は，Ｙが銀行として，司法警察職員や検察官の刑事事件の捜査に協力するために個人情報の提供をする場合（刑訴法189条，191条，197条2項ほか），税務当局の税務調査に応じて個人情報を提供する場合（所得税法234条，法人税法153条，相続税法60条ほか），更には，銀行法24条及び25条に基づいて，監督官庁に個人情報が含まれる情報を提供するなどする場合と同様と解されるからである。したがって，Ｙらとその顧客との間で，仮に顧客の同意がない限りその個人情報をＹが第三者に提供することを禁止するとの明示の契約をした場合であっても，そのような契約は，法律に基づいて上記のように裁判所に個人情報を提供することまで禁止する限度において，公の秩序に反するもので無効であると解される。」
　(3)　「平成15年5月30日から個人情報保護法が施行され，同法によって個人情報の保護に関する諸規定が明文で定められ，その23条1項においても，個人情報取扱事業者（個人情報を含む情報の集合物で電子計算機を用いて検索することができるように体系的に構成したもの等を事業の用に供している者，同法2条1ないし3項参照）は，本人の同意を得ないで個人データを第三者に提供することを原則として禁止されることになったが，法令に基づく場合（同法23条1項1号），国の機関若しくは地方公共団体又はその委託を受けた者が法令の定める事務を遂行することに対して協力する必要がある場合であって，本人の同意を得ることにより当該事務の遂行に支障を及ぼすおそれがあるとき（同項2号）などは除外されており，……裁判所の調査嘱託に対する回答の場合には，正に前記の法令に基づく場合（同法23条1項1号）に該当するもので，結局，これらの規定は，前記のような趣旨を明文化したものと考えられる（行政機関の保有する個人情報の保護に関する法律8条1項，独立行政法人等の保有する個人情報の保護に関する法律9条1項にも同趣旨の規定があるが，これらも同様に解される。）。」
　(4)　「本件事実関係の下で，Ｙが，……本件調査嘱託に対していずれも回答しなかったことは，……裁判所に対する公的義務に違反したものというほかはない。」
　(5)　なお，本判決ではＹの報告拒否行為が「裁判所に対する公的な義務」

に違反するものではあるが，原則的には，控訴人らの個々の権利を侵害するものではなく，またＸ〔控訴人〕らの法的に保護された利益を侵害するものとまでもいえないもので，民法709条の「他人の権利又は法律上保護される利益を侵害した」との要件にはあたらないものと解され，Ｙの報告拒否行為がＸらに対する関係で不法行為になるとは認められないとされた。(控訴棄却，上告)

参照条文　民事訴訟法186条・151条１項６号・２項，民訴費用等に関する法律20条１項，個人情報保護法２条１項・23条１項１号，民法709条

解　説

本件の争点は，①調査嘱託を受けた者に報告義務があるか，②報告の拒否が不法行為にあたるか，である。

(1)　調査嘱託に対する報告義務の有無

調査嘱託による調査対象者の義務の有無については，解釈が分かれており，簡易な証拠調べ手続として位置づけられる手続にすぎないところ，訴訟法上の義務を課すものではない[注6]と論じられることもあるが，本判決は，調査嘱託にはこれに応じなかった場合の制裁を直接定めた規定はないものの，裁判所に対してこれに応じる「公的義務」を負うと判示し，義務性を肯定した。

そのうえで，調査嘱託を受けた側の回答義務の制約について，個人情報保護法，プライバシーの観点から何らの制約を受けないものであって，個人の情報といえどもその者の同意の有無にかかわらず，嘱託をした裁判所に対し，求められた情報について当然に回答義務を負うと判示した。

(2)　報告拒否の不法行為の該当性

本判決は，調査嘱託に回答すべき法的義務は，司法制度上の重要な役割を担

注6)　伊藤・246頁。

う国の司法機関である裁判所に対する公的な義務であって，必ずしもそれを利用する個々の個人に対する関係での義務ではないとして，個々に回答を求める権利を有するものとされているわけではないとしている。

また，他の法制度との比較において本件のような場合に個々人が直接に調査嘱託に回答を求める実定法上の権利を有することを肯認する根拠規定が見あたらないこと等を指摘したうえで，本件におけるＹの回答拒否はＸらの個々の権利，法的に保護された利益を侵害するものとまではいえないとして，不法行為の成立を否定した(注7)。

実務上の指針

(1) 個人情報についての調査嘱託

本判決で問題とされた調査嘱託の調査内容は，企業の顧客の情報でありそれらが生存する個人に関する情報であったことから，企業の取引契約上の付随義務である「顧客の個人情報をみだりに第三者に提供してはならない」こととの抵触が問題となって，調査対象者が回答を拒否したことに端を発した。

本判決は，調査嘱託の調査対象者には公的な義務が認められ，個人情報であっても，その者の同意の有無にかかわらず，当然に回答義務を負うと判示し，まさに調査嘱託は法令に基づく場合（個人情報23条1項1号）にあたるから，企業が上記のような義務を有していたとしても，例外に該当し，回答する義務を負うとしている。

(2) 前科および犯罪経歴について

個人情報のなかでも，前科および犯罪経歴については，他の個人情報とは相当にその性格を異にすることに注意を要する。

注7） その後，東京地判平21・6・19判時2058号75頁も，本判決と同様に，嘱託先が負う義務は「嘱託先が調査嘱託の申立てをした当事者に対して負担する法的義務」ではないとして，「嘱託先が本件調査嘱託に応じなかったことをもって，本件調査嘱託の申立人である原告に対する職務上の法的義務に違背したことになるとはいえず，別件訴訟における原告の法律上保護された利益を侵害したということもできない。」と判示している。

本判決も，前科および犯罪経歴については「法令上，その情報自体が秘密情報として，官公署の極めて限定された特定の部署に厳重に保管されることが予定され，選挙人名簿被登録資格調査や裁判，その他極めて限定された行政及び司法手続のためのみに使用することが予定された情報であるといえるから，銀行が保管する個人情報とは同一に論じられない」と判示している[注8]。

◆寺﨑　　京◆

注8）　前科の照会につき，最判昭56・4・14民集35巻3号620頁参照。

III 文書送付嘱託

1 概　説

(1) 文書送付嘱託（民訴226条）の意義

　文書送付嘱託とは，「当事者が裁判所から文書の所持者に対して文書の提出を依頼するようもとめるもの」[注1]である。

　書証の審理のためには，当事者が裁判所に提出する方法および裁判所に提出命令を申し立てる方法（民訴219条）に加えて，民訴法226条に定める嘱託の申立ての方法がある。

　ただし，民事の訴訟記録（民訴91条3項），不動産の登記事項証明書（不登119条1項），会社の登記事項証明書（商登11条），戸籍（戸籍10条1項），特許に関する証明等（特許186条）など，当事者が法令により文書の所持者に文書の正本または謄本の交付を求めることができる場合には，当事者自らがその交付を受けてこれを書証として提出すべきであるから，文書送付嘱託申立ての方法によることはできない（民訴226条ただし書）。

(2) 嘱託先

　文書送付嘱託は，文書の提出義務を負わない者だけでなく，文書の提出義務を負っている者に対しても用いることができるが，民訴法226条の嘱託先は，これに応じなくとも直接の制裁規定は存在しない。

　裁判所が当事者の申立てを認めるときは，送付嘱託の決定をするが，この決定に対して独立の不服申立ては認められない。また，申立却下の決定に対しても独立の不服申立ては認められない。

　なお，従前，不起訴記録については刑事訴訟法47条により原則として公に

注1）　中野ほか・326頁。

してはならないとされてきたが，現在，不起訴記録中の「客観的証拠」「供述証拠」「目撃者の特定のための情報」につき，それぞれ法務省の示した指針における要件を満たせば，文書送付嘱託により開示を受けうる[注2]。

(3) 文書が送付された場合の証拠として採用する方法

送付された文書は，当然に証拠調べの対象となるものではない（この点，調査嘱託の結果と異なる。）。

送付嘱託は書証の申出の方法の一つであるが，文書の提出および文書提出命令の申立てと異なり，書証の申出の準備を兼ねるものであるから，送付された文書が直ちに証拠となるものではない[注3]。

当事者は，改めて必要なものを証拠として裁判所に提出し，裁判所は，当事者が証拠として指定したもの以外は証拠調べを必要としない[注4]。

(4) 類似制度

記録提示の申出（実務では「記録の取寄せ」ともいう。）とは，受訴裁判所が属する（国法上の）裁判所に保管中の訴訟記録について書証申出をすることである。

当事者および利害関係人以外の者が別の国法上の裁判所が保管する訴訟記録について書証申出をするときは，送付嘱託による[注5]。

(5) 訴え提起前の文書送付嘱託（民訴132条の4第1項1号）

平成15年の民訴法改正により新たに設置された制度として，提訴予告通知者および被予告通知者（回答者）は，訴え提起前に，裁判所に対して文書送付嘱託を求めることができる。この場合，裁判所は，相手方の意見を聴かなければならない。この意見聴取は申立てを認めて提訴前証拠収集処分を行う場合には必要的であるが，申立てを却下ないし棄却する場合には行う必要はない。

注2) 各要件等については，法務省ホームページ「不起訴事件記録の開示について」を参照。
注3) 梅本・860頁。
注4) 最判昭45・12・4裁集民101号627頁。
注5) 以上，裁判所職員総合研修所監修『民事実務講義案Ⅰ〔4訂版〕』（司法協会，2008）161頁。

2 判　例

判　例 50

大阪高裁平成19年2月20日判決[注6)]
　掲載誌：判夕1263号301頁
　原　審：大津地判平18・10・2（平成17年（ワ）第596号）

裁判所の文書送付嘱託に応じて文書を送付することは個人情報保護法23条1項1号の「法令に基づく場合」にあたり、個人データの第三者への提供が同項により制限されることはないとされた事例

事　案

(1)　XはAを加害者とする交通事故に遭い、頸部捻挫の傷害を負い、医師であるYが営む診療所に通院し治療を受けた。
(2)　XはAを相手方として上記事故による損害賠償を求める民事調停をB簡易裁判所に申し立てた。B簡易裁判所はAの申出により、Yに対し「Xに関する診療録、検査記録、その他同人に対する治療に関する一切の記録」文書の送付嘱託を決定し、送付を嘱託した。
(3)　Yは上記嘱託を受け、B簡易裁判所に対し診療記録等の文書を送付した。
(4)　Xは、上記YのB簡易裁判所に対する診療記録等の送付が、Xのプライバシーを違法に侵害する不法行為にあたると主張して、損害賠償を請求した事案である（本訴訟では、Yが加害者側の保険会社に対しXの診断書を作成交付したことについても不法行為であるとして損害賠償を請求しているが、本項目では割愛する。）。

判　旨

(1)　「文書送付嘱託は、民事訴訟法226条ないしはこれに準拠する法令の規定に基づき、裁判所が通常は当事者双方の意見をも聴いた上で民事に関する紛争の解決のために必要があると認めて嘱託するものである。そして、民事訴訟、民事調停などの民事紛争の解決のための法的手続は、単に個人の権利の実現を図るのみでなく、訴えあるいは申立てに基づき、国家機関である裁

注6)　柳井圭子〔判批〕・年報医事法学24号（2009）126頁。

判所において，公正かつ公平な立場から，これを裁き，あるいは調停することを通じて，民事紛争を迅速，適正かつ実効的に，そして可能な限り円満に解決し，円滑な経済活動や社会の安定と平穏の維持に資するという公共の福祉を図る目的で制度が設けられ，運営されている。その意味で，円滑な経済活動や平和な社会・国家の維持発展の基本にかかわる極めて公益性の高い重要な制度である。

　文書送付嘱託の制度は，民事紛争解決制度が有するこのような高い公益性に鑑み，法律に特に規定を設け，裁判所が，訴訟等の当事者以外の第三者に対し，文書の送付を嘱託することができる権限を有することを明文で定めたものである。したがって，このような規定が特に置かれていることは，単に裁判所の権限を定めるにとどまらず，その反面において，文書の送付の嘱託を受ける第三者が，上記の公益に資する観点から文書を送付すべき社会的な責務を負うことを明らかにする趣旨をも含むと解すべきである。」

　(2)　「そうであるとすれば，個人のプライバシーに関する文書につき裁判所の送付嘱託を受けた者が，これに応じて当該嘱託に係る文書を裁判所に送付することは，文書送付嘱託の制度を定めた法令の趣旨に従い，送付嘱託によって負うべき社会的責務を果たし，民事紛争の適正かつ実効的な解決という公益に寄与するために行った正当な行為であると評価されるべきものであり，このような評価を覆すほどの特段の事情のない限り，違法性が阻却されると解すべきである。

　そして，このような民事紛争の適正かつ実効的な解決という公益は，プライバシーを有する個人の判断いかんにより単純に左右されるべきものではないから，本人の同意がないまま個人のプライバシーに関する文書を送付したからといって，そのことによって正当行為であるという上記の評価が直ちに失われるものではない。」

　(3)　「裁判所の文書送付嘱託は，上記のとおり，民事紛争の適正かつ実効的な解決という高い公益的な必要性に基づき，法律の規定に基づいてされるものである。個人情報保護法23条１項１号は，法令に基づく場合には，同項の規定は適用されないことを定めており，当然のことながら，裁判所の文書送付嘱託があった場合も，公益に基づき特に定められた法令の規定に基づく嘱託に応ずるのであるから，同項に定める法令に基づく場合に当たる。

　文書送付が直接強制されない，あるいは罰則により間接的に強制されないとしても，送付嘱託自体が法令に基づいてなされる以上，これに応ずることも法令に基づく場合に当り，個人情報保護法23条１項の規定が適用されないことに変わりはない。

　したがって，裁判所の文書送付嘱託があった場合には，個人情報保護法23条１項によって個人データを本人の同意なく第三者に提供することが禁止されるものではない。」

　(4)　「本件においては，文書を送付して民事紛争の適正かつ実効的な解決

に寄与するという公益に照らしても，文書の内容性質等に鑑み敢えてこれを違法な不法行為と評価すべきほどX〔控訴人〕のプライバシーの利益を保護しなければならない特段の事情があったとは，認められない。

むしろ，本件においては，X自らが申し立てた本件事故による損害賠償を求める民事調停事件において，その損害の最も重要な算定根拠となる傷害の治療経過に関する診療録等の送付嘱託がなされたにすぎない。

このような裁判所の文書送付嘱託に応じて診療録等を送付することは，民事に関する紛争の迅速，適正かつ円満な解決に寄与するという極めて高い公益に直接寄与する行為であるといえる。

他方，本件文書がXの同意がないまま送付されたとしても，Xは，損害賠償を請求するために通常明らかにする必要がある診療録等の資料が裁判所に提出され，本件調停の相手方にも明らかにされるにすぎない。すなわち，損害賠償を請求する以上，通常であれば当然に相手方に明らかにすべき範囲においてプライバシーが明らかになるにすぎない。このような控訴人のプライバシーの利益が，上記民事紛争解決の公益を上回るようなものでないことは明らかである。」（控訴棄却，上告）

参照条文 民事訴訟法226条，民事調停規則12条5項，個人情報保護23条1項1号，民法1条1項・709条

解　説

(1) 個人情報と民事訴訟手続との関係について

文書送付嘱託については，被嘱託者が応じなかった場合の罰則規定がないこと等から文書提出命令の制度（民訴223条1項）と異なり，官公署・公務員が送付嘱託を受けた場合には，これに応じて文書を送付すべき一般的な義務を負う（その根拠については，公法上の一般的義務があるなどと解されている。）が，私人については送付嘱託に応じる義務を認めない見解が通説であった[注7]。

平成15年以降，個人情報保護に関連する各法令が施行され，個人情報につ

注7）岩松三郎＝兼子一編『法律実務講座民事訴訟(3)第1審手続』（有斐閣，復刻版，1984）296頁，斎藤秀夫編『注解民事訴訟法(5)第1審手続Ⅱ』（第一法規出版，1977）233頁〔小室直人〕，注釈(7)〔田邊誠〕・139頁，高橋(下)・135頁，伊藤・399頁ほか。

いての権利意識が高まるなか，個人情報の含まれる文書についてトラブルを避けたい所持者が，本人の同意書を求めるといった回答がなされ，文書の送付に消極的な対応がなされることも少なくない状態となっていた。

　かような事態は，訴訟進行への支障もさることながら裁判の迅速かつ公正さへの影響が懸念された。

　そこで，近年の証拠収集方法の拡充と審理の充実を目的とする民訴法の改正の流れと相まって，上記通説のように送付嘱託を受けた文書の所持者がその嘱託に応ずべき義務について，官公署・公務員と私団体・私人とを区別する考え方につき再考がなされ始めた。

　憲法が国民に裁判を受ける権利（憲32条）を保障し，民訴法がその裁判に必要な証拠の収集または証拠調べの一方法として，調査嘱託と並んで，文書送付嘱託を規定していることからすれば，裁判所が文書の必要性を吟味し，その判断に基づいて文書送付を嘱託した場合には，その文書の所持者は，裁判所に対して，その嘱託に応じて文書を送付すべき一般的な公法上の義務を負うと解する注8)など，私人についても応答義務を認める動きがで始めている。

　本判決は，民事訴訟および文書送付嘱託制度の公益的意義を高く評価して，かかる観点から嘱託を受けた文書所持者の公的社会的責務を認め，裁判所の文書送付嘱託があった場合には，個人情報保護法23条1項1号「法令に基づく場合」にあたることを明確に判示し，個人データの第三者への提供が，個人情報保護法により制限されないとした。

　上記時流に沿い，私人に対する文書送付嘱託への応答義務につき積極的に解した裁判例として今後の一指針となるであろう。

(2)　送付嘱託に応じた場合と不法行為責任について

　嘱託に応じて，文書を送付し，それによって結果的に第三者の名誉・プライバシーを害したり，他人の秘密を明らかにしてしまった場合には，当該第三者に対する不法行為責任を負う余地があるか。

注8)　小島浩＝小野寺健太＝城阪由貴「個人情報保護規制と文書送付嘱託」判タ1218号（2006）24頁以下。

本判決は，上記のとおり嘱託を受けた文書所持者の公的社会的責務を認め，裁判所が診療録の文書送付嘱託をした場合には，医師が患者の同意を得ないで診療録を送付しても，特段の事情のない限り原則として，正当行為として違法性が阻却され，患者のプライバシーを違法に侵害する不法行為にはあたらないことを判示し，実務上の意義は大きい。

ただし，文書所持者が漫然とその嘱託に応じ文書を送付し，それによって結果的に第三者の名誉・プライバシーを害したり，他人の秘密を明らかにしてしまった場合には，当該第三者から不法行為または債務不履行に基づく損害賠償責任を追及される余地があることは否定できない。

この点，参考となるのは，弁護士法23条の2の照会に関する事案である[注9]。この事案は区長が弁護士会からの照会に応じて前科・犯罪歴に関する情報を弁護士会に報告したことが公権力の違法な行使にあたると判示し，慰謝料等の支払を命じているものである[注10]。

実務上の指針

(1) 送付を受けた裁判所の取扱い

文書送付嘱託により送付を受けた文書については，文書送付嘱託は証拠申出の準備行為と解されているところ，送付された文書は訴訟記録ではないため，民訴法91条の適用はなく，訴訟当事者以外の者は閲覧できない。

訴訟当事者は，文書送付嘱託の申立ての効果として，送付された文書を閲覧謄写できると解されているが，送付された文書に当事者または第三者のプライバシーに関する記載があって当事者に閲覧謄写させることが相当でない場合には，裁判長の訴訟指揮権によりその閲覧・謄写方法を制限・指定しうる[注11]。

注9) 最判昭56・4・14民集35巻3号620頁。
注10) 以上，小島ほか・前掲注8) 36～37頁。
注11) 文書提出命令事案であるが訴訟指揮権によりその閲覧・謄写方法を制限・指定した事例として，東京地判平10・7・31判時1658号178頁等。なお，文書送付嘱託にかかる文書の送付者の意向に従って，送付文書の一部につき閲覧を認めなかった書記官の処分が適法とされた事例がある（広島地決平6・2・28判タ875号278頁）。

(2) 訴訟当事者の取扱い

　実務上，文書送付嘱託は，裁判所が当事者双方の意見をも聴いたうえで，民事に関する紛争の解決のために必要があると認めて嘱託するものであるから（民訴180条1項，民訴規99条1項），裁判所が文書送付嘱託の申出を採用するに際しては個人情報保護の観点も考慮したうえで，なお必要性があると認めたものについてなされると考えられ，送付を受けた訴訟当事者は当該文書について慎重な取扱いをしなければならない。

　訴訟当事者が，送付文書を閲覧・謄写して当該訴訟の書証として提出する場合には，かかる書証については訴訟記録の一部として綴られるため，民訴法91条により訴訟当事者以外の第三者にも公開される。

　そのため，送付文書の取扱いには十分留意して，書証とする場合でも，送付された文書の中から自己の主張・立証に必要な文書のみを選別して提出し，場合によってはその一部をマスキングするなどして不必要に第三者の利益を害しないよう配慮をする必要がある。

◆寺﨑　京◆

Ⅳ 証人尋問

1 概 説

(1) 証人尋問の意義

証人尋問は証人に対して口頭で質問し，その者が経験した事実についての供述（証言）を証拠とする方法で行われる証拠調べである。証人とは，過去に知った事実を法廷で報告することを命じられた第三者である。特別の学識経験があったことにより知りえた過去の事実を報告する鑑定証人（民訴217条）も証人に属する。当該訴訟における当事者と法定代理人以外の第三者は，すべて証人となる資格（証人能力）を有する。

(2) 証人義務

わが国の裁判権に服する者はすべて出頭義務，宣誓義務，供述義務を負い，これらの義務を総称して証人義務という（民訴190条）。

(a) **出頭義務・宣誓義務**

証人として呼び出しを受けた場合に，正当な理由なく出頭しないと過料や罰金または拘留の制裁を受け（民訴192条・193条），勾引されることがある（民訴194条，民訴規111条）。また証人は若干の例外を除き宣誓する義務があり（民訴201条），正当な理由なく宣誓を拒むと不出頭の場合と同様の制裁を受け（同条5項。宣誓しなくてよい者，宣誓を免除される者，宣誓拒絶権を行使した者を除く。），また宣誓をした証人が虚偽の供述をすると偽証罪に問われる（刑169条）。

(b) **供述義務**

供述義務は証人義務の中核を構成し，正当な理由なく供述を拒めば，供述義務違反として制裁を受ける（民訴200条・192条・193条）。ただし，一定の範囲の証言拒絶権（民訴196条～199条）がある。

(3) 証言拒絶権①──自己負罪拒否権

証人本人または一定範囲の親族関係等にある者が刑事訴追を受け，または有罪判決もしくは名誉を害すべきおそれがある事項に関するときは，証人は，証言を拒むことができる。一定範囲の親族関係等にある者とは，①配偶者，四親等内の血族もしくは三親等内の姻族の関係にあり，またはあった者，②後見人と被後見人の関係にある者をいう（民訴196条1号・2号）。

(4) 証言拒絶権②──黙秘義務を負う場合

証人が法律上黙秘義務を負うときは，証言を拒むことができる（民訴197条1項）。黙秘の義務を免除された場合は，証言を拒否できない（同条2項）。

(a) 公務員等の場合

公務員または公務員であった者を証人として職務上の秘密について尋問する場合には，裁判所は，当該監督官庁の承認を得なければならない。衆議院もしくは参議院の議員またはその職にあった者についてはその院，内閣総理大臣その他の国務大臣またはその職にあった者については内閣の承認を得なければならない（民訴191条1項）。監督官庁は，公共の利益を害し，または公務の遂行に著しい支障を生じるおそれがある場合を除き，承認を拒むことはできない（同条2項）。承認がない場合，前記の証人は証言を拒むことができる（民訴197条1項1号）。

(b) 職務上他人の秘密を知りうる者の場合

医師，歯科医師，薬剤師，医薬品販売業者，助産師，弁護士，弁理士，弁護人，公証人，宗教，祈祷もしくは祭祀の職にある者またはこれらの職にあった者が，職務上知りえた事実で黙秘すべきものについて尋問を受ける場合，黙秘すべき義務を免除された場合を除き（民訴197条2項），証言を拒むことができる（同条1項2号）。「黙秘すべきもの」とは，一般に知られていない事実のうち，上記の職にある者に依頼した本人が，これを秘密にすることにつき単に主観的利益のみではなく，客観的にも保護に値する利益を有するものをいう[注1]。

(c) 技術または職業の秘密に関する事項について尋問を受ける場合

注1） 最決平16・11・26民集58巻8号2393頁。

技術または職業の秘密に関する事項について尋問を受ける場合，黙秘すべき義務を免除された場合を除き（民訴197条2項），証言を拒むことができる（同条1項3号）。「技術又は職業の秘密」について，判例は，その事項が公開されると，当該技術の有する社会的価値が下落し，これによる活動が困難になるものまたは当該職業に深刻な影響を与え，以後その遂行が困難になるものをいうとする注2)。

(5) 証言拒絶の手続

　証言を拒絶しようとする者は，証言拒絶の理由を疎明しなければならない（民訴198条）。受訴裁判所は，証言拒絶の当否について当事者を審尋して（民訴199条1項)注3)，決定で裁判する（同項）。この裁判に対して当事者および証人は，即時抗告をすることができる（同条2項）。証言拒絶に理由がないとする裁判が確定した後に，証人が正当な理由なく証言を拒む場合は，当該証人は制裁，処罰を受ける（民訴200条）。

注2）　最決平12・3・10民集54巻3号1073頁。
注3）　公務員の職務上の秘密を理由に証言拒絶をする場合は，当事者を審尋することはできない（民訴197条1項・87条3項）。

2 判　例

判　例 51

最高裁平成18年10月3日決定[注4]
　掲載誌：民集60巻8号2647頁・判時1954号34頁・判夕1228号114頁
　原　審：東京高決平18・3・17判時1939号23頁・判夕1205号113頁・
　　　　　民集60巻8号2685頁参照
　原々審：新潟地決平17・10・11判夕1205号118頁・民集60巻8号2678
　　　　　頁参照

民事事件において証人となった報道関係者が民訴法197条1項3号に基づいて取材源に係る証言を拒絶することができるかどうかは、当該取材源が職業の秘密にあたる場合においても、そのことから直ちに証言拒絶が認められるのではなく、そのうちの保護に値する秘密についてのみ認められるべきである。そして、保護に値する秘密であるかどうかは、秘密の公表によって生ずる不利益と証言の拒絶によって犠牲になる真実発見および裁判の公正との比較衡量によって決せられるとして、本件具体的事情の下においては、当該取材源に係る証言を拒絶することができるとした事例

事　案

　NHKなどの報道機関は、X（抗告人）らの関係する企業グループの日本における販売会社A社が、所得隠しをし、日本の国税当局から追徴課税を受けたことを報道したが、Y（相手方）は、NHK記者として、その報道に関する取材をした。Xらは、アメリカ合衆国の国税当局の職員が、日本の国税庁の税務官に対し、A社およびXらに関する税務情報を漏洩したことにより、国税庁の税務官を情報源として前記報道がなされ、その結果、Xらが株価の下落、配当の減少等による損害を被ったなどと主張して、合衆国を被告として、アリゾナ州地区連邦地方裁判所に対し、損害賠償請求の訴え（以下、「本件基本事件」という。）を提起した。本件基本事件のディスカバリーの手続中に、同連邦地方裁判所は、国際司法共助により、わが国の裁判所に、Yの証人尋問を嘱託した。当該嘱託に基づき、Yの住所地を管轄する原々審新潟地裁においてYに対する証人尋問が実施されたが、Yは、

注4）　小島浩・主判解平成19年度〔別冊判夕22号〕（2008）204頁、松本博之・重判解平成18年度〔ジュリ臨増1332号〕（2007）129頁、曽我部真裕・重判解平成18年度〔ジュリ臨増1332号〕（2007）20頁、川嶋四郎・リマークス36号（2008）126頁。

前記報道の取材源の特定に関する質問事項について，職業の秘密に該当することを理由として証言を拒絶した（以下，「本件証言拒絶」という。）。原々審は，本件証言拒絶には正当な理由があるとしてYの証言拒絶を認める決定をし，Xらは原審東京高裁に抗告したが，原審も本件証言拒絶には正当な理由があると認めて抗告を棄却した。この原決定に対してXらが許可抗告を申し立てたのが本決定である。

決定要旨

「民訴法は，公正な民事裁判の実現を目的として，何人も，証人として証言をすべき義務を負い（同法190条），一定の事由がある場合に限って例外的に証言を拒絶することができる旨定めている（同法196条，197条）。そして同法197条1項3号は，『職業の秘密に関する事項について尋問を受ける場合』には，証人は，証言を拒むことができると規定している。ここにいう『職業の秘密』とは，その事項が公開されると，当該職業に深刻な影響を与え以後その遂行が困難になるものをいうと解される（最高裁平成11年（許）第20号同12年3月10日第一小法廷決定・民集54巻3号1073頁参照）。もっとも，ある秘密が上記の意味での職業の秘密に当たる場合においても，そのことから直ちに証言拒絶が認められるものではなく，そのうち保護に値する秘密についてのみ証言拒絶権が認められると解すべきである。そして，保護に値する秘密であるかどうかは，秘密の公表によって生じる不利益と証言の拒絶によって犠牲になる真実発見及び裁判の公正との比較衡量により決せられるというべきである。

報道関係者の取材源は，一般に，それがみだりに開示されると，報道関係者と取材源となる者との間の信頼関係が損なわれ，将来にわたる自由で円滑な取材活動が妨げられることとなり，報道機関の業務に深刻な影響を与え以後その遂行が困難になると解されるので，取材源の秘密は職業の秘密に当たるというべきである。そして，当該取材源の秘密が保護に値する秘密であるかどうかは，当該報道の内容，性質，その持つ社会的な意義・価値，当該取材の態様，将来における同種の取材活動が妨げられることによって生ずる不利益の内容，程度等と，当該民事事件の内容，性質，その持つ社会的な意義・価値，当該民事事件において当該証言を必要とする程度，代替証拠の有無等の諸事情を比較衡量して決すべきことになる。

そして，この比較衡量にあたっては，次のような点が考慮されなければならない。

すなわち，報道機関の報道は，民主主義社会において，国民が国政に関与するにつき，重要な判断の資料を提供し，国民の知る権利に奉仕するものである。したがって，思想の表明の自由と並んで，事実報道の自由は，表現の

自由を規定した憲法21条の保障の下にあることはいうまでもない。また，このような報道機関の報道が正しい内容を持つためには，報道の自由とともに，報道のための取材の自由も，憲法21条の精神に照らし，十分尊重に値するものといわなければならない（最高裁昭和44年（し）第68号同年11月26日大法廷決定・刑集23巻11号1490頁参照）。取材の自由の持つ上記のような意義に照らして考えれば，取材源の秘密は，取材の自由を確保するために必要なものとして，重要な社会的価値を有するというべきである。そうすると，当該報道が公共の利益に関するものであって，その取材の手段，方法が一般の刑罰法令に触れるとか，取材源となった者が取材源の秘密の開示を承諾しているなどの事情がなく，しかも，当該民事事件が社会的意義や影響のある重大な民事事件であるため，当該取材源の秘密の社会的価値を考慮してもなお公正な裁判を実現すべき必要性が高く，そのために当該証言を得ることが必要不可欠であるといった事情が認められない場合には，当該取材源の秘密は保護に値すると解すべきであり，証人は，原則として，当該取材源に係る証言を拒絶することができると解するのが相当である」。

「本件 NHK 報道は，公共の利害に関する報道であることは明らかであり，その取材の手段，方法が一般の刑罰法令に触れるようなものであるとか，取材源となった者が取材源の秘密の開示を承諾しているなどの事情はうかがわれず，一方，本件基本事件は，株価の下落，配当の減少等による損害の賠償を求めているものであり，社会的意義や影響のある重大な民事事件であるかどうかは明らかでなく，また，本件基本事件はその手続がいまだ開示（ディスカバリー）の段階にあり，公正な裁判を実現するために当該取材源に係る証言を得ることが必要不可欠であるといった事情も認めることはできない」（抗告棄却）

参照条文　　民事訴訟法197条1項3号，憲法21条

解　説

(1) 石井記者事件

裁判の場において報道関係者が取材源に係る証言を拒絶できるかについて判断した先例として，古く石井記者事件[注5]がある。石井記者事件の大法廷判決

注5）　最大判昭27・8・6刑集6巻8号974頁。

は，医師等の業務上の秘密に関する証言拒絶権を定めた刑事訴訟法149条の規定について，この「例外規定は，限定列挙であって，これを他の場合に類推適用すべき」ではないとし，「わが現行刑訴法は新聞記者を証言拒絶権あるものとして列挙していない」ことを理由としてその証言拒絶権を否定した。

(2) 博多駅事件

その後最高裁は，本決定でも引いている博多駅事件[注6]において，報道が正しい内容をもつために「取材の自由も，憲法21条の精神に照らし，十分尊重に値する」としたうえで，「対象とされている犯罪の性質，態様，軽重および取材したものの証拠としての価値，ひいては，公正な刑事裁判を実現するにあたっての必要性の有無を考慮するとともに，他面において取材したものを証拠として提出させられることによって報道機関の取材の自由が妨げられる程度およびこれが報道の自由に及ぼす影響の度合その他諸般の事情を比較衡量」して，報道機関が取材したフィルムの提出を命ずるべきか否かを決すべきとの比較衡量による解釈方法を打ち出し，この比較衡量論が民訴法の解釈に採用されたものとして，北海道新聞記者事件抗告審決定[注7]がある。

(3) 北海道新聞記者事件

北海道新聞記者事件の事案は，新聞報道により信用・名誉が毀損されたとして謝罪広告掲載・慰謝料支払が求められた訴訟において，被告新聞社が記事を真実と信ずるにつき相当の理由があったことを立証するため取材担当記者を証人としたが，当該証人は，取材源の開示が求められると職業の秘密を理由に証言を拒絶した，というものである。原審は，まず，取材源は職業の秘密に該当すると認定し，続いて比較衡量論を持ち出さずに，取材源の秘匿の限界を指摘しつつ証言拒絶権の行使を認めた[注8]が，その抗告審は，原審と同様に取材源の秘密は職業の秘密にあたると解したうえ，「民事訴訟においては，公正な裁

注6) 最大決昭44・11・26刑集23巻11号1490頁。
注7) 札幌高決昭54・8・31判時937号16頁。
注8) 札幌地決昭54・5・30判時930号44頁。

判の実現という制度目的が存するのであるから，職業の秘密を理由とする取材源に関する証言拒絶権は，民事訴訟における公正な裁判の実現の要請との関連において，制約を受けることがあることも否定することはできない。そして，右制約の程度は，公正な裁判の実現という利益と取材源秘匿により得られる利益との比較衡量において決せられるべき」と述べ比較衡量論に立つことを明らかにした。

(4) 学説の動向

北海道新聞記者事件の抗告審決定の後においては，民訴法197条1項3号の技術または職業の秘密について，保護の対象となる秘密は，その事項を公表することにより秘密主体の被る不利益と，証言によって得られる真実発見および裁判の公正の促進との比較衡量によって決められるとする，比較衡量論が多数説となったと考えられる[注9]。

(5) その他の裁判例

一方，裁判例にあっては比較衡量論に立つものもあったが，本件基本事件と同じ事件を基本事件として，アメリカ合衆国連邦地方裁判所からの嘱託による読売新聞記者を証人とする証人尋問事件においては，比較衡量論は採られなかった。当該証人尋問事件に対する東京地決平18・3・14（判時1926号42頁）は，私益をめぐり争われる民事訴訟では弁論主義・処分権主義が妥当すること，および，新聞記者に憲法で保障された報道の自由に生じうる悪影響を考慮すると，「民事訴訟においては，新聞記者に対してその取材源を尋ねる尋問は，原則としてすべて民事訴訟法197条1項3号に規定する『職業の秘密に関する事項』に当たり，そのような悪影響を考慮してもなお取材源の開示を求めるのもやむ

注9) これに対し，当該秘密の客観的性質を考慮して技術または職業の秘密に該当するか否かを判断すれば十分であり，それ以上に利益考量によって判断する必要はないとし，利益考量を判断枠組みとすると証言拒絶権が認められるか否かの予測可能性が失われるとするものもみられる（伊藤・351頁以下）。また，事件の公益性が高く，または代替的証拠が存在しない場合ならば，なぜ法律上保護されるべき技術・職業の秘密の要保護性がなくなるのか理解しがたいと説くものもある（松本＝上野・426頁）。

を得ない特別の事情がある場合にのみ，これに対する証言を求めることができる」として比較衡量論を採らず，北海道新聞記者事件抗告審が言及していなかったファクターである「刑罰法令違反行為を犯したことが強く疑われる取材源」および，「取材源自身が開示に同意していると認められる場合」には，「取材源の開示を求めるのもやむを得ない特別の事情のある場合に当たる」として，これらのファクターに該当する質問および取材源の特定につながるものではない質問に対する証言拒絶を除いて証言拒絶権を認めた。この決定に対して提起された即時抗告において，東京高決平18・6・14（判時1939号23頁）は，「民事裁判手続においては，職業の秘密の保護を重視し，その限りでは真実発見が犠牲にされ，証言を求める側の裁判を受ける権利が制限されているというべき」こと，および，「公正な裁判の実現という利益と報道の自由の利益（取材源秘匿により得られる利益）との比較衡量を適切になし得るかは疑問であるし，また，その判断の規準は不明確なものとならざるを得ない」として比較衡量をせずに，問題となった質問すべてについて証人の証言拒絶権を認めた。

また，取材源の秘匿に関わらない，親子電話機の回路図および信号流れ図等についての文書提出命令申立事件で，最決平12・3・10（民集54巻3号1073頁）は，文書が技術または職業の秘密にあたるか否かの判断において比較衡量によることなく結論を出しており，自己利用文書として文書提出免除事由にあたるか否かが争われた銀行の貸出稟議書に関する最決平11・11・12（民集53巻8号1787頁）も比較衡量論によるものではなかった。

(6) 本決定の意義

以上のとおり，本決定に至る前は，職業の秘密一般において最高裁は比較衡量論を採用してはおらず，取材源の秘匿に関しても下級審裁判例において，比較衡量によるものとそれによらないものがあり，判断が分かれていた。

本決定は，このような状況下において，取材源の秘匿に係る証言拒絶のみならず，技術・職業の秘密一般について，最高裁が比較衡量論を採用する旨を明らかにし，かつ，前掲東京地決平18・3・14が問題にした，刑罰法令違反がないことおよび取材源に開示の承諾がないことを取材源秘匿の要保護性のファクターとして付加したものである。

実務上の指針

　本決定は，職業の秘密一般について，①「職業の秘密」該当性と，②比較衡量論に立った「保護に値する秘密」該当性の，いわば二段構えの判断手法をとっている。この判断手法に基づくと，①の「職業の秘密」該当性が満たされ，当該秘密が開示されると「当該職業に深刻な影響を与え以後その遂行が困難になるもの」と判断されても，証言拒絶が認められるか否かは②の比較衡量の結果に係るのであるから，同じ種類の秘密であっても，訴訟の内容，性質，社会的意義ないし公益性，その事件の証拠の状態その他の事情によって保護の要否が左右され，結果として証言拒絶が認められて保護されたり，反対に保護されなかったりすることが十分ありうるので，注意が必要である。

　この点に関し，比較衡量に疑問を抱く説があることは，前述のとおりである。また，取材源秘匿の場合とそれ以外の秘密の場合では，職業の秘密に該当することの疎明に難易度の差（後注10）の坂田論文は，取材源の秘密の場合，取材源の秘密性の疎明が抽象的な主張のレベルにとどまらざるをえず，それ以外の職業の秘密の場合に比べて疎明が困難であるとする。）があることから，比較衡量論の適用は，取材源秘匿の場合に限るべきであるとして，その射程を職業の秘密一般に及ぼすことに否定的な見解[注10]もある。

◆佐々木　俊夫◆

注10）坂田宏「取材源秘匿と職業の秘密に基づく証言拒絶権について―いわゆる比較衡量論について」ジュリ1329号（2007）14～15頁。

V 当事者尋問

1 概　説

(1) 意　義

　当事者尋問とは，当事者を証拠方法として尋問し，それに応えてなされた当事者の陳述を証拠資料とするための証拠調べをいう。当事者は，訴訟の主体として弁論活動を行う（訴訟資料の提出）一方，他方で証拠方法として証拠資料を提出するのである。当事者尋問は，証拠資料を得るために行われるものであり，その陳述は弁論ではなく訴訟資料とならないから，自白（民訴179条）を問題とする余地はなく，また，当事者が訴訟能力を欠いても取り調べることができる。法定代理人の取調べも証人尋問ではなく，当事者尋問の手続による（民訴211条）。

(2) 当事者尋問の補充性の緩和

　旧（平成8年改正前）民訴法では，裁判所が他の証拠を取り調べてもなお心証を得ることができないときに初めて当事者尋問を行うことができるものとされていた（当事者尋問の補充性）。当事者尋問の補充性が規定された理由としては，他の証拠調べに先立って当事者尋問がなされれば，他の証拠が明らかにならないうちに自ら自己に不利益な事実を述べるのは苦痛であることから，正確な陳述を期待することには無理があること，そのような者の虚偽の陳述に対し制裁をもって臨むのは酷であることが挙げられていた。しかし，当事者こそが事実関係を最もよく知っている場合が多く，その陳述も必ずしも信用できないとは限らないことや，訴訟の迅速な処理に資するため，平成8年改正の新民訴法ではその補充性が緩和され，証人尋問および当事者尋問を行うときは，原則として証人尋問を先にしつつも，裁判所が適当と認めるときは，当事者の意見を聴いて，当事者尋問からすることができるものとされた（民訴207条2項）。

(3) 尋問の手続

　当事者尋問は，当事者の申立てまたは職権による（民訴207条1項前段）。当事者は，相手方の尋問を申し立てることができるばかりではなく，自ら自己の尋問を申し立てることもできる。尋問が命じられた当事者は，出頭義務，宣誓義務（裁判所の裁量にゆだねられている〔民訴207条1項後段〕。），および陳述義務を負い，正当な理由なくこれを拒むと，尋問事項に関する相手方の主張が真実と裁判所に認められる（民訴208条）という不利益を課せられる。しかし，このような不利益を負わせるためには，あらかじめ尋問事項が「できる限り，個別的かつ具体的に記載しなければならない」（民事訴訟規則127条による同規則107条2項の準用）。というのも，相手方は，その尋問事項を承知のうえで民訴法208条の義務違反をした場合に制裁を受けることになるからである[注1]。宣誓した当事者は，虚偽の陳述をすると，10万円以下の過料に処せられる（民訴209条1項）が，証人ではないから偽証罪にはならない（刑169条）。過料の決定に対しては，即時抗告ができる（民訴209条2項）。なお，過料の確定裁判は再審の要件（民訴338条2項）であるので，相手方当事者に過料の裁判の申立権を認めるべきかという解釈上の問題があるが，その点については，判例の解説において，詳細に論じる。

　尋問の手続は，証人尋問の手続に準じ（民訴210条，民訴規127条），交互尋問方式で行われ，テレビ会議システムの利用もできる。対質については，当事者相互だけでなく，当事者と証人との対質も可能である（民訴規126条）。民訴法210条には，証言拒絶権の規定が準用されていないが，解釈論として，証言拒絶権の内実は，「正当な理由なく……陳述を拒んだとき」という要件のうちの正当な理由のなかに盛り込まれているとみるべきであるとされている[注2]。

注1）　基本法コンメⅡ・215頁。
注2）　高橋(下)・106頁。

2 判 例

判 例 52

最高裁平成17年11月18日決定[注3]
　掲 載 誌：判時1920号38頁・判タ1200号153頁
　原　　審：広島地決平17・5・20（平成17年（ホ）第166号）

民訴法209条1項に規定する過料の裁判は，裁判所が職権によって行うものであり，訴訟の当事者はその裁判を求める申立権を有しないとされた事例

事　案

　X（抗告人）は，XとY（被審人）を代表者とする会社との間の民事訴訟事件においてYが宣誓のうえ虚偽の陳述をしたとして，民訴法209条1項の規定によりYを過料に処する旨の裁判を求める申立てをしたところ，原裁判所（広島地裁）は，Yを処罰しない旨の決定をした。本件は，上記決定に対し，Xが特別抗告を申し立てた事件である。

決定要旨

　「同項〔民訴法209条1項〕に規定する過料の裁判は，裁判所が職権によって行うものであり，訴訟の当事者はその裁判を求める申立権を有しないものと解するのが相当である。したがって，X〔抗告人〕の上記過料の裁判の申立ては，原裁判所に職権の発動を求める効果を有するにすぎない。そうすると，Xは，Y〔被審人〕を処罰しない旨の原裁判所の決定に対し不服を申し立てることは許されないものというべきであ」る。（抗告却下）

参照条文

民事訴訟法209条1項

注3）　山田文・リマークス34号（2007）106頁。

解　説

(1) 学　説

　訴訟の当事者が民訴法209条1項に規定する過料の裁判を求める申立権を有するか否かについては，虚偽の陳述を裁判所が認めたときに必ず過料の裁判をしなければならないかという論点と絡めて議論されており，争いがある。

　肯定説[注4]は，文書の成立の真正を争った者に対する過料の裁判（民訴230条1項）とは異なり，「虚偽の陳述が判決の証拠となったこと」が再審事由とされ（民訴338条1項7号），かつ再審には原則として過料の確定裁判があったことが前提となる（民訴338条2項）ことから，裁判所は，虚偽の陳述を認めたときは，必ず過料の裁判をしなければならず，また，再審原告となる者の申立権も認めるべきであるという。

　これに対して，否定説[注5]は，過料の裁判は裁判所の裁量に任されているし，過料の確定裁判がなくても，当事者が証拠欠缺以外の理由によって過料の確定裁判を得ることができなかったことを証明すれば再審の訴えを起こすことができる（民訴338条2項）から，裁判所が虚偽の陳述を認めた場合でも過料の制裁を必要的と解すべき理由はないとし，相手方当事者に過料の裁判の申立権を認めない。

　また，上記と同じく過料の確定裁判がなくても再審の訴えが可能であることを理由に過料の制裁を必要的とは解さないものの，再審原告となる者の利益の観点から，当事者に申立権を認めるという学説[注6]もある。

(2) 裁判例

　判例には，古く，虚偽の陳述をした当事者に対する過料の裁判について相手方当事者の申立権を否定する大決昭15・5・18（民集19巻873頁）（以下，「昭和15年大決」という。）があるが，同一論点につき裁判所法施行後の裁判例は長い間

注4）　条解・1096頁。
注5）　菊井維大＝村松俊夫『全訂民事訴訟法Ⅱ』（日本評論社，1989）706頁。
注6）　斎藤秀夫＝小室直人＝西村宏一＝林屋礼二編『注解民事訴訟法(8)〔第2版〕』（第一法規出版，1993）307頁〔林屋礼二＝宮本聖司〕，基本法コンメⅡ・216頁。

なかった。その後大阪高決昭58・9・26（判タ510号117頁）（以下，「昭和58年大阪高決」という。）が現れたが，当事者の申立権は，認められなかった。

昭和15年大決は，宣誓した当事者が虚偽の陳述をしたことを理由として過料の裁判を求める申立ては，単に裁判所の職権行為を促す申立てにすぎないから，裁判所はその申立てに応じて裁判をする義務はなく，もしその申立てを却下する決定をしたとしても，本来するべき義務のない裁判であって，その申立ては旧（平成8年改正前）民訴法410条（現行328条1項）にいう「訴訟手続に関する申立て」に属さないので，その申立て却下決定に対しては抗告を許すことができない旨説示していた。

昭和58年大阪高決は，旧（平成8年改正前）民訴法339条（現行209条）による過料の決定は，裁判所が職権をもってなすべき裁判であって，当事者には申立権はなく，当事者の申立てがあっても，それは裁判所の職権の発動を促すにとどまるものであるから，これについて裁判をする必要はないのであり，便宜上裁判所が職権不発動の旨，上記申立当事者に通知することがあったところで，それが抗告の対象となる決定または命令にあたらないことはいうまでもないと説示し，昭和15年大決と同様の理由で抗告申立てを不適法として却下した。

(3) 本決定の位置づけ

以上のとおり学説が分かれていたところ，最高裁は本決定により，当事者の過料の裁判の申立権について，昭和15年大決および昭和58年大阪高決と同様の理由づけをもって，それを否定したものである。

実務上の指針

訴訟の当事者が，当事者尋問において虚偽の陳述をした当事者に対して，民訴法209条1項に規定された過料の裁判を求める申立権を有するか否かとの論点に関する裁判例は，少ない。その理由は，おそらく当該論点が問題になるケースは，そんなに多くはなかったこと，また，問題になっても，実務上は，昭和15年大決に従って当事者に申立権がないものとして処理され，争いに至ることはまれであったからではないかと思われる。

本決定は，当該論点について，最高裁が初めてその判断を示したもので，昭和15年大決および昭和58年大阪高決における判断を追認した。したがって，実務としては，本決定の考え方に固まったものと解される。

◆佐々木　俊夫◆

VI 文書提出命令

1 概　説

(1) 意　義

　文書提出命令の申立てとは，相手方または第三者が所持している文書を裁判所に顕出させることを目的として，挙証者が，その文書の所持者に民訴法220条所定の提出義務があることを理由に，その文書を提出するよう命ずることを裁判所に対し求めることをいう（民訴221条）注1)。

　文書提出命令の申立ては，①文書の表示，②文書の趣旨，③文書の所持者，④証明すべき事実，⑤文書の提出義務の原因を明らかにして書面によって行う注2)（民訴221条1項，民訴規140条1項）。なお，民訴法220条4号を提出義務の原因とする場合は，書証の申出を文書提出命令の申立てによってする必要がある場合でなければならない（民訴221条2項）。

(2) 文書提出義務

　民訴法220条が規定する文書提出義務のうち，1号から3号までが当事者と文書との関係に応じて個別的な義務を定めたものであるのに対して，4号は文書一般について提出義務を認めたものである。

　(a) 引用文書（民訴220条1号・旧民訴312条1号）

　当事者が訴訟において準備書面や陳述書などで引用注3)した文書を自ら所持するときは，当該当事者はその文書に関する秘密保持の利益を放棄したものと

注1)　文書提出命令に関する規定は家事審判手続にも準用される（大阪高決平12・9・20家月53巻7号134頁）。
注2)　文書提出命令の申立ては期日前においてもすることができる（民訴180条2項）。
注3)　文書の内容に言及すれば足り，文書を明示的に証拠として引用することを要しない（高橋(下)・145頁）。

解されるし，相手方にも閲覧させて反論の機会を与えることが公平であることから，当該当事者に引用文書の提出義務を負わせたものである[注4]。

(b) **引渡し・閲覧可能文書**（民訴220条2号〔旧民訴312条2号〕）

挙証者が文書の所持者に対して文書引渡請求権または文書閲覧請求権を有する場合には，挙証者にも文書の支配権が認められているものといえることから，文書の所持者に対してその提出義務を負わせたものである。

文書引渡請求権または文書閲覧請求権としては，共有物の分割者の保存者に対する証書の使用請求権（民262条4項），債権証書の引渡請求権（民487条），代位弁済の際の債権証書交付請求権（民503条1項），受任者に対する受取物の引渡請求権（民646条1項），発起人による定款閲覧請求権等（会社31条2項），株主および債権者の株主総会議事録閲覧等請求権（会社318条4項），株主の会計帳簿閲覧等請求権（会社433条1項），株主および債権者の計算書類等閲覧等請求権（会社442条3項），社債権者の社債原簿閲覧等請求権（会社684条2項），匿名組合員による貸借対照表閲覧等請求権（商539条1項）などがある[注5]。

なお，文書引渡請求権および文書閲覧請求権は，法令の規定に基づくものであると，契約に基づくものであるとを問わないと解されている[注6]。公法上の閲覧請求権（民訴91条，不登119条，戸籍10条など）については争いがある[注7]。

(c) **利益文書**（民訴220条3号前段〔旧民訴312条3号前段〕）

利益文書とは，挙証者の権利・法的地位を基礎づけるために作成された文書をいい，具体的には，領収書，挙証者を代理人とする委任状，挙証者を受遺者として作成された遺言書，身分証明書などがある。

利益文書か否かについて問題となった事例には，診療録[注8]，賃金台帳[注9]，審議会議事録[注10]，証券取引所において作成される売買申告・照合書[注11]，口述試験採点表[注12]などに関するものがある。

注4）　大阪地決昭61・5・28判時1209号16頁など。
注5）　会社の会計帳簿等については，文書提出義務につき特別の定めがある（商19条4項，会社434条・616条）。
注6）　基本法コンメⅡ・232頁，中野ほか・328頁，伊藤・380頁。
注7）　名古屋地決平2・10・16判時1378号61頁は否定。
注8）　診療録については，肯定した裁判例として福岡高決昭52・7・13高民集30巻3号175頁があり，否定した裁判例として東京高決昭59・9・17高民集37巻3号164頁がある。

(d) 法律関係文書（民訴220条3号後段〔旧民訴312条3号後段〕）

判例および通説は，訴訟以前に挙証者と所持者との間に存在した実体的法律関係それ自体ないしそれに関連する事項[注13]を記載した文書であると解しており，所持者がもっぱら自己利用を目的として作成した内部文書（以下，「自己利用文書」という。）を含まないとする[注14]。

契約書，預金通帳，契約の際に授受された印鑑登録証明書，契約解除通知書などが典型的な法律関係文書とされており[注15]，他方で日記帳，備忘録[注16]などは自己利用文書に該当することになる。

(e) 一般義務文書（民訴220条4号・平成8年改正民訴法により新設）

平成8年改正の民訴法は，同法220条4号イないしホの除外事由に該当しない限り，一般的に文書提出義務を負うことを定めた。

(3) 審　理

裁判所は，文書提出命令の申立てに理由があると認めるときは文書の所持者に対して決定でその提出を命じ，理由があるとは認められないときは申立てを却下することになる。なお，文書の一部分を除いた形で提出を命ずることもできる（民訴223条1項後段，〔判例56〕参照）。

相手方が本案訴訟の一方当事者であり，口頭弁論において文書提出命令の申立てがされた場合には，相手方には口頭弁論の中で陳述の機会が与えられる。文書提出命令の申立てや文書特定のための申出に意見がある相手方は，書面で

注9） 賃金台帳については，使用者が賃金計算の基礎となる事項などを保存し，賃金の額を把握するために作成されるものであって，労働者の賃金請求権などを基礎づけるために作成されるものではないとし，利益文書性を否定する裁判例が多い（大阪高決昭40・9・28判時434号41頁など）。他方で，賃金台帳については，法律関係文書には該当するとして文書提出義務自体は認める裁判例が多い（福岡高決昭48・2・1判時701号83頁，大阪高決昭53・3・15労判295号46頁など）。

注10） 東京高決昭53・5・26判時894号66頁は否定。

注11） 東京高決昭53・11・28判時916号28頁は否定。

注12） 東京高決昭55・1・18判時958号71頁は否定。

注13） 法律関係は必ずしも契約関係に限定されず，不法行為などでもよい（高橋(下)・148頁）。

注14） 最決平12・3・10判時1711号55頁。

注15） 松本＝上野・450頁。

注16） 新民訴一問一答・251頁。

裁判所に提出しなければならない（民訴規140条2項・3項）。なお，実務的には，裁判所が，相手方に対し，一定期間内に意見書等の書面を提出するよう促したり，簡易な場合には口頭で意見を聴取して裁判所が判断を下したりする運用もある。

他方，相手方が第三者の場合には，当該第三者に対して主張・反論の機会を与えるために審尋しなければならない（民訴223条2項）。

(4) 文書不提出の場合の効果

(a) 訴訟当事者に対する文書提出命令の場合

当事者が命令に従って文書を提出しなかった場合には，裁判所は当該文書の記載に関する相手方の主張を真実と認めることができ（民訴224条1項），相手方が当該文書の記載に関して具体的な主張をすることおよび当該文書により証明すべき事実を他の証拠により証明することが著しく困難な場合には，裁判所はその事実に関する相手方の主張を真実と認めることができる[注17]（同条3項）。

(b) 第三者に対する文書提出命令の場合

訴訟当事者以外の第三者が文書提出命令に従わない場合，裁判所はこの者を決定により20万円以下の過料に処する（民訴225条1項）。

◆岩﨑泰一＝鈴木俊◆

注17) 当該規定を適用するかどうかは，他の関係証拠および弁論の全趣旨を総合して判断されるべきであり，裁判所の合理的な裁量にゆだねられている（田原睦夫「文書提出義務の範囲と不提出の効果（特集 新民事訴訟法）」ジュリ1098号（1996）66頁）。

2 判　例

判　例 53

最高裁平成19年12月12日決定[注18)]
　掲　載　誌：民集61巻9号3400頁・判時1995号82頁・判タ1261号155頁
　原　　　審：東京高決平19・3・30民集61巻9号3454頁参照
　原　々　審：東京地決平18・3・24民集61巻9号3444頁参照

勾留請求の資料とされた告訴状および被害者の供述調書が民訴法220条3号所定のいわゆる法律関係文書に該当するとして文書提出命令が申し立てられた場合に，その提出を拒否した国の判断が，裁量権の範囲を逸脱しまたはこれを濫用したものとされた事例

事　案

　X_1（相手方）はAを強姦したという被疑事実（以下，「本件被疑事実」といい，この事実に係る被疑事件を「本件被疑事件」という。）に基づき逮捕・勾留されたところ，準抗告により，勾留の裁判が取り消され，勾留請求は却下され，最終的に本件被疑事実については公訴を提起しない処分がなされた。X_1およびX_1が代表者を務めるX_2（相手方会社）は，X_1に対する勾留請求が違法であるとして，Y（国，抗告人）に対して国家賠償法1条1項に基づき損害賠償（2200万円）を求める訴訟（以下，「本件本案訴訟」という。）を提起した。Xらはこの訴訟の第1審において，Yが所持するA作成の告訴状（以下，「本件告訴状」という。）および同人の司法警察員に対する供述調書（以下，「本件調書」といい，本件告訴状および本件調書を併せて「本件各文書」という。）等について，本件調書を含むAの被害届やX_1の供述調書すべて等は民訴法220条1号に規定する引用文書に該当し，本件各文書を含むX_1の供述調書すべてや検証調書，捜査報告書等は同条3号に規定する法律関係文書に該当するとして文書提出命令を申し立てた。

　原々審は，Yが提出した準備書面や陳述書にはAの被害届やX_1の弁解録取書の存在や内容などを詳細に示しているのであるから，これらの文書は引用文書に該当するものの，本件調書は「一件記録を検討しても相手方が自らの主張を根拠付けるために積極的に存在を示しているとは認められず」引用文書には該当しないとした。

　次に，原々審は，本件各文書等は，逮捕勾留等の違法を理由として国家賠償を

注18) 畑宏樹・リマークス38号（2009）118頁，絹川泰毅〔判批〕・ジュリ1369号（2009）98頁。

求める本件本案訴訟においては，法律関係文書に該当すると判断した。
　さらに，刑事訴訟法47条本文が，「訴訟に関する書類は，公判の開廷前には，これを公にしてはならない。」とする一方で，同条但書は「但し，公益上の必要その他の事由があつて，相当と認められる場合は，この限りではない。」としていることから，公訴提起されていない本件被疑事実との関係において刑事訴訟法47条によりYが本件各文書等の開示を拒否することができるか否かが問題となった。この点，原々審は，最決平16・5・25（民集58巻5号1135頁）を引用し，本件での諸般の事情を考慮すると，Yが本件各文書等について開示を拒否することは，その裁量権の範囲を逸脱し，または濫用するものであると認められるとした。これに対して，Yは抗告した。
　原審は，本件各文書はYとX₁およびX₂両名との間の法律関係文書に該当するということができるとし，刑事訴訟法47条との関係においては，最決平17・7・22（民集59巻6号1837頁）を引用して，原々審の決定が説示するとおりとした。これに対して，Yは許可抗告した。

決定要旨

(1) 勾留状等の法律関係文書該当性について
　「本件勾留状は，これによってX₁〔相手方〕の身体の自由を制約して，同X₁方にこれを受忍させるというY〔抗告人〕と同X₁との間の法律関係を生じさせる文書であり，また，本件勾留請求に係る勾留請求書は，本件勾留状の発付を求めるために，刑訴規則147条により作成を要することとされている文書であるから，いずれもYと同X₁との間の法律関係文書に該当するものというべきである。」

(2) 勾留請求資料の法律関係該当性について
　「本件各文書は，本件勾留請求に当たって，刑訴規則148条1項3号所定の資料として，検察官が裁判官に提供したものであるから，本件各文書もまたYとX₁との間の法律関係文書に該当するものというべきである。」

(3) 代表取締役の勾留状と会社との間の法律関係の有無について
　「しかし，X₂〔相手方会社〕に対する関係においては，本件勾留状は，X₂の権利等を制約したり，X₂にこれを受忍させるというものではないから，YとX₂との間の法律関係を生じさせる文書であるとはいえず，本件勾留請求に当たって裁判官に提供された本件各文書もYとX₂との間の法律関係文書に該当するとはいえない。」

(4) 相当性判断の方法について
　「『訴訟に関する書類』を公にすることを相当と認めることができるか否かの判断は，当該『訴訟に関する書類』が原則として公開禁止とされているこ

とを前提として、これを公にする目的、必要性の有無、程度、公にすることによる被告人、被疑者及び関係者の名誉、プライバシーの侵害、捜査や公判に及ぼす不当な影響等の弊害発生のおそれの有無等の諸般の事情を総合的に考慮してされるべきものであり、当該『訴訟に関する書類』を保管する者の合理的な裁量に委ねられているものと解すべきである。」
(5) 刑事訴訟記録の保管者の裁量権と文書提出命令の関係について
「民事訴訟の当事者が、民訴法220条3号後段の規定に基づき、上記『訴訟に関する書類』に該当する文書の提出を求める場合においても、上記裁量的判断は尊重されるべきであるが、当該文書が法律関係文書に該当する場合であって、その保管者が提出を拒否したことが、民事訴訟における当該文書を取り調べる必要性の有無、程度、当該文書が開示されることによる上記の弊害発生のおそれの有無等の諸般の事情に照らし、その裁量権の範囲を逸脱し、又は濫用するものであると認められるときは、裁判所は、当該文書の提出を命ずることができるものと解するのが相当である。」
(6) 提出を拒否したYの判断に対する評価
本件勾留請求を判断するに際し最も基本的な資料となった本件各文書〔告訴状および供述調書〕については取り調べる必要性があること、本件被疑事件のような性犯罪については被害者等の名誉、プライバシーの侵害という弊害が生ずるおそれがあるが、AはX₁に対して民事訴訟を提起しており、本件被疑事実にかかわるAの「プライバシーが訴訟関係人や傍聴人等に明らかにされることをやむを得ないと容認していた」といえること、「本件本案訴訟においてYが既に書証として提出した本件陳述書には、Aの供述内容として、本件被疑事実の態様が極めて詳細かつ具体的に記載されているものであって、その内容は、ほぼ本件調書の記載に従ったもののようにうかがわれる」ことの「諸般の事情に照らすと、本件各文書の提出を拒否したYの判断は、裁量権の範囲を逸脱し、又はこれを濫用するものというべきである。」(一部破棄自判、一部棄却)

| 参照条文 | 民事訴訟法220条3号・4号ホ、刑事訴訟法47条・60条・205条・207条 |

解　説

(1) 刑事事件関係文書の文書提出義務
「刑事事件に係る訴訟に関する書類[注19]若しくは少年の保護事件の記録[注20]

またはこれらの事件において押収されている文書」(以下,「刑事事件関係文書」という。)については,刑事訴訟法,刑事確定訴訟記録法[注21]および少年法等により開示が認められている範囲を超えて民事訴訟において提出を命じられた場合には,関係者の名誉・プライバシー等に重大な侵害が及び,また捜査の秘密・公判の適正を確保できなくなるおそれがある[注22]。そこで,民訴法は,刑事事件関係文書については一般的な文書提出義務を負う文書の対象から除外している(民訴220条4号ホ)。

しかしながら,刑事事件関係文書が民訴法220条1号から3号までに定める文書提出義務が認められる場合には当該文書も文書提出命令の対象になる[注23]。

なお,刑事事件関係文書については,文書の記載内容ではなく,その客観的性質に着目して文書提出義務が否定されるので,裁判所が判断にあたって文書の提示を求める必要性も認められないことから,イン・カメラ手続(民訴223条6項前段)の適用もない[注24]。

(2) 本決定の問題の所在

ところで,刑事被告事件の終結後は,何人も訴訟記録を閲覧することができるとされているし(刑訴53条1項),犯罪被害者やその遺族等は,その権利利益

注19) 刑事事件に係る訴訟に関する書類とは,被疑事件または被告事件に関して作成された書類を意味し,起訴状等の意思表示的書類,公判調書等の報告的書類はもとより,弁護人選任届等の手続関係書類や供述調書等の証拠書類が含まれ,また,裁判所や捜査機関が保有している書類に限られず,弁護人や私人が保管している書類も含まれるとされている。そして,ここでの「訴訟に関する書類」には供述を録音した録音テープや電磁的記録物も含まれると解されている(深山卓也ほか「民事訴訟法の一部を改正する法律の概要(下)」ジュリ1210号(2001)173頁)。
注20) 少年の保護事件の記録とは,家庭裁判所における少年審判の用に供するために作成され,または編綴された書類の総体をいう(深山ほか・前掲注19)174頁)。
注21) 刑事被告事件の訴訟記録について,訴訟終結後の記録保管期間は刑事確定訴訟記録法が定めており,たとえば,有期懲役にあたる罪に係る犯罪行為について無罪判決だった場合,裁判書以外の保管記録の保管期間は5年である(同法2条2項・別表)。
　　また,当該訴訟記録を保管するのは当該被告事件について第1審の裁判をした裁判所に対応する検察庁の検察官である(同法2条1項)。
注22) 基本法コンメII・236頁。
注23) 深山ほか・前掲注19)181頁。
注24) 伊藤・399頁。

を守る目的で、裁判所の判断によって、所定の要件の下に、当該刑事被告事件および同種余罪の刑事被告事件の第1回公判期日後事件終結までの間、それらの事件の訴訟記録の閲覧または謄写をすることができるとされている（犯罪被害保護3条・4条参照）[注25]。したがって、刑事事件関係文書であっても、上記のような閲覧・謄写が認められているような場合に該当するのであれば、むしろ民事訴訟において任意に提出されることが期待される[注26]。

他方で、刑事訴訟法47条が「訴訟に関する書類は、公判の開廷前には、これを公にしてはならない。但し、公益上の必要その他の事由があって、相当と認められる場合は、この限りでない。」としており、不起訴処分となった被疑事件に関する書類は、その後起訴に至らない限り、非公開が続くのが原則である[注27]。

したがって、刑事事件関係文書において、とくに問題となるのが、不起訴処分となった事件の場合であり、本決定もまさにそのような事案である。以下、刑事事件関係文書の法律関係文書該当性の問題と刑事訴訟法47条との関係について検討する。

(3) 法律関係文書該当性について
　(a) 最決平17・7・22の概要
　本決定が引用する最決平17・7・22（民集59巻6号1837頁）は、捜索差押令状請求書および捜索差押許可状の文書提出命令が問題となった事案であるが、捜索差押許可状は、「これによって相手方らが有する『住居、書類及び所持品について、侵入、捜索及び押収を受けることのない権利』（憲35条1項）を制約して、抗告人所属の警察官に相手方らの住居等を捜索し、その所有物を差し押さえる権限を付与し、相手方らにこれを受忍させるという抗告人と相手方らのとの間の法律関係を生じさせる文書であり」また、捜索差押令状請求書は、同許可状「の発付を求めるために法律上作成を要することとされている文書である（刑訴法218条3項、刑訴規則155条1項）から、いずれも法律関係文書

[注25] 新堂・571頁。
[注26] 髙橋(下)・160頁参照。
[注27] 松尾浩也監修『条解刑事訴訟法〔第4版〕』（弘文堂、2009）105頁。

に該当する」と判示した。

(b) **本決定における法律関係文書該当性**

刑事事件関係文書に関する法律関係文書該当性判断という意味においては，本決定は最決平17・7・22の判断を踏襲したものといえるが，同決定が捜索差押許可状および同請求書についての決定であったのに対し，本決定は勾留請求の資料となった供述調書や告訴状にまで法律関係文書該当性を認めたものであるから，最決平17・7・22以上に意義を有するものと考える。

そして，法律関係文書該当性に関する本決定の射程であるが，一般的に強制捜査の関係書類[注28]についてまでは及ぶと考えることができ，逮捕状請求の疎明資料（刑訴規143条），検証・身体検査請求の疎明資料（刑訴規156条），鑑定留置・鑑定処分請求の疎明資料，証人尋問請求の疎明資料（刑訴規161条）などについても，法律関係文書該当性が認められるものと考える[注29]。

刑事事件関係文書については，その性質上，法律関係文書該当性を認めやすいものと思われる。むしろ，実務上は下記の刑事訴訟法47条但書との関係でどこまで制限されるのかが争点になることが多いであろう。

(4) **刑事訴訟法47条との関係について**

(a) **最決平16・5・25の概要**

最決平16・5・25（民集58巻5号1135頁）は，当該「訴訟に関する書類」の開示を拒否したことが保管者の裁量権の範囲を逸脱し，または濫用するものと認められる場合には裁判所は文書提出命令をすることができるとしたうえで，刑事公判において提出されなかった共犯者の供述調書についてまで取り調べることが必要不可欠とはいえないなどとして，文書提出命令の申立てには理由がないとした。

(b) **最決平17・7・22の概要**

注28) 任意捜査にとどまっている場合にその過程で作成された文書や捜査結果記録等が法律関係文書に該当するかどうかについては明らかではないが，少なくともある特定の対象者に対して捜査がされた場合には，その者との関係では法律関係の存在を認めてもよいとも思われる（山本和彦「文書提出等をめぐる判例の分析と展開」金判1311号（2009）123頁）。

注29) 山本・前掲注28) 122頁。

前掲最決平17・7・22は，刑事訴訟法47条に関して，前掲最決平16・5・25を引用したうえで，捜索差押許可状については開示されたとしても今後の捜査・公判に悪影響が生ずるとは考えがたいとし，同許可状の開示を拒否するという判断は裁量権の判断を濫用し，または逸脱したものといえるとした。他方で，捜索差押令状請求書についてはいまだ公表されていない捜査の秘密に関する事項や被害者等のプライバシーに属する事項が記載されている蓋然性が高い等を理由として，開示を拒否した判断に裁量権の範囲を逸脱し，またはこれを濫用したものとはいえないとした。

(c) **本決定における刑事訴訟法47条に関する判断**

本決定も，前掲最決平16・5・25および最決平17・7・22の判断枠組みを踏襲しており[注30]，刑事訴訟法47条に関する判断枠組自体は確立したものといえる。

もっとも，本件事案は特異な事案であることから，刑事訴訟法47条に関する具体的な判断についての射程は極めて限定されたものと考えるべきである。

したがって，本決定をもって，刑事事件において作成された供述調書や告訴状に対して一般的に文書提出命令が認められるものと考えてはならない。ただし，本決定が個別的な事情を詳細に検討するという判断手法を用いたことは支持されるべきものであるし[注31]，今後もこの傾向は続くものと思われる。

実務上の指針

実務上，刑事事件関係文書に対する文書提出命令を申し立てる場合としては，

[注30] 前掲最決平16・5・25以前の刑事事件関係文書の文書提出命令に関する最高裁決定としては，最決平12・12・21訟月47巻12号3627頁もあるが，同決定は，不起訴記録中の名誉毀損被疑事件等にかかる参考人の供述調書等について徳島地方検察庁検察正による開示拒否は裁量権を逸脱していないとして当該文書の提出を命じなかった原審（高松高決平12・6・5訟月47巻12号3636頁）の判断は「是認することができる。」と判示するのみであり，いかなる判断枠組を用いたのかが明らかではなかった。

[注31] ただし，畑・前掲注18)121頁は「本件でも示された文書保管者の裁量権の範囲の逸脱・濫用の有無についての具体的なあてはめについては，若干粗さの残る不十分なものであったかと思われる」とする。

被疑者・被告人であった者が捜査や勾留の違法性を主張して国家賠償を求める場合と被害者が加害者に対して犯罪行為の民事上の損害賠償を求める場合とが多いとは思われるが，本決定の判断枠組[注32]自体はいずれの場合にもあてはまると考える。

刑事事件関係文書について文書提出命令を申し立てる場合，民訴法220条3号の法律関係文書を根拠にすることになる。ただし，本決定にかんがみると，実際には，刑事訴訟法47条但書の場合に該当するかどうかが中心的な争点になってくる。そして，本決定が個別的な事情を詳細に検討するという判断手法を用いていることからすれば，文書提出を求める訴訟代理人としては，いかに詳細かつ具体的な事情を主張できるかが重要となってくるであろう。

◆鈴　木　　俊◆

判　例 54

最高裁平成18年2月17日決定[注33]
　掲　載　誌：民集60巻2号496頁・判時1930号96頁・判タ1208号85頁
　原　　　審：東京高決平17・9・30金判1237号33頁・民集60巻2号503頁参照
　原　々　審：横浜地決平17・7・6金判1237号35頁・民集60巻2号502頁参照

銀行の本部から各営業店長等にあてて発せられた社内通達文書につき，「自己利用文書」にあたらないとされた事例

注32）　刑事事件関係文書に関する判例の判断枠組については，①法律関係文書の意義を確認し，②ある類型の刑事事件関係文書についてはいわゆる内部文書に該当しないかどうかを決定し，③刑事事件関係文書に固有の判断枠組として，提出に関する保管者の裁量権とその限界を超えていないかという構造をとっているともいわれている（伊藤眞「文書提出義務をめぐる判例法理の形成と展開」判タ1277号（2008）19頁）。

注33）　土谷裕子〔判解〕・曹時60巻12号（2008）239頁，名津井吉裕・重判解平成18年度〔ジュリ臨増1332号〕（2007）132頁，宮川聡・判評570号（判時1950号）（2007）18頁，小島浩・主判解平成18年度〔臨増判タ1245号〕（2007）196頁。

事　案

```
　　　　　　　　　貸金返還請求
Ｘ銀行　────────────→　主債務者Y₁　　連帯保証人Y₂
　　　融資一体型変額保険であり錯誤無効
　　　→Ｘ銀行と保険会社が融資一体型変額保険の勧誘を一体と
　　　　なって行っていた事実を証明するため，Ｘ銀行の社内通
　　　　達文書につき文書提出命令申立て
```

(1) 本案訴訟（基本事件）

　Ｘが，Ｙらに対し，消費貸借契約および連帯保証契約に基づき，合計11億5644万円余の支払を求めた事案である。

　Ｙらは，①ＸとＹらとの取引（以下，「本件取引」という。）は融資一体型変額保険に係る融資契約に基づく債務を旧債務とする準消費貸借契約であるところ，同融資契約は錯誤により無効である，②仮に本件取引が消費貸借契約であったとしても，融資一体型変額保険に係る融資契約は錯誤により無効であり，同契約に関してＹらがＸに支払った金員について，Ｙらは不当利得返還請求権を有するので，同請求権とＸの本訴請求債権とを対当額で相殺する，と主張して争った。

(2) 文書提出命令申立事件

　Ｙらは，融資一体型変額保険の勧誘をＸが保険会社と一体となって行っていた事実を証明するためであるとして，Ｘが所持するＸの本部の担当部署から各営業店長等にあてて発出されたいわゆる社内通達文書につき，文書提出命令を申し立てた。

　原々審は，文書提出命令を発した。これに対し，Ｘが即時抗告した。

　原審は，文書目録を一部訂正しつつも原々審を維持したことから，Ｘは，原決定が最決平11・11・12（民集53巻8号1787頁）に相反することと民訴法220条4号ニの解釈に関する重要な事項を含むことを理由に許可抗告した。

決定要旨

　最決平11・11・12（民集53巻8号1787頁）を引用したうえで，以下のとおり判示して，自己利用文書にあたらないと結論した。

　「記録によれば，本件各文書は，いずれも銀行であるＸ〔抗告人〕の営業関連部，個人金融部等の本部の担当部署から，各営業店長等にあてて発出されたいわゆる社内通達文書であって，その内容は，変額一時払終身保険に対する融資案件を推進するとの一般的な業務遂行上の指針を示し，あるいは，

客観的な業務結果報告を記載したものであり，取引先の顧客の信用情報や抗告人の高度なノウハウに関する記載は含まれておらず，その作成目的は，上記の業務遂行上の指針等を抗告人の各営業店長等に周知伝達することにあることが明らかである。
　このような文書の作成目的や記載内容等からすると，本件各文書は，基本的にはＸの内部の者の利用に供する目的で作成されたものということができる。しかしながら，本件各文書は，Ｘの業務の執行に関する意思決定の内容等をその各営業店長等に周知伝達するために作成され，法人内部で組織的に用いられる社内通達文書であって，Ｘの内部の意思が形成される過程で作成される文書ではなく，その開示により直ちにＸの自由な意思形成が阻害される性質のものではない。さらに，本件各文書は，個人のプライバシーに関する情報やＸの営業秘密に関する事項が記載されているものでもない。そうすると，本件各文書が開示されることにより個人のプライバシーが侵害されたりＸの自由な意思形成が阻害されたりするなど，開示によって抗告人に看過し難い不利益が生ずるおそれがあるということはできない。」（抗告棄却）

参照条文　民事訴訟法220条4号ニ

解　説

(1)　自己利用文書について
　平成8年改正前の旧民訴法は，312条1号（引用文書），2号（引渡しまたは閲覧請求の対象となる文書）および3号（利益文書）に限り，文書提出義務を定めていた。しかし，文書提出義務を「限定的義務」とすることについては，証拠の偏在の問題等が指摘されるにつれて，真実発見や公平等の観点から批判が高まるようになった。他方で，文書提出義務を広げるにあたっては，証言拒絶権との関係が問題となりうるほか，文書所持者や第三者の利益を不当に害することのないよう調整する必要もあった(注34)。そこで，平成8年改正後の新民訴法は，旧312条1号から3号に相当する220条1号から3号に加え，新たに4号を設け，一定の除外事由に該当しない限りは一般的に文書提出義務を負うことを定

注34)　新民訴一問一答・245頁以下，新堂・562頁，伊藤・378頁。

めた。その後、平成13年改正で、公務文書に関して、一般的文書提出義務の除外事由として220条4号イからホが列挙されるに至っている。

除外事由のうち、とくに問題となるのが民訴法220条4号ニの定めるいわゆる「自己利用文書」である。

(2) 判例の動向

自己利用文書については、最決平11・11・12（民集53巻8号1787頁）が示した枠組みを基礎に、実務が蓄積されている。すなわち、同判例は、銀行の貸出稟議書について文書提出命令が申し立てられた事件において、「〔①〕ある文書が、その作成目的、記載内容、これを現在の所持者が所持するに至るまでの経緯、その他の事情から判断して、専ら内部の者の利用に供する目的で作成され、外部の者に開示することが予定されていない文書であって、〔②〕開示されると個人のプライバシーが侵害されたり個人ないし団体の自由な意思形成が阻害されたりするなど、開示によって所持者の側に看過し難い不利益が生ずるおそれがあると認められる場合には、〔③〕特段の事情がない限り」自己利用文書にあたると判示して、文書を提出させて真実を発見する要請と、文書を開示することによる所持者の不利益との調整を図った。

その後の裁判例については、〔判例55〕末尾掲記の 参考判例 を参照のこと。

(3) 本決定の位置づけ

本件は、前掲最決平11・11・12を踏襲したうえで、同判例の3要件のうち、①「専ら内部の者の利用に供する目的で作成され、外部の者に開示することが予定されていない文書」にあたることを認めつつも、②「開示されると個人のプライバシーが侵害されたり個人ないし団体の自由な意思形成が阻害されたりするなど、開示によって所持者の側に看過し難い不利益が生ずるおそれがある」とは認められないと判断し、自己利用文書に該当しないとした事案である。

本件独自の判断枠組が提示されたわけではないが、自己利用文書について集積している多数の判例実務の一つとして、自己利用文書の範囲を具体化した意義は大きい。とくに、銀行貸出稟議書が原則として自己利用文書にあたるとさ

れている（前掲最決平11・11・12）こととの比較は，注目に値するであろう。すなわち，融資を実行するか否かの意思決定をするために作成される銀行貸出稟議書とは異なり，本件の文書は，既にXの意思形成が完了した後に，その内容を社内に周知伝達するためのものであり，「内部の意思が形成される過程で作成される文書ではな」いことが指摘されているのである。

　なお，本件判示のうち「X〔抗告人〕の営業秘密に関する事項が記載されているものでもない」との指摘は，原決定が「高度の営業秘密に関する事項や融資の相手方の具体的な信用情報など外部に流布することが性質上極力避けられるべきものが記載されている文書ではない」と述べたことにつき，Xが，本件抗告理由において，民訴法220条4号ハにより適用される同法197条1項3号とほぼ同じ要件を要求するものであると批判したこと[注35]を意識したものと思われる。すなわち，営業秘密の開示を伴うことを原因として「所持者の側に看過し難い不利益が生ずるおそれがある」場合にも，民訴法220条4号ニが適用される余地があるが，この場合に「高度の営業秘密」であることなどまで要求すると，営業の秘密等を正面から保護する民訴法220条4号ハと197条1項3号との関係が表面化しうるのである。ただし，本件抗告においては，本件申立ての対象となった文書が別訴で書証とされていたことなどもあってか，営業秘密性について正面から争われることなく，もっぱら意思形成を阻害するおそれの有無が争われるにとどまったため，上述の点につき，これ以上立ち入った検討がされることはなかった。

実務上の指針

〔判例55〕の同箇所を参照のこと。

◆岩﨑　泰一◆

注35）　民集60巻2号500頁。

判 例 55

最高裁平成19年11月30日決定[注36]
- 掲　載　誌：民集61巻8号3186頁・判時1991号72頁・判タ1258号111頁
- 原　　　審：東京高決平19・1・10金判1282号63頁・民集61巻8号3212頁参照
- 原　々　審：東京地決平18・8・18金判1282号65頁・民集61巻8号3202頁参照
- 差　戻　審：東京高決平20・4・2 金判1295号58頁・民集62巻10号2537頁参照
- 差戻上告審：最決平20・11・25民集62巻10号2507頁

銀行が「金融検査マニュアル」に沿って債務者区分を行うために作成し、保存している資料につき、「自己利用文書」にあたらないとされた事例

事　案

その意思がないのにAを全面的に支援すると欺罔？
＋
Aについて情報提供すべき注意義務に違反？

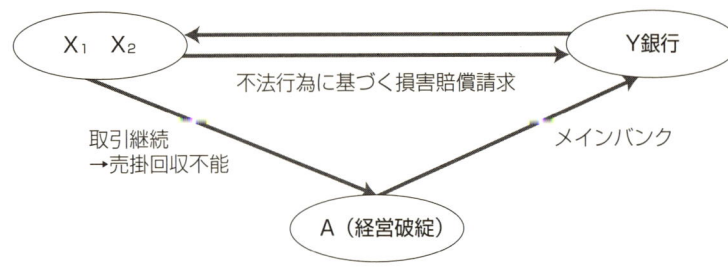

X_1　X_2　←不法行為に基づく損害賠償請求→　Y銀行

取引継続
→売掛回収不能

メインバンク

A（経営破綻）

→Xから、Y銀行に対し、Yが作成し保管していたAに関する自己査定資料一式につき文書提出命令申立て

(1) 本案訴訟（基本事件）

X（原告）らが、その取引先であるAに融資をしていたY（被告）に対し、不法行為に基づく損害賠償を求めた事案である。

注36) 畑瑞穂・重判解平成19年度〔ジュリ臨増1354号〕(2008) 145頁。

Xらは，Aのいわゆるメインバンクであった Y が，平成16年3月以降，Aの経営破綻の可能性が大きいことを認識し，Aを全面的に支援する意思は有していなかったにもかかわらず全面的に支援すると説明してXらを欺罔したため，あるいは，Aの経営状態についてできる限り正確な情報を提供すべき注意義務を負っていたのにこれを怠ったため，XらはAとの取引を継続し，その結果，Aに対する売掛金が回収不能となり，損害を被ったなどと主張した。

(2) 文書提出命令申立事件　X（抗告人）らは，Y（相手方）の上記欺罔行為および注意義務違反行為の立証のために必要があるとして，Yが平成16年3月，同年7月および同年11月の各時点においてAの経営状況の把握，Aに対する貸出金の管理およびAの債務者区分の決定等を行う目的で作成し，保管していた自己査定資料一式（本件文書）につき，文書提出命令を申し立てた。Yは，本件文書は民訴法220条4号ハまたはニにあたると主張した。

原々審は，文書提出命令を発した。これに対し，Yが即時抗告した。
原審は，本件文書が民訴法220条4号ニに該当するとして，申立てを却下したことから，Xは，最決平11・11・12（民集53巻8号1787頁）等に相反することと民訴法220条4号ニの解釈に関する重要な事項を含むことを理由に，許可抗告した。

> **決定要旨**
>
> 　銀行は，主務省令で定める基準に従い，回収不能となる危険性等に応じてその有する債権その他の資産を区分し，資産査定等報告書を作成して，内閣総理大臣に提出することが義務づけられていること（金融機能の再生のための緊急措置に関する法律6条）や，本件文書は，銀行であるYが，監督官庁の通達（平成11年金検第177号）において立入検査の手引書とされている「金融検査マニュアル」に沿って債務者区分を行うために作成し，監督官庁による査定結果の正確性についての事後的検証に備える目的もあって保存した資料であり，銀行法25条に基づく立入検査の対象となることなどを認定したうえで，前掲最決平11・11・12（民集53巻8号1787頁）を引用した後，以下のとおり判示して，自己利用文書にあたらないと結論し，民訴法220条4号ハにあたるか否かを審理させるため原審に差し戻した。
>
> 　「Y〔相手方〕は，法令により資産査定が義務付けられているところ，本件文書は，Yが，融資先であるAについて，前記検査マニュアルに沿って，同社に対して有する債権の資産査定を行う前提となる債務者区分を行うために作成し，事後的検証に備える目的もあって保存した資料であり，このことからすると，本件文書は，前記資産査定のために必要な資料であり，監督官庁による資産査定に関する前記検査において，資産査定の正確性を裏付ける

資料として必要とされているものであるから，Y自身による利用にとどまらず，Y以外の者による利用が予定されているものということができる。そうすると，本件文書は，専ら内部の者の利用に供する目的で作成され，外部の者に開示することが予定されていない文書であるということはできず，民訴法220条4号ニ所定の『専ら文書の所持者の利用に供するための文書』に当たらないというべきである。」(破棄差戻し)

参照条文　民事訴訟法220条4号ニ

解　説

(1) 本決定の位置づけ

本件は，前掲最決平11・11・12（民集53巻8号1787頁）を踏襲したうえで，同判例の3要件のうち「専ら内部の者の利用に供する目的で作成され，外部の者に開示することが予定されていない文書」にあたらないとして，自己利用文書性を否定した事案である。

前掲最決平11・11・12は，銀行の貸出稟議書について，「銀行内部において，融資案件についての意思形成を円滑，適切に行うために作成される文書であって，法令によってその作成が義務付けられたものでもなく，融資の是非の審査に当たって作成されるという文書の性質上，忌たんのない評価や意見も記載されることが予定されている」と指摘し，外部の者に開示することが予定されていないと結論した。本件は，これと比較して，文書を外部の者に開示することが予定されていたと結論した点で，重要な先例である。

(2) 差戻し後の判断

差戻審は，本件文書を，①公表することを前提として作成される貸借対照表および損益計算書等の会計帳簿に含まれる財務情報，②Yが守秘義務を負うことを前提にAから提供された非公開の同社の財務情報，③Yが外部機関から得たAの信用に関する情報，④Aの財務情報等を基礎としてY自身が行った財務

状況等についての分析等に大別したうえで、③の情報の全部並びに②および④の情報のうちAの取引先等の第三者に関するものが記載されている部分につき民訴法220条4号ハに該当するとし、その余について本件文書の提出を命じ、差戻し後の第二次上告審もこれを維持した。

実務上の指針

　自己利用文書にあたるかどうかは評価概念であり、民事訴訟における真実発見の要請と文書所持者の利益とを調整する必要も大であることから、代替証拠の有無や挙証者との公平の見地も踏まえた利益衡量が必要との意見も多い[注37]。この点、本件事件の差戻し後第二次上告審である最決平20・11・25（民集62巻10号2507頁）が、証言拒絶権に関する民訴法197条1項3号についての最決平18・10・3（民集60巻8号2647頁）を引用して、「文書提出命令の対象文書に職業の秘密に当たる情報が記載されていても、所持者が民訴法220条4号ハ、197条1項3号に基づき文書の提出を拒絶することができるのは、対象文書に記載された職業の秘密が保護に値する秘密に当たる場合に限られ、当該情報が保護に値する秘密であるかどうかは、その情報の内容、性質、その情報が開示されることにより所持者に与える不利益の内容、程度等と、当該民事事件の内容、性質、当該民事事件の証拠として当該文書を必要とする程度等の諸事情を比較衡量して決すべきものである」と判示した。これは、民訴法220条4号ハについて、「職業の秘密」という要件を充足することを前提に、さらに関係利益の比較衡量を認めたものであり、文書提出命令一般を直接の射程にするものではないが、注目に値する。

　さて、実際の訴訟進行においては、文書提出命令が申し立てられても、即座に発令の可否が判断されることは稀である。裁判所は、双方の意見を聴取しつつ、審理の進行状況に応じて証拠として採用する必要性を吟味し、発令するか否かを見極めている。そして、発令が可能であるような場合であっても、「実際の実務においては、文書提出命令の申立てがあっても、裁判所が当然提出し

注37）伊藤・387頁、新堂・566頁等。

てよいものだと考える場合には，まずは本当に必要なものを特定させ，相手方に促して書証として提出してもらうか，あるいは，膨大なものの場合には，当事者間で事実上閲覧してもらった上で必要部分をいずれかに書証として提出してもらっている例が多い」[注38)]とされている。

　他方，法的には申立てを却下すべき場合でも，実際に却下される例は少ない[注39)]。これは，却下して即時抗告がされた場合は，事実上，本案訴訟の期日指定を取り消して結果を待つ例が多く[注40)]，時間がかかることや，申立人と裁判所との間に「ぎすぎすした感じが残る場合がある」反面で，理由のない申立てについても，しばらくそのままにしておくと，訴訟の推移に伴いおよそ必要がなくなり，申立てが撤回される例も多い[注41)]などといった考慮が働く結果のようである。

　したがって，実務的には，文書提出義務の存否についての見通しもさることながら，本案訴訟の審理の状況を十分に配慮し，関係証拠の任意提出等の方法により解決することも広く視野に入れて，文書提出命令の審理に臨む必要があろう。ただし，文書提出命令申立事件の大半で裁判所の決定に至らず解決されている現実がある一方で，今後の展望としては，「附随的申立てについてはもっとドライに迅速に対応すべき時代になったのではないかと考える」[注42)]との見解もある。

注38)　瀬木比呂志『民事訴訟実務と制度の焦点』（判例タイムズ社，2006）247頁。
注39)　東京地裁でサンプル調査した結果によれば，平成18年中の文書提出命令申立て計380件に対し，平成19年5月30日現在で，未済116件，終了264件であり，終了の内訳は，決定53件（うち認容約20件），基本事件終了（任意提出含む。）124件，撤回87件である（加藤新太郎編『民事事実認定と立証活動第1巻』（判例タイムズ社，2009）282頁）。
注40)　裁判官によっては，文書提出命令の判断に必要な証拠等に限って高裁に記録を送付し，本案訴訟は続行する場合もある。なお，判例によれば，「証拠調べの必要性を欠くことを理由として文書提出命令の申立てを却下する決定に対しては，右必要性があることを理由として独立に不服の申立てをすることはできない」（最決平12・3・10民集54巻3号1073頁）とされているが，これに反対する学説もあり（高橋(下)・196頁以下），とくに本人訴訟などでは即時抗告があれば高裁に送るのが穏当との考えがある（瀬木・前掲注38）247頁）。
注41)　瀬木・前掲注38）247〜248頁。
注42)　瀬木・前掲注38）248頁。

参考判例

自己利用文書に関する判例の状況は以下のとおりである。

判　　例	文　　書	コメント
最決平11・11・12 民集53巻8号1787頁	銀行の貸出稟議書	3要件の枠組み注43)を示し，自己利用文書性を肯定
最決平12・12・14 民集54巻9号2709頁	信用金庫の貸出稟議書	3要件のうち，③「特段の事情」を否定し，自己利用文書性を肯定
最決平13・12・7 民集55巻7号1411頁	破綻した信用組合の貸出稟議書	3要件のうち，③「特段の事情」を肯定し，自己利用文書性を否定
最決平16・11・26 民集58巻8号2393頁	破綻した保険会社につき選任された保険管理人が保険業法に基づき設置した調査委員会の調査報告書	3要件のうち，①（②）に該当しないとして，自己利用文書性を否定
最決平17・11・10 民集59巻9号2503頁	市の議会の会派に所属する議員が政務調査費を用いてした調査研究の内容および経費の内訳を記載して当該会派に提出した調査研究報告書	自己利用文書性を肯定
最決平18・2・17 民集60巻2号496頁	銀行の本部から各営業店長等にあてて発せられた社内通達文書	〔判例54〕参照
最決平19・11・30 民集61巻8号3186頁	銀行が「金融検査マニュアル」に沿って債務者区分を行うために作成し保存している文書	〔判例55〕参照

◆岩﨑　泰一◆

注43)　以下，表中の①②③は，〔判例54〕 解　説 (2)において最決平11・11・12が示した3要件の枠組みを指す。

判 例 56

最高裁平成13年2月22日決定[注44]
　掲　載　誌：判時1742号89頁・判タ1057号144頁・金判1117号3頁
　原　　　審：大阪高決平12・1・17判時1715号39頁
　原　々　審：大阪地決平11・7・23（平成10年（モ）第895号）

特定の会計監査に関する監査調書との記載をもって対象文書の特定がされているとし，また1通の文書の一部分を除いた文書提出を命じた事例

事　案

```
                証券取引法に基づく損害賠償請求
    ┌─────┐ ──────────────→ ┌──────────┐
    │  Xら    │                              │ Y監査法人ら │
    └─────┘                              └──────────┘
         \                                        /
          \ 高値で株式購入              監査証明 /
           \                                    /
            ↘                                ↙
              ┌────────────────┐
              │ A（住宅金融専門会社） │
              └────────────────┘
                   〜有価証券報告書に虚偽記載
```

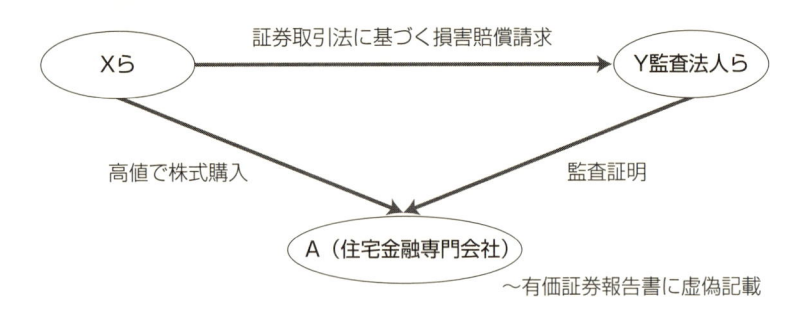

→Xから，Y監査法人対し，Yが作成して所持するAについての
　約4年分の監査調書につき文書提出命令申立て

　X（原告）らは住宅金融専門会社であるAの株式を購入した。
　しかしAは有価証券報告書に虚偽記載をしており，そのためXらは損害を被った。
　そこで，Xらは，Aの当時の役員およびAの有価証券報告書の財務書類につき適正とする旨の監査証明をした監査法人であるY（被告）らに対し，証券取引法（金融商品取引法）に基づき損害賠償請求訴訟を提起した。
　その訴訟の中で，Xらは，「文書の表示及び文書の趣旨」欄に「Yらが平成4年3月31日期から平成8年3月31日期までに行った，Aに対する会計監査及び中間監査に際して作成した，財務諸表の監査証明に関する省令6条に基づく監査調

注44）　松本博之・判評515号（判時1764号）（2002）175頁，加藤新太郎〔判批〕・NBL731号（2002）68頁，西山芳喜・重判解平成13年度〔ジュリ臨増1224号〕（2002）103頁，山田知司・主判解平成13年度〔臨増判タ1036号〕（2002）170頁。

書」と記載した申立書を提出して，文書提出命令の申立てをした。
　原々審は，期日外でイン・カメラ手続（民訴223条6項）を実施し，Yらから提示された文書のうちAの一部貸付先に関する氏名，会社名，住所，職業，電話番号，ファックス番号を除いた部分につき，文書提出命令を発した。
　Yらは，即時抗告をしたが，原審はこれを認めなかった。
　Yらは，監査調書が，表題，作成者，作成年月日，趣旨・内容等が異なる多種多様な個別文書が複数のファイルに綴じ込まれている点を指摘して申立てには文書の特定性が欠けていることや文書は一体として提出されるべきであるのに一部の提出を認めたことなどが違法であるとして許可抗告の申立てを行った。

| 決定要旨 |

　「財務諸表等の監査証明に関する省令（平成12年総理府令第65号による改正前のもの）6条によれば，証券取引法193条の2の規定による監査証明を行った公認会計士又は監査法人は，監査又は中間監査（以下「監査等」という。）の終了後遅滞なく，当該監査等に係る記録又は資料を当該監査等に係る監査調書として整理し，これをその事務所に備え置くべきものとされているのであるから，特定の会計監査に関する監査調書との記載をもって提出を求める文書の表示及び趣旨の記載に欠けるところはなく，個々の文書の表示及び趣旨が明示されていないとしても，文書提出命令の申立ての対象文書の特定として不足するところはないと解するのが相当である。」
　「前記のとおり，本件の申立ての対象文書の特定に欠けるところはない以上，原審が民訴法223条3項の規定による文書の提示を得て文書を特定したとする所論は前提を欠くものというべきである。」
　「1通の文書の記載中に提出の義務があると認めることができない部分があるときは，特段の事情のない限り，当該部分を除いて提出を命ずることができると解するのが相当である。そうすると，原審が，本件監査調書として整理された記録又は資料のうち，Aの貸付先の一部の氏名，会社名，住所，職業，電話番号及びファックス番号部分を除いて提出を命じたことは正当として是認することができる。」（抗告棄却）

| 参照条文 | 民事訴訟法221条1項・223条，〔平成12年改正前〕財務諸表等の監査証明に関する省令6条

解　説

(1) 対象文書の特定について

　文書提出命令の申立ての際には，文書の表示，文書の趣旨，文書の所持者，証明すべき事実，文書の提出義務の原因を明らかにしてしなければならない（民訴221条1項）。このうち，文書の表示（同項1号）とは，文書の表題，作成日時，作成者などであり，文書の趣旨（同項2号）とは，文書の内容であるとされており[注45]，申立人がこれらの事項を明らかにすることにより，原則として文書が特定されることになる。

　ところで，文書提出命令の申立人は，文書の所持者ではないため，文書を十分に特定することが困難な場合もある。そのような場合，申立人としては，ある程度概括的な方法により文書を指示せざるをえない。しかし，概括的な文書特定を無制限に許せば，文書所持者の負担は重くなり，裁判所が文書提出の必要性や提出義務の有無を判断するにあたっても支障を生じる[注46]。

　そこで，民訴法222条1項は，申立人が「文書の表示」または「文書の趣旨」を明らかにすることが著しく困難であるときは，文書を識別することができる事項を明らかにすれば足り，同時に，裁判所に対し，文書の所持者に文書の表示および文書の趣旨を明らかにすることを求めるよう申し出るべきこととした（文書特定手続）。

　文書提出の申出があると，裁判所は，申立てに理由がないことが明らかな場合を除き，文書の所持者に対し，文書の表示および文書の趣旨を明らかにすることを求めることができる（民訴222条2項）。

　本決定は，多数の個別の文書が綴じ込まれた監査調書について，個々の文書の表示および趣旨が明示されなくとも，特定の会計監査に際して作成した監査調書との趣旨の記載で文書の特定性に欠けることはないとした。

(2) 1通の文書の記載の一部を除いた提出命令について

注45)　高橋(下)・136頁，伊藤・377頁。
注46)　伊藤・378頁。

旧（平成8年改正前）民訴法においては，現行民訴法223条1項後段にあたる規定が存在しなかったため，文書の一部について提出命令を発することができるかについて争いがあった。この点，文書の一部に取調べの必要や提出の義務があるとは認められない場合に当該文書全体の提出を命ずることができないと解すれば，取調べの必要があり提出の義務も認められる一部すら提出させることができなくなり，真実発見の要請を大きく損なうこととなる。そこで，通説および多くの裁判例は，取調べの必要や提出の義務があるとは認められない部分があるときは，当該部分を除いて，文書の一部の提出を命ずることができるとの立場をとっていた[注47]。

　民訴法223条1項後段は，このことを明文により解決したものである。しかし，なお，元々は一体の文書を虫食いにして提出させることには，一定の限界があるのではないかとも考えられる[注48]。この点，基本的には，文書の一体性を損なうかどうか，ひいては文書の証拠価値を確保できるかどうかの点を中心に検討されるべきことになろう。本決定は，監査調書から，監査対象会社から貸付を受けていた債務者の氏名，会社名，住所，職業，電話番号，ファックス番号を除いた部分について，文書の提出を命じた。

(3) 本決定の背景

　本決定は，監査調書が財務諸表等の監査証明に関する省令に基づき整理して備え置くべきとされていることを指摘して，特定の会計監査に関する監査調書との記載をもって文書の表示および趣旨の記載に欠けるところはないと判示したものであるが，その理由については明示していない。そこで，その背景を検討する。

　まず，文書所持者である監査法人が特定の会計監査に関する監査調書として綴り置きしている以上，文書所持者にとっても裁判所にとっても，文書を同定するという意味での特定には欠けるところがないといえる。そうすると，問題は，単に文書を同定するのみではなく，取調べの必要性や提出義務の有無を適

注47）髙橋(下)・192頁。
注48）本件抗告理由（判時1742号95頁）および当該箇所に引用の文献参照。

切に判断しうる単位として文書を特定する必要があるか否か，ということになると思われる。本件でいえば，「監査調書」という全体ではなく，その中に含まれる個々の文書それぞれを特定して，それぞれにつき個別に取調べの必要性や提出義務の有無を判断すべきではないかということである。この意識は，原々決定および原決定に対する各抗告理由にも強く表れている。

　本決定は，文書の特定においてこのような視点が考慮されるべき必要性を原則として認めないとの立場に立ったものといえよう。その理由としては，文書の一部に限った提出命令を明文で認める民訴法223条1項後段の存在が大きいものと思われる。すなわち，文書を取り調べる必要性および提出義務の存否については，必ずしも文書全体について単一の判断がされる必要はなく，文書の各部分ごとに判断することが可能とされているのである。

　したがって，今後の運用としては，証拠調べの必要性と文書提出義務の存否は，必要に応じて文書の各部分ごとに審理・判断されることになるものと思われる。

(4) 本決定の意義

　本決定は，「氏名，会社名，住所，職業，電話番号及びファックス番号」という記載を除いた文書の一部分につき文書提出命令を認めたことで，民訴法223条1項後段の適用範囲を示したものでもある。真実発見の要請からは，文書の全部の取調べに不都合がある場合でも，取調べを要する一部分について提出を命ずることは有益である。また，文書の一部を除いて提出命令を発令できることにより，提出に差し障りのある部分を除外して文書所持者の利益を尊重するという柔軟な運用も可能となる。したがって，文書の一部についての提出命令が果たしうる役割は大きい。

　ただし，文書の一部について提出命令を発令しうる場合にも，一定の限界がありえよう。たとえば，文書の大部分が除外され，ごく一部についてのみ虫食い状態で提出が命じられるような場合，その証拠価値は大きく減じられ，その評価を誤ることにも繋がりかねない。本決定も，「1通の文書の記載中に提出の義務があると認めることができない部分があるときは，特段の事情のない限り，当該部分を除いて提出を命ずることができる」としており，一定の限界が

ありうることを判示した。

実務上の指針

(1) 文書の特定性について

　文書の所持者ではない文書提出命令の申立人には，厳密に文書を特定させることは困難であるので，実務上，文書の特定性の記載は緩和される傾向にある。

　したがって，代理人としては，表題，作成年月日，作成者などが不明であっても，様々な観点から提出を求める文書の特定ができないかを工夫すべきであろう。

　それでも文書の特定が困難な場合には文書特定手続（民訴222条）を利用すべきである。

　ただし，実務ではこの手続はあまり活用されていないようである。

(2) 文書の一部に対する提出命令について

　概括的な文書特定がされる場合や，本件のように個々の文書の集合体について文書提出命令が申し立てられる場合には，全体としての文書の名称や趣旨に引きずられ，不要な文書まで提出されることにもなりかねない。裁判所が証拠調べの必要性および文書提出義務の存否を適切に審理・判断し，効率的な訴訟進行が行われるようにするためには，申立人と文書所持者の双方が，文書の内容や性質等について，十分に説明をすることが必要である。本決定により，1通の文書の記載中に提出の義務があると認めることができない部分がある場合，特段の事情を主張・立証することで文書の一部に対する提出命令を阻止することができることになる。

　特段の事情が具体的に何を意味するかは，今後の判例の集積を待つしかないが，訴訟代理人としては，1通の文書の記載中に提出の義務があると認めることができない部分が含まれ，かつ，この部分を除外して文書を提出することで裁判所に誤った心証を形成させるおそれがある場合には，特段の事情の存在を積極的に主張していくべきではないかと思われる。

◆岩﨑　泰一◆

判例 57

最高裁平成17年7月22日決定[注49]
掲載誌：民集59巻6号1888頁・判時1907号33頁・判タ1188号229頁
原　審：東京高決平17・3・16民集59巻6号1912頁参照
差戻審：東京高決平18・3・30判タ1254号312頁

民訴法223条4項1号を理由とした監督官庁の意見に相当の理由があると認めるに足りない場合か否かを判断するには，他国との信頼関係に与える影響等について検討しなければ審理不尽になるとした事例

事　案

(1)　本案訴訟（基本事件）
　パキスタン国籍のX（原告・控訴人）は，在留期限を超えて本邦に不法に残留していたところ，東京入国管理局主任審査官によって，退去強制令書の発付処分を受けた。これに対し，Xは，自国における政治的活動を理由として警察に手配されており，難民であることなどを主張して，法務大臣（被告・被控訴人）によるXからの出入国管理及び難民認定法49条1項の異議の申出に理由がない旨の裁決および東京入国管理局主任審査官による退去強制令書の発付処分の各取消しを請求して提訴した。
　Xは，パキスタン国内における政治的活動を理由として警察に手配されていることを裏づける証拠として，パキスタン官憲作成名義の初期犯罪レポートの写しおよび逮捕状の写し（以下，「本件逮捕状等の写し」という。）を提出した。これに対し，法務省は，外務省を通じてパキスタン政府に本件逮捕状等の写しの真偽を照会し，外務省担当部長から法務省担当局長に対し，パキスタン政府から本件逮捕状等の写しが偽造である旨の回答を得たこと等が記載された文書（以下，「本件調査文書」という。）が回答されたため，法務大臣らは，本案訴訟において，本件調査文書を証拠として提出した。第1審でXが敗訴し，控訴した。
(2)　文書提出命令申立事件
　本案訴訟の控訴審になって，X（申立人）は，本件逮捕状等の写しの原本の存在および成立の真正等を証明するためであるとして，法務省が，外務省を通じて，パキスタン公機関に対し，本件逮捕状等の写しの原本の存在および成立の真正に

注49)　森英明・最判解民平成17年度536頁，原強・重判解平成17年度〔ジュリ臨増1313号〕（2006）133頁，原啓一郎・主判解平成17年度〔臨増判タ1201号〕（2006）185頁，田邊誠・リマークス33号（2006）146頁。

関し照会を行った際の両省作成の文書全部と，上記照会の際にパキスタン公機関から交付を受けた書類全部を対象として，文書提出命令を申し立てた。

法務大臣および外務大臣（相手方）は，民訴法223条3条に基づく意見聴取手続において，監督官庁として，他国との信頼関係が損なわれるおそれがあることなどを理由として，民訴法220条4号ロに該当する旨の意見を述べるとともに，文書の所持者としても，民訴法220条4号ロに該当することを理由に申立てを却下するとの決定を求めた。

> 原審の判断

原審は，法務大臣に対しては，上記照会の際に法務省が外務省に交付した依頼文書（以下，「本件依頼文書」という。）の控えを，外務大臣に対しては，外務省がパキスタン公機関に交付した照会文書の控え（以下，「本件照会文書」という。）および外務省がパキスタン公機関から交付を受けた回答文書（以下，「本件回答文書」という。）の各提出を命じ，その余の申立てを却下した。

法務大臣および外務大臣が許可抗告した。

> 決定要旨

(1) 法廷意見

「(1) 抗告人ら〔法務大臣および外務大臣〕の主張によれば，本件依頼文書には，本件逮捕状等の写しの真偽の照会を依頼する旨の記載のほか，調査方法，調査条件，調査対象国の内政上の諸問題，調査の際に特に留意すべき事項，調査に係る背景事情等に関する重要な情報が記載されており，その中にはパキスタン政府に知らせていない事項も含まれているというのである。そうであるとすれば，本件依頼文書には，本件各調査文書によって公にされていない事項が記載されており，その内容によっては，本件依頼文書の提出によりパキスタンとの間に外交上の問題が生ずることなどから他国との信頼関係が損なわれ，今後の難民に関する調査活動等の遂行に著しい支障を生ずるおそれがあるものと認める余地がある。

(2) また，抗告人らの主張によれば，本件照会文書及び本件回答文書は，外交実務上『口上書』と称される外交文書の形式によるものであるところ，口上書は，国家間又は国家と国際機関との間の書面による公式な連絡様式であり，信書の性質を有するものであることから，外交実務上，通常はその原本自体が公開されることを前提とせずに作成され，交付されるものであり，このことを踏まえて，口上書は公開しないことが外交上の慣例とされているというのである。加えて，抗告人らの主張によれば，本件照会文書及び本件

回答文書には，発出者ないし受領者により秘密の取扱いをすべきことを表記した上で，相手国に対する伝達事項等が記載されているというのである。そうであるとすれば，本件照会文書及び本件回答文書には，本件各調査文書によって公にされていない事項について，公開されないことを前提としてされた記載があり，その内容によっては，本件照会文書及び本件回答文書の提出により他国との信頼関係が損なわれ，我が国の情報収集活動等の遂行に著しい支障を生ずるおそれがあるものと認める余地がある。

(3) したがって，本件各文書については，抗告人らの主張する記載の存否及び内容，本件照会文書及び本件回答文書については，加えて，これらが口上書の形式によるものであるとすれば抗告人らの主張する慣例の有無等について審理した上で，これらが提出された場合に我が国と他国との信頼関係に与える影響等について検討しなければ，民訴法223条4項1号に掲げるおそれがあることを理由として同法220条4号ロ所定の文書に該当する旨の当該監督官庁の意見に相当の理由があると認めるに足りない場合に当たるか否かについて，判断することはできないというべきである。」（破棄差戻し）

なお，口上書の性質に詳しく言及して特別の考慮を要するとした福田博裁判官の意見がある。

(2) 滝井繁男裁判官の補足意見の要旨（今井功裁判官は，滝井繁男裁判官に同調するとの意見である。）。

「本件において，原審裁判所に提出された監督官庁の意見をみると，これらはいずれも抽象的に所定のおそれの可能性があることを述べるものであって，必ずしも文書の内容に即して具体的なおそれの存在することを明確に述べたものといえるものではなく，原決定が抗告人らの主張を基礎付ける事実について具体的な指摘がされていないものと判断し，民訴法223条6項によって文書の提示を求めるまでもなく，同条4項所定の相当の理由があると認めるに足りないとして，文書の提出を命じたのも理解し得ないわけではない。」

「民事訴訟において証拠として用いられるべき必要性が大きいと考えられる公文書が少なくない現状に照らし，監督官庁は，裁判所が民訴法の定めるところにより求めた意見の提出に当たっては，真実発見のために必要な証拠が可及的に多く提出されることが単に当事者にとってだけでなく司法制度に対して抱く国民の信頼を維持するためにも重要であるとの理解に立って，裁判所が的確な判断をなし得るよう当該文書に即してその理由を具体的に付して意見を述べるべきものであると考える。」

参照条文　民事訴訟法220条4号ロ・223条3項・4項1号

解 説

(1) 公務文書に対する文書提出命令
(a) 一般の公務秘密文書について

　民訴法220条4号ロは，「公務員の職務上の秘密に関する文書でその提出により公共の利益を害し，又は公務の遂行に著しい支障を生ずるおそれがあるもの」を文書提出義務の除外対象として定める（公務秘密文書）[注50]。また，民訴法223条3項は，公務秘密文書について文書提出命令の申立てがあった場合には，公共の利害等に対する十分な配慮をすべき要請から，申立てに理由がないことが明らかなときを除き，当該文書が民訴法220条4号ロに掲げる文書に該当するかについて，当該監督官庁の意見を聴かなければならないと定め，当該監督官庁は，当該文書が同号ロに掲げる文書に該当する旨の意見を述べるときは，その理由を示さなければならないとしている。

(b) 高度の公務秘密文書について

　さらに，民訴法223条4項は，同条3項の場合に，当該監督官庁が，「国の安全が害されるおそれ，他国若しくは国際機関との信頼関係が損なわれるおそれ又は他国若しくは国際機関との交渉上不利益を被るおそれ」ないしは，「犯罪の予防，鎮圧，又は捜査，公訴の維持，刑の執行その他の公共の安全と秩序の維持に支障を及ぼすおそれ」があることを理由として民訴法220条4号ロに掲げる文書に該当する旨の意見を述べたときは，裁判所は，その意見に相当の理由があると認めるに足りない場合に限り，文書提出を命ずることができると定める。

　つまり，この場合に裁判所は，まず，民訴法223条4項1号および2号のおそれがあることを理由とする当該監督官庁の意見に相当の理由があると認めるに足りるか否かを審理・判断し，相当の理由があると認めるに足りる場合には文書提出命令の申立てを却下し，相当の理由があると認めるに足りない場合に限り，さらに民訴法220条4号ロに該当するか否かを審査することになる。

[注50] 本号の適用が争われた事案として，最決平16・2・20判時1862号154頁，最決平17・10・14民集59巻8号2265頁。

(2) 本決定の位置づけ

　本件は，監督官庁が民訴法223条4項1号のおそれがあることを理由として民訴法220条4号ロに掲げる文書に該当する旨の意見を述べた事例であり，高度の秘密文書に関する民訴法223条4項所定の司法審査の特則について最高裁が初の判断を示したものである。また，外交文書について文書提出命令の是非が最高裁で争われた点でも初の事例である。この両面において，本判例の先例としての価値は大きい。特に，最高裁が民訴法223条4項1号のおそれがあることを理由とする監督官庁の意見につき慎重な審理を行ったことは，以後の同種事案における実務に大きな影響を与えたと考えられる。

　他方で，補足意見が指摘するとおり，民事訴訟手続における真実発見の要請において，公文書を証拠として採用することが期待される場面は少なくないはずである。本件の原審が民訴法223条3項の規定によって意見を聴取した際，監督官庁は，具体的かつ明確な主張をせず，十分とはいえない対応をみせたが，今後は，まさに，本決定を契機として，「司法制度に対して抱く国民の信頼を維持するためにも重要であるとの理解に立って，裁判所が的確な判断をなし得るよう当該文書に即してその理由を具体的に付して意見を述べる」ことが強く期待される[注51]。

実務上の指針

　高度の公務秘密文書について文書提出命令の是非が争われる事案は多くはないと思われるが，民訴法223条4項が司法審査の特則を定めていることに加え，最高裁が極めて慎重な審理の姿勢を示したことからすれば，申立人の立場からは，同種事案において，かなり緻密な論証を用意すべきことになるものと思われる。とくに，本件のように監督官庁の意見が抽象的なものにとどまる場合には，申立人の立場からの十分な主張に加え，裁判所の適切な指揮を促すなどの対応も必要となろう。

◆岩﨑　泰一◆

注51）　同じ趣旨を述べるものとして，伊藤・397頁。

Ⅶ 検　証

1　概　説

(1) 意　義

　検証は，裁判官がその五感作用によって，直接に，事物の性状・現象を検査しその結果を証拠資料とする証拠調べである[注1]。文書であっても，その記載内容たる思想・判断を対象とする証拠調べは書証であるのに対して，文書の形状や筆跡を対象とする証拠調べは検証となる[注2]。

(2) 検証手続

　検証物の証拠調べについては，書証に準ずる（民訴232条1項）。したがって，検証についても，当事者の申立てにより証拠の採否が決定される。検証物を挙証者が所持している場合は，挙証者が検証物を裁判所に提出すればよいが，第三者または相手方当事者が所持する場合は，送付嘱託を申し立てるか，検証物提示命令を申し立てなければならない（民訴232条1項・219条）。なお，検証物が裁判所に提出可能なものであれば，検証物提示命令を申し立てるが，検証物が不動産など提出不可能なものであれば，検証受忍命令を申し立てることになる。検証の結果は検証調書に記載される。検証にあたり，専門的知見が必要な場合は，裁判官は職権で鑑定を命じることもできる（民訴233条）。

　検証は，そもそも裁判官がその五感によって事実認定を行うことが主眼となるので，直接主義の原則が強く要請されるが，受命裁判官や受託裁判官による検証も認められる。

注1）　新堂・611頁。
注2）　伊藤・400頁。

(3) 検証協力義務

　所持者が検証物提示命令または検証受忍命令に従う義務は，検証物提示義務または検証受忍義務と呼ばれ，これらの義務はあわせて検証協力義務と呼ばれる。検証物提示命令，または検証受忍命令については即時抗告が可能である（民訴223条7項準用）。

　検証協力義務は，証人義務と同様，わが国の主権に服する者の一般的義務と解されている。当事者が検証物提示命令または検証受忍命令に応じない場合，真実擬制の制裁があり，挙証者の主張を裁判所は真実と認めることができる（民訴224条準用）。第三者が正当な理由なく命令に応じない場合は，過料の制裁が定められている（民訴232条2項）。しかし，直接強制については，これを認めないとするのが判例・通説である[注3]。

　人事訴訟の場合，人事訴訟法19条で民訴法224条の適用が排除されているため，検証協力義務違反があったとしても真実擬制はなされない。したがって，たとえば，親子関係確認等のために血液検査が必要である場合に，証明責任を負わない当事者が協力を拒否した場合でも，協力しないことが当該当事者に直ちに不利に働くことはない。この点，ドイツ民訴法などでは一定の要件の下，血液検査について検査受忍義務の直接強制が認められているが，わが国の民訴法においては，認められていない。また，間接強制についても消極的見解が通説的である[注4]。

注3）　注釈(7)〔加藤新太郎〕・235頁。
注4）　高橋(下)・204頁。

2 判　例

判　例 58

東京高裁平成11年12月3日決定
　掲載誌：判夕1026号290頁
　原　審：浦和地決平11・8・20（平成11年（モ）第267号）

報道機関の所持する未放送のビデオテープについての検証物提出命令が認められなかった事例

事　案

　本件は，報道機関の所持する未放送のビデオテープについて，検証物提出命令の申立てがあった事案である。本件の基本事件は，生花，植木，園芸資材等の売買を業とする会社とその代表取締役らが原告（本件の文書提出命令の申立人）となり，NHKを被告（抗告人）として，被告が，原告会社の社屋前の路上からビデオカメラで社屋の内外部を撮影して原告らのプライバシーを侵害したとして，慰謝料を請求した事件である。原告らは，原告会社が税務署員による税務調査を受けた際に，被告の記者らが原告会社社屋等を取材した未放送のビデオテープ（以下，「本件ビデオテープ」という。）について，検証およびその提出命令を申し立てた（以下，「本件申立て」という。）。原裁判所は，申立てを認容したため，被告が抗告を行ったのが本件である。

原審の判断

　「報道機関の取材テープは，原則的には検証物提出命令を認めるべきではないが，①報道の自由よりも手続としての公平の理念がより強く要請される事案であり，②当該取材対象者の同意があること若しくは利益に反しないこと，③当該事件での証拠価値が非常に高いこと，という三条件に該当するときは，特にその提出を命じることを妥当とするのでその提出を命じるべきであるところ，本件はそれに該当する」とした。

決定要旨

　東京高裁は，以下のように判示し，抗告を認容し，検証物提出命令を却下した。
　本件ビデオテープの証拠としての性質については，「思想，意思表示，事実報告情報等の表現内容を代替的に記録したものとしての内容が問題とされるものではなく，撮影対象との関係，撮影記録の状況等撮影態様の客観的存在状態や記録状態が問題とされるものであるから，検証物として証拠調べをするのが相当である。」
　「検証受認義務ないし検証協力義務は，わが国の裁判権に服するものの一般的義務と解されている。しかし，検証は，その実施により人の生命身体，健康状態への重大な影響を及ぼす虞がある等のことからその性質上当然に検証の拒否を正当化しうるとき，又は，検証受認者に証人尋問における証言拒絶事由が存するとき等の『正当の事由』があるときはその検証を拒否できるものというべきである。」
　「そして，報道機関の記者やカメラマンが取材の過程に関する事項について証人としての尋問を受けたときには，民事訴訟法197条1項3号の『技術又は職業の秘密に関する事項について尋問を受ける場合』所定の『職業の秘密』に該当するので，原則として証言拒絶権を有するものと解される。したがって，報道機関がその取材の過程で撮影したビデオテープ等も，職業の秘密を理由にその検証及びそれに際しての提出義務を拒絶しうる正当な理由が原則として存するものといいうる。」
　以上のように，報道機関の取材の成果物について，検証物提出拒否権が原則として認められるとしながら，「その権利の行使が『訴訟における公正な裁判の実現の要請』との比較衡量において，右の公正な裁判の実現の要請が勝る特段の事情が存するときには報道機関の右権利行使は制約を受けるものと解される。」とし，報道の自由と公正な裁判の保証について，慎重に比較考量して，「特段の事情」があるか否かを決定すべきとした。
　さらに，本件へのあてはめについては，現場写真等や，証人尋問等外の手段により，何を撮影したか，何を撮影された虞があるかは立証することが可能であるとした。代替証拠により本件撮影行為の違法性の有無を判断することが可能であるとして，報道の自由に制限を加えてまで，本件ビデオテープを公表させるべき特段の事情は存在しないものとした。（取消し，却下，確定）

参照条文

民事訴訟法232条・220条

解　説

　訴訟上の検証協力義務については，諸説があるが，これを一般的義務とする見解が通説となっている[注5]。この説は，わが国の裁判権に服する者の一般的義務として，証人義務と同様に，検証協力義務が認められ，正当の事由のない限りこれを拒否することはできないとする。正当の事由は，民訴法196条，197条の証言義務に関する規定を類推適用するとされ，本判例もこの通説に依拠したものとなっている。検証協力義務に関する裁判例として，大阪高判昭58・2・28（判タ495号117頁），大阪高判昭61・6・23（判タ609号102頁）があり，いずれも一般的義務説に立ち，旧民訴法272条（現行民訴197条）の趣旨が類推適用されている。なお，検証協力義務の範囲について，証言義務の類推適用が通説となった背景は，改正前の民訴法においては，文書提出義務は範囲が限定的となっていたことが影響していると思われる。民訴法改正後の文献の中には，正当の事由の判断には書証に関する民訴法220条4号が参考になるとするものがあり[注6]，また，裁判例の中にも，検証の対象となる文書について，民訴法220条3号後段により文書提出義務を負う場合には，検証物としての提示を免れることはできないとしたものがある[注7]。

実務上の指針

　本裁判例は，一般的義務説に依拠するものであるが，報道用ビデオテープを検証の目的物とした裁判例であり，報道の自由と公正な裁判との利益衡量について判断している点で実務上参考になるものである。

注5）　注釈(7)〔加藤新太郎〕・207頁など。
注6）　高橋(下)・203頁。
注7）　札幌高判平13・1・22訟月48巻1号62頁。

判例59

最高裁平成21年1月15日決定[注8]
掲載誌：民集63巻1号46頁・判時2034号24頁・判タ1290号126頁
原審：福岡高決平20・5・12判時2017号28頁・判タ1280号92頁・民集63巻1号85頁参照

情報公開法に基づく行政文書の開示請求に対する不開示決定の取消訴訟において，不開示とされた文書を検証の目的として提示を命ずることはできないとされた事例

事案

　本件の基本事件は，X（原告・控訴人）が，行政機関の保有する情報の公開に関する法律（以下，「情報公開法」という。）に基づき，外務省が保有する，米軍ヘリコプター墜落事故に関する行政文書の開示を請求したところ，外務大臣が同法5条1号，3号または5号に該当するとして，その一部を不開示とする決定をしたため，Xがこれを不服として不開示決定取消訴訟をした事件である。第1審ではXの請求が棄却されたため，Xは控訴し，福岡高裁に係属することとなった。
　Xは，控訴審において，本件不開示文書の検証の申出とともに，不開示文書を目的物とする検証物提出命令の申立てを行った。この申立てにあたり，X（申立人）は，検証の立会権を放棄し，検証調書の作成においても，本件不開示文書の記載内容の詳細が明らかになる方法での検証調書の作成を求めない旨陳述した。つまり，このような立会権の放棄を前提とした本件検証等の申立ては，事実上のインカメラ審理を導入するものであった。
　情報公開法においては，インカメラ審理の導入が見送られていたため，インカメラ審理に関する規定の不存在は，情報公開法におけるインカメラ審理をまったく許容しない趣旨か否かが問題となったが，原審においては，個々の訴訟事件の中で必要に応じてこれを採用することを一律に否定するものではないとし，申立ての一部については，裁判所が不開示文書を直接見分することが必要不可欠であるとしてこれを認めたものである。この検証物提示命令の決定に対し国が抗告を行った。

注8）鎌野真敬〔判批〕・ジュリ1382号（2009）122頁。

VII 検 証

> **決定要旨**
>
> 　最高裁は，原決定のうち申立てを認容した部分を破棄し，検証物提出命令の申立てを却下した。
> 　まず，インカメラ審理について「訴訟で用いられる証拠は当事者の吟味，弾劾の機会を経たものに限られるということは，民事訴訟の基本原則である」としたうえで，「情報公開訴訟において証拠調べとしてのインカメラ審理を行うことは，民事訴訟の基本原則に反するから，明文の規定がない限り，許されないものといわざるを得ない」と判示した。
> 　そして，情報公開法の制定過程について検討したうえで，「現行法は，民訴法の証拠調べ等に関する一般的な規定の下ではインカメラ審理を行うことができないという前提に立った上で，書証及び検証に係る証拠申出の採否を判断するためのインカメラ手続に限って個別に明文の規定を設けて特にこれを認める一方，情報公開訴訟において裁判所が不開示事由該当性を判断するために証拠調べとして行うインカメラ審理については，あえてこれを採用していないものと解される」との判断を示した。
> 　結論として，「本件不開示文書について裁判所がインカメラ審理を行うことは許されず，X〔相手方〕が立会権の放棄等をしたとしても，国〔抗告人〕に，本件不開示文書の検証を受忍すべき義務を負わせてその検証を行うことは許されないものというべきであるから，そのために国〔抗告人〕に本件不開示文書の提示を命ずることも許されない」とした。（破棄自判）

参照条文　民事訴訟法223条1項・232条1項，情報公開法5条・9条2項

解　説

(1) イン・カメラ手続

　イン・カメラ手続は，条文上も，文書提出命令の項に置かれ（民訴223条6項），実務上も主に文書提出命令との関係で論じられることが多いが，検証においても準用されている（民訴232条1項）。

　民訴法において，文書提出義務は一般義務化されているが，民訴法220条4号イないしホに該当する場合には，文書提出義務が免除されている。したがっ

て，文書提出命令の申立ての判断に際しては，裁判所は，同号イないしホの除外事由に該当するか否かを判断することになる。このうち，同号イないしニの除外事由該当性を判断するにあたっては，文書の表示や趣旨だけでは，文書の中に職業上の秘密が含まれているか，自己使用文書か否か等を判断することは難しい場合も多く，裁判所が直接文書を閲読してその有無を判断することにより，適正・迅速な判断が可能であると考えられる。そこで，民訴法では，当該文書の除外事由該当性の判断に必要な場合には，裁判所は当該文書を提示させる事ができることとしたが，他方で，当該文書が申立人や傍聴人の目に触れると，除外事由を設けて秘密を保護しようとした法律の趣旨を没却することになるため，裁判所以外の何人もその開示を求めることができないとしたものである。

　これは，米国の手続をモデルとしたものであることから，同国での呼称に従って，イン・カメラ手続と呼ばれる。

　イン・カメラ手続は，除外事由の有無の認定のための手続であり，それ以外の目的，すなわち，証拠調べの必要性の認定のために利用してはならないとされている[注9]。

　イン・カメラ手続の問題点として，①裁判所のみが書面を閲読するものであり，申立人の手続保障という点からは不十分であること，②実際には，証拠として採用されていない文書を裁判所が閲読してしまうため，証拠調べの必要性や訴訟物に関する心証形成に利用される可能性があるとの危険性が指摘されている[注10]。このような問題点から，裁判所による慎重な運用を望む意見は根強い[注11]。

　米国において，行政情報の開示に関する訴訟においては，イン・カメラ手続の前提として，ヴォーン・インデックスと呼ばれる一覧表を作成させるという手続が確立されており，この手続をわが国のイン・カメラ手続の運用にも活用すべきとの意見があり[注12]，宮川光治裁判官の補足意見において言及されてい

注9）　基本法コンメⅡ・243頁．
注10）　門口・証拠法大系(4)〔金子修〕・182頁，伊藤眞「イン・カメラ手続の光と影」新堂幸司先生古稀祝賀『民事訴訟法理論の新たな構築(下)』（有斐閣，2001）198頁，高橋(下)・193頁．
注11）　基本法コンメⅡ・244頁．

る。ヴォーン・インデックスとは，行政庁が開示義務を否定する文書について，①開示しない文書の範疇についての記述，②それぞれの範疇についての不開示情報の条項，③不開示情報に該当する理由を記載した文書から構成される文書である注13)。ヴォーン・インデックスの提出により，不開示部分や不開示理由の詳細が明らかにされ，場合によっては，さらに裁判官の釈明権の行使により，除外事由の有無について一応の心証形成がされることが期待されている注14)。

(2) 本判決の位置づけ

　本件のような情報公開訴訟において，検証物（文書）提出命令を認めると，実質的に当該文書が公開されたのと同じことになるため，このような検証物（文書）提出命令は情報公開制度の趣旨に照らして許されないというのが一般的理解であり，本決定においても同様に判示されている。

　本件においては，原告が検証への立会権を放棄し，検証証書の作成についても，不開示文書の詳細な記載内容が明らかになる方法での検証調書の作成を求めない旨の陳述をしている。これは，事実上のイン・カメラ審理を求めるものであり，本件ではこの点が争点となった。

　民訴法では，文書（検証物）提出義務の除外事由の有無の認定を判断するためのイン・カメラ手続を認める規定がある（民訴223条6項・232条1項）。しかし民訴法のイン・カメラ手続は，提出義務の有無を判断するためのものであり，証拠調べそのものを非公開で行いうる旨を定めたものではない。また，既に述べたとおり，民訴法のイン・カメラ手続については，当事者の手続保障上の問題点や，証拠調べを経ない文書や検証物の閲読により裁判所の心証形成に影響を与える危険性が指摘されており，その運用については慎重な意見が根強いことを考えるとき，ましてや，法律上の根拠なく証拠調べそのものを非公開で行うとする本件事件の申立ては，民事訴訟の基本原則に反するとの批判が出てくるのはやむをえないであろう。

注12)　門口・証拠法大系(4)〔金子〕・182頁。
注13)　伊藤・前掲注10)　199頁。
注14)　伊藤・前掲注10)　200頁。

情報公開法においては，情報公開審査会が当該文書を直接見分して調査・審議をすることができる旨の規定が設けられたが，裁判所のイン・カメラ審理についての規定は設けられなかった。情報公開法の制定過程において，イン・カメラ審理の導入は検討されたものの，結局のところ，その採用が見送られたのである。このような経緯から，本決定において，情報公開訴訟において裁判所が不開示事由該当性を判断するために証拠調べとして行うイン・カメラ審理はあえてこれを採用しないのが法律の趣旨であると，最高裁は判断したものである。

実務上の指針

本決定には2名の裁判官が補足意見を付している。泉德治裁判官の補足意見は，明文の規定を欠いたままではイン・カメラ審理を行うことは許されないとしながら，情報公開訴訟におけるイン・カメラ審理は憲法82条に違反するものではないとし，今後の立法化に含みを持たせている。宮川光治裁判官の補足意見は，イン・カメラ審理の導入については，ヴォーン・インデックス手続と組み合わせたうえで，その相当性，必要性については慎重に配慮すべきであるが，情報公開制度を実効的に機能させるために検討されることが望まれるとした。

平成22年現在，イン・カメラ審理について情報公開法の改正が検討されている。

いずれにしても，法改正がない限り，現状においては，本判決の結論については動かしがたいものと考える。

◆秋 山 里 絵◆

第6章 判　　決

I　経験則

1　概　　説

(1)　自由心証主義と内在的制約（経験則と論理則）

　裁判官は証拠の証明力を吟味・評価し，あるいは弁論の全趣旨をもしん酌しながら争点となっている要証事実の存否について心証を形成する。直接証拠があれば容易に事実認定できるが，現実の民事訴訟では，証拠により間接事実を認定して，その積み重ねで主要事実を推論していくケースが圧倒的に多い。事実認定における証拠方法の選択および証拠の証明力の評価については，裁判官の自由な判断にゆだねられている（自由心証主義，民訴247条）。しかし，自由心証主義といっても裁判所の恣意的な事実認定を許すものではなく[注1]，以下に述べる経験則や論理則[注2]に基づかなければならない（自由心証主義の内在的制約）。

注1)　自由心証主義といえども「経験則不適用の自由」を許したのではない。「経験則選択の自由」を許したのである（小山昇『民事訴訟法〔5訂版〕』〔青林書院，1989〕314頁）。

注2)　論理則については，岩松三郎＝兼子一編『法律實務講座民事訴訟編第4巻第一審手續(3)』（有斐閣，1961）54頁，門口・証拠法大系(1)〔岡崎克彦〕・249頁等が詳しい。

(2) 事実認定のパターン

争点について事実認定[注3]をする場合の手法については，次のようなパターンがある。

(a) 直接認定型・間接推認型

事実認定をする場合には「直接認定型」あるいは「直接証拠認定型」(直接証拠により主要事実を認定する。) と「間接推認型」あるいは「間接事実推認型」(間接事実から主要事実を推認する。) とがある。論理則・経験則が必要となるのは後者である。

(b) 直接証拠中心主義・間接事実中心主義

直接証拠中心主義とは，主要事実を認定する場合においては，直接証拠があってそれが信用できるものであることが明らかになれば，その直接証拠によって主要事実を認定するという方法によるべきであるという立場をいう。この立場では，直接証拠がある場合，間接事実によって主要事実を推認するという方法は必要でないだけではなく，事実認定の方法として相当でないとされる[注4]。これに対して，間接事実中心主義というのは，事実認定の本質は「推測的判断」であるとして，間接事実による推認を中心に据えて主要事実を認定するという方法によるべきであるとする立場を指す[注5]。実務における事実認定・心証形成は，直接証拠中心主義，間接事実中心主義のいずれか一方のみで認定してい

注3) 事実認定に関する文献は多数あるが，弁護士・司法修習生にとって利用しやすいものを以下に挙げる。①加藤新太郎編著『民事訴訟実務の基礎〔第2版〕』(弘文堂，2007)，②田尾桃二＝加藤新太郎編『民事事実認定』(判例タイムズ社，1999)〔このテーマに関する貴重な文献の集大成〕，③賀集唱「民事裁判における事実認定をめぐる諸問題」民訴16号 (1970) 49頁〔事実認定のバイブル〕，④伊藤滋夫『事実認定の基礎』(有斐閣，1996)〔タイトルは基礎となっているが本格的研究である〕，⑤「民事訴訟における事実認定」司法研究報告書59輯1号 (司法研修所，2007)〔滝澤泉判事，小久保孝雄判事，村上正敏判事，飯塚宏判事，手嶋あさみ判事の手による総合研究書〕，⑥土屋文昭「事実認定再考─民事裁判の実態から」自正48巻8号 (1997) 72頁，⑦吉川愼一「事実認定の構造と訴訟運営」自正50巻9号 (1999) 62頁，⑧加藤新太郎編『民事事実認定と立証活動第1巻』(判例タイムズ社，2009) 329頁，⑨村田渉「推認による事実認定例と問題点─民事事実認定論の整理と展開に関する一試論」判タ1213号 (2006) 42頁 (滝澤孝臣編『判例展望民事法Ⅲ』〔判例タイムズ社，2009〕所収)，⑩伊藤眞＝加藤新太郎編・〈判例から学ぶ〉民事事実認定〔ジュリ増刊〕(有斐閣，2006)，⑪田中豊『事実認定の考え方と実務』(民事法研究会，2008)。

注4) 伊藤・前掲注3) ④77頁参照。

注5) 吉川・前掲注3) ⑦63頁参照。

るわけではなく，直接証拠による認定と，間接事実による推認というダブルチェックをしているという(注6)。

(3) 推論のキーとしての経験則(注7)

そこで，証拠に対する評価，間接事実・補助事実の認定または推認，そしてさらに主要事実の推認という，事実認定における複数の階層にわたる推論をする場合の「キー」となるのが，経験則である。

(a) 経験則とは

経験則とは，人間生活における経験から帰納された事物に関する知識や法則を指す。日常生活の常識的な思惟法則から科学上の極めて専門的な知識・法則に至るまでのものがある。

経験則は事実ではないから自白の対象にならない。通常は，法規と同様に裁判官がその経験則を取得する方法は制限されない（個人的に知っている経験則を裁判の資料とすることができる(注8)。）が，専門的な経験則については，適正な訴訟を遂行するため鑑定や専門家の証人尋問等により存否・内容を確かめる必要があると解すべきである（訴訟における当事者対等原則に基づいて反論の機会を保障する必要がある。）。

(b) 一般的経験則と専門的経験則

一般には，一般的経験則と専門的経験則という区別をすることが多いが，そ

注6）　吉川・前掲注3）⑦65頁参照。
注7）　経験則についての古典的な文献としては，①岩松三郎「経験則」同『民事裁判の研究』（弘文堂，1961）所収，②兼子一「経験則と自由心証」同『民事法研究第2巻』（酒井書店，1954）所収，③岩松＝兼子編・前掲注2）54頁などの古典的文献のほか，④本間義信「訴訟における経験則の機能」新堂幸司ほか編『講座民事訴訟(5)証拠』（弘文堂，1983）63頁，⑤後藤勇『民事裁判における経験則：その実証的研究』（判例タイムズ社，1990），⑥後藤勇『続・民事裁判における経験則：その実証的研究』（判例タイムズ社，2003）等があり，最近の実務的で有益な研究としては，加藤編・前掲注3）⑧（同書では判例集に掲載された経験則だけではなく実際の事件において経験した経験則をめぐる多数のエピソードが報告されており，極めて示唆的である。同382頁には，経験則に関する文献と最近の最高裁判所判例が掲載されている。）のほか，⑦門口・証拠法大系(1)〔小泉博嗣＝前田志織〕・242頁，門口・証拠法大系(1)〔岡崎克彦〕・217頁）が有益である。
注8）　経験則と異なり，私知（裁判官が個人的に知っている事実）は「事実」であるから，そのまま訴訟資料とすることはできない。その意味で経験則は「公知の事実」に近似する。

の境界は必ずしも明確ではない。須藤典明判事は，次のように分類をする注9)。

	自然科学的経験則	人間行動的経験則
一般的経験則	簡単な物理法則など	いわゆる社会常識
専門的経験則	複雑な医学・物理法則	業界の取引慣行など

(c) 経験則違反と上告理由について

　経験則違反の事実認定は上告理由となるか，その根拠条文は何か。旧民訴法時代から，経験則は，三段論法の大前提として機能するから法令である，法令と同視できる，あるいは法令に準ずるので，旧民訴法394条後段の法令違反となるという説（表現に多少の違いはあるがこれらは法規範説といわれる。），これに反し経験則は法令ではなく，経験則違反は自由心証主義の内在的制限に違反するので新民訴法247条違反（旧民訴185条）（自由心証主義違反）としての法令違反となるとする説がある。また，経験則を区分して専門的経験則違反は上告理由とはならないが常識的経験則違反は上告理由となるという説，高度の蓋然性または必然性をもつ経験則違反が上告理由となるという説もあるが，経験則を区別することなくすべての経験則違反が上告理由となるという説が判例であると解されている注10)。

　ところで旧民訴法では「判決に影響を及ぼすべき法令違反」は上告理由であると明示されていた（旧民訴394条後段）が，新民訴法では上告理由を制限し，憲法違反と旧民訴法395条にいわゆる絶対的上告理由のみを上告理由とし，法令違反は新民訴法312条の上告理由（権利上告）から除外され，「原判決に……法令の解釈に関する重要な事項を含むものと認められる事件」は上告受理（裁量上告）をすることができるにすぎないものとされた（新民訴318条1項）。立法担当者の説明では経験則違反は新民訴法318条1項の法令に含まれ，これを理由として上告受理の申立てができるとされ注11)，これを支持する学説が多い注12)。なお，新民訴法325条1項後段では，判決に影響を及ぼすことが明ら

注9) 加藤編・前掲注3)⑧347頁以下に須藤典明判事の詳しい説明がある。
注10) 門口・証拠法大系(1)〔岡崎克彦〕・259頁が判例・学説の全体を説明している。
注11) 新民訴一問一答・35頁。

かな法令違反については，破棄事由とされており，もちろん経験則違反はこれに含まれる。

(4) 事実認定における経験則の機能

経験則は，以下のとおり，事実認定のすべての過程を通じて極めて重要な役割を演ずる[注13]。この点について，民事訴訟の事実認定は，徹頭徹尾経験則の適用である[注14]といわれている。

(a) 間接事実・再間接事実・補助事実の整理と収集

要件事実は，民法などの実体法が定めているから当該実体法の解釈により明らかになる。しかし間接事実・補助事実については要件事実ごとに一義的に定まっているわけではない。要件事実を最終目的として，当該事件の証拠方法・証拠資料を吟味し，それが間接事実，間接事実を推認させる再間接事実，補助事実のいずれかにあたるか否か，あたるとすればその相互の関係などを個々の事件に即して判断することが必要であり，そのときは論理則，経験則に従って合理的な判断をする必要がある（証拠の取捨選択，証明力の評価が不当・違法の場合には，通常，採証法則違反となることが多い。）。

(b) 事実上の推定

事実認定においては1個または数個の間接事実から主要事実を推認する，あるいは他の間接事実を推認する，そしてそれらの複数の間接事実に基づいて主要事実を推認するときに，経験則をフル活動させなければならない。

(c) 証拠や補助事実の証明力の判断

直接証拠，間接証拠によって主要事実，間接事実，補助事実を証明する場合において，根拠となるこれらの証拠の証明力の有無・程度は経験則に従って判断される。補助事実が当該証拠の証明力にどの程度影響を与えるかの判断についても経験則が利用される。

注12) 基本法コンメⅢ・80頁，梅本・1061頁，上田・594頁など，そのほか後藤・前掲注7) ⑥30頁参照。
注13) 本間・前掲注7) ④64頁，加藤編著・前掲注3) ①190頁。なお加藤編・前掲注3) ⑧346頁以下に村田渉判事による詳しい説明がある。
注14) 賀集・前掲注3) ③72頁以下。

(d) 弁論の全趣旨の判断

民事裁判において弁論の全趣旨が重要な役割を果たしているといわれるが，弁論の全趣旨の証明価値を判断するときも経験則なしでは行えない。

(e) 証拠決定における必要性とプライオリティの判断

証拠調べの範囲を決定し，証拠方法を選択する場合にも，経験則が必要である。

(f) 規範的要件事実の判断と経験則の機能について

過失・背信性・正当事由などいわゆる規範的要件事実の判断は評価根拠事実と評価障害事実とを総合評価して判断する。この場合，そもそもどのような事実が評価根拠事実に該当し，どのような事実が評価障害事実になるのかということが必ずしも明確ではない（これに含まれない事実の主張は主張自体失当である。）。その判断・選択に先だってある種の経験則に基づく一定の判断が行われている。そこで，前提となるべき経験則はどのようなものか，その経験則の適用される場面はどこか，経験則の有する必然性，蓋然性あるいは可能性の見極めなどを意識的に考えておくことが必要である。しかも，規範的要件事実は，事案ごとに千差万別で，過剰主張も許されるから，複数の経験則を適宜，効果的に利用して，評価根拠事実・障害事実の重要性を正確に認識し，重要性の高い事実を選び出さねばならない注15)。

(g) 因果関係の立証と経験則について

訴訟上の因果関係の立証は，一点の疑義も許されない自然科学的証明ではなく，経験則に照らして全証拠を総合検討し，特定の事実が特定の結果発生を招来した関係を是認しうる高度の蓋然性を証明することであり，その判定は，通常人が疑いを差し挟まない程度に真実性の確信をもちうるものであることを必要とし，かつ，それで足りるものと解すべきである注16)。

(5) 経験則の特徴について

注15) 本間・前掲注7) ④69頁，加藤編・前掲注3) ⑧347頁・360頁参照〔須藤典明判事の説明〕。
注16) 最判平18・6・16民集60巻5号1997頁〔B型肝炎訴訟事件〕，最判昭50・10・24民集29巻9号1417頁〔東大ルンバール事件〕，最判平3・4・19民集45巻4号367頁〔小樽種痘損害賠償事件〕参照。

経験則の特徴として，①経験則の生命はその具体性のうちにあって特別事情によってその適用が左右される，②経験則は法定証拠法則ではなく，事情いかんによって屈伸自在に作用する（屈伸性・自在性），③経験則は，常に「特別事情」による例外を伴うのであって，例外の大小によって適用範囲の限界が定まると指摘されている[注17]。また，④経験則には，経験則上必然的なもの（甲があれば必ず乙がある。），蓋然的なもの（甲があれば乙があるのが通常である。），可能的なもの（甲があれば乙がありうる。）という差があるので，これらを認識したうえで，誤りなく事実上の判断をすることが必要である[注18]。

(6) 経験則の体系化論争について

伊藤滋夫教授は，経験則を，①自然現象にも共通する因果関係の法則，②一般的な人間の行動法則，③個別的な人間の行動法則とに区分し，これらの経験則を体系化することができるとする[注19]。

これに対し，吉川愼一判事は，経験則とは人間行動についての科学法則ではなくて，単なる蓋然性の原則にすぎないという立場から，経験則を人間行動の法則として理解するならば，変幻自在な人間行動をすべてカバーするためには，様々な内容の法則を建てる以外なく，たとえば，「人は財産的行為（取引行為）では原則として証拠を残す」という法則を建てながら「特別の場合には，人は，財産的行為（取引行為）においても証拠を残さない」という例外を置くことになってしまう。問題は，どのような場合に「特別の事情」があるかという点にもっぱらかかっているのであるから，経験則の体系化という作業は労多くして功少ないものではないかと指摘する[注20]。

注17) 岩松＝兼子編・前掲注2）67〜68頁。
注18) 岩松＝兼子編・前掲注2）76頁，加藤編・前掲注3）⑧における加藤判事，須藤判事，大江弁護士，村田判事の各発言参照（345頁・365頁等）。
注19) 伊藤・前掲注3）④88頁以下。同98頁以下には②の一般的な人間の行動法則について「経験則の体系」（試案）が掲載されている。
注20) 吉川・前掲注3）⑦67頁。

2 判　例

判　例 60

最高裁平成18年11月14日判決[注21]
　掲　載　誌：判時1956号77頁・判タ1230号88頁
　原　　　審：東京高判平16・9・22（平成16年（ネ）第2589号）
　原　々　審：東京地判平16・3・31（平成14年（ワ）第1629号）

ポリープ摘出手術を受けた患者が術後に出血性ショックにより死亡した場合につき，担当医が追加輸血等を行わなかったことに過失があるとはいえないとした原審の判断に採証法則に反する違法があるとされた事例

事　案

　医療法人Y₁（被上告人）の開設する病院に入院して，平成12年4月24日，上行結腸ポリープの摘出手術を受けた甲が術後9日目の5月2日，急性胃潰瘍に起因する出血性ショックにより死亡したことについて，甲の相続人であるX（上告人）らが，Y₁病院の医師（主治医）であるY₂（被上告人）には，甲に対し十分な輸血と輸液を行って全身の循環状態が悪化しないよう努めるなどして甲のショック状態による重篤化を防止する義務があったのに，これを怠った過失があるなどと主張して，Yらに対し不法行為責任，使用者責任に基づく損害賠償請求を提起した。なお，解剖の結果によると，結腸の手術部位には吻合不全や吻合部出血などの所見はなく，胃から直腸の内腔に血液の貯留が認められ，胃粘膜面には露出血管を伴う多発性の潰瘍が認められたので，これが出血源と考えられた。前立腺には多発性膿瘍を形成した化膿性前立腺炎が認められ，これが発熱の原因と考えられた。
　第1審の東京地裁は，平成16年3月31日，医師Y₂がショック状態による重篤化の防止義務を怠ったとして，Xらに対する損害賠償金合計8051万0734円を認容した（一部認容）が，Yらはこの判断を不服として控訴した。東京高裁は，平成16年9月22日，Xらの請求を棄却するとの判決（逆転判決）をした。そこでXらは最高裁に対して，上告受理の申立て（民訴318条1項）を行った。最高裁は，上

注21）　塩崎勤「シリーズ医療過誤重要判例紹介⒃ポリープ摘出手術を受けた患者が術後に出血性ショックにより死亡した場合と担当医師の過失による医師と病院側の不法行為責任（最高裁第三小法廷平成18年11月14日判決）」民情249号（2007）73頁，稲垣喬〔判批〕・民商136巻3号（2007）399頁，我妻学〔判批〕・医事法23号（2008）179頁，本多健司・主判解平成19年度〔別冊判タ22号〕（2008）108頁。

告受理を決定し（同条4項），本件判決により，原審の判断には「採証法則」に反する違法があるとして，原判決を破棄し，東京高裁に差し戻した。その後，新聞報道によると，平成19年1月16日，東京高裁で和解が成立した。

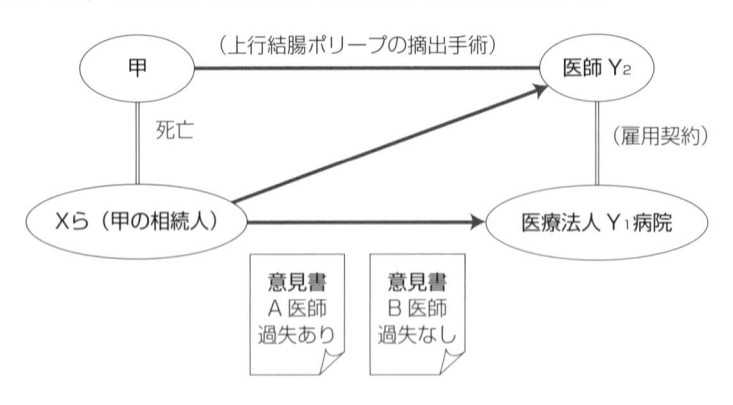

```
             （上行結腸ポリープの摘出手術）
   ┌──┐ ──────────────────── ┌─────┐
   │ 甲 │                              │医師 Y₂│
   └──┘                              └─────┘
     ║                                    │
    死亡                               （雇用契約）
     ║                                    │
 ┌────────┐                         ┌──────────┐
 │Xら（甲の相続人）│ ──────────────→ │医療法人 Y₁病院│
 └────────┘                         └──────────┘

        ┌─────┐  ┌─────┐
        │意見書 │  │意見書 │
        │A医師  │  │B医師  │
        │過失あり│  │過失なし│
        └─────┘  └─────┘
```

判旨（要旨）

　上行結腸ポリープの摘出手術を受けた患者が，術後9日目に急性胃潰瘍に起因する出血性ショックにより死亡した場合において，患者の相当多量な血便や下血，ヘモグロビン値やヘマトクリット値の急激な下降，頻脈の出現，ショック指数の動向等からすれば，患者の循環血液量に顕著な不足を来す状態が継続し，輸血を追加する必要性があったことがうかがわれ，第1審で提出された医師Aの意見書中の担当医には追加輸血をするなどして当該患者のショック状態による重篤化を防止すべき義務違反があるとする意見が相当の合理性を有することを否定できず，むしろ，原審で提出された医師Bの意見書の追加輸血の必要性を否定する意見の方に疑問があると思われるにもかかわらず，両意見書の各内容を十分に比較検討する手続を執ることなく，医師Bの意見書が提出された原審の第1回口頭弁論期日において口頭弁論を終結したうえ，医師Bの意見書を主たる根拠として，担当医が追加輸血等を行わなかったことにつき過失を否定し，医師Aの意見書等に基づき担当医の過失を肯定した第1審判決の請求認容部分を取り消した原審の判断には，採証法則に反する違法がある。（破棄差戻し）

参照条文　民法709条，民事訴訟法247条

解　説

(1) 鑑定の採否・評価の基準について

西岡繁靖判事は，鑑定の評価方法について，次のように整理している[注22]。

① 鑑定の結果が他の証拠からも推測されるところに合致する場合には，同趣旨の判断をする。鑑定の結果が不利益となる側の当事者から説得力のある反論が示されない場合，弁論の全趣旨としてしん酌することができる。

② 鑑定の結果が他の証拠または裁判所の既成の知識から予測されたところと異なり，または鑑定理由の一部に疑問点があって直ちに採用しがたい場合，あるいは，結論または理由づけを異にする複数の鑑定がある場合は，その採否・選択の基準は次のとおりとなる。

(a) 鑑定の前提とした事実が他の証拠上確定される事実関係に合致しない場合には，鑑定の結果を排斥する。

(b) 鑑定が何らかの科学的検査や実験を伴うものである場合には，その検査・実験の材料，方法，所与の条件が適当であるか否かを十分吟味し，その普遍化しうる範囲を考え，それを当該事件にそのまま利用できるものかどうかを判断する。

(c) 鑑定の供給する抽象的な科学的経験則の当否ないしそれが当該事件に適切であるかどうかの判断として裁判所がなすべきことは，法的規範的判断であり，鑑定理由を理解しうる程度の知識をもって，健全な常識により，鑑定理由を他の文献などと対照し，あるいは，結論の異なる複数の鑑定の理由を比較検討して，当該事件に適切な法則を見出すべきである。

(d) 裁判所にとって実際上重要なことは，鑑定結果についての当事者双方の意見を聞くことであり，法律家としての訴訟代理人が理解し，規範的判断として形成したところを述べさせて，裁判所の理解の助けともし，

[注22]　西岡繁靖「〔大阪民事実務研究〕医事関係訴訟における鑑定等の証拠評価について—原審の過失判断に違法があるとして原判決を破棄した最近の最高裁判決を参考に」判タ1254号（2008）29頁（佐々木茂美編著『民事実務研究Ⅲ』〔判例タイムズ社，2009〕171頁所収，とくに177頁）。

誤解，独断を防ぎ，さらに，当事者の陳述を弁論の全趣旨としてしん酌することである。

(2) 鑑定における手続保障の重要性について

稲垣喬弁護士によると，本判決は，双方から提出された意見の一方の意見書に依拠せず，他方の意見書を採用する場合は，反対当事者に対し，それぞれの意見書の内容を十分に比較検討する機会を設定すべきであり，その反論を提出するための手続を経由することが，あるいは不意打ちの防止という効果にとどまらず，証拠の評価ひいては心証形成のうえでも重要であることを示唆し，この手続を履践しないでその意見を評価するのが，採証法則の違反への一里塚となる旨を判示しているとし，民事とくに医療をめぐる訴訟における手続的正義，衡平要請の充たされるべきことを強調する判示として理解することができるとする[注23]。

実務上の指針

(1) 本件判決の重要性

本件は，鑑定に関する採証法則違反により破棄された事例であり，過失の認定に関して，鑑定の採否・選択の判断基準を示す重要な判例である。本件については，上記の(1)②(c)および(d)の基準から逸脱しており，採証法則違反[注24]と

注23) 稲垣喬「医療過誤訴訟における意見書の評価と採証法則違反（平成18・11・14最高三小判）〈判例紹介〉」民商136巻3号（2007）399頁。

注24) 採証法則違反の用語は，論者によりニュアンスが異なる。宇野栄一郎「上告審の実務処理上の諸問題」宇野栄一郎「上告審の実務処理上の諸問題」鈴木忠一＝三ヶ月章監修『実務民事訴訟講座(2)判決手続通論2』（日本評論社，1969）322頁は，いったんは経験則違反と採証法則違反とを区分するが，しかし実質的に異なるところはないとする。注釈(8)〔松本博之〕・233頁は，証拠および徴表の評価を尽くすべき義務の違反を採証法則違反といい，経験則違反の一つとして位置づけている。斎藤秀夫編著『注解民事訴訟法(6)上訴：控訴～抗告』（第一法規，1980）273頁〔斎藤秀夫〕も，経験則違反の一態様として採証法則違反を位置づけている。しかし小山・前掲注1）583頁は，証拠に関する法則の違背の中に採証法則違反と経験則違反等を並記する。思うに，採証法則は法廷に提出された証拠の取捨選択，証拠の証明力の評価に関するルールの総体を指しており，経験則より広いと思われる。したがって経験則違反は採証法則違反になるが，採証法則違反は経験則違反に限られないと思われる。

いうことができる。

(2) 経験則を自在に活用するスキル

法廷実務家としては，事実認定が徹頭徹尾経験則の適用であることを理解し，当該事件の争点に関する証拠の取捨選択または間接事実の評価をするためには，経験則を自在に活用するためのスキルが欠かせない[注25]。

(3) 専門的経験則の増加

経験則は実質的には法令であり，本来は証明の対象ではない（裁判官が独自に入手することができる。）と解されているが，たとえば簡単な物理法則や社会常識に属する経験則（一般的経験則）のほか，科学技術や経済の高度化に伴い，先端技術，複雑な医学・物理法則，多方面にわたる産業界の取引慣行など（専門的経験則）がますます増加することは必至であるから，その経験則を検証するため，訴訟当事者間の実質的平等原則，反論する権利を保障する立場から，たとい控訴審であっても，必ず意見陳述・反論・反対証拠の提出のための機会を実質的に与える訴訟指揮が必要である。

(4) 鑑定に対する全体的な評価の重要性

最後に，西岡繁靖判事によると，最高裁判所は，過失の判断にあたって，症状の経過や検査結果の推移といった具体的な事実関係を非常に重視していることがうかがわれ，鑑定，あるいは私的鑑定を評価するにあたっても，こうした症状の経過，検査結果の推移，さらには一般的な知見としての医学文献等と整合的な説明が具体的にできているか否かが重要な考慮要素となってくると指摘している[注26]。

注25) 法律実務家にとり「事実認定能力の向上のために心がけるべきこと」について，加藤編著・前掲注3）①194頁，田尾＝加藤編・前掲注3）②所収の田尾桃二「民事実認定論の基本構造」59頁など参照。

注26) 西岡・前掲注22)『民事実務研究Ⅲ』199頁。

参考判例

　医療事件における経験則違反の判断をした最高裁判決は，西岡繁靖判事の論文[注27]に詳しいが，このほかに，次のものがある。
　① 最判平19・4・3判時1969号57頁・判タ1240号176頁
　統合失調症により精神科病院である療養園に入院していた男性が，消化管出血による吐血等の際に吐物を誤嚥して窒息死したことにつき，その両親が，担当医師に男性を適切な時期に転院させなかった過失があるなどと主張して，病院に対し，債務不履行に基づく損害賠償を求めた事案において，判旨は「精神科病院に入院中の患者が消化管出血による吐血等の際に吐物を誤嚥して窒息死した場合において，担当医に転送義務違反等の過失があるとした原審の判断に経験則に反する違法があ」るとした（破棄差戻し）。
　② 最判平18・6・16民集60巻5号1997頁
　B型肝炎を発症したXらが，幼児期に受けた集団予防接種によってB型肝炎ウイルスに感染し，成人になって肝炎を発症した等と主張して，集団予防接種等を各自治体に実施させた国に対し国家賠償を求めた事案について，本判決は，「訴訟上の因果関係の立証は，一点の疑義も許されない自然科学的証明ではなく，経験則に照らして全証拠を総合検討し，特定の事実が特定の結果発生を招来した関係を是認し得る高度の蓋然性を証明することであり，その判定は，通常人が疑いを差し挟まない程度に真実性の確信を持ち得るものであることを必要とし，かつ，それで足りるものと解すべきである」とし[注28]，経験則に基づく推認により因果関係を肯定した事例である。本判決の意義は，たとえ一つ一つの間接事実は主要事実との結び付きが軽微であっても多角的な数個の間接事実が相互に関連することによりその蓋然性が飛躍的に高まるとして，具体的な数個の間接事実を前提として経験則により事実上の推定を働かせ，最終的に因果関係を肯定したことにある（一部破棄自判，一部棄却）（いわゆるB型肝炎訴訟上告審判決）。

◆山　浦　善　樹◆

注27）　西岡・前掲注22）『民事実務研究Ⅲ』179頁以下。
注28）　前掲注16）最判昭50・10・24民集29巻9号1417頁参照。

486　第6章　判　　決

II　証拠法則

1　概　　説

最高裁判所で破棄判決がなされる場合，経験則違反と並んで，採証法則違反が指摘されることが多い。採証法則違反は，経験則違反の一態様であると解される[注1]が，最高裁は〔判例61〕において，原判決には，実体法の解釈の相違から，事実認定（名誉毀損の真実性の抗弁）において証拠制限をしたことにつき採証法則違反があるとして破棄した。

(1)　名誉毀損事件における要件事実

最初に名誉毀損事件のうち「事実の摘示による名誉毀損」の事例に基づいて名誉毀損による損害賠償請求権の要件事実を検討したい。一般的には次頁の表

注1)　経験則と採証法則の関係については，第6章 I 注24)　参照。
注2)　藤原弘道「8 不法行為2：名誉毀損」伊藤滋夫総括編集代表／藤原弘道＝松山恒昭編『民事要件事実講座第4巻民法II物権・不当利得・不法行為』（青林書院，2007）238頁参照。
注3)　最判昭41・6・23民集20巻5号1118頁「民事上の不法行為たる名誉毀損については，その行為が公共の利害に関する事実に係りもっぱら公益を図る目的に出た場合は，摘示された事実が真実であることが証明されたときは，右行為には違法性がなく，不法行為は成立しないものと解するのが相当であり，もし，右事実が真実であることが証明されなくても，その行為者においてその事実を真実と信ずるについて相当の理由があるときには，右行為には故意もしくは過失がなく，結局，不法行為は成立しないものと解するのが相当である」。
注4)　前掲注3）最判昭41・6・23は，真実と信ずるについて相当の理由があるときには故意・過失がないと判示するところから，相当性の抗弁は，①真実であると信じていたこと，②そう信じたことについて過失がないこと，の2つに分解でき，②については無過失の評価根拠事実と構成することができる。しかしここでは一般的な故意・過失ではなく，名誉毀損事件における相当性の評価として，取材対象の信頼度，裏づけ調査の程度，記事掲載の迅速性の要請，取材の信頼度に対応した記事として掲載したか等，判例の集積により相当性の有無を判断することになる（最判平11・10・26の最高裁調査官解説である小野憲一・最判解民平成11年度660頁参照）から，やはり分解せずに，「Yが摘示した事実が真実であると信じるについて相当の理由があるとする評価根拠事実」として事実摘示（主張整理）をすべきである。

KG	
（あ）	YはXの社会的評価を低下させるような事実を摘示したこと
（い）	Yに（あ）について故意があることまたは過失の評価根拠事実
（う）	（あ）と（え）の間に因果関係があること
（え）	損害の発生とその数額

E1	（真実性の抗弁）
（カ）	（あ）の事実は，公共の利害に関する事実にかかること
（キ）	（あ）はもっぱら公益を図る目的に出たものであること
（ク）	（あ）の事実は真実であること

E2	（相当性の抗弁）
（ケ）	（カ）と同じ
（コ）	（キ）と同じ
（サ）	相当性の評価根拠事実　Yが，（あ）の事実が真実であると信じるについて相当の理由があること

R	相当性の評価障害事実
（た）	相当の理由があることに対する評価障害事実

のように説明されている注2) 注3) 注4)。

(2) 真実性・相当性の抗弁に関する証拠法則

　本件判例は，要件事実（ク）に関する証拠法則を判示している。さらに関連して，（サ）の事実認定における証拠法則についても言及している。

2 判　例

判　例　61

最高裁平成14年1月29日判決[注5]
　掲　載　誌：判時1778号49頁・判タ1086号102頁
　原　　　審：東京高判平7・11・27判タ918号166頁
　原　々　審：東京地判平7・4・20（平成5年（ワ）第2298号ほか）

名誉毀損に該当する事実の真実性についての判断の基準時および認定のための証拠の範囲

事　案

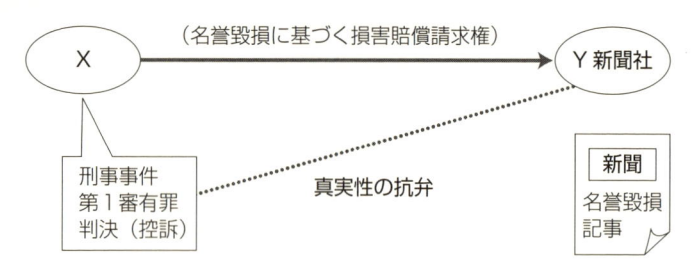

Y新聞社（上告人）発行の新聞紙に掲載された記事がX（被上告人）の名誉を毀損するものであるとして，XがYに対して不法行為に基づく損害賠償請求訴訟を提起した。原審は，請求原因は争いなく，抗弁のうち（カ）「公共の利害に関する事実にかかること」，（キ）「もっぱら公益を図る目的に出たものであること」は認められたが，（ク）「本件記事の内容が真実であるという事実」も（サ）「記事の内容が真実であると信じたことに相当の理由がある」とも認められないとした（請求一部認容）。

注5）檜山聡・主判解平成14年度〔臨増判タ1125号〕（2003）90頁，前田陽一〔判批〕・ＮＢＬ780号（2004）72頁，和田真一〔判批〕・民商129巻4・5号（2004）247頁，道垣内弘人・メディア判例百選〔別冊ジュリ179号〕（2005）46頁など。
　なお，本判例は民集掲載事件ではないため最高裁判所調査官による判例解説はない。しかし，最判平11・10・26民集53巻7号1313頁の判例解説（小野・前掲注4）は，本判決（最判平14・1・29）の後に執筆された関係で，本判決についても詳しく解説されている（同662頁注3以下参照）。

しかし，そのころ既にXは，殺人未遂等被告事件の刑事第1・2審で有罪判決を受け，本件の原審口頭弁論終結時においては，第2審の有罪判決に対して上告中であった（その後上告が棄却され有罪判決が確定した。）。そこで，原判決は，概要「本件名誉毀損の成否判断の基準時は本件記事が新聞に掲載された時点であるから，右各記事内容の真実性の証明も概ね右当時において存在した資料に基づきなされたものであることを要するものとしなければ首尾一貫しない，有罪を宣告した刑事事件はその後結審までの長期にわたる審理を経て蒐集された証拠に基づいて下されているから，有罪判決の存在をもってしても記事掲載当時においてその真実性の証明がなされたことにはならない」とした。Yは上告した（新民訴法施行前である。なお，旧民訴法394条後段（法令違反）は，新民訴法の施行後は318条「上告受理」によることになる。）。

判　旨

　最高裁は，次の理由で，原判決を破棄し，改めて真実性の抗弁を審理するため，東京高裁に差し戻した（「原審は……本件記事に摘示された事実の真実性を認定する際の立証の対象又は立証のための証拠の範囲について，判断を誤ったものであるといわなければならない。」)。
　「裁判所は，摘示された事実の重要な部分が真実であるかどうかについては，事実審の口頭弁論終結時において，客観的な判断をすべきであり，その際に名誉毀損行為の時点では存在しなかった証拠を考慮することも当然に許されるというべきである。けだし，摘示された事実が客観的な事実に合致し真実であれば，行為者がその事実についていかなる認識を有していたとしても，名誉毀損行為自体の違法性が否定されることになるからである。真実性の立証とは，摘示された事実が客観的な事実に合致していたことの立証であって，これを行為当時において真実性を立証するに足りる証拠が存在していたことの立証と解することはできないし，また，真実性の立証のための証拠方法を行為当時に存在した資料に限定しなければならない理由もない。他方，摘示された事実を真実と信ずるについて相当の理由が行為者に認められるかどうかについて判断する際には，名誉毀損行為当時における行為者の認識内容が問題になるため，行為時に存在した資料に基づいて検討することが必要となるが，真実性の立証は，このような相当の理由についての判断とは趣を異にするものである。」（破棄差戻し）

参照条文　民法709条・710条，民事訴訟法135条・247条・318条，刑法35条・230条の2第1項

解　説

(1) 真実性の抗弁の構造について

　原審は，抗弁（ク）と（サ）の判断時点について，双方とも当該行為時を基準としているが，最高裁は，上記 判　旨 のとおり，真実性の抗弁と相当性の抗弁の違いを前提に，原判決を破棄した。原判決は，真実性の抗弁の解釈として，「当該摘示行為の時点において事実の真実性の証明が客観的になされ得ることが必要である」としている。その結果，抗弁の立証手段が，その当時に入手しえた証拠に限定され，その後に入手した証拠によって過去の行為の時点における真実の証明をすることはできない，あるいはしてはならないという結論を導き出した。これは換言すれば，事実が真実であることの証明ではなく，事実を摘示した時点において真実性を証明することができる的確な証拠が存在していたか否かということになる。そうなると，摘示した当時には存在していない証拠が後に発見され，その証拠が真実性の証明のために非常に効果的であっても，当該証拠を訴訟において利用することができないという結果となる。このように名誉毀損の要件事実の解釈から，真実性の抗弁に特有な証拠制限法則を打ち出したものというべきである。

　しかし，真実性の抗弁については，実体法の解釈として，単に客観的に真実であればよいというのであり，たとえば，確たる根拠なしに憶測で記事を書いたとき，あるいは単なる直感で事実を摘示しても，結果的に真実なら違法性がない（真実性の抗弁が認められる）と結論づけること（いわば結果オーライ）も許される[注6]というべきであるから，事実の真実性の立証は，当該名誉毀損事件の事実審の口頭弁論を終結するとき（既判力の基準時）までに入手しえたすべての証拠を採用することができ，証拠制限を付ける必要はない。

(2) 相当性の抗弁の構造について

注6）　しかし前田陽一「名誉毀損における『真実性』の判断の基準時と考慮される証拠の範囲」ＮＢＬ780号（2004）72頁によると，このような場合には，通常，「もっぱら公益を図る目的に出たものであること」（公益目的性）という別の免責要件が証明できないから，現実にはこのような不当と思われる事態にはならないという（同75頁）。

原判決は，（サ）の相当性の抗弁は，名誉毀損行為当時における行為者の認識内容が問題になるため，行為時に存在した資料に基づいて検討することが必要となるとし，本件最高裁判決もこれと同じ趣旨を述べている。実体法の解釈として（仮に事実が真実でなかったとしても，もちろん真実であったときでも）「行為者が事実を摘示した時点において」当該事実の内容が真実であると信じたこと，そして，信じたことについて相当の理由がある（無理からぬものがある）場合には，賠償責任を負わない（抗弁が立つ）という趣旨である。
　最高裁は，上記のとおり，摘示された事実を真実と信ずるについて相当の理由が行為者に認められるかどうかについて判断する際には，名誉毀損行為当時における行為者の認識内容が問題になるため，行為時に存在した「資料」に基づいて検討することが必要であるとする。
　しかし，当時の行為者の認識内容を立証・判断するということから，当然に行為当時に存在していた「証拠」に限定する必要はないと思われる。相当性の判断は規範的評価である。行為当時に行為者が認識していた事実，そして認識することができた事実を確定して，真実であると信じたことについて相当の理由があるか否かを規範的に判断することになる。そこで，相当性の判断を判断するための基礎となる事実（評価根拠事実と評価障害事実）は，いわゆる後批判を認めないという趣旨で，その当時に行為者が認識していた事実と認識することができた事実に限る（実体法の解釈としては時的要素が含まれているということができる。）だけのことであり，評価根拠事実・評価障害事実を「証明」する手段（証拠方法）としては，行為当時に存在していた証拠であろうと，その後に生じた証拠であろうと何ら制限を受けないと解すべきである注7)。最高裁が，行為時に存在した資料（証拠ではない。）に基づいて検討することが必要としている部分の意味は，以上のように解すべきではないかと思う注8) 注9)。

　注7)　行為後の日記帳，訴訟提起後の陳述書，人証調べにおける証言その他いろいろな証拠が考えられる。
　注8)　行為後に発見された事実や行為時認識しえなかった事実を評価根拠事実または評価障害事実として主張しても主張自体失当になるが，行為時に認識していた事実や認識しえた事実は，評価根拠事実または評価障害事実として意味のある主要事実であり，その事実を証明する証拠方法は，行為時に存在しまたは行為者に認識されていなくとも構わない（主張事実には時的要素があるが，証拠について時的制限は存在しない。）。

実務上の指針

(1) 立証の対象または立証のための証拠の範囲についての判断の誤り

　本件最高裁判決は，事実の摘示による名誉毀損事件における真実性の抗弁に関して，真実か否かの判断に際して行為の時点において存在した資料に限るという証拠制限法則はないとして，最高裁として立場を明確にした判例である。とくに，「……本件記事に摘示された事実の真実性を認定する際の立証の対象又は立証のための証拠の範囲について，判断を誤った……」と判示する部分に注目すべきである。前者（立証の対象の判断の誤り）は実体法の解釈（主張レベル）の誤りを指し，後者（立証のための証拠の範囲の誤り）は，証拠法則（証拠レベル）の誤りである。

(2) 名誉毀損に関する刑事事件と民事事件の関係

　当該行為について一方で刑事事件として起訴され，他方で損害賠償請求（民事事件）として訴訟係属する場合に，刑事事件が先行して有罪判決が確定した場合には，民事事件としては，真実性の抗弁の主張・立証は比較的容易である。

　これに反し，刑事事件が上訴などにより確定しない時点で，民事事件において事実審の口頭弁論終結を迎える場合には，民事事件として，摘示された事実が真実であることについて認定をしなければならない。論理的には，民事・刑事はそれぞれ独自の立場で事実認定することができるが，難しい問題が多い注10)。刑事事件の結果を待つことはできないので，真実性の証明が十分とはいえない場合には，その段階における証拠に基づいて（もっとも，この場面において証拠制限法則が働く，すなわち真実性の立証手段は時的に無制限であるが，相当性の判断に必要な評価根拠事実の範囲は行為時に限定される。），相当性の抗弁を認めて，請

注9)　成田喜達「2　犯罪報道と名誉毀損」竹田稔＝堀部政男編『新・裁判実務大系(9)名誉・プライバシー保護関係訴訟法』（青林書院，2001）33頁は，真実の証明，真実と信ずることについての相当の理由の証明も，ともに，報道後の資料に基づいて判断することができると解されるとし，東京高判平7・7・10判夕903号159頁を引用している。

注10)　佐伯仁志＝道垣内弘人『刑法と民法の対話』（有斐閣，2001）294頁参照。民事事件としての名誉毀損と刑事事件としての名誉毀損とを比較検討した非常にわかりやすい有益な文献である。

(3) 真実性の抗弁と相当性の抗弁の等価性

　被告が，真実性の抗弁と相当性の抗弁を主張する場合に，その抗弁に順序をつけても法的には意味がない。民事判決の既判力の客観的範囲は訴訟物に限られ，理由中の判断には及ばないから，裁判官は当事者が付けた順序，たとえば主位的抗弁として真実性の抗弁，仮定的抗弁として，仮に真実でないとしても相当性があると主張するように，抗弁に順位を付けたとしても，裁判官はその順序に拘束されない。もちろん，原告が，摘示された事実が真実か否かを第1の争点とするように申し出ても同様に法的には意味がない。裁判所は，真実性の抗弁の立証が不十分と考えたとき，真実性の抗弁を棚上げにして，相当性の判断をすることができる。真実性の抗弁は最初から立証が難しいと予測される場合にも，審理促進の観点から，真実性の抗弁は最初から棚上げして，相当性の審理だけをして結審することも差し支えない（棄却の場合）（もちろん，請求を認容する場合には，2つの抗弁を排斥しなければならないのはいうまでもない。）。

◆山　浦　善　樹◆

III 損害額の認定

1 概　説

(1) 概　要

　民訴法248条は,「損害が生じたことが認められる場合において,損害の性質上その額を立証することが極めて困難であるときは,裁判所は,口頭弁論の全趣旨及び証拠調べの結果に基づき,相当な損害額を認定することができる。」と定める。これは平成10年1月1日施行の現行民事訴訟法で新たに追加された規定である。

　損害賠償を請求する事案にあっては,原告は,損害の発生のほか,損害の額についても主張立証責任を負担する。そのため,旧（平成8年改正前）民訴法下においては,損害の発生自体は認められるものの損害額が真偽不明である場合には,請求自体が棄却される事案があった[注1]。しかしながら,なんらかの損害の発生が認定できるにもかかわらず,その具体的な額が認定できないとの理由で請求全体が棄却されるとすることは,いかにも,当事者の公平に反し,被害者の救済に欠ける。

　この点,旧民訴法下においても,幼児の死亡事故に基づく消極的損害という損害の立証が困難な事例について,「被害者側が提出するあらゆる証拠資料に基づき,経験則とその良識を十分に活用して,できうるかぎり蓋然性のある額を算出するよう努め,ことに右蓋然性に疑がもたれるときは,被害者側にとって控え目な算定方法……を採用することにすれば,慰藉料制度に依存する場合に比較してより客観性のある額を算出することができ,被害者側の救済に資する反面,不法行為者に過当な責任を負わせることともならず,損失の公平な分担を窮極の目的とする損害賠償制度の理念にも副うのではないかと考えられる。

注1）　最判昭62・7・2民集41巻5号785頁,最判平元・12・8民集43巻11号1259頁など。

要するに，問題は，事案毎に，その具体的事情に即応して解決されるべきであり，所論のごとく算定不可能として一概にその請求を排斥し去るべきではない。」注2）などとして，裁判所において一定の損害額を認定する実務が行われており，学説もこれを支持していた。

　このような状況を踏まえ，さらには，ドイツ民事訴訟法なども参考にして，損害額の認定が困難な場合において，裁判所における「相当な損害額」の認定を認めたのが民訴法248条である。

　民訴法248条に類する規定としては，特許法をはじめとする知的財産権関係の各法（特許法105条の3，これを準用する実用新案法30条，意匠法41条および商標法39条，あるいは，不正競争防止法9条，著作権法114条の5など）や金融商品取引法（21条の2第5項）がある。もっとも，金融商品取引法21条の2第5項（ただし，損害を否定する方向での規定である。）では，「当該事情により生じた損害の性質上その額を証明することが極めて困難であるときは，裁判所は，口頭弁論の全趣旨及び証拠調べの結果に基づき，賠償の責めに任じない損害の額として相当な額の認定をすることができる。」として，民訴法248条と同様に「損害額」の立証の困難性を問題としているのに対し，知的財産権関係の法律では，「損害額を立証するために必要な事実を立証することが当該事実の性質上極めて困難であるときは，裁判所は，口頭弁論の全趣旨及び証拠調べの結果に基づき，相当な損害額を認定することができる。」として，「損害額を立証するために必要な事実」の立証の困難性を問題にしている。この違いは，後者に関係する法律では，損害額を推定する規定が置かれているため，これらの推定規定を適用するために必要な事実の立証の困難性を救済する規定となっているのに対し，前者では，損害額の推定規定がないことから，損害額そのものの認定の困難性を救済する規定となっているためであると解される。

(2)　民事訴訟法248条の趣旨

　民訴法248条の趣旨について，立案担当者は，「損害が発生したことは認められるが，その性質上，損害額を算定する根拠につき個別的・具体的な立証が

注2）　最判昭39・6・24民集18巻5号874頁。

困難であるため，損害額の立証が客観的に極めて困難な場合には，損害額について厳格な証明を要求すると，原告にとって不当な不利益になることがあります。そこで，本条の規定を設け，裁判所は，口頭弁論の全趣旨および証拠調べの結果に基づき，相当な損害額を認定することができることとしています。」注3）と説明している。

学説としては，証明度の軽減を図ったとする説，損害額について裁判所による裁量を認めたとする説，その折衷説があるとされ，必ずしもその理解が一致しているとはいえない注4）。上述した立案担当者の見解は証明度の軽減を図ったとする説に近いと思われる。

この規定の趣旨の捉え方が民訴法248条の具体的な解釈やその適用範囲にどの程度の影響を与えるのかは不明であり，また，この議論の背景には，そもそも損害額の認定が事実認定であるのか，法的評価の問題であるのか，という損害賠償論の根底の理解とも結びつく問題があるため，ここで深入りすることは避けるが，本来求められるべき立証の程度に至らない事実や，通常であれば不十分と思われるような立証方法によって導かれる事実であっても，これらを基礎として裁判所においてある一定額を認定できるのであるから，その意味では，ある程度の立証度の軽減が図られていることは事実であろうし，一方で，立証度が足りないにもかかわらず，裁判所においてある一定額を認定できるのであるから，裁判所に損害額の認定についての一定の裁量を認めていることも否定できないように思われる注5）。

いずれにせよ，当事者の代理人としては，損害の発生のみならず，具体的な損害額についてもできる限りの主張立証活動を尽くすべきは当然のことであり（民訴法248条は「口頭弁論の全趣旨及び証拠調べの結果に基づき」としている。），その一方で，裁判所としても，できる限り証拠に基づいた客観的な損害額を認定し，

注3） 新民訴一問一答・287頁。
注4） 学説については，苗村博子「企業の損害と民訴法248条の活用」判タ1299号（2009）39頁が要領よく整理しているので，参照されたい。また，この論文では，民訴法248条を適用した近時の判決例をまとめて紹介しているので，併せて参照されたい。
注5） この点については，伊藤滋夫「民事訴訟法248条の定める『相当な損害額の認定』㈠㈡（下・完）」判時1792号（2002）3頁，同1793号（2002）3頁，同1796号（2002）3頁）の検討を参照。この論文では民訴法248条に関する多くの文献が紹介されている。

その認定を行った根拠をできる限り詳細に判決理由で示すべきであって，本条に依拠した安易な損害額の認定を避けるべきは当然のことである。

(3) 民事訴訟法248条の要件
 (a) 「損害が生じたことが認められる場合において」

損害賠償を請求する者は，「損害の発生」のほか，「損害の額」についての主張立証責任を負担している。民訴法248条は，「損害が生じたことが認められる場合」として，「損害の発生」が認定できたことを要件としているから，損害賠償請求を行う者は，「損害の発生」については通常の主張立証責任を負担していると解される。

この点，損害の発生についても本条を類推適用すべきとの見解もあるが，民訴法248条が敢えて「損害の発生」と「損害の額」とを分けて規定していることからすれば，「損害の発生」について，本条の類推適用を認めることは困難であろう。

 (b) 「損害の性質上その額を立証することが極めて困難であるとき」

この要件については，「損害の性質というのは，当該事案に特有な事情ということではなく，当該損害の有する客観的な性質を言うものと考える。」との見解がある一方で[注6]，「この立証の困難性とは，当該請求の性質上の抽象的な立証困難性か，個別的・具体的事案のもとでの立証の困難性かについては，後者である。」とする見解もある[注7]。

「損害の性質上」としている条文の文言，および前述した民訴法248条と類似した規定を定める法律が知的財産権関係といった損害の客観的な性質として立証が困難な場合であることからすれば，少なくとも，条文の解釈としては，前者のように考えることが素直であろう。しかしながら，民訴法248条の目的である当事者の公平（被害者の救済）の観点からすれば，個別具体的な事案において，損害の発生までは認められるが，なんらかの事情によりその額の立証が困難であれば，本条に基づいてこれを救済すべきことに問題はないとも思われ

注6) 伊藤・前掲注5) 判時1792号4頁。
注7) 基本法コンメⅡ・279頁。

る(注8)。

　実務的にみれば，損害の有する客観的な性質として立証が困難であれば，通常は個別事案にあっても立証が困難であろうし，また，そもそも損害額の立証には困難がつきまとうことが通常であり，その意味ではほとんどの損害の客観的性質は立証が困難ともいえることからすれば，両者の区別自体，曖昧なものといえる。このように考えると，どちらの説をとるのかによって，結論が異なる事例は多くはないものと思われる。

　いずれせよ，損害賠償を請求する代理人としては，個別事案として立証が困難な事例であっても，民訴法248条を意識した主張・立証を検討すべきであろう。

(c)　「口頭弁論の全趣旨及び証拠調べの結果に基づき」

　この文言は，自由心証主義を定める民訴法247条とほぼ同じであり(注9)，「通常の証明という際に考える材料と同じことを題材として，本条の認定をすること」を意味している(注10)。

(4)　民事訴訟法248条の効果

　損害賠償を求める事案にあって，損害の発生は認められるが，その額が認定しきれない場合において，裁判所が民訴法248条を使用することなく請求を棄却することができるのかどうか，すなわち，本条を適用することは裁判所の義務であるといえるのか。

　この点，条文の文言は「……認定することができる。」として裁判所の裁量を規定しているように読める。しかしながら，最判平18・1・24（判時1926号65頁・判タ1205号153頁〔判例62〕）および最判平20・6・10（裁集民228号181頁・判時2042号5頁〔判例63〕）は，民訴法248条を適用しなかった原審の判断を破棄

注8）　苗村・前掲注4）45頁は，最判平20・6・10裁集民228号181頁・判時2042号5頁〔判例63〕について，個別具体的な事案の下での立証の困難性の問題とする説を採用していると見られる旨を述べている。

注9）　民訴法247条が「……をしん酌して」であるのに対し，民訴法248条が「……に基づき」となっている点が相違する程度である。

注10）　伊藤・前掲注5）判時1792号4頁。

し，差し戻している(注11)。

これらの最高裁判決からすれば，民訴法248条を適用することは裁判所の義務であり，なんらかの損害の発生を認定できる以上，裁判所は本条に基づき「相当な損害額」を認定しなければならないと解される。

◆牧 野 知 彦◆

2 判　例

判　例 62

最高裁平成18年1月24日判決(注12)
　掲 載 誌：判時1926号65頁・判タ1205号153頁・金判1240号33頁
　原　　審：東京高判平16・12・8金判1208号19頁
　原 々 審：静岡地判平15・6・17金判1181号43頁
　差 戻 審：知財高判平21・1・14判時2030号93頁・判タ1291号291頁

特許庁の担当職員の過失により特許権を目的とする質権を取得することができなかった場合，これによる損害の額は特段の事情のない限り，その被担保債権が履行遅滞に陥った頃，当該質権を実行することによって回収することができたはずの債権額というべきであるとし，仮に損害額の立証が極めて困難であったとしても，民訴法248条により，口頭弁論の全趣旨および証拠調べの結果に基づいて，相当な損害額が認定されなければならないとされた事例

事　案

論点に関する範囲で事案の概要を述べるならば次のとおりである。

注11)　前掲最判平18・1・24の最高裁調査官による当該判決の解説では「本判決が，損害の発生が認められるべきである以上損害額の立証が極めて困難であるとしても民事訴訟法248条により相当な損害額を認定しなければならないとした点は，最高裁として初めての説示であって，これらの点からも，本判決は重要な意義を有するものと思われる。」としている（松並重雄〔判批〕・Law ＆ Technology32号（2006）105頁）。

注12)　蘆立順美・重判解平成18年度〔ジュリ臨増1332号〕（2007）267頁，古河謙一・主判解平成18年度〔臨増判タ1245号〕（2007）192頁，鈴木亮〔判批〕・ＮＢＬ829号（2006）16頁，高橋眞〔判批〕・民商134巻6号（2006）279頁，秋山高〔判批〕・パテント60巻3号（2007）66頁。

信用金庫である上告人X（第1審原告・2審被控訴人）は平成9年8月19日に訴外Aに対し，3億6000万円を貸し付けた。弁済期は平成13年1月5日であったが，Aが銀行取引停止処分を受けたときは期限の利益を失うものとされていた。また当該貸付債権の担保のために，当時Aが有していた「鉄筋組み立て用の支持部材並びにこれを用いた橋梁の施工方法」に関する特許権に質権が設定された。質権設定契約は平成9年9月1日，同登録申請は同月2日，受付は同月3日である。しかし実際に登録がなされたのは，同年12月1日まで遅れた。他方，Aは平成9年8月31日に本件特許権を訴外Bに譲渡し，その登録申請は同年9月12日，受付は同月16日に行われ，同年11月17日に登録された。登録は受付順に行わなければならない（特許登録令37条1項）ところ，特許庁職員が誤ってあとに受け付けたBへの譲渡登録をXの質権設定登録より先に行ってしまったため，後にBから特許権の再譲渡を受けたCの提起した質権設定登録抹消請求訴訟によりXの質権設定登録は抹消された。なおBからCへの譲渡の対価は本件以外の特許権なども含めて4億円である。Cは本件特許を有効活用しようと努めたが，結局市場性がなく，最終的には特許料の支払をせず，平成13年5月14日に消滅した。またAは平成10年3月23日に2度目の不渡りを出し銀行取引停止処分を受け事実上倒産し，Xは貸付金の回収ができないままで終わった。

本件は，特許庁職員の過失により質権が取得できなかったことを理由に，Xが被上告人の国Y（第1審被告・第2審控訴人）に対し，不法行為による損害賠償（国家賠償）として貸付金と同額の3億6000万円の支払を求めて提訴したものである。

第1審の静岡地裁は，Y（国）側の過失を認め，また損害額については，質権の喪失した時点で判断するものとして，Cへの譲渡代金4億円なども考慮し，1億8000万円と認定した。第2審の東京高裁は，質権登録が正当に行われていたならば，Cが4億円で本件特許権を購入していたかどうか不明であること，本件特許権の実施状況，性能，価格などに照らすと，経済的価値があったとは認めがたいなどの理由から，特許庁職員の過失によりXに損害が発生したものとは認められないとして第1審判決を取り消し，Xの請求を棄却した。X上告。

判　旨

(1)　「特許庁の担当職員の過失により特許権を目的とする質権を取得することができなかった場合，これによる損害額は，特段の事情のない限り，その被担保債権が履行遅滞に陥ったころ，当該質権を実行することによって回収することができたはずの債権額というべきである。」

(2)　「X〔上告人〕には特許庁の担当職員の過失により本件質権を取得することができなかったことにより損害が発生したというべきであるから，その損害額が認定されなければならず，仮に損害額の立証が極めて困難であっ

たとしても，民訴法248条により，口頭弁論の全趣旨及び証拠調べの結果に基づいて，相当な損害額が認定されなければならない。」（破棄差戻し）

参照条文　国家賠償法1条1項，民法362条，特許法27条1項3号・95条・98条1項1号・3号，特許登録令37条1項，特許登録令施行規則48条，民事訴訟法248条

解　説

(1) 本判決の意義

　特許権の移転や特許権を目的とする質権の設定は，不動産とは異なり登録が効力発生要件になっている（特許98条1項1号・3号）。したがって特許権を目的とする質権設定契約を締結しても，その登録がなされない間に当該特許権が第三者に譲渡され，移転登録がなされてしまえば質権設定契約の効力が生じないことになる。したがって登録の順序は極めて重要であるが（この限りでは登記を対抗要件とする不動産でも同じである。），申請による登録は，受付の順番に従ってなされることになっている（特許登録令37条1項，特許登録令施行規則48条）。本件では特許権者であるAがなぜか最初にBとの間で特許権の譲渡契約をし，その翌日にXと質権設定契約をしている。しかし質権設定の登録申請手続およびその受付の方が移転登録申請よりも早く行われている。したがってXにしてみれば，他に負担のない特許権に質権を設定しえたはずのものであり，それを前提にして貸付債権の担保としていたことは明らかである。ところが，特許庁の担当職員は受付が後である特許移転登録を先に行ってしまったため，結局Xの質権は効力を生ずることなく消滅してしまった。かかる事態を招いたのが一にかかって特許庁職員のミスによるものであることは明らかであり，過失が認められることも議論の余地がないだろう。Y（国）も最終的にはこの点を認めている。したがって担当職員の過失によりXに損害が生ずれば，国家賠償法に基づく損害賠償責任が国に存在することになるが，本件での争点は，果たしてXに損害が生じたのか否か，損害が生じたとすればその額はいかなるものかという点にあった。

(2) 特許権の財産的価値の評価

　Xに損害が生じたか否かの争点は，本件でXが取得できなかったものが特許権を目的とする質権であるという事案の特殊性から来るものである。すなわち特許権は不動産などとは違い，その経済的価値を評価することが極めて難しい財産権である。通常は特許権者自らこれを独占的に実施するとか，第三者に実施権を与えて実施料という形で価値を具現化することによって本来の経済的価値が生じるものである。したがって実際にそれを具現化する企業の経済力，対象とする技術分野と実施技術の市場性，同種技術の有無，その後にこれを凌ぐ特許権の出現の可能性など様々な要因によってその価値は大きく変動する。したがって同じ特許でも場合によれば打出の小槌のごとき働きをすることもあれば，宝の持ち腐れで終わることもありうる。特許権が権利質として質権の対象財産とされていても，実際に活用されている例が不動産に比べると極端に少ないのも，担保として扱うにはリスクが多く，評価額が確定しがたいものであるし，また財産権としての存続期間が有限（特許権の場合は特許出願の日から20年）であるため，その点のみからすれば年々価値が減少していくなどの諸要因があるからである。現に本件では，Bを経由して最終的に特許権を譲り受けたCはその活用に向けて相当な営業努力をしたが，結局企図どおりにはならず，最後は特許料の支払をすることなく特許権を消滅させている。したがって仮にXが正当に質権を取得していたとしても，結局経済価値のないものとなり，そこから債権の回収をすることは不可能だったのであるから，結果的には国（特許庁職員）の過失により質権設定登録できなかったことによる損害はなかったのではないかと考える余地があり，本件第2審判決は正にかかる見解に立っている。

　これに対し，第1審判決は特許権の担保価値は，諸要因によって時間の経過とともに変化するものであるところ，本件の場合はAからBへの移転登録がなされて，Xの質権が有効に存在しえなくなった時点をもって損害の有無や額が判断されるべきであるとし，その後に本件特許が他の特許権などとともにCに4億円で譲渡されていた事実や，通常担保価値は時価の7割ぐらいと評価されていること，特許権というリスクの多い財産権であることなどを考慮して，最終的に1億8000万円がXの失った担保価値（損害額）であると判断している。

(3) 損害発生の基準時

　思うに，本件Xが質権設定契約をした当時は，本件特許権には他に何らの権利負担もなく，いわば「きれいな特許権」が存在しており，Xもそれを前提にして担保価値を考慮し質権の設定を受けたのであるから，実際には後に特許権を譲り受けたCの下で最終的に特許権の経済的価値がなくなったからといって，損害が皆無であるというのは説得力を欠くものである。これは第2審判決が，特許権の価値を判断するにあたり，その後の実際の経過を重視しすぎたことによる結果であろう。このことは不動産に設定された抵当権を比較対照してみると理解できる。不動産の担保価値は，通常その時価をベースに7ないし8割程度の額とされるが，担保設定後に経済情勢の推移で仮に時価が下落した場合，当然担保価値が下がるから，本件のようなケースで担保権を失ったとした場合の損害は，実際の担保価値に基づいて判断されることになる。したがって，たとえば8000万円を貸し付けて担保権を設定した時点で当該不動産に1億円の価値があり，その後担保権実行の時点では7000万円に下落したようなケースでは，担保権を失ったことによる損害は7000万円を基準に判断される。本件もそれに準じて検討すれば，AのXに対する債務の弁済期（2度目の不渡りにより銀行取引停止処分を受けて期限の利益を失ったとき）をもって，担保権の実行になじむ時期と考えてよいから，その時点の特許権の価値を判断するべきである。本件における当該時期は平成10年3月23日であるが，この段階では本件特許権はCの下で積極的な活用が企図されており，Cはパンフレットなどを作成交付し，土木関連企業に広く本件特許権にかかる部材やそれを用いた橋梁の施工方法の使用の普及に努めていた時期であった。したがってその時点では本件特許権はそれ相応の経済的価値があったと判断されるべきである。

　本件最高裁判決は，かかる論理のうえに立っており，まず担保権喪失による損害賠償額の判断時を被担保債権の弁済時とした。これは従来の通説・判例の考え方を踏襲するものである。担保権の喪失による損害は，担保権が存在して実際にそれが実行されて価値が具現化する時に生じるものであるから，この最高裁の見解は妥当であろう。その意味で，担保権が喪失した時点を基準とした本件第1審の判決は首肯できない。

(4) 本判決における損害額の評価について

次に，それでは担保権が正当に取得され，それが実行される時を基準として判断する場合，具体的にどのような方法でその時点での担保価値を評価するのか。それが第2の論点である。しかしながら本判決は，損害がないとした原判決の判断の誤りを指摘したうえ，損害額の認定は再度原審で判断すべきものであるとして差戻しをしているので，最高裁としての判断は示されていない。ただ，前記判旨に記載したように，「Xには特許庁の担当職員の過失により本件質権を取得することができなかったことにより損害が発生したというべきであるから，その損害額が認定されなければならず，仮に損害額の立証が極めて困難であったとしても，民訴法248条により，口頭弁論の全趣旨及び証拠調べの結果に基づいて，相当な損害額が認定されなければならない。」と判示していることから，損害の発生が認められる以上，具体的な損害額の認定が困難であっても最終的には民訴法248条でしかるべき損害額の認定をするべきことを判示した点でも意義ある判決であるといえよう。したがって損害が発生したことを認めながら具体的な額が認定できないとの理由から請求を棄却するケースは，民訴248条が設けられた下ではありえなくなった。

なお本判決のあとに出された最判平20・6・10（裁集民228号181頁・判時2042号5頁）（採石権侵害に基づく損害賠償請求事件）〔判例63〕も，「被上告会社の採石行為によって上告人に損害が発生したことを前提としながら，それにより生じた損害の額を算定できないとして，上告人の本件土地の採石権に基づく損害賠償請求を棄却した原審の判断には，判決に影響を及ぼすことが明らかな法令の違反がある。」として破棄差戻し判決をしている。

(5) 本判決の評価

以上のとおり，本最高裁判決は具体的損害額の認定を改めて原審で審理すべきものとして差し戻した。差戻審（知財高裁）は，上告審判決を受けて，損害の発生およびその額の判断基準時を質権実行による貸付金の回収時期である平成10年3月とし，その時点における本件特許権を活用することによって得られる収益をベースに，特許権の適正な価格につき算定手法を示して具体的な額を認定した。その詳細は本件の事例に特有なものであるから省略するが，最高

裁判決が「仮に損害額の立証が極めて困難であったとしても，民訴法248条により，口頭弁論の全趣旨及び証拠調べの結果に基づいて，相当な損害額が認定されなければならない。」として，特許権が取得できなかったことによる損害額の認定の困難性を示唆していた中にあって，民訴法248条を適用することなく損害額を認定したことは注目すべきである。

民訴法248条についての一般論は**1**に譲るが，本件のごとき担保権という財産の損失による損害額は，慰謝料損害などと違ってある程度判断要素が存在するものであるから，まったくの裁量で額を認定することは許されないであろう。ちなみに，知的財産各法には同旨の規定があるが，たとえば特許法105条の3は，「相当な損害額の認定」として，「特許権又は専用実施権の侵害に係る訴訟において，損害が生じたことが認められる場合において，<u>損害額を立証するために必要な事実を立証する</u>ことが当該事実の性質上<u>極めて困難</u>であるときは，裁判所は，口頭弁論の全趣旨及び証拠調べの結果に基づき，相当な損害額を認定することができる。」としている。すなわち民訴法248条のように「損害額の認定の困難性」ではなく「損害額を立証するために必要な事実の立証の困難性」が要件となっている。これは特許権侵害による損害賠償請求に関しては，特許法102条各項に算定手段に関する規定が設けられており，その算定手段にあてはめるべき事実関係の立証に困難性が伴うことが多いからであり，なるべく論理の積み重ねによる真実の損害額に近づけようとする趣旨があったものと思われる。本件のようなケースで民訴法248条を適用する場合も，弁済期日における担保価値を決める以上，そこには自ずから判断要素となる諸事実が存在するのであるから，いきなり大雑把な損害額を裁量で決めるのではなく，かかる諸事実の認定過程で立証困難な事項が存在した場合に適用すべきであろう。本件差戻審判決も直接明示はしてはいないが，かかる判断要素となる事実の認定には，民訴法248条の趣旨が汲まれているものと思われる。

実務上の指針

本件は特許庁職員の過失で特許権を目的とする質権が取得できなかったという極めて珍しい事案であり，その限りでは事例的な判決にとどまるかもしれな

いが，担保の価値は債務を弁済すべき時点を基準として判断し，損害発生の有無，損害額を認定すべきであるとした最高裁の判示は，一般的にも指針になるし，また損害額認定が極めて困難であっても民訴法248条によりなんらかの判断をすべきことを明言したことも参考になろう。さらに，本件のような財産権の喪失による損害額の認定につき，安易に民訴法248条に依拠することなく，具体的な算定手法を示したうえで損害額を認定した差戻審判決は今後の同種事案の指針となろう。

◆小 池　　豊◆

判　例　63

最高裁平成20年6月10日判決[注13]
　掲　載　誌：裁集民228号181頁・判時2042号5頁
　原　　　審：福岡高判平17・10・14（平成12年（ネ）第395号ほか）
　原　々　審：長崎地壱岐支判平12・3・9（平成7年（ワ）第9号ほか）

採石権侵害による不法行為に基づく損害賠償請求事件において，損害の発生を前提としながら，民訴法248条の適用について考慮することなく，損害の額を算定することができないとして請求を棄却した原審の判断に違法があるとされた事例

事　案

　採石業を目的とする会社であるX（上告人）が，同じく採石業を目的とする会社であるY₁（被上告人）の採石行為によりXの採石権が侵害されたため，Y₁と，その代表者としてY₁の採石行為を指示したY₂（被上告人）が連帯して不法行為責任を負うとして，Y₁およびY₂に対し不法行為に基づく損害賠償を請求した事案である。
　Xは，本件土地1および本件土地2（以下，併せて「本件各土地」という。）につき採石権を有していたところ，平成7年7月20日，Y₁は，ダイナマイトによる発破を掛けて本件各土地の岩石を崩落させるなどして，同月27日ころまでの間，本件各土地の岩石を採石した。

注13）加藤新太郎・重判解平成20年度〔ジュリ臨増1376号〕（2009）151頁，上田竹志〔判批〕・法セ651号（2009）124頁。

そのため，平成7年7月27日，Xは，Y₁を債務者として，長崎地裁壱岐支部に対し，本件各土地における採石の禁止等を求める仮処分を申し立てた。
この仮処分命令申立事件において，平成7年8月8日，XとY₁との間で，
① 本件山林のうち，本件土地2を含む北側の一部（以下，「甲地」という。）については，Xに採石権があり，本件山林のうち，甲地に接する本件土地1を含む南側の一部（以下，「乙地」という。）については，Y₁に採石権があることを確認する，
② ただし，上記①の合意は，本件和解時までに発生した採石権の侵害等に基づく互いの損害賠償請求を妨げるものではないことを確認する，
との和解（以下，「本件和解」という。）が成立した。
その後，Y₁は，平成8年4月2日，本件土地2において採石を行った。

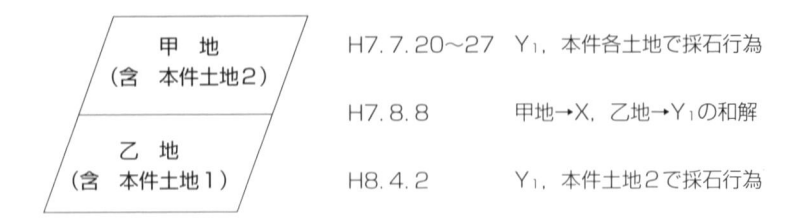

甲　地 （含　本件土地2）	H7.7.20〜27	Y₁，本件各土地で採石行為
	H7.8.8	甲地→X，乙地→Y₁の和解
乙　地 （含　本件土地1）	H8.4.2	Y₁，本件土地2で採石行為

原審の判断

　原審は，XのY₁に対する損害賠償請求のうち，本件土地2の採石権侵害に基づく請求につき，本件和解前および本件和解後の採石行為に基づく損害として，合計547万320円およびこれに対する遅延損害金の限度でこれを認容した。
　しかしながら，XのY₁に対する本件土地1の採石権侵害に基づく損害賠償請求については，以下の理由により棄却した。
　本件和解後，Y₁が本件土地1を含む乙地について採石権を取得して実際に採石を行っていることから，Y₁が本件土地1において，本件和解前の平成7年7月20日から同月27日ころまでの間に採石した量と，本件和解後に採石した量とを区別しうる明確な基準を見出すことができないので，本件和解前の本件土地1についてのY₁による採石権侵害に基づくXの損害額はこれを算定することができない。
　そこで，Xは，原審には判決に影響を及ぼすことが明らかな法令違反があるとして，上告受理の申立てをした。

判　旨

XのY₁に対する，本件土地1の採石権侵害に基づく損害賠償請求について

「X〔上告人〕は，本件和解前には本件土地1についても採石権を有していたところ，Y₁〔被上告人〕は本件和解前の平成7年7月20日から同月27日ころまでの間に，本件土地1の岩石を採石したというのであるから，上記採石行為によりXに損害が発生したことは明らかである。そして，Y₁が上記採石行為により本件土地1において採石した量と，本件和解後にY₁が採石権に基づき同土地において採石した量とを明確に区別することができず，損害額の立証が極めて困難であったとしても，民訴法248条により，口頭弁論の全趣旨及び証拠調べの結果に基づいて，相当な損害額が認定されなければならない。そうすると，Y₁の上記採石行為によってXに損害が発生したことを前提としながら，それにより生じた損害の額を算定することができないとして，Xの本件土地1の採石権侵害に基づく損害賠償請求を棄却した原審の上記判断には，判決に影響を及ぼすことが明らかな法令の違反がある。」
（一部破棄差戻し，一部上告棄却）

参照条文　　民事訴訟法248条，民法709条

解　説

(1) 本判決の意義

前記1のとおり，民訴法248条は，「損害が生じたことが認められる場合において，損害の性質上その額を立証することが極めて困難であるときは，裁判所は，……相当な損害額を認定することができる」（下線は筆者）と定めているところ，損害が生じたことが認められる場合において，裁判所は，同条を適用せずに損害額の立証がないことを理由に請求を棄却できるのか，それとも同条を適用して相当な損害額を認定しなければならないのかについて判断したのが本判決である。

(2) 本判決の位置づけ

　民訴法248条の適用については，本判決前の最判平18・1・24（判時1926号65頁・判タ1205号153頁）〔判例62〕において既に判断がなされており，本判決は同判決を踏襲したものといえる。

　本判決は，「損害額の立証が極めて困難であったとしても，民訴法248条により，口頭弁論の全趣旨及び証拠調べの結果に基づいて，相当な損害額が認定されなければならない」（下線は筆者）と述べており，損害の発生が認められる場合には，民訴法248条を適用して損害額を認定することが，裁判所の義務であると判断したと理解するのが素直であろう注14)。

(3) 条文の用語との関係

　本判決の位置づけを上記(2)のように解するとすれば，次に，民訴法248条の「裁判所は，……相当な損害額を認定することができる」とする規定との関係が問題となる。なぜなら，民訴法の条文における「……できる」とは，通常は義務を定めたものではなく，その主体に行使の権限（裁量）があることを定めた用語であるからである。

　たとえば，当事者が文書提出命令に従わない場合等の効果を定めた民訴法224条3項は，「裁判所は，その事実に関する相手方の主張を真実と認めることができる」と定めているところ，同条の認定は裁判所の裁量であるとされる注15)。

　他方，民訴法には，条文で「……できる」と定められていながらも，裁判例により，権限（裁量）だけでなく義務をも定めたものと解されているものもある。

　たとえば，裁判長の釈明権を定めた民訴法149条1項は，「裁判長は，……当事者に対して問いを発し，又は立証を促すことができる」と定めているが，同項は，釈明する権限を定めているだけでなく，釈明する義務も定めているとされている注16)。

　注14)　苗村・前掲注4) 44頁，加藤・前掲注13) 152頁，上田・前掲注13) 124頁。
　注15)　基本法コンメII・204頁，伊藤・390頁。

そうだとすれば，本判決は，「……できる」と定めている民訴法248条について，相当な損害額を認定することが裁判所の権限であると同時に，裁判所の義務でもあることを認めたものと評価できると考える。

もっとも，民訴法248条について，民訴法149条1項のように，解釈上一定の場合にのみ裁判所の義務となる[注17]のか，条文の要件を満たす限り一般的に裁判所の義務となるのかは，本判決からは不明であるといえる。

(4) 条文の趣旨との関係

民訴法248条の趣旨について，前記1(2)の「証明度の軽減を図ったとする説（証明度軽減説）」に立てば，裁判所は謙抑的に同条を用いるべきとの方向に働くとされ[注18]，よって裁判所は，その裁量により同条を適用せず請求を棄却することが可能であるとの方向に働きやすいと思われる。他方，「損害額について裁判所による裁量を認めたとする説（裁量説）」に立てば，裁判所は積極的に民訴法248条を用いるべきとの方向に働くとされ[注19]，よって裁判所は，義務として同条を適用して損害額を算定すべきであるとの方向に働きやすいと思われる。

そのため，本判決と民訴法248条の趣旨との関係としては，本判決は同条を積極的に用いることに向かう「裁量説」と親和的であるといえよう[注20]。

なお，本判決前の裁判実務は「裁量説」を前提とするとみられていたようであり[注21]，本判決はこれに沿うものといえるであろうか。

(5) 損害の性質上の立証困難性

本判決は，裁判所に民訴法248条に基づく損害額の認定を求めていることから，採石権侵害による「損害の性質上」損害額を立証することが極めて困難で

注16) 基本法コンメⅡ・66頁，伊藤・276頁（詳細は本書の釈明権の箇所を参照されたい。）。最判平17・7・14裁時1391号12頁など。
注17) 伊藤・276頁。
注18) 苗村・前掲注4）41頁。
注19) 苗村・前掲注4）41頁。
注20) 加藤・前掲注13）152頁。
注21) 加藤・前掲注13）152頁。

あると認めたといえる[注22]。

　この点，採石権とは，他人の土地において岩石および砂利を採取する権利（採石法4条1項）であって，物権として地上権に関する規定を準用する（同条3項）権利であるところ，他者による採石行為という権利侵害行為による損害は，採石量により算定することになろう[注23]。そうだとすれば，本件のように，行為者が違法に採石した量が証拠により認定できない場合には，その採石権侵害という「損害の性質上」，損害額の立証が極めて困難であると一応はいえるであろう。

　もっとも，上記最判平18・1・24〔判例62〕では，特許権という権利の価額評価が問題となったのに対し，本件では，ある土地で実際に採石した量が問題になるにすぎず，両判決では立証の困難性の程度には差異があるとの指摘もある[注24]。

　なお，本判決は，和解前の違法な採石行為は客観的には証明が可能であることから，損害の性質上の立証困難性について，¶(3)(b)の「個別的・具体的事案のもとでの立証の困難性」と解する説を採用したと評価される[注25]。

(6) 相当な損害額の認定

　本判決は，原審を破棄し，原審に差し戻しているので，差戻審では，「相当な損害額」を算定しなければならない。その際に裁判所は，「口頭弁論の全趣旨及び証拠調べの結果に基づき」相当な損害額を認定することなる。すなわち，裁判所としては，できる限り，証拠に基づき客観的にみて「相当な損害額」を，その算定方法を明示して説得的に認定する必要があることになる[注26]。

　しかし，本事案は，原審において，本件和解によりY_1の本件土地1における採石行為が適法となったために，本件土地1についての，本件和解前のY_1

注22）加藤・前掲注13）152頁。
注23）この点，東京高判昭43・7・18判夕228号181頁は，国（自衛隊）の射撃演習の実施により，採石権を有する採石業者が採石作業を休業せざるをえなかったことによる損害額（得べかりし利益）を，1日の予定採石量に応じて算出している。
注24）「コメント」判時2042号6頁。
注25）苗村・前掲注4）44〜45頁，上田・前掲注13）124頁。
注26）加藤・前掲注13）152頁。

の採石量と本件和解後のY₁の採石量を区別して立証できなかったという事案であるところ，差戻審において，上記「相当な損害額」を算定することができるのかについて疑問がないわけではない。差戻審の判断は公表されていないので，実際にどのような主張・立証および釈明がなされ，どのような方法で損害額が算定されたのか不明であるが，上記(5)のとおり個別事情の下で民訴法248条の要件である損害の性質上の損害額の立証困難性が認められる以上，個別事情の下で裁判所が当事者に説得的な「相当な損害額」を認定することに苦慮する事例があることは想定しうる。

実務上の指針

　上記のとおり，最高裁判例が２件なされたことから，今後は，訴訟当事者が損害の発生を立証できた場合には，裁判所が民訴法248条を適用して，より積極的に損害額を認定していくことが期待される。

　なお，この点については，平成10年の民訴法248条施行時，日弁連から，損害額の立証が可能であるにもかかわらず裁判所が安易にこの規定を適用しようとして訴訟当事者の立証を制限し，かつ，立証軽減にともない損害額を低く認定するおそれがある等，同条の積極的な適用による裁判所独自の損害額認定に対する懸念が示されたようである[注27]。しかし，民訴法248条施行後10年間の裁判例の蓄積をみるに，裁判所による同条の適用はかなり抑制的であったようであり[注28]，本判決は，最高裁が同条のより積極的な適用を想定しているとの評価もできるかもしれない。

　もっとも，民訴法248条の適用には「損害額を立証することが極めて困難であること」という要件が必要であって損害発生が認められれば自動的に適用されるものではないこと，裁判所における「相当な損害額」の認定は「弁論の全趣旨及び証拠調べの結果」に基づくことになること，さらには，同条に基づく

注27)　「解釈上および運用上の問題点・留意点」日本弁護士連合会民事訴訟法改正問題委員会編・改正のポイント 新民事訴訟法〔別冊 NBL42号〕（1997）142頁。
注28)　苗村・前掲注４）40頁

裁判所による損害額の認定は一般的に当事者の主張額よりも低額となるといわれていること注29)などから，実務上は，裁判所による本条の適用に過大に期待することなく，損害額についても，通常の主張立証責任を果たすと同様の主張・立証活動をしていく必要があることはいうまでもない。

◆髙木 加奈子◆

判　例 64

東京地裁平成20年4月28日判決
掲載誌：判タ1275号329頁

飛び降り自殺があったことを告知，説明すべき義務を怠った不動産業者に対する損害賠償請求訴訟の損害額について民訴法248条の趣旨を援用して慰謝料名目の賠償を認めた事例

事　案

　X（原告）は，不動産業者Y（被告）から平成17年7月19日，収益物件として9階建てのマンションおよび土地を代金1億7500万円で買い受けた。ところが，Xは，その後，売買の約2年前に本件マンションの居住者Bらの子であるAが本件マンションから飛び降り自殺をしていた事実を知った。
　そこで，Xは，Yに対し，Yは本件マンションで飛び降り自殺があったことを知っており，Xに同事実を告知・説明する義務があったのに，同事実を説明しなかったとして，損害の賠償を求めた。
　Xは，告知・説明義務違反による損害として，Yの不動産購入価格と本件売買代金の差額相当額である4500万円を慰謝料として構成し，詐欺に近い説明義務違反による懲罰的賠償2500万円と併せて7000万円を主張した。
　これに対し，Yは，賃料額の減額はなく収益は減少していないから収益物件としての価値が減ずることはない，Xの購入価格とYの購入価格の差額相当額4500万円が精神的損害になることの根拠はない等と主張して争った。

注29)　上田・前掲注13）124頁。

判　旨

(1)「本件売買契約後，本件建物で飛び降り自殺があった事実を知ったX〔原告〕は，Bらが転居して空室となった本件建物 8 階，9 階について，……親戚の者に月額10万円で貸すに至っており，月額25万円の賃料収入が得られていた本件建物 8 階，9 階からの収入が，月額10万円しか得られなくなったのは，本件飛び降り自殺があったことによるものであり，Xらには，月額ほぼ15万円の経済的不利益が生じている」。

月額ほぼ15万円の経済的不利益は，XがY〔被告〕から本件死亡事故の告知，説明を受けていなかったことによって原告が被った不測の損害であるとみることができる。

(2)「売買対象物の価値という観点から考えるに，自殺物件であることによる価格低落が生ずることは明らかである。費用の関係もあって，本件においては，鑑定等の証拠はなく，上記減価額について確たる証拠はないが，証人Cの証言によると，自殺物件である場合，売買については 5 年間程度は告知をするように東京都の所轄課から指導されているというのであり，同証人の会社では，自殺物件の購入の際は，25％から35％の減額を求めているというのである。また，証人Dの証言によっても，自殺物件である場合，価格は，2，3 割は価格を減額せざるを得ないというのである。」

(3)「Xは，本件不動産購入後，本件死亡事故があったこと，更にそれが飛び降り自殺であったことを知ったものであり，X本人の供述，Xの陳述書によれば，当該事実を知ったことによって，Xが強い忌避感を抱いたことは明らかである。このような忌避感を抱くことは，誰でも同じであるとはいえないものの，社会の普通の人の中に，強い忌避感を抱く人がいることは公知の事実であり，Xの受け止め方が，相当因果関係を否定すべきほど特殊であるということはできない。」

(4)「本件証拠関係により，Yによる告知，説明義務違反の結果，Xに生じた経済的損害を各側面から検討しても，その全容を一義的に特定して認定するには至らないが，本件飛び降り自殺があったことを知っていれば本件不動産を購入することはなかったとするXの主張は，Xが示す忌避感の強さ等に照らせば，首肯し得るものであり，Xが本件不動産を取得してオーナーとなったことについて強い不満を抱いていることは明らかである。Xは，本件損害を慰謝料の名目で請求しているが，実質的には経済的損害を含むものとして請求して7500万円について，自殺物件であることによる減価を25％とみて，2 年経過後であることを考慮すると，売買価格は，本来，1750万円程度は減額されるのが通常であったと解し得ること，現実にも，予定していたよりも 3 年間では540万円の減収となることが予想されること，本件証拠によっ

て認められるXの精神的苦痛の程度，しかし，これは，経済的観点からの損害の填補により相当程度軽減される性質のものであると考えられることなど，本件に顕れた諸事情を総合考慮すると，民事訴訟法248条の趣旨に鑑み，本件告知，説明義務違反と相当因果関係の認められるXの損害額は，2500万円と評価するのが相当であると判断する。なお，原告主張の懲罰的損害賠償請求は，これを認めることができない。」(一部認容，控訴)

参照条文　民事訴訟法248条

解　説

(1) 本判決の意義

本判決は，マンションの売買契約に際し，売主が当該マンションで飛び降り自殺があったことを買主に告げなかったことによって生じた損害の額を民訴法248条の趣旨を援用して算定したものである。

(2) 裁判例の中での本判決の位置づけ

本判決以前に，自殺物件の売買による損害額の認定に際し，民訴法248条に言及した裁判例は見あたらなかったが，裁判例の中には，本件と同様の事案で，事故から契約までの時間，事故が生じた建物を使用することを予定しているか否か，市場の状況等の諸般の事情を考慮して損害額を認定しているものがある[注30]。判決文において民訴法248条が援用されなくても，これまでの裁判実務では，上述のような事情を考慮したうえで相当な損害額が算定されていたものと思われる。

(3) 本判決の評価

売買の対象物である不動産が自殺物件であったことが売買契約締結の後に買

注30) 東京地判平18・7・27（平成17年（ワ）第25885号）。

主に判明し、買主に何らかの損害が生じたことが認められるにもかかわらず、損害額を認定することができないとして、買主の請求が棄却されれば、当事者間の公平を図ることができないし、社会の一般の納得を得ることもできないであろう。本判決が、損害額の認定を行ったのは、妥当でありかつ当然だといえる。

ところで、本判決は、Xに生じた経済的損害の「全容を一義的に特定して認定するには至ら」ず、民訴法248条の趣旨に「鑑み」、Xの損害額を認定している。このように、本判決が、同条の適用を正面から認めていないのはなぜだろうか。

理由として考えられるのは、本件で鑑定が行われていないことである。本件で問題となった自殺物件であることによって生じた収益および対象売買物自体の低下額は、通常、判断要素が存在し、鑑定を行うことによって損害額を認定することが可能である場合も多いと考えられるが、本件では費用の問題もあって、鑑定はなされていなかった。そのため、損害の性質上その額を立証することが極めて困難であるとまでは、いえなかったのではないだろうか。なお、建物価値の低下に伴う財産的損害の賠償請求に関して、裁判所があえて鑑定申出を慫慂せず、民訴法248条の趣旨に照らして低下額を50万円と算定した裁判例として、東京地判平10・10・16（判タ1016号241頁）がある。同判決においては、損害額が高額でないため、このような損害額の認定がなされたものと考えられるが、立証のための費用を考慮して立証の困難性を判断した判決として参考になる。

(4) 民事訴訟法248条により損害額が認定された裁判例

裁判例上、民訴法248条により認定された損害の性質は、多岐にわたっているが、代表的なものとしては、①談合がなされたことによる損害[注31]、②火災によって動産が焼失したことによる損害[注32]、③学校長が教職員組合に対し

注31) 大阪高判平18・9・14判タ1226号107頁。
注32) 東京地判平11・8・31判タ1013号81頁、大阪地判平15・10・3判タ1153号254頁、東京地判平18・11・17判タ1249号145頁。

学校施設の使用を認めなかったことによる損害[注33]，④虚偽の業績の公表，有価証券報告書の虚偽記載等により保有する株式価格が下落したことによる損害[注34]等がある。

(5) 懲罰的損害賠償について

懲罰的損害賠償とは，主に不法行為訴訟において，加害行為の悪性が高い場合に，加害者に対する懲罰および一般的抑止効果を目的として，通常の塡補損害賠償のほかに認められる損害賠償であり，米国の多くの州で認められている制度である[注35]。

懲罰的損害賠償は，加害者の行為の違法性が強い場合に認められるものであり，故意による不法行為の場合に一般的に許容されるほか，故意に達していなくても，他人の権利に対する意識的な無配慮等，反倫理性の強い場合に認められるが，不法行為が加害者の単なる過失に基づく場合には，認められない。懲罰的損害賠償制度については，様々な批判がなされているところであり，既に刑事罰に服している者にとっては二重の処罰となる，賠償金が国庫等ではなく原告の収入となることはおかしい，陪審に対する有用な指針がないために，損害賠償額の高額化につながっている等の点が指摘されている。このような問題，とくに損害賠償額の高額化に対して，米国では，州によって制定法により懲罰的損害賠償の上限額が設定され，懲罰的損害賠償について立証責任の程度が引き上げられる等の修正が行われている[注36]。

わが国の裁判例では，懲罰的損害賠償について否定的な見解に立つものがほとんどである。たとえば，クロロキン薬害訴訟判決では，被害者が，製薬会社と国に，懲罰的な意味を含めて，通常の交通事故訴訟の約3倍にあたる額の慰謝料の支払を求めたのに対し，裁判所は，「我国の民法における不法行為による損害についての損害賠償制度は，不法行為によって被った被害者の損害を加害者に賠償させることのみを目的としているのであり」「加害者に懲罰，制裁

注33) 東京地判平18・8・25判タ1239号169頁。
注34) 東京地判平21・5・21判時2047号36頁，東京高判平21・2・26判時2046号40頁。
注35) 田中英夫ほか編『英米法辞典』（東京大学出版会，1991）685頁。
注36) 平野晋『アメリカ不法行為法』（中央大学出版部，2006）136頁以下。

を課するとか，不法行為の再発防止を図るとか，そのため慰謝料額を高額のものとすることなどは，右制度の予想しないところであって，ゆるされない」として，懲罰的損害賠償の請求を否定している[注37]。

もっとも，懲罰的損害賠償を認めたと解される裁判例も存在し，京都地判平元・2・27（判時1322号125頁）は，和解条項の内容に反する行為をあえて行った被告に対する慰謝料請求事件で，「債務不履行ないし契約違反自体による精神的苦痛に対し，その違反の懲罰的ないし制裁的な慰藉料の賠償を命ずるのが相当である。」として，原告の請求を認容している。

実務上の指針

実際の訴訟事件においては，「損害は生じているが，その額の立証が困難な場合」と，「損害が生じたこと自体の立証が困難な場合」とを，厳密に分類することは難しい。本件でも，そもそも損害の発生自体が争点となっている。そのため，当事者は，多くのケースで，損害自体の有無の立証に尽力しなければならない。また，原告としては，たとえ損害額の立証が困難なことが当初から見込まれても，具体的な損害額を主張する必要がある。

そして，民訴法248条によって損害額が認定される場合であっても，同条が適用されるためには「損害の性質上その額を立証することが極めて困難な場合」という要件を満たす必要があるから，原告としては，損害額の立証が困難であることを明らかにするためにも，立証を尽くさなければならない。この要件については，個別の事情における損害額立証の困難性を含むかどうかの問題はあるものの，立証の困難性が損害の性質によるのか，個別の事情によるのかは相対的な事柄であるから，最善と思われる立証活動は当然行うことになろう。

そのうえで，損害額の算定が困難であると思われる場合には，民訴法248条による相当な額の算定を積極的に求めることも検討に値するが，裁判所に代理人が損害額の立証について十分でないと考えているとの印象を与えかねないから，その主張の方法・時期等に関しては，慎重に判断する必要がある。

注37) 東京高判昭63・3・11判時1271号3頁。

本判決は，賃料収入の減少，収益物件としての利回り，売買物件としての原価額について，ある程度の幅をもった判断を示したうえで，相当な損害額を算出している。民訴法248条によって相当な損害額を認定する場合でも，当事者にとって説得的な裁判であるためには，本判決のように，相当な損害額を認定した過程を，判決文において明らかにすることが求められよう。

　なお，本件ではＸＹ間の売買契約書の中に，違約金条項が入っていなかったが，同条項が入っていれば，損害額の立証が困難であることの問題は回避することができる。

　自殺物件の売買に関する裁判例としては，本判決のほかに，横浜地判平元・9・7（判タ729号174頁），東京地判平7・5・31（判タ910号170頁），浦和地川越支判平9・8・19（判タ960号189頁），前掲注30)東京地判平18・7・27等がある。

◆小　松　紘　士◆

IV　裁判の脱漏

1　概　説

(1)　裁判の脱漏の意義

　「裁判の脱漏」とは，1つの訴訟において可分な請求がなされている場合に，裁判所が全部判決をするつもりで誤って請求の一部について判断を漏らし，無意識に一部判決（民訴243条2項）をしてしまったという場合において，この一部について判決をしなかったことをいう。

　これは，判決主文で判断すべき請求の一部について判断を漏らした場合であり，判決理由中で判断すべき攻撃防御方法についての判断を漏らした場合をいう「判断の遺脱」とは異なる。

　なお，判決主文中に請求の一部につき結論が示されていない場合でも，判決理由中に判断が示されていれば脱漏とは扱われない。この場合は，更正決定（民訴257条）により訂正されることになる。

(2)　裁判の脱漏がある場合の措置

　裁判の脱漏がある場合，その判断漏れの対象となった請求については，なお訴訟が係属する（民訴258条）。この場合裁判所は，職権により同請求について判決をしなければならないが，この判決を追加判決という。

　裁判の脱漏があると考える場合，当事者は，上記職権発動を促して追加判決を得るため，判決言渡期日または弁論再開のための口頭弁論期日の指定を申し立てること[注1]ができる。

　注1）　一般的にはこのように説明されるが，当事者に申立権を認める見解として，注釈(4)〔林淳〕・230頁。その他この申立ての法的性質について論ずるものとして，垣内秀介・リマークス33号（2006）153頁。

なお，判断の遺脱に関しては，上訴および再審事由となる（民訴338条1項ただし書・9号）。しかし，裁判の脱漏については，これを理由として上訴，再審を求めることはできない注2)。

2 判 例

判 例 65

東京高裁平成16年8月31日判決注3)
掲 載 誌：判時1903号21頁

裁判の脱漏があるとして口頭弁論期日指定の申立てがされた場合に，口頭弁論を経ることなく，判決により，裁判の脱漏はないとして事件の終了を宣言した事例

事 案

(1) X_1（原告），X_2（原告），株主権確認請求訴訟提起。
(2) 原審において，X_1，X_2敗訴判決。
(3) X_1，X_2，控訴提起。なお，この時点で，X_2については原判決送達後14日が経過していた。
(4) 平成14年1月29日，東京高裁でX_2の控訴については却下，X_1の控訴については理由がないとして控訴棄却の判決言渡し（以下，「当審判決」という。）。
(5) X_1のみ当審判決に対し上告，その後上告棄却の決定により当審判決が確定。
(6) X_2は上告せず，上告期間経過により当審判決確定。
(7) X_1は，当審判決につき裁判の脱漏があるとして，弁論期日の指定を申立て。

判 旨

(1) 裁判の脱漏の有無に関する認定

注2) 大判明42・2・8民録15輯71頁，最判昭37・6・9裁集民61号267頁。
注3) 垣内・前掲注1）150頁。

この点，当審判決の該当箇所を引用し，脱漏がない旨判示した。
 (2) 裁判の脱漏に関する判断形式—論点①
「裁判の脱漏の有無は訴訟の係属の存否に関する重要事項であるから，当事者が裁判の脱漏があるとして追加判決のための弁論期日の指定を求める旨職権発動を促している場合には，裁判の脱漏がないときにも，裁判所はこれについての判断を判決で示すのが相当である。」
 (3) 口頭弁論の要否—論点②
「判決に脱漏がない場合は，すでにされたいわゆる全部判決により当該事件が全部適法に終了し，当該裁判所に当該訴訟が係属していないのであって，なすべき判決は，訴訟が客観的にはすでに終了していることを公示するためのものであるところ，裁判の脱漏の有無は先にされた判決自体及び訴訟記録から客観的に明らかになる事柄であり，口頭弁論を開いて双方当事者の主張，立証を経なければ適正な判断ができない事項ではないこと，判決に脱漏がある場合ですら追加判決をするのに熟しているときは口頭弁論を経ないで直ちに追加判決をすることができるものとされていること，民事訴訟法も記録上客観的に明らかで補正ができない等実質上必要性がない場合に口頭弁論を経ないで判決ができる旨を定めている規定が複数あること，を考慮すれば，裁判の脱漏がない場合に訴訟の終了を宣言する判決についても口頭弁論を経ないですることができると解するのが相当である。」（事件終了宣言）

参照条文 民事訴訟法258条

解　説

(1) 概　要

本判決は，裁判の脱漏に関する判断は判決によるべきであるとし（判旨論点①），またこの判決をするにあたっては口頭弁論を経ないで判決することができる旨判示した（判旨論点②）。

(2) 裁判の脱漏に関する判断形式— 判旨 論点①

訴訟費用の負担の裁判を脱漏した場合については，決定で裁判することが明文で定められている（民訴258条2項）が，主たる部分の判断を脱漏した場合の

裁判の形式については明文の定めがない。

　この点，判決に脱漏のないことが明らかである場合に関し，さらに口頭弁論を講じる余地がなく，またなんらかの不服申立ての方法が講じられていれば当事者の利益を損なうこともないとして，決定の形式により判断するものもある[注4]。

　しかし，本件判決は，裁判の脱漏の有無は訴訟の係属の存否に関する重要事項であることを理由に，判決の形式によるべきであると判断した。

　訴訟の係属の存否は，他の訴訟との関係でも二重起訴となるか否かの点で問題となるから，判決の既判力で明確ならしめておくのが妥当とされている[注5]。本件と同様の事例につき判断した東京高判平9・3・31（判時1626号82頁）も，判決の形式によるべきであると判断している。

(3)　口頭弁論の要否——|判旨|　論点②

　判決の方式による裁判で完結すべき訴訟においては，原則として口頭弁論が開かれなければならない（民訴87条1項本文）。通説的な見解は，判決の脱漏がないことが明らかであると判断される場合にも口頭弁論期日の指定が必要であるとしていた[注6]。

　これに対し，前掲東京高判平9・3・31は，「判決に脱漏があり追加判決をする場合とは異なり，すでになされたいわゆる全部判決の確定により当該訴訟が適法に終了し訴訟の係属が存在しない場合であって，なすべき判決は，訴訟が客観的にはすでに終了していることを公示するためのものにすぎないから，これにつき口頭弁論を開くべき訴訟法上の要請はないと認められ，口頭弁論を経ずして判決ができる例外の場合を定める民事訴訟法（平成8年法律第109号による改正前のもの）の諸規定に準じ，同法の許容するところというべきである。」として，口頭弁論を開く必要はないと判断した。

　本判決は，上記判決と同様の理由から口頭弁論を開く必要のないことを認め

注4）　千葉地決昭63・6・3判タ670号235頁。
注5）　民法判例研究会編『判例民事法第13巻〔昭和8年度〕』（有斐閣，1937）518頁〔兼子一〕。
　　　垣内・前掲注1）152頁は，既判力を生ぜしめることの意義について詳細に検討している。
注6）　注釈(4)〔林淳〕・230頁。

た判決である。

　まず，裁判の脱漏がない場合，この脱漏の有無に関する裁判の意義は訴訟が客観的には既に終了していることを公示するためのものにすぎない点を指摘する。そのうえで，①裁判の脱漏の有無は先にされた判決自体および訴訟記録から客観的に明らかになる事柄であるから，適正な判断のために口頭弁論を開く必要性がないこと，②判決に脱漏がある場合ですら追加判決をするのに熟しているときは口頭弁論を経ないで直ちに追加判決をすることができるものとされていること[注7]，③民訴法も記録上客観的に明らかで補正ができない等実質上必要性がない場合に口頭弁論を経ないで判決ができる旨を定めている規定があること（たとえば，民訴法140条・290条・319条・355条1項）など，実質的に，口頭弁論を経ずとも弊害がない点を指摘し，口頭弁論を経ないで訴訟の終了を宣言する判決をすることも可能であると結論づけている。

実務上の指針

　実務的に裁判の脱漏が生じる場合は極めて稀であるが，これまで裁判の脱漏が認められた事案には，以下のような例がある。
　夫婦間の子につき養子縁組がなされていたため，親権者の指定をしないまま離婚の判決がなされたが，後にこの養子縁組が無効とされた事案[注8]，訴えの追加的変更がされたが，旧訴について訴えの取下げがなされたか不明の事案[注9]，代理人が訴えの一部取下げをしたものの，同人が訴えの取下げについて特別の委任を受けておらず，その後追認も得られなかった事案[注10]などである。
　以上の例をみると，実際に裁判の脱漏が生じるケースは，訴えの変更がなされた際が多いようである。このような場合，代理人としても脱漏が生じていないかにつき注意が必要である。

　　　　　　　　　　　　　　　　　　　　　　　　　◆町　田　健　一◆

注7）　最判昭31・6・1民集10巻6号625頁。
注8）　最判昭56・11・13判タ457号85頁。
注9）　最判昭43・4・26判タ222号166頁。
注10）　最判昭30・7・5民集9巻9号1012頁。

V 訴えの取下げ

1 概　説

(1) 訴えの取下げの意義

　訴えの取下げとは，請求の当否について審判の申立ての全部または一部を撤回する旨の，裁判所に対する原告の訴訟行為のことをいう[注1]。

　訴えの取下げは，訴訟終了における処分権主義の発現であり，本案についての裁判所の判断を排除するものである。

(2) 訴えの取下げの要件

　原告は，判決の確定に至るまで，その訴えを取り下げることができる（民訴261条1項）。なぜか。それは，原告が終局判決によらないで紛争を解決することを望むならば，それを尊重するのが処分権主義の帰結だからである。

　ただし，相手方が本案について準備書面を提出し，弁論準備手続において申述をし，または口頭弁論をした後にあっては，相手方の同意を得ることが訴えの取下げの効力要件となる（民訴261条2項本文）。本案について準備書面を提出するなどの行為をした相手方には，本案について請求棄却判決を得て，原告の請求に理由のないことを既判力をもって確定してもらう利益がある。その相手方の利益を奪うことは妥当でないからである[注2][注3]。

　もっとも，本訴の取下げがあった場合における反訴の取下げは，反訴被告

注1) 伊藤・412頁，梅本・973頁。
注2) 伊藤・413頁，梅本・986頁。
注3) 訴えの取下げの書面の送達を受けた日または調書の謄本の送達があった日から2週間以内に相手方が異議を述べないときは，訴えの取下げに同意したものとみなされ，相手方が出頭した期日に口頭で訴えの取下げがなされたときは，その取下げのあった日から2週間以内に相手方が異議を述べないときは，訴えの取下げに同意したものとみなされる（民訴261条5項）。

(原告)の同意がなくても行うことができる(民訴261条2項ただし書)。

(3) 訴えの取下げの方法

訴えの取下げは,訴訟が係属する裁判所に,取下書を提出して行う(民訴261条3項本文)。ただし,口頭弁論,弁論準備手続,和解の期日,進行協議期日において口頭でも行うことができる(同条3項ただし書)。

訴えの取下げについて被告の同意がなければ効力が生じない場合には,取下書または訴えの取下げが相手方の出席しない口頭弁論等の期日において口頭でなされた場合のその期日の調書の謄本を相手方に送達しなければならない(民訴261条4項)。

(4) 訴えの取下げの効果

訴えの取下げの効果は2つある。1つは訴訟係属の遡及的消滅(およびこれに付随する効果)であり,もう1つは再訴の禁止である。

訴訟係属の遡及的消滅とは,提訴に基づく訴訟法律関係や当事者・裁判所の訴訟行為の効果が遡及的に消滅することをいう(民訴262条1項)。

再訴の禁止とは,本案と同一の訴えを提起することができないことをいう。この効果は本案について終局判決がなされた後に訴えを取り下げた場合に認められる(民訴262条2項)。終局判決がなされた後の訴えの取下げにこのような効果を認めたのは,本案の判決を得たにもかかわらず,その訴えを取り下げてその判決の効力を失わせ,紛争解決の機会を自ら放棄した原告に対して制裁を与えるためである[注4]。

(5) 訴えの取下げの擬制

民訴法は一定の事由がある場合,訴えの取下げを擬制する(民訴263条)。

それは,欠席当事者が1か月以内に期日指定の申立てをしない場合(民訴263条前段),当事者双方が連続して2回,口頭弁論に出頭せず,または弁論をしないで退廷した場合(同条後段)である[注5]。

注4) 伊藤・417頁。

(6) 訴えの取下げに関して異論がある場合の措置

訴えの取下げの有無および効力について争う場合，当事者はいかなる方法をとるべきか。

この点について明確な規定はない。

しかし，実務は「期日指定の申立て」の方法によっている。訴えの取下げの有効性は，本質的には訴訟終了の有無に帰着するので，訴訟手続の中で処理されるべきであると考えられているからである[注6]。

この申立てがなされた場合，裁判所は必ず期日を指定して，口頭弁論を開いて審理すべきである。

2 判　例

判　例 66

津地裁平成12年9月7日判決
掲載誌：判夕1080号226頁

原告が正当な理由なく連続2期日にわたり弁論準備期日を欠席した場合に，訴えの取下げが擬制され，原告からの期日指定の申立てに対し，訴訟終了の判決がなされた事例

事　案

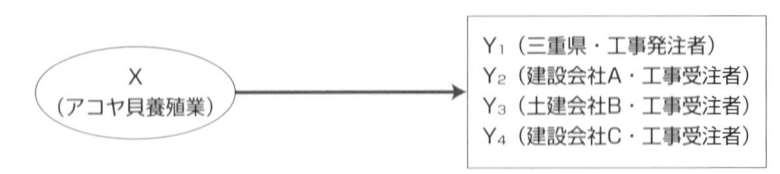

X（アコヤ貝養殖業）→ Y₁（三重県・工事発注者）
Y₂（建設会社A・工事受注者）
Y₃（土建会社B・工事受注者）
Y₄（建設会社C・工事受注者）

Yらによる海の埋立てにより海水が汚れ，Xの養殖貝が大量に死滅したとして提訴

[注5] 弁論準備手続にも準用される（民訴262条2項）。控訴審の手続にも適用される（民訴292条2項）。ただし，この場合には控訴の取下げが擬制される。

[注6] 梅本・998頁。

- 平成8年9月27日　　X提訴
- 平成10年6月9日　　第1回弁論準備手続
- 平成11年8月31日　　第7回弁論準備手続
  X代理人は，公害紛争処理法42条の26第1項に基づき訴訟手続の中止を求める上申書を提出し不出頭（期日延期）
- 平成12年2月1日　　第8回弁論準備手続
  X代理人は，再度上申書を提出して不出頭，被告ら申述せず
- 平成12年3月13日　　X代理人，期日変更申立書を裁判所にFAX。しかし，上記FAX着信時，裁判所のFAX機器が故障していた
- 平成12年3月14日　　第9回弁論準備手続
  X代理人は，再度上申書を提出して不出頭，被告ら申述せず
- 平成12年3月16日　　期日変更申立書が裁判官の手元に届く
- 平成12年4月3日　　Xは新たに期日指定の申立てを行った

　X（原告）はアコヤ貝の養殖業者である。
　Y_1（被告）はY_2（被告）らに対してトンネル掘削等の工事を発注した。
　Xは，上記工事によって生じた土砂が流出し，Xが養殖していたアコヤ貝が大量に死滅したとして，平成8年9月27日，Yらに対して損害賠償請求訴訟を提起した。
　口頭弁論は9回行われたうえ，弁論準備手続に移行した。そして，平成10年6月9日に第1回弁論準備手続期日が開かれ，以後，弁論準備手続が行われていた。
　本件は，平成11年7月6日に行われた第6回弁論準備手続期日までに，両当事者の主張も尽くされ，争点も明確なものになりつつあった。そのため，裁判所はXに対して，損害の存否および大きさをまず立証するように促し，かつ，具体的な立証方針を提示するように求めた。
　ところが，Xがこれに拒否的態度を示したので，裁判所はさらに進行について検討するため第7回弁論準備手続期日を指定した。
　ところが，Xは，公害等調整委員会に本件と同一事案について新たに公害紛争処理法42条の12に基づく責任裁定の申立てをし，第7回弁論準備手続期日の前日に，上記申立てをした事実を裁判所に報告し，公害紛争処理法42条の26第1項に基づき訴訟手続を中止することを求める趣旨の上申書を裁判所に送付したまま，期日に出頭しなかった。
　裁判所はやむなく期日を延期扱いし，Yらも早急に訴訟手続を進行されたいとの意向を示した。
　そこで，裁判所は，第8回弁論準備手続期日を平成12年2月1日に指定した。
　しかし，X代理人は，上記上申書と同様の上申書を裁判所に送付したまま，第8回弁論準備手続期日を欠席した。
　そのため裁判所は第9回弁論準備手続期日を平成12年3月14日に指定した。
　X代理人は，その前日，裁判所に訴訟手続の中止を求める上申書を送付し，期

日変更申立書を裁判所にＦＡＸ送信したが，その当時，裁判所のＦＡＸ機器の印刷機能が故障しており，裁判所はＸに対し期日変更申立てに対する応答をしなかった。

そして，第９回弁論準備手続期日はＸが不出頭のまま予定通りに行われ，被告らも何の申述もしなかったので，民訴法263条後段により訴えが取り下げられたものとみなされた。

なお，Ｘの期日変更申立書は，翌々日に裁判官の手元に届けられた。

Ｘは，平成12年４月３日，新たな期日指定の申立てを行った。

判　旨

(1) 主　文

「１　Ｘ〔原告〕とＹら〔被告〕との間の津地方裁判所平成８年（ワ）第297号損害賠償事件は，平成12年３月14日訴えの取下擬制により終了した。

２　Ｘの平成12年４月３日付け書面による口頭弁論期日指定の申立て以後の訴訟費用はＸの負担とする。」

(2) 理　由

「期日の変更は裁判所の裁量に委ねられているから，たまたま一方の当事者から期日変更の申立てがあったからといって裁判所が期日変更の措置を取らなければならないということはない。しかも，Ｘの右申立ての理由とする『出頭差し支え』について何らの疎明もなかったものである。したがって，当裁判所がＸの期日変更申立てに対して何らそのような措置を取らなかった以上，先の第９回弁論準備手続の期日の指定はそのまま効力を有しているのであるから，Ｘは右期日に出頭する義務があったものといわなければならない。」

「当裁判所がＸの期日変更申立てに期日前に応答することはできなかったものの，前記のＸの訴訟追行の態度や期日変更申立ての理由につき疎明もなかった事情等を勘案すれば，当裁判所がＸの期日変更申立てに対して期日変更の措置をとらなければならない事案でもなく，期日変更措置をとらなかった以上，先の第９回弁論準備手続期日を指定した裁判の効力に変わりはないから，Ｘが第９回弁論準備手続期日に出頭しなかったことの法的評価に影響を及ぼすものではない。」

「本件訴訟は，前記のとおり，Ｘが第８回及び第９回弁論準備手続期日に連続して出頭せず，Ｙらも何らの申述をしなかったことにより，第９回弁論準備手続期日の終了をもって訴えが取り下げられたものとみなされたので，既に終了したものと認められる。」（請求棄却，控訴）

参照条文 民事訴訟法263条後段

解　説

(1)　2回連続不出頭による訴えの取下げ擬制

　民訴法263条後段は，2回連続不出頭の場合に訴えの取下げ擬制を認めている。すなわち，口頭弁論期日または弁論準備手続期日において，当事者双方が連続2期日にわたって正当な理由なく出頭せず，または出頭しても弁論または申述をせずに退廷・退席した場合には，訴えは取り下げられたものとみなされるとされている。

　これは休止と期日指定の申立てを繰り返すことによる濫用的訴訟引き延ばしへの対抗手段として，現行法が初めて導入した制度である。

　平成8年改正前の旧民訴法下でも訴えの取下げ擬制の制度は存在はしていた。旧民訴法下の制度では休止の扱いとされ，3か月以内に期日指定の申立てがなされない場合に訴えが取り下げられたものとみなされていた（旧民訴238条）。

　ただ，この制度では3か月以内の期日指定の申立てを繰り返すことで，訴訟の引き延ばしができるという欠点が存在していた。

　そこで，現行法は，当事者双方の連続2回の不出頭について，訴訟維持の意思なしとみて訴えの取下げを擬制することにしたのである。

(2)　訴訟手続の中止と責任裁定の申立て

　本件で原告は公害紛争処理法42条の26第1項に基づき訴訟手続を中止することを求めている。

　公害紛争処理法42条の26第1項は「責任裁定の申請があった事件について訴訟が係属するときは，受訴裁判所は，責任裁定があるまで訴訟手続を中止することができる。」と規定している。

　民訴法の定める訴訟手続の中止とは，裁判所または当事者が訴訟行為を行うことを不可能にする一定の事由が発生した場合に，その事由が止むまで手続を停止することをいう（民訴130条・131条）。ここにいう「一定の事由」とは，天

災その他の事由によって裁判所の職務執行が不能となった場合（民訴130条）と当事者の訴訟進行について不定期間の故障がある場合（民訴131条）である。この２つの中止は，当該事由に基づく法律効果であり，裁判所の裁量によるものではない。

　ただ，上記公害紛争処理法42条の26第１項はその文言から判断すれば，裁量中止の場合である。

　裁量中止とは，係属中の訴訟と牽連する事件が，他の手続に係属していて，その結果をまって訴訟手続を続行することが適切と裁判所が判断するときに，その職権で訴訟手続を中止することをいう[注7]。

　そこで，公害紛争処理法42条の26第１項に基づき訴訟手続を中止することを求める趣旨の上申書が裁判所に提出されたとしても，裁判所は訴訟手続の中止をしなければならないわけではない。

　むしろ，公害紛争処理法42条の26第２項は「前項の場合において，訴訟手続が中止されないときは，裁定委員会は，責任裁定の手続を中止することができる。」と規定しているので，裁定委員会は受訴裁判所に対して中止を求めるほど強権を有しているわけではない。

　そうなると，公害紛争法上の責任裁定によろうとするのであれば，まずは訴訟手続を中止するように裁判所を説得する必要があったといえるのであり，訴訟手続の中止を求める単なる上申書を提出しただけで欠席することは代理人としてベストの判断ではなかったであろうと思われる。

実務上の指針

　本判決で興味深いのは，裁判所のＦＡＸ機器の印刷機能が故障し，当事者の送信した書面が，弁論準備期日前に裁判官の面前に届かなかったという事実を認定しながら，当事者のそれ以前の訴訟追行の態度や期日変更の申立ての理由の疎明が十分でないことを捉えて，期日変更措置をとらなければならない事案ではないと切り捨てているところである。

注7）　梅本・612頁。

ＦＡＸ機器の印刷機能の故障は明らかに裁判所の過失であろう。とくにＦＡＸによる書面の送信を正面から認める現行法の立場（民訴規47条1項）からすれば，ＦＡＸ機器の印刷機能の故障により書面が裁判官に届かないという事態はあってはならないはずである。
　本判決は，裁判所の機器の管理の問題を当事者の訴訟追行の態度や疎明の程度で治癒できることを認めてしまったともいえる。
　重要な書面を裁判所にＦＡＸ送信する場合には，期日までに余裕をみて送らなければならないということになろう。

◆脇　谷　英　夫◆

VI 訴訟上の和解

1 概　説

(1) 訴訟上の和解の意義

　訴訟上の和解とは，訴訟の係属中両当事者が訴訟物に関するそれぞれの主張を譲歩したうえで，期日において訴訟物に関する一定内容の実体法上の合意と，訴訟終了についての訴訟法上の合意をなすことをいう[注1]。訴訟上の和解は起訴前の和解（いわゆる即決和解）と並ぶ裁判上の和解の1つである。訴訟上の和解と起訴前の和解とは，訴訟係属を前提とするか否かで区別される。

(2) 訴訟上の和解の要件

　訴訟上の和解の要件は，①請求に処分可能性があること，②請求が特定できること，③内容の合法性，④訴訟要件の具備，⑤訴訟能力があること，である。

(3) 訴訟上の和解の効力

　訴訟上の和解は，和解調書に記載されることによって，確定判決と同一の効力を有する（民訴267条）。

　ここにいう「確定判決と同一の効力」とは，訴訟終了効と判決効を意味する。

　判決効のうち，執行力が認められることについては争いがないが，既判力については後述するとおり争いがある。

　訴訟上の和解の執行力は，和解調書に具体的な給付義務が記載されている場合に，その記載に認められ，和解調書は債務名義となる（民執22条7号）。そのためには私法上の給付請求権が直接かつ具体的に特定され，給付の意思が明確に表示されていることを要する[注2]。

注1） 伊藤・427頁，梅本・1005頁。

訴訟上の和解の執行力は，確定判決の場合と同様，当事者，利害関係人である第三者の一般承継人および和解成立後の特定承継人にも及ぶ。

2 判　例

判　例 67

東京地裁平成15年1月21日判決(注3)
掲載誌：判時1828号59頁

訴訟上の和解の効力は，既判力も含め，口頭弁論終結後の承継人に及ぶとした事例

事　案

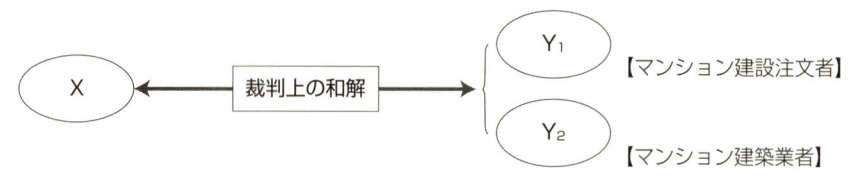

- 和解内容《建物について一部を削って建築することとし，その範囲を超えた工事をしない》
- しかし，Y₁，Y₂は上記範囲を超えてマンションを建築
- そして，Y₁はY₃ら（区分所有権取得者）に区分所有権を譲渡

X（原告）は自宅の南側にマンションを建築しようとしていたY₁（注文者・被告）およびY₂（建築業者・被告）に対し，マンションの建築により，自宅2階部分の一部の日照が妨げられるとして，建築禁止の仮処分命令の申立てをした。

Y₁は，仮処分の手続中，Y₃らと本件マンションの区分所有権の売買に関する契約の交渉を行っていた。

その後，仮処分手続において，Y2社との間で，裁判上の和解（以下，「本件和解」という。）をした。

注2）梅本・1018頁。
注3）齋藤哲〔判批〕・法セ589号（2004）126頁，畑宏樹〔判批〕・明治学院大学法学研究79号（2006）147頁，越山和宏・リマークス29号（2004）120頁。

これによると「債務者ら（Y二社）は債権者（X）に対し，本件マンションについて，図面の赤斜線部分を削って建築することとし，この範囲を超える建築工事をしない。」ことになっていた。

ところが，Y_1およびY_2は，本件和解に違反して本件マンションの建築工事を行い，その完成後，Y_1はY_3らとの間で本件マンションの区分所有権売買契約を締結した。その際，Y_3らはY_1から本件和解の成立およびその内容について一切説明されていなかった。

Xの自宅は，本件マンションの建設により，建築前と比較して，本件和解が遵守されたならば得られたであろう日照が得られなくなった。

そのため，Y_3らに対し，主位的には本件和解に基づき本件マンションの一部撤去，予備的には本件和解の債務不履行または不法行為に基づき慰謝料2500万円の支払と，Y_1およびY_2に対し，本件和解の債務不履行または不法行為に基づき慰謝料500万円の支払を求めた。

判　旨

「民訴法267条によれば，和解を調書に記載したときは，その記載は，確定判決と同一の効力を有するものと規定されていることに加え，…〈証拠略〉…によっても，本件和解の成立に際し，X〔原告〕やY二社〔被告〕には錯誤などの意思表示の瑕疵が存在するとは認められないことからすれば，本件和解は既判力を有するものと解するのが相当である。

そして，民訴法115条1項3号，1号によれば，当事者の口頭弁論終結後の承継人には確定判決の効力が及ぶ旨規定されているところ，前記……認定のとおり，被告区分所有者らは本件和解成立後に本件マンションの区分所有権を取得したと認められ，これは上記当事者の口頭弁論終結後の承継人に該当すると解されること，本件仮処分においてXが請求の根拠としたのは，X宅の土地及び建物所有権又は人格権（日照権）に基づく妨害予防請求権としての，建物を一定以上の高さに建てないという不作為請求権であるが，これらは物権的権利であると認められることからすれば，既判力を含めた本件和解の効力は，被告区分所有権者らに及ぶものと解するのが相当である。

したがって，被告区分所有者らは，被告2社が本件和解に基づいて負担した，一定以上の高さの本件マンションを建築しないという不作為債務，さらに，当然にその債務から発生することになる違反結果除去義務，すなわち，本件マンションのうち，本件和解に違反して建築された部分を撤去する義務を承継して負担することになると解するのが相当である。」（一部認容，一部棄却，確定）

536　第6章　判　　決

参照条文　民法1条・710条・719条，民事訴訟法115条1項3号・1号・267条

解　　説

(1)　訴訟上の和解と既判力

　法が和解調書について「確定判決と同一の効力を有する」（民訴267条）と定めているにもかかわらず，訴訟上の和解に既判力を認めるかどうかについては争いがある。既判力が，紛争の公権的解決である裁判のみの特有な要請であり，自治的解決である和解には親しまないのではないかという疑問があるからである。

　これに関しては，既判力肯定説[注4]，制限的既判力説[注5]，既判力否定説[注6]という考え方がある。

　既判力肯定説は，いったん成立した訴訟上の和解については，再審事由に該当する瑕疵がある場合に限り，再審の訴えに準ずる訴えの方式によってこれを主張するにとどまるという見解である。

　その根拠としては，「確定判決と同一の効力を有する」という明文規定の存在，和解が裁判所の関与の下に行われる紛争の終局的解決を図るものであることなどが挙げられている。

　制限的既判力説は，実体法上の無効・取消原因があり，裁判によってその無効が確定した場合には和解の効力がすべて否定されるという考え方である。

　これに対して既判力否定説は，訴訟上の和解には既判力を認めるべきではないとする見解である。

　その根拠としては，既判力は公権的な紛争解決の要請に基づくものであり，

注4）　既判力肯定説に立つのは，兼子一『新修民事訴訟法体系〔増訂版〕』（酒井書店，1965）309頁。

注5）　制限的既判力説に立つのは，伊藤・439頁，梅本・1022頁。

注6）　既判力否定説に立つのは，岩松三郎「民事裁判の判断の限界(2)」曹時3巻11号（1951）288頁注23），三ケ月章『民事訴訟法〔第3版〕』（弘文堂，1992）511頁，新堂・355頁，藤原弘道「和解の効力」後藤勇＝藤田耕三編『訴訟上の和解の理論と実務』（西神田編集室，1987）479頁。

VI 訴訟上の和解

自治的解決である和解には親しまないことなどが挙げられている。

(2) 判例の位置づけ

本判決で問題となった和解の効力は，建物の建築禁止仮処分申立手続における和解の効力であり，裁判上の和解の効力ではあるが，厳密にいえば訴訟上の和解の効力ではない。

しかし，本件では，和解の既判力の有無という点に関し，訴訟上の和解ではないということが問題になったわけではないようなので，以後，訴訟上の和解に関する見解を踏まえて解説することにする。

本件において，Yらは，裁判上の和解には既判力を認めるべきではないと争ったが，裁判所は，上記のとおり，本件和解には既判力が認められると判示した。本判決は意思表示の瑕疵の不存在を前提として既判力を認めているので，制限的既判力説の立場であると思われる。

もっとも，最判昭33・3・5（民集12巻3号381頁）が，「裁判上の和解は確定判決と同一の効力を有し（民訴203条〔筆者注：現行法267条〕），既判力を有するものと解すべきであり，また，特に所論の如く借地権設定の裁判に限って既判力を否定しなければならない解釈上の根拠もなく，……従って，これについて既判力を否定する理由がなく，この裁判に既判力を認めたからといって，憲法の保障する裁判所の裁判を受ける権利を奪うことにならない。」としていることから，最高裁は既判力肯定説の立場に立つといわれることもある。しかし，その他の裁判例には既判力否定説的立場に立つものもある。そのため裁判例の一般的傾向については評価が分かれている[注7]。

実務上の指針

梅本吉彦教授は，和解の既判力に関し，訴訟上の和解の場合と起訴前の和解の場合を区別し，前者においては既判力が生じるが，後者については既判力が

注7) 新堂・335頁は制限的既判力説と評価するが，藤原・前掲注6)は既判力否定説と評価している。

生じる余地がないとしている[注8]。

その根拠としては，訴訟上の和解が訴訟係属中の紛争処理制度であり，起訴前の和解が訴訟係属前の紛争予防制度であることを挙げている。

この見解の趣旨が，和解に既判力を認めるかどうかは手続の性質によるとすることにあるとすれば，保全手続の性質をどう捉えるかによって和解の既判力を否定する余地もあるかもしれない。

◆脇 谷 英 夫◆

注8） 梅本・1024頁。

第7章 上訴・再審

I 控　訴

1 概　説

(1) 控訴とは

　控訴は、第1審終局判決に対する第2の事実審への上訴であり、控訴審手続を開始させる申立行為である。

　控訴の対象となるのは、簡易裁判所または地方裁判所、さらに人事訴訟法については家庭裁判所の第1審判決に限られる（民訴281条1項本文、人訴29条）。高等裁判所の第1審判決に対しては、上告しかできない（民訴311条1項）。

(2) 反訴の意義

　反訴は、係属中の訴訟手続を利用して被告が原告に対して提起する訴えである（民訴146条）。

　原告に請求の併合や訴えの変更が認められていることに対応して、被告にも関連請求につき同一手続内での反訴を認めるのが公平であるし、また、関連請求を同一手続で審判することで審理の重複や裁判の不統一を回避することができるとの考慮に基づく制度である。

(3) 反訴の要件
   (a) **本訴が事実審に係属し，口頭弁論終結前であること**（民訴146条1項）
　法律審である上告審での反訴提起は許されない[注1]。反訴提起後に本訴が却下または取下げになっても，反訴は影響を受けない。しかし，本訴が取り下げられれば，被告は原告の同意なしに反訴を取り下げることができる（民訴261条2項ただし書）。
   (b) **反訴請求が本訴請求と同種の訴訟手続により審判されるものであること**（民訴146条3項・136条）
　本訴請求と反訴請求が同時に審理されるので，この要件を充足することが必要である。
   (c) **反訴請求が本訴請求またはこれに対する防御方法と関連するものであること**（民訴146条1項）
　これは，反訴請求が，本訴請求またはこれに対する防御方法と，内容または発生原因において法律上または事実上の共通性を有することをいう。この関連性の要件は，相手方たる原告の保護を目的とするものであるから，原告の同意または応訴があれば問題にしなくてよい。
   (d) **反訴請求が他の裁判所の専属管轄に属しないこと**（民訴146条1項ただし書1号）
　なお，特許権等に関する訴訟が民訴法6条1項各号に定める裁判所（拠点地裁）に係属している場合には，拠点地裁での裁判の道を広げるため，この要件規定は適用されない（民訴146条2項）。
   (e) **反訴の提起により著しく訴訟手続を遅滞させないこと**（民訴146条1項ただし書2号）
　反訴請求が本訴請求またはこれに対する防御方法と関連するものであって，また原告の同意や応訴がなされている場合でも，反訴請求の審理のために手続が著しく遅延し別訴による方が適切な場合には，裁判所は反訴の提起を許さないことができる。
   (f) **反訴が禁止されていないこと**

[注1] 最判昭43・11・1判時543号63頁。

手形訴訟，小切手訴訟，少額訴訟については，明文で反訴の提起が禁止されている（民訴351条・367条2項・369条）。

(4) 控訴審での反訴

控訴審における反訴については，相手方の同意が必要とされている（民訴300条1項）。これは，相手方の審級の利益を考慮したものであるから，第1審で関連する争点につき審判がなされている限り，相手方の同意がなくとも反訴を提起できると解すべきである。

また，反訴被告が異議なく本案について弁論したことは，反訴の提起に対する同意とみなされる（民訴300条2項）。

(5) 人事訴訟における特則

人事訴訟法18条は，人事訴訟に関する手続においては，第1審または控訴審の口頭弁論の終結に至るまで，原告は，請求または請求の原因を変更することができ，被告は，反訴を提起することができる旨規定している。これは，人事訴訟においては，紛争の全面的解決を図って身分関係を早期に安定させる必要があることから，紛争の画一的・一回的解決を図るために訴えの変更や反訴の要件を緩和し，訴訟を集中させることを可能にしているものである。

人事訴訟においては，人事訴訟法18条により，民訴法146条1項および300条の適用が除外されているので，相手方の同意なしに，事実審の口頭弁論終結時まで，人事訴訟に係る請求の範囲内であれば本訴の目的である請求または防御の方法と関連する請求を目的とする場合ではなくても，反訴を提起することができる。

2 判　例

判　例　68

最高裁平成16年6月3日判決[注2]
掲　載　誌：家月57巻1号123頁・判時1869号33頁・判タ1159号138頁
原　　　審：名古屋高判平13・12・19（平成13年（ネ）第598号ほか）
原　々　審：名古屋地岡崎支判平13・6・27（平成12年（夕）第88号）

離婚の訴えについての控訴審においてなされた反訴および附帯申立てについての相手方の同意の要否が問題となった事例

事　案

(1)　X（夫）がY（妻）に対して離婚を求める訴訟を提起したところ、第1審判決は、Xの請求を認容した。

(2)　Yは、第1審判決を不服として控訴を提起し、原審において、上記離婚の請求が認容されることを条件として、予備的に、慰謝料およびこれに対する遅延損害金の支払を求める反訴の提起、並びに財産分与およびこれに対する遅延損害金の支払を求める申立てをしたが、Xは、この予備的な反訴提起および申立てについて同意しなかった。

原審は、Yの控訴を棄却するとともに、Yの上記予備的な反訴提起および申立てについては、相手方であるXの同意がなく、不適法であるとして、その訴えおよび申立てを却下した。

(3)　そこで、Yは上告申立ておよび上告受理申立てを行った。

上告は事実誤認または単なる法令違反をいうものとして棄却され、上告受理申立理由のうち、原審が予備的反訴および申立てを却下したのは人事訴訟手続法8条の解釈を誤ったものであるという部分以外は排斥された。

注2)　山本和彦・リマークス31号（2005）118頁、本間靖規・重判解平成16年度〔ジュリ臨増1291号〕（2005）136頁、梶村太市・判評557号〔判時1891号〕（2005）27頁、同・主判解平成16年度〔臨増判タ1184号〕（2005）110頁。

判　旨

(1)「離婚の訴えの原因である事実によって生じた損害賠償請求の反訴の提起及び離婚の訴えに附帯してする財産分与の申立てについては，人事訴訟手続法8条の規定の趣旨により，控訴審においても，その提起及び申立てについて相手方の同意を要しないものと解すべきである（最高裁昭和41年（オ）第972号同年12月23日第三小法廷判決・裁判集民事85号869頁，最高裁昭和56年（オ）第1087号同58年3月10日第一小法廷判決・裁判集民事138号257頁参照）。なお，当審係属後に，人事訴訟法（平成15年法律第109号。平成16年4月1日施行）が制定，施行され，人事訴訟手続法は人事訴訟法附則2条の規定により廃止されたが，上記予備的な反訴の提起及び申立ての適否については，同法附則3条ただし書の規定により，人事訴訟手続法8条の規定（その内容は，人事訴訟法18条の規定の内容と同旨である。）によって判断されるべきものである。

　これと異なる原審の判断には，判決に影響を及ぼすことが明らかな法令の違反があり，原判決は破棄を免れない。」

(2)「人事訴訟法32条1項（同法附則3条本文，8条参照）は，家庭裁判所が審判を行うべき事項とされている財産分与の申立て（家事審判法9条1項乙類5号）につき，手続の経済と当事者の便宜とを考慮して，訴訟事件である離婚の訴えに附帯して申し立てることを認め，両者を同一の訴訟手続内で審理判断し，同時に解決することができるようにしたものである。したがって，原審の口頭弁論終結に至るまでに離婚請求に附帯して財産分与の申立てがされた場合において，上訴審が，原審の判断のうち財産分与の申立てに係る部分について違法があることを理由に原判決を破棄し，又は取り消して当該事件を原審に差し戻すとの判断に至ったときには，離婚請求を認容した原審の判断に違法がない場合であっても，財産分与の申立てに係る部分のみならず，離婚請求に係る部分をも破棄し，又は取り消して，共に原審に差し戻すこととするのが相当である。

　以上のとおりであるから，上記予備的反訴請求及び予備的申立てに係る部分はもとより，本訴請求部分も含めて原判決を全部破棄して，慰謝料及び財産分与の点について更に審理を尽くさせるため，本件を原審に差し戻すこととする。」（破棄差戻し）

参照条文

(1)(2)につき，人事訴訟法32条1項，家事審判法9条1項乙類5号
(1)につき，人事訴訟法18条，民事訴訟法300条
(2)につき，民事訴訟法307条・308条・325条

解　説

(1)　離婚訴訟の控訴審における反訴提起，附帯申立てと相手方の同意の要否

　人事訴訟においては，離婚訴訟の原因である事実によって生じた損害賠償請求（慰謝料請求）を予備的反訴として，すなわち，離婚請求が認容されることを条件として提起することができる（人訴17条）。財産分与等の附帯申立てについても，離婚の反訴請求を提起せずに予備的に申し立てることができることに異論はみられない。

　そして，人事訴訟法18条（人事訴訟手続法8条）は，控訴審の弁論の終結にいたるまで反訴を提起することができる旨規定しており，この規定は，前記慰謝料請求についても適用を認めてよいと解される。

　他方，財産分与の申立ては，離婚訴訟に附帯して併合審理される場合であっても，その実質はあくまで審判事項の申立てであって訴えではないから，当然には人事訴訟法18条（人事訴訟手続法8条）に定める「反訴の提起」には当たらない。しかしながら，人事訴訟法32条1項は，財産分与の申立てにつき，財産分与が離婚の訴えにおいて形成される婚姻関係の解消と極めて密接な関係にあることから，手続の経済と当事者の便宜とを考慮して，訴訟事件である離婚の訴えに附帯して申し立てることを認め，同時に解決することができるようにしたものである。この趣旨に徴すれば，財産分与についても，人事訴訟法18条の「反訴の提起」に準じて控訴審においても相手方の同意を要しないでその申立てをすることができると解するのが相当である。

　判　旨　(1)は，従来の判例の方向性を確認したものである。

(2)　財産分与の差戻しに伴い，離婚請求部分をも差し戻すことの要否

　判　旨　(2)は，上訴審が原審の判断のうち財産分与の申立てに係る部分に

ついての違法を理由に原判決を破棄しまた取り消して差し戻す場合には，**離婚請求を認容した部分には違法がなくても，人事訴訟法32条1項の趣旨により，この部分も破棄しまたは取り消して共に差し戻すとしたものである**。この点については，従来，先例や学説は存在しなかったようであり，最高裁として初めての判断を示したものである。

　離婚請求に係る部分と附帯請求部分の同時解決の原則をどの範囲で認めるかについては議論のあるところであり，同じ附帯処分の申立てであっても，同時解決が決定的重要性をもつ親権者の指定などと，財産分与とではやや意味合いが異なると考えられる。しかし，財産分与であっても，それは様々な機能を有し，たとえば，扶養的な趣旨の財産分与が問題となるような場合，財産分与の判決なしに離婚判決だけが先に確定してしまうと，婚姻費用の分担請求はできず，扶養的財産分与も受けられないという状態が生じてしまう。事後的に塡補される可能性があるとしても，一時的にではあれ，そのような状況を裁判所の判断の誤りの結果として現出させることはやはり適当ではなかろう。

　判旨(2)には，離婚請求が認容されるのであれば財産分与との同時解決を望むという当事者の意思を尊重しようとの配慮をみることができる。

　ところで，差戻審における審理の範囲・あり方についてはなお問題が残されている。判旨が，本訴請求部分も含めて原判決を全部破棄して，「慰謝料及び財産分与の点について更に審理を尽くさせるため」差し戻すとしているのは，差戻審の審理対象を限定する趣旨とも受け取られるとの指摘もあるが[注3]，通常，「差戻を受けた裁判所の審理は，法律上は破棄の理由とされた点に関連がある事項のみに限定されることなく，事件全般に及ぶ」とされているので[注4]，離婚請求部分が差戻審の審理対象に含まれるか否かについては，理論的にはなお検討を要する課題といえる。

注3）　本間・前掲注2）138頁。
注4）　菊井維大＝村松俊夫『全訂民事訴訟法Ⅲ』（日本評論社，1986）295頁。

実務上の指針

　被告が原告の離婚請求を争っている場合，被告の方から離婚の成立を前提とした慰謝料請求や財産分与等の申立てを行うことは，たとえ予備的に行うとしても躊躇されることが多いと思われる。

　本判決 判旨 (1)により，控訴審の口頭弁論終結時まで，相手方の同意を要することなく慰謝料請求の反訴や財産分与の申立てを行うことができることが確認されたものであり，実務上参考になるものである。

　また， 判旨 (2)も，従来，議論がなされてこなかった点に関する新たな判断であり，注目に値する。

　　　　　　　　　　　　　　　　　　　　　　　　◆阪口　嘉奈子◆

II 上　告

1　概　説

(1)　上告の意義

　上告とは，控訴審の終局判決に対する法律審への上訴をいう[注1]。上告は，高等裁判所が第2審または第1審としてした終局判決に対しては最高裁判所に，地方裁判所が第2審としてした終局判決に対しては高等裁判所にすることができる（民訴311条1項）。

(2)　上告理由

　上告審は，法律審であるため，その審理対象は法律問題に限定されており，とくに最高裁判所に対する上告は，事件の負担を軽減するという観点から，上告理由が以下の場合に制限されている。

　(a)　判決に憲法の解釈の誤りがあることその他憲法の違反があることを理由とするとき（民訴312条1項）。

　(b)　次に掲げる事由があることを理由とするとき（民訴312条2項）

　①　法律に従って判決裁判所を構成しなかったこと（民訴312条2項1号）

　②　法律により判決に関与することができない裁判官が判決に関与したこと（民訴312条2項2号）

　③　専属管轄に関する規定に違反したこと（民訴法6条1項各号に定める裁判所が第1審の終局判決をした場合において当該訴訟が同項の規定により他の裁判所の専属管轄に属するときを除く。）（民訴312条2項3号）

　④　法定代理権，訴訟代理権または代理人が訴訟行為をするのに必要な授権を欠いたこと（ただし，民訴法34条2項〔民訴法59条において準用する場合も含

注1）　中野ほか・615頁。

む。〕の規定による追認があったときは，この限りでない〔民訴312条2項ただし書〕。）（民訴312条2項4号）
⑤　口頭弁論の公開の規定に違反したこと（民訴312条2項5号）
⑥　判決に理由を付せず，または理由に食違いがあること（民訴312条2項6号）

上記(b)の民訴法312条2項の各号の事由は，これらの重大な手続違背がある場合には，判決への具体的な影響やその程度を問わず，常に上告理由があるとされるため，絶対的上告理由といわれる。

(3)　法令違反

現行法上，高等裁判所に対する上告については，「判決に影響を及ぼすことが明らかな法令の違反があること」も上告理由されているが（民訴312条3項），最高裁判所に対する上告については，法令違反は上告理由として認められていない。

その一方で，現行法は，最高裁判所に対する上告については，上告受理制度を設けている。

すなわち，最高裁判所は，原判決に最高裁判所の判例（これがない場合にあっては，大審院または上告裁判所もしくは控訴裁判所である高等裁判所の判例）と相反する判断がある事件その他の法令の解釈に関する重要な事項を含むものと認められる事件について，申立てにより，決定で，上告審として事件を受理することができる（民訴318条1項）。

最高裁判所が上告受理の決定をした場合には，上告があったものとみなされる（民訴318条4項）。

このように，法令違反については，絶対的上告理由とは異なり，最高裁判所の裁量による受理手続が行われる。

(4)　上告審の審理

上告裁判所は，上告人が提出した上告状や上告理由書などの書面を審理したうえで，上告が不適法でその不備を補正することができない場合など，民訴法316条1項各号に該当する場合には，決定で，上告を却下することができる

（民訴317条1項）。また，上告裁判所である最高裁は，書面審理により，上告の理由が明らかに民訴法312条1項および2項に規定する事由に該当しない場合には，決定で，上告を棄却することができる（民訴317条2項）。

さらに，上告裁判所は，上告状，上告理由書，答弁書その他の書類により，上告を理由がないと認めるときは，口頭弁論を経ないで，判決で，上告を棄却することができる（民訴319条）。

このように，上告審の審理は，上告裁判所の負担軽減のために書面審理がなされており，書面審理により上告を却下・棄却することができない場合に，口頭弁論を開いて審理を行う。

なお，上告を認容する場合には，特別規定がおかれていないので，必ず口頭弁論を開かなければならない（民訴87条3項参照）[注2]。

2 判 例

判 例 69

最高裁平成12年7月14日決定[注3]
掲 載 誌：判時1723号49頁・判タ1041号156頁・金判1103号8頁
原 審：東京高判平11・12・16（平成11年（ネ）第2409号）
原 々 審：東京地判平11・3・25（平成9年（ワ）第16332号）

上告状および上告理由書提出期間内に提出されたいずれの書面にも民訴法312条1項・2項に規定する事由の記載がない場合に原審は上告却下すべきとした事例

事 案

(1) XはYに対して損害賠償請求訴訟を提起したが，第1審・2審（原審）とも請求を棄却された。

(2) Xは上告をしたが，Xの上告状およびXが上告理由書提出期間内に提出し

注2） 中野ほか・629頁。後述〔判例70〕 **解説** 参照。
注3） 原強・リマークス23号（2001）128頁，倉地康弘・主判解平成12年度〔臨増判タ1065号〕（2001）250頁。

た「上告理由書」と題する書面には，民訴法312条1項および2項に規定する事由の記載がなかった。

(3) 原裁判所は，Xの上告理由書提出期間経過後の平成12年3月14日付で，Xに対し「この命令到達の日から10日以内に，先に提出した上告理由書につき，民事訴訟規則190条規定の記載方法に補正することを命ずる。」旨の命令を発した。

(4) 上記命令は同月16日にXに送達され，Xは，同月27日に「上告理由補正書」と題する書面を提出した。

(5) 原裁判所は，当該事件を最高裁に送付してきたところ，本件上告の適法性および原裁判所の採るべき措置が問題となった事案である。

決定要旨

(1) 「民事事件について最高裁判所に上告をすることが許されるのは，民訴法312条1項又は2項所定の場合に限られるところ，本件上告状及び民訴規則194条所定の上告理由書提出期間内に提出された『上告理由書』と題する書面には民訴法312条1項及び2項に規定する事由の記載がないから，本件上告は不適法である。」

(2) 「なお，記録によれば，原裁判所は，上告理由書提出期間経過後の平成12年3月14日付けで，X〔上告人〕に対し，『この命令到達の日から10日以内に，先に提出した上告理由書につき，民事訴訟規則190条規定の記載方法に補正することを命ずる。』旨の命令を発し，右命令は同月16日にXに送達され，Xは，同月27日に『上告理由補正書』と題する書面を提出している。」

(3) 「しかしながら，上告状及び民訴規則194条所定の上告理由書提出期間内にXから提出された書面のいずれにも民訴法312条1項及び2項に規定する事由の記載がないときは，その不備を補正する余地はないから，原裁判所は民訴規則196条1項所定の補正命令を発すべきではなく，直ちに決定で上告を却下すべきであり，原裁判所が右命令を発しXが右命令により定めた期間内に右事由を記載した書面を提出したとしても，これによって上告が適法となるものではない。」（上告却下）

参照条文 民事訴訟法312条1項・2項・315条・316条，民事訴訟規則190条・194条・196条1項

解　説

(1) 上告の適法要件

本件では，まず，X（上告人）の上告が適法であるか否かが判断された。

最高裁への上告は，民訴法312条1項および2項に規定されている上告理由がある場合にすることができ，上告が適法とされるためには，これらの上告理由が必要である。

この場合，上告人は，上告理由を上告状に記載してもよいが，上告状に上告理由の記載がない場合には，民事訴訟規則194条所定の上告理由書提出期間内（上告提起通知書の送達を受けた日から50日）に，上告理由書を原裁判所に提出しなければならず（民訴315条1項，民訴規194条），上告理由の記載の方式も民事訴訟規則190条で規定されている。

民事訴訟規則190条によれば，判決に憲法の解釈の誤りがあることその他憲法の違反があることを理由とする民訴法312条1項の上告理由の記載は，憲法の条項を掲記し憲法に違反する事由を示してしなければならず，この場合，その事由が訴訟手続に関するものであるときは憲法に違反する事実を掲記しなければならないとされている（民訴規190条1項）。

また，重大な手続違反である民訴法312条2項各号に掲げる事由があることを理由とする上告理由の記載は，その条項およびこれに該当する事実を示してしなければならないとされている（民訴規190条2項）。

本件では，Xの上告状およびXが上告理由書提出期間内に提出した「上告理由書」と題する書面のいずれにも民訴法312条1項および2項に規定する事由の記載がなかったことから，本決定はXの上告は不適法であると判断した。

(2) 原裁判所の採るべき措置

民訴法316条1項によれば，原裁判所は，次の場合に該当することが明らかであるときは，決定で，上告を却下しなければならないとされている。

① 上告が不適法でその不備を補正することができないとき（民訴316条1項1号）

② 民訴法315条1項の規定に違反して上告理由書を提出せず，または上告

の理由の記載が同条2項の規定に違反しているとき（民訴316条1項2号）
　一方，民事訴訟規則196条1項は，「上告状又は第194条（上告理由書の提出期間）の期間内に提出した上告理由書における上告のすべての理由の記載が第190条（法第312条第1項及び第2項の上告理由の記載の方式）又は第191条（法第312条第3項の上告理由の記載の方式）の規定に違反することが明らかなときは，原裁判所は，決定で，相当の期間を定め，その期間内に不備を補正すべきことを命じなければならない」と規定し，上告人の権利保護を図っている。
　そこで，本件では，Xの上告状を受理した原裁判所が，Xの不適法な上告を却下せず，民事訴訟規則196条1項の補正命令を出し，事件を最高裁に送付してきたため，原裁判所の措置が問題とされた。
　このような原裁判所の措置につき，本件決定は，Xの上告状および民事訴訟規則194条所定の上告理由書提出期間内にXから提出された書面のいずれにも民訴法312条1項および2項に規定する事由の記載がないときは，「その不備を補正する余地はない」として，原裁判所は補正命令を出すのではなく，直ちに決定でXの上告を却下すべきである旨述べている。
　そもそも民事訴訟規則196条の補正命令は，上告理由の記載の方式が民事訴訟規則で定められた方式に違反している場合に，直ちに上告却下決定をすることは上告人に酷であることから，補正命令により上告人に補正の機会を与える趣旨で規定されたものである。
　よって，本件のように，民訴法312条1項および2項に規定する事由の記載が初めからない場合は，そもそも記載の方式を補正することはできず，仮に，補正を認めた場合には，上告理由書提出期間経過後に上告理由の主張を認めることになり，上告理由書の提出期間が法で定められている意味が失われてしまうことになる。
　よって，本件の場合，裁判所は補正命令を発するのではなく，直ちに上告却下決定をすべきであったとした本件決定の判断は妥当な判断であると解される。

実務上の指針

　上告手続における上告理由の主張は，民訴法312条1項および2項に限定さ

れており，また，その記載の方式も民事訴訟規則で定められていることから，上告状，あるいは上告理由書における上告理由の主張の記載には注意しなければならない。

とくに，最高裁に対する上告については，法令違反の主張は民訴法312条1項および2項の上告理由とはならないため，法令違反の主張をする場合には，上告ではなく，上告受理申立てをしなければならない。

上告と上告受理申立ては，1通の書面ですることができるが，その書面が上告状と上告受理申立書を兼ねるものであることを明らかにしなければならず，さらに，この場合上告理由と上告受理申立理由を区別して記載しなければならないとされており（民訴規188条），両者の手続は厳格に区別されている。

本件決定の判断は，上告状および上告理由書に民訴法312条1項および2項の上告理由が記載されていない場合には，上告理由書の提出期間経過後は補正は許されず，直ちに上告却下決定をすべきという，不服申立てをする当事者にとっては厳しいものである。

したがって，控訴審の終局判決に対し不服申立てをする場合には，不服の理由が上告理由に該当するのか，上告受理申立理由に該当するのか，十分考慮したうえで上告あるいは上告受理申立てをする必要があろう。

◆小曽根　久美◆

判　例 70

最高裁平成19年1月16日判決[注4]
　掲　載　誌：判時1959号29頁・判タ1233号167頁
　原　　審：東京高判平18・7・18（平成17年（ネ）第5913号）
　原　々　審：東京地判平17・11・29（平成16年（ワ）第14377号）

上告裁判所が原判決を破棄する場合における口頭弁論の要否が問題となった事例

注4）　勅使川原和彦・リマークス36号（2008）130頁，加波眞一〔判批〕・民商136巻6号（2007）84頁。

事　案

本件は，XがYに対して損害賠償請求訴訟を提起したが，第1審・2審（原審）とも請求を棄却され，Xが最高裁に上告したところ，原判決に，その基本となる口頭弁論に関与していない裁判官が判決をした裁判官として署名押印していたという事案である。

判　旨

(1)「職権をもって調査すると，記録によれば，原判決には，その基本となる口頭弁論に関与していない裁判官が判決をした裁判官として署名押印していることが明らかである。」

(2)「そうすると，原判決は，民訴法249条1項に違反し，判決の基本となる口頭弁論に関与していない裁判官によってなされたものであり，同法312条2項1号に規定する事由が存在する。」

(3)「なお，民訴法319条及び140条（同法313条及び297条により上告審に準用）の規定の趣旨に照らせば，上告裁判所は，判決の基本となる口頭弁論に関与していない裁判官が判決をした裁判官として署名押印していることを理由として原判決を破棄し，事件を原審に差し戻す旨の判決をする場合には，必ずしも口頭弁論を経ることを要しないと解するのが相当である。」（破棄差戻し）

参照条文　民事訴訟法249条1項・312条2項1号・319条・140条・297条・313条・87条1項

解　説

(1) **直接主義**（民訴249条1項）**違反と絶対的上告理由**

直接主義とは，判決をする裁判官が，自ら当事者の弁論を聴取し，証拠調べをするという原則をいい注5)，民事訴訟法249条1項は，「判決は，その基本となる口頭弁論に関与した裁判官がする」と規定している。

注5) 中野ほか・235頁。

これは，口頭弁論に関与した裁判官は弁論内容をよく理解しており，判決をするのに適していると解されるからである。

しかし，この直接主義を貫いた場合には，裁判官の交代があった場合，新裁判官の面前で弁論と証拠調べを再度行わなければならず，訴訟経済上の不都合を生じるため，裁判官が代わった場合には，当事者に，従前の口頭弁論の結果を陳述させればよいとしている（弁論の更新〔民訴249条2項〕）。

上記に違反した場合は，「法律に従って判決裁判所を構成しなかったこと」になり，民訴法312条2項1号の絶対的上告理由および338条1項1号の再審事由となる。これは，このような重大な手続違背が存在する以上，判決の正当性に当然疑いがもたれるからである。また，これらの事由は職権調査すべきとされている[注6]。

本件判決は，職権で調査したところ，記録上，原判決に，その基本となる口頭弁論に関与していない裁判官が判決をした裁判官として署名押印していることが明らかであったため，「原判決は民訴法249条1項に違反し，判決の基本となる口頭弁論に関与していない裁判官によってなされたものであり，同法312条2項1号に規定する事由が存在する」としている。

(2) 口頭弁論の要否

本件では絶対的上告理由の存在が記録上明らかであったことから，本件判決は，「上告理由について判断をするまでもなく，原判決を破棄し，本件を原審に差し戻すのが相当である」と判断したが，この場合，上告裁判所が原判決破棄・原審への差戻し判決をするのに，口頭弁論を経ることが必要か否かが問題となる。

当事者は，訴訟について，裁判所において口頭弁論をしなければならないとされており（民訴87条1項本文），判決をするには原則として，口頭弁論をする必要があるが，民訴法はいくつかその例外を定めている。

民訴法140条は「訴えが不適法でその不備を補正することができないときは，裁判所は，口頭弁論を経ないで，判決で，訴えを却下することができる」とし

注6) 中野ほか・621頁。

ている。これは，訴えが不適法でその不備の是正が不可能な場合は，口頭弁論を開くのは訴訟経済上無駄と解されるからである。

また，民訴法319条は，「上告裁判所は，上告状，上告理由書，答弁書その他の書類により，上告を理由がないと認めるときは，口頭弁論を経ないで，判決で，上告を棄却することができる。」としている。

これは，上告審は法律審であり，上告理由の存否については書面の審理で判断できることから，口頭弁論を開く必要性が乏しいと解されるからである。

本件判決は，これら民訴法319条および140条（同法313条および297条により上告審に準用）の規定の趣旨を考慮し，「上告裁判所は，判決の基本となる口頭弁論に関与していない裁判官が判決をした裁判官として署名押印していることを理由として原判決を破棄し，事件を原審に差し戻す旨の判決をする場合には，必ずしも口頭弁論を経ることを要しないと解するのが相当である」とした。

なお，口頭弁論の要否が問題となった近時の裁判例として，最判平18・9・4（判時1948号81頁）（以下，「平成18年最判」という。）がある。

この平成18年最判は，被上告人の当事者の地位が一身専属的なものであり，被上告人の死亡により訴訟が当然に終了する場合に，「訴訟の終了の宣言は，既に訴訟が終了していることを裁判の形式を採って手続上明確にするものにすぎないから，民訴法319条及び140条（同法313条及び297条により上告審に準用）の規定の趣旨に照らし，上告審において判決で訴訟の終了を宣言するに当たり，その前提として原判決を破棄するについては，必ずしも口頭弁論を経る必要はないと解するのが相当である」と判断した。

この平成18年最判と本件判決の結論をかんがみると，上告審においては口頭弁論を経るか否かについては，訴訟経済や当事者利益も考慮され，口頭弁論を形式的に経ることが訴訟経済に反し，また，口頭弁論を経なくとも当事者の利益が害されないことが明白な場合には，原判決を破棄する判決をする場合でも口頭弁論を経る必要はないというのが最高裁の判断であると解される。

実務上の指針

本件のように，判決の基本となる口頭弁論に関与していない裁判官が判決を

した裁判官として署名押印している事例は稀なことと思われ，また，本件のような直接主義違反の事実については，職権調査事項と解されるため，上告理由による主張がなくとも，裁判所は自ら指摘して原判決を破棄することが可能と解される。

　しかしながら，当事者としても，訴訟手続には常に注意を払っておく必要がある。

　また，上告審で原判決の破棄判決がなされるにあたり，必ずしも口頭弁論が開かれるわけではなく，本件のように口頭弁論を開く必要性が乏しい場合には，口頭弁論を経ずに原判決破棄の判決がなされることも実務上の取扱いとして知っておくべきである。

◆小曽根　久美◆

III 再審

1 概説

(1) 再審の意義

再審とは，確定した終局判決に対して，その訴訟手続に重大な瑕疵があったことやその判決の基礎たる資料に異常な欠点があったことを理由として，当事者がその判決の取消しと事件の再審判を求める非常の不服申立方法である[注1]。

再審制度は，確定裁判に対する法的安定性の要請と裁判の適正を図るという趣旨から認められているものであり，再審の訴えは，以下の再審事由が存在する場合にすることができる（民訴338条1項）。

① 法律に従って判決裁判所を構成しなかったこと（民訴338条1項1号）
② 法律により判決に関与することができない裁判官が判決に関与したこと（民訴338条1項2号）
③ 法定代理権，訴訟代理権または代理人が訴訟行為をするのに必要な授権を欠いたこと（民訴338条1項3号）
④ 判決に関与した裁判官が事件について職務に関する罪を犯したこと（民訴338条1項4号）
⑤ 刑事上罰すべき他人の行為により，自白をするに至ったことまたは判決に影響を及ぼすべき攻撃もしくは防御の方法を提出することを妨げられたこと（民訴338条1項5号）
⑥ 判決の証拠となった文書その他の物件が偽造または変造されたものであったこと（民訴338条1項6号）
⑦ 証人，鑑定人，通訳人または宣誓した当事者もしくは法定代理人の虚偽の陳述が判決の証拠となったこと（民訴338条1項7号）

注1) 新堂・891頁。

⑧　判決の基礎となった民事もしくは刑事の判決その他の裁判または行政処分が後の裁判または行政処分により変更されたこと（民訴338条1項8号）
⑨　判決に影響を及ぼすべき重要な事項について判断の遺脱があったこと（民訴338条1項9号）
⑩　不服の申立てに係る判決が前に確定した判決と抵触すること（民訴338条1項10号）

ただし，当事者が控訴もしくは上告によりその事由を主張したとき，またはこれを知りながら主張しなかったときは，この限りではないとされている（民訴338条1項ただし書）。

これは，再審の訴えは，確定判決に対する特別の救済手段であるから，上記の場合には再審の訴えを認める必要がないと解されるからである（再審の補充性）。

(2)　再審の訴えの手続

再審の訴えは，当事者が判決の確定した後再審の事由を知った日から30日の不変期間内に提起しなければならず（民訴342条1項），判決が確定した日（再審の事由が判決の確定した後に生じた場合にあっては，その事由が発生した日）から5年を経過したときは，再審の訴えを提起することができない（同条2項）。

しかし，この民訴法342条1項・2項の規定は，同法338条1項3号に掲げる事由のうち代理権を欠いたことおよび同項10号に掲げる事由を理由とする再審の訴えには，適用されない（民訴342条3項）。

560　第7章　上訴・再審

2　判　例

判　例　71

最高裁平成19年3月20日決定[注2]
　掲　載　誌：民集61巻2号586頁・判時1971号125頁・判タ1242号127頁
　原　　審：東京高決平18・8・23民集61巻2号604頁参照
　原　々　審：横浜地川崎支決平18・5・12民集61巻2号596頁参照

訴訟関係書類が受送達者に交付されず受送達者が訴訟を提起されたことを知らないまま判決がなされた場合に再審請求が認められた事例

事　案

本件の事案は本書〔判例26〕と同一である。
　(1)　本件は、X（再審原告・抗告人）が、Y（再審被告・相手方）のXに対する請求を認容した確定判決につき、民訴法338条1項3号の再審事由があるとして申し立てた再審事件である。
　(2)　Yは、横浜地方裁判所川崎支部に、Xの養父でXと同居していたAを主債務者、Xを連帯保証人として、貸金請求訴訟を提起した（以下、「前訴」という。）。
　Yは、この前訴において、①BらはAに対し、Xを連帯保証人として金銭を貸し付けた、②Yは、Bらから、BらがAに対して有する上記貸金債権の譲渡を受けた、などと主張した。
　(3)　Aは、自らを受送達者とする前訴の訴状および第1回口頭弁論期日の呼出状を受けるとともに、Xを受送達者とする前訴の訴状および第1回口頭弁論期日の呼出状等（以下、「本件訴状等」という。）についても、Xの同居者として、その交付を受けた。
　(4)　XおよびAは、前訴の第1回口頭弁論に欠席し、答弁書その他の準備書面も提出しなかったため、Yの主張する請求原因事実を自白したものとみなされ、Yの請求認容判決（以下、「前訴判決」という。）が言い渡された。
　(5)　XおよびAに対する前訴判決に代わる調書は、XおよびAの住所における送達が受送達者不在によりできなかったため、XおよびAの住所あてに書留郵便に付する送達が実施された。
　上記送達書類は、いずれも、受送達者不在のため配達できず、郵便局に保管さ

注2）　青木哲・重判解平成19年度〔ジュリ臨増1354号〕(2008) 136頁。

れ，留置期間の経過により裁判所に返還された。
　(6)　XおよびAはいずれも前訴判決に対して控訴をせず，前訴判決は確定した。
　(7)　Xは，前訴判決確定の約2年後に，本件再審の訴えを提起した。
　Xの主張は以下のとおりである。
　　(a)　Xは自らの意思でAの連帯保証人になったことはなく，AがXに無断でXの印章を持ち出し，金銭消費貸借契約書の連帯保証人欄に押印したもので，Aは本件再審提起の直前まで，Xにかかる事情を一切話していなかった。
　　(b)　よって，前訴においてXとAは利害が対立していたのであり，AがXあての本件訴状等を受けてもそれが遅滞なくXに交付されることを期待できる状況にはなく，現にAはXに交付しなかった。
　　(c)　以上より，前訴において，Xに対する本件訴状等の送達は補充送達（民訴106条1項）としての効力を生じていないため，Xに訴訟に関与する機会が与えられないまま前訴判決がされたのであるから，前訴判決には民訴法338条1項3号の再審事由がある。
　(8)　第1審および原審は，本件訴状等の送達は補充送達として有効であり，前訴判決に民訴法338条1項3号の再審事由はないとしてXの再審請求を棄却すべきとした。
　(9)　Xは原決定を不服として許可抗告の申立てをしたところ，原審は抗告を許可し，最高裁で補充送達の効力（〔判例26〕参照。）と再審事由の存否が判断されたのが本件である。

決定要旨

　再審事由の存否について
　(1)　「本件訴状等の送達が補充送達として有効であるからといって，直ちに民訴法338条1項3号の再審事由の存在が否定されることにはならない。同事由の存否は，当事者に保障されるべき手続関与の機会が与えられていたか否かの観点から改めて判断されなければならない。」
　(2)　「すなわち，受送達者あての訴訟関係書類の交付を受けた同居者等と受送達者との間に，その訴訟に関して事実上の利害関係の対立があるため，同居者等から受送達者に対して訴訟関係書類が速やかに交付されることを期待することができない場合において，実際にもその交付がされなかったときは，受送達者は，その訴訟手続に関与する機会を与えられたことにはならないというべきである。」
　(3)　「上記の場合において，当該同居者等から受送達者に対して訴訟関係書類が実際に交付されず，そのため，受送達者が訴訟が提起されていることを知らないまま判決がされたときには，当事者の代理人として訴訟行為をし

た者が代理権を欠いた場合と別異に扱う理由はないから，民訴法338条1項3号の再審事由があると解するのが相当である。」

(4)　「X〔抗告人〕の主張によれば，前訴においてXに対して連帯保証債務の履行が請求されることになったのは，Xの同居者としてXあての本件訴状等の交付を受けたAが，Aを主債務者とする債務について，Xの氏名及び印章を冒用してBらとの間で連帯保証契約を締結したためであったというのであるから，Xの主張するとおりの事実関係が認められるのであれば，前訴に関し，Xとその同居者であるAとの間には事実上の利害関係の対立があり，AがXあての訴訟関係書類をXに交付することを期待することができない場合であったというべきである。」

(5)　「したがって，実際に本件訴状等がAからXに交付されず，そのためにXが前訴が提起されていることを知らないまま前訴判決がされたのであれば，前訴判決には民訴法338条1項3号の再審事由が認められるというべきである。」

(6)　「Xの……主張は，Xに前訴の手続に関与する機会が与えられないまま前訴判決がされたことに民訴法338条1項3号の再審事由があるというものであるから，Xに対する本件訴状等の補充送達が有効であることのみを理由に，Xの主張するその余の事実関係について審理することなく，Xの主張には理由がないとして本件再審請求を排斥した原審の判断には，裁判に影響を及ぼすことが明らかな法令の違反がある。」（破棄差戻し）

参照条文　民事訴訟法338条1項3号・106条1項

解　説

(1)　問題の所在

　民訴法338条1項3号の再審事由である「法定代理権，訴訟代理権又は代理人が訴訟行為をするのに必要な授権を欠いたこと」は，当事者に訴訟に関与する機会を保障する必要があるという観点から規定されたものであり，絶対的上告理由でもある（民訴312条2項4号）。

　この3号の再審事由に関しては，実務上，その解釈をめぐって問題になることが多い。

(2) 類似判例

本件と同様に，訴状の送達の有効性と再審事由該当性が問題となったものとして，最判平4・9・10（民集46巻6号553頁・判時1437号56頁・判タ800号106頁）（以下，「平成4年最判」という。）がある。

平成4年最判の事案は，①再審原告の妻が再審原告の名で買い受けた商品の代金を，再審原告が，立替払いをした者に請求された事案で，②再審原告あての前訴の訴状および第1回口頭弁論期日呼出状を，当時7歳9か月の子が同居者として交付を受けたが，再審原告に交付しなかった，③このため，再審原告が前訴が提起された事実を知らず，欠席判決が下された，④判決言渡期日呼出状および前訴の判決正本は，再審原告の妻が同居者として交付を受けたが，再審原告には知らせなかったため，再審原告が控訴することなく，前訴の判決が確定した，⑤その後，再審原告が訴状の有効な送達を欠いたとして再審の訴えを提起した，というものである。

平成4年最判は，訴状の送達は，事理弁識能力のない者に交付されたため，送達としての効力は生じないとしたうえで，「有効に訴状の送達がされず，その故に被告とされた者が訴訟に関与する機会が与えられないまま判決がされた場合には，当事者の代理人として訴訟行為をした者に代理権の欠缺があった場合と別異に扱う理由はないから，民訴法420条1項3号〔旧法〕の事由があるものと解するのが相当である」と判断した。

なお，平成4年最判は，同居者である妻が交付を受けた判決正本の送達は有効であるとしたうえで，再審の補充性については，「被告〔再審原告〕が判決正本の有効な送達をうけ，この判決に対し控訴しなかった場合であっても，再審事由を現実に了知することができなかったときは420条1項ただし書〔旧法〕は適用がない」と判断している。

(3) 本判決の意義

本件の場合は，平成4年最判と異なり，訴状の送達は補充送達として有効であることを前提に，XとAの事実上の利害関係の存否を考慮して，Xに前訴の手続に関与する機会が与えられたか否かを判断し，再審事由の存否を判断すべきとするものである。

しかし，再審事由の存否については，「前訴の手続に関与する機会が与えられていたか否か」という点を実質的に判断すべきという点で，平成4年最判と同じ考え方に立っていると解される。

再審事由が民訴法の規定により極めて限定されていることをかんがみれば，当事者の手続保障という観点からは，民訴法338条1項3号の再審事由はある程度拡張して解釈する必要があると解されるが，この点，本件決定は，3号の再審事由を単に形式的に判断するのではなく，実質的に解釈して当事者の手続保障を図っており，妥当な判断といえよう。

実務上の指針

本件のように，同居者が訴訟関係書類の補充送達を受けながらも，当事者に知らせず，交付しないケースは，実際にありうることである。

本件決定は，補充送達の場合の再審事由の存否につき，「受送達者あての訴訟関係書類の交付を受けた同居者等と受送達者との間に，その訴訟に関して事実上の利害関係の対立があるため，同居者等から受送達者に対して訴訟関係書類が速やかに交付されることを期待することができない場合において，実際にもその交付がされなかったときは，受送達者は，その訴訟手続に関与する機会を与えられたことにはならない」と，具体的な判断基準を示しており，今後の実務の参考となろう。

本件の場合は，同居者の妻AとXとの間に事実上の利害対立が存在していたため，訴訟関係書類がAからXに交付されなかったとの主張がなされており，この点をさらに審理させるために，原審に差し戻している。

よって，本件のようなケースで再審請求をする場合には，当事者と同居者の関係などの個別の事情を主張し，訴訟関係書類が速やかに交付されることを期待できる状況になかったことを具体的に主張していく必要がある。

◆小曽根　久美◆

事項索引

あ

移 送 …………………………………54
一部請求 …………………………266, 325
イン・カメラ手続 ……………………437, 469
ヴォーン・インデックス ………………………470
訴えの交換的変更 ………………………257
訴えの追加的変更 ………………………256
訴えの取下げ ……………………………525
訴えの変更 ……………………………256
応訴管轄 ……………………………15

か

外国裁判所の確定判決 ………………338
外国等に対する我が国の民事裁判権に関する法律 ……………………………3
確認の訴え ……………………………222
管 轄 ……………………………14
　——違い ……………………………39
　——の合意 ……………………………46
環境保護団体 ……………………………80
間接事実 ……………………………290
鑑 定 ……………………………482
既判力 ……………………………332
　訴訟上の和解と—— ………………………536
共済契約 ……………………………394
共同訴訟 ……………………………107
記録提示の申出 ……………………………407
偶発的な事故 ……………………………370
国及びその財産の裁判権からの免除に関する国連条約 ……………………………2
経験則 ……………………………475
刑事事件関係文書 ……………………………437
検 証 ……………………………463
権利自白 ……………………………298
合意管轄 ……………………………15, 39, 46
控 訴 ……………………………539
口頭弁論 …………………………283, 555
　——の一体性 ……………………………317
　上告における—— ……………………………555

公務秘密文書 ……………………………461
国際裁判管轄 ……………………………28
固有必要的共同訴訟 …………………99, 117

さ

再 審 ……………………………558
裁判籍 ……………………………21
裁判の脱漏 ……………………………520
時機に後れた攻撃防御方法の却下 ………317
自己利用文書 ……………………………443
事実認定 ……………………………474
自庁処理 ……………………………40
執行力 ……………………………338
指定管轄 ……………………………15
自 白 ……………………………298
　——の撤回 ……………………………300
　裁判上の—— ……………………………298
事物管轄 ……………………………14
釈明権（釈明義務）……………………305
自由心証主義 ……………………………473
主権免除の原則 ……………………………2
主要事実 ……………………………290
傷害保険 ……………………………394
傷害保険契約 ……………………………369
証言拒絶権 ……………………………415
証拠共通の原則 ……………………………108
上 告 ……………………………547
上告受理制度 ……………………………548
証人義務 ……………………………414
証人尋問 ……………………………414
証明責任（立証責任）…………………365
　自動車の盗難と証明責任 ………………389
将来給付の訴え ……………………………234
職分管轄 ……………………………14
信義則 ……………………………169
請求の併合 ……………………………242
専属管轄 ……………………………15
選択的併合 ……………………………243
相殺の抗弁 ……………………………254
送 達 ……………………………215

訴　額………………………………………181
訴権の濫用……………………………170
訴訟告知………………………………128
訴訟承継………………………………359
訴訟上の救助…………………………206
訴訟上の和解…………………………533
訴訟代理人………………………………89
訴訟能力…………………………………89
訴訟の中断……………………………351
訴訟費用………………………………198
訴訟費用負担の裁判の申立て………204
損害額の認定…………………………494

た

第三者の訴訟担当………………………98
単純併合………………………………242
調査嘱託………………………………398
　　訴え提起前の――………………399
懲罰的損害賠償…………………342, 517
通常共同訴訟…………………………107
定期金賠償……………………………344
提訴前照会…………………………63, 274
提訴前証拠収集処分……………………64
提訴予告通知……………………………62
適時提出主義…………………………317
当事者……………………………………69
当事者照会……………………………273
当事者尋問……………………………424
当事者適格………………………………97
当事者能力…………………………70, 97
同時審判共同訴訟……………………109
特別裁判籍………………………………21
独立当事者参加………………………147
土地管轄……………………………14, 21

な

二重起訴の禁止………………………250

任意管轄…………………………………15
任意的訴訟担当…………………………99

は

反　訴…………………………………539
判断の遺脱……………………………520
必要的共同訴訟………………………107
普通裁判籍………………………………21
文書送付嘱託…………………………406
　　訴え提起前の――………………407
文書提出命令…………………………430
併合請求における訴額………………190
片面的独立当事者参加………………152
弁論兼和解……………………………288
弁論主義………………………………289
弁論準備手続…………………………284
法人でない社団…………………………70
法　廷…………………………………283
法定管轄…………………………………15
法定訴訟担当……………………………98
法律関係文書…………………………432
補充送達………………………………216
補助参加………………………………124
補助事実………………………………290

ま

民事裁判権………………………………1
名誉毀損事件における要件事実………486

や

予備的併合……………………………243

ら

利益文書………………………………431
類似必要的共同訴訟…………………108

判例索引

大審院

大判明29・1・11民録2輯1巻12頁 ……………………………………………302
大判明39・2・5民録12輯165頁 ………………………………………………103
大判明42・2・8民録15輯71頁 …………………………………………………521
大判大5・11・21民録22輯2105頁 ……………………………………………379
大判大10・9・28民録27輯1646頁 ……………………………………………108
大判大11・2・20民集1巻52頁 …………………………………………………302
大判大11・7・4民集1巻363頁 …………………………………………………39
大判昭3・12・28民集7巻12号1128頁 …………………………………………3
大判昭10・5・28民集14巻1191頁 ……………………………………………70
大判昭10・12・17民集14巻2053頁 …………………………………………224
大決昭15・5・18民集19巻873頁 ………………………………………427–429
大判昭17・9・29法学12巻517頁 ………………………………………………70

最高裁判所

最判昭25・7・11民集4巻7号316頁 …………………………………………302
最大判昭27・8・6刑集6巻8号974頁 …………………………………………419
最判昭27・12・25民集6巻12号1255頁 ………………………………………108
最判昭29・6・8民集8巻6号1037頁 …………………………………………258
最判昭29・11・26判時41号11頁 ………………………………………………187
最判昭30・7・5民集9巻9号1012頁 …………………………………………524
最判昭31・4・10民集10巻4号367頁 ……………………………183, 187, 189
最判昭31・6・1民集10巻6号625頁 …………………………………………524
最判昭32・2・28民集11巻2号374頁 …………………………………………257
最判昭32・6・7民集11巻6号948頁 …………………………………………325
最判昭33・3・5民集12巻3号381頁 …………………………………………537
最判昭33・3・7民集12巻3号469頁 …………………………………………302
最判昭33・3・25民集12巻4号589頁 …………………………………………251
最判昭33・11・4民集12巻15号3247頁 ………………………………………287
最判昭34・2・20民集13巻2号209頁 …………………………………………325
最判昭34・3・26民集13巻4号493頁 ……………………………………169, 170
最判昭34・7・3民集13巻7号898頁 …………………………………………108
最判昭36・8・31民集15巻7号2040頁 ………………………………………114
最判昭37・6・9裁集民61号267頁 ……………………………………………521
最判昭37・8・10民集16巻8号1720頁 ………………………………………325
最決昭37・11・30裁集民63号365頁 ……………………………………183, 187, 189
最判昭37・12・18民集16巻12号2422頁 ………………………………………70
最判昭38・4・12民集17巻3号468頁 …………………………………………215

最判昭38・8・8民集17巻6号823頁 ……………………………………………………228
最判昭39・1・23裁集民71号271頁 ……………………………………………………125
最判昭39・4・7民集18巻4号520頁 ……………………………………………………247
最判昭39・6・24民集18巻5号874頁 ……………………………………………………495
最判昭39・7・10民集18巻6号1093頁 …………………………………………………258
最判昭39・10・15民集18巻8号1671頁 ………………………………70-73, 76, 80, 82, 84
最判昭39・11・26民集18巻9号1992頁 …………………………………………………223
最判昭41・1・21民集20巻1号94頁 ……………………………………………………257
最大決昭41・3・2民集20巻3号360頁 …………………………………………………122
最判昭41・6・23民集20巻5号1118頁 …………………………………………………486
最判昭41・11・25民集20巻9号1921頁 ……………………………………101, 103, 105
最大判昭42・5・24民集21巻5号1043頁 ………………………………………………362
最判昭42・9・27民集21巻7号1925頁 …………………………………………152, 153
最判昭42・10・12判時500号30頁 ………………………………………………………258
最判昭42・10・19民集21巻8号2078頁 …………………………………………………70
最判昭43・3・8民集22巻3号551頁 ………………………………………………109, 146
最判昭43・4・12民集22巻4号877頁 ……………………………………………149, 152
最判昭43・4・26判タ222号166頁 ………………………………………………………524
最判昭43・11・1判時543号63頁 ………………………………………………………540
最判昭43・11・15裁集民93号233頁・判時544号33頁・判タ232号100頁 …………105
最判昭44・7・15民集23巻8号1532頁 …………………………………………148, 155
最判昭44・11・13判時579号63頁 ………………………………………………………241
最大決昭44・11・26刑集23巻11号1490頁 ……………………………………………420
最判昭45・1・23判時589号50頁 ………………………………………………………108
最判昭45・3・26民集24巻3号165頁 …………………………………………………399
最判昭45・6・11民集24巻6号516頁 …………………………………………………305
最判昭45・10・22民集24巻11号1583頁 ………………………………………126, 127, 145
最大判昭45・11・11民集24巻12号1854頁 ……………………………………………99
最判昭45・12・4裁集民101号627頁 ……………………………………………………407
最判昭47・11・9民集26巻9号1513頁 …………………………………………227, 229
最判昭47・12・26判時722号62頁 ………………………………………………183, 191
最判昭48・6・21民集27巻6号712頁 …………………………………………………339
最判昭48・7・20民集27巻7号863頁 …………………………………………149, 160
最判昭49・2・8裁集民111号75頁 ………………………………………………………251
最判昭50・7・25民集29巻6号1147頁 …………………………………………73, 75, 78
最判昭50・10・24民集29巻9号1417頁 ……………………………………………478, 485
最判昭51・3・23判時816号48頁 ………………………………………………………170
最判昭53・6・23判時897号54頁 ………………………………………………………263
最判昭53・7・10民集32巻5号888頁 …………………………………………………175
最判昭55・1・18裁集民129号43頁 ……………………………………………………114
最判昭55・2・8判時961号69頁 ………………………………………………………70, 71
最判昭56・4・14民集35巻3号620頁 …………………………………………405, 412
最判昭56・6・16民集35巻4号791頁 …………………………………………………174
最判昭56・10・16民集35巻7号1224頁 …………………………………………………29

最判昭56・11・13判タ457号85頁	524
最大判昭56・12・16民集35巻10号1369頁	237
最判昭57・7・1民集36巻6号891頁	103, 106, 119
最判昭58・3・22判時1074号55頁	245
最判昭60・3・15判時1168号66頁	149
最判昭60・12・20判時1181号77頁	100
最判昭61・2・24民集40巻1号69頁	264
最判昭61・3・13民集40巻2号389頁	123
最判昭61・9・11裁集民148号481頁	75, 77
最判昭62・2・20民集41巻1号122頁	263
最判昭62・7・2民集41巻5号785頁	494
最判昭62・7・17民集41巻5号1402頁	109, 146
最判昭63・4・14判タ683号62頁	171
最判平元・3・28民集43巻3号167頁	119, 122
最判平元・12・8民集43巻11号1259頁	494
最判平3・4・19民集45巻4号367頁	478
最判平3・12・17民集45巻9号1435頁	254, 255
最判平4・9・10民集46巻6号553頁・判時1437号56頁・判タ800号106頁	219, 563
最判平5・2・25民集47巻2号642頁	238
最判平6・5・31民集48巻4号1065頁	71, 86, 87, 104
最判平6・9・27判時1513号111頁・判タ867号175頁	149, 167
最判平7・3・7民集49巻3号944頁	114
最判平9・1・28民集51巻1号250頁	363
最判平9・3・11裁集民182号1頁・家月49巻10号55頁	174, 176
最判平9・3・14裁集民182号553頁・判時1600号89頁	316
最判平9・7・11民集51巻6号2573頁・判時1624号90頁・判タ958号93頁	339
最判平9・7・17裁集民183号1031頁・判時1614号72頁	316
最判平9・11・11民集51巻10号4055頁	29
最判平10・3・27裁集民52巻2号661頁	118
最判平10・4・28民集52巻3号853頁・判タ973号95頁	340, 342
最判平10・6・12民集52巻4号1147頁	246, 326
最判平11・10・26民集53巻7号1313頁	488
最判平11・11・9判時1701号65頁	77
最判平11・11・9民集53巻8号1421頁	104, 105, 118, 123
最決平11・11・12民集53巻8号1787頁	422, 442, 444, 445, 447, 448, 451
最判平12・2・29民集54巻2号553頁	336
最判平12・3・9判時1708号123頁	336
最決平12・3・10判時1711号55頁	432
最決平12・3・10民集54巻3号1073頁	416, 422, 450
最判平12・4・7裁集民198号1頁・判時1713号50頁	316
最決平12・7・14判時1723号49頁・判タ1041号156頁・金判1103号8頁	549
最決平12・10・13裁集民200号1頁・判時1731号3頁・判タ1049号216頁	187, 192
最判平12・10・20裁集民200号69頁	73, 77, 79
最決平12・12・14民集54巻9号2709頁	451

判例索引　569

最決平12・12・21訟月47巻12号3627頁 …………………………………………440
最決平13・1・30民集55巻1号30頁 ……………………125, 128, 133, 139, 144
最決平13・2・22判時1742号89頁・判タ1057号144頁・金判1117号3頁 ………452
最決平13・2・22判時1745号144頁 …………………………………132, 139, 140
最判平13・3・22金法1617号39頁 ……………………………………………………87
最判平13・3・27判例集未登載 ……………………………………………………232
最判平13・4・20判タ1061号68頁 …………………………………………382, 383
最判平13・4・20判時1751号171頁 …………………………………………………372
最判平13・4・20民集55巻3号682頁・判時1751号163頁・判タ1061号65頁
　　　　　　　………………………………………………………368, 382, 383, 395
最判平13・6・8民集55巻4号727頁・判時1756号55頁・判タ1066号206頁 ……31
最決平13・12・7民集55巻7号1411頁 ……………………………………………451
最判平14・1・22裁集民205号93頁・判時1776号67頁・判タ1085号194頁
　　　　　　　………………………………………………………………141, 127, 128
最決平14・1・29判時1778号49頁・判タ1086号102頁 …………………………488
最判平14・2・22民集56巻2号348頁・判時1779号81頁・判タ1087号89頁 ……110
最判平14・3・1判時1816号23頁 …………………………………………………315
最判平14・3・25民集56巻3号574頁 ……………………………………………115
最判平14・4・12判タ1092号107頁 …………………………………………………12
最判平14・6・7民集56巻5号899頁・判時1789号68頁・判タ1095号105頁 …71, 85
最判平14・7・2民集56巻6号1049頁 ……………………………………………263
最判平14・9・12判時1801号72頁・判タ1106号81頁 ……………………291, 300
最決平15・1・24裁時1332号3頁 …………………………………………………129
最判平15・12・16民集57巻11号2265頁・判時1846号102頁・判タ1143号248頁
　　　　　　　…………………………………………………………………………91
最判平16・2・13判時1895号35頁 …………………………………………………315
最判平16・2・20民集58巻2号367頁 ……………………………………………336
最決平16・2・20判時1862号154頁 …………………………………………………461
最決平16・2・24判時1854号41頁・判タ1148号176頁 …………………………360
最決平16・3・25民集58巻3号753頁・判時1856号150頁・判タ1149号294頁 …230
最決平16・4・8民集58巻4号825頁・判時1860号62頁・判タ1151号297頁 ……22
最決平16・5・25民集58巻5号1135頁 ………………………………435, 439, 440
最決平16・6・3家月57巻1号123頁・判時1869号33頁・判タ1159号138頁 ……542
最決平16・7・6民集58巻5号1319頁・判時1883号66頁・判タ1172号143頁 ……119
最決平16・7・13民集58巻5号1599頁 ……………………………………………207
最決平16・10・18金法1743号40頁 …………………………………………………333
最決平16・11・26民集58巻8号2393頁 ………………………………………415, 451
最決平16・12・13民集58巻9号2419頁 ……………………………………………376
最決平16・12・24判時1890号46頁・判タ1176号139頁・金判1232号51頁 ……224
最決平17・7・14裁時1391号12頁・判時1911号102頁・判タ1191号235頁 …307, 510
最決平17・7・22民集59巻6号1837頁 ………………………………435, 438, 440
最決平17・7・22民集59巻6号1888頁・判時1907号33頁・判タ1188号229頁 …458
最決平17・10・14民集59巻8号2265頁 ……………………………………………461
最判平17・11・8判時1915号19頁・判タ1197号117頁 ……………………………229

判例索引   571

最決平17・11・10民集59巻9号2503頁 ··451
最決平17・11・18判時1920号38頁・判タ1200号153頁 ·······················426
最決平18・1・24判時1926号65頁・判タ1205号153頁 ·········498, 499, 509, 511
最決平18・2・17民集60巻2号496頁・判時1930号96頁・判タ1208号85頁
 ··441, 451
最判平18・3・24判時1966号22頁 ···315
最判平18・4・14民集60巻4号1497頁・判時1931号40頁・判タ1209号83頁 ············252
最判平18・6・1民集60巻5号1887頁・判時1943号11号・判タ1218号187頁
 ···373, 375, 389, 390
最判平18・6・6判タ1218号191頁 ···383
最判平18・6・16民集60巻5号1997頁 ··478, 485
最判平18・7・7民集60巻6号2307頁・判時1966号58頁 ··························171
最判平18・7・21民集60巻6号2542頁・判タ1228号119頁 ·······················3, 8
最判平18・9・4判時1948号81頁 ··556
最決平18・10・3民集60巻8号2647頁・判時1954号34頁・判タ1228号114頁
 ··417, 449
最判平18・11・14判時1956号77頁・判タ1230号88頁 ····························480
最判平19・1・16判時1959号29頁・判タ1233号167頁 ····························553
最決平19・3・20民集61巻2号586頁・判時1971号125頁・判タ1242号127頁
 ··216, 560
最判平19・3・27民集61巻2号711頁・判時1967号91頁・判タ1238号187頁 ········352
最判平19・4・3判時1969号57頁・判タ1240号176頁 ····························485
最判平19・4・17民集61巻3号1026頁・判時1970号32頁・判タ1242号104頁
 ··373, 384, 386
最判平19・4・23判時1970号106頁・判タ1242号100頁 ············384, 390, 391
最判平19・5・29判時1978号7頁・判タ1248号117頁 ····························235
最判平19・7・6民集61巻5号1955頁・判時1984号108頁・判タ1251号148頁 ········392
最判平19・10・19判時1990号144頁 ···397
最決平19・11・30民集61巻8号3186頁・判時1991号72頁・判タ1258号111頁
 ··446, 451
最決平19・12・4民集61巻9号3274頁・判時1994号34頁・判タ1261号161頁 ········210
最決平19・12・12民集61巻9号3400頁・判時1995号82頁・判タ1261号155頁 ········434
最判平20・6・10裁集民228号181頁・判時2042号5頁 ············498, 504, 506
最判平20・7・10判時2020号71頁・判タ1280号121頁・金法1856号26頁 ······327
最判平20・7・17民集62巻7号1994頁・判時2019号22頁・判タ1279号115頁 ········100
最決平20・7・18民集62巻7号2013頁・判時2021号41頁・判タ1028号118頁 ········40
最決平20・11・25民集62巻10号2507頁 ·····································446, 449
最決平21・1・15民集63巻1号46頁・判時2034号24頁・判タ1290号126頁 ·······468
最判平21・10・16裁時1493号7頁・判タ1313号129頁 ······························4

高等裁判所

東京高決昭30・3・23東高民時報6巻3号45頁・判時49号64頁 ··············189
東京高決昭33・8・2判タ83号74頁 ··10

東京高決昭33・9・24判時169号13頁‥‥‥‥‥‥‥‥‥‥‥‥‥‥‥‥‥‥‥‥203
広島高岡山支決昭34・9・11判時207号23頁‥‥‥‥‥‥‥‥‥‥‥‥‥‥‥‥212
大阪高決昭40・9・28判時434号41頁‥‥‥‥‥‥‥‥‥‥‥‥‥‥‥‥‥‥‥432
大阪高決昭40・12・8行集16巻12号2012頁‥‥‥‥‥‥‥‥‥‥‥‥‥‥‥‥136
札幌高決昭41・9・19高民集19巻5号428頁‥‥‥‥‥‥‥‥‥‥‥‥‥‥‥‥171
東京高判昭43・7・18判夕228号181頁‥‥‥‥‥‥‥‥‥‥‥‥‥‥‥‥‥‥511
東京高判昭47・10・27金判344号13頁‥‥‥‥‥‥‥‥‥‥‥‥‥‥‥‥‥‥215
福岡高決昭48・2・1判時701号83頁‥‥‥‥‥‥‥‥‥‥‥‥‥‥‥‥‥‥‥432
大阪高決昭48・3・20判時702号72頁‥‥‥‥‥‥‥‥‥‥‥‥‥‥‥‥‥‥212
大阪高判昭49・7・22判夕312号212頁・判時757号76頁‥‥‥‥‥‥‥‥‥‥‥248
大阪高決昭50・1・28判時781号81頁‥‥‥‥‥‥‥‥‥‥‥‥‥‥‥‥212, 214
福岡高決昭50・8・21判時806号42頁‥‥‥‥‥‥‥‥‥‥‥‥‥‥‥‥‥‥‥214
東京高判昭51・11・25下民集27巻9〜12号216頁‥‥‥‥‥‥‥‥‥‥‥‥‥‥47
福岡高決昭52・7・13高民集30巻3号175頁‥‥‥‥‥‥‥‥‥‥‥‥‥‥‥‥431
東京高決昭53・1・30判時883号27頁‥‥‥‥‥‥‥‥‥‥‥‥‥‥‥‥‥‥208
大阪高決昭53・3・15労判295号46頁‥‥‥‥‥‥‥‥‥‥‥‥‥‥‥‥‥‥432
東京高決昭53・5・26判時894号66頁‥‥‥‥‥‥‥‥‥‥‥‥‥‥‥‥‥‥432
東京高決昭53・11・28判時916号28頁‥‥‥‥‥‥‥‥‥‥‥‥‥‥‥‥‥‥432
札幌高決昭54・8・31判時937号16頁‥‥‥‥‥‥‥‥‥‥‥‥‥‥‥‥‥‥420
東京高決昭55・1・18判時958号71頁‥‥‥‥‥‥‥‥‥‥‥‥‥‥‥‥‥‥432
東京高判昭56・1・19判夕443号81頁‥‥‥‥‥‥‥‥‥‥‥‥‥‥‥‥‥‥302
東京高決昭57・2・18判時1039号77頁‥‥‥‥‥‥‥‥‥‥‥‥‥‥‥‥‥‥187
大阪高判昭57・4・14判時1053号115頁・判夕481号73頁・民集61巻2号942頁‥‥352
大阪高判昭58・2・28判夕495号117頁‥‥‥‥‥‥‥‥‥‥‥‥‥‥‥‥‥‥467
大阪高決昭58・9・26判夕510号117頁‥‥‥‥‥‥‥‥‥‥‥‥‥‥‥‥428, 429
東京高決昭59・9・17高民集37巻3号164頁‥‥‥‥‥‥‥‥‥‥‥‥‥‥‥‥431
東京高決昭60・3・20東高民時報36巻3号40頁‥‥‥‥‥‥‥‥‥‥‥‥‥‥‥20
大阪高判昭61・6・23判夕609号102頁‥‥‥‥‥‥‥‥‥‥‥‥‥‥‥‥‥‥467
大阪高判昭62・2・26判時1232号119頁・判夕637号252頁・民集61巻2号957頁
‥‥‥‥‥‥‥‥‥‥‥‥‥‥‥‥‥‥‥‥‥‥‥‥‥‥‥‥‥‥‥‥‥352, 354
東京高判昭63・3・11判時1271号3頁‥‥‥‥‥‥‥‥‥‥‥‥‥‥‥‥‥‥518
東京高判平元・10・31判夕765号234頁‥‥‥‥‥‥‥‥‥‥‥‥‥‥‥‥‥‥300
福岡高判平2・3・28判夕737号229頁‥‥‥‥‥‥‥‥‥‥‥‥‥‥‥‥‥‥149
大阪高判平4・2・27判夕793号268頁‥‥‥‥‥‥‥‥‥‥‥‥‥‥‥‥‥‥219
東京高決平4・7・29判夕796号211頁‥‥‥‥‥‥‥‥‥‥‥‥‥‥‥‥‥‥196
東京高決平5・3・30判夕857号267頁‥‥‥‥‥‥‥‥‥‥‥‥‥‥‥‥183, 196
東京高判平5・6・28判時1471号89頁・民集51巻6号2563頁‥‥‥‥‥‥‥‥‥339
大阪高決平5・8・9判夕834号218頁‥‥‥‥‥‥‥‥‥‥‥‥‥‥‥‥‥‥196
大阪高決平5・12・21判時1503号85頁‥‥‥‥‥‥‥‥‥‥‥‥‥‥‥‥‥‥196
福岡高決平6・7・4判夕865号261頁‥‥‥‥‥‥‥‥‥‥‥‥‥‥‥‥‥‥‥53
東京高決平7・2・3判夕905号241頁‥‥‥‥‥‥‥‥‥‥‥‥‥‥‥‥‥‥208
東京高判平7・7・10判夕903号159頁‥‥‥‥‥‥‥‥‥‥‥‥‥‥‥‥‥‥492
東京高判平7・11・27判夕918号166頁‥‥‥‥‥‥‥‥‥‥‥‥‥‥‥‥‥‥488
大阪高判平8・1・30判夕919号215頁‥‥‥‥‥‥‥‥‥‥‥‥‥‥‥‥‥‥232

福岡高判平8・4・25判時1577号126頁 …………………………………………395
福岡高判平8・10・17判夕978号180頁 …………………………………………248
東京高判平9・3・31判時1626号82頁 ……………………………………………523
東京高判平9・9・25判夕969号245頁 ……………………………………………395
大阪高判平9・10・30（平成9年（ネ）第589号）………………………………141
東京高判平10・1・26民集55巻3号722頁 ………………………………………368
大阪高決平10・4・30判夕998号259頁 …………………………………………15
福岡高判平10・7・21判夕1000号296頁 …………………………………………232
福岡高宮崎支判平11・6・18（平成9年（行コ）第7号）……………………360
東京高決平11・12・3判夕1026号290頁 …………………………………………465
東京高判平11・12・16（平成11年（ネ）第2409号）……………………………549
大阪高決平12・1・17判時1715号39頁 …………………………………………452
広島高命平12・2・9（平成11年（行コ）第19号）……………………………192
東京高判平12・3・16民集55巻4号778頁 ………………………………………31
高松高決平12・6・5訟月47巻12号3636頁 ……………………………………440
大阪高決平12・9・20家月53巻7号134頁 ………………………………………430
札幌高判平13・1・22訟月48巻1号62頁 …………………………………………467
東京高判平13・1・31判夕1080号220頁 …………………………………………176
東京高判平13・1・31判時1788号136頁・金判1111号10頁・民集58巻3号810頁
　　　　　　……………………………………………………………………………230
東京高判平13・2・26（平成12年（行ケ）第476号）……………………………110
東京高判平13・5・30判時1797号131頁・判夕1106号235頁 ……………………150
東京高判平13・7・18（平成12年（ネ）第6304号）……………………………291
大阪高判平13・7・26判夕1072号136頁 …………………………………………306
東京高判平13・8・22金判1157号10頁・民集56巻5号951頁 …………………71
名古屋高判平13・12・19（平成13年（ネ）第598号ほか）……………………542
東京高判平13・12・26判時1783号145頁・民集57巻11号2280頁 ………………91
東京高判平14・2・12判時1818号170頁・判夕1093号185頁 ……………333, 334
広島高岡山支決平14・2・20（平成12年（行ス）第1号）……………………129
福岡高判平14・5・9（平成13年（ネ）第621号，同第1150号）……………224
東京高判平14・12・24判時1816号128頁 …………………………………………326
大阪高判平14・12・26判時1812号3頁 …………………………………………306
東京高判平15・3・12民集58巻5号1325頁 ……………………………………119
東京高決平15・5・22判夕1136号256頁 …………………………………………57
東京高決平15・7・29判時1838号69頁 …………………………………………345
名古屋高決平15・9・8民集58巻4号833頁 ……………………………………22
大阪高判平15・12・24民集60巻4号1522頁 ……………………………………252
東京高決平16・2・3判夕1152号283頁 …………………………………………48
名古屋高判平16・5・12判時1870号29頁・判夕1198号220頁 …………………323
名古屋高判平16・7・15金判1233号18頁 ………………………………………307
東京高判平16・8・25判時1899号105頁・判夕1212号133頁 ……………………323
東京高判平16・8・31判時1903号21頁 …………………………………………521
東京高判平16・9・22（平成16年（ネ）第2589号）……………………………480
東京高判平16・12・8金判1208号19頁 …………………………………………499

広島高判平17・1・27民集60巻6号2329頁 …………………………………………171
名古屋高金沢支判平17・2・28金判1244号48頁・民集60巻5号1903頁……………375
東京高決平17・3・16民集59巻6号1912頁 …………………………………………458
東京高判平17・5・25判時1908号136頁 …………………………………………… 82
札幌高判平17・6・29判タ1226号333頁 ……………………………………………324
東京高決平17・9・30金判1237号33頁・民集60巻2号503頁 ……………………441
知財高判平17・9・30判時1904号47頁・判タ1188号191頁 ………………………319
福岡高判平17・10・14（平成12年（ネ）第395号ほか）…………………………506
福岡高判平17・11・30判自279号88頁 ……………………………………………306
東京高判平17・11・30判時1938号61頁・判タ1270号324頁 ……………………235
福岡高判平18・2・23金判1267号33頁・民集61巻3号1061頁 …………………386
東京高決平18・3・17判時1939号23頁・判タ1205号113頁・民集60巻8号2685頁 ……417
東京高決平18・3・30判タ1254号312頁 …………………………………………458
大阪高判平18・6・9判時1979号115頁・判タ1214号115頁………………………324
東京高決平18・6・14判時1939号23頁 ……………………………………………422
福岡高宮崎支判平18・6・30民集62巻7号2008頁 ………………………………100
東京高判平18・7・18（平成17年（ネ）第5913号）………………………………553
東京高決平18・8・23民集61巻2号604頁 ……………………………216, 219, 560
大阪高判平18・9・14判タ1226号107頁 …………………………………………516
東京高判平18・10・25民集61巻5号1971頁 ………………………………………392
東京高決平18・11・24判時1957号64頁 ……………………………………………200
大阪高決平18・12・26民集61巻9号3283頁 ………………………………………210
東京高決平19・1・10金判1282号63頁・民集61巻8号3212頁 …………………446
大阪高判平19・1・30判時1962号78頁・金判1263号25頁・金法1799号56頁 …………400
大阪高判平19・2・20判タ1263号301頁 …………………………………………408
高松高判平19・2・22判時1960号40頁・判タ1235号199頁・交民集40巻1号13頁
　…………………………………………………………………………………………268
知財高判平19・3・28（平成18年（ネ）第10086号）………………………………246
東京高決平19・3・30民集61巻9号3454頁 ………………………………………434
福岡高判平19・4・17判タ1263号339頁 …………………………………………157
東京高判平19・5・30判時1993号22頁 ……………………………………………285
東京高判平19・6・28判時1985号23頁・判タ1275号127頁 ……………………324
福岡高宮崎支判平19・9・28（平成19年（ネ）第95号ほか）……………………327
東京高判平19・10・4判時1997号155頁・労判955号83頁 ……………………4, 5
大阪高判平20・1・29判時2005号19頁 ……………………………………………304
東京高決平20・4・2金判1295号58頁・民集62巻10号2537頁 …………………446
東京高決平20・4・30判時2005号16頁・判タ1301号302頁 ……………………137
福岡高判平20・5・12判時2017号28頁・判タ1280号92頁・民集63巻1号85頁 ………468
名古屋高判平20・9・5判時2031号23頁 …………………………………………324
東京高判平20・9・25金判1305号36頁 ……………………………………………324
大阪高決平20・4・10民集62巻7号2025頁 ………………………………………… 40
知財高判平21・1・14判時2030号93頁・判タ1291号291頁 ……………………499
東京高判平21・2・26判時2046号40頁 ……………………………………………517
東京高決平21・4・16（平成19年（ラ）第509号）…………………………………216

東京高決平21・12・3判タ1310号285頁 ……………………………………213

地方裁判所

甲府地判昭27・12・17下民集3巻12号1790頁 ……………………………76
熊本地八代支判昭36・5・26判時270号30頁 ………………………………248
浦和地判昭41・6・28判時458号49頁 ………………………………………241
長崎地判昭41・7・29判タ205号171頁 ………………………………………76
京都地決昭45・2・2判時605号84頁・判タ247号224頁・金判240号19頁 ……26
東京地判昭47・2・24判時674号89頁 ………………………………………199
東京地判昭48・11・6判時737号26頁 …………………………………………88
岡山地倉敷支判昭51・9・24判タ351号300頁 ……………………………104
京都地判昭52・9・16判時890号107頁・民集61巻2号938頁 …………352, 353
横浜地判昭53・8・4判時922号30頁 ……………………………………84, 85
札幌地決昭54・5・30判時930号44頁 ………………………………………420
千葉地佐倉支決昭54・5・30労判325号41頁 …………………………18, 20
東京地判昭56・5・29判時1007号122頁 ……………………………………87
京都地判昭57・5・31判タ473号194頁 …………………………………84, 85
京都地判昭61・2・4判時1199号131頁・判タ580号91頁・民集61巻2号950頁
　………………………………………………………………………………352, 353
大阪地決昭61・5・28判時1209号16頁 ……………………………………431
千葉地決昭63・6・3判タ670号235頁 ………………………………………523
東京地判昭63・7・28（昭和63年（ワ）第3714号） ………………………300
京都地判平元・2・27判時1322号125頁 ……………………………………518
横浜地判平元・9・7判タ729号174頁 ………………………………………519
東京地決平元・12・21判時1332号107頁 ……………………………………53
名古屋地決平2・10・16判時1378号61頁 …………………………………431
東京地判平2・12・25判時1379号102頁 ……………………………………178
東京地判平3・2・18判時1376号79頁・民集51巻6号2539頁 ……………339
東京地命平3・5・27判時1391号156頁 ……………………………………195
東京地決平3・10・17ＮＢＬ486号21頁 ……………………………………53
東京地判平3・12・24判時1408号124頁 ……………………………………241
東京地決平4・2・10判789号251頁 ………………………………………196
横浜地判平4・3・5判時1451号147頁・判タ789号213頁 …………………244
仙台地判平4・3・26判時1442号136頁 ……………………………………259
東京地命平4・12・22（平成4年（ワ）第17849号） ………………………183
広島地決平6・2・28判タ875号278頁 ………………………………………412
東京地判平7・4・20（平成5年（ワ）第2298号ほか） ……………………488
東京地判平7・5・31判タ910号170頁 ………………………………………519
東京地判平8・1・29判タ915号256頁 ………………………………………178
浦和地判平8・9・13判タ947号268頁 ………………………………………380
和歌山地判平9・2・13（平成8年（ワ）第581号） ………………………141
東京地判平9・5・29判タ961号264頁・民集55巻3号713頁 ………………368
浦和地川越支判平9・8・19判タ960号189頁 ………………………………519

鹿児島地判平9・9・29判自173号9頁 ………………………………………………360
神戸地決平10・3・31判夕998号263頁 …………………………………………………15
札幌地判平10・4・24判夕1032号262頁 ………………………………………………380
東京地判平10・7・31判時1658号178頁 ………………………………………………412
東京地判平10・10・16判夕1016号241頁 ……………………………………………516
東京地判平11・1・28判時1681号147頁・判夕995号266頁・民集55巻4号754頁 ……31
東京地判平11・3・25（平成9年（ワ）第16332号） …………………………………549
東京地判平11・3・26判時1788号144頁・金判1111号22頁・民集58巻3号774頁 ……230
大阪地決平11・7・23（平成10年（モ）第895号） ……………………………………452
浦和地決平11・8・20（平成11年（モ）第267号） ……………………………………465
東京地判平11・8・31判夕1013号81頁 …………………………………………………516
東京地判平11・11・17（平成10年（ワ）第2533号, 同第16389号） …………………150
東京地判平12・3・1判夕1056号250頁 …………………………………………………380
長崎地壱岐支判平12・3・9（平成7年（ワ）第9号ほか） ……………………………506
東京地判平12・3・27判夕1031号213頁 ………………………………………………199
東京地判平12・5・30判夕1038号154頁 ………………………………………………176
津地判平12・9・7判夕1080号226頁 ……………………………………………………527
東京地判平12・9・19判夕1086号292頁 ………………………………………………395
岡山地決平12・10・18（平成12年（行ク）第2号） ……………………………………129
横浜地判平12・11・21（平成9年（ワ）第1354号） ……………………………………291
千葉地判平13・2・21判時1756号96頁・民集56巻5号917頁 ……………………………71
東京地判平13・3・30判時1770号141頁・判夕1093号189頁 ………………………333, 335
福岡地久留米支判平13・5・14（平成11年（ワ）第317号） …………………………224
名古屋地岡崎支判平13・6・27（平成12年（タ）第88号） ……………………………542
前橋地高崎支判平13・6・28民集57巻11号2274頁 ………………………………………91
東京地判平13・8・31判夕1076号293頁 ………………………………………………233
東京地判平13・10・25判時1786号142頁 ………………………………………………326
東京地八王子支判平14・5・30判時1790号47頁・判夕1164号196頁 …………………235
大阪地判平14・7・29民集60巻4号1506頁 ………………………………………………252
千葉地八日市支決平14・8・30判時1838号76頁 ………………………………………345
東京地決平14・10・7金判1156号35頁 ……………………………………………………59
静岡地沼津支判平14・10・29（平成13年（ワ）第177号） ……………………………119
大阪地判平14・12・25交民集35巻6号1697頁 …………………………………………278
東京地判平15・1・21判時1828号59頁 …………………………………………………534
東京地決平15・4・15判夕1136号261頁 ……………………………………………………57
静岡地判平15・6・17金判1181号43頁 …………………………………………………499
横浜地決平15・7・7判夕1140号274頁 ……………………………………………………53
名古屋地決平15・7・24（平成15年（モ）第883号） ……………………………………22
大阪地判平15・10・3判夕1153号254頁 ………………………………………………516
東京地決平15・12・5判夕1144号283頁 ……………………………………………………48
東京地判平15・12・26（平成15年（ワ）第19675号） ………………………………240
福岡地判平16・2・12判時1865号97頁 …………………………………………………279
東京地判平16・3・31（平成14年（ワ）第1629号） …………………………………480
広島地判平16・5・14民集60巻6号2321頁 ……………………………………………171

福岡地判平16・7・5金判1267号37頁・民集61巻3号1041頁	386
福井地敦賀支判平16・9・2金判1244号50頁・民集60巻5号1891頁	375
東京地八王子支判平16・12・22（平成16年（ワ）第2328号）	82
東京地判平17・2・1判時1886号21頁・判夕1175号120頁	319
鹿児島地判平17・4・12民集62巻7号2002頁	100
広島地決平17・5・20（平成17年（ホ）第166号）	426
横浜地決平17・7・6金判1237号35頁・民集60巻2号502頁	441
東京地中間判平17・9・29判時1907号152頁	4
新潟地決平17・10・11判夕1205号118頁・民集60巻8号2678頁	417
徳島地美馬支判平17・10・25交民集40巻1号37頁	268
東京地判平17・11・29（平成16年（ワ）第14377号）	553
東京地判平18・1・19民集61巻5号1964頁	392
大阪地決平18・1・19判夕1209号309頁	203
大阪地判平18・2・22判時1962号85頁・判夕1218号253頁	400
東京地決平18・3・14判時1926号42頁	421, 422
東京地判平18・3・15判時1937号132頁	199
東京地決平18・3・24民集61巻9号3444頁	434
福岡地小倉支判平18・4・24（平成16年（ワ）第151号,同第395号）	157
横浜地川崎支決平18・5・12民集61巻2号596頁	216, 560
福岡地判平18・7・18判夕1255号341頁	299
東京地判平18・7・27（平成17年（ワ）第25885号）	515, 519
東京地決平18・8・18金判1282号65頁・民集61巻8号3202頁	446
東京地判平18・8・25判夕1239号169頁	517
東京地決平18・9・15判時1957号65頁	200
東京地判平18・9・29判時1976号65頁・判夕1248号218頁	323
大津地判平18・10・2（平成17年（ワ）第596号）	408
大阪地決平18・10・17民集61巻9号3282頁	210
東京地判平18・10・24判時1959号116頁・判夕1239号331頁	246
東京地判平18・11・17判夕1249号145頁	516
千葉地松戸支判平19・1・15（平成18年（ワ）第812号）	285
鹿児島地鹿屋支判平19・3・16（平成18年（ワ）第87号）	327
大阪地判平19・7・12判夕1253号152頁	259
京都地判平19・8・29判夕1273号302頁	163
東京地判平19・11・26交民集40巻6号1520頁	303
大阪地決平20・3・10民集62巻7号2021頁	40
東京地決平20・3・12（平成19年（ワ）第1901号）	137
東京地判平20・4・28判夕1275号329頁	513
東京地判平21・5・21判時2047号36頁	517
東京地判平21・6・17判夕1035号247頁	304
東京地判平21・6・19判時2058号75頁	404
横浜地川崎支判平21・8・21（平成20年（カ）第2号）	216

簡易裁判所

福岡簡判平17・12・8（平成17年（ハ）第17630号）……………………………………299

最新判例からみる

民事訴訟の実務

2010年4月30日　初版第1刷印刷
2010年5月20日　初版第1刷発行

廃検 止印	©編者	東京弁護士会 民事訴訟問題等特別委員会
	発行者	逸見　慎一

発行所　東京都文京区　株式　青林書院
　　　　本郷6丁目4の7　会社

振替口座 00110-9-16920／電話03(3815)5897～8／郵便番号113-0033

印刷・モリモト印刷㈱　落丁・乱丁本はお取り替え致します。
Printed in Japan　ISBN978-4-417-01509-3

JCOPY 〈㈳出版者著作権管理機構 委託出版物〉
本書の無断複写は著作権法上での例外を除き禁じられています。
複写される場合は，そのつど事前に，㈳出版者著作権管理機構
（電話 03-3513-6969，FAX 03-3513-6979，e-mail: info@
jcopy.co.jp）の許諾を得てください。